大学入試シリーズ

351

東京理科大学
創域理工学部−B方式・S方式

教学社

は し が き

　入力した質問に対して，まるで人間が答えているかのような自然な文章で，しかも人間よりもはるかに速いスピードで回答することができるという，自然言語による対話型の AI（人工知能）の登場は，社会に大きな衝撃を与えました。回答の内容の信憑性については依然として課題があると言われるものの，AI 技術の目覚ましい進歩に驚かされ，人間の活動を助けるさまざまな可能性が期待される一方で，悪用される危険性や，将来人間を脅かす存在になるのではないかという危惧を覚える人もいるのではないでしょうか。

　大学教育においても，本来は学生本人が作成すべきレポートや論文などが，AI のみに頼って作成されることが懸念されており，AI の使用についての注意点などを発表している大学もあります。たとえば東京大学では，「回答を批判的に確認し，適宜修正することが必要」，「人間自身が勉強や研究を怠ることはできない」といったことが述べられています。

　16 ～ 17 世紀のイギリスの哲学者フランシス・ベーコンは，『随筆集』の中で，「悪賢い人は勉強を軽蔑し，単純な人は勉強を称賛し，賢い人は勉強を利用する」と記しています。これは勉強や学問に取り組む姿勢について述べたものですが，このような新たな技術に対しても，侮ったり，反対に盲信したりするのではなく，その利点と欠点を十分に検討し，特性をよく理解した上で賢く利用していくことが必要といえるでしょう。

　受験勉強においても，単にテクニックを覚えるのではなく，基礎的な知識を習得することを目指して正攻法で取り組み，大学で教養や専門知識を学ぶための確固とした土台を作り，こうした大きな変革の時代にあっても自分を見失わず，揺るぎない力を身につけてほしいと願っています。

＊　　　＊　　　＊

　本書刊行に際しまして，入試問題や資料をご提供いただいた大学関係者各位，掲載許可をいただいた著作権者の皆様，各科目の解答や対策の執筆にあたられた先生方に，心より御礼を申し上げます。

編者しるす

赤本の使い方

そもそも赤本とは…

受験生のための大学入試の過去問題集！

60年以上の歴史を誇る赤本は，600点を超える刊行点数で全都道府県の370大学以上を網羅しており，過去問の代名詞として受験生の必須アイテムとなっています。

Q. なぜ受験に過去問が必要なの？

A. 大学入試は大学によって問題形式や頻出分野が大きく異なるからです。

マーク式か記述式か，試験時間に対する問題量はどうか，基本問題中心か応用問題中心か，論述問題や計算問題は出るのか——これらの出題形式や頻出分野などの傾向は大学によって違うので，とるべき対策も大学によって違ってきます。
出題傾向をつかみ，その大学にあわせた対策をとるために過去問が必要なのです。

赤本で志望校を研究しよう！

赤本の掲載内容

傾向と対策

これまでの出題内容から，問題の **「傾向」** を分析し，来年度の入試にむけて具体的な **「対策」** の方法を紹介しています。

問題編・解答編

年度ごとに問題とその解答を掲載しています。
「問題編」 ではその年度の試験概要を確認したうえで，実際に出題された過去問に取り組むことができます。
「解答編」 には高校・予備校の先生方による解答が載っています。

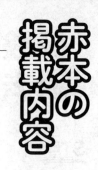

ホンを…
大事に…

ページの見方

ページの上部に年度や日程，科目などを示しています。見たいコンテンツを探すときは，この部分に注目してください。

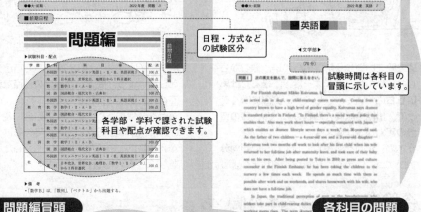

- 日程・方式などの試験区分
- 各学部・学科で課された試験科目や配点が確認できます。
- 試験時間は各科目の冒頭に示しています。
- 問題編冒頭
- 各科目の問題

他にも赤本によって，大学の基本情報や，先輩受験生の合格体験記，在学生からのメッセージなどが載っています。

● 掲載内容について ●

著作権上の理由やその他編集上の都合により問題や解答の一部を割愛している場合があります。なお，指定校推薦入試，社会人入試，編入学試験，帰国生入試などの特別入試，英語以外の外国語科目，商業・工業科目は，原則として掲載しておりません。また試験科目は変更される場合がありますので，あらかじめご了承ください。

赤本の使い方

受験勉強は過去問に始まり，過去問に終わる。

STEP 1 （なにはともあれ） まずは解いてみる

過去問をいつから解いたらいいか悩むかもしれませんが，まずは一度，**できるだけ早いうちに解いてみましょう。実際に解くことで，出題の傾向，問題のレベル，今の自分の実力がつかめます。**
赤本の「傾向と対策」にも，詳しい傾向分析が載っています。必ず目を通しましょう。

STEP 2 （じっくり具体的に） 弱点を分析する

解いた後は，ノートなどを使って自己分析をしましょう。**間違いは自分の弱点を教えてくれる貴重な情報源です。**
弱点を分析することで，今の自分に足りない力や苦手な分野などが見えてくるはずです。合格点を取るためには，こうした弱点をなくしていくのが近道です。

合格者があかす赤本の使い方

傾向と対策を熟読
（Fさん／国立大合格）

大学の出題傾向を調べることが大事だと思ったので，赤本に載っている「傾向と対策」を熟読しました。解答・解説もすべて目を通し，自分と違う解き方を学びました。

目標点を決める
（Yさん／私立大合格）

赤本によっては合格者最低点が載っているものもあるので，まずその点数を超えられるように目標を決めるのもいいかもしれません。

時間配分を確認
（Kさん／公立大合格）

過去問を本番の試験と同様の時間内に解くことで，どのような時間配分にするか，どの設問から解くかを決めました。

過去問を解いてみて，まずは自分のレベルとのギャップを知りましょう。それを克服できるように学習計画を立て，苦手分野の対策をします。そして，また過去問を解いてみる，というサイクルを繰り返すことで効果的に学習ができます。

STEP 3 重点対策をする（志望校にあわせて）

STEP 1▶2▶3… 実践を繰り返す（サイクルが大事！）

分析した結果をもとに，参考書や問題集を活用して**苦手な分野の重点対策**をしていきます。赤本を指針にして，何をどんな方法で強化すればよいかを考え，**具体的な学習計画を立てましょう**。
「傾向と対策」のアドバイスも参考にしてください。

ステップ1～3を繰り返し，足りない知識の補強や，よりよい解き方を研究して，実力アップにつなげましょう。
繰り返し解いて**出題形式に慣れること**や，試験時間に合わせて**実戦演習を行うこと**も大切です。

添削してもらう
（Sさん／国立大合格）

記述式の問題は自分で採点しにくいので，先生に添削してもらうとよいです。人に見てもらうことで自分の弱点に気づきやすくなると思います。

繰り返し解く
（Tさん／国立大合格）

1周目は問題のレベル確認程度に使い，2周目は復習兼頻出事項の見極めとして，3周目はしっかり得点できる状態を目指して使いました。

他学部の過去問も活用
（Kさん／私立大合格）

自分の志望学部の問題はもちろん，同じ大学の他の学部の過去問も解くようにしました。同じ大学であれば，傾向が似ていることが多いので，これはオススメです。

東京理科大-創域理工〈B方式・S方式〉◀目次▶

目　次

大 学 情 報 ……………………………………………………… 1

◆ 在学生メッセージ　25

◆ 合格体験記　28

傾向と対策 ………………………………………………… 39

2023年度
問 題 と 解 答

■B方式2月3日実施分：数理科・先端物理・情報計算科・生命生物科・経営システム工学科
S方式2月3日実施分：電気電子情報工学科

英	語	……………	4 ／ 解答 78
数	学	……………	17 ／ 解答 92
物	理	……………	21 ／ 解答 101
化	学	……………	39 ／ 解答 110
生	物	……………	51 ／ 解答 122

■B方式2月6日実施分：建築・先端化・電気電子情報工・機械航空宇宙工・社会基盤工学科
S方式2月6日実施分：数理科学科

英	語	……………	132 ／ 解答 177
数	学	……………	144 ／ 解答 191
物	理	……………	148 ／ 解答 200
化	学	……………	165 ／ 解答 210

※解答は，東京理科大学から提供のあった情報を掲載しています。

2022年度
問 題 と 解 答

■B方式2月3日実施分：数・物理・情報科・応用生物科・経営工学科

英	語	……………	4 ／ 解答 77
数	学	……………	14 ／ 解答 89
物	理	……………	18 ／ 解答 97
化	学	……………	38 ／ 解答 106
生	物	……………	49 ／ 解答 115

東京理科大-創域理工〈B方式・S方式〉◀目次▶

■B方式2月6日実施分：建築・先端化・電気電子情報
工・機械工・土木工学科

英	語	…………………	128	/	解答 176
数	学	…………………	139	/	解答 189
物	理	…………………	144	/	解答 199
化	学	…………………	164	/	解答 209

※解答は，東京理科大学から提供のあった情報を掲載しています。

2021年度
問題と解答

■B方式2月3日実施分：数・物理・情報科・応用生物
科・経営工学科

英	語	…………………	4	/	解答 78
数	学	…………………	16	/	解答 89
物	理	…………………	20	/	解答 98
化	学	…………………	38	/	解答 106
生	物	…………………	50	/	解答 117

■B方式2月6日実施分：建築・先端化・電気電子情報
工・機械工・土木工学科

英	語	…………………	130	/	解答 178
数	学	…………………	142	/	解答 189
物	理	…………………	146	/	解答 199
化	学	…………………	166	/	解答 207

※解答は，東京理科大学から提供のあった情報を掲載しています。

掲載内容についてのお断り

著作権の都合上，下記の内容を省略しています。
2022年度：2月3日実施分「英語」大問②問題文・全訳

University Guide

大学情報

大学の基本情報

 沿革

1881（明治 14）		東京大学出身の若き理学士ら 21 名が標す夢の第一歩「東京物理学講習所」を設立
1883（明治 16）		東京物理学校と改称

✎ 1906（明治 39）神楽坂に新校舎が完成。理学研究の「先駆的存在」として受講生が全国より集結。「落第で有名な学校」として世に知られるようになる

1949（昭和 24）	学制改革により東京理科大学となる。理学部のみの単科大学として新たなスタート
1960（昭和 35）	薬学部設置
1962（昭和 37）	工学部設置
1967（昭和 42）	理工学部設置
1981（昭和 56）	創立 100 周年
1987（昭和 62）	基礎工学部設置
1993（平成 5）	経営学部設置
2013（平成 25）	葛飾キャンパス開設
2021（令和 3）	基礎工学部を先進工学部に名称変更
2023（令和 5）	理工学部を創域理工学部に名称変更

ロゴマーク

　ロゴマークは，創立 125 周年の際に制定されたもので，東京理科大学徽章をベースにデザインされています。
　エメラルドグリーンの色は制定した際，時代に合わせた色であり，なおかつスクールカラーであるえんじ色との対比を考えた色として選ばれました。
　なお，徽章はアインシュタインによって確立された一般相対性理論を図案化したものです。太陽の重力によって曲げられる光の軌道を模式的に描いています。

学部・学科の構成

移転計画は構想中であり，内容は変更となる場合がある。

大　学

理学部第一部　神楽坂キャンパス
　数学科
　物理学科
　化学科
　応用数学科
　応用化学科

工学部　葛飾キャンパス
　建築学科
　工業化学科
　電気工学科
　情報工学科
　機械工学科

薬学部　野田キャンパス[※1]
　薬学科［6年制］
　生命創薬科学科［4年制］

※1　薬学部は2025年4月に野田キャンパスから葛飾キャンパスへ移転予定です。

創域理工学部　野田キャンパス
　数理科学科
　先端物理学科
　情報計算科学科
　生命生物科学科
　建築学科
　先端化学科
　電気電子情報工学科
　経営システム工学科
　機械航空宇宙工学科
　社会基盤工学科

4　東京理科大／大学情報

先進工学部　葛飾キャンパス

電子システム工学科

マテリアル創成工学科

生命システム工学科

物理工学科

機能デザイン工学科

経営学部　神楽坂キャンパス

（国際デザイン経営学科の1年次は北海道・長万部キャンパス）

経営学科

ビジネスエコノミクス学科

国際デザイン経営学科

理学部第二部　神楽坂キャンパス

数学科

物理学科

化学科

大学院

理学研究科／工学研究科／薬学研究科※2／創域理工学研究科／先進工学研究科／経営学研究科／生命科学研究科

※2　薬学研究科は2025年4月に野田キャンパスから葛飾キャンパスへ移転予定です。

（注）　学部・学科および大学院の情報は2023年4月時点のものです。

東京理科大／大学情報　5

大学所在地

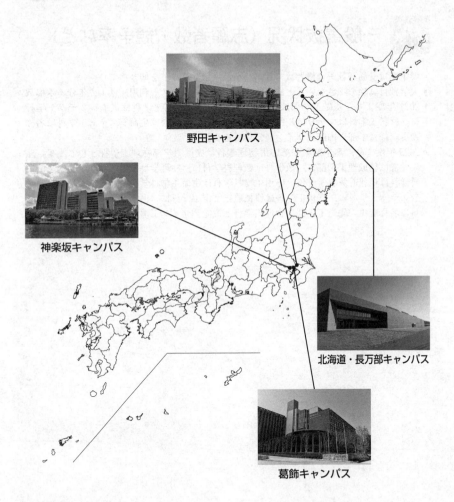

神楽坂キャンパス	〒162-8601	東京都新宿区神楽坂1-3
葛飾キャンパス	〒125-8585	東京都葛飾区新宿6-3-1
野田キャンパス	〒278-8510	千葉県野田市山崎2641
北海道・長万部キャンパス	〒049-3514	北海道山越郡長万部町字富野102-1

入試データ

 一般選抜状況（志願者数・競争率など）

- 競争率は受験者数÷合格者数で算出（小数点第2位以下を切り捨て）。
- 大学独自試験を課さないA方式入試（大学入学共通テスト利用）は1カ年分のみ掲載。
- 2021年度より，基礎工学部は先進工学部に，電子応用工学科は電子システム工学科に，材料工学科はマテリアル創成工学科に，生物工学科は生命システム工学科に名称変更。経営学部に国際デザイン経営学科を新設。
- 2023年度より，理学部第一部応用物理学科は先進工学部物理工学科として改組。理工学部は創域理工学部に，数学科は数理科学科に，物理学科は先端物理学科に，情報科学科は情報計算科学科に，応用生物科学科は生命生物科学科に，経営工学科は経営システム工学科に，機械工学科は機械航空宇宙工学科に，土木工学科は社会基盤工学科に名称変更。先進工学部に物理工学科と機能デザイン工学科を新設。

東京理科大／大学情報　7

2023 年度　入試状況

■A方式入試（大学入学共通テスト利用）

学部・学科		募集人員	志願者数	受験者数	合格者数	競争率	合格最低点
理第一部	数	19	392	392	154	2.5	643
	物　　理	19	735	735	307	2.3	661
	化	19	400	400	198	2.0	606
	応　用　数	20	209	209	93	2.2	624
	応　用　化	20	676	676	306	2.2	623
工	建　　築	16	641	641	163	3.9	659
	工　業　化	16	256	256	126	2.0	594
	電　気　工	16	204	204	102	2.0	626
	情　報　工	16	895	895	274	3.2	680
	機　械　工	16	625	625	340	1.8	622
薬	薬	15	717	717	244	2.9	640
	生 命 創 薬 科	15	415	415	153	2.7	622
創域理工	数　理　科	10	177	177	88	2.0	582
	先　端　物　理	15	302	302	151	2.0	606
	情　報　計　算　科	20	344	344	168	2.0	615
	生　命　生　物　科	16	493	493	183	2.6	636
	建　　築	20	244	244	119	2.0	610
	先　端　化	20	382	382	191	2.0	580
	電　気　電　子　情　報　工	25	347	347	171	2.0	624
	経　営　システム　工	16	259	259	91	2.8	632
	機　械　航　空　宇　宙　工	21	530	530	241	2.1	626
	社　会　基　盤　工	16	325	325	147	2.2	593
先進工	電　子　システム　工	19	456	456	165	2.7	630
	マテリアル創成工	19	312	312	155	2.0	618
	生　命　システム　工	19	429	429	162	2.6	638
	物　　理　　工	19	271	271	128	2.1	629
	機能デザイン工	19	262	262	131	2.0	591
経営	経　　営	37	707	707	235	3.0	619
	ビジネスエコノミクス	37	297	297	141	2.1	594
	国際デザイン経営	20	226	226	97	2.3	568
理第二部	数	15	200	200	107	1.8	414
	物　　理	20	139	139	106	1.3	347
	化	15	215	215	152	1.4	306
合　　　計		625	13,082	13,082	5,589	―	―

（配点）　800 点満点（ただし，理学部第二部は 600 点満点）。

8 東京理科大／大学情報

▓▓ B方式入試（東京理科大学独自試験）

学部・学科		募集人員	志願者数	受験者数	合格者数	競争率	合格最低点
理第一部	数	46	953	910	256	3.5	203
	物　　　理	46	1,571	1,507	355	4.2	209
	化	46	1,115	1,077	375	2.8	231
	応　用　数	49	689	651	220	2.9	187
	応　用　化	49	1,428	1,367	417	3.2	242
工	建　　　築	46	1,178	1,103	273	4.0	184
	工　業　化	46	639	599	280	2.1	157
	電　気　工	46	1,227	1,170	431	2.7	175
	情　報　工	46	2,294	2,165	496	4.3	197
	機　械　工	46	1,689	1,606	564	2.8	175
薬	薬	40	950	876	292	3.0	179
	生 命 創 薬 科	40	629	592	213	2.7	172
創域理工	数　理　科	20	545	522	232	2.2	294
	先 端 物 理	40	808	767	327	2.3	204
	情 報 計 算 科	49	1,029	986	388	2.5	215
	生 命 生 物 科	46	981	928	436	2.1	209
	建　　　築	49	794	768	239	3.2	203
	先　端　化	49	699	661	329	2.0	172
	電気電子情報工	40	1,214	1,167	503	2.3	198
	経営システム工	46	898	862	308	2.7	214
	機械航空宇宙工	53	1,205	1,155	430	2.6	206
	社 会 基 盤 工	46	876	828	376	2.2	183
先進工	電子システム工	46	1,176	1,137	361	3.1	201
	マテリアル創成工	46	874	857	394	2.1	207
	生命システム工	46	1,011	968	416	2.3	209
	物　理　工	46	835	804	355	2.2	195
	機能デザイン工	46	914	880	393	2.2	201
経営	経　　　営	72	1,062	1,036	370	2.8	261
	ビジネスエコノミクス	73	1,241	1,198	305	3.9	200
	国際デザイン経営	32	267	259	111	2.3	243
理第二部	数	70	263	214	122	1.7	160
	物　　　理	64	241	197	139	1.4	152
	化	69	212	173	151	1.1	100
合　　　　　計		1,594	31,507	29,990	10,857	—	—

（備考）　合格者数・合格最低点には追加合格者を含む。
（配点）　試験各教科100点満点，3教科計300点満点。ただし，以下を除く。
- 理学部第一部化学科・応用化学科は350点満点（化学150点，他教科各100点）。
- 創域理工学部数理科学科は400点満点（数学200点，他教科各100点）。
- 経営学部経営学科は400点満点（高得点の2科目をそれぞれ1.5倍に換算，残り1科目100点）。
- 経営学部国際デザイン経営学科は400点満点（英語200点，他教科各100点）。

東京理科大／大学情報　9

::: C方式入試（大学入学共通テスト＋東京理科大学独自試験）

学部・学科		募集人員	志願者数	受験者数	合格者数	競争率	合格最低点
理第一部	数	9	128	85	26	3.2	350
	物　　　　理	9	166	109	16	6.8	397
	化	9	142	92	31	2.9	355
	応　用　数	10	81	58	21	2.7	346
	応　　用　　化	10	157	93	20	4.6	376
工	建　　　築	10	143	101	21	4.8	380
	工　業　化	10	73	54	23	2.3	340
	電　気　工	10	63	42	16	2.6	353
	情　報　工	10	201	149	39	3.8	375
	機　械　工	10	160	98	36	2.7	347
薬	薬	10	131	79	23	3.4	364
	生 命 創 薬 科	10	113	80	23	3.4	360
創域理工	数　理　科	4	35	29	14	2.0	310
	先　端　物　理	10	76	44	22	2.0	316
	情 報 計 算 科	10	106	73	17	4.2	373
	生 命 生 物 科	10	133	100	36	2.7	358
	建　　　築	10	104	77	38	2.0	335
	先　端　化	10	80	51	25	2.0	339
	電気電子情報工	10	74	55	19	2.8	351
	経営システム工	10	76	58	21	2.7	335
	機械航空宇宙工	10	130	84	33	2.5	331
	社 会 基 盤 工	10	85	58	24	2.4	325
先進工	電子システム工	9	89	61	18	3.3	349
	マテリアル創成工	9	66	45	17	2.6	349
	生命システム工	9	111	74	34	2.1	349
	物　理　工	9	74	45	14	3.2	350
	機能デザイン工	9	80	56	12	4.6	361
経営	経　　　営	12	78	50	25	2.0	297
	ビジネスエコノミクス	15	88	64	30	2.1	316
	国際デザイン経営	5	26	17	8	2.1	322
合　　　　計		288	3,069	2,081	702	—	—

（配点）　500点満点（大学入学共通テスト200点＋東京理科大学独自試験300点）。

10 東京理科大／大学情報

■■グローバル方式入試（英語の資格・検定試験＋東京理科大学独自試験）

学部・学科	募集人員	志願者数	受験者数	合格者数	競争率	合格最低点
理第一部　数	5	73	67	14	4.7	191
理第一部　物理	5	101	88	8	11.0	234
理第一部　化	5	75	65	14	4.6	238
理第一部　応用数	5	86	80	14	5.7	201
理第一部　応用化	5	94	81	17	4.7	244
工　建築	5	87	76	11	6.9	214
工　工業化	5	50	46	15	3.0	232
工　電気工	5	45	41	11	3.7	199
工　情報工	5	129	112	16	7.0	236
工　機械工	5	110	91	33	2.7	187
薬　薬	5	97	83	18	4.6	247
薬　生命創薬科	5	80	74	13	5.6	238
創域理工　数理科	6	66	57	25	2.2	163
創域理工　先端物理	5	66	59	14	4.2	191
創域理工　情報計算科	5	75	66	13	5.0	233
創域理工　生命生物科	5	120	96	25	3.8	215
創域理工　建築	5	89	79	18	4.3	195
創域理工　先端化	5	70	64	29	2.2	210
創域理工　電気電子情報工	5	76	67	24	2.7	178
創域理工　経営システム工	5	77	74	15	4.9	225
創域理工　機械航空宇宙工	5	92	81	23	3.5	184
創域理工　社会基盤工	5	75	65	19	3.4	218
先進工　電子システム工	5	90	83	21	3.9	201
先進工　マテリアル創成工	5	80	68	23	2.9	214
先進工　生命システム工	5	92	81	20	4.0	215
先進工　物理工	5	61	54	15	3.6	188
先進工　機能デザイン工	5	97	87	11	7.9	243
経営　経営	12	79	71	26	2.7	164
経営　ビジネスエコノミクス	8	90	82	23	3.5	170
経営　国際デザイン経営	15	104	88	43	2.0	139
合計	171	2,526	2,226	571	—	—

（配点）　325点満点（東京理科大学独自試験300点＋英語の資格・検定試験25点）。

■■S方式入試（東京理科大学独自試験）

学部・学科	募集人員	志願者数	受験者数	合格者数	競争率	合格最低点
創域理工　数理科	20	256	246	122	2.0	226
創域理工　電気電子情報工	20	258	253	111	2.2	259
合計	40	514	499	233	—	—

（配点）　400点満点。
- 創域理工学部数理科学科は数学300点，英語100点。
- 創域理工学部電気電子情報工学科は物理200点，他教科各100点。

2022年度 入試状況

██ B方式入試（東京理科大学独自試験）

学部・学科		募集人員	志願者数	受験者数	合格者数	競争率	合格最低点
理第一部	数	49	896	848	249	3.4	182
	物　　　理	49	1,347	1,255	401	3.1	200
	化	49	1,092	1,031	322	3.2	212
	応　用　数理	49	688	652	189	3.4	183
	応　用　物理	49	723	679	268	2.5	165
	応　　用　　化	49	1,443	1,365	451	3.0	208
工	建　　　築	46	1,236	1,162	268	4.3	203
	工　業　化	46	647	608	260	2.3	148
	電　気　工	46	1,450	1,359	381	3.5	197
	情　報　工	46	2,401	2,250	451	4.9	212
	機　械　工	46	1,864	1,756	557	3.1	196
薬	薬	40	1,032	949	259	3.6	197
	生　命　創　薬　科	40	604	568	204	2.7	191
理工	数	49	789	754	294	2.5	287
	物　　　理	49	1,068	1,025	457	2.2	203
	情　報　科	49	1,558	1,500	381	3.9	231
	応　用　生　物　科	49	828	792	387	2.0	206
	建　　　築	49	960	925	205	4.5	222
	先　端　化	49	873	837	357	2.3	184
	電気電子情報工	67	1,758	1,670	526	3.1	210
	経　営　工	49	902	871	326	2.6	214
	機　械　工	49	1,522	1,449	449	3.2	217
	土　木　工	49	1,027	996	305	3.2	204
先進工	電子システム工	49	967	930	279	3.3	203
	マテリアル創成工	49	1,098	1,061	345	3.0	202
	生命システム工	49	1,127	1,073	418	2.5	198
経営	経　　　営	72	1,271	1,233	391	3.1	262
	ビジネスエコノミクス	73	1,149	1,103	324	3.4	183
	国際デザイン経営	32	228	222	108	2.0	240
理第二部	数	70	319	258	121	2.1	144
	物　　　理	64	308	270	133	2.0	168
	化	69	204	166	143	1.1	100
合　　　　計		1,639	33,379	31,617	10,209	—	—

（備考）　合格者数・合格最低点には追加合格者を含む。
（配点）　試験各教科100点満点，3教科計300点満点。ただし，以下を除く。
- 理学部第一部化学科・応用化学科は350点満点（化学150点，他教科各100点）。
- 理工学部数学科は400点満点（数学200点，他教科各100点）。
- 経営学部経営学科は400点満点（高得点の2科目をそれぞれ1.5倍に換算，残り1科目100点）。
- 経営学部国際デザイン経営学科は400点満点（英語200点，他教科各100点）。

▓C方式入試（大学入学共通テスト＋東京理科大学独自試験）

学部・学科		募集人員	志願者数	受験者数	合格者数	競争率	合格最低点
理第一部	数	10	136	98	24	4.0	420
	物　　　　理	10	161	121	19	6.3	418
	化	10	171	104	34	3.0	389
	応　用　数　理	10	127	98	25	3.9	386
	応　用　物　理	10	84	64	17	3.7	394
	応　　用　　化	10	229	145	36	4.0	397
工	建　　　築	10	217	162	33	4.9	407
	工　業　化	10	97	69	27	2.5	371
	電　気　工	10	96	75	24	3.1	392
	情　報　工	10	292	243	35	6.9	425
	機　械　工	10	204	153	57	2.6	381
薬	薬	10	206	156	23	6.7	413
	生 命 創 薬 科	10	135	100	22	4.5	399
理工	数	10	107	91	24	3.7	404
	物　　　　理	10	102	79	20	3.9	386
	情　報　科	10	140	114	25	4.5	403
	応 用 生 物 科	10	208	167	36	4.6	387
	建　　　築	10	169	138	34	4.0	397
	先　端　化	10	150	110	33	3.3	373
	電気電子情報工	13	171	136	23	5.9	397
	経　営　工	10	89	66	25	2.6	384
	機　械　工	10	227	177	42	4.2	381
	土　木　工	10	129	92	30	3.0	361
先進工	電子システム工	10	119	95	24	3.9	397
	マテリアル創成工	10	135	107	11	9.7	410
	生命システム工	10	184	142	30	4.7	399
経営	経　　　営	12	189	160	43	3.7	390
	ビジネスエコノミクス	15	147	122	39	3.1	392
	国際デザイン経営	5	55	46	16	2.8	378
合	計	295	4,476	3,430	831	—	—

（配点）　500 点満点（大学入学共通テスト 200 点＋東京理科大学独自試験 300 点）。

東京理科大／大学情報　13

■■グローバル方式入試（英語の資格・検定試験＋東京理科大学独自試験）

学部・学科		募集人員	志願者数	受験者数	合格者数	競争率	合格最低点
理第一部	数	5	72	65	13	5.0	310
	物　　　理	5	62	53	13	4.0	274
	化	5	60	54	17	3.1	251
	応　用　数	5	105	101	18	5.6	305
	応　用　物　理	5	39	36	11	3.2	261
	応　　用　　化	5	46	35	9	3.8	252
工	建　　　築　　　化	5	75	72	15	4.8	276
	工　業　化	5	39	34	11	3.0	255
	電　気　工	5	62	57	9	6.3	289
	情　報　工	5	114	100	15	6.6	281
	機　械　工	5	67	56	11	5.0	274
薬	薬	5	60	52	10	5.2	265
	生 命 創 薬 科	5	39	35	11	3.1	250
理工	数	5	106	101	24	4.2	292
	物　　　理	5	58	56	18	3.1	247
	情　報　科	5	82	76	9	8.4	276
	応 用 生 物 科	5	61	53	15	3.5	253
	建　　　築	5	80	75	12	6.2	270
	先　端　化	5	61	54	17	3.1	241
	電気電子情報工	7	126	114	16	7.1	270
	経　営　工	5	49	43	12	3.5	255
	機　械　工	5	73	66	18	3.6	258
	土　木　工	5	72	68	12	5.6	243
先進工	電子システム工	5	65	59	18	3.2	249
	マテリアル創成工	5	34	29	6	4.8	261
	生命システム工	5	82	76	12	6.3	271
経営	経　　　営	12	112	103	23	4.4	281
	ビジネスエコノミクス	8	106	100	20	5.0	285
	国際デザイン経営	15	63	58	33	1.7	220
合　　　計		167	2,070	1,881	428	—	—

（配点）　325点満点（東京理科大学独自試験300点＋英語の資格・検定試験25点）。

14 東京理科大／大学情報

2021 年度 入試状況

▪️▪️ B方式入試（東京理科大学独自試験）

学部・学科		募集人員	志願者数	受験者数	合格者数	競争率	合格最低点
理第一部	数	49	858	827	247	3.3	185
	物　　理	49	1,247	1,180	423	2.7	187
	化	49	1,020	972	344	2.8	＊234
	応　用　数	49	570	544	191	2.8	183
	応　用　物　理	49	664	634	311	2.0	144
	応　用　化	49	1,240	1,187	447	2.6	＊181
工	建　　築	46	1,199	1,144	290	3.9	197
	工　業　化	46	643	610	271	2.2	177
	電　気　工	46	1,190	1,120	380	2.9	188
	情　報　工	46	2,389	2,264	375	6.0	211
	機　械　工	46	1,769	1,671	494	3.3	197
薬	薬	40	934	841	252	3.3	175
	生 命 創 薬 科	40	603	560	224	2.5	166
理工	数	49	702	683	340	2.0	＊＊279
	物　　理	49	1,083	1,048	409	2.5	220
	情　報　科	49	1,410	1,360	433	3.1	228
	応 用 生 物 科	49	900	854	355	2.4	212
	建　　築	49	798	762	250	3.0	213
	先　端　化	49	636	614	296	2.0	196
	電気電子情報工	67	1,413	1,338	626	2.1	202
	経　営　工	49	902	871	301	2.8	221
	機　械　工	49	1,417	1,350	474	2.8	214
	土　木　工	49	782	755	418	1.8	187
先進工	電子システム工	49	1,233	1,182	198	5.9	212
	マテリアル創成工	49	1,280	1,235	357	3.4	199
	生命システム工	49	1,288	1,239	390	3.1	194
経営	経　　営	72	1,093	1,063	312	3.4	#299
	ビジネスエコノミクス	73	1,091	1,059	321	3.2	221
	国際デザイン経営	32	499	485	64	7.5	##307
理第二部	数	64	254	215	123	1.7	123
	物　　理	64	238	185	122	1.5	110
	化	69	188	152	112	1.3	101
合　　　計		1,633	31,533	30,004	10,150	—	—

（備考）　合格者数・合格最低点には追加合格者を含む。
（配点）　試験各教科 100 点満点，3 教科計 300 点満点。ただし，以下を除く。
- 理学部第一部化学科・応用化学科（＊）は 350 点満点（化学 150 点，他教科各 100 点）。
- 理工学部数学科（＊＊）は 400 点満点（数学 200 点，他教科各 100 点）。
- 経営学部経営学科（#）は 400 点満点（高得点の 2 科目をそれぞれ 1.5 倍に換算，残り 1 科目 100 点）。
- 経営学部国際デザイン経営学科（##）は 400 点満点（英語 200 点，他教科各 100 点）。

東京理科大／大学情報　15

■■C方式入試（大学入学共通テスト＋東京理科大学独自試験）

学部・学科		募集人員	志願者数	受験者数	合格者数	競争率	合格最低点
理第一部	数	10	131	91	26	3.5	369
	物　　　理	10	126	81	12	6.7	391
	化	10	129	87	30	2.9	371
	応　用　数	10	64	42	25	1.6	319
	応　用　物　理	10	76	53	19	2.7	360
	応　　用　　化	10	130	87	20	4.3	385
工	建　　築　　化	10	130	94	25	3.7	390
	工　業　化	10	91	65	26	2.5	369
	電　気　工	10	90	64	21	3.0	383
	情　報　工	10	216	165	30	5.5	405
	機　械　工	10	142	92	30	3.0	382
薬	薬	10	163	112	16	7.0	391
	生 命 創 薬 科	10	114	75	18	4.1	376
理工	数	10	74	57	27	2.1	339
	物　　　理	10	78	60	19	3.1	376
	情　報　科	10	135	105	17	6.1	401
	応 用 生 物 科	10	139	104	36	2.8	361
	建　　　築	10	83	57	24	2.3	358
	先　端　化	10	72	50	19	2.6	359
	電気電子情報工	13	107	79	19	4.1	373
	経　営　工	10	96	70	21	3.3	375
	機　械　工	10	136	87	32	2.7	358
	土　木　工	10	65	33	13	2.5	352
先進工	電子システム工	10	138	113	14	8.0	387
	マテリアル創成工	10	123	67	14	4.7	366
	生命システム工	10	164	116	33	3.5	374
経営	経　　　営	12	87	63	26	2.4	337
	ビジネスエコノミクス	15	110	78	23	3.3	366
	国際デザイン経営	5	37	26	7	3.7	369
合　　　　　計		295	3,246	2,273	642	—	—

（配点）　500点満点（大学入学共通テスト200点＋東京理科大学独自試験300点）。

16 東京理科大／大学情報

■■グローバル方式入試（英語の資格・検定試験＋東京理科大学独自試験）

学部・学科		募集人員	志願者数	受験者数	合格者数	競争率	合格最低点
理第一部	数	5	57	52	11	4.7	243
	物　　理	5	60	52	8	6.5	252
	化	5	57	49	15	3.2	246
	応　用　数	5	89	80	16	5.0	208
	応　用　物　理	5	37	34	11	3.0	233
	応　用　化	5	71	64	10	6.4	261
工	建　　築	5	85	77	10	7.7	253
	工　業　化	5	52	44	12	3.6	245
	電　気　工	5	50	44	13	3.3	229
	情　報　工	5	119	101	14	7.2	256
	機　械　工	5	61	51	11	4.6	252
薬	薬	5	46	35	6	5.8	255
	生 命 創 薬 科	5	48	41	13	3.1	251
理工	数	5	46	46	23	2.0	185
	物　　理	5	38	37	8	4.6	232
	情　報　科	5	59	53	8	6.6	250
	応 用 生 物 科	5	51	45	14	3.2	228
	建　　築	5	56	50	15	3.3	227
	先　端　化	5	30	29	7	4.1	238
	電気電子情報工	7	57	53	13	4.0	209
	経　営　工	5	57	51	13	3.9	251
	機　械　工	5	65	55	15	3.6	218
	土　木　工	5	59	52	9	5.7	244
先進工	電子システム工	5	105	99	12	8.2	238
	マテリアル創成工	5	68	62	8	7.7	244
	生命システム工	5	99	88	19	4.6	232
経営	経　　営	12	84	74	13	5.6	206
	ビジネスエコノミクス	8	143	130	30	4.3	215
	国際デザイン経営	15	86	79	20	3.9	203
合　　　　　計		167	1,935	1,727	377	－	－

（配点）　325 点満点（東京理科大学独自試験 300 点＋英語の資格・検定試験 25 点）。

東京理科大／大学情報　17

2020 年度　入試状況

■■B方式入試（東京理科大学独自試験）

学部・学科		募集人員	志願者数	受験者数	合格者数	競争率	合格最低点
理第一部	数　　　　学	49	887	852	238	3.5	180
	物　　　　理	49	1,418	1,361	376	3.6	207
	化	49	1,073	1,008	291	3.4	*221
	応　用　数　学	49	688	665	186	3.5	176
	応　用　物　理	49	751	717	285	2.5	180
	応　　　用　　　化	49	1,470	1,403	390	3.5	*250
工	建　　　　築	46	1,413	1,317	285	4.6	208
	工　業　化	46	656	617	264	2.3	181
	電　気　工	46	1,729	1,638	329	4.9	209
	情　報　工	46	2,158	2,014	418	4.8	213
	機　械　工	46	2,213	2,080	444	4.6	213
薬	薬	40	1,028	935	262	3.5	212
	生　命　創　薬　科	40	688	646	237	2.7	203
理工	数　　　　学	49	911	879	311	2.8	**262
	物　　　　理	49	1,215	1,170	411	2.8	187
	情　報　科	49	1,567	1,492	366	4.0	218
	応　用　生　物　科	49	1,228	1,174	393	2.9	202
	建　　　　築	49	1,044	991	214	4.6	217
	先　端　化	49	1,059	1,005	292	3.4	206
	電気電子情報工	67	1,623	1,542	493	3.1	208
	経　営　工	49	1,064	1,026	270	3.8	208
	機　械　工	49	1,766	1,688	470	3.5	216
	土　木　工	49	995	946	322	2.9	198
基礎工	電　子　応　用　工	49	794	769	211	3.6	204
	材　料　工	49	1,138	1,097	263	4.1	207
	生　物　工	49	775	739	295	2.5	196
経営	経　　　　営	132	1,755	1,695	328	5.1	#262
	ビジネスエコノミクス	62	1,054	1,022	139	7.3	217
理第二部	数　　　　学	64	310	259	113	2.2	167
	物　　　　理	64	304	273	138	1.9	162
	化	69	231	200	131	1.5	148
合　　　　　計		1,650	35,005	33,220	9,165	―	―

（備考）　合格者数・合格最低点には補欠合格者を含む。
（配点）　試験各教科 100 点満点，3 教科計 300 点満点。ただし，以下を除く。
• 理学部第一部化学科・応用化学科（＊）は 350 点満点（化学 150 点，他教科各 100 点）。
• 理工学部数学科（＊＊）は 400 点満点（数学 200 点，他教科各 100 点）。
• 経営学部経営学科（#）は 350 点満点（英語 150 点，他教科各 100 点）。

18　東京理科大／大学情報

■■C方式入試（大学入試センター試験＋東京理科大学独自試験）

学部・学科		募集人員	志願者数	受験者数	合格者数	競争率	合格最低点
理第一部	数	10	90	72	18	4.0	384
	物　　　　理	10	132	102	14	7.2	410
	化	10	110	86	27	3.1	381
	応　用　数	10	88	68	25	2.7	379
	応　用　物　理	10	60	47	18	2.6	376
	応　用　化	10	161	117	34	3.4	390
工	建　　築	10	146	112	26	4.3	401
	工　業　化	10	75	53	20	2.6	371
	電　気　工	10	184	142	37	3.8	393
	情　報　工	10	205	152	30	5.0	404
	機　械　工	10	210	159	40	3.9	390
薬	薬	10	182	133	20	6.6	396
	生命創薬科	10	106	83	24	3.4	379
理工	数	10	79	68	19	3.5	378
	物　　　　理	10	84	60	10	6.0	392
	情　報　科	10	115	81	22	3.6	385
	応用生物科	10	173	125	35	3.5	366
	建　　築	10	113	91	24	3.7	398
	先　端　化	10	90	72	20	3.6	371
	電気電子情報工	13	91	65	16	4.0	374
	経　営　工	10	96	79	20	3.9	369
	機　械　工	10	145	118	25	4.7	390
	土　　木　　工	10	69	54	12	4.5	387
基礎工	電　子　応　用　工	10	115	87	24	3.6	377
	材　　料　　工	10	165	132	10	13.2	395
	生　　物　　工	10	120	97	32	3.0	358
経営	経　　　　営	24	208	172	25	6.8	387
	ビジネスエコノミクス	13	181	148	23	6.4	383
合　　　　計		300	3,593	2,775	650	—	—

（配点）　500点満点（大学入試センター試験 200 点＋東京理科大学独自試験 300 点）。

■■グローバル方式入試（英語の資格・検定試験＋東京理科大学独自試験）

学部・学科		募集人員	志願者数	受験者数	合格者数	競争率	合格最低点
理第一部	数	5	56	52	7	7.4	270
	物理	5	66	61	7	8.7	269
	化	5	58	50	13	3.8	235
	応用数理	5	68	63	17	3.7	236
	応用物理	5	37	34	9	3.7	253
	応用化	5	69	59	12	4.9	238
工	建築	5	79	74	10	7.4	253
	工業化	5	44	40	12	3.3	213
	電気工	5	107	100	15	6.6	250
	情報工	5	91	76	12	6.3	254
	機械工	5	80	75	10	7.5	266
薬	薬	5	59	45	8	5.6	242
	生命創薬科	5	43	37	9	4.1	221
理工	数	5	33	31	8	3.8	234
	物理	5	38	33	7	4.7	246
	情報科	5	50	46	7	6.5	242
	応用生物科	5	78	68	13	5.2	224
	建築	5	68	61	9	6.7	252
	先端化	5	45	40	9	4.4	230
	電気電子情報工	7	62	52	15	3.4	233
	経営工	5	50	43	10	4.3	228
	機械工	5	65	57	11	5.1	251
	土木工	5	76	71	14	5.0	222
基礎工	電子応用工	5	94	88	21	4.1	227
	材料工	5	76	68	5	13.6	239
	生物工	5	60	53	13	4.0	217
経営	経営	12	177	162	12	13.5	236
	ビジネスエコノミクス	7	110	104	20	5.2	228
合計		151	1,939	1,743	315	—	—

（配点）　320点満点（東京理科大学独自試験300点＋英語の資格・検定試験20点）。

20　東京理科大／大学情報

2019 年度　入試状況

■ B方式入試（東京理科大学独自試験）

学部・学科		募集人員	志願者数	受験者数	合格者数	競争率	合格最低点
理第一部	数	49	864	827	203	4.0	186
	物　　　　理	49	1,260	1,192	330	3.6	198
	化	49	1,118	1,064	269	3.9	＊250
	応　用　数　理	49	641	612	154	3.9	182
	応　用　物　理	49	774	733	256	2.8	173
	応　　用　　化	49	1,444	1,381	347	3.9	＊229
工	建　　　築	46	1,456	1,379	215	6.4	192
	工　業　化	46	727	685	246	2.7	172
	電　気　工	46	1,563	1,478	353	4.1	179
	情　報　工	46	2,394	2,262	329	6.8	196
	機　械　工	46	2,269	2,148	522	4.1	186
薬	薬	40	1,066	978	226	4.3	184
	生　命　創　薬　科	40	682	633	253	2.5	164
理工	数	49	959	919	293	3.1	＊＊230
	物　　　　理	49	1,196	1,141	355	3.2	203
	情　報　科	49	1,424	1,359	313	4.3	218
	応　用　生　物　科	49	1,111	1,062	464	2.2	201
	建　　　築	49	1,141	1,070	198	5.4	218
	先　端　化	49	1,118	1,071	349	3.0	208
	電気電子情報工	67	1,758	1,675	413	4.0	213
	経　営　工	49	1,035	992	221	4.4	211
	機　械　工	49	1,860	1,768	395	4.4	218
	土　　　木	49	931	888	301	2.9	203
基礎工	電　子　応　用　工	49	972	950	179	5.3	202
	材　料　工	49	1,035	1,002	267	3.7	199
	生　物　工	49	688	658	233	2.8	188
経営	経　　　営	132	2,509	2,391	219	10.9	＃273
	ビジネスエコノミクス	62	969	932	124	7.5	217
理第二部	数	64	334	297	97	3.0	174
	物　　　　理	64	298	250	136	1.8	166
	化	69	243	208	141	1.4	154
合　　　　計		1,650	35,839	34,005	8,401	―	―

（備考）　合格者数・合格最低点には補欠合格者を含む。
（配点）　試験各教科 100 点満点，3 教科計 300 点満点。ただし，以下を除く。
- 理学部第一部化学科・応用化学科（＊）は 350 点満点（化学 150 点，他教科各 100 点）。
- 理工学部数学科（＊＊）は 350 点満点（数学 150 点，他教科各 100 点）。
- 経営学部経営学科（＃）は 350 点満点（英語 150 点，他教科各 100 点）。

東京理科大／大学情報　21

■C方式入試（大学入試センター試験＋東京理科大学独自試験）

学部・学科		募集人員	志願者数	受験者数	合格者数	競争率	合格最低点
理第一部	数	10	138	113	10	11.3	423
	物　　理	10	185	131	18	7.2	415
	化	10	210	162	17	9.5	413
	応　用　数	10	133	112	16	7.0	399
	応　用　物　理	10	113	82	10	8.2	397
	応　用　化	10	194	142	26	5.4	415
工	建　　築	10	235	196	31	6.3	421
	工　業　化	10	125	97	27	3.5	395
	電　気　工	10	182	138	39	3.5	398
	情　報　工	10	279	209	20	10.4	424
	機　械　工	10	225	170	38	4.4	405
薬	薬	10	204	142	22	6.4	414
	生命創薬科	10	122	99	29	3.4	395
理工	数	10	158	134	11	12.1	410
	物　　理	10	147	113	20	5.6	397
	情　報　科	10	131	101	21	4.8	398
	応　用　生　物　科	10	163	118	39	3.0	387
	建　　築	10	140	112	20	5.6	412
	先　端　化	10	173	141	26	5.4	401
	電気電子情報工	13	149	120	18	6.6	401
	経　営　工	10	128	96	20	4.8	392
	機　械　工	10	183	145	20	7.2	412
	土　木　工	10	105	76	20	3.8	389
基礎工	電　子　応　用　工	10	137	115	21	5.4	388
	材　料　工	10	119	84	31	2.7	371
	生　物　工	10	152	117	26	4.5	388
経営	経　　営	24	222	177	70	2.5	376
	ビジネスエコノミクス	13	226	189	45	4.2	389
合	計	300	4,678	3,631	711	—	—

（配点）　500点満点（大学入試センター試験200点＋東京理科大学独自試験300点）。

■■グローバル方式入試（英語の資格・検定試験＋東京理科大学独自試験）

学部・学科	募集人員	志願者数	受験者数	合格者数	競争率	合格最低点
理第一部 数	5	44	40	6	6.6	274
物　　　理	5	81	77	10	7.7	259
化	5	75	67	10	6.7	249
応　用　数　理	5	61	55	5	11.0	274
応　用　物　理	5	53	50	5	10.0	246
応　　用　　化	5	67	61	10	6.1	254
工 建　　　　　築	5	75	69	6	11.5	276
工　業　化	5	39	36	11	3.2	242
電　気　工	5	49	43	17	2.5	237
情　報　工	5	97	88	9	9.7	270
機　　械　　工	5	83	71	12	5.9	258
薬 薬	5	67	53	6	8.8	260
生　命　創　薬　科	5	35	27	7	3.8	239
理工 数	5	46	42	5	8.4	274
物　　　　理	5	76	72	7	10.2	255
情　　　報　　　科	5	73	63	7	9.0	261
応　用　生　物　科	5	57	51	13	3.9	233
建　　　　築	5	99	90	7	12.8	272
先　端　化	5	85	82	16	5.1	242
電気電子情報工	7	75	68	9	7.5	251
経　　営　　工	5	74	69	7	9.8	261
機　　械　　工	5	76	65	7	9.2	259
土　　木　　工	5	61	58	7	8.2	243
基礎工 電　子　応　用　工	5	87	84	14	6.0	238
材　　料　　工	5	54	45	9	5.0	240
生　　物　　工	5	47	43	9	4.7	234
経営 経　　　　営	12	81	74	23	3.2	230
ビジネスエコノミクス	7	57	52	10	5.2	240
合　　　　計	151	1,874	1,695	264	—	—

（配点）　320点満点（東京理科大学独自試験300点＋英語の資格・検定試験20点）。

募集要項(出願書類)の入手方法

◎一般選抜(A方式・B方式・C方式・グローバル方式・S方式)

　Web出願サイトより出願を行います。募集要項は大学ホームページよりダウンロードしてください(11月中旬公開予定)。

◎学校推薦型選抜(指定校制・公募制)

　Web出願サイトより出願を行います。募集要項は7月上旬頃,大学ホームページで公開。

〔Web出願の手順〕
Web出願サイトより出願情報を入力
⇨入学検定料等を納入⇨出願書類を郵送⇨完了

◎上記入学試験以外(帰国生入学者選抜や編入学など)

　Web出願には対応していません。願書(紙媒体)に記入し,郵送により出願します。募集要項は大学ホームページから入手してください。

問い合わせ先
　〒162-8601　東京都新宿区神楽坂1-3
　　東京理科大学　入試課
　　TEL 03-5228-7437　　　FAX 03-5228-7444
　ホームページ　https://www.tus.ac.jp/

 東京理科大学のテレメールによる資料請求方法

| スマートフォンから | QRコードからアクセスしガイダンスに従ってご請求ください。 |
| パソコンから | 教学社 赤本ウェブサイト(akahon.net)から請求できます。 |

合格体験記 募集

　2024年春に入学される方を対象に，本大学の「合格体験記」を募集します。お寄せいただいた合格体験記は，編集部で選考の上，小社刊行物やウェブサイト等に掲載いたします。お寄せいただいた方には小社規定の謝礼を進呈いたしますので，ふるってご応募ください。

応募方法

下記URLまたはQRコードより応募サイトにアクセスできます。ウェブフォームに必要事項をご記入の上，ご応募ください。折り返し執筆要領をメールにてお送りします。
（※入学が決まっている一大学のみ応募できます）

⇨ http://akahon.net/exp/

応募の締め切り

総合型選抜・学校推薦型選抜	2024年2月23日
私立大学の一般選抜	2024年3月10日
国公立大学の一般選抜	2024年3月24日

受験川柳 募集

受験にまつわる川柳を募集します。
入選者には賞品を進呈！　ふるってご応募ください。

応募方法

http://akahon.net/senryu/ にアクセス！

在学生メッセージ

　大学ってどんなところ？　大学生活ってどんな感じ？ちょっと気になることを，在学生に聞いてみました。

(注) 以下の内容は 2020～2022 年度入学生のアンケート回答に基づくものです。ここで触れられている内容は今後変更となる場合もありますのでご注意ください。

　大学生になったと実感！

　自由度が高まったと感じています。バイト，部活，勉強など自分のやりたいことが好きなようにできます。高校時代と比べて良い意味でも悪い意味でも周りからの干渉がなくなったので，自分のやりたいことができます。逆に，何もしないと何も始まらないと思います。友達作りや自分のやりたいことを自分で取捨選択して考えて行動することで，充実した大学生活を送ることができるのではないでしょうか。自分自身，こういった環境に身を置くことができるのはとてもありがたいことだと思っており，有意義なものになるよう自分から動くようにしています。(A. Y. さん)

　大学生になって，高校よりも良くも悪くも自由になったと実感しています。高校生までは，時間割が決まっていて学校の外に出ることはなかったと思いますが，大学生は授業と授業の間にお出かけをしたり，ご飯を食べたりすることもできますし，授業が始まる前に遊んでそのまま大学に行くこともあります。アルバイトを始めたとき，専門書を購入したとき，大学生になったと実感します。また，講義ごとに教室が変わり自分たちが移動する点も高校とは異なる点だと思います。(M. A. さん)

　所属する建築学科に関する専門科目が新しく加わって，とても楽しいです。さらに OB の方をはじめとした，現在業界の第一線で働いていらっしゃる専門職の方の講演が授業の一環で週に 1 回あります。そのほかの先生も業界で有名な方です。(K. N. さん)

――――メッセージを書いてくれた先輩方――――
《創域理工学部》K. N. さん　《理学部第一部》A. Y. さん　《理学部第二部》M. A. さん

この授業がおもしろい！

　1年生の前期に取っていた教職概論という授業が好きでした。この授業は教職を取りたいと思っている学生向けの授業です。教授の話を聞いたり個人で演習したりする授業が多いですが，この授業は教授の話を聞いた後にグループワークがありました。志の高い人たちとの話し合いは刺激的で毎回楽しみにしていました。後半にはクラス全体での発表もあり，たくさんの意見を聞くことができる充実した授業でした。(A. Y. さん)

大学の学びで困ったこと＆対処法

　高校と比べて圧倒的に授業の数が多いので，テスト勉強がとても大変です。私の場合，1年生前期の対面での期末テストは12科目もありました。テスト期間は長く大変でしたが，先輩や同期から過去問題をもらい，それを重点的に対策しました。同学科の先輩とのつながりは大切にするべきです。人脈の広さがテストの点数に影響してきます。(A. Y. さん)

　数学や物理でわからないことがあったときは，SNSでつながっている学科の友人に助けを求めたり，高校時代の頭のよかった友人に質問したりします。他の教科の課題の量もかなり多めなので，早めに対処することが一番大事です。(K. N. さん)

部活・サークル活動

　部活は弓道部，サークルは「ちびらぼ」という子供たちに向けて科学実験教室を行うボランティアサークルに所属しています。弓道部は週に3回あり忙しいほうだと思いますが，他学部の人たちや先輩と知り合うことができて楽しいです。部活やサークルに入ることは，知り合いの幅を広げることもできるのでおすすめです。どのキャンパスで主に活動しているのか，インカレなのかなど，体験入部などを通してよく調べて選ぶといいと思います。(A. Y. さん)

交友関係は？

　初めはSNSで同じ学部・学科の人を見つけてつながりを持ちました。授業が始まるにつれて対面で出会った友達と一緒にいることが増えました。勉強をしていくうえでも，大学生活を楽しむうえでも友達の存在は大きく感じます。皆さんに気の合う友達ができることを祈っています。（M. A. さん）

いま「これ」を頑張っています

　勉強，部活，バイトです。正直大変で毎日忙しいですが，充実していて楽しいです。自分の知らなかった世界が広がった気がします。実験レポートや課題が多く，いつ何をするか計画立てて進めています。自分はどうしたいかを日々考えて動いています。（A. Y. さん）

おススメ・お気に入りスポット

　私は理学部なので神楽坂キャンパスに通っています。キャンパスの周りにはたくさんのカフェやおしゃれなお店があり，空きコマや放課後にふらっと立ち寄れるのがいいと思います。東京理科大学には「知るカフェ」というカフェがあり，ドリンクが無料で飲めるスペースがあります。勉強している学生が多くいて，私もよくそこで友達と課題をしています。（A. Y. さん）

入学してよかった！

　勤勉な友達や熱心な先生方と出会い，毎日が充実しており，東京理科大学に入学してよかったと心から思っています。理科大というと単位や留年，実力主義という言葉が頭に浮かぶ人，勉強ばかりで大変だと思っている人もいると思います。しかし，勉強に集中できる環境が整っており，先生方のサポートは手厚く，勉強にも大学生活にも本気になることができます。また，教員養成にも力を入れており，この点も入学してよかったと思っている点です。（M. A. さん）

合格体験記

みごと合格を手にした先輩に、入試突破のためのカギを伺いました。入試までの限られた時間を有効に活用するために、ぜひ役立ててください。
(注) ここでの内容は、先輩が受験された当時のものです。2024年度入試では当てはまらないこともありますのでご注意ください。

アドバイスをお寄せいただいた先輩

 H. S. さん　先進工学部（機能デザイン工学科）
B方式 2023年度合格，千葉県出身

　最後まで諦めないことだと思います。模試で良い成績を残せず，「なんでこんなに勉強しているのに成績が伸びないんだ」と心が折れてしまうことがあるかもしれないけれど，最後まで諦めなければ結果はついてくると思います。

その他の合格大学　東京海洋大（海洋工），中央大（理工），青山学院大（理工），法政大（理工）

 A. Y. さん　理学部（化学科）
B方式 2022年度合格，東京都出身

　1問1問に向き合い，自分自身や受験に対して最後まで諦めない気持ちを持つことが合格への最大のポイントだと思います。うまくいかないこともありますが，踏ん張って自分で考え試行錯誤しているうちに何かに気がつけたり，成長できていることに気づかされることもあります。受験には終わりがあります。あと少しだけ，そう思って諦めず少しずつでも進んでいくことが大切だと思います。どんなにうまくいかなかったり周りから何か言われたりしても合格すればすべて報われます。そう思って頑張ってください！

その他の合格大学　東邦大（理），東京電機大（工），立教大（理），法政大（生命科），中央大（理工），富山大（理）

K.O.さん 先進工学部（電子システム工学科）
B方式 2022 年度合格，大阪府出身

　時にはモチベーションが上がらなかったり，投げ出したくなること
もあるかもしれません。でもやっぱり一番大事なのは，そんなときこ
そゆっくりでもいいから足を止めず，勉強を続けることだと思います。

その他の合格大学　芝浦工業大（工），法政大（理工），東京都市大（理
工）

山中祐示さん 理学部（物理学科）
B方式 2021 年度合格，横浜栄高校（神奈川）出身

　合格のポイントは，自分の能力で志望校合格に何が足りないのかし
っかり分析できたところです。受験では合格するかしないかを偏差値
で見がちですが，偏差値はあくまでそのときの全国の受験者との比較
でしかありません。自分がとても行きたい大学があるのなら，過去問
をただ漫然とやるのではなく，その大学での頻出分野の自分の出来や，
自分の苦手分野と過去の出題内容との組み合わせなど，しっかり分析
してやることを意識してみてください。応援しています。

その他の合格大学　早稲田大（人間科，教育），明治大（理工），青山学院
大（理工），中央大（理工），芝浦工業大（工）

R.S.さん 理学部（物理学科）
B方式 2021 年度合格，東京都出身

　まずは基礎。基礎レベルの参考書の1周目は中〜終盤にかけてかな
り心がやられるかもしれないけど，その分飛躍も大きい。演習では問
題ごとにそれに対する解法，プロセスを考えついた理由を説明できる
ようにすることが大事。

入試なんでもQ&A

受験生のみなさんからよく寄せられる,入試に関する疑問・質問に答えていただきました。

Q 「赤本」の効果的な使い方を教えてください。

A 夏頃に第1志望校の最新1年分の過去問を時間を計って解いてみて自分の今の現状を知ることで,これからどのような学習をすればよいのか再度計画を立て直しました。10月下旬からは志望校の過去問を1週間に1〜2年分解くようにしました。数学や物理は解けなくても気にしないようにして,解答や解説を読んでどのくらいの過程で結論を導き出せるのかを把握することで過去問演習や受験本番のペース配分に利用していました。間違えた問題には印を付けておき,復習しやすいようにしていました。直前期には間違えた問題を中心に第3志望校くらいまでの過去問5年分を2〜3周しました。 (H.S.さん/先進工)

A 時間を計って緊張感を持ってできるだけ本番に近づけて取り組むことが重要です。過去問はイメージトレーニングをするための大切な材料です。気を抜かず大切にしましょう。何か本番に起こりそうなことがあったり,気持ち的にも気になったことがあったり,作戦を思いついたりしたらノートなどにメモをし,本番前に見直すといいと思います。過去問を解き終わったら厳しめに採点し,合計点を出し,合格最低点と比べていました。たとえ合格最低点に達していなくても見直しをし,計算ミスやあと少しで正解だったはずの点数を足したものの合計点も出していました。自分の点数をノートにメモしておいて推移を確認していました。点数が悪くても平常心で自分の穴を埋めるために教科書を見直していました。何度も似た問題が出されることもあるので,その問題の周辺部分は教科書や問題集でよく復習しておくといいと思います。 (A.Y.さん/理)

東京理科大−B方式／合格体験記　31

Q 1年間の学習スケジュールはどのようなものでしたか？

　A　4～10月までは基礎の参考書を何周もして身につけました。英単語は「忘れたら覚える」の繰り返しを入試までずっと続けていました。理系科目も何周もしましたが，その単元の内容を短時間で一気に身につけるという意識で，1つの問題に長い時間をかけて取り組んでいました。11月から12月半ばまでは過去問演習と参考書学習を並行して行っていました。そこから入試にかけてはほとんど過去問演習でしたが，過去問演習と参考書学習の比率は自分のレベルに応じて決めるといいと思います。

(K. O. さん／先進工)

Q 共通テストと個別試験（二次試験）とでは，それぞれの対策の仕方や勉強の時間配分をどのようにしましたか？

　A　共通テストもまず初めに過去問を解いてみるのは大切だと思いますが，基礎の学習は共通テスト形式の問題でやるということをしなくても，個別試験にも使える教材でやっていけばいいと思います。共通テストの対策は直前にまとめてやっても十分間に合うと思いますし，共通テストの対策に気を取られて基礎の定着が疎かになるほうがダメだからです。また，共通テストはスピードが大事なので，その対策は不可欠です。

(K. O. さん／先進工)

Q どのように学習計画を立て，受験勉強を進めていましたか？

　A　1，2週間ごとに「やることリスト」を紙に書き出していました。休憩の時間も含めて決めて，それを元に1日単位のやる量も決めました。計画において大切なことは，ガチガチではなく大ざっぱに決め，少なくてもいいから絶対に決めた量はやりきるということだと思います。最初はなかなか計画通りに進めるのは難しいと思いますが，「今日から計画1回も破らない」という意識で，思っているより少ないタスク量から始めていくと続きやすいのかもしれません。　　　　　　　(K. O. さん／先進工)

Q 学校外での学習はどのようにしていましたか?

A 高2の秋から1年間,英語と数学を塾で週に1回ずつ学んでいました。学校の課題が多かったので学校と塾との両立は簡単ではありませんでしたが,自分には合っていたと思います。また,夏休みにオンライン学習をしていました。予備校の種類は多いので自分に合ったものを選ぶことが大切だと思います。そもそも予備校に通ったほうがいいのか,対面かオンラインか,集団か個別かなど,体験授業などにも参加して取捨選択するのがいいと思います。自分に合っていない方法をとって時間もお金も無駄にしてしまうことはよくないと思うからです。　　　　　　　　(A. Y. さん/理)

Q 時間をうまく使うためにしていた工夫があれば教えてください。

A 勉強において,時間を意識してスピード感を持ってやるのか,じっくり1ページ1ページ時間をかけてやるのかは重要な問題だと思います。僕は,理系科目はじっくりめに,英単語など暗記ものは1ページ2分など速めに取り組んでいました。どちらかに偏りすぎても危険なので注意するべきだと思います。また,その他にはタイマーで実際に時間を計ってやると集中できておすすめです。それから,スマホは勉強の一番の敵なので,人にもよりますが,完全に断つなどしてなんとか誘惑に負けないようにしてください。　　　　　　　　　　　　　　　　(K. O. さん/先進工)

Q 東京理科大学を攻略するうえで,特に重要な科目は何ですか?

A 理科があまり得意ではなかったこともあり,東京理科大学の物理は難しいと感じていたため,英語・数学を得点源にしようと考えました。英語に関しては単語帳と熟語帳を1冊しっかりと仕上げれば,単語や熟語で困ることは無いと思います。長文も慣れればそこまで難しくはないので慣れるまで過去問を解きました。私は慣れるのに時間がかかったので他学部の英語の問題も解きました。数学に関してはマーク式と記述式があるのですが,過去問を解いてどちらを得点源にできるのか考えておくと,受験当日に緊張していても落ち着いて試験に臨めると思います。物理に関しては

大問の中盤くらいまでをしっかり解けるようにしておけば，難しい問題が多い終盤の問題を落としても合格点に届くと思います。

(H. S. さん／先進工)

A 英語です。数学や化学は年によって難易度に差があり，問題を見てみないとわからない部分もあります。だからこそ英語で安定して点を取れていると強いと思います。東京理科大の英語は傾向が読みにくいので，最低3〜5年分の過去問をやり，どんな形式にでも対応できるようにしておくべきです。試験が始まったら，まずどんな問題で，どのように時間配分をすべきか作戦を立ててから問題に取り組むことをお勧めします。具体的には文と文の因果関係や，プラスマイナスの関係性に気をつけて記号的に読んでいました。

(A. Y. さん／理)

A 東京理科大学を攻略するうえでは数学が一番大事。科目のなかで一番最初に行われる試験だったので，数学の出来不出来が試験後の心の状態を決め，それが英語・理科の点数につながった。対策としては過去問が一番有効だと思う。マークシート方式の問題は油断してかかると痛い目にあうということを過去問を通して知っておくべきだし，記述式問題の計算量がどんなものかを知っておくことで，本番で自分の立式があっているかどうかが何となくわかるようになる。

(R. S. さん／理)

Q 苦手な科目はどのように克服しましたか？

A 苦手科目は焦ってレベルの高い参考書に手を出したくなりますが，そんなときこそ基礎からじっくりやるのがいいと思います。時間がないときでも，少ない時間で高いレベルまで到達しようとするより，その時間で基礎レベルのできる問題を確実に増やすほうが堅実だと思います。すべての科目で合格最低点を超えていなくても他教科次第で挽回できますし，むしろそういう人のほうが多いと思うので，そんなに心配せずに大きく失敗しないような対策をするのがいいと思います。

(K. O. さん／先進工)

34 東京理科大-B方式／合格体験記

**Q スランプはありましたか？
また，どのように抜け出しましたか？**

A 塾と定期テストとの両立がつらく毎回大変でした。何度もやっていくうちに何をすれば自分は勉強に前向きになれるのか考え，実践することでなんとか乗り越えていました。私の場合，友達や先生と話す，美味しいものを食べる，よく寝る，走る，ノートに気持ちを書きなぐる，などでした。私は共通テストがうまくいかず，とても落ち込みました。そのときは親や担任の先生に相談し言葉にすることで，自分はどうしたいのか頭の中を整理することができました。今まで頑張ってきたノートやボロボロの参考書を見ると自然ともう少しだと前向きになれました。（A. Y. さん／理）

Q 模試の上手な活用法を教えてください。

A 僕は模試を入試仮想本番として捉えることの大切さを挙げたいと思います。一日中通しで試験を受けるというのは，普段はなかなかできない貴重な体験だと思います。そして，本番として本気でぶつかることで普段の勉強では得られない発見が必ずあります。計算ミスはその筆頭で，これをなくすだけで偏差値は大幅にアップします。本番としてやるというのは，言葉通り模試前の教材の総復習だったり，模試の過去問があるなら見ておいたり，気合いを入れたり，本当の入試として取り組むということです。ぜひやってみてください。（K. O. さん／先進工）

**Q 試験当日の試験場の雰囲気はどのようなものでしたか？
緊張のほぐし方，交通事情，注意点等があれば教えてください。**

A 1時間前には座席に座れるように余裕を持って行動しました。私は受験のときに着る私服を決め，毎回同じ服装で受験していました。私服で行くのは体温調節がしやすいのでオススメです。私はカイロを毎回持参することで緊張をほぐしていました。試験が始まるまで耳栓をして，黙々と暗記教科を中心に見直しをしていました。教科が終わるごとに歩いたりトイレに行ったりして，気分転換していました。出来があまりよくなかった教科ほど気持ちの切り替えが大切です。（A. Y. さん／理）

Q 併願をするうえで重視したことは何ですか？
また，注意すべき点があれば教えてください。

A キャンパスがどこにあるのかをしっかりと調べるようにして，もし通うことになったときに通学時間が長くても自宅から2時間かからない場所の大学を選びました。また，自分が最後に受けた模試の偏差値を見て，安全校，実力相応校，挑戦校を決めました。安全校はウォーミングアップ校とも言ったりしますが，実力相応校を受験する前に受験できる大学を選びました。私の場合は，理科が得点源になるほどにはできなかったので数学や英語だけで受験できるような大学も選ぶようにしていました。

(H. S. さん／先進工)

A 滑り止め校の決定については，1人で決めず親と話し合いながら決めることです。第1志望校に落ちても入学していい大学のラインが親と異なることがあります。日程については，同じような内容の試験を2回受けると，1回目の反省を活かせるので2回目は1回目よりよくなるということがあります。また，受験後半にかけてはどうしても集中力が下がってきてしまうということと，さすがに1週間連続受験というのは体力的にきつくなるかもしれないことは注意しておいてください。

(K. O. さん／先進工)

Q 受験生のときの失敗談や後悔していることを教えてください。

A 受験勉強が始まって最初の頃，現実逃避したいせいか受験とは関係ないことに時間を使いすぎてしまい，勉強をストップしてしまったことです。例えば勉強を1週間休んだとしたら，それを取り返すためには数カ月質を上げて努力し続けなければいけません。だからストップだけはせず，気分が上がらないときはかなりスローペースでもいいので勉強を継続することです。そうやって1日1日を一生懸命に生きていれば，自然とペースはつかめてくると思います。

(K. O. さん／先進工)

Q 普段の生活のなかで気をつけていたことを教えてください。

A よく眠り規則正しく生活することは本当に大切です。自分がどれだけ睡眠を取れば回復するのか，いつが一番集中できる時間なのか実験し，取り入れていくことでよりよい1日になります。そしてそれらが生活リズムをつくることでルーティン化され，一つ一つの行動がそこまで苦ではなくなります。私は人と関わることが自分にとって一番楽しい時間だったので，学校があるときは登校し，友達や先生とくだらない話をして笑うことで気持ちが楽になっていました。 　　　　　　　　　　　　（A. Y. さん／理）

Q 受験生へアドバイスをお願いします。

A 受験は長いです。しかも1日十何時間も毎日本気で勉強して，こんな大変な思いをする意味はあるのか？と思った人もいると思います。でも，本気であることに打ち込むのは貴重な経験だと思います。受験が始まる前に取り組んだいろんなことも，今では何でも簡単にできるようになっていると思えませんか？　そういった自信をつくるという意味で，この経験は受験ならではですし，大学受験が今までの人生で一番本気で頑張っていることだという人も多いと思います。そんな頑張っている自分を認めてあげてください。そのうえで，受験を最後まで走り切ってください。頑張れ受験生！ 　　　　　　　　　　　　　　　　　　（K. O. さん／先進工）

A いろんな人から厳しい言葉を投げかけられたり模試であまりいい結果が出なかったりしたときに，そこで諦めず最後まで走り続けることでゴールできると思います。受験はマラソンと似ています。途中にいろいろな障害があるかもしれませんが，自分はゴールできると信じて1歩1歩足を出していくことで前に進めます。立ち止まりたくなったら歩いてもいいかもしれません。決して止まらず，どんな格好でもいいのでゴール目指して前に進んでください。応援しています。 　　　　　　　　　（山中さん／理）

科目別攻略アドバイス

　みごと入試を突破された先輩に，独自の攻略法やおすすめの参考書・問題集を，科目ごとに紹介していただきました。

■英語

> 　まずは語彙力だと思います。文法問題も出題されているので文法も大事だと思います。　　　　　　　　　　　　　　（H. S. さん／先進工）

おすすめ参考書　『英単語ターゲット1900』『英熟語ターゲット1000』（いずれも旺文社）

> 　試験が始まったら，まずどんな問題が出ていてどのように時間を使えばいいか作戦をざっくり立てる。そうすることで焦りが軽減される。文法問題から解くことで英語に慣れてから長文を解くとよい。
> 　　　　　　　　　　　　　　　　　　　　　　（A. Y. さん／理）

> 　まず単語と熟語は反復して覚えて，時間内に間に合うまでスピードを上げることが重要。　　　　　　　　　　　　（K. O. さん／先進工）

おすすめ参考書　『システム英単語』（駿台文庫）

■数学

> 　記述式とマーク式のどちらが自分にとってコストパフォーマンスがいいか考えて，時間配分の力と計算力を上げることが大切。
> 　　　　　　　　　　　　　　　　　　　　（K. O. さん／先進工）

おすすめ参考書　『Focus Gold』（新興出版社啓林館）

> ほとんどの理系の学部では，微積は間違いなく出るので，得意になるととても有利になります。そして微積は計算が一番重要です。
> （山中さん／理）

おすすめ参考書 『1対1対応の演習 数学Ⅲ微積分編』（東京出版）

■物理

> 公式は成り立ちから理解し，演習ではミスをしないギリギリのスピードを探ること。（K.O.さん／先進工）

おすすめ参考書 『物理のエッセンス』（河合出版）

> 奇をてらうような出題はされないが，時間制限が厳しいので過去問で時間配分の能力を上げることが大事。（R.S.さん／理）

おすすめ参考書 『新・物理入門』（駿台文庫）

■化学

> 教科書を大切にする。教科書の隅々までわかっていれば解ける。細かい知識が問われることが多いので，よく出るところの周辺は手厚く対策するべき。（A.Y.さん／理）

おすすめ参考書 『大学受験 Do シリーズ』（旺文社）
『宇宙一わかりやすい高校化学 無機化学』（学研プラス）

Trend & Steps

傾向と対策

傾向と対策を読む前に

　科目ごとに問題の「傾向」を分析し，具体的にどのような「対策」をすればよいか紹介しています。まずは出題内容をまとめた分析表を見て，試験の概要を把握しましょう。

■注意

　「傾向と対策」で示している，出題科目・出題範囲・試験時間等については，2023 年度までに実施された入試の内容に基づいています。2024 年度入試の選抜方法については，各大学が発表する学生募集要項を必ずご確認ください。

　また，新型コロナウイルスの感染拡大の状況によっては，募集期間や選抜方法が変更される可能性もあります。各大学のホームページで最新の情報をご確認ください。

■掲載日程・方式・学部について

〔2023 年度〕

　2 月 3 日：数理科・先端物理・情報計算科・生命生物科・経営システム工学科（B 方式）／電気電子情報工学科（S 方式）

　2 月 6 日：建築・先端化・電気電子情報工・機械航空宇宙工・社会基盤工学科（B 方式）／数理科学科（S 方式）

〔2022・2021 年度〕

　2 月 3 日：数・物理・情報科・応用生物科・経営工学科（B 方式）

　2 月 6 日：建築・先端化・電気電子情報工・機械工・土木工学科（B 方式）

分析表の記号について
　☆印は全問マークシート法採用，★印は一部マークシート法採用であることを表す。

東京理科大-創域理工〈Ｂ方式・Ｓ方式〉／傾向と対策　41

英　語

年　　度	番号	項　　　　目	内　　　　　　容
☆ 2023	2月3日 〔1〕	読　　解	同意表現, 内容説明, 語句意, 空所補充, 内容真偽
	〔2〕	読　　解	同意表現, 語句整序
	〔3〕	文法・語彙	空所補充
	2月6日 〔1〕	読　　解	同意表現, 内容説明, 語句整序, 空所補充
	〔2〕	読　　解	同意表現, 空所補充
	〔3〕	文法・語彙	空所補充
☆ 2022	2月3日 〔1〕	読　　解	同意表現, 内容説明, 空所補充, 内容真偽
	〔2〕	会　話　文	語句整序
	〔3〕	読　　解	空所補充
	2月6日 〔1〕	読　　解	同意表現, 要約文の完成, 空所補充, 語句整序, 内容説明, 主題
	〔2〕	読　　解	語句整序, 内容真偽
☆ 2021	2月3日 〔1〕	読　　解	同意表現, 空所補充, 内容説明, 語句整序, 省略語句, 内容真偽
	〔2〕	会　話　文	語句整序, 同意表現, 空所補充
	〔3〕	文法・語彙	空所補充
	2月6日 〔1〕	読　　解	同意表現, 空所補充, 語句整序, 内容真偽
	〔2〕	読　　解	空所補充
	〔3〕	読　　解	同意表現, 空所補充, 語句整序, 内容説明, 内容真偽

▶読解英文の主題

年　　度	番号	主　　　　　　　題
2023	2月3日 〔1〕	生物学の今昔
	〔2〕	ナノバブルの研究と応用の可能性
	2月6日 〔1〕	AI 相手の討論
	〔2〕	最適なパスワード試行回数は？
2022	2月3日 〔1〕	発見された岩石が恐竜の胃石であるかを探る研究
	〔3〕	冷凍技術の発達
	2月6日 〔1〕	市民科学の台頭と科学者の役割
	〔2〕	出席に関する大学の方針と, 欠席を教員に届け出る学生のメール

2021	2月3日	〔1〕	マインドセットの理論
	2月6日	〔1〕	「走ることで人間は進化した」仮説
		〔2〕	ギターが楽器の中心になった理由
		〔3〕	対流が起こる仕組み

傾　向

読解では文脈をふまえた正確な解釈が必要
語彙力と基本的な文法事項の理解も必須

1 **出題形式は?**

　例年,全問マークシート法となっている。大問数は3題のことが多く,年度や日程によって2題のことがある。設問文はすべて英文である。試験時間は両日程とも60分。

2 **出題内容はどうか?**

　読解問題は,同意表現,空所補充,内容説明,内容真偽など,内容理解に重点が置かれた問題が中心である。単語レベルの問題にみえても,文脈・文意を把握して答えなければならない傾向がある。特に同意表現は比重が大きく,文レベルの問題では,長めの文の構造を正確に分析して内容を理解する必要がある。逆に短い箇所では,重要表現の知識を問うものもあるが,下線が引かれた難単語の意味を前後から類推させるものもある。また,語句整序などの形式で文法・語彙の知識が問われることもある。英文のテーマは自然科学系が多く,やや抽象的で難解なものも散見される。共通テストや TOEIC にもみられる実務的な文章が,2022年度2月6日実施分〔2〕で出題されている。

　文法・語彙問題は2021年度までは例年,独立した大問での出題がみられた。2022年度には大問としては出題されなかったものの,2023年度には再び出題されている。語句レベルの空所補充であるが,2月3日実施分はまとまった英文の空所補充であった。しかし,文章自体が英文法に関するものであり,結局は基本的な文法知識が問われている。

　会話文問題は,2023年度には出題がなかったが,過年度には頻繁に出題されているので要注意である。インタビュー形式の会話が出題されることが多いが,2021年度2月3日実施分では日常会話が出題された。会話独特の表現がねらわれるわけではなく,どちらかといえば,読解問題に近い。2022年度は語句整序のみであった。

東京理科大-創域理工〈B方式・S方式〉／傾向と対策　43

3　難易度は？

　読解問題は，難しい内容が散見される。設問も同意表現や内容説明の下線部には難単語や難熟語，難表現が含まれていることがあり，決して楽に解けるものではない。全体的にはやや難といえる。

　試験時間が60分と長くはなく，また年度や日程によって大問ごとの分量や配点が異なるので，臨機応変に時間配分できるようにしたい。

対　策

1　語彙力の充実

　語句は，標準レベルの単語帳や熟語帳で一通り学習するのがよい。『まるおぼえ英単語2600』（KADOKAWA／中経出版）は同意語の立体的な把握に役立つ。学術的な文章であれば，知らない単語や熟語が出てくるが，設問に関わる部分は，その前後から推測して柔軟に対応したい。また，理系の英単語はできるだけ多く覚えておきたい。

2　基本的な文法事項の消化

　両日程とも，語句整序問題が出題されている。英文の構造や準動詞の使い方など，基本ではあるが応用力の問われる分野に関しては，完全に理解しておきたい。空所補充問題でも，単語の意味だけでなく，その箇所にふさわしい品詞や語句の形なども考慮できるように準備しておく必要がある。『Next Stage 英文法・語法問題』（桐原書店），『大学入試 すぐわかる英文法』（教学社）のような問題集や参考書で基礎から標準的な文法事項をしっかり消化し，不明点をその都度チェックすることで，実戦的な力を養っておこう。

3　読解力

　読解の文章は，興味深い論点を扱った読みごたえのあるものが多い。したがって，対策としても過去問をはじめ，内容面でやや重みのあるものを，じっくり精読することから始めるとよい。単語の意味をつなげてなんとなく読むのではなく，文構造をきちんと分析し，何が述べられているか納得いくまで考える習慣を身につけよう。試験時間が60分と長くはないので，一読で読み切れるようになることが最終的な目標である。

数　学

年　度	番号	項　　目	内　　　容
★ 2023	2月3日 〔1〕	小 問 3 問	(1)場合の数，確率　(2)2次方程式，3次関数，3次方程式，解と係数の関係　(3)数列，漸化式
	〔2〕	図形と方程式，式 と 曲 線	2つの直線とその交点，分数関数の最大値
	〔3〕	微・積分法，対 数 関 数	対数関数の微・積分，曲線と直線で囲まれた部分の面積
	2月6日 〔1〕	小 問 3 問	(1)1次不定方程式　(2)確率，直線，分数関数　(3)空間図形，球面の方程式
	〔2〕	数　　列	直線の交点の列，漸化式
	〔3〕	微・積分法，式 と 曲 線	指数関数と無理関数の微・積分，曲線と直線で囲まれた図形の面積
★ 2022	2月3日 〔1〕	小 問 3 問	(1)2次方程式，解と係数の関係，3次関数の最大値・最小値　(2)三角関数，高次方程式，因数定理　(3)円の方程式，平面図形
	〔2〕	ベクトル	三角形の内部の点，内分点，面積比
	〔3〕	微・積分法	接線，法線，曲線と直線で囲まれた部分の面積
	2月6日 〔1〕	小 問 3 問	(1)整数の和，組合せ　(2)ベクトル，平面図形，面積比　(3)複素数の計算，ド・モアブルの定理
	〔2〕	数　　列	分数型の漸化式，整数と最大公約数
	〔3〕	微・積分法	指数関数を含む関数の微・積分
★ 2021	2月3日 〔1〕	小 問 3 問	(1)空間座標，三角比　(2)2次関数，絶対値，実数解の個数　(3)整数の性質，最大公約数
	〔2〕	微・積分法	接線，面積
	〔3〕	2 次 関 数，積 分 法	放物線の移動，2つの放物線で囲まれる部分の面積
	2月6日 〔1〕	小 問 3 問	(1)空間ベクトル　(2)複素数，数列　(3)整数の性質，1次不定方程式
	〔2〕	2 次 関 数，微 分 法	放物線の接線と法線，交点の x 座標のとりうる値の範囲
	〔3〕	微・積分法，数列，極限	絶対値で表された関数，面積，無限級数

東京理科大-創域理工〈B方式・S方式〉／傾向と対策　45

傾　向　微・積分法を中心に幅広く出題

1 出題形式は？

　例年，大問3題の出題。〔1〕は独立した3問からなる小問集合でマークシート法，〔2〕〔3〕は記述式で，多くは誘導形式となっている。計算問題が主であるが，過去には証明問題や図示問題も出題されている。試験時間は100分。

2 出題内容はどうか？

　出題範囲は，「数学Ⅰ・Ⅱ・Ⅲ・A・B（数列，ベクトル）」である。

　全体的に微・積分法からの出題が多く，ほかにも数列，極限，ベクトルなどから幅広く出題されている。また，複素数平面，確率からも小問として出題されているが，2023年度は複素数の問題は出題されなかった。

3 難易度は？

　易から難までバランスのよい出題。完答するには教科書＋αの知識，思考力と素早く正確な計算力が必要となる。全体的なレベルは標準程度であるので，解ける問題は取りこぼさないようにすることが大切である。計算量は多いが，試験時間は100分あるので，見直す時間も含め，自分に合った時間配分を身につけておこう。

対　策

1 基礎学力の充実

　まずは教科書の定義・定理・公式を理解した上で覚えること。そして，定理・公式は導き出すことができるようにし，さらに応用の方法などを研究しておくこと。これらは数学の問題を解く上での大切な道具である。

2 論理的思考力の錬磨と計算力

　入試問題を多く解き，別解などを研究して思考力を錬磨しておくことが大切である。特に，「数学Ⅲ」の微・積分法と極限は重点的に学習しておく必要がある。また，計算力が求められており，日頃から，面倒な計算もやり遂げるだけの計算力をつけておきたい。数値の計算であっても，数値が複雑なときは文字を用いた計算を実行し，最後に数値を代入

すると，見通しがよいだけでなく計算ミスも防げる。

3 過去問を解く

　過去問を解けば傾向や程度を把握でき，入試への対策を立てることができる。高度な問題もみられるので，十分に研究しておく必要がある。

物　　理

年　　度	番号	項　　目	内　　　　容
☆ 2023	2月3日 〔1〕	力　　学	2物体の衝突
	〔2〕	電　磁　気	磁場中を移動する回路
	〔3〕	熱　力　学	理想気体の状態変化
	2月6日 〔1〕	力　　学	ばねにつり下げられたおもり
	〔2〕	電　磁　気	電磁場中を移動する荷電粒子の運動
	〔3〕	熱　力　学	熱サイクル
☆ 2022	2月3日 〔1〕	力　　学	2物体の衝突
	〔2〕	電　磁　気	抵抗とコンデンサーを含む回路
	〔3〕	波　　動	回折格子
	2月6日 〔1〕	力　　学	2円板の衝突
	〔2〕	電　磁　気	平行平板コンデンサー
	〔3〕	熱　力　学	熱効率
☆ 2021	2月3日 〔1〕	力　　学	2惑星の運動
	〔2〕	電　磁　気	磁場中を回転する導体円板に生じる電磁誘導
	〔3〕	熱　力　学	ピストンによって分けられた2室での熱サイクル
	2月6日 〔1〕	力　　学	振り子の運動
	〔2〕	電　磁　気	磁場中を移動する導体棒に生じる電磁誘導
	〔3〕	波　　動	組み合わせレンズでできる像

傾　　向 ── 力学，電磁気が中心
解答個数が多く，スピードが求められる

① 出題形式は？

　大問数は，両日程とも3題の出題が続いている。全問マークシート法で，正解を解答群から選択して，番号を解答用紙にマークする文章完成形式をとっている。いずれの日程も解答個数が多く，解答群の選択肢も多い。試験時間は80分。

② 出題内容はどうか？

　出題範囲は「物理基礎・物理」である。

　近年は力学と電磁気の大問が各1題と，熱力学または波動の大問が1題の計3題が出題されている。過去には原子に関する大問もみられたの

48　東京理科大-創域理工〈B方式・S方式〉／傾向と対策

で注意したい。

3　難易度は？

　　基本的な問題から難度の高い問題まで混在しているが，全体的に難度
は高いといえるだろう。式や文字計算の処理，近似計算などへの対応，
問題に与えられた条件を使って解答を導くなど，問題に対する柔軟な考
え方が要求される。公式の暗記や物理の法則の表面的な理解では問題は
解けない。年度によっては高校の教科書であまり扱われていないような
内容が出題されることもある。

　　解答個数が多いので，解くスピードが求められる。基本・標準的な問
題は手早く確実に解き，じっくり考えるべき問題に時間が割けるよう，
見直しの時間も含め時間配分を考えておこう。

対　策

1　基本的原理・法則の理解

　　物理の原理・法則に関する問題が多いので，物理全範囲を系統的にま
とめ，法則や公式を導く過程を中心によく理解しておくこと。

2　確実で注意深い処理を

　　基本的な問題から難度の高い問題まで出題されている。合格するため
には，基本・標準的な問題は確実に解答しておきたいが，必ずしも，出
題順が易しいものから難しいものへ並んでいるわけではないことにも注
意が必要である。また，問題の内容と難易度は例年大きく変わっておら
ず，過去問と類似した問題も出題されているので，本書を利用して過去
問をよく研究しておきたい。

3　高いレベルの問題にも挑戦

　　平素からいろいろな問題を解いておくことが望ましい。時間のかかる
難しい問題も解かねばならない。難問を解いていこうというチャレンジ
精神が大切である。

4　問題は丁寧に解く

　　文章完成形式なので，1つのミスはあとに続く問題に影響する。また，
解答群には同じような選択肢が多いので，解答を選ぶ際には，すべての
選択肢に目を通すようにしよう。マークシート法であるため，式の処理，

問題を解く過程のミスは致命的なものになりかねない。解答を導く過程をしっかりと書きながら丁寧に解き，正確を期すこと。特に，単位に気をつけて式を立てることを心がけよう。

化 学

年　度	番号	項　　目	内　　　　容
☆ 2023	〔1〕	理　論	物質の構成粒子と化学結合，酸化剤と還元剤，結晶格子
	〔2〕	理　論	結合エネルギーと反応熱，反応速度，アレニウスの式　⇨計算
2月3日	〔3〕	理　論	酢酸の電離平衡，塩の加水分解，緩衝液　⇨計算
	〔4〕	無　機	金属イオンの分離，セラミックス，ガラス
	〔5〕	有　機	いろいろな炭化水素の構造
	〔6〕	有機・理論	DNA と RNA の構造，糖類の分類　⇨計算
	〔1〕	理　論	六方最密構造　⇨計算
	〔2〕	理　論	気体の状態方程式，溶解度積，ステアリン酸の単分子膜　⇨計算
2月6日	〔3〕	理　論	弱酸の電離平衡，極端に希薄な酸の水溶液の pH　⇨計算
	〔4〕	理　論	Al_2O_3 の溶融塩電解，燃料電池　⇨計算
	〔5〕	有機・理論	芳香族炭化水素と芳香族カルボン酸の反応，凝固点降下　⇨計算
	〔6〕	有機・理論	いろいろな合成高分子　⇨計算
☆ 2022	〔1〕	理論・無機	ルシャトリエの原理，Nを含む化合物の反応，オストワルト法　⇨計算
	〔2〕	理　論	溶液の濃度，固体の溶解度，中和反応の量的関係，鉛蓄電池　⇨計算
2月3日	〔3〕	理　論	水の電離平衡，極端に希薄な塩酸の水素イオン濃度　⇨計算
	〔4〕	理　論	混合物の分離，抽出における分配平衡　⇨計算
	〔5〕	有　機	芳香族エステルの構造決定
	〔6〕	有　機	タンパク質の分類と性質，核酸の構造
	〔1〕	無機・理論	Pb・Zn の単体と化合物の性質，ZnS の結晶格子，空気電池　⇨計算
	〔2〕	理　論	溶液の濃度，酸化還元滴定，$CaCO_3$ の純度，$CuSO_4$ 水溶液の電気分解　⇨計算
2月6日	〔3〕	理　論	気体の法則，飽和蒸気圧と沸点，気体の溶解度　⇨計算
	〔4〕	理論・無機	CO の性質，ヘスの法則，圧平衡定数，ルシャトリエの原理　⇨計算
	〔5〕	有機・理論	組成式 CH_2 の炭化水素の構造決定，オゾン分解，化学反応の量的関係　⇨計算
	〔6〕	有機・理論	セルロースの構造と性質，再生繊維と半合成繊維　⇨計算

東京理科大-創域理工〈B方式・S方式〉／傾向と対策　51

		〔1〕	理	論	金属の結晶格子の分類と構造　⇨計算
		〔2〕	理	論	蒸気圧降下とラウールの法則，沸点上昇度　⇨計算
	2月3日	〔3〕	無	機	Al とその化合物の性質と反応，酸化物の分類，塩素を含むオキソ酸
		〔4〕	理	論	H_2O_2 の分解反応の反応速度，半減期　⇨計算
		〔5〕	有機・理論		$C_4H_{10}O$ の構造決定　⇨計算
		〔6〕	有	機	タンパク質と多糖類の構造と性質
☆2021	2月6日	〔1〕	理	論	物質の構成粒子，酸化還元反応，水銀柱と蒸気圧　⇨計算
		〔2〕	理	論	体心立方格子，氷の構造と性質，物質の三態と状態図　⇨計算
		〔3〕	理	論	陽イオン交換膜法による電気分解，固体の溶解度　⇨計算
		〔4〕	無	機	鉄の単体と化合物，鉄の製錬
		〔5〕	有	機	窒素を含む芳香族化合物，ジアゾ化とカップリング
		〔6〕	有	機	いろいろな合成高分子化合物の製法

傾　向　空所補充形式が多い
マークシート法による多様な解答形式に注意

1　**出題形式は？**

　出題数は例年大問 6 題で，試験時間は 80 分。全問マークシート法となっている。空所補充形式が多いが，選択肢から適切なものを選ぶといった一般的な形式に加え，正誤問題や計算問題の数値を指示に従ってマークする設問もある。解答形式が多岐にわたるので，何が指示されているのか注意を要する。

2　**出題内容はどうか？**

　出題範囲は「化学基礎・化学」である。

　全分野から出題されているが，理論分野が比較的多い。年度や日程によって計算問題の出題量には差がある。

　理論では，全分野からの知識を問う問題，結晶格子，反応速度や化学平衡，気体，溶液，中和，熱化学，酸化還元反応，電池，電気分解の計算問題などが出題されている。

　無機では，元素の性質，気体の発生や性質を問うものや，理論の問題中で物質の性質を問う形の出題などがあるが，比較的比重は小さい。

　有機は，高分子も含め，さまざまな有機反応や化合物の性質などが広い範囲から出題されている。元素分析から分子式を決定し，物質を推定

52　東京理科大-創域理工〈Ｂ方式・Ｓ方式〉／傾向と対策

する問題は頻出である。

3　難易度は？

　全体としては標準レベルであるが，2023年度2月6日実施分は難度がやや高かった。特に理論分野に難度の高い問題も散見され，計算力が求められるものもしばしばみられる。また，高分子化合物についての細かい知識を問う問題もみられる。空所補充形式では空所の数がかなり多いため，解答の糸口をつかむのにコツがいる。

　独特の出題形式に慣れ，また丁寧に速く解くためにも，過去問演習などの際は自分で解答時間を設定して解き，時間配分の感覚を身につけておきたい。

対　策

1　理　論

　広い範囲から出題されている。典型的な理論の計算演習だけでなく，各分野の本質的な理解に学習の重点を置くこと。問題集だけでなく，教科書や参考書を十分活用する必要がある。

2　無　機

　金属・非金属とも，単体と化合物の性質や反応が小問形式で問われることが多いが，理論の出題の中で無機の知識を問われることもある。単体，化合物，金属イオンの性質をまとめ，しっかり覚えること。また，工業的製法についてもしっかり押さえておきたい。

3　有　機

　基本的な化合物の名称・構造・性質を覚えておくこと。また，官能基ごとに反応性をまとめて理解しておくことも大切である。一般に，高校レベルでは出てこない試薬名などが問題中に見受けられることがあるが，これらは溶媒であったり，触媒であったりと，反応そのものにはかかわらず，解答するにあたり影響がないことがほとんどなので，よく見極めて落ち着いて取り組むようにしよう。このほか，天然・合成高分子化合物がよく出されているので，単量体，高分子の特徴や用途をまとめておくこと。

4 計 算

　基本・標準的なものがほとんどだが，年度や日程によっては難度の高いものもみられるので，他の問題との兼ね合いからも，とにかく丁寧に速く解くことが大切となる。問題集で標準レベルの問題を自分で時間を決めて数多くこなしておこう。

5 形式に慣れる

　独特のマークシート法なので，指示を正確に速く理解しないと時間のロスになり，マークミスにもつながる。志望学科以外の過去問も解いて慣れておこう。長文の問題文が出題されることが多いので，ただ読んでいくのではなく，問題の流れや反応の経過などを自分なりに図式化していくと理解しやすくなる。

54 東京理科大-創域理工〈B方式・S方式〉／傾向と対策

生　物

▶ 2 月 3 日実施分

年度	番号	項　　　目	内　　　　　　容
☆ 2023	〔1〕	代　　　　謝, 進化・系統	呼吸のしくみ, 炭酸同化, 生物の分類　　　　　⇨計算
	〔2〕	遺 伝 情 報	遺伝子組換え, DNA 修復　　　　　　　　　⇨計算
	〔3〕	生 殖・発 生	眼の発生, 視神経細胞の軸索の伸長, 神経堤細胞の移動
☆ 2022	〔1〕	進 化・分 類	生命の起源と進化, 細菌の炭酸同化
	〔2〕	生 殖・発 生	被子植物の生殖と発生, ショウジョウバエの発生
	〔3〕	総　　　　合	生物の刺激への反応, 体内環境の維持　　　　⇨計算
	〔4〕	代　　　　謝	窒素化合物の代謝, 酵素反応
☆ 2021	〔1〕	総　　　　合	がん細胞に関する小問集合　　　　　　　　　⇨計算
	〔2〕	総　　　　合	生物の進化と分類, DNA の複製, 細菌叢解析
	〔3〕	遺 伝 情 報, 進化・系統	植物ホルモンと色素合成に関する突然変異

傾　向　実験データやグラフの解析問題が頻出
資料を読み解く考察力と計算力が不可欠

1　**出題形式は？**

　2022 年度は大問 4 題であったが, 2023 年度は 2021 年度以前と同様に大題 3 題の構成となった。全問マークシート法である。計算問題で解答の数値を直接マークする設問もある。例年, 実験のグラフ・図表に関する考察問題と計算問題が多いのが特徴で, 両者の融合問題も出題されている。また, 問題文の空所に当てはまる用語を選択させる知識問題は必出である。さらに, 正しいものや適切なものの組み合わせを選ぶ正誤問題もよく出されている。試験時間は 80 分。

2　**出題内容はどうか？**

　出題範囲は「生物基礎・生物」である。

　出題が多い項目は, 細胞, 代謝, 植物の反応, 遺伝情報, 進化・系統である。遺伝情報は, 細胞や生殖・発生などの項目と結びつきが深い分野で, 複数分野にまたがる内容が出題されたり, 実験・研究手法として

これらの項目が含まれていることも多い。また，実験データやグラフの解析が要求されることが多く，計算力も必要である。

③ 難易度は？

　各大問に複数の枝問が含まれ，実質的な内容はかなり多岐にわたる。また，難度の高い問題や時間を要する問題が混じるので，全体としては難のレベルである。限られた時間内で資料を読み解く力，データを解析する力が必要で，時間配分もポイントになる。確実に解くべき問題と，あとでじっくり考えるべき問題をしっかり見極め，時間を無駄にしないようにしたい。2022年度は考察問題が減り，知識問題が大幅に増加してかなり易化したが，2023年度はまた考察問題が増え，平年並みの難易度に戻った。

対　策

❶ 要注意分野

　分子生物学の分野がかなり深いところまで扱われている。特に，遺伝情報の分野はしっかりと学習を積んでおきたい。生殖・発生の分野でも，遺伝子レベルで発生のプロセスを理解することが大切である。また，受験生にとってなかなか手がまわらない進化・系統や生態も怠ることなく学習しておいてほしい。

❷ やや高度な学習を目標に

　新しい題材，やや高度な内容が含まれる実験などが積極的に取り入れられる傾向がある。まずは教科書の学習を十分した上で，詳しい内容や関連する事柄を図説や参考書で学習しておくことも必要である。特に，酵素や代謝，DNAに関する分野では，しっかりした知識がないと解答できない問題もあるので，あいまいなところを残さないように理解しておくことが大切である。一方で，問題の半分近くは基本的な設問となっており，そこを確実に得点することは大前提であるから，基本的なことを繰り返し見直すことも忘れないようにしよう。

❸ 実験データやグラフの解析力をつける

　実験結果やグラフ・図表に関する考察問題では，長い問題文を読み解く力やデータ・グラフの解析力が求められる。図説を使って，なるべく

多くの実験手法や題材に触れ，結果やグラフ・図表の読み方など，資料をきちんと解析する練習をしておいてほしい。また，教科書レベルを超えた独自の資料が示されることもあるので，問題集や他大学の過去問などでも実験・考察問題を探して，訓練をしておくとよい。見たことのない実験やテーマでも，関連して知っていることがあれば，解答の糸口が見つかることもあるので，さまざまな角度から検討する習慣をつけておこう。

4 計算力をつける

計算問題には独特のものがあり，化学的知識や単位の換算などの物理的センスが要求されるものも年度によって出題されている。十分に問題演習をして，確実な計算力を身につけるようにしておこう。また，先進工学部も含めた過去問に取り組み，出題形式などに慣れておきたい。

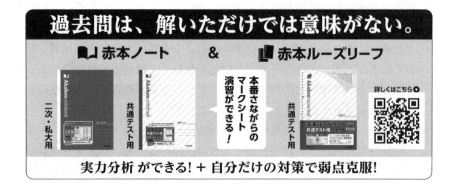

2023年度

問題と解答

東京理科大-創域理工〈B方式・S方式-2/3〉　　　　2023 年度　問題　*3*

■B方式2月3日実施分：数理科・先端物理・情報計算科・
　　　　　　　　　　生命生物科・経営システム工学科
　S方式2月3日実施分：電気電子情報工学科

問題編

▶試験科目・配点

方　式	教　科	科　　　　　目	配　　点
B方式	外国語	コミュニケーション英語Ⅰ・Ⅱ・Ⅲ，英語表現Ⅰ・Ⅱ	100 点
	数　学	数学Ⅰ・Ⅱ・Ⅲ・A・B	数理科学科：200 点 その他：100 点
	理　科	数理科・情報計算科・生命生物科・経営システム工学科：「物理基礎・物理」，「化学基礎・化学」，「生物基礎・生物」から1科目選択	100 点
		先端物理学科：物理基礎・物理	
S方式	外国語	コミュニケーション英語Ⅰ・Ⅱ・Ⅲ，英語表現Ⅰ・Ⅱ	100 点
	数　学	数学Ⅰ・Ⅱ・Ⅲ・A・B	100 点
	理　科	物理基礎・物理	200 点

▶備　考

• 英語はリスニングおよびスピーキングを課さない。
• 数学Bは「数列」「ベクトル」から出題。

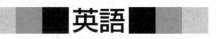

(60分)

1 Read the following passage and answer the questions below.　(67 points)

［1］ Though scholars since antiquity had speculated that material objects are made of fundamental building blocks, no one had guessed that so are living things. And so it must have come as quite a surprise when, in 1664, our old friend Robert Hooke sharpened his penknife until it was "as keen as a razor," shaved a <u>thin</u> slice from a piece of cork, peered at it through his homemade microscope, and became the first human to see what he would call "cells." He chose that name because they reminded him of the tiny bedrooms assigned to monks in their monasteries*.

［2］ <u>One can think of cells as the atoms of life, but they are more complex than atoms, and — even more shocking to those who first perceived them — they are themselves alive.</u> A cell is a vibrant living factory that consumes energy and raw materials, and produces from them many diverse products, mainly proteins, which carry out almost every crucial biological function. It takes a lot of knowledge to perform the functions of a cell, so although cells don't have brains, they do "know" things — <u>they know how to make the proteins and other materials we need to grow and function</u>, and, perhaps most crucial, they know how to reproduce.

［3］ The most important single product of a cell is a copy of itself. As a result of that ability, we humans start from a single cell and, through a series of forty-plus cell doublings, we eventually come to be made of about <u>thirty trillion</u> cells — a hundred times more cells than there are stars in the Milky Way. It is a great wonder that the sum of our cells' activities,

the interaction of a galaxy of unthinking individuals, adds up to a whole
(5)
that is us. Just as staggering* a thought is the notion that we could
untangle how that all works, like computers that, unbidden* by any
(6)
programmer, analyze themselves. That is the miracle of biology.

[4] The miracle appears even greater when you consider that most of the
(7)
world of biology is invisible to us. That's partly due to the minuteness of
cells and partly due to the magnificent diversity of life. If you exclude
creatures like bacteria and count only living things with cells that have a
nucleus, then, scientists estimate, there are roughly ten million species on
our planet, of which we have discovered and classified only about 1
percent. There are at least 22,000 species of ants alone, and somewhere
between one and ten million individual ants for every person on earth.

[5] We are all familiar with a medley of backyard insects, but a scoop of
good soil contains more types of creatures than we could ever count —
hundreds or even thousands of invertebrate species*, several thousand
microscopic roundworms*, and tens of thousands of types of bacteria.
The presence of life on earth is so pervasive, in fact, that we are
(8)
continually ingesting organisms that we'd probably rather not eat. Try
buying peanut butter that's free of insect fragments: you can't. The
government recognizes that producing insect-free peanut butter is
impractical, so regulations allow for up to ten insect fragments per thirty-
one-gram serving. Meanwhile, a serving of broccoli may contain sixty
aphids and/or mites*, while a jar of ground cinnamon may contain four
hundred insect fragments.

[6] That all sounds unappetizing, but it's good to remember that even our
(9)
own bodies are not free of foreign life — we are, each of us, an entire
ecosystem of living things. Scientists have identified, for example, forty-
four genera (species groups) of microscopic organisms that live on your
forearm, and at least 160 species of bacteria that live in people's bowels.
Between your toes? Forty species of fungi*. In fact, if you bother to total

it up, you find that there are far more microbial* cells in our bodies than human cells.

[7] Our body parts each form a distinct habitat, and the creatures in your intestines* or between your toes have more in common with the organisms in those regions of *my* body than with the creatures on your own forearm. There is even an academic center called the Belly Button Biodiversity project at North Carolina State University, set up to study the life that exists in that dark, isolated landscape. And then there are
(10)
the infamous skin mites. Relatives of ticks*, spiders, and scorpions, these creatures are less than a third of a millimeter long and live on your face — in hair follicles and glands* connected to hair follicles — mainly near the nose, eyelashes, and eyebrows, where they suck the innards* out of your juicy cells. But don't worry, they normally cause no ill effects, and if you're an optimist, you can hope you're among the half of the adult population that is free of them.

[8] (　(11)　) the complexity of life, its diversity in size, shape, and habitat, and our natural disinclination* to believe that we are "mere" products of physical law, it is not surprising that biology lagged behind* physics and chemistry in its development as a science. Like those other sciences, for biology to grow it had to overcome the natural human tendencies to feel that we are special and that deities* and/or magic govern the world. And, as in those other sciences, that meant overcoming the God-centric doctrine of the Catholic Church and the human-centric theories of Aristotle*.

[9] Aristotle was an enthusiastic biologist — almost a quarter of his surviving writings pertain to that discipline. And while Aristotle's physics has our
(12)
earth at the physical center of the universe, his biology, more personal, exalts humans, and males in particular.

[10] Aristotle believed that a divine* intelligence designed all living beings, which differ from the inanimate in that they have a special quality or essence that departs or ceases to exist when the living thing dies. Among

東京理科大-創域理工〈B方式・S方式-2/3〉 2023 年度 英語 7

all those blueprints for life, Aristotle argued, humans represent the high point. On this point Aristotle was so vehement* that when he described a
(13)
characteristic of a species that differs from the corresponding human characteristic, he referred to it as a deformity. Similarly, he viewed the human female as a deformed or damaged male.

[11] The erosion of such traditional but false beliefs set the stage for the birth of modern biology. One of the important early victories over such ideas was the debunking of a principle of Aristotle's biology called spontaneous
(14)
generation, in which living things were said to arise from inanimate matter such as dust. Around the same time, by showing that even simple life has organs as we do, and that we, like other plants and animals, are made of cells, the new technology of the microscope cast doubt on the old
(15)
ways of thinking. But biology could not begin to really mature as a science until the discovery of its great organizing principle.

(From Leonard Mlodinow, *The Upright Thinkers: The Human Journey from Living in Trees to Understanding the Cosmos.*)

(Notes)

monks in their monasteries：修道院の僧たち　　staggering：びっくりさせる

unbidden：命じられていない　　invertebrate species：無脊椎動物の種

roundworms：線形動物，回虫

aphids and/or mites：アブラムシ類と／あるいはダニ類

fungi＜fungus：菌類　　microbial＜microbe：微生物

intestines：腸　　ticks：マダニ類

follicles and glands：毛穴と分泌腺　　innards：内部組織

disinclination：気がすすまないこと　　lagged behind：遅れをとった

deities＜deity：神　　Aristotle：アリストテレス。古代ギリシャの哲学者

divine：神の　　vehement：激しい，熱烈な

(1) Which of the items below is the closest in meaning to the underlined part (1) in paragraph [1]? Consider the context, choose one from the following answer choices, and mark the number on your **Answer Sheet**.

1 broad   2 fine   3 soft   4 substantial

(2) Complete the blank below so that the sentence has the closest meaning to the underlined part (2) in paragraph [2]. Choose one from the following answer choices, and mark the number on your **Answer Sheet**.

Not only do atoms have simpler formation than cells, the latter are ((2)) while the former are not.

1 animate   2 independent   3 material   4 vibrating

(3) Which of the items below is the most adequate explanation of the underlined part (3) in paragraph [2]? Consider the context, choose one from the following answer choices, and mark the number on your **Answer Sheet**.

1 Cells produce protein and other materials but people need to "know" how to help make those products of the cells function properly in their body.

2 In order to grow and function properly as living beings people need proteins and other materials, and it is cells that "know" how to provide them.

3 People need to produce proteins and other materials while the brain "knows" how to command cells to function properly and produce those necessary items.

4 Cells "know" how to produce proteins while people grow other necessary materials and help those materials function in their body.

(4) Which of the items below is the correct figure for the underlined part (4) in paragraph [3]? Choose one from the following answer choices, and

東京理科大-創域理工〈B方式・S方式-2/3〉 2023 年度　英語　*9*

mark the number on your **Answer Sheet**.

1　30, 000, 000

2　30, 000, 000, 000

3　30, 000, 000, 000, 000

4　30, 000, 000, 000, 000, 000

⑸　Which of the items below is the closest in meaning to the underlined part
(5) in paragraph 〔3〕? Consider the context, choose one from the following
answer choices, and mark the number on your **Answer Sheet**.

1　individual activities

2　individual cells

3　individual people

4　individual stars

⑹　Which of the items below is the closest in meaning to the underlined part
(6) in paragraph 〔3〕? Consider the context, choose one from the following
answer choices, and mark the number on your **Answer Sheet**.

1　figure out each and every single function of all the various individual
human cells

2　detect the mysterious parallels between human cells and stars in the
Milky Way

3　explore accurate ways in which human cells can function as computers

4　solve the mystery of the complex mechanism of the human body

⑺　Besides the extreme smallness (the minuteness) of cells, what is the other
reason the author gives for the underlined part (7) in paragraph 〔4〕?
Choose one from the following answer choices, and mark the number on
your **Answer Sheet**.

1　Because there are a great variety of living things.

2　Because living things are constantly changing by the minute.

10 2023 年度　英語　　　　　　　東京理科大-創域理工〈B方式・S方式-2/3〉

3 Because there are too many individual creatures of the same species.

4 Because we can only observe living things with cells that have a nucleus.

(8) Which of the items below is the closest in meaning to the underlined part (8) in paragraph [**5**]? Consider the context, choose one from the following answer choices, and mark the number on your **Answer Sheet**.

1 Since living things are just everywhere including in our food, we cannot avoid eating them even if we don't want to.

2 While such a diversity of life is contained in our food, we usually avoid things we do not want to eat.

3 Although it is widely known that our food contains a lot of creatures, we do not want to avoid them, because they are a good source of vitamins and minerals.

4 There is priceless life in every single piece of food we eat, but we are selfishly avoiding some of which we do not want to eat.

(9) Complete the blank below so that the sentences have the closest meaning to the underlined part (9) in paragraph [**6**]. Choose one from the following answer choices, and mark the number on your **Answer Sheet**.

Different kinds of creatures are living on and in people's bodies.　And it is only a (　**(9)**　) condition for human bodies, which are themselves a world where a variety of species live together.

1 foreign　　　　**2** natural　　　　**3** temporary　　**4** potential

(10) Which of the items below is the closest in meaning to the underlined part (10) in paragraph [**7**]? Consider the context, choose one from the following answer choices, and mark the number on your **Answer Sheet**.

1 an academic center　　　　　　**2** the belly button

東京理科大-創域理工〈B方式・S方式-2/3〉　　　　　　　　2023 年度　英語　*11*

　　3　biodiversity　　　　　　　　　　　　4　North Carolina

(11)　Which of the items below correctly fills in the blank （　(11)　） in paragraph
　　［ 8 ］?　Consider the context, choose one from the following answer choices,
　　and mark the number on your **Answer Sheet**.

　　1　To give　　　　　2　Give　　　　　3　Giving　　　　　4　Given

(12)　Which of the items below is the closest in meaning to the underlined part
　　(12) in paragraph ［ 9 ］?　Consider the context, choose one from the following
　　answer choices, and mark the number on your **Answer Sheet**.

　　1　lead straight to the science-centric doctrine

　　2　oppose the systematic ways of physics

　　3　have something to do with biology

　　4　show good samples of enthusiasm

(13)　Which of the items below is the closest in meaning to the underlined part
　　(13) in paragraph ［10］?　Consider the context, choose one from the following
　　answer choices, and mark the number on your **Answer Sheet**.

　　1　On his conviction that humans have reached the absolute peak of
　　　perfection in the course of their own development,

　　2　On the logical conclusion of his scientific theories on all living beings,

　　3　On the most advanced quality of human intelligence according to his
　　　philosophy,

　　4　On his argument that humans are superior to all the other species,

(14)　Which of the items below is the closest in meaning to the underlined part
　　(14) in paragraph ［11］?　Consider the context, choose one from the following
　　answer choices, and mark the number on your **Answer Sheet**.

　　1　applying　　　　2　appreciating　　　3　rejecting　　　　4　updating

12 2023 年度　英語　　　　　　　東京理科大-創域理工〈B方式・S方式- 2/3〉

(15)　Which of the items below do **NOT** fall into the category of the underlined part (15) in paragraph [11]? Choose **two** from the following answer choices, and mark the numbers, **Answer Choice 1** and **Answer Choice 2**, on your **Answer Sheet**.

　　1　Humans are no more than products of physical law.

　　2　The earth is at the physical center of the universe.

　　3　It was a divine intelligence that designed all living things.

　　4　Life can be produced from inanimate matter.

　　5　Animals and plants are made of cells; so are humans.

(16)　According to paragraphs [2] and [3], what is the most important thing that a cell makes? Choose one from the following answer choices, and mark the number on your **Answer Sheet**.

　　1　brains

　　2　functions

　　3　another cell

　　4　energy and raw materials

(17)　Which of paragraphs [1] ～ [10] refers to the reasons that biology was comparatively slow in growing as a science? Choose one paragraph and mark the number on your **Answer Sheet**.

東京理科大-創域理工〈B方式・S方式-2/3〉   2023 年度　英語　*13*

2　Read the following passage and answer the questions below.　　(23 points)

[1]　Supercomputer calculations have revealed details of the growth of so-called nanobubbles, which are tens of thousands of times smaller than a pin head.　The <u>findings</u> could lend valuable insight into damage caused on industrial structures, such as pump components, when these bubbles burst to release tiny but powerful jets of liquid.　This rapid expansion and collapse of bubbles, known as cavitation, is a common problem in engineering but is not well understood.

[2]　Engineers at the University of Edinburgh devised complex simulations of air bubbles in water, using the UK's national supercomputer.　The team modelled the motion of atoms in the bubbles and observed how they grew in response to small drops in water pressure.　They were able to determine the <u>critical</u> pressure needed for bubble growth to become unstable, and found that this was (1　by　　2　lower　　3　much　　4　suggested 5　than　　6　theory).

(A)

[3]　Their <u>findings</u> could inform the development of nanotechnologies to harness the power of thousands of jets from collapsing nanobubbles, such as therapies to target some cancers, or for cleaning high-precision* technical equipment.　Researchers have proposed an updated theory on the stability of surface nanobubbles based on their <u>findings</u>.　Their study, published in *Langmuir*, was supported by the Engineering and Physical Sciences Research Council.

[4]　Duncan Dockar, of the University of Edinburgh's School of Engineering, said: "Bubbles routinely form and burst on surfaces that move through fluids and the resulting wear* can cause drag* and <u>critical</u> damage.　We

14 2023 年度 英語　　　　　東京理科大-創域理工〈B方式・S方式-2/3〉

hope our insights, made possible with complex computing, can help <u>limit</u>
<u>the impact</u> on machine performance and enable future technologies."
$_{(B)}$

(From *www.sciencedaily.com*)

（Notes）

high-precision：高精度の

wear：摩滅（まめつ）

drag：抵抗

(1)　Which of the following answer choices best describes the underlined part
"<u>findings</u>" in paragraphs ［1］ and ［3］?　Consider the context, choose one
from the following answer choices, and mark the number on your **Answer
Sheet**.

　1　equivalents　　2　issues　　　　3　questions　　　4　results

(2)　Which of the following answer choices best expresses the meaning of the
underlined part "<u>critical</u>" in paragraphs ［2］ and ［4］?　Consider the
context, choose one from the following answer choices, and mark the
numbers on your **Answer Sheet**.

　ⅰ．Paragraph ［2］
　　1　analytical　　2　decisive　　　3　potential　　　4　wind
　ⅱ．Paragraph ［4］
　　1　acute　　　　2　minor　　　　3　necessary　　　4　reasonable

(3)　Put the words in the underlined part **(A)** in paragraph ［2］ into the correct
order.　Mark the numbers from top to bottom on your **Answer Sheet**.

(4)　Which of the following answer choices best expresses the meaning of the
underlined part **(B)** in paragraph ［4］?　Consider the context, choose one from

東京理科大-創域理工〈B方式・S方式-2/3〉　　　　　　2023 年度　英語　*15*

the following answer choices, and mark the number on your **Answer Sheet**.

1　cancel the effect　　　　　　　　2　control the effect

3　feel the effect　　　　　　　　　4　magnify the effect

3　The passage below is a remark on the word "than." Choose one item from the answer choices to fill in each blank and complete the sentence in the best possible way. Mark the numbers on your **Answer Sheet**. There are five extra items among the choices. 　　　　　　　　　　　　　　　　(10 points)

than.　Three small but common problems need noting.

[1]　In comparative constructions*, *than* is often wrongly used, as here: "Nearly twice as many people die under twenty in France than in Great Britain." Make it "(　a　) in Great Britain."

[2]　It is wrongly used after *hardly* in sentences such as this: "Hardly had I landed at Liverpool than the Mikado's death recalled me to Japan." Make it "No (　b　) had I landed at Liverpool than" or "Hardly had I landed at Liverpool (　c　)."

[3]　It is often a source of ambiguity in sentences of the following type: "She likes tennis more than me." Does this mean that she likes tennis more than I (　d　) or that she likes tennis more than she (　e　) me? In such cases, it is better to supply a second verb if it avoids ambiguity, e.g., "She likes tennis more than she (　e　) me" or "She likes tennis more than I (　d　)."

(From Bill Bryson, *Bryson's Dictionary of Troublesome Words*)

16 2023 年度　英語　　　　　　東京理科大-創域理工〈Ｂ方式・Ｓ方式- 2/3〉

（Note）

comparative constructions：比較構文

1	am	2	as	3	do	4	has	5	how
6	likes	7	more	8	so	9	sooner	10	when

東京理科大-創域理工〈B方式・S方式-2/3〉 2023年度 数学 17

数学

（100 分）

問題 $\boxed{1}$ の解答は解答用マークシートにマークしなさい。

$\boxed{1}$ 次の文章中の $\boxed{ア}$ から $\boxed{お}$ までに当てはまる数字 $0 \sim 9$ を求めて，**解答用マークシート**の指定された欄にマークしなさい。 ただし，分数は既約分数として表しなさい。なお，$\boxed{ヌ}$ などは既出の $\boxed{ヌ}$ などを表す。

（40 点，ただし数理科学科は 80 点）

(1) (a) 1 個のさいころを 4 回続けて投げるとき，4 回とも同じ目が出る確率は $\dfrac{1}{\boxed{ア}\ \boxed{イ}\ \boxed{ウ}}$ であり，3，4，5，6 の目がそれぞれ 1 回ずつ出る確率は $\dfrac{1}{\boxed{エ}\ \boxed{オ}}$ である。

   (b) 1 個のさいころを 4 回続けて投げて，出た目を順に左から並べて 4 桁の整数 N を作る。例えば，1 回目に 2，2 回目に 6，3 回目に 1，4 回目に 2 の目が出た場合は $N = 2612$ である。N が偶数となる確率は $\dfrac{1}{\boxed{カ}}$ であり，$N \geqq 2023$ となる確率は $\dfrac{\boxed{キ}}{\boxed{ク}}$ であり，$N \geqq 5555$ となる確率は $\dfrac{\boxed{ケ}\ \boxed{コ}}{\boxed{サ}\ \boxed{シ}\ \boxed{ス}}$ である。

(2) A, B, C, D を定数とする。$f(x) = 2x^3 - 9x^2 + Ax + B$，$g(x) = x^2 - Cx - D$ とおく。以下の問いに答えよ。

   (a) $g(1-\sqrt{2}) = 0$ かつ $g(1+\sqrt{2}) = 0$ のとき，$C = \boxed{セ}$，$D = \boxed{ソ}$ である。また，$f(1-\sqrt{2}) = 0$ かつ $f(1+\sqrt{2}) = 0$ のとき，$A = \boxed{タ}$，$B = \boxed{チ}$ で

18 2023 年度　数学　　　　　　　　　　　　　　東京理科大-創域理工〈B方式・S方式-2/3〉

あり，方程式 $f(x) = 0$ を満たす有理数 x は

$$x = \dfrac{\boxed{ツ}}{\boxed{テ}}$$

である。

(b)　$f(x)$ の導関数 $f'(x)$ は

$$f'(x) = \boxed{ト}\,x^2 - \boxed{ナ}\boxed{ニ}\,x + A$$

であり，方程式 $f'(x) = 0$ が実数解をもつような A の値の範囲は

$$A \leqq \dfrac{\boxed{ヌ}\boxed{ネ}}{\boxed{ノ}}$$

である。$A = \dfrac{\boxed{ヌ}\boxed{ネ}}{\boxed{ノ}}$，$B = \dfrac{1}{4}$ のときには，

$$f(x) = \dfrac{1}{\boxed{ハ}}(2x - \boxed{ヒ})^3 + \boxed{フ}$$

と表すことができる。

(3)　数列 $\{a_n\}$ は，$a_1 = \dfrac{7}{5}$，n が偶数のときは $a_{n+1} = \dfrac{1+a_n}{2}$，$n$ が奇数のときは $a_{n+1} = \dfrac{2+a_n}{2}$ を満たすとする。このとき，

$$a_2 = \dfrac{\boxed{ヘ}\boxed{ホ}}{\boxed{マ}\boxed{ミ}}, \quad a_3 = \dfrac{\boxed{ム}\boxed{メ}}{\boxed{モ}\boxed{ヤ}}$$

である。さらに，自然数 k に対して

$$a_{2k+1} = \boxed{ユ} + \dfrac{\boxed{ヨ}}{\boxed{ラ}}\,a_{2k-1}$$

となる。これを

$$a_{2k+1} - \dfrac{\boxed{リ}}{\boxed{ル}} = \dfrac{\boxed{レ}}{\boxed{ロ}}\left(a_{2k-1} - \dfrac{\boxed{リ}}{\boxed{ル}}\right)$$

東京理科大-創域理工〈B方式・S方式-2/3〉　　　　　　　　2023 年度　数学　*19*

と変形することにより

$$a_{2k-1} = \cfrac{1}{\boxed{ワ}\,\vdots\,\boxed{ヲ}} \left(\cfrac{\boxed{レ}}{\boxed{ロ}} \right)^{k-1} + \cfrac{\boxed{リ}}{\boxed{ル}}$$

が得られる。また，

$$a_{2k} = \cfrac{1}{\boxed{ン}\,\vdots\,\boxed{あ}} \left(\cfrac{\boxed{い}}{\boxed{う}} \right)^{k-1} + \cfrac{\boxed{え}}{\boxed{お}}$$

も得られる。

　　　問題 $\boxed{2}$ の解答は白色の解答用紙に記入しなさい。答だけでなく答を導く過程
も記入しなさい。

$\boxed{2}$　　座標平面上に点 $\mathrm{A}(2,0)$ と点 $\mathrm{B}(0,1)$ がある。正の実数 t に対して，x 軸上の点
$\mathrm{P}(2+t,0)$ と y 軸上の点 $\mathrm{Q}\left(0,1+\dfrac{1}{t}\right)$ を考える。

(1)　直線 AQ の方程式を，t を用いて表せ。

(2)　直線 BP の方程式を，t を用いて表せ。

直線 AQ と直線 BP の交点を $\mathrm{R}(u,v)$ とする。

(3)　u と v を，t を用いて表せ。

(4)　$t > 0$ の範囲で，$u+v$ の値を最大にする t の値を求めよ。

（30 点，ただし数理科学科は 60 点）

20 2023 年度 数学 東京理科大-創域理工〈B方式・S方式-2/3〉

問題 $\boxed{3}$ の解答はクリーム色の解答用紙に記入しなさい。答だけでなく答を導く過程も記入しなさい。

$\boxed{3}$ 座標平面上で，曲線 $y = \sqrt{5}\log x\ (x > 0)$ を C とし，C 上に点 $\mathrm{A}(a, \sqrt{5}\log a)$ $(a > 0)$ をとる。ただし，$\log$ は自然対数とする。点 A における C の接線を ℓ とし，ℓ と y 軸の交点を $\mathrm{Q}(0, q)$ とする。また，点 A における C の法線を m とし，m と y 軸の交点を $\mathrm{R}(0, r)$ とする。

(1) q を，a を用いて表せ。

(2) r を，a を用いて表せ。

(3) 線分 QR の長さが $3\sqrt{5}$ となるような a の値を求めよ。

(4) $\angle \mathrm{ARQ} = \dfrac{\pi}{6}$ となるような a の値を求めよ。

(5) $a = e^2$ とする。このとき，x 軸，曲線 C および直線 ℓ で囲まれた部分の面積を求めよ。ただし，e は自然対数の底である。

(30 点，ただし数理科学科は 60 点)

東京理科大-創域理工〈Ｂ方式・Ｓ方式-2/3〉　　　　　2023 年度　物理　*21*

物理

(80 分)

1　次の問題の　　　　　の中に入れるべき最も適当なものをそれぞれの**解答群**の
中から選び，その番号を**解答用マークシート**の指定された欄にマークしなさい。
(　　　　　は既出のものを表す。同じ番号を何回用いてもよい。)

(35 点，ただし電気電子情報工学科は 70 点)

以下では，長さ，質量，時間，角度の単位をそれぞれ m，kg，s，rad とし，そ
の他の物理量に対してはこれらを組み合わせた単位を使用する。例えば，速度の
単位は m/s と表すことができる。

本問では小球の衝突を考える。衝突の前後で小球は回転運動せず，また，衝突
の際に摩擦は生じないものとする。

(1)　滑らかな水平面内における質量 m の小球 A と質量 M の小球 B の衝突を考
える。**図 1** のように，小球 A が x 軸の正の向きに速さ v で運動しており，原
点 O 上に静止している小球 B に衝突した。衝突後の小球 A は x 軸から反時計
回りに角度 θ_1 の方向に速さ v_1 で，衝突後の小球 B は x 軸から時計回りに角度
θ_2 の方向に速さ v_2 で，それぞれ運動した。この衝突は弾性衝突であったとす
る。このときエネルギー保存の法則から $\dfrac{mv^2}{2} =$ **(ア)** が成り立つ。また，
衝突前後の運動量の x 成分について運動量保存の法則から $mv =$ **(イ)** が
成り立つ。同様に，衝突前後の運動量の y 成分について運動量保存の法則から
(ウ) $= 0$ が成り立つ。運動量保存の法則から得られたこれら二つの式と，
公式 $\cos^2\theta + \sin^2\theta = 1$ を用いて計算すると，衝突後の小球 A の速さについて
は，m, M, v, v_2, θ_2 などを使って，$v_1^2 =$ **(エ)** と表される。これをエネル
ギー保存の法則から導かれた式と組み合わせ，$v_2 \neq 0$ であることに注意して
整理すると，衝突後の小球 B の速さは $v_2 =$ **(オ)** となる。これより衝突後
の小球 B の運動量の大きさが最大となる角度は $\theta_2 =$ **(カ)** であることがわ
かる。

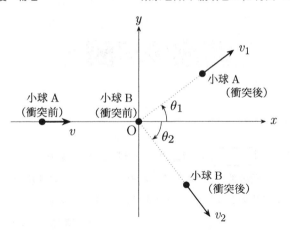

図 1

(ア) の解答群

⓪ $\dfrac{mv_1^2}{2} + \dfrac{Mv_2^2}{2}$ ① $\dfrac{Mv_1^2}{2} + \dfrac{mv_2^2}{2}$ ② $-\dfrac{mv_1^2}{2} + \dfrac{Mv_2^2}{2}$

③ $\dfrac{mv_1^2}{2} - \dfrac{Mv_2^2}{2}$ ④ $-\dfrac{Mv_1^2}{2} + \dfrac{mv_2^2}{2}$ ⑤ $\dfrac{Mv_1^2}{2} - \dfrac{mv_2^2}{2}$

(イ), (ウ) の解答群

⓪ $mv_1 \sin\theta_1 + Mv_2 \cos\theta_2$ ① $mv_1 \cos\theta_1 + Mv_2 \sin\theta_2$

② $mv_1 \cos\theta_1 + Mv_2 \cos\theta_2$ ③ $mv_1 \sin\theta_1 + Mv_2 \sin\theta_2$

④ $mv_1 \sin\theta_1 - Mv_2 \cos\theta_2$ ⑤ $mv_1 \cos\theta_1 - Mv_2 \sin\theta_2$

⑥ $mv_1 \cos\theta_1 - Mv_2 \cos\theta_2$ ⑦ $mv_1 \sin\theta_1 - Mv_2 \sin\theta_2$

(エ) の解答群

⓪ $v^2 + \dfrac{2Mvv_2 \sin\theta_2}{m} + \dfrac{M^2 v_2^2}{m^2}$ ① $v^2 - \dfrac{2Mvv_2 \sin\theta_2}{m} + \dfrac{M^2 v_2^2}{m^2}$

② $v^2 + \dfrac{2Mvv_2 \cos\theta_2}{m} + \dfrac{M^2 v_2^2}{m^2}$ ③ $v^2 - \dfrac{2Mvv_2 \cos\theta_2}{m} + \dfrac{M^2 v_2^2}{m^2}$

④ $v_2^2 + \dfrac{2Mvv_2 \sin\theta_2}{m} + \dfrac{M^2 v^2}{m^2}$ ⑤ $v_2^2 - \dfrac{2Mvv_2 \sin\theta_2}{m} + \dfrac{M^2 v^2}{m^2}$

⑥ $v_2^2 + \dfrac{2Mvv_2 \cos\theta_2}{m} + \dfrac{M^2 v^2}{m^2}$ ⑦ $v_2^2 - \dfrac{2Mvv_2 \cos\theta_2}{m} + \dfrac{M^2 v^2}{m^2}$

東京理科大-創域理工〈B方式・S方式-2/3〉 2023 年度 物理 **23**

(オ) の解答群

⓪ $\dfrac{m}{m+M}v\sin\theta_2$　　① $\dfrac{m}{m+M}v\cos\theta_2$　　② $\dfrac{M}{m+M}v\sin\theta_2$

③ $\dfrac{M}{m+M}v\cos\theta_2$　　④ $\dfrac{2m}{m+M}v\sin\theta_2$　　⑤ $\dfrac{2m}{m+M}v\cos\theta_2$

⑥ $\dfrac{2M}{m+M}v\sin\theta_2$　　⑦ $\dfrac{2M}{m+M}v\cos\theta_2$

(カ) の解答群

⓪ 0　　① $\dfrac{\pi}{6}$　　② $\dfrac{\pi}{5}$　　③ $\dfrac{\pi}{4}$　　④ $\dfrac{\pi}{3}$　　⑤ $\dfrac{\pi}{2}$

(2) 次に，**小問 (1)** と同じ状況を x 軸の正の向きに一定の速さ V で運動している観測者 O から見た場合の小球の運動について考察する。衝突前には，観測者 O から見た小球 A の速度の x 成分は 　**(キ)**　，小球 B の速度の x 成分は 　**(ク)**　である。これより，観測者 O から見た小球 A と小球 B の衝突前の運動量の和が 0 になるのは $V = $ 　**(ケ)**　のときだとわかる。また $V = $ ⦙**(ケ)**⦙ のときには，観測者 O から見た衝突前の小球 A と小球 B の運動量の大きさはどちらも 　**(コ)**　である。

衝突後の運動量を考えよう。以下では $V = $ ⦙**(ケ)**⦙ とする。運動量保存の法則より，観測者 O から見た衝突後の小球 A の運動量と小球 B の運動量を比較すると 　**(サ)**　であることがわかる。これと，観測者 O から見ても衝突前後のエネルギーが保存すること，および各小球の運動エネルギーがその運動量と質量で表せることを使うと，観測者 O から見た衝突後の小球 A の運動量の大きさは 　**(シ)**　であることがわかる。観測者 O から見て衝突後の小球 A の運動した向きが x 軸から反時計回りに角度 ϕ であるならば，衝突による小球 A の運動量の変化の大きさ（衝突により小球 A が受けた力積の大きさ）は観測者 O から見て 　**(ス)**　である。

(キ)，(ク) の解答群

⓪ 0　　　　① V　　　　② $-V$　　　　③ v

④ $v+V$　　⑤ $v-V$　　⑥ $-v+V$　　⑦ $-v$

24 2023 年度 物理 東京理科大-創域理工〈B方式・S方式- 2/3〉

(ケ) の解答群

⓪ v　　　　① $-v$　　　　② $\dfrac{m}{m+M}v$

③ $\dfrac{M}{m+M}v$　　　④ $\dfrac{m}{m-M}v$　　　⑤ $\dfrac{M}{m-M}v$

(コ), (シ) の解答群

⓪ mv　　　　① Mv　　　　② $(m+M)v$

③ $\dfrac{mM}{m+M}v$　　　④ $\dfrac{m^2}{m+M}v$　　　⑤ $\dfrac{M^2}{m+M}v$

(サ) の解答群

⓪ 小球 A の運動量の大きさの方が大きく向きは同じ

① 小球 A の運動量の大きさの方が大きく互いに逆向き

② 大きさが同じで向きも同じ

③ 大きさが同じで互いに逆向き

④ 小球 B の運動量の大きさの方が大きく向きは同じ

⑤ 小球 B の運動量の大きさの方が大きく互いに逆向き

(ス) の解答群

⓪ mv　　　　　　　　① 0

② $\dfrac{1}{2}mv$　　　　　　③ $mv\sqrt{2(1-\cos\phi)}$

④ $\dfrac{mM}{m+M}v\sqrt{2(1-\cos\phi)}$　　⑤ $\dfrac{\sqrt{2}mM}{m+M}v(1-\cos\phi)$

⑥ $\dfrac{2mM}{m+M}v\sqrt{1-\cos\phi}$　　　⑦ $\dfrac{2mM}{m+M}v(1-\cos\phi)$

(3)　未知の質量と速度をもつ粒子 C が，特定の方向から決まった速度で一定の頻度で何度も飛んでくるとしよう。このとき，**小問 (1)** の結果を利用すれば，粒子 C の質量と速度は，たとえ直接それらを測定できない状況であっても推定することができる。以下では，いずれの粒子も小球とみなせて，実験室に設定した水平な xy 平面内を運動する場合を考え，重力は無視できるものとする。

　座標原点に質量 M_D の粒子 D を置いて静止させた。しばらくすると粒子 C

東京理科大−創域理工〈B方式・S方式−2/3〉 2023 年度 物理 25

が粒子 D に衝突し，粒子 D がある向きに運動した。このときの粒子 D の速度
（速さと向き）を測定したのち，粒子 D を再び原点に置いて静止させた。しば
らく待つと再び衝突が起こり，衝突後の粒子 D の速度を測定した。この測定を
くり返した結果，x 軸から反時計回りに角度 θ の方向へ運動したときに，粒子
D の速さは最大になっていることがわかった。このときの粒子 D の速さを v_D
とする。粒子 C と粒子 D の衝突は弾性衝突であるとすると，**小問 (1)** の結果
から衝突前の粒子 C は　　**(セ)**　　の方向に運動していたことがわかる。

次に，粒子 D の代わりに質量が M_E の粒子 E を用いて同様の測定を行う。測
定の結果，粒子 E の速さが最大となる角度は，粒子 D と同様，x 軸から反時計
回りに角度 θ の方向であることがわかった。このときの粒子 E の速さを v_E と
する。ただし測定の結果，$v_E \neq v_D$ かつ $M_E v_E \neq M_D v_D$ であった。推定したい量
である，衝突前の粒子 C の質量を M_C，速さを v_C とする。**小問 (1)** の結果を適
用して，v_D と v_E を M_C, M_D, M_E, v_C などを使って表し，それらを M_C および
v_C について解くことで，衝突前の粒子 C の質量と速さを，$M_C =$　　**(ソ)**　　，
$v_C =$　　**(タ)**　　と推定できる。

(セ) の解答群

⓪ x 軸から時計回りに角度 θ ① x 軸から時計回りに角度 $\theta + \dfrac{\pi}{4}$

② x 軸から時計回りに角度 $\theta + \dfrac{\pi}{3}$ ③ x 軸から時計回りに角度 $\theta + \dfrac{\pi}{2}$

④ x 軸から反時計回りに角度 θ ⑤ x 軸から反時計回りに角度 $\theta + \dfrac{\pi}{4}$

⑥ x 軸から反時計回りに角度 $\theta + \dfrac{\pi}{3}$ ⑦ x 軸から反時計回りに角度 $\theta + \dfrac{\pi}{2}$

(ソ) の解答群

⓪ $\dfrac{M_E v_E^2 + M_D v_D^2}{v_D^2 + v_E^2}$ ① $\dfrac{M_D v_E^2 + M_E v_D^2}{v_D^2 + v_E^2}$

② $\dfrac{M_E v_E^2 - M_D v_D^2}{v_D^2 + v_E^2}$ ③ $\dfrac{M_D v_E^2 - M_E v_D^2}{v_D^2 + v_E^2}$

④ $\dfrac{M_E v_E + M_D v_D}{v_D + v_E}$ ⑤ $\dfrac{M_E v_E - M_D v_D}{v_D + v_E}$

⑥ $\dfrac{M_E v_E + M_D v_D}{v_D - v_E}$ ⑦ $\dfrac{M_E v_E - M_D v_D}{v_D - v_E}$

26 2023 年度 物理　　　　　　　　　東京理科大-創域理工〈B方式・S方式- 2/3〉

(タ) の解答群

⓪ $\dfrac{v_D + v_E}{2}$

① $\dfrac{M_D v_D + M_E v_E}{M_D + M_E}$

② $\dfrac{M_E v_D + M_D v_E}{M_D + M_E}$

③ $\dfrac{M_D v_D^2 + M_E v_E^2}{v_D + v_E}$

④ $\dfrac{v_D v_E(M_E - M_D)}{2(M_E v_E - M_D v_D)}$

⑤ $\dfrac{v_D v_E(M_E - M_D)}{2(M_E v_E + M_D v_D)}$

⑥ $\dfrac{v_D v_E(M_E + M_D)}{2(M_E v_E + M_D v_D)}$

⑦ $\dfrac{v_D v_E(M_E + M_D)}{2(M_E v_E - M_D v_D)}$

$\boxed{2}$　　次の問題の $\boxed{}$ の中に入れるべき最も適当なものをそれぞれの**解答群**の中から選び，その番号を**解答用マークシート**の指定された欄にマークしなさい。（$\vdots\!\!\boxed{}\!\!\vdots$ は既出のものを表す。同じ番号を何回用いてもよい。）

(35 点，ただし電気電子情報工学科は 70 点)

　以下では，長さ，質量，時間，電流の単位をそれぞれ m，kg，s，A とし，その他の物理量に対してはこれらを組み合わせた単位を使用する。例えば，電荷の単位 C は A·s と表すことができる。この問題では導線の抵抗と回路の自己インダクタンスは考えない。また，抵抗値とコンデンサーの電気容量は磁場（磁界）の影響やジュール熱により変化せず，常に一定とする。導線の太さ，および，抵抗とコンデンサーの寸法は，導線の長さに比べてじゅうぶんに小さく，無視できるとする。

(1) 　**図 2-1** のように，1 辺の長さが L の正方形の回路 ABCD の辺 AD，BC と平行に x 軸を，辺 AB，DC と平行に y 軸を定義する。回路は導線と抵抗値 R の抵抗で構成されている。この回路を x 軸の正の向き（**図 2-1** の右向き）に一定の速さ v で動かす。$x > 0$ の領域には**図 2-1** に示すように紙面（xy 平面）に垂直に裏から表に向かう向きの磁場（磁界）が存在し，その磁束密度の大きさは x の関数として，$B = ax$（a は正の定数）で表されるとする。**図 2-1** の下のグラフは横軸を x として，磁束密度の大きさを示す。回路 ABCD の左側の辺 AB が $x = 0$ を横切り，回路の全体が磁場の存在する領域に重なった時刻を $t = 0$ とする。**図 2-1** の上の図は $t > 0$ のある時刻での回路の位置を示している。

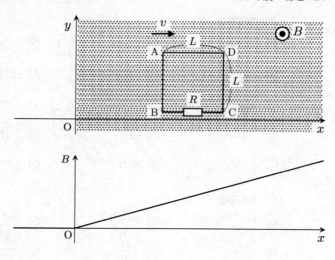

図 2-1

　$t > 0$ のとき，回路全体が磁場の存在する領域に含まれるため，回路を貫く磁場の存在する面積は $S = L^2$ である。また，$x > 0$ において磁束密度の大きさが x に比例するため，回路を貫く磁束密度の大きさの平均は回路の中心での磁束密度の大きさと一致する。この平均値を $\overline{B}$ とすると，回路を貫く磁束は，t の関数として $\Phi(t) = \overline{B} \cdot S = $ (ア) と表される。回路には，回路を貫く磁束の時間変化により誘導起電力が生じる。時刻 t から微小な時間 Δt ($\Delta t > 0$) が過ぎた後での回路を貫く磁束を $\Phi(t + \Delta t)$ とすると，誘導起電力の大きさは $V = \left| \dfrac{\Phi(t + \Delta t) - \Phi(t)}{\Delta t} \right| = $ (イ) となる。このとき，回路には大きさ (ウ) の電流が流れ，抵抗ではジュール熱が発生する。単位時間あたりに抵抗で発生したジュール熱は，(エ) である。また，回路に電流が流れることにより，回路には力が加わる。このとき，回路全体で電流が磁場から受ける力の大きさは (オ) であり，その向きは (カ) である。
　$t > 0$ のある時刻において，向きは変えずに回路を動かす速さを $\dfrac{v}{3}$ にする。速さを変えた後，じゅうぶんに時間がたったとき，回路に流れる電流の大きさは (キ) × (ウ) となり，回路全体で電流が磁場から受ける力の向きは (ク) である。

28　2023 年度　物理　　　　　　　　　　東京理科大-創域理工〈B方式・S方式-2/3〉

（ア）の解答群

⓪ $\dfrac{1}{2}aL^2vt$ 　　　① $\dfrac{1}{2}aL^2\left(vt+\dfrac{L}{2}\right)$ 　　② $\dfrac{1}{2}aL^2\left(vt+L\right)$

③ aL^2vt 　　　④ $aL^2\left(vt+\dfrac{L}{2}\right)$ 　　⑤ $aL^2\left(vt+L\right)$

（イ）の解答群

⓪ $\dfrac{1}{2}aLv^2t$ 　　　① aLv^2t 　　　② $\dfrac{3}{2}aLv^2t$

③ $\dfrac{1}{2}aL^2v$ 　　　④ aL^2v 　　　⑤ $\dfrac{3}{2}aL^2v$

（ウ）の解答群

⓪ $\dfrac{aLv^2t}{2R}$ 　　　① $\dfrac{aLv^2t}{R}$ 　　　② $\dfrac{3aLv^2t}{2R}$

③ $\dfrac{aL^2v}{2R}$ 　　　④ $\dfrac{aL^2v}{R}$ 　　　⑤ $\dfrac{3aL^2v}{2R}$

（エ）の解答群

⓪ $\dfrac{a^2L^2v^4t^2}{4R}$ 　　　① $\dfrac{a^2L^2v^4t^2}{2R}$ 　　② $\dfrac{a^2L^2v^4t^2}{R}$

③ $\dfrac{a^2L^4v^2}{4R}$ 　　　④ $\dfrac{a^2L^4v^2}{2R}$ 　　⑤ $\dfrac{a^2L^4v^2}{R}$

（オ）の解答群

⓪ $\dfrac{a^2L^3v^2t}{4R}$ 　　　① $\dfrac{a^2L^3v^2t}{2R}$ 　　② $\dfrac{a^2L^3v^2t}{R}$

③ $\dfrac{a^2L^4v}{4R}$ 　　　④ $\dfrac{a^2L^4v}{2R}$ 　　⑤ $\dfrac{a^2L^4v}{R}$

（カ），（ク）の解答群

⓪ x 軸の正の向き 　　　　　① x 軸の負の向き

② y 軸の正の向き 　　　　　③ y 軸の負の向き

（キ）の解答群

⓪ $\dfrac{1}{3}$ 　　　　　① $\dfrac{1}{2}$ 　　　　　② $\dfrac{2}{3}$

③ 1 　　　　　④ $\dfrac{4}{3}$ 　　　　　⑤ $\dfrac{5}{3}$

(2) 次に，**図 2-2** に示す電気容量 C のコンデンサーと**小問 (1)** の回路と同じ抵抗を含む回路を，x 軸の正の向き（図の右向き）に一定の速さ v で動かす。$x > 0$ の領域には紙面（xy 平面）に垂直に裏から表に向かう向きの磁場が存在し，その磁束密度の大きさは**小問 (1)** と同じ関数 $B = ax$（a は正の定数）で表されるとする。回路の左側の辺が $x = 0$ を横切り，回路全体が磁場の存在する領域に重なった時刻を $t = 0$ とする。

$t > 0$ のとき，回路全体が磁場の存在する領域に含まれる。さらに，じゅうぶんに時間がたつと，回路を流れる電流の大きさは (ケ) で一定となった。このとき，コンデンサーに蓄えられている静電エネルギーは (コ) である。

次に，回路を流れる電流が (ケ) になった後のある時刻において，向きは変えずに回路を動かす速さを $\dfrac{v}{3}$ にする。この速さを変える動作はじゅうぶんに短い時間でおこなわれたものとすると，速さを変えた直後にコンデンサーに蓄えられている電気量は，速さを変える直前に蓄えられていた電気量と等しいとみなせる。このとき，回路を動かす速さを変えた直後に回路に流れる電流の大きさは， (サ) × (ウ) となり，回路全体で電流が磁場から受ける力の向きは (シ) である。

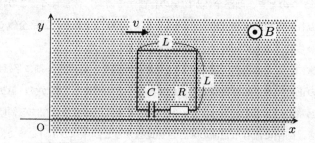

図 2-2

(ケ) の解答群

⓪ 0 ① $\dfrac{aL^2v}{4R}$ ② $\dfrac{aL^2v}{2R}$

③ $\dfrac{\sqrt{2}aL^2v}{2R}$ ④ $\dfrac{aL^2v}{R}$ ⑤ $\dfrac{2aL^2v}{R}$

30 2023 年度　物理　　　　　　　　　　　東京理科大-創域理工〈B方式・S方式-2/3〉

(コ) の解答群

⓪ $\dfrac{Ca^2L^4v^2}{4}$　　　① $\dfrac{Ca^2L^4v^2}{2}$　　　② $\dfrac{3Ca^2L^4v^2}{2}$

③ $Ca^2L^4v^2$　　　④ $\dfrac{C^2aL^2v}{4}$　　　⑤ $\dfrac{C^2aL^2v}{2}$

⑥ $\dfrac{3C^2aL^2v}{2}$　　　⑦ C^2aL^2v

(サ) の解答群

⓪ $\dfrac{1}{3}$　　　① $\dfrac{1}{2}$　　　② $\dfrac{2}{3}$

③ 1　　　④ $\dfrac{4}{3}$　　　⑤ $\dfrac{5}{3}$

(シ) の解答群

⓪ x 軸の正の向き　　　　① x 軸の負の向き

② y 軸の正の向き　　　　③ y 軸の負の向き

(3)　次に，**図 2-3** に示すように，**小問 (1)** と磁束密度の大きさは同じであるが逆向きの磁場中で，**小問 (1)** と同じ回路を，x 軸の正の向き（図の右向き）に一定の速さ v で動かす。

　$t > 0$ のとき，回路全体が磁場の存在する領域に含まれる。この状態で回路に流れる電流の大きさは， **(ス)** × **(ウ)** であり，回路全体で電流が磁場から受ける力の向きは **(セ)** である。

　次に，この磁場中で**図 2-4** の 3 種類の回路を，底辺を x 軸に平行にして，x 軸の正の向き（図の右向き）にいずれも一定の速さ v で動かす。抵抗はすべての回路で同じものである。$t > 0$ で回路の全体が磁場の存在する領域に重なるとき，回路に流れる電流の大きさを比較すると， **(ソ)** 。また，回路全体で電流が磁場から受ける力の大きさを比較すると， **(タ)** 。

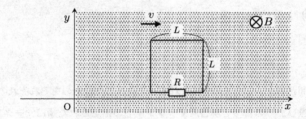

図 2-3

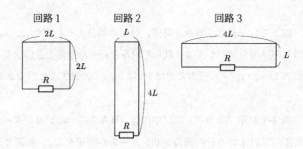

図 2-4

(ス) の解答群

⓪ $\dfrac{1}{3}$ ① $\dfrac{1}{2}$ ② $\dfrac{2}{3}$

③ 1 ④ $\dfrac{4}{3}$ ⑤ $\dfrac{5}{3}$

(セ) の解答群

⓪ x 軸の正の向き   ① x 軸の負の向き

② y 軸の正の向き   ③ y 軸の負の向き

(ソ), (タ) の解答群

⓪ 回路 1 がもっとも大きい

① 回路 2 がもっとも大きい

② 回路 3 がもっとも大きい

32 2023 年度　物理　　　　　　　東京理科大-創域理工〈B 方式・S 方式- 2/3〉

③ すべて同じである

3　次の問題の [　　　　] の中に入れるべき最も適当なものをそれぞれの**解答群**の中から選び，その番号を**解答用マークシート**の指定された欄にマークしなさい。（[┄┄] は既出のものを表す。同じ番号を何回用いてもよい。）

（30 点，ただし電気電子情報工学科は 60 点）

　　以下では，長さ，質量，時間，温度の単位をそれぞれ m，kg，s，K とし，その他の物理量に対してはこれらを組み合わせた単位を使用する。例えば，力の単位 N は kg・m/s^2，圧力の単位 Pa は N/m^2 と表すことができる。

　　図 3-1 に示すように，大気中に径の異なる二つのシリンダーが中心軸をそろえて固定されている。内側のシリンダーの断面積を S_{in}，内側と外側のシリンダーに挟まれた部分の断面積を S_{out} と表す。二つのシリンダーは底面から高さ h_0 まで不揮発性の（気化しない）液体で満たされている。内側のシリンダーの底面付近には穴があり，液体は内側と外側のシリンダー間を自由に移動することができる。また，内側のシリンダーの液面から高さ l_0 の位置にはピストンの下面があり，液面とピストンの間は大気圧の空気で満たされている。空気は液体に溶解しないものとする。シリンダーは h_0 や l_0 に比べてじゅうぶん長く，ピストンは脱落することなく内側のシリンダーの中を上下に滑らかに動くことができる。液体の量はじゅうぶんあるとして，内側のシリンダーの底面付近の穴の高さまで，いずれかの液面が下がって空気が穴を通過することは考えなくてよい。ピストンとシリンダーは熱を通さない材料で作られていて，ピストンの質量は無視できるものとする。以下では，大気圧を P_0，大気の温度を T_0 とし，空気は二原子分子理想気体（比熱比 γ が $\frac{7}{5}$）とみなして考え，理想気体が断熱変化するとき，その圧力 P と体積 V について，PV^{γ} が一定という関係が成り立つことを用いてよい。液体の温度は大気の温度と等しく T_0，密度（単位体積あたりの質量）は ρ とし，これらは常に一定であるとする。また，鉛直下向き（重力の向き）を正の向きとし，重力加速度の大きさを g とする。

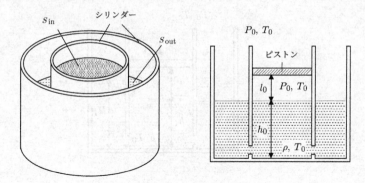

図 3-1 右の図は，水平方向から見た断面図である。

(1) ピストンに下向きの力を加えて動かした。このときの力を F と表す（$F \geqq 0$）。F を $F = 0$ から $F = F_1$ まで増加させてピストンを動かした。ここまで，内側のシリンダー内の空気と液体の間でやりとりされる熱量は無視することができ，気体が断熱変化したと考える。$F = F_1$ で止めたとき，**図 3-2** のように内側と外側の液面の高さはそれぞれ h_1, H_1 となり，ピストンの下面の高さは底面から $h_1 + l_1$ となった。また，シリンダー内の空気の圧力は P_1，温度は T_1 となった。

内側のシリンダーの空気層の上面において圧力のつりあいを式で表すと，$P_1 = P_0 +$ (ア) である。同様にして，空気層の下面において圧力のつりあいを式で表すと，$P_1 = P_0 + (H_1 - h_1) \times$ (イ) である。これより，(ア) $= (H_1 - h_1) \times$ (イ) の関係があることがわかる。また，液体の体積は，内側のシリンダーにおける減少分と外側のシリンダーにおける増加分が等しい。以上より，h_1 と H_1 は $h_1 = h_0 + \left(\boxed{\text{(ウ)}} \right) \times \dfrac{\text{(ア)}}{\text{(イ)}}$, $H_1 = h_0 + \left(\boxed{\text{(エ)}} \right) \times \dfrac{\text{(ア)}}{\text{(イ)}}$ と表される。内側の液面からピストンの下面までの高さ l_1 は，P_0, F_1 などを用いて $l_1 =$ (オ) $\times l_0$ と表される。また，シリンダー内の空気の温度 T_1 は $T_1 =$ (カ) $\times T_0$ となる。

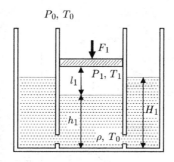

図 3-2

(ア) の解答群

⓪ $F_1 S_{\text{out}}$　　① $F_1 S_{\text{in}}$　　② $F_1(S_{\text{out}} + S_{\text{in}})$

③ $F_1(S_{\text{out}} - S_{\text{in}})$　　④ $\dfrac{F_1}{S_{\text{out}}}$　　⑤ $\dfrac{F_1}{S_{\text{in}}}$

⑥ $\dfrac{F_1}{S_{\text{out}} + S_{\text{in}}}$　　⑦ $\dfrac{F_1}{S_{\text{out}} - S_{\text{in}}}$

(イ) の解答群

⓪ ρg　　① $\dfrac{\rho}{g}$　　② $F_1 g$　　③ $\dfrac{F_1}{g}$

④ $F_1 \rho g$　　⑤ $\dfrac{F_1 \rho}{g}$　　⑥ $\dfrac{F_1 g}{\rho}$　　⑦ $\dfrac{\rho g}{F_1}$

(ウ), (エ) の解答群

⓪ $\dfrac{S_{\text{out}}}{S_{\text{out}} + S_{\text{in}}}$　　① $\dfrac{S_{\text{out}}}{S_{\text{out}} - S_{\text{in}}}$　　② $-\dfrac{S_{\text{out}}}{S_{\text{out}} + S_{\text{in}}}$

③ $-\dfrac{S_{\text{out}}}{S_{\text{out}} - S_{\text{in}}}$　　④ $\dfrac{S_{\text{in}}}{S_{\text{out}} + S_{\text{in}}}$　　⑤ $\dfrac{S_{\text{in}}}{S_{\text{out}} - S_{\text{in}}}$

⑥ $-\dfrac{S_{\text{in}}}{S_{\text{out}} + S_{\text{in}}}$　　⑦ $-\dfrac{S_{\text{in}}}{S_{\text{out}} - S_{\text{in}}}$

東京理科大-創域理工〈B方式・S方式-2/3〉　　　　　2023 年度　物理　35

(オ) の解答群

$$⓪ \left(\frac{P_0 S_{\text{out}}}{F_1 + P_0 S_{\text{out}}} \right)^{\frac{3}{5}} \quad ① \left(\frac{P_0 S_{\text{out}}}{F_1 + P_0 S_{\text{out}}} \right)^{\frac{7}{5}} \quad ② \left(\frac{P_0 S_{\text{out}}}{F_1 + P_0 S_{\text{out}}} \right)^{\frac{3}{7}}$$

$$③ \left(\frac{P_0 S_{\text{out}}}{F_1 + P_0 S_{\text{out}}} \right)^{\frac{5}{7}} \quad ④ \frac{P_0 S_{\text{out}}}{F_1 + P_0 S_{\text{out}}} \quad ⑤ \left(\frac{P_0 S_{\text{in}}}{F_1 + P_0 S_{\text{in}}} \right)^{\frac{3}{5}}$$

$$⑥ \left(\frac{P_0 S_{\text{in}}}{F_1 + P_0 S_{\text{in}}} \right)^{\frac{7}{5}} \quad ⑦ \left(\frac{P_0 S_{\text{in}}}{F_1 + P_0 S_{\text{in}}} \right)^{\frac{3}{7}} \quad ⑧ \left(\frac{P_0 S_{\text{in}}}{F_1 + P_0 S_{\text{in}}} \right)^{\frac{5}{7}}$$

(カ) の解答群

$$⓪ \left(\frac{F_1 + P_0 S_{\text{out}}}{P_0 S_{\text{out}}} \right)^{\frac{2}{3}} \quad ① \left(\frac{F_1 + P_0 S_{\text{out}}}{P_0 S_{\text{out}}} \right)^{\frac{3}{5}} \quad ② \left(\frac{F_1 + P_0 S_{\text{out}}}{P_0 S_{\text{out}}} \right)^{\frac{2}{7}}$$

$$③ \left(\frac{F_1 + P_0 S_{\text{out}}}{P_0 S_{\text{out}}} \right)^{\frac{3}{7}} \quad ④ \frac{F_1 + P_0 S_{\text{out}}}{P_0 S_{\text{out}}} \quad ⑤ \left(\frac{F_1 + P_0 S_{\text{in}}}{P_0 S_{\text{in}}} \right)^{\frac{2}{3}}$$

$$⑥ \left(\frac{F_1 + P_0 S_{\text{in}}}{P_0 S_{\text{in}}} \right)^{\frac{3}{5}} \quad ⑦ \left(\frac{F_1 + P_0 S_{\text{in}}}{P_0 S_{\text{in}}} \right)^{\frac{2}{7}} \quad ⑧ \left(\frac{F_1 + P_0 S_{\text{in}}}{P_0 S_{\text{in}}} \right)^{\frac{3}{7}}$$

(2) 小問 **(1)** の最後の状態，すなわちピストンに下向きの力 F_1 を加えたままで，じゅうぶんに時間が経過した。この間，内側のシリンダー内の空気と液体の間で熱のやりとりがあり，空気の温度が T_0 になったとする。また，大気圧は P_0 のままとする。

内側の液面からピストンの下面までの高さを l_2 とすると，P_0，F_1 などを用いて $l_2 = \boxed{\text{(キ)}} \times l_0$ と表される。また，内側のシリンダーの液面の高さ h_2 は，$h_2 = h_0 + \left(\boxed{\text{(ク)}} \right) \times \dfrac{\boxed{\text{(ア)}}}{\boxed{\text{(イ)}}}$ と表され，外側の液面の高さ H_2 は，

$$H_2 = h_0 + \left(\boxed{\text{(ケ)}} \right) \times \frac{\boxed{\text{(ア)}}}{\boxed{\text{(イ)}}}$$

である。

(キ) の解答群

$$⓪ \frac{P_0 S_{\text{out}}}{F_1 + P_0 S_{\text{out}}} \qquad ① \left(\frac{P_0 S_{\text{out}}}{F_1 + P_0 S_{\text{out}}} \right)^{\frac{3}{5}} \qquad ② \left(\frac{P_0 S_{\text{out}}}{F_1 + P_0 S_{\text{out}}} \right)^{\frac{7}{5}}$$

③ $\left(\dfrac{P_0 S_{\text{out}}}{F_1 + P_0 S_{\text{out}}}\right)^{\frac{3}{7}}$ ④ $\left(\dfrac{P_0 S_{\text{out}}}{F_1 + P_0 S_{\text{out}}}\right)^{\frac{5}{7}}$ ⑤ $\dfrac{P_0 S_{\text{in}}}{F_1 + P_0 S_{\text{in}}}$

⑥ $\left(\dfrac{P_0 S_{\text{in}}}{F_1 + P_0 S_{\text{in}}}\right)^{\frac{3}{5}}$ ⑦ $\left(\dfrac{P_0 S_{\text{in}}}{F_1 + P_0 S_{\text{in}}}\right)^{\frac{7}{5}}$ ⑧ $\left(\dfrac{P_0 S_{\text{in}}}{F_1 + P_0 S_{\text{in}}}\right)^{\frac{3}{7}}$

⑨ $\left(\dfrac{P_0 S_{\text{in}}}{F_1 + P_0 S_{\text{in}}}\right)^{\frac{5}{7}}$

(ク), (ケ) の解答群

⓪ $\dfrac{S_{\text{in}}}{S_{\text{out}} + S_{\text{in}}}$ ① $\dfrac{S_{\text{in}}}{S_{\text{out}} - S_{\text{in}}}$ ② $-\dfrac{S_{\text{in}}}{S_{\text{out}} + S_{\text{in}}}$

③ $-\dfrac{S_{\text{in}}}{S_{\text{out}} - S_{\text{in}}}$ ④ $\dfrac{S_{\text{out}}}{S_{\text{out}} + S_{\text{in}}}$ ⑤ $\dfrac{S_{\text{out}}}{S_{\text{out}} - S_{\text{in}}}$

⑥ $-\dfrac{S_{\text{out}}}{S_{\text{out}} + S_{\text{in}}}$ ⑦ $-\dfrac{S_{\text{out}}}{S_{\text{out}} - S_{\text{in}}}$

(3) 小問 **(2)** の状態から，内側のシリンダー内の空気の温度が T_0 に保たれるように，じゅうぶん時間をかけて，まず，ピストンに加えていた力 F を $F = F_1$ から徐々に減少させ，その後，**図 3-3** のように，鉛直上向きに力を加えてピストンをゆっくりと引き上げ，最終的に $F = F_3$ $(F_3 < 0)$ とした。このとき，内側と外側の液面の高さはそれぞれ h_3，H_3 となり，ピストンの位置は底面から $h_3 + l_3$ となった。また，シリンダー内の空気の圧力は P_3 となった。

初期状態から**小問 (1)**，ついで**小問 (2)** の状態を経て，ここまでの変化について，ピストンに加えた力 F とシリンダー内の空気層の長さ l の関係を最もよく表しているグラフは $\boxed{\text{(コ)}}$ である。

ピストンを引き上げる力をさらに強めていくことにより，P_3 を大気圧 P_0 に比べてじゅうぶん小さくすることができる。このとき，圧力のつりあいにおいて，P_3 の寄与を無視して考えてよい。空気層の上面でのつりあいで，$\dfrac{P_3}{P_0} \to 0$ として F_3 の値を求めると $\boxed{\text{(サ)}}$ となり，これを用いて $h_3 - H_3 = \boxed{\text{(シ)}}$ が得られる。さらに，**小問 (1)** と同様にして，$h_3 = h_0 + \left(\boxed{\text{(ス)}}\right) \times \overline{\boxed{\text{(シ)}}}$，$H_3 = h_0 + \left(\boxed{\text{(セ)}}\right) \times \overline{\boxed{\text{(シ)}}}$ と求められる。この結果より，ピストンを引き上げる力を $F_3 = \overline{\boxed{\text{(サ)}}}$ を超えて強くしたとき，$\boxed{\text{(ソ)}}$ ことがわかる。

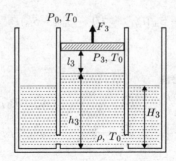

図 3-3

(コ) の解答群

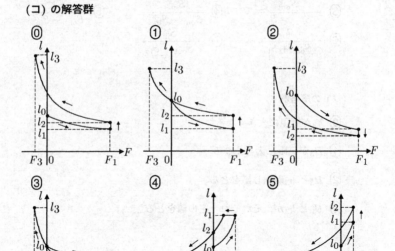

(サ) の解答群

⓪ $S_{in}P_0$ ① $-S_{in}P_0$ ② $S_{out}P_0$

③ $-S_{out}P_0$ ④ $(S_{out}+S_{in})P_0$ ⑤ $-(S_{out}+S_{in})P_0$

38 2023 年度 物理　　　　　　　　　　東京理科大-創域理工〈B方式・S方式- 2/3〉

⑥ $(S_\text{out} - S_\text{in})P_0$　　　　⑦ $-(S_\text{out} - S_\text{in})P_0$

(シ) の解答群

⓪ $-\dfrac{P_0\,\rho g}{S_\text{in}}$　　① $-\dfrac{P_0}{S_\text{in}\rho g}$　　② $-P_0\,\rho g$　　③ $-\dfrac{P_0}{\rho g}$

④ $\dfrac{P_0\,\rho g}{S_\text{in}}$　　⑤ $\dfrac{P_0}{S_\text{in}\rho g}$　　⑥ $P_0\,\rho g$　　⑦ $\dfrac{P_0}{\rho g}$

(ス)，(セ) の解答群

⓪ $\dfrac{S_\text{out}}{S_\text{out} + S_\text{in}}$　　① $\dfrac{S_\text{out}}{S_\text{out} - S_\text{in}}$　　② $-\dfrac{S_\text{out}}{S_\text{out} + S_\text{in}}$

③ $-\dfrac{S_\text{out}}{S_\text{out} - S_\text{in}}$　　④ $\dfrac{S_\text{in}}{S_\text{out} + S_\text{in}}$　　⑤ $\dfrac{S_\text{in}}{S_\text{out} - S_\text{in}}$

⑥ $-\dfrac{S_\text{in}}{S_\text{out} + S_\text{in}}$　　⑦ $-\dfrac{S_\text{in}}{S_\text{out} - S_\text{in}}$

(ソ) の解答群

⓪ h_3が無限に大きくなる

① H_3が無限に大きくなる

② H_3と h_3が同じ値をとる

③ H_3と h_3が，それぞれ一定の値をとる

東京理科大-創域理工〈B方式・S方式-2/3〉   2023 年度　化学　*39*

■■■■化学■■■■

（80 分）

　各設問の計算に必要ならば，下記の数値または式を用いなさい。

原子量：H 1.0，C 12.0，O 16.0，Cu 63.5

ファラデー定数：9.65×10^4 C/mol

アボガドロ定数：6.02×10^{23}/mol

気体定数：8.31×10^3 Pa·L/(K·mol) $= 8.31$ J/(K·mol)

標準状態における理想気体のモル体積：22.4 L/mol

25 ℃ における水のイオン積：1.00×10^{-14} (mol/L)^2

　特段の記述がない限り，気体はすべて理想気体としてふるまうものとする。

40 2023 年度　化学　　　　　　　　　　　東京理科大-創域理工〈B方式・S方式- 2/3〉

1　次の記述の(ア)～(セ)にあてはまる最も適当な整数を**解答用マークシート**にマークしなさい。答えが 1 桁の整数の場合，十の位には **0** をマークしなさい。(16 点)

(1) 窒素原子は　(ア)　個の価電子を持つ。窒素分子では，各原子が　(イ)　個の電子を出し合って結合が形成されている。

(2) カルシウム原子において，M 殻に入っている電子の数は　(ウ)　個である。

(3) 第 3 周期に属する元素のうち，第 1 イオン化エネルギーが最も大きなものの原子番号は　(エ)　である。

(4) 第 2 周期に属する元素のうち，電気陰性度が最も大きなものの原子番号は　(オ)　である。

(5) 第 2 周期に属する非金属元素のうち，その水素化物の沸点が最大となるものの原子番号は　(カ)　である。

(6) 1 つの二酸化炭素分子中に存在する非共有電子対の数は　(キ)　個である。

(7) 1 つの水酸化物イオン中に存在する非共有電子対の数は　(ク)　個である。

(8) 二クロム酸カリウムが酸化剤として作用するとき，$Cr_2O_7^{2-}$ イオンは 1 mol あたり　(ケ)　mol の電子を受け取る。

(9) 濃硝酸が酸化剤として作用するとき，硝酸は 1 mol あたり　(コ)　mol の電子を受け取る。

⑽ 塩化セシウム型の結晶構造において，単位格子中に含まれるセシウムイオン，塩化物イオンの個数の和は ［サ］ であり，セシウムイオンの配位数は ［シ］ である。

⑾ 面心立方格子をとる金属結晶において，単位格子中に含まれる金属原子の数は ［ス］ 個であり，配位数は ［セ］ である。

2 次の記述の(A)～(D)にあてはまる最も適当な記述をA欄より，(あ)にあてはまる最も適当な記述をB欄より選び，その番号を**解答用マークシートにマークしなさい**。ただし，同じ番号を何回選んでもよい。また，(a)，(b)にあてはまる数値を，有効数字が3桁になるように4桁目を四捨五入して求め，次の形式で**解答用マークシートにマークしなさい**。指数 d が0の場合の符号 p には＋をマークしなさい。

(17点)

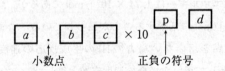

気体状態の水素分子 H_2 と気体状態のヨウ素分子 I_2 が反応して気体状態のヨウ化水素分子 HI が生成する化学反応を考える。

この反応の熱化学方程式は下記で与えられる。

$$H_2(気) + I_2(気) = 2HI(気) + 9.00 \times 10^3 \text{ J}$$

H_2 分子における水素原子間の結合を切って原子状態にするのに必要なエネルギー(結合エネルギー)は 4.32×10^5 J/mol，I_2 分子におけるヨウ素原子間の結合エネルギーは 1.49×10^5 J/mol であり，HI 分子における水素原子とヨウ素原子の間の結合エネルギーは ［(a)］ J/mol である。

HI の生成反応の速度を v_1，分解反応の速度を v_2 とする。内容積が変化しない容器のなかにそれぞれ気体状態の H_2，I_2 および HI 分子が封入されており，これ

42 2023 年度　化学　　　　　　　　　　　東京理科大-創域理工〈B方式・S方式- 2/3〉

らが平衡状態にあるとする。ここで，温度を一定に保ったまま容器内にある I_2 の物質量の 3 倍の量の I_2 分子の気体を容器内に加えると，その直後の v_1 の大きさは I_2 を加える前と比べて　[　(A)　]　のに対し，v_2 の大きさは I_2 を加える前と比べて　[　(B)　]　。一方で，I_2 分子を加える代わりに，容器内にある HI の物質量の 3 倍の量の HI 分子の気体を容器内に加えた場合は，その直後の v_1 の大きさは HI を加える前と比べて　[　(C)　]　のに対し，v_2 の大きさは HI を加える前と比べて　[　(D)　]　。

　温度が増加すると v_1 も v_2 も共に増大するが，これはそれぞれの反応の速度定数が増加するからである。一般に，速度定数 k と絶対温度 T の関係は下記の式で表される。

$$k = A \times e^{-\frac{E_a}{RT}}$$

　ただし，e は自然対数の底，R は気体定数，E_a は反応の活性化エネルギーである。また，A は反応ごとに決まる頻度因子と呼ばれる定数であり，温度や活性化エネルギーには依存しないものとする。

　HI の生成反応の活性化エネルギーは 1.74×10^5 J/mol であるが，金を触媒として用いると 9.60×10^4 J/mol に低下することが知られている。つまり，温度　[　(b)　]　K において触媒を用いない場合の HI の生成反応の速度定数は，300 K において金を触媒として用いた場合の速度定数と等しい。また，HI の生成反応の速度定数を k_1，分解反応の速度定数を k_2 とすると，同じ温度における速度定数の比 $\dfrac{k_1}{k_2}$ は，金触媒を　[　(あ)　]　。

　なお，$v_1 = k_1 [H_2][I_2]$，$v_2 = k_2 [HI]^2$ とし，[X] は X のモル濃度を表すものとする。

A　欄

1　16 倍に増加する	2　16 分の 1 に減少する
3　8 倍に増加する	4　8 分の 1 に減少する
5　4 倍に増加する	6　4 分の 1 に減少する
7　2 倍に増加する	8　2 分の 1 に減少する
9　変化しない	

B 欄
1 用いることにより増大する
2 用いても用いなくても同じ値になる
3 用いることにより減少する

3 次の記述の(A)～(F)にあてはまる最も適当なものをA欄より，(あ)にあてはまる最も適当なものをB欄より選び，その番号を**解答用マークシートにマーク**しなさい。

必要であれば下記の数値あるいは式を用いなさい。

$\log_{10} 2 = 0.30 \quad \log_{10} 3 = 0.48 \quad \log_{10} 5 = 0.70 \quad x = 10^{\log_{10} x}$

また，(a)～(e)にあてはまる数値を，次の形式で**解答用マークシートにマーク**しなさい。

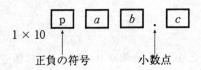

例えば，答えの数値が$2(= 1 \times 10^{0.30})$の場合はpに＋，aに0，bに0，cに3を，答えの数値が$0.1(= 1 \times 10^{-1})$の場合はpに－，aに0，bに1，cに0をマークしなさい。答えの数値が$1(= 1 \times 10^0)$である場合，pには＋をマークしなさい。なお，指数部分は小数点第2位まで計算し，小数点第2位以下を四捨五入して小数点第1位まで解答しなさい。　　　　　　　　　　　(17点)

以下の一連の操作を25℃において行った。

無水酢酸10.2 gをフラスコに入れ，水50.0 mLを加えて一晩静置すると，完全に反応していた。この溶液にさらに水を加え，全体を100 mLとしたものを溶液Aとする。溶液AのpHは2.13であった。よって，溶液A中における酢酸の電離度αは (a) であり，電離定数K_aは (b) mol/Lと計算される。一方，溶液Aから10.0 mLをビーカーにとり，これを10倍に希釈したと

44 2023 年度 化学　　　　　　東京理科大-創域理工〈B方式・S方式-2/3〉

きの電離度 α' の値は，もとの溶液 A の電離度 α の　[(c)]　倍である。

　溶液 A の一部を別のフラスコにとり，水を加えて濃度が 0.200 mol/L の酢酸水溶液を調製した。その後，調製した酢酸水溶液を二つのビーカーに 100 mL ずつとり，そのうちの一つに 0.200 mol/L の水酸化ナトリウム水溶液 100 mL を加えたものを溶液 B とする。もう一方のビーカーには水 100 mL を加え，これを溶液 C とする。溶液 B に存在する分子やイオンの組成は，濃度 0.100 mol/L の　[(A)]　水溶液と等価とみなすことができる。すなわち，溶液 B 中では一部の　[(B)]　が　[(C)]　と反応して等物質量の　[(D)]　と　[(E)]　が生じている。ここで，　[(B)]　と　[(E)]　の物質量の和は水酸化ナトリウム水溶液を加える前後で変化せず一定であることを考慮すると，溶液 B の水素イオン濃度は酢酸の電離定数 K_a を用いて

$$\sqrt{\boxed{\text{(d)}}\ \text{mol/L} \times K_a}$$

と表される。これを計算して得られる溶液 B の水素イオン濃度は，純水の水素イオン濃度　[(F)]　。

　次に，溶液 C から 100 mL をとり，これを溶液 B のビーカーに加えて混合したものを溶液 D とする。二つのビーカーに溶液 D の全量を等量ずつ分け，そのうちの一方に 10.0 mol/L の塩酸 0.250 mL を滴下したものを溶液 E，もう一方に 10.0 mol/L の水酸化ナトリウム水溶液 0.250 mL を滴下したものを溶液 F とする。溶液 E の水素イオン濃度は溶液 F の水素イオン濃度の　[(e)]　倍となる。150 mL の水に 10.0 mol/L の塩酸 0.250 mL を滴下して得られる溶液の pH が 1.78，150 mL の水に 10.0 mol/L の水酸化ナトリウム水溶液 0.250 mL を滴下して得られる溶液の pH が 12.22 であることと比較すると，溶液 E と溶液 F の pH の差は極めて小さいことがわかる。このことは，溶液 D の　[(あ)]　による。

A 欄

　0　酢　酸　　　　　　1　酢酸イオン　　　　　2　酢酸ナトリウム

東京理科大-創域理工〈B方式・S方式-2/3〉　　　　　2023 年度　化学　45

3	水酸化ナトリウム	4	水酸化物イオン	5	ナトリウムイオン
6	水	7	無水酢酸		
8	より大きい	9	より小さい	10	と等しい

B 欄

1	イオン化傾向	2	緩衝作用	3	共通イオン効果
4	相補性	5	二段階中和	6	溶媒和

4 　次の記述の(ア)～(チ)にあてはまる最も適当な語句を**A欄**より選び，その番号を**解答用マークシートにマーク**しなさい(番号の中の**0**という数字も必ずマークすること)。ただし，同じ番号を何回選んでもよい。なお，(ソ)～(チ)は小さい番号から順にマークしなさい。　　　　　　　　　　　　　(17 点)

(1)　Al^{3+}，Ag^+，Cu^{2+}，Pb^{2+}，Zn^{2+} を含む水溶液がある。この水溶液に希塩酸を加えると，　(ア)　と　(イ)　が塩化物として沈殿した。ろ液が酸性であることを確認したのち，硫化水素を通じると　(ウ)　が　(エ)　色の硫化物となって沈殿した。ろ液を加熱することで硫化水素を除去し，アンモニア水を十分に加えると，　(オ)　が　(カ)　色の　(キ)　となって沈殿した。そして，ろ液が塩基性であるのを確認したのち，再び硫化水素を通じると　(ク)　が　(ケ)　色の硫化物となって沈殿した。

　　　(ア)　の塩化物は熱水との接触で溶解してしまうが，この溶液をクロム酸カリウム水溶液と接触させることで　(コ)　色の沈殿物として回収できる。硫化水素を通じて分離できた　(ウ)　の硫化物に硝酸を加えて加熱し，再び溶解させ，そこに過剰のアンモニア水を加えると，　(ウ)　にアンモニアが　(サ)　個配位結合した深青色の錯イオンとなる。その形状は　(シ)　形であることが知られている。

(2)　セラミックスはプラスチックと比べて耐熱性が　(ス)　ほかに，鉄などの金属と異なり　(セ)　といった性質がある。

46 2023 年度 化学　　　　　　　　　　　東京理科大-創域理工〈B方式・S方式-2/3〉

(3) ソーダ石灰ガラスの主成分は ⟨ソ⟩ と ⟨タ⟩ と ⟨チ⟩ といった酸化物から構成されている。

A 欄

01　1	02　2	03　3
04　4	05　5	06　6
07　7	08　8	09　Al^{3+}
10　Ag^+	11　Cu^{2+}	12　Pb^{2+}
13　Zn^{2+}	14　白	15　黒
16　黄	17　赤	18　濃 青
19　深 赤	20　赤 褐	21　高 い
22　低 い	23　錆びない	24　錆びやすい
25　SiO_2	26　Na_2O	27　K_2O
28　CaO	29　B_2O_3	30　PbO
31　Ag_2O	32　$[Ag(NH_3)_2]^+$	33　$Pb(OH)_2$
34　$[Pb(OH)_4]^{2-}$	35　$Cu(OH)_2$	36　$[Cu(NH_3)_4]^{2+}$
37　$Al(OH)_3$	38　$[Al(OH)_4]^-$	39　$Zn(OH)_2$
40　$[Zn(NH_3)_4]^{2+}$	41　直 線	42　正四面体
43　正 方	44　正八面体	

東京理科大-創域理工〈B方式・S方式-2/3〉　　　　　　　　　2023 年度　化学　47

5　次の記述の(ア)～(タ)にあてはまる最も適当なものを**A欄**より選び，その番号を**解答用マークシートにマークしなさい**（番号の中の **0** という数字も必ずマークすること）。ただし，同じ番号を何回選んでもよい。　　　　　　　　(17 点)

　アルカンの組成式は　(ア)　（$n \geqq 1$ の整数）と表される。n が　(イ)　以下のアルカンは常圧で沸点が $0\,℃$ 以下である。また，n が　(ウ)　以上のアルカンには構造異性体がある。プロパンの 2 つの水素原子を 1 つのフッ素原子と 1 つの塩素原子で置換したフルオロクロロプロパンには　(エ)　組の鏡像異性体がある。

　シクロアルカンは環式アルカンであり，その組成式は　(オ)　と表される。ここで，n は　(カ)　以上の整数である。また，n が　(キ)　以上のシクロアルカンには構造異性体がある。

　ビシクロアルカンは二環式アルカンである。ビシクロアルカンには，シクロアルカンの環状構造を形成し，かつ水素原子が結合している炭素原子のうち，同一分子内の 2 つの炭素原子から水素原子を 1 つずつ取り，それらの炭素原子をつないだ構造がある。または，直接つなぐ代わりに炭化水素基でつないでもよい。ビシクロアルカンの組成式は　(ク)　と表され，n は　(ケ)　以上の整数である。

　スピロアルカンも二環式アルカンである。スピロアルカンには，シクロアルカンの環状構造を形成する炭素原子の 1 つを始点かつ終点として 1 つの炭化水素基で架橋した構造がある。つまり，2 つのシクロアルカンがただ 1 つの炭素原子を共有する構造をもつ。スピロアルカンの組成式は　(コ)　と表され，n は　(サ)　以上の整数である。

　アルケンの組成式は　(シ)　（$n \geqq 2$ の整数）と表される。n が　(ス)　以上のアルケンには構造異性体やシス-トランス異性体がある。

　アルキンの組成式は　(セ)　（$n \geqq 2$ の整数）と表される。n が　(ソ)　以上のアルキンには構造異性体がある。エチン（アセチレン）は三分子が付加重合してベンゼンを生成する。同様に，プロピン（メチルアセチレン）の三分子が付加重合すると　(タ)　種類のベンゼン誘導体が生成する。

48　2023 年度　化学　　　　　　東京理科大-創域理工〈B方式・S方式-2/3〉

A 欄

01	1	02	2	03	3	04	4	05	5
06	6	07	7	08	8	09	9	10	10
11	C_nH_{2n-4}	12	C_nH_{2n-2}	13	C_nH_{2n}	14	C_nH_{2n+2}	15	C_nH_{2n+4}

[6] 次の記述の(ア)～(シ)にあてはまる最も適当なものを**A欄**より選び，その番号を**解答用マークシートにマーク**しなさい(番号の中の **0** という数字も必ずマークすること)。また，(A)にあてはまる数値を，有効数字が 3 桁になるように 4 桁目を四捨五入して求め，次の形式で**解答用マークシート**にマークしなさい。指数 d が 0 の場合の符号 p には＋をマークしなさい。

なお，①～⑦にも**A欄**の語句があてはまるが，これらは解答する必要はない。

(16 点)

　アミノ酸が縮合してタンパク質を生成するように，ヌクレオチドが縮合してポリヌクレオチド(あるいは核酸)を生成する。ヌクレオチドであるアデノシン一リン酸にリン酸が 2 個結合した物質をアデノシン三リン酸という。この物質のリン酸どうしが脱水縮合した結合は高エネルギーリン酸結合と呼ばれる。核酸にはデオキシリボ核酸(DNA)とリボ核酸(RNA)があり，それらの核酸を構成する糖は，各々， (ア) とリボースであり，DNA と RNA に含まれる固有の塩基は，各々， (イ) と ① である。さらに，DNA と RNA の 2 つの共通の塩基として， ② , (ウ) および (エ) がある。DNA はらせん状になった 2 本の分子間の ② と (イ) , (ウ) と (エ) の部分で (オ) して，二重らせん構造を形成する。なお， (イ) , ① , (エ) は 5 員環構造はなく，6 員環構造のみを有する物質であ

東京理科大-創域理工〈B方式・S方式- 2/3〉 2023 年度 化学 49

る。

　特に，2 本のポリヌクレオチドの鎖をつなぐ 2 つずつの塩基の組を　(カ)　といい，　②　と　(イ)　の　(カ)　および　(ウ)　と　(エ)　の　(カ)　においては，各々，2 つの水素結合，および，3 つの水素結合を形成して二重らせん構造を安定にしている。それに対して，RNA は 1 本鎖で存在し，主に　(キ)　RNA(mRNA)，　③　RNA(tRNA)および　④　RNA(rRNA)などがある。また，DNA のポリヌクレオチドがもつ　(ク)　は通常変化しないため，それに基づいてタンパク質が合成される。

　一方，前述した糖，すなわち，リボースおよび　(ア)　以外に，天然に存在する糖としては，グルコース，　⑤　，　⑥　，　(ケ)　，マルトース，　(コ)　，　⑦　などの単糖や二糖がある。これらの単糖および二糖の中で還元性を示さない糖は，　(ケ)　であり，他は還元性を示す。還元性の判定方法の一つとして，フェーリング液の還元がある。たとえば，0.0250 mol のマルトースを完全に加水分解した後，その溶液にフェーリング液を加えて加熱すると，生成する酸化銅(I)は　(A)　g と計算される。ただし，グルコース 1 mol について酸化銅(I)は 1 mol 生成するものとする。なお，還元性の確認方法には，　(サ)　もある。これは，硝酸銀水溶液にアンモニア水を過剰に加えたものに基質を加えて温めると，銀イオンが還元されて銀が生じる現象である。

　二糖の一つである　(ケ)　に希硫酸などの希酸を加えて加熱したり，　(シ)　という酵素を作用させると，グリコシド結合が加水分解されて，　(ケ)　1 分子からグルコース 1 分子と　⑤　1 分子が生成する。なお，　⑤　は蜂蜜や果実に存在する糖，　⑥　は　⑦　の構成成分の糖，　⑦　は哺乳類の乳汁に含まれる糖である。また，　(コ)　を加水分解すると　(ケ)　の構成成分の一つを生成する。

A 欄

01　デオキシリボース 　　　　　02　チミン

03　ウラシル 　　　　　　　　　04　グアニン

05　シトシン 　　　　　　　　　06　アデニン

07　水素結合 　　　　　　　　　08　イオン結合

09	共有結合	10	S-S 結合
11	塩基対	12	イオン対
13	電子対	14	伝 令
15	運 搬	16	リボソーム
17	塩基配列	18	アミノ酸配列
19	糖配列	20	代 謝
21	反 転	22	回 転
23	銀鏡反応	24	ルミノール反応
25	ジアゾカップリング	26	ヨードホルム反応
27	スクロース	28	セロビオース
29	フルクトース	30	ガラクトース
31	ラクトース	32	インベルターゼ
33	マルターゼ	34	セロビアーゼ
35	アミラーゼ		

東京理科大-創域理工〈B方式・S方式-2/3〉　　　　　　2023 年度　生物　*51*

■■■ 生物 ■■■

（80 分）

1 　生物の糖の代謝に関する次の文章を読み，問題に答えなさい。解答はそれぞれ
の指示に従って最も適切なものを**解答群**の中から選び，その番号を**解答用マーク
シート**の指定された欄にマークしなさい。　　　　　　　　　　　　　（28 点）

　　解糖系とクエン酸回路は糖の代謝の中心となる経路を担っている。代表的な糖
であるグルコースは，解糖系によりピルビン酸に変換された後，クエン酸回路に
よりさらに変換される。ピルビン酸はピルビン酸脱水素酵素という酵素のはたら
きにより脱炭酸され，炭素数　（ア）　の化合物が生じ，これがコエンザイム A
（CoA）と反応してアセチル CoA を生じる。クエン酸回路では，アセチル CoA と
炭素数　（イ）　のオキサロ酢酸が反応して，クエン酸を生じる。クエン酸は数
段階の反応を経た後，生じたリンゴ酸が NAD$^+$ と反応してオキサロ酢酸に戻る。
クエン酸回路では，$\underset{(i)}{CO_2}$ が放出されるとともに，NADH が生じ，この NADH が
$\underset{(ii)}{電子伝達系}$ で ATP の生産に使われる。

（a）　空欄　（ア）　，　（イ）　に当てはまる数字を**解答群 A**からそれぞれ選
び，その番号をマークしなさい。

解答群 A

　　0　0　　　　　1　1　　　　　2　2　　　　　3　3　　　　　4　4
　　5　5　　　　　6　6　　　　　7　7　　　　　8　8　　　　　9　9

（b）　下線部(i)に関連する次の文章を読み，空欄　（ウ）　，　（エ）　に当ては
まるものの組み合わせとして最も適切なものを**解答群 B**から選び，その番号を
マークしなさい。

52 2023 年度 生物 東京理科大-創域理工〈B方式・S方式- 2/3〉

リンゴ酸は $\boxed{(ウ)}$ されてオキサロ酢酸に変換される。また，NAD^+ は $\boxed{(エ)}$ されて NADH に変換される。

解答群B

	(ウ)	(エ)
0	酸化	酸化
1	還元	還元
2	酸化	還元
3	還元	酸化

(c) 下線部(ii)に関連して，クエン酸回路について記した次の文①〜⑤の中から，記述が正しいものの組み合わせとして最も適切なものを**解答群C**から選び，その番号をマークしなさい。

① クエン酸回路では解糖系よりも，グルコース1分子あたりの NADH 生成量が多い。

② クエン酸回路では，NADH だけでなく $FADH_2$ も生じる。

③ クエン酸回路では，NADH だけでなく NADPH も生じる。

④ クエン酸回路では，炭素が酸素分子により酸化されて二酸化炭素を生じる。

⑤ クエン酸回路で生じた NADH から，電子がミトコンドリアの外膜にある電子伝達系に渡される。

解答群C

00 ①	01 ②	02 ③	03 ④
04 ⑤	05 ①，②	06 ①，③	07 ①，④
08 ①，⑤	09 ②，③	10 ②，④	11 ②，⑤
12 ③，④	13 ③，⑤	14 ④，⑤	
15 ①，②，③	16 ①，②，④	17 ①，②，⑤	

東京理科大-創域理工〈B方式・S方式-2/3〉 2023年度 生物 *53*

18 ①, ③, ④	**19** ①, ③, ⑤	**20** ①, ④, ⑤
21 ②, ③, ④	**22** ②, ③, ⑤	**23** ②, ④, ⑤
24 ③, ④, ⑤	**25** ①, ②, ③, ④	**26** ①, ②, ③, ⑤
27 ①, ②, ④, ⑤	**28** ①, ③, ④, ⑤	**29** ②, ③, ④, ⑤
30 ①, ②, ③, ④, ⑤		

(d) 呼吸において，クエン酸($C_6H_8O_7$)が完全に酸化される場合の次の反応式において，空欄 (オ) ， (カ) ， (キ) に当てはまる数字を**解答群D**からそれぞれ選び，その番号をマークしなさい。

$$\boxed{(オ)}\ C_6H_8O_7 + \frac{9}{2}O_2 \rightarrow \boxed{(カ)}\ CO_2 + \boxed{(キ)}\ H_2O$$

解答群D

0 0	1 1	2 2	3 3	4 4
5 5	6 6	7 7	8 8	9 9

(e) ある真核細胞を含む液に，0.04 mol/L のクエン酸溶液を 1 mL 添加した結果，クエン酸が完全に酸化された。その際に，酸素は何 mL 消費されるか。最も近いものを**解答群E**から選び，その番号をマークしなさい。ただし，1 mol とは 6.02×10^{23} 個の粒子の集団であり，1 mol の気体の体積は 22.4 L とする。

解答群E

0 0 mL	1 1 mL	2 2 mL	3 3 mL	4 4 mL
5 5 mL	6 6 mL	7 7 mL	8 8 mL	9 9 mL

(f) 2,4-ジニトロフェノールという化合物は，ミトコンドリアのマトリックスと膜間腔の間で H^+ を自由に行き来させることにより，H^+ の濃度勾配を失わせる作用を示す。ある真核細胞を含む液に，2,4-ジニトロフェノールを添加する実験をおこなった。その結果について，次の文①〜④の中から，記述が正しいものの組み合わせとして最も適切なものを**解答群F**から選び，その番号をマー

54　2023 年度　生物　　　　　　　　　　　　東京理科大-創域理工〈B方式・S方式- 2/3〉

クしなさい。ただし，2,4-ジニトロフェノールは上記以外の作用を示さないと
する。

① 電子伝達系において NADH が消費されなくなる。

② 電子伝達系において FADH$_2$ が消費されなくなる。

③ 電子伝達系において酸素が消費されなくなる。

④ 電子伝達系において ATP の合成が減少する。

解答群 F

00 ①	01 ②	02 ③	03 ④
04 ①, ②	05 ①, ③	06 ①, ④	07 ②, ③
08 ②, ④	09 ③, ④	10 ①, ②, ③	11 ①, ②, ④
12 ①, ③, ④	13 ②, ③, ④	14 ①, ②, ③, ④	

(g)　飲料等に含まれているクエン酸の多くは，*Aspergillus niger* という子のう菌
により工業生産されている。原核生物か真核生物かの分類において，
Aspergillus niger と同じに分類されるものについて，次の生物①〜⑤の中か
ら，正しいものの組み合わせとして最も適切なものを**解答群 G** から選び，その
番号をマークしなさい。

① 大腸菌

② ゼニゴケ

③ 乳酸菌

④ 担子菌

⑤ クモノスカビ

解答群 G

00 ①	01 ②	02 ③	03 ④
04 ⑤	05 ①, ②	06 ①, ③	07 ①, ④
08 ①, ⑤	09 ②, ③	10 ②, ④	11 ②, ⑤

東京理科大-創域理工〈B方式・S方式-2/3〉 2023年度 生物 *55*

12 ③, ④	13 ③, ⑤	14 ④, ⑤
15 ①, ②, ③	16 ①, ②, ④	17 ①, ②, ⑤
18 ①, ③, ④	19 ①, ③, ⑤	20 ①, ④, ⑤
21 ②, ③, ④	22 ②, ③, ⑤	23 ②, ④, ⑤
24 ③, ④, ⑤	25 ①, ②, ③, ④	26 ①, ②, ③, ⑤
27 ①, ②, ④, ⑤	28 ①, ③, ④, ⑤	29 ②, ③, ④, ⑤
30 ①, ②, ③, ④, ⑤		

(h) 微生物の代謝について，次の文①～⑤の中から，記述が正しいものの組み合わせとして最も適切なものを**解答群H**から選び，その番号をマークしなさい。

① 乳酸菌は，ピルビン酸を酸化して乳酸に変換する。

② 酵母によるアルコール発酵では，二酸化炭素を生じる。

③ 亜硝酸菌は，アンモニウムイオンを酸化する。また，二酸化炭素を有機物に変換する。

④ 紅色硫黄細菌は，硫化水素を硫黄に変換する。また，二酸化炭素を有機物に変換する。

⑤ アオカビは，従属栄養生物であり，生育に有機物を必要とする。

解答群H

00 ①	01 ②	02 ③	03 ④
04 ⑤	05 ①, ②	06 ①, ③	07 ①, ④
08 ①, ⑤	09 ②, ③	10 ②, ④	11 ②, ⑤
12 ③, ④	13 ③, ⑤	14 ④, ⑤	
15 ①, ②, ③	16 ①, ②, ④	17 ①, ②, ⑤	
18 ①, ③, ④	19 ①, ③, ⑤	20 ①, ④, ⑤	
21 ②, ③, ④	22 ②, ③, ⑤	23 ②, ④, ⑤	
24 ③, ④, ⑤	25 ①, ②, ③, ④	26 ①, ②, ③, ⑤	
27 ①, ②, ④, ⑤	28 ①, ③, ④, ⑤	29 ②, ③, ④, ⑤	
30 ①, ②, ③, ④, ⑤			

56 2023 年度　生物　　　　　　　　　東京理科大-創域理工〈B方式・S方式-2/3〉

2　次の問題(1), (2)に答えなさい。解答はそれぞれの指示に従って最も適切なもの
を**解答群**の中から選び，その番号を**解答用マークシート**の指定された欄にマーク
しなさい。　　　　　　　　　　　　　　　　　　　　　　　　　　　　　（37 点）

(1)　遺伝子組換え技術に関する次の文章を読み，問題(a)～(e)に答えなさい。

　　細胞に特定の遺伝子を導入して発現させることによって，遺伝子の機能を解
(i)
析することができる。目的の遺伝子の DNA を細菌などの DNA に直接組み込
むのは難しいため，遺伝子組換え実験では，目的の遺伝子の DNA をベクター
と呼ばれる遺伝子の運び手の DNA につなぎかえることが多い。ベクターの代
表的なものには，細菌などへ遺伝子を運び込む　　(ア)　　や，ウイルスの DNA
などがある。

　　生物のゲノムから目的の DNA 断片を単離・増幅させる操作は，　　(イ)　　
と呼ばれる。制限酵素は，DNA の特定の塩基配列を認識して DNA を切断する
(ii)
酵素で，目的の DNA 断片を切り出す際に用いられる。切断した DNA どうし
の結合には，　　(ウ)　　が利用される。目的の遺伝子を組み込んだ　　(ア)　　
を大腸菌などで増やし，組み込んだ遺伝子を大腸菌内で発現させれば，その遺
(iii)
伝子が指定するタンパク質を大量に生産することができる。

　　一方，細胞の中で遺伝子が発現する様子は，GFP と呼ばれる蛍光を発する
タンパク質の発見により，生きた細胞の中で遺伝子の発現を確認できるように
なった。発現を調べたい遺伝子の下流（翻訳方向）に，GFP の遺伝子をつない
(iv)
だ DNA を細胞の中に導入すると，遺伝子の発現が GFP の蛍光として観察で
きる。これにより，細胞内のどこに目的の遺伝子に由来するタンパク質が存在
するか調べることができる。

(a)　文章中の空欄　　(ア)　　～　　(ウ)　　に当てはまる最も適切な語句を**解答
群A**から選び，その番号をマークしなさい。

東京理科大-創域理工〈B方式・S方式-2/3〉 2023 年度 生物 *57*

解答群A

0	ATP アーゼ	1	形質転換
2	クローニング	3	RNA ポリメラーゼ
4	DNA リガーゼ	5	プラスミド
6	プライマー	7	ラギング鎖
8	DNA ヘリカーゼ		

(b) 下線部(i)に関して，次の遺伝子導入法について記した説明文①，②に当てはまる最も適切な語句を，**解答群B**から選び，その番号をマークしなさい。

説明文

① 塩化カルシウムを含む溶液中の大腸菌に熱を加えて，目的の遺伝子を組み込んだ文章中の ［ (ア) ］ などを取り込ませる方法。

② 植物細胞に感染する細菌を用いて，目的の遺伝子を植物細胞に導入する方法。

解答群B

0	PCR 法	1	ヒートショック法
2	電気泳動法	3	核移植法
4	アグロバクテリウム法	5	検定交雑法
6	エレクトロポレーション法		

(c) 下線部(ii)に関して，次の文章中の空欄 ［ (エ) ］，［ (オ) ］ に当てはまる最も適切な語句を**解答群C**から選び，その番号をマークしなさい。また，空欄 ［ (カ) ］ 〜 ［ (ク) ］ に当てはまる数字をマークしなさい。ただし，二桁の数字の場合には 100 の位に 0 を，一桁の数字の場合には 100 の位および 10 の位に 0 をマークしなさい。

制限酵素は，もともと ［ (エ) ］ や古細菌などの ［ (オ) ］ 生物が合成する酵素である。［ (エ) ］ は自らの制限酵素によって，侵入した外来の

DNA を切断することで外敵に対抗する。制限酵素は，DNA 中にある 4～8 塩基からなる特定の塩基配列を認識し，DNA の 2 本鎖を切断する。4 塩基を認識する酵素の場合，特定の 4 塩基からなる塩基配列が DNA 中に出現する頻度は，

100 の位	10 の位	1 の位
(カ)	(キ)	(ク)

分の 1 である。ただし，A（アデニン），C（シトシン），G（グアニン），T（チミン）が同じ比率で含まれているものとする。

解答群C

0 原 索	1 コケ植物	2 細 菌
3 ウイルス	4 原 生	5 菌 類
6 真 核	7 子のう菌	8 原 核
9 地衣類		

(d) 下線部(iii)に関して，次の文章中の空欄 （ケ） ～ （シ） に当てはまる最も適切な語句を**解答群D**から選び，その番号をマークしなさい。

　　ヒトの目的遺伝子を大腸菌で発現させる場合，細胞から抽出された遺伝子の DNA 断片をそのまま導入しても，目的のタンパク質を得ることはできないことが多い。真核生物では，多くの場合，RNA の合成後に核内でそのヌクレオチド鎖の一部が取り除かれることが知られている。このとき取り除かれる部分に対応する DNA の領域を （ケ） ，それ以外の部分を （コ） という。大腸菌を用いて真核生物の遺伝子を元にタンパク質を得るには， （ケ） を含まない DNA を導入する必要がある。この DNA は，目的の遺伝子からつくられた （サ） を鋳型として DNA を合成する （シ） と呼ばれる反応によって合成される。このように， （シ） 反応によって合成された DNA を，cDNA という。

解答群D

0 スプライシング	1 イントロン	2 エキソン

3 rRNA　　　　4 mRNA　　　　5 tRNA
6 RNAi　　　　7 転　写　　　　8 逆転写
9 翻　訳

(e) 下線部(iv)に関して，図1に示すように，GFP遺伝子を制限酵素を用いて切り出し，発現を調べたい遺伝子Xの下流に挿入し，GFPが融合したタンパク質を発現させることにした。

発現を調べたい遺伝子XにGFPの遺伝子をつなげる

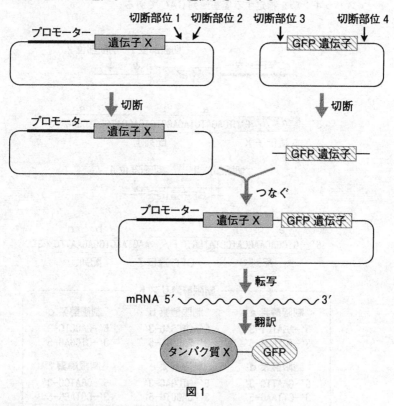

図1

次の図2に示す配列①～③に含まれる制限酵素切断部位1～4について，図1のように遺伝子XとGFP遺伝子をつなぐためには，制限酵素リストに含まれるどの制限酵素を用いればよいか。mRNAの塩基配列の情報は，翻

訳の過程で3つの塩基ごとのコドンに区切ってアミノ酸に変換されることを考慮すること。**切断部位1〜4**に使用する制限酵素を，**解答群E**から選び，その番号をマークしなさい。

なお，開始コドンの塩基配列はAUG，終止コドンの塩基配列はUAA，UGA，UAGである。ただし**制限酵素a〜f**の配列は，遺伝子XとGFP遺伝子の内部には存在しないものとし，配列①，②，および③の領域にのみ存在するものとする。また，**図1および2**に示す 遺伝子X は，遺伝子XのcDNAであり，アミノ酸に変換される部分のみを示し，最後のコドンはアスパラギン酸を指定する塩基配列GACである。

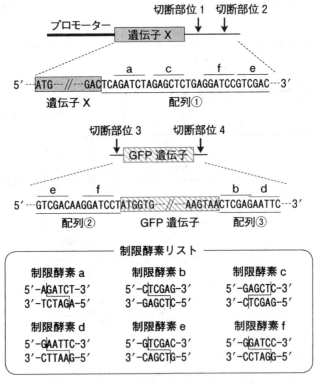

図2

東京理科大-創域理工〈B方式・S方式-2/3〉　　　　　　2023 年度　生物　*61*

解答群 E

0	制限酵素 a	1	制限酵素 b	2	制限酵素 c
3	制限酵素 d	4	制限酵素 e	5	制限酵素 f

(2)　DNA 修復に関する次の文章を読み，問題(a)～(d)に答えなさい。

　　DNA は，紫外線や放射線，ある種の化学物質の影響によって損傷を受ける
ことがある。たとえば，ヒトの細胞では 1 日に何千もの塩基に変化が生じる。
　　　　　　　　　　　　(i)
また，DNA が複製される時には，まれに相補的でない塩基対ができることが
ある。しかし，これらの変化の多くは DNA 修復と呼ばれるしくみによってた
だちに修復されている。まれに，正しく修復しきれなかった損傷が，細胞内に
　　　　　　　　　　　　　　　　　(ii)
突然変異として蓄積することがある。近年，蛍光タンパク質を用いた目的タン
パク質の細胞内可視化技術を用いて，DNA 損傷に応答した DNA 修復タンパ
　　　　　　　　　　　　　　　　　　(iii)
ク質の動態解析がおこなわれている。

(a)　下線部(i)に関して，ヒトの細胞では，DNA 損傷などの細胞の異常を感知
　　し，細胞周期を停止させる機構が，細胞周期の各段階に存在する。次の文章
　　中の空欄　　(ス)　　～　　(タ)　　に当てはまる最も適切な語句を**解答群 F** か
　　ら選び，その番号をマークしなさい。

　　　　(ス)　　である G1 期の終わりでは，「DNA に損傷はないか」，「DNA
　　合成に必要な因子があるか」が確認される。　　(セ)　　である S 期では，
　　DNA 修復が複製と共におこなわれ，修復が完了していない場合には細胞周
　　期が停止される。　　(ソ)　　である G2 期の終わりでは，「細胞が分裂して
　　も大丈夫なのか」が確認される。M 期では，「　　(タ)　　に赤道面に染色体
　　が並び紡錘体が形成されたか」が確認される。

解答群 F

0	DNA 合成期	1	分裂準備期	2	DNA 合成準備期
3	前　期	4	中　期	5	後　期

62 2023 年度 生物　　　　　　　東京理科大-創域理工〈B方式・S方式-2/3〉

6　終　　期　　　　　7　細胞質分裂期　　　　8　休止期

9　限界暗期

(b)　下線部(ii)について，**欠失**，**挿入**，**置換**のいずれかの<u>突然変異により起こり</u>
<u>得る影響</u>について，次の記述①〜⑤の中から，記述が正しいものの組み合わ
せとして最も適切なものを**解答群G**から選び，その番号をマークしなさい。

①　アミノ酸配列は変化せず，形質も変化しない。

②　コドンの読み枠がずれ，以降のアミノ酸配列が大きく変化する。

③　アミノ酸配列に変化が生じ，自然選択に対して中立である。

④　染色体の一部が切断され，それが別の染色体とつながる。

⑤　終止コドンが生じ，途中で翻訳が終了する。

解答群G

00　①	01　②	02　③	03　④
04　⑤	05　①，②	06　①，③	07　①，④
08　①，⑤	09　②，③	10　②，④	11　②，⑤
12　③，④	13　③，⑤	14　④，⑤	
15　①，②，③	16　①，②，④	17　①，②，⑤	
18　①，③，④	19　①，③，⑤	20　①，④，⑤	
21　②，③，④	22　②，③，⑤	23　②，④，⑤	
24　③，④，⑤	25　②，③，④	26　①，②，③，⑤	
27　①，②，④，⑤	28　①，③，④，⑤	29　②，③，④，⑤	
30　①，②，③，④，⑤			

(c)　下線部(iii)に関して，DNA 修復に機能する2種のタンパク質(タンパク質
Y およびタンパク質 Z)について，それらが損傷した DNA 領域へ集まるし
くみを調べるために，次の**実験1**および**実験2**をおこなった。なお，タンパ
ク質 Y とタンパク質 Z は互いに結合すること，およびそれぞれが DNA に
結合できることが知られている。

実験 1

あらかじめ遺伝子操作によりタンパク質 Y とタンパク質 Z を指定する遺伝子を欠損させたヒトの細胞を準備し，タンパク質 Y と緑色蛍光タンパク質 GFP との融合タンパク質(Y-GFP)，およびタンパク質 Z と赤色蛍光タンパク質 RFP との融合タンパク質(Z-RFP)を，遺伝子導入法を用いてヒトの細胞内で発現させた。特殊な顕微鏡を用いて緑色蛍光および赤色蛍光を観察したところ，Y-GFP および Z-RFP のどちらも核内に存在していた。図3のように核の一部に紫外線を照射したところ，Y-GFP および Z-RFP は紫外線を照射した部分へ集積した。

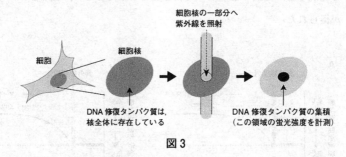

図3

紫外線を照射した部分の蛍光強度を経時的に計測したところ，図4に示すグラフが得られた。

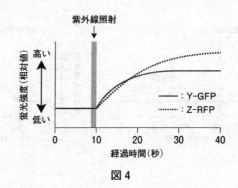

図4

実験 2

タンパク質 Z と結合する機能のみを欠損させたタンパク質 Y(Ymut-GFP) と Z-RFP を発現させ，**実験 1** と同様の実験をおこなったところ，**図5A** に示すグラフが得られた。

タンパク質Yと結合する機能のみを欠損させたタンパク質Z(Zmut-RFP)とY-GFPを発現させ，**実験1**と同様の実験をおこなったところ，**図5B**に示すグラフが得られた。

DNAと結合する機能のみを欠損させたタンパク質Y(Ydel-GFP)とZ-RFPを発現させ，**実験1**と同様の実験をおこなったところ，**図5C**に示すグラフが得られた。

DNAと結合する機能のみを欠損させたタンパク質Z(Zdel-RFP)とY-GFPを発現させ，**実験1**と同様の実験をおこなったところ，**図5D**に示すグラフが得られた。

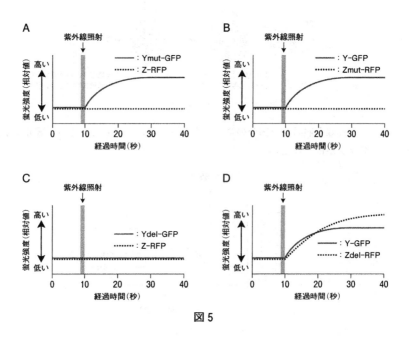

図5

実験1および**実験2**の結果について，次の記述①～⑧の中から，記述が正しいものの組み合わせとして最も適切なものを**解答群H**から選び，その番号をマークしなさい。ただし，GFPおよびRFPは，DNA損傷領域への集積や，タンパク質Yとタンパク質Zとの結合に影響を与えないものとする。また，一連の実験期間中には，Y-GFPおよびZ-RFP以外のタンパク質Y

東京理科大-創域理工〈B方式・S方式-2/3〉 2023年度 生物 65

とタンパク質Zは細胞内に存在していないものとする。

① タンパク質YのDNA損傷領域への集積は，タンパク質Zとの結合に依存する。

② タンパク質YのDNA損傷領域への集積は，タンパク質Zとの結合に依存しない。

③ タンパク質ZのDNA損傷領域への集積は，タンパク質Yとの結合に依存する。

④ タンパク質ZのDNA損傷領域への集積は，タンパク質Yとの結合に依存しない。

⑤ タンパク質Yの有するDNAと結合する機能は，タンパク質YのDNA損傷領域への集積に必要である。

⑥ タンパク質Zの有するDNAと結合する機能は，タンパク質ZのDNA損傷領域への集積に必要である。

⑦ タンパク質Yの有するDNAと結合する機能は，タンパク質ZのDNA損傷領域への集積に必要である。

⑧ タンパク質Zの有するDNAと結合する機能は，タンパク質YのDNA損傷領域への集積に必要である。

解答群H

00 ①，③，⑤，⑦	**01** ①，③，⑤，⑧	**02** ①，③，⑥，⑦
03 ①，③，⑥，⑧	**04** ①，④，⑤，⑦	**05** ①，④，⑤，⑧
06 ①，④，⑥，⑦	**07** ①，④，⑥，⑧	**08** ②，③，⑤，⑦
09 ②，③，⑤，⑧	**10** ②，③，⑥，⑦	**11** ②，③，⑥，⑧
12 ②，④，⑤，⑦	**13** ②，④，⑤，⑧	**14** ②，④，⑥，⑦
15 ②，④，⑥，⑧		

(d) 続いて，**実験1**および**実験2**で用いたDNA修復に機能する2種のタンパク質(タンパク質Yおよびタンパク質Z)のうち，タンパク質YがDNA修復の完了後に，損傷したDNA領域から離れるしくみを調べるために，次の

実験3をおこなった。なお，タンパク質Yは，DNA修復が完了するまでは，損傷したDNA領域から離れないことが知られている。

実験3

あらかじめ遺伝子操作によりタンパク質Yとタンパク質Zを指定する遺伝子を欠損させたヒトの細胞を準備し，**実験1**と同様に，遺伝子導入法を用いてY-GFPおよびZ-RFPを発現させた。核の一部に紫外線を照射し，紫外線を照射した部分のY-GFPの蛍光強度を長時間にわたって経時的に計測したところ，**図6A**に示すグラフが得られた。

また，Z-RFPの代わりに，Zdel-RFPをY-GFPと共に発現させ，同様の実験をおこなったところ，**図6B**に示すグラフが得られた。

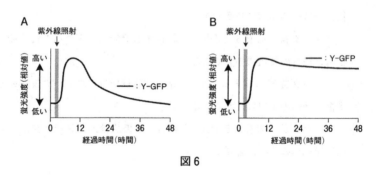

図6

以下の**実験4～6**をおこなった場合に，それぞれどのようなグラフが得られると考えられるか。次の文章中の空欄　(チ)　～　(テ)　に当てはまる最も適切なグラフを**解答群Ⅰ**から選び，その番号をマークしなさい。

実験4

あらかじめ遺伝子操作によりタンパク質Yとタンパク質Zを指定する遺伝子を欠損させたヒトの細胞を準備し，遺伝子導入法を用いてYmut-GFPとZ-RFPを発現させた。核の一部に紫外線を照射し，紫外線を照射した部分のYmut-GFPの蛍光強度を長時間にわたって経時的に計測したところ，　(チ)　に示すグラフが得られた。

実験5

あらかじめ遺伝子操作によりタンパク質Yとタンパク質Zを指定する遺伝子を欠損させたヒトの細胞を準備し，遺伝子導入法を用いてY-GFPとZmut-RFPを発現させた。核の一部に紫外線を照射し，紫外線を照射した部分のY-GFPの蛍光強度を長時間にわたって経時的に計測したところ， (ツ) に示すグラフが得られた。

実験6

あらかじめ遺伝子操作によりタンパク質Yを指定する遺伝子のみを欠損させたヒトの細胞を準備し，遺伝子導入法を用いてY-GFPとZmut-RFPを発現させた。核の一部に紫外線を照射し，紫外線を照射した部分のY-GFPの蛍光強度を長時間にわたって経時的に計測したところ， (テ) に示すグラフが得られた。なお，Zmut-RFPと等量のタンパク質Zが発現しているものとする。

解答群I

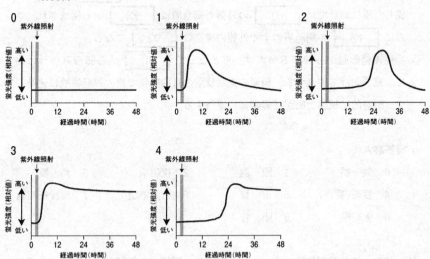

68 2023 年度　生物　　　　　　　東京理科大-創域理工〈B方式・S方式-2/3〉

3　脊椎動物の発生過程で形成される神経管や，神経管に由来する構造に関する下記の問題(1)〜(4)に答えなさい。解答はそれぞれの指示に従って最も適切なものを**解答群**の中から選び，その番号を**解答用マークシート**の指定された欄にマークしなさい。

(35点)

(1)　眼の発生に関する下記の文章を読み，空欄　(ア)　〜　(オ)　に当てはまる最も適切な語句を**解答群A**から選び，その番号をマークしなさい。

　　脊椎動物の眼は，神経管の前側領域である脳胞に形成された左右一対の膨らみが，そのまま大きく膨らんで形成される。膨らみの先端が表皮に達する段階では，膨らみは　(ア)　となって内側にくぼみながら，同時に表皮に作用して視覚を担う組織を誘導する。このあと，　(ア)　はさらにくぼんで内外2層の細胞層からなる球形構造となり，内側の細胞層は厚くなって視覚を担う神経細胞群を生じる。このうち，光刺激を受容する細胞は　(イ)　である。完成した眼においては　(イ)　の外側の細胞層は　(ウ)　から構成され，さらに　(ウ)　の細胞層のすぐ外側の構造は　(エ)　になる。

　　視神経細胞から伸びる軸索は，束となって　(オ)　から膨らみの外に出て，脳に向けて伸長する。軸索の先端は脳の目的部位で次の神経細胞に連絡して，最終的に網膜と脳が神経繊維で連絡する。

解答群A

0	強　膜	1	眼　胞	2	視細胞	3	角　膜
4	盲斑(盲点)	5	黄　斑	6	色素細胞	7	視神経細胞
8	脈絡膜	9	眼　杯					

(2)　網膜上の視神経細胞から伸長した軸索は，間脳にある「視蓋(しがい)」と呼ばれる場所まで伸長して，次の神経細胞に連絡することが知られている。軸索の先端は，仮足を伸ばしながら視蓋の目的部位まで移動して，標的細胞に連絡する(これを投射という)。網膜から視蓋への軸索伸長の過程は，古くからニワト

リ胚などを用いて調べられてきた。ニワトリ胚では，右の眼球から出た視神経は，全て左の視蓋に移動する。反対に，左の眼球から出た視神経は，全て右の視蓋に移動する。

視蓋に到達した軸索先端は，まず視蓋の前側から中に入り，視蓋の中の特定の場所に移動・投射する。この視蓋内での投射パターンには特定のルールがある。網膜内で視神経細胞体が分布する場所を「鼻に近い側（鼻側）」と「耳に近い側（耳側）」に区分すると，鼻側にある視神経から生じる軸索の先端は，視蓋の前側に進入したあと，さらに視蓋の奥まで移動して「視蓋後側」に投射する。一方，耳側にある視神経から生じる軸索の先端は，視蓋に進入したあと視蓋の奥には移動せず，そのまま「視蓋前側」に投射する（**図1**）。

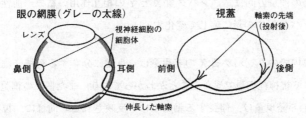

図1 網膜上の視神経細胞から伸長した軸索が，視蓋に投射する様子。それぞれの場所にある1個の細胞を例として示す。視神経細胞が生じる場所により，軸索先端が投射する視蓋内の場所が異なる。

視蓋内部での投射場所の指定には，主に網膜の視神経細胞とそこから伸長する軸索で発現する**タンパク質X**と，視蓋の細胞で発現する**タンパク質Y**の相互作用が関係する。いずれも膜タンパク質で，タンパク質Xは受容体，タンパク質Yはタンパク質Xに結合する情報伝達物質（シグナル分子）の関係にある。一般に，タンパク質Xとタンパク質Yがそれぞれの発現細胞の細胞膜上で結合すると，タンパク質Xが活性化してタンパク質X発現細胞の中に情報が送られ，その細胞の移動が変化する（**図2**）。ただし，細胞の移動の変化は，活性化されるタンパク質Xの量（数）が多い場合に限られ，少ない場合は変化しない。

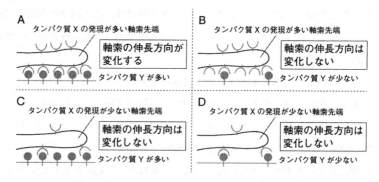

図2 「軸索先端で発現するタンパク質X(U形)」と「視蓋の細胞上で発現するタンパク質Y(●形)」の相互作用と，軸索先端の伸長変化の関係。軸索先端の伸長方向は，タンパク質XとYの相互作用の結果，活性化されるタンパク質Xの量に応じて変化する。

　網膜内でのタンパク質Xの発現量は，鼻側に分布する視神経細胞と耳側に分布する視神経細胞で異なることがわかっており，また個々の細胞でのタンパク質Xの発現量は，伸長する軸索上にも反映される。同様に，視蓋細胞でのタンパク質Yの発現量も，視蓋前側に分布する視蓋細胞と後側に分布する視蓋細胞で異なる。そのため，軸索先端と視蓋細胞間で相互作用するタンパク質XとYの量(数)は，「軸索を伸ばす視神経細胞が分布する網膜の場所」と「軸索先端と接する視蓋細胞が分布する視蓋の場所」の組み合わせで違ってくる。この違いが，軸索先端で活性化されるタンパク質Xの量の違いをもたらし，軸索の伸長方向に影響する(図2)。

　さて，軸索伸長や投射におけるタンパク質XとYの相互作用の役割を調べるために，【実験1】と【実験2】をおこなった。視蓋での軸索の投射場所は，タンパク質XとYの相互作用のみで決まるものとして，続く問題(a)〜(d)に答えなさい。

【実験1】 実験の内容を図3に示した。

図3 【実験1】の説明図

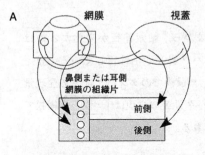

（A，右側）視蓋前側と後側を構成する細胞それぞれから細胞膜を含む抽出液を準備し，培養皿に平行に塗布した（細胞膜塗布）。
（A，左側）2つの塗布面に接するように鼻側網膜，または耳側網膜の組織片を置き，視神経細胞体（○印）から塗布面に向けて神経軸索が伸びるように培養した。

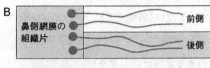
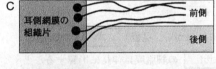
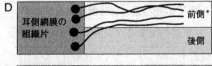
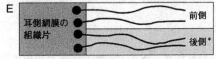

（B，C）培養後の，軸索の伸長の模式図。
B：鼻側網膜の視神経から伸びた軸索は，いずれの細胞膜塗布面上もそのまま伸長した。
C：耳側網膜の視神経から伸びた軸索は，視蓋前側の細胞膜塗布面ではそのまま伸長したが，視蓋後側の細胞膜塗布面では少し伸長したあとに，すぐに前側の塗布面に移動して伸長した。

（D，E）細胞膜抽出液の一方を加熱処理してから塗布し，耳側網膜組織片からの軸索伸長を調べた。＊印は加熱処理したことを示す。
D：前側抽出液を加熱処理しても，非加熱処理と比べて伸長は変化しなかった。
E：後側抽出液を加熱処理した場合は，いずれの細胞膜塗布面上もそのまま伸長した。
なお，鼻側網膜の軸索伸長は，いずれを加熱処理した場合も変化しなかった。

【実験2】 視蓋内での軸索伸長に対するタンパク質XとYの相互作用の役割を調べる目的で，軸索が視蓋に達する前に，視蓋の中に「タンパク質Yと結合して，タンパク質XとYの相互作用を阻害する抗体」を注射して視蓋全体に作用させた。その結果，鼻側網膜と耳側網膜のいずれから伸長する軸索も視蓋後側に投射した。

72 2023 年度 生物　　　　　東京理科大-創域理工〈B方式・S方式-2/3〉

(a)　網膜内でのタンパク質 X の発現を述べた下記の【説明文 1】について，空欄 （カ）〜 （ケ） には「0 鼻側」「1 耳側」のいずれかが入る。それぞれの空欄にふさわしい番号を選び，その番号をマークしなさい。

【説明文 1】　図 3 B，C に示される結果から，軸索伸長が変化するのは （カ） 網膜の視神経なので，タンパク質 X が活性化しているのは， （キ） 網膜の視神経と推測される。網膜内でのタンパク質 X の発現量は鼻側と耳側で異なることから，タンパク質 X の発現は （ク） 網膜で少なく， （ケ） 網膜で多いと考えられる。

(b)　視蓋でのタンパク質 Y の発現を述べた下記の【説明文 2】について，空欄 （コ）〜 （ス） には「0 前側」「1 後側」のいずれかが入る。それぞれの空欄にふさわしい番号を選び，その番号をマークしなさい。

【説明文 2】　図 3 C，D，E に示される結果から，視蓋 （コ） の細胞膜は軸索の伸長に影響しないが，視蓋 （サ） の細胞膜は伸長に影響することがわかる。既に述べたように，タンパク質 Y の発現量は視蓋前側と後側で異なり，また軸索の伸長はタンパク質 Y と相互作用するタンパク質 X の量で変化するので，タンパク質 Y の発現は視蓋 （シ） で多く，視蓋 （ス） では少ないと考えられる。

(c)　軸索先端の伸長・投射に対するタンパク質 X とタンパク質 Y の相互作用の影響を説明した下記の【説明文 3】について，空欄 （セ） に入る言葉として適切な番号を**解答群 B** から， （ソ）〜 （ツ） に入る言葉として適切な番号を**解答群 C** から選び，その番号をマークしなさい。同じ番号を選んでもよい。

【説明文 3】　ここまでの結果から，軸索先端の伸長・投射に対するタンパク質 X とタンパク質 Y の相互作用の影響は，(i)，(ii)のように説明できる。

東京理科大-創域理工〈B方式・S方式-2/3〉　　　　　　　　2023 年度　生物　73

(i)　接触した細胞間でタンパク質 X と Y が相互作用して，タンパク質 X が活性化されると，軸索の伸長は　　(セ)　　と推察される。

解答群 B

　　0　促進される　　　　　　　　　　1　抑制される

(ii)　生体内での軸索投射過程に対するタンパク質 X と Y の相互作用を考える。鼻側網膜の視神経の軸索先端が視蓋前側に達して，さらに後側に伸長しようとした時，活性化されるタンパク質 X は　　(ソ)　　ので，軸索先端は視蓋の　　(タ)　　。一方，耳側網膜の視神経の軸索先端が視蓋前側に達して，さらに後側に伸長しようとした時，活性化されるタンパク質 X は　　(チ)　　ので，軸索先端は視蓋の　　(ツ)　　。

解答群 C

　　0　多　い　　　　　　　　　　　　1　少ない

　　2　後側に投射する　　　　　　　　3　後側を避けて，前側に投射する

(d)　さらに【実験 3】を行った。結果として予想される網膜鼻側および耳側由来の軸索先端の投射場所として，空欄　　(テ)　　と　　(ト)　　には，それぞれ「0 前側」「1 後側」のいずれかが入る。空欄にふさわしい番号を選び，その番号をマークしなさい。同じ番号を選んでもよい。なお，タンパク質の発現操作は軸索伸長・投射以外には影響を与えないものとし，生体内で軸索は視蓋前側または後側のいずれかを選択するものとする。

【実験 3】　全ての網膜細胞で，タンパク質 X を正常時の高発現部位と同じ強さになるように均一に発現させた。その結果，鼻側網膜の軸索先端は視蓋の　　(テ)　　に投射し，耳側網膜の軸索先端は　　(ト)　　に投射した。

(3)　神経管形成と，その周囲に生じる神経堤細胞（神経冠細胞）の移動に注目した。下記の文章を読み，続く問題(a)，(b)に答えなさい。

74 2023 年度　生物　　　　　　　　東京理科大-創域理工〈B方式・S方式-2/3〉

　　発生が進行すると，胚の背側には神経管が形成される。まず，神経になる部分が厚くなり，神経板が形成される。神経板の辺縁部は左右から盛り上がり，中央部分は体の内部にへこむ。左右の膨らみは正中部分で融合し，外側の細胞層は表皮になり，内側の細胞層は神経管となる。表皮と神経管の間には，神経堤細胞という細胞が生じる。神経堤細胞は全身に移動して様々な細胞種に分化する。神経堤細胞の移動能が高いのは，カドヘリンの発現が変化し，接着力が　ナ　するためとされる。カドヘリンは上皮組織では　ニ　結合で観察される。発生過程では，組織により異なるカドヘリンが発現する。神経管が形成された段階で，神経管では主に　ヌ　が発現し，表皮では主に　ネ　が発現する。

(a)　　ナ　～　ネ　に入る最も適切な語句を**解答群D**から選び，その番号をマークしなさい。

解答群D

0　固　定	1　上　昇	2　低　下
3　密　着	4　ギャップ	5　維　持
6　E-カドヘリン	7　P-カドヘリン	8　N-カドヘリン

(b)　神経堤細胞に由来する構造として正しい組み合わせを**解答群E**から選び，その番号をマークしなさい。

解答群E

0　グリア細胞，眼の水晶体	1　色素細胞，運動神経
2　運動神経，感覚神経	3　感覚神経，色素細胞
4　眼の水晶体，感覚神経	5　グリア細胞，運動神経

(4)　**図4**はニワトリ胚での神経堤細胞の移動経路を示す。神経管と表皮の間に生じた神経堤細胞は，まず神経管の左右に移動して，次に体節の内側を移動するが，移動経路は体節の前半分に限定される。神経堤細胞の移動経路の選択に

も，軸索伸長に関与するタンパク質Xとタンパク質Yの相互作用が関係する。神経堤細胞の移動におけるタンパク質Xとタンパク質Yの働きについて，下記の(i)〜(iii)のことがわかっている。(i)〜(iii)の文章を読み，続く問題(a)，(b)に答えなさい。

(i) タンパク質Xとタンパク質Yは，それぞれ神経堤細胞または体節のいずれかだけで発現する。

(ii) タンパク質Xとタンパク質Yの相互作用によって，神経堤細胞の移動に対して，軸索先端と同様な移動変化を誘起する。

(iii) 神経堤細胞を用いた培養実験から，神経堤細胞はタンパク質Xを塗布した培養面を移動するが，タンパク質Yを塗布した面は移動しない。

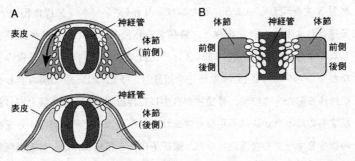

図4 ニワトリ胚での神経堤細胞の移動・分布の模式図。小さな楕円は神経堤細胞を示す。Aは体節前側(上の図)，または後側(下の図)の横断面。矢印は体節前側で神経堤細胞が移動していることを示す(片側だけを示す)。Bは背側から観察した模式図。

(a) タンパク質XとYが，神経堤細胞または体節のいずれで発現して働くのかを調べるために，抗体を用いた実験をおこなった。固定したニワトリ胚に，タンパク質Xに結合する抗体(抗X抗体)，またはタンパク質Yに結合する抗体(抗Y抗体)を反応させ，抗体が結合する部位を観察した。既に述べた神経堤細胞の分布や実験結果から，抗体が結合する部位として予想される組み合わせを解答群Fから選び，その番号をマークしなさい。

解答群 F

    0   抗 X 抗体は神経堤細胞に結合し，抗 Y 抗体は体節前側に結合する。

    1   抗 X 抗体は神経堤細胞に結合し，抗 Y 抗体は体節後側に結合する。

    2   抗 X 抗体は体節前側に結合し，抗 Y 抗体は神経堤細胞に結合する。

    3   抗 X 抗体は体節後側に結合し，抗 Y 抗体は神経堤細胞に結合する。

(b)　胚の神経堤細胞が生じる場所の移植実験を行い，ついで神経堤細胞の分布を調べた。野生型ニワトリ胚の神経堤細胞が生じる組織片を切り出し，別の野生型ニワトリ胚の同じ場所に移植した。この後，移植片から生じた神経堤細胞が体節を移動した時の分布を調べた結果，神経堤細胞の分布は正常だった。

　　次に，「遺伝子操作により，神経堤細胞と，隣接する体節の両方でタンパク質 X を発現しないようにしたニワトリ胚（タンパク質 X 操作胚）」，「遺伝子操作により，神経堤細胞と，隣接する体節の両方でタンパク質 Y を発現しないようにしたニワトリ胚（タンパク質 Y 操作胚）」，「遺伝子操作をおこなわないニワトリ胚（野生型胚）」を用意し，下記の①〜⑥の組み合わせで移植操作をした。この時，**移植片から生じた神経堤細胞が正常胚と同じ分布を示すものはどれか。過不足なく含まれる組み合わせを解答群Gから選び**，その番号をマークしなさい。なお，遺伝子操作や移植操作は，神経堤細胞の形成やその移動能には影響を与えないものとする。

【移植操作の組み合わせ】

①　野生型胚の神経堤細胞が生じる組織片を，タンパク質 X 操作胚の同じ場所に移植した。

②　野生型胚の神経堤細胞が生じる組織片を，タンパク質 Y 操作胚の同じ場所に移植した。

③　タンパク質 X 操作胚の神経堤細胞が生じる組織片を，野生型胚の同じ場所に移植した。

④　タンパク質 X 操作胚の神経堤細胞が生じる組織片を，タンパク質 Y 操作胚の同じ場所に移植した。

東京理科大-創域理工〈B方式・S方式-2/3〉　　　　　　　　　2023 年度　生物　77

⑤　タンパク質 Y 操作胚の神経堤細胞が生じる組織片を，タンパク質 X 操作胚の同じ場所に移植した。

⑥　タンパク質 Y 操作胚の神経堤細胞が生じる組織片を，野生型胚の同じ場所に移植した。

解答群G

00 ①，③	01 ①，④	02 ①，⑤	03 ①，⑥
04 ②，③	05 ②，④	06 ②，⑤	07 ②，⑥
08 ①，②，③	09 ①，②，④	10 ①，②，⑤	
11 ①，②，⑥	12 ①，③，④	13 ①，③，⑤	
14 ①，③，⑥	15 ①，④，⑤	16 ①，④，⑥	
17 ①，⑤，⑥	18 ②，③，④	19 ②，③，⑤	
20 ②，③，⑥	21 ②，④，⑤	22 ②，④，⑥	
23 ②，⑤，⑥	24 ③，④，⑤	25 ③，④，⑥	
26 ③，⑤，⑥	27 ④，⑤，⑥		

解答編

英語

（注） 解答は，東京理科大学から提供のあった情報を掲載しています。

1 **解答** (1)—2 (2)—1 (3)—2 (4)—3 (5)—2 (6)—4
(7)—1 (8)—1 (9)—2 (10)—2 (11)—4 (12)—3
(13)—4 (14)—3 (15)—1・5 (16)—3 (17)—8

◆全 訳◆

≪生物学の今昔≫

［1］ 学者たちは太古の昔から物質は基本的な構成要素からできていると推測していたが，生物もそうであるとは誰も考えていなかった。だから，1664年，私たちの旧友ロバート=フックがペンナイフを「カミソリのように鋭く」研ぎ，コルク片から薄い1枚を削り取り，自作の顕微鏡でそれをのぞき，彼が「細胞」と呼ぶことになるものを見た人類最初の人間になったときは，さぞかし驚かされたはずだ。彼は，それが修道院の僧たちに割り当てられた小さな寝室を思い出させたために，この名前を選んだのである。

［2］ 細胞は生命の原子と考えることができるが，それは原子よりも複雑であり，最初にそれを知覚した人々にとってはさらに衝撃的なことだが，細胞自体が生きているのである。細胞は，エネルギーと原材料を消費し，それらから主にタンパク質などの多くの様々な産物を生産する，活気に満ちた生きた工場で，ほとんどすべての重要な生物学的機能を遂行する。細胞の機能を遂行するには多くの知識が必要なため，細胞は脳を持たないが，物事が確かに「わかっている」——私たちが成長し機能するために必要なタンパク質やその他の物質を作る方法がわかっているし，おそらく最も重要なことに，繁殖する方法もわかっている。

［3］ 細胞の最も重要な生産物は，自分自身のコピーである。その能力の

東京理科大-創域理工〈B方式・S方式-2/3〉　　　　2023 年度　英語〈解答〉　79

結果として，私たち人間はただ 1 つの細胞から始まり，40 回以上の細胞倍加を経て，最終的に約 30 兆の細胞で構成されるに至るが，これは天の川にある星の数の 100 倍にも相当する数なのである。私たちの細胞の活動の総和，つまり何も考えていない個体からなる銀河の相互作用が，積み重なって私たちという全体になるというのは，大変不思議なことである。それと同じくらいびっくりする考えは，プログラマーに命じられていないのに自己分析するコンピュータのように，その全体がどう働くかを解きほぐすことができるという概念である。それは生物学の奇跡である。

［4］　この奇跡は，生物学の世界のほとんどが私たちの目に見えないことを考えると，さらにすばらしいことのように思える。それは，細胞の小ささのためでもあり，また生命の見事な多様性のためでもある。もし，バクテリアのような生物を除外し，核のある細胞を持つ生物だけを数えれば，地球上にはおよそ 1000 万種の生物が存在すると科学者たちは推測しており，私たちはそのうちのわずか 1 パーセントほどを発見して分類しているにすぎない。アリだけでも少なくとも 2 万 2000 種あり，地球上の 1 人に対しておよそ 100 万から 1000 万匹のアリが生息していることになる。

［5］　私たちはみな，様々な種類の裏庭に生息する昆虫になじみがあるが，良質な土をひとすくいすれば，私たちがこれまで数えてきたよりも多くの種類の生き物が含まれている——数百，あるいは数千の無脊椎動物の種，数千の微小な線形動物（回虫），そして数万種のバクテリアといった具合である。実際のところ，地球上の生命の存在はあまりにも広がっているので，おそらく食べない方がいい有機体を常に摂取している。昆虫の破片を含まないピーナッツバターを買ってみなさいといっても，それは無理な話だ。昆虫片を含まないピーナッツバターを製造することは現実的でないと政府は認識しているので，規制により 1 食分 31 グラムあたり 10 個までの昆虫片が許容されている。一方，ブロッコリー 1 食分には 60 匹のアブラムシ類と／あるいはダニ類が含まれる可能性があり，また粉末シナモン 1 瓶には 400 の昆虫片が含まれる可能性がある。

［6］　それはどれも食欲がなくなりそうな話だが，私たち自身の体さえ，外来生物がいないわけではない——私たち一人一人が生物の生態系全体であることを覚えておくとよい。例えば，あなたの前腕部には微細な生物44 属（種群）が生息し，人の腸内には少なくとも 160 種の細菌が生息し

ていることが科学者により確認されている。足の指の間には？　40種の菌類がいる。実は，もしわざわざ数え上げれば，私たちの体内には，人間の細胞よりもはるかに多くの微生物の細胞が存在していることがわかる。

[7]　私たちの体の部位は，それぞれ別々の生息地を形成し，腸内あるいは足の指の間にいる生物は，あなたの前腕部にいる生物よりも，「私の」体のそれらの部位にいる生物と共通点が多い。ノースカロライナ州立大学には，この暗く隔離された土地に存在する生物を研究するために，へその生物多様性プロジェクトと呼ばれる学術センターが設置されているほどである。そして，悪名高い皮膚ダニがいる。マダニ類，クモ類，サソリ類の親戚であるこの生き物は，長さが3分の1ミリメートル未満で，あなたの顔に生息する——毛穴や，毛穴につながる分泌腺で——生息するのは主に鼻，まつげ，眉毛の近くで，それらは，そこであなたの分泌量の多い細胞から内部組織を吸う。しかし，心配はいらない。それには通常，悪影響はなく，もしあなたが楽観主義者なら，それらのいない成人人口の半分の中に自分が入っていると願うことができる。

[8]　生命の複雑さ，大きさ，形，生息地の多様性，そして私たちが物理法則の「単なる」産物であると信じたくないという性質を考えると，生物学が科学としての発展において物理学や化学におくれをとったのは驚くことではない。そうしたほかの科学のように，生物学が発展するためには，人間は特別で，神と／あるいは魔法が世界を支配していると感じる人間の自然な傾向を克服しなければならなかった。そして，そうしたほかの科学と同様に，それはカトリック教会の神中心の教義とアリストテレスの人間中心の理論を克服することを意味した。

[9]　アリストテレスは熱心な生物学者で，現存する著作のほぼ4分の1がその学問に関係している。そして，アリストテレスの物理学は私たちの地球を宇宙の物理的中心ととらえている一方で，彼の生物学は，より個人的で，人間を，特に男性をたたえている。

[10]　アリストテレスは，神の知性がすべての生き物を設計したと考えていたのだが，生き物は，死ぬときになくなる，あるいは存在しなくなる特別な性質や本質を持っているという点で無生物とは異なる。アリストテレスは，そうした生命の設計図すべての中で，人間が最も高い位置にあると主張した。この点においてアリストテレスは大変激しく，ある種の特徴が，

東京理科大-創域理工〈B方式・S方式-2/3〉　　　　2023 年度　英語〈解答〉　81

それに対応する人間の特徴と異なる場合，それを奇形と呼んだ。同様に，彼は人間の女性を奇形の，あるいは損傷した男性とみなしていた。

[11]　このような伝統的な，しかし誤った信念を払拭することが，近代生物学の誕生の舞台となった。このような考えに対する初期の重要な勝利の一つは，自然発生と呼ばれたアリストテレスの生物学の原理のうそをあばいたことである。その原理によると，生物は塵のような無生物から発生するとされていた。それと同じ頃，単純な生命体にさえも私たちと同じように器官があり，私たちも他の動植物のように細胞でできていることを示すことで，顕微鏡という新しい技術が旧来の考え方に疑問を投げかけた。しかし，生物学は，その偉大な組織化の原理が発見されるまでは，科学として真に成熟し始めることはできなかった。

━━━━━━━◀解　説▶━━━━━━━

⑴下線部⑴を含む文は第1段第2文（And so it …）にある。前文である第1文は「学者たちは太古の昔から物質は基本的な構成要素からできていると推測していたが，生物もそうであるとは誰も考えていなかった」という意味で，第2文では，これを受けて生物も基本的な構成要素からできているという考えについて述べていると推測できる。第2文は主節（it must have come … a surprise）＋when 節（when, in 1664, … "cells"）の構造で，when 節内は主語 our old friend Robert Hooke に対し sharpened, shaved, peered, and became が並列で述語動詞となっている。when 節は「ロバート＝フックがペンナイフを『カミソリのように鋭く』研ぎ，コルク片から thin である1枚を削り取り，自作の顕微鏡でそれをのぞき，彼が『細胞』と呼ぶことになるものを見た人類最初の人間になった（とき）」という意味なので，顕微鏡で細胞が観察できる程度にコルク片からペンナイフで削り取った1枚は「非常に薄い」と考えると自然である。したがって，2．「薄い，細かい」が正解。1．「広い」，3．「柔らかい」，4．「相当な，たくさんの」は不適。

⑵下線部⑵は「細胞は生命の原子と考えることができるが，それは原子よりも複雑であり，最初にそれを知覚した人々にとってはさらに衝撃的なことだが，細胞自体が生きているのである」という意味である。与えられている英文は not only が強調のために前に置かれて，その後が倒置の語順になっていて，「原子は細胞よりも単純な構造であるだけでなく，前者

（＝原子）がそうでない一方で後者（＝細胞）は（　(2)　）である」という意味になる。the latter は cells，the former は atoms を指すことに注意し，下線部(2)から「細胞自体が生きている」ことを読み取り，1.「生きている」を選ぶ。2.「独立した」，3.「物質的な」，4.「振動している」はいずれも不適。

(3)下線部(3)の前の部分は「細胞の機能を遂行するには多くの知識が必要なため，細胞は脳を持たないが，物事が確かに『わかっている』」という意味で，下線部(3)は「物事がわかっている」の具体的な内容について説明している部分である。「それら（＝細胞）は，私たちが成長し機能するために必要なタンパク質やその他の物質を作る方法がわかっている」という意味なので，これと同じ内容になる2.「生物として成長し適切に機能するために，人々にはタンパク質やその他の材料が必要であり，それらを提供する方法が『わかっている』のは細胞である」が正解である。1.「細胞はタンパク質やほかの物質を生産するが，人は細胞のそれらの生産物を体内で正しく機能させるのを助ける方法を『わかっている』必要がある」，3.「人はタンパク質やほかの物質を生産する必要があるが，脳は，細胞が正しく機能し，それらの必要なものを生産するよう命令する方法を『わかっている』」，4.「細胞はどのようにタンパク質を生産するかを『わかっている』が，人がほかの必要な物質を育て，それらの物質が体内で機能するのを助ける」は，いずれも下線部(3)が表す内容とならない。

(4)trillion は「1兆」。

(5)下線部(5)を含む文は「私たちの細胞の活動の総和が，何も考えていない個体のなす銀河の相互作用が，積み重なって私たちという全体になるというのは，大変不思議なことである」という意味。前文で，人間の細胞は最終的に約30兆の細胞で構成されるに至り，これは天の川にある星の数の100倍に相当することが述べられている。下線部を含む a galaxy of unthinking individuals は細胞が膨大にあることの比喩と考えられるので，individuals は細胞のことである。したがって，2.「個々の細胞」が正解。1.「個々の活動」，3.「個々の人々」，4.「個々の星」はいずれも不適。

(6)下線部(6)を含む文は「それと同じくらいびっくりする考えは，プログラマーに命じられていないのに自己分析するコンピュータのように，その全体がどう働くかを解きほぐすことができるという概念である」という意味

東京理科大-創域理工〈B方式・S方式-2/3〉　　　　2023 年度　英語〈解答〉　83

である。untangle は「～をほどく，わかりやすくする」という意味の動詞。how that all works の主語 that all「その全体」は，that が前のものを指す指示詞であることから，2 行前にある a whole のことだと考えられる。a whole は「私たち」で，つまりはヒトのことなので，「ヒトがどう働くかを解きほぐす」となる。この「働く」work は「器官が作動する」の意味なので，最も近いのは，4．「人体の複雑な機構の謎を解く」である。1．「人間の様々な細胞すべての一つ一つの機能を解明する」はall the … cells の意味が合わないし，「一つ一つの細胞の機能」の意味を下線部は含まない。2．「人間の細胞と天の川の星との間の不思議な類似点を発見する」，3．「人間の細胞がコンピュータとして機能しうる正確な方法を探る」は，いずれも下線部(6)の趣旨とは合わないので不適。

(7)設問文が「細胞が極めて小さい（極小である）ことのほかに，筆者が第4 段の下線部(7)の理由として挙げた理由は何か」という意味なので，下線部(7)「生物学の世界のほとんどが私たちの目に見えない」の理由として細胞の小ささについて挙げている直後の文に着目する。partly due to ～and partly due to …「～のためでもあり，…のためでもある」のうち「～」にあたる部分で細胞の小ささについて言及しているので，「…」にあたる the magnificent diversity of life「生命の見事な多様性」と同じ内容を表す，1．「生物の種類は非常に多いから」が正解。2．「生物が刻々と変化しているから」，3．「同じ種の生き物の個体数が多すぎるから」，4．「核のある細胞を持つ生物しか観察することができないから」はいずれも不適。

(8)下線部(8)は so ～ that …「とても～なので…，…なほど～」の構文で，that we'd probably rather not eat は organisms を修飾する。「地球上の生命の存在はあまりにも広がっているので，実際のところ，おそらく食べない方がいい有機体を常に摂取している」という意味になる。1．「生き物は私たちの食べ物の中を含むどこにでもいるのだから，食べたくなくても食べるのを避けられない」が同じ内容を表し，下線部に続く部分に挙げられている，通常は昆虫の破片が含まれているピーナッツバターの例にも合致する。2．「私たちの食べ物には多様な生命体が含まれている一方で，私たちは通常，食べたくないものを避けている」，3．「私たちの食べ物に多くの生物が含まれていることは広く知られているが，ビタミンやミネラ

ルのよい供給源となるため，私たちはそれらを避けたいとは思わない」，

４．「私たちが食べる食物の一つ一つにかけがえのない命が宿っているのに，私たちは自分勝手にその中の食べたくないものを避けている」は，いずれも不適。

⑼下線部⑼を含む文は「それはどれも食欲がなくなりそうな話だが，私たち自身の体さえ，外来生物がいないわけではない——私たち一人一人が生物の生態系全体であることを覚えておくとよい」という意味。That が指すのは，前段までの，食物に昆虫片などが含まれているという内容である。与えられている英文は「人の体には様々な種類の生物が生きている。そしてそれは人の体にとって（　⑼　）状態にすぎず，体，それ自体が様々な種が共生する世界である」という意味である。人間の体の中にも様々な種類の生物がいるが，人間そのものが生物の生態系なのだ，という趣旨で，それは当たり前の状態だと考えられるので，２．「自然な，当然の」が正解。１．「外来の」，３．「一時的な」，４．「潜在的な」はいずれも不適。

⑽下線部⑽を含む文は「ノースカロライナ州立大学には，この暗く隔離された土地に存在する生物を研究するために，へその生物多様性プロジェクトと呼ばれる学術センターが設置されているほどである」という意味で，前文の，体の各部位に生物が生息しているという趣旨と併せて考えると，that dark, isolated landscape は「へそ」を指すと考えられる。２．「へそ」が正解。１．「学術センター」，３．「生物多様性」４．「ノースカロライナ」はいずれも不適。

⑾空所⑾を含む文は，it is not surprising that … が主節で，「生物学が科学としての発展において物理学や化学におくれをとったのは驚くことではない」という意味である。主節に先行する the complexity of life, … physical law の部分は「生命の複雑さ，大きさ，形，生息地の多様性，そして私たちが物理法則の『単なる』産物であると信じたくないという性質」という名詞句であり，主節とのつながりを考えると，「〜ということを考えると」という意味になる４の Given が正解。その他の選択肢では主節とつながらない。

⑿下線部⑿を含む文は「アリストテレスは熱心な生物学者で，現存する著作のほぼ４分の１がその学問に関係している」という意味。pertain to 〜

は「〜に（直接）関係がある」，discipline は「学問分野」という意味で，下線部の that discipline は「生物学」のことである。続く文に「そして，アリストテレスの物理学は私たちの地球を宇宙の物理的中心ととらえている一方で，彼の生物学は，より個人的で，人間を，特に男性をたたえている」とあり，アリストテレスと生物学との密接な関わりについて述べている部分であることからも判断できる。3．「生物学と関係がある」が正解。have something to do with 〜 は「〜と（何らかの）関係がある」という意味。1．「科学中心の教義にまっすぐつながる」，2．「物理学の体系的なやり方に反対する」，4．「熱意のよい見本を示す」はいずれも不適。

(13) On this point は「この点において」という意味なので，先行する2文の内容を確認する。「アリストテレスは，神の知性がすべての生き物を設計したと考えていたのだが，生き物は，死ぬときになくなる，あるいは存在しなくなる特別な性質や本質を持っているという点で無生物とは異なる。アリストテレスは，そうした生命の設計図すべての中で，人間が最も高い位置にあると主張した」という内容を受けて On this point と述べていることをつかむ。下線部に続く Aristotle was so vehement that … の部分は「アリストテレスは大変激しく，ある種の特徴が，それに対応する人間の特徴と異なる場合，それを奇形と呼んだ」という意味なので，人間がほかのどの生物よりも上位であるという趣旨の4．「人間が他のすべての種より優れているという彼の主張において」が正解。1．「人間が自らの発達の過程で完全性の絶対的頂点に達したという確信において」，2．「あらゆる生物に関する彼の科学理論の論理的結論において」，3．「彼の哲学によれば人間の知性の最も進んだ質において」はいずれも不適。

(14) 下線部(14)を含む文の such ideas は先行する文の such traditional but false beliefs を受けており，この「そのような伝統的な，しかし誤った信念」とは，前段で述べられている，人間が最上位であるとしたようなアリストテレスの古い生物学的見解のことを指す。下線部を含む文は「このような考えに対する初期の重要な勝利の一つは，自然発生と呼ばれたアリストテレスの生物学の原理の debunking であった」という意味になる。重要な勝利とは，伝統的だが，誤った信念であるアリストテレスの生物学の原理を否定することだと考えられるので，3．「拒否すること」が正解。debunking は「うそや偽りを暴く〔証明する〕こと」という意味である。

1．「当てはめること」，2．「正しく理解すること，価値を認めること」，4．「改訂すること，更新すること」はいずれも不適。

⒂下線部⒂を含む文は「同じ頃，単純な生命体にさえも私たちと同じように器官があり，私たちも他の動植物のように細胞でできていることを示すことで，顕微鏡という新しい技術が旧来の考え方に疑問を投げかけた」という意味である。人間以外の生物にも器官があり，人間にも細胞があることが顕微鏡によって証明されたという趣旨であることを押さえる。旧来の考え方に当たらないものを2つ選ぶので，1．「人間は物理法則の産物以外の何物でもない」および5．「動物や植物は細胞でできており，人間も同じである」が正解。2．「地球は宇宙の物理的中心にある」，3．「すべての生物を設計したのは，神の知性である」，4．「無生物から生命が生み出されることがある」はいずれも旧来の考え方なので不適。

⒃細胞が作る最も重要なものを第2・3段から読み取る。第2段最終文（It takes a lot of knowledge …）に「おそらく最も重要なことに，繁殖する方法もわかっている」，また第3段第1文（The most important single …）に「細胞の最も重要な生産物は，自分自身のコピーである」と述べられているので，3．「他の細胞」が正解。1．「脳」，2．「機能」，4．「エネルギーと原料」はいずれも不適。

⒄「生物学が科学として成長するのが比較的遅かった理由を述べた段落は［1］～［10］のうちどれか」 生物学が科学として成長するのが遅かったという記述は，第8段第1文の biology lagged behind physics and chemistry in its development as a science にある。この段落では，その理由として「生命の複雑さ，大きさ，形，生息地の多様性，そして私たちが物理法則の『単なる』産物であると信じたくないという性質」を挙げ，人間が特別な存在であるとする人間中心の理論の克服が必要であったと述べられている。したがって，正解は8。

東京理科大-創域理工〈B方式・S方式-2/3〉　　　　　2023 年度　英語〈解答〉　87

2　解答
(1)— 4　　(2) i — 2　　ii — 1
(3) 3 → 2 → 5 → 4 → 1 → 6　　(4)— 2

━━━━━━━━━━━◆全　訳◆━━━━━━━━━━━

≪ナノバブルの研究と応用の可能性≫

［1］　スーパーコンピュータによる計算で，ピンの頭より数万倍も小さい，いわゆるナノバブルの成長の詳細が明らかになった。この発見は，ポンプ部品などの産業構造物において，こうした泡が破裂し，少量だが強力に液体が噴出するときに引き起こされる損傷について，貴重な洞察を与えるだろう。この，キャビテーションとして知られる泡の急激な膨張と崩壊は，工学分野ではよくある問題だが，よく理解されていない。

［2］　エディンバラ大学のエンジニアたちは，英国国立のスーパーコンピュータを用いて，水中の気泡の複雑なシミュレーションを計画した。そのチームは，気泡内の原子の動きをモデル化し，水圧のわずかな低下に反応して気泡が成長する様子を観察した。彼らは気泡の成長が不安定になるのに必要な臨界圧力を求め，これは理論によって提示されていたよりもはるかに低いことがわかった。

［3］　彼らの研究成果は，ある種のがんをターゲットとする治療法や，高精度の技術装置の洗浄といった，ナノバブルの崩壊による数千の噴流の力を利用するナノテクノロジーの開発を活気づける可能性がある。研究者たちは彼らの研究結果に基づいて，表面ナノバブルの安定性に関する最新の理論を提示した。*Langmuir* 誌に掲載された彼らの研究は，工学・物理科学研究評議会の支援を受けて行われた。

［4］　エディンバラ大学工学部の Duncan Dockar は以下のように述べた。「泡は，定期的に生じては，流体中を移動して表面で崩壊し，その結果生じる摩滅は，抵抗や致命的な損傷を引き起こす可能性がある。複雑な計算によって可能となった我々の洞察が，機械の性能への影響を抑え，将来の技術を可能にする一助となることを期待している」

━━━━━━━━━━━◀解　説▶━━━━━━━━━━━

(1)第 1 段の findings を含む文は「The findings は，ポンプ部品などの産業構造物において，こうした泡が破裂し，少量だが強力に液体が噴出するときに引き起こされる損傷について，貴重な洞察を与えるだろう」という意味で，主語の The findings は前文のスーパーコンピュータの計算で明

らかになったナノバブルの成長の詳細を指していると考えられる。また，第3段の findings を含む文は，第1文「彼らの findings は，ある種のがんをターゲットとする治療法や，高精度の技術装置の洗浄といった，ナノバブルの崩壊による数千の噴流の力を利用するナノテクノロジーの開発を活気づける可能性がある」，第2文「研究者たちは彼らの findings に基づいて，表面ナノバブルの安定性に関する最新の理論を提示した」という意味で，いずれも第2段までに述べられている，エディンバラ大学のエンジニアたちによる気泡の研究でわかったことを指していると考えられる。いずれも「研究結果」について述べている文だと考えると自然なので，4.「結果」が正解。finding はここでは「研究成果」という意味を表す。1.「同等のもの」，2.「問題（点），発行」，3.「問題」はいずれも不適。

(2) i．第2段の critical を含む文の They were … unstable の部分は，「彼らは気泡の成長が不安定になるのに必要な critical な圧力を求めた」という意味で，主語 They はエディンバラ大学のエンジニアたちを指す。前文に「そのチームは，気泡内の原子の動きをモデル化し，水圧のわずかな低下に反応して気泡が成長する様子を観察した」とあるので，the critical pressure は気泡の成長が不安定になる水圧のことだとわかる。つまり，気泡の状態が不安定になる圧力の定まった値を探っているという趣旨なので，2.「決定的な」が正解。ここでの critical は「臨界の」という意味である。1.「分析の，分析的な」，3.「可能な，潜在的な」，4.「風の」はいずれも不適。

ii．第4段の critical を含む文の Bubbles routinely … damage. の部分は，「泡は，定期的に生じては，流体中を移動して表面で崩壊し，その結果生じる摩滅は，抵抗や critical な損傷を引き起こす可能性がある」という意味である。critical damage は drag「抵抗」と並列していること，および「泡の崩壊によって生じる摩滅」が引き起こすものであることから，「重大な損傷」と考えると自然である。したがって，1.「深刻な」が正解。2.「比較的重要ではない」，3.「必要な」，4.「道理にかなった」はいずれも不適。

(3)下線部(A)を含む文の and の前までは「彼らは気泡の成長が不安定になるのに必要な臨界圧力を求めた」という意味であり，and found that this was …「そしてこれは…だったことがわかった」に続くので，並べ換え

東京理科大-創域理工〈B方式・S方式-2/3〉　　2023 年度　英語〈解答〉 *89*

る部分は気泡の成長が不安定になる圧力についての研究結果が述べられて
いると推測される。語群に lower と than があるので比較の文を作るとわ
かる。much は比較級を強調するのに用いられるので much lower than
と並べる。than のあとに置く比較の対象を，残った語より suggested by
theory とすると，「これは理論によって提示されていたよりもはるかに低
いことがわかった」という意味になり，前の部分と自然につながる。
⑷下線部(B)を含む文の We hope … より，our insights 以下は研究を行っ
たチームが望むことについて述べられている。主語の our insights, made
possible with complex computing は「複雑な計算によって可能となった
我々の洞察」で，下線部 limit the impact … と並列する enable future
technologies は「将来の技術を可能にする」という意味なので，limit the
impact on machine performance は「機械の性能に対する影響を減らす」
という内容になると自然である。したがって，2．「影響を制御する」が
正解。1．「影響を消す」は，「影響をなくす」ことで，limit「～を限定
する，制限する」よりも否定の度合いが強いため不適。3．「影響を感じ
る」，4．「影響を増大させる〔深刻化する〕」はいずれも不適。

3 　解答　　a－2　b－9　c－10　d－3　e－6

◀解　説▶

　設問は「以下の文章は『than』という言葉についての所見である。各
空欄を埋めて文を完成させるのに最も適切なものを選択肢から1つ選びな
さい。解答用紙の番号に印をつけること。選択肢の中には，余分な選択肢
が5つある」という意味である。[1]～[3]の文章の前に「than．小さ
いけれどもよくある3つの問題に注意が必要である」と説明されていて，
　[1]～[3]は than の用法の3つの問題について述べているとわかる。
[1] In comparative … as here は「比較構文では，以下のように than
がしばしば間違って用いられる」という意味である。Nearly twice as
many … の文は倍数を表す比較表現だと考えられるが，〈twice as ～ as
…〉の形で「…の2倍～」を表すので，than ではなく as を用いなければ
ならない。したがって，空欄 a には2．as を入れる。「フランスでは，20
歳未満で亡くなる人がイギリスの2倍近くいる」という意味の文になる。

〔2〕It is wrongly … such as this は「次のような文では，hardly のあとで誤って用いられる」という意味である。Hardly had I … の文は倒置表現で，〈Hardly had S *done* 〜 when …〉または〈No sooner had S *done* 〜 than …〉で「S が〜するとすぐに…」という意味を表すので，空欄 b には 9．sooner，空欄 c には 10．when を入れる。「リバプールに上陸するとすぐに，帝の死によって私は日本に呼び戻された」という意味の文になる。

〔3〕It is often … the following type は「次のようなタイプの文では，しばしばあいまいさのもととなる」という意味である。She likes tennis more than me. という文について，比較しているのが She と me なのか，tennis と me なのかであいまいさが生じるということである。したがって，空欄 d には like の代わりとなる 3．do を入れ，空欄 e には 6．likes を入れる。Does this mean 以降は「これは，私がテニスを好きであるよりももっと彼女の方がテニスを好きであるということなのか，それとも，彼女が私を好きであるよりももっと彼女はテニスの方が好きであるということなのか？　このような場合，あいまいさを避けるなら 2 つ目の動詞を与える方がよい。例えば，『彼女は私を好きであるよりもテニスの方が好きだ』，または『私がテニスを好きであるよりももっと彼女の方がテニスを好きだ』とする」という意味になる。

❖講　評

　2023 年度は 2021・2022 年度と同様，大問数は 3 題であった。全体の英文量も設問数も多いが，問題自体は素直に解けるものが大半である。解き始める前にまず全体を見渡し，出題内容をざっと確認して，大まかな時間配分を決めてから取り組むのがよい。以下，各大問について解説する。

　①　生物学に関する英文である。生物を成す細胞それ自体が生きていて，多様な生命体をつくり出すこと，そして多様な生命体は人間の体内にも存在する一方，生物学の発展はほかの科学領域よりもおくれをとり，近代生物学は神中心の教義や人間中心の理論といった，それまでの誤った通念を払拭することから始まった，という内容である。こうした分野になじみのある受験生は，語彙や内容理解の面で有利であっただろう。

東京理科大-創域理工〈B方式・S方式-2/3〉　　　2023 年度　英語〈解答〉　*91*

同意表現を選ぶ問題は例年通り多く出題されたが，(1)のように語彙面からアプローチするものもあれば，(6)のように英文内容の正しい理解が必要なものもあり，また(2)のように同じ内容を表す文を完成させるパターンもある。選択肢が長いものもあるので，内容の検討が必要な問題に時間が割けるように時間配分に軽重をかけること。また，(4)のような数字の読み方や，(11)のように文法を問う問題などは確実に得点したい。最初に設問がおおむね下線の出現通りに並んでいることを確認できたら，段落ごとに主旨をまとめながら読み進め，解ける設問を解いていくのがよいが，段落間にわたる検討が必要な場合や，あとの部分で否定されている内容がありうることも考慮しなければならない。全体を読んで段落の構成がつかめた時点で再度，内容面での検討を行い，不確かだった部分を確認するとよい。

　　② ナノバブルと呼ばれる微細な泡の研究についての英文である。気泡の研究は，ナノバブルの崩壊を応用するナノテクノロジーの開発を活気づける可能性がある，という内容である。小問数が 4 問であることを確認したうえで英文を読み，素早く大意をつかみたい。(1)の同意表現選択のように語彙の知識で解ける問題もある一方で，(2)は同じ形式ではあるが，文脈での意味を把握する必要がある。(3)のような語句整序は，前後の文脈と文法・語彙の知識で確実に解けるようにしておきたい。

　　③ than の用法について解説する英文を完成させる問題。文法問題が出題される年度もあれば，読解問題の形式の年度もあるが，総じてほかの大問より文法色が強く，得点源としやすい大問である。あまり時間をかけずにケアレスミスなく全問正解できるようにしたい。

92 2023 年度 数学〈解答〉　　　　　東京理科大-創域理工〈B方式・S方式-2/3〉

数学

（注）　解答は，東京理科大学から提供のあった情報を掲載しています。

1 解答

(1)アイウ. 216　エオ. 54　カ. 2　キ. 5　ク. 6
ケコ. 65　サシス. 324

(2)セ. 2　ソ. 1　タ. 8　チ. 5　ツ. 5　テ. 2　ト. 6　ナニ. 18
ヌネ. 27　ノ. 2　ハ. 4　ヒ. 3　フ. 7

(3)ヘホ. 17　マミ. 10　ムメ. 27　モヤ. 20　ユ. 1　ヨ. 1　ラ. 4
リ. 4　ル. 3　レ. 1　ロ. 4　ワヲ. 15　ンあ. 30　い. 1　う. 4
え. 5　お. 3

◀解　説▶

≪小問3問≫

(1)　さいころを4回続けて投げるとき，目の出方は 6^4 通りで，これらは同様に確からしい。

(a)　4回とも同じ目が出る場合は，その目が1から6の6通りだから，確率は

$$\frac{6}{6^4} = \frac{1}{216} \quad (→ア〜ウ)$$

3，4，5，6の目が1回ずつ出る場合は，目の出る順番が4!通りだから，確率は

$$\frac{4!}{6^4} = \frac{1}{54} \quad (→エオ)$$

(b)　N が偶数となる場合は，4回目が2，4，6の3通り，1，2，3回目はそれぞれ6通りだから，確率は

$$\frac{3 \cdot 6^3}{6^4} = \frac{1}{2} \quad (→カ)$$

$N \geqq 2023$ の場合は，1回目は2以上である。このとき，$N \geqq 2111$ だから，2，3，4回目に出る目によらず条件をみたす。よって，1回目が5通り，2，3，4回目はそれぞれ6通りだから，確率は

東京理科大-創域理工〈B方式・S方式-2/3〉　　　　　　　　2023 年度　数学〈解答〉 93

$$\frac{5 \cdot 6^3}{6^4} = \frac{5}{6} \quad (\to \text{キ}\cdot\text{ク})$$

$N \geqq 5555$ の場合は

(ⅰ) 1 回目が 6 のとき，2，3，4 回目はどの目が出てもよいので，それぞれ 6 通り。

(ⅱ) 1 回目が 5，2 回目が 6 のとき，3，4 回目はどの目が出てもよいので，それぞれ 6 通り。

(ⅲ) 1，2 回目が 5，3 回目が 6 のとき，4 回目はどの目が出てもよいので，6 通り。

(ⅳ) 1，2，3 回目が 5 のとき，4 回目は 5，6 の 2 通り。

よって　　$\dfrac{6^3 + 6^2 + 6 + 2}{6^4} = \dfrac{65}{324}$　$(\to \text{ケ}\sim\text{ス})$

別解　各回目の試行は独立だから，確率の積で求めてもよい。それぞれ，次のように計算できる。

(a)　　$\left(\dfrac{1}{6}\right)^3 = \dfrac{1}{216}$

$\dfrac{4}{6} \cdot \dfrac{3}{6} \cdot \dfrac{2}{6} \cdot \dfrac{1}{6} = \dfrac{1}{54}$

(b)　　$1^3 \cdot \dfrac{3}{6} = \dfrac{1}{2}$

$\dfrac{5}{6} \cdot 1^3 = \dfrac{5}{6}$

$\dfrac{1}{6} + \left(\dfrac{1}{6}\right)^2 + \left(\dfrac{1}{6}\right)^3 + \left(\dfrac{1}{6}\right)^3 \cdot \dfrac{2}{6} = \dfrac{65}{324}$

(2)(a)　$x = 1 - \sqrt{2}$，$1 + \sqrt{2}$ は $g(x) = 0$ の解である。解と係数の関係より

$(1 - \sqrt{2}) + (1 + \sqrt{2}) = C, \quad (1 - \sqrt{2})(1 + \sqrt{2}) = -D$

よって　　$C = 2, \ D = 1$　$(\to \text{セ}\cdot\text{ソ})$

$x = 1 - \sqrt{2}$，$1 + \sqrt{2}$ は $f(x) = 0$ の解である。$f(x) = 0$ は 3 次方程式だから，もう 1 つの解を α とすると，解と係数の関係より

$(1 - \sqrt{2}) + (1 + \sqrt{2}) + \alpha = \dfrac{9}{2}$

$(1 - \sqrt{2})(1 + \sqrt{2}) + (1 - \sqrt{2})\alpha + (1 + \sqrt{2})\alpha = \dfrac{A}{2}$

94 2023 年度 数学〈解答〉　　　　　東京理科大-創域理工〈B方式・S方式-2/3〉

$$(1-\sqrt{2})(1+\sqrt{2})\alpha = -\frac{B}{2}$$

よって

$$\alpha = \frac{9}{2} - 2 = \frac{5}{2}$$

$$A = 2(-1+2\alpha) = 2(-1+5) = 8 \quad (\to タ)$$

$$B = 2\alpha = 5 \quad (\to チ)$$

$f(x) = 0$ をみたす有理数 x は　　$x = \alpha = \dfrac{5}{2}$　　$(\to ツ \cdot テ)$

別解　$g(1-\sqrt{2}) = 3 - 2\sqrt{2} - C(1-\sqrt{2}) - D = 0$

$$g(1+\sqrt{2}) = 3 + 2\sqrt{2} - C(1+\sqrt{2}) - D = 0$$

連立して解いて　　$C = 2$,　$D = 1$

$$f(1-\sqrt{2}) = -13 + 8\sqrt{2} + A(1-\sqrt{2}) + B = 0$$

$$f(1+\sqrt{2}) = -13 - 8\sqrt{2} + A(1+\sqrt{2}) + B = 0$$

連立して解いて　　$A = 8$,　$B = 5$

このとき

$$f(x) = 2x^3 - 9x^2 + 8x + 5 = (2x-5)(x^2 - 2x - 1)$$

$f(x) = 0$ とすると　　$x = \dfrac{5}{2}$,　$1 \pm \sqrt{2}$

よって，$f(x) = 0$ をみたす有理数 x は　　$x = \dfrac{5}{2}$

(b)　　$f'(x) = 6x^2 - 18x + A$　　$(\to ト \sim ニ)$

$f'(x) = 0$ が実数解をもつのは，（判別式）≥ 0 のときであるので

$$\frac{（判別式）}{4} = 9^2 - 6A \geq 0$$

$$\therefore \quad A \leq \frac{27}{2} \quad (\to ヌ \sim ノ)$$

$A = \dfrac{27}{2}$,　$B = \dfrac{1}{4}$ のとき

$$f(x) = 2x^3 - 9x^2 + \frac{27}{2}x + \frac{1}{4}$$

$$= \frac{1}{4}(2x-3)^3 + 7 \quad (\to ハ \sim フ)$$

東京理科大-創域理工〈B方式・S方式-2/3〉　　　2023 年度　数学〈解答〉 95

別解 $A = \dfrac{27}{2}$ のとき，$f'(x) = 6\left(x - \dfrac{3}{2}\right)^2$ だから

$$f(x) = \int 6\left(x - \frac{3}{2}\right)^2 dx = 2\left(x - \frac{3}{2}\right)^3 + E \quad (E \text{ は積分定数})$$

ここで，$f(0) = B = \dfrac{1}{4}$ だから

$$f(0) = 2\left(-\frac{3}{2}\right)^3 + E = \frac{1}{4}$$

よって，$E = 7$ で　　$f(x) = \dfrac{1}{4}(2x-3)^3 + 7$

(3)　1 は奇数だから

$$a_2 = \frac{2 + a_1}{2} = \frac{1}{2}\left(2 + \frac{7}{5}\right) = \frac{17}{10} \quad (\to へ \sim ミ)$$

2 は偶数だから

$$a_3 = \frac{1 + a_2}{2} = \frac{1}{2}\left(1 + \frac{17}{10}\right) = \frac{27}{20} \quad (\to ム \sim ヤ)$$

$2k$ は偶数，$2k-1$ は奇数だから

$$a_{2k+1} = \frac{1 + a_{2k}}{2} = \frac{1}{2}\left(1 + \frac{2 + a_{2k-1}}{2}\right) = 1 + \frac{1}{4}a_{2k-1} \quad (\to ユ \sim ラ)$$

変形して　　$a_{2k+1} - \dfrac{4}{3} = \dfrac{1}{4}\left(a_{2k-1} - \dfrac{4}{3}\right) \quad (\to リ \sim ロ)$

数列 $\left\{a_{2k-1} - \dfrac{4}{3}\right\}$ は公比 $\dfrac{1}{4}$ の等比数列で，初項は

$$a_1 - \frac{4}{3} = \frac{7}{5} - \frac{4}{3} = \frac{1}{15}$$

よって　　$a_{2k-1} - \dfrac{4}{3} = \dfrac{1}{15}\left(\dfrac{1}{4}\right)^{k-1}$

$\therefore \quad a_{2k-1} = \dfrac{1}{15}\left(\dfrac{1}{4}\right)^{k-1} + \dfrac{4}{3} \quad (\to ワ ヲ)$

$2k-1$ は奇数だから

$$a_{2k} = \frac{2 + a_{2k-1}}{2} = \frac{1}{2}\left\{2 + \frac{1}{15}\left(\frac{1}{4}\right)^{k-1} + \frac{4}{3}\right\}$$

$$= \frac{1}{30}\left(\frac{1}{4}\right)^{k-1} + \frac{5}{3} \quad (\to ン \sim お)$$

96 2023 年度 数学〈解答〉　　　　　　　東京理科大-創域理工〈B方式・S方式-2/3〉

$\boxed{2}$ 解答

(1) $y = -\dfrac{1}{2}\left(1+\dfrac{1}{t}\right)x + 1 + \dfrac{1}{t}$

(2) $y = -\dfrac{1}{2+t}x + 1$

(3) $u = \dfrac{2t+4}{t^2+t+2}$, $v = \dfrac{t^2+t}{t^2+t+2}$

(4) $t = \sqrt{2} - 1$

※計算過程の詳細については省略。

◀解　説▶

≪2つの直線とその交点，分数関数の最大値≫

(1)　直線 AQ の傾きは　　$\dfrac{1+\dfrac{1}{t}-0}{0-2} = -\dfrac{1}{2}\left(1+\dfrac{1}{t}\right)$

よって，直線 AQ の方程式は

$$y = -\dfrac{1}{2}\left(1+\dfrac{1}{t}\right)x + 1 + \dfrac{1}{t} \quad \cdots\cdots (答)$$

(2)　直線 BP の傾きは　　$\dfrac{0-1}{2+t-0} = -\dfrac{1}{2+t}$

よって，直線 BP の方程式は

$$y = -\dfrac{1}{2+t}x + 1 \quad \cdots\cdots (答)$$

(3)　直線 AQ と直線 BP の式を連立して

$$-\dfrac{t+1}{2t}x + 1 + \dfrac{1}{t} = -\dfrac{1}{2+t}x + 1$$

$$-(t+1)(2+t)x + 2(2+t) = -2tx$$

$$(t^2+t+2)x = 2t+4$$

$$\therefore \quad x = \dfrac{2t+4}{t^2+t+2}$$

$$y = -\dfrac{1}{2+t}\cdot\dfrac{2t+4}{t^2+t+2} + 1 = \dfrac{t^2+t}{t^2+t+2}$$

よって

$$u = \dfrac{2t+4}{t^2+t+2}, \quad v = \dfrac{t^2+t}{t^2+t+2} \quad \cdots\cdots (答)$$

(4)　(3)より

東京理科大-創域理工〈B方式・S方式-2/3〉   2023 年度　数学〈解答〉　*97*

$$u+v = \frac{t^2+3t+4}{t^2+t+2} = 1+\frac{2(t+1)}{t^2+t+2}$$

$T = \dfrac{t+1}{t^2+t+2}$ とすると　　　$u+v = 1+2T$

$t>0$ より，$T>0$ だから，$u+v$ が最大となるのは，T が最大，つまり，

$\dfrac{1}{T}$ が最小のときである。

$$\frac{1}{T} = \frac{t^2+t+2}{t+1} = t+\frac{2}{t+1} = t+1+\frac{2}{t+1}-1$$

$t+1>0$ だから，相加平均と相乗平均の関係より

$$\frac{1}{T} \geqq 2\sqrt{(t+1)\frac{2}{t+1}}-1 = 2\sqrt{2}-1$$

等号が成り立つ条件は

$$t+1 = \frac{2}{t+1}$$

$$(t+1)^2 = 2$$

$$\therefore \quad t = \pm\sqrt{2}-1$$

$t>0$ より　　　$t = \sqrt{2}-1$

このとき $\dfrac{1}{T}$ は最小だから，$u+v$ は最大である。

よって，求める t は　　　$t = \sqrt{2}-1$　……（答）

別解　$f(t) = u+v = 1+\dfrac{2t+2}{t^2+t+2}$

とする。

$$f'(t) = \frac{2(t^2+t+2)-(2t+2)(2t+1)}{(t^2+t+2)^2} = \frac{-2(t^2+2t-1)}{(t^2+t+2)^2}$$

$f'(t) = 0$ とすると

$$t^2+2t-1 = 0$$

$$\therefore \quad t = -1\pm\sqrt{2}$$

よって，増減表は右のようになる。

増減表より，$f(t) = u+v$ が最大となる t は

$$t = \sqrt{2}-1$$

t	0	$\cdots$	$\sqrt{2}-1$	$\cdots$
$f'(t)$		+	0	−
$f(t)$		↗	極大	↘

$\boxed{3}$ **解答** (1) $q = \sqrt{5}\,(\log a - 1)$ (2) $r = \dfrac{a^2}{\sqrt{5}} + \sqrt{5}\log a$

(3) $a = \sqrt{10}$ (4) $a = \sqrt{15}$ (5) $\sqrt{5}\,(e^2 - 1)$

※計算過程の詳細については省略。

━━━━━━◀ 解　説 ▶━━━━━━

≪対数関数の微・積分，曲線と直線で囲まれた部分の面積≫

(1) $y' = \dfrac{\sqrt{5}}{x}$ だから，接線 l の傾きは　　$\dfrac{\sqrt{5}}{a}$

よって，l の方程式は　　$y = \dfrac{\sqrt{5}}{a}(x - a) + \sqrt{5}\log a$

$x = 0$ として

$$q = \dfrac{\sqrt{5}}{a}(0 - a) + \sqrt{5}\log a = \sqrt{5}\,(\log a - 1) \quad \cdots\cdots(答)$$

(2) 法線 m の傾きは $-\dfrac{a}{\sqrt{5}}$ だから，m の方程式は

$$y = -\dfrac{a}{\sqrt{5}}(x - a) + \sqrt{5}\log a$$

$x = 0$ として

$$r = -\dfrac{a}{\sqrt{5}}(0 - a) + \sqrt{5}\log a = \dfrac{a^2}{\sqrt{5}} + \sqrt{5}\log a \quad \cdots\cdots(答)$$

(3) $r > q$ だから　　$QR = r - q = 3\sqrt{5}$

$$\sqrt{5}\log a + \dfrac{a^2}{\sqrt{5}} - \sqrt{5}\,(\log a - 1) = 3\sqrt{5}$$

$$a^2 = 10$$

$a > 0$ だから　　$a = \sqrt{10}$　　$\cdots\cdots$(答)

(4) $\angle ARQ = \dfrac{\pi}{6}$ のとき，m の傾きが $-\sqrt{3}$ だから

$$-\dfrac{a}{\sqrt{5}} = -\sqrt{3}$$

∴　$a = \sqrt{15}$　　$\cdots\cdots$(答)

(5) $a = e^2$ より，$\log a = 2$ だから　　$A\,(e^2,\ 2\sqrt{5})$

また，l の方程式は　　$y = \dfrac{\sqrt{5}}{e^2}x + \sqrt{5}$

$y=0$ として　　$x=-e^2$

下図より，求める面積を S とすると

$$S = \frac{1}{2}(e^2+e^2) \cdot 2\sqrt{5} - \int_1^{e^2} \sqrt{5}\log x\, dx$$

$$= 2\sqrt{5}\, e^2 - \sqrt{5}\int_1^{e^2} \log x\, dx$$

ここで

$$\int_1^{e^2} \log x\, dx = \Big[x\log x\Big]_1^{e^2} - \int_1^{e^2} x \cdot \frac{1}{x}\, dx$$

$$= e^2 \log e^2 - \int_1^{e^2} dx$$

$$= 2e^2 - \Big[x\Big]_1^{e^2} = 2e^2 - (e^2-1) = e^2 + 1$$

よって

$$S = 2\sqrt{5}\, e^2 - \sqrt{5}(e^2+1) = \sqrt{5}(e^2-1) \quad \cdots\cdots (答)$$

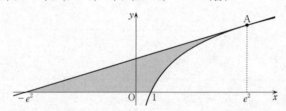

◆講　評

　2023 年度も，記述式 2 題，マークシート法 1 題（独立した内容の小問 3 問）という構成であった。全体を通して，各単元での基本的な知識が幅広く問われている。応用問題では小問による誘導がついているため，落ち着いて考えていこう。計算量が多くなりやすいため，できるだけ計算が簡単になるよう工夫しつつ，丁寧に進めたい。

　1　(1)は場合の数，確率に関する基本的な問題，(2)は数と式，微分法に関する基本的な問題，(3)は数列，特に漸化式に関する標準的な問題である。(3)では，やや複雑な漸化式が与えられているが，誘導に従って進めるとよい。

　2　媒介変数を含む直線に関する標準的な問題である。(1)～(3)は易しい。(4)では，分母が分子よりも次数が低くなるように変形していくとよ

い。相加平均と相乗平均の関係が利用できる。分数関数の微分を用いて計算してもよいが，計算量は増える。

③ 対数関数の微・積分に関しての標準的な問題である。用いる手法は微・積分の基本的なものである。図を描きながら，落ち着いて進めよう。

東京理科大-創域理工〈B方式・S方式-2/3〉　　　2023 年度　物理〈解答〉　*101*

物理

(注)　解答は，東京理科大学から提供のあった情報を掲載しています。

1 解答

(1)(ア)—⓪　(イ)—②　(ウ)—⑦　(エ)—③　(オ)—⑤　(カ)—⓪
(2)(キ)—⑤　(ク)—②　(ケ)—②　(コ)—③　(サ)—③　(シ)—③
(ス)—④
(3)(セ)—④　(ソ)—⑦　(タ)—④

━━━━━◀解　説▶━━━━━

≪2物体の衝突≫

(1)(ア)　小球Aと小球Bの運動エネルギーの和が衝突の前後で保存するので

$$\frac{mv^2}{2} = \frac{mv_1^2}{2} + \frac{Mv_2^2}{2}$$

(イ)　x 成分の運動量保存則より

$$mv = mv_1\cos\theta_1 + Mv_2\cos\theta_2$$

(ウ)　y 成分の運動量保存則より

$$0 = mv_1\sin\theta_1 - Mv_2\sin\theta_2$$

(エ)　(イ)より　　$mv_1\cos\theta_1 = mv - Mv_2\cos\theta_2$

(ウ)より　　$mv_1\sin\theta_1 = Mv_2\sin\theta_2$

2式の両辺を2乗して足し合わせると

$$(mv_1\cos\theta_1)^2 + (mv_1\sin\theta_1)^2 = (mv - Mv_2\cos\theta_2)^2 + (Mv_2\sin\theta_2)^2$$

$$\therefore \quad v_1^2 = v^2 - \frac{2Mvv_2\cos\theta_2}{m} + \frac{M^2v_2^2}{m^2}$$

(オ)　(ア)より　　$v_1^2 = v^2 - \dfrac{Mv_2^2}{m}$

(エ)に代入すると

$$v^2 - \frac{2Mvv_2\cos\theta_2}{m} + \frac{M^2v_2^2}{m^2} = v^2 - \frac{Mv_2^2}{m}$$

$v_2 \neq 0$ より　　$v_2 = \dfrac{2m}{m+M}v\cos\theta_2$

(カ) $\theta_2 = 0$ のとき，v_2 が最大となるので，運動量の大きさも最大となる。

(2)(キ) 静止している観測者から見た，衝突前の小球Aの速度のx成分はvなので，観測者Oから見ると
$$v - V$$

(ク) 静止している観測者から見た，衝突前の小球Bの速度のx成分は0なので，観測者Oから見ると
$$-V$$

(ケ) 観測者Oから見た小球Aと小球Bの運動量の和が0となるとき
$$m(v - V) + M(-V) = 0$$
$$\therefore V = \frac{m}{m+M} v$$

(コ) 観測者Oから見た小球Aと小球Bの運動量は大きさが等しく逆向きである。小球Bの運動量の大きさを考えると
$$|M(-V)| = \frac{mM}{m+M} v$$

(サ) 運動量保存則より，観測者Oから見た小球Aと小球Bの運動量の和は，衝突後も0となる。よって，観測者Oから見た衝突後の小球Aと小球Bの運動量は大きさが等しく逆向きである。

(シ) 観測者Oから見た衝突前の小球Aと小球Bの運動量の大きさをp_1，衝突後の小球Aと小球Bの運動量の大きさをp_2とおく。観測者Oから見た小球Aと小球Bの運動エネルギーの和は衝突の前後で保存するので
$$\frac{p_1{}^2}{2m} + \frac{p_1{}^2}{2M} = \frac{p_2{}^2}{2m} + \frac{p_2{}^2}{2M}$$
$$\therefore p_2 = p_1 = \frac{mM}{m+M} v$$

(ス) 観測者Oから見て，小球Aの運動量は衝突の前後で大きさは変わらないが，向きがϕだけ変わることに注意すると，右図より，小球Aが受けた力積の大きさは
$$2 \times p_1 \sin \frac{\phi}{2}$$

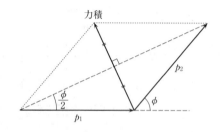

東京理科大-創域理工〈B方式・S方式-2/3〉 2023 年度　物理〈解答〉　*103*

$$= 2 \times \frac{mM}{m+M} v \times \sqrt{\frac{1-\cos\phi}{2}}$$

$$= \frac{mM}{m+M} v \sqrt{2(1-\cos\phi)}$$

(3)(セ)　(カ)より，衝突後の粒子Dの速さが最大となる運動方向は衝突前の粒子Cの運動方向と等しい。

(ソ)　(オ)において，最大の速さは $\dfrac{2m}{m+M} v$ となるので

$$v_\mathrm{D} = \frac{2M_\mathrm{C}}{M_\mathrm{C}+M_\mathrm{D}} v_\mathrm{C} \quad \cdots\cdots(*)$$

$$v_\mathrm{E} = \frac{2M_\mathrm{C}}{M_\mathrm{C}+M_\mathrm{E}} v_\mathrm{C}$$

2 式より　　$(M_\mathrm{C}+M_\mathrm{D}) v_\mathrm{D} = (M_\mathrm{C}+M_\mathrm{E}) v_\mathrm{E}$

$$\therefore \quad M_\mathrm{C} = \frac{M_\mathrm{E} v_\mathrm{E} - M_\mathrm{D} v_\mathrm{D}}{v_\mathrm{D} - v_\mathrm{E}}$$

(タ)　(*)より

$$v_\mathrm{C} = \frac{1}{2}\left(1 + \frac{M_\mathrm{D}}{M_\mathrm{C}}\right) v_\mathrm{D}$$

$$= \frac{1}{2}\left(1 + M_\mathrm{D} \frac{v_\mathrm{D} - v_\mathrm{E}}{M_\mathrm{E} v_\mathrm{E} - M_\mathrm{D} v_\mathrm{D}}\right) v_\mathrm{D}$$

$$= \frac{v_\mathrm{D} v_\mathrm{E} (M_\mathrm{E} - M_\mathrm{D})}{2(M_\mathrm{E} v_\mathrm{E} - M_\mathrm{D} v_\mathrm{D})}$$

$\boxed{2}$ 解答

(1)(ア)—④　(イ)—④　(ウ)—④　(エ)—⑤　(オ)—⑤　(カ)—①
(キ)—⓪　(ク)—①

(2)(ケ)—⓪　(コ)—①　(サ)—②　(シ)—⓪

(3)(ス)—③　(セ)—①　(ソ)—③　(タ)—③

◀解　説▶

≪磁場中を移動する回路≫

(1)(ア)　回路の中心の x 座標は $vt + \dfrac{L}{2}$ となるので

$$\Phi(t) = \overline{B} \cdot S = a\left(vt + \frac{L}{2}\right) \cdot L^2 = aL^2\left(vt + \frac{L}{2}\right)$$

(イ)　$$V = \left| \frac{\varPhi(t+\varDelta t) - \varPhi(t)}{\varDelta t} \right|$$

$$= \left| \frac{aL^2\left\{v(t+\varDelta t) + \dfrac{L}{2}\right\} - aL^2\left(vt + \dfrac{L}{2}\right)}{\varDelta t} \right|$$

$$= aL^2 v$$

(ウ)　オームの法則より，回路を流れる電流の大きさを I とすると

$$I = \frac{V}{R} = \frac{aL^2 v}{R}$$

(エ)　抵抗で単位時間あたりに発生するジュール熱は

$$\frac{V^2}{R} = \frac{a^2 L^4 v^2}{R}$$

(オ)・(カ)　レンツの法則より，図 2－1 の上図において回路 ABCD を時計回りに誘導電流が流れる。

辺 AB を流れる電流が磁場から受ける力は x 軸の正の向きで，大きさは

$$I \cdot a(vt) \cdot L$$

辺 CD を流れる電流が磁場から受ける力は x 軸の負の向きで，大きさは

$$I \cdot a(vt+L) \cdot L$$

辺 AD と辺 BC を流れる電流が磁場から受ける力は打ち消し合うので，回路全体で電流が磁場から受ける力は x 軸の負の向きで，大きさは

$$I \cdot a(vt+L) \cdot L - I \cdot a(vt) \cdot L = aIL^2 = a\frac{aL^2 v}{R}L^2$$

$$= \frac{a^2 L^4 v}{R}$$

(キ)　(ウ)において v が $\dfrac{v}{3}$ に置き換わると考えられるので

$$\frac{1}{3} \times \frac{aL^2 v}{R}$$

(ク)　回路を流れる電流と同じく，磁場から受ける力の大きさも $\dfrac{1}{3}$ になるが，向きは変わらないので，回路全体で電流が磁場から受ける力は x 軸の負の向きである。

(2)(ケ)　(イ)より，誘導起電力は一定なので，じゅうぶんに時間がたち，コ

ンデンサーが充電されると，電流は流れなくなる。

(コ)　コンデンサーに蓄えられている静電エネルギーは

$$\frac{1}{2}CV^2 = \frac{1}{2}C(aL^2v)^2 = \frac{Ca^2L^4v^2}{2}$$

(サ)　誘導起電力の大きさは，(イ)において v が $\frac{v}{3}$ に置き換わると考えられるので $\frac{V}{3}$ となる。速さを変えた瞬間，コンデンサーの両端の電位差が V であることに注意すると，抵抗にかかる電圧は $\frac{2V}{3}$ となり，速さを変える前と逆向きに，図2-2において回路を反時計回りに電流が流れる。よって，電流の大きさは

$$\frac{2}{3}I = \frac{2}{3} \times \frac{aL^2v}{R}$$

(シ)　電流の向きが逆となるので，磁場から受ける力の向きも逆転し，x 軸の正の向きとなる。

(3)(ス)　磁場の向きが逆となるので，電流の向きも逆となるが，大きさは変わらない。

(セ)　電流の向きと磁場の向きが逆転するため，力の向きは元と同じで，x 軸の負の向きとなる。図2-1の回路を裏から見たと考えても，力の向きが変わらないことがわかる。

(ソ)　回路を貫く磁束は，回路の中心での磁束密度と回路の面積の積である。3つの回路において回路の面積は等しい。また，回路の中心の移動速度も等しいため，回路の中心での磁束密度の単位時間あたりの変化量も等しい。よって，誘導起電力や電流の大きさも等しくなる。

(タ)　回路の x 方向の長さを X，y 方向の長さを Y とし，回路を流れる電流の大きさを i とする。(オ)，(カ)と同様に，回路全体で電流が磁場から受ける力は

$$i \cdot a(vt+X) \cdot Y - i \cdot a(vt) \cdot Y = aiXY$$

3つの回路を流れる電流 i も回路の面積 XY も等しいので，磁場から受ける力の大きさも等しい。

$\boxed{3}$ **解答** (1)(ア)—⑤ (イ)—⓪ (ウ)—② (エ)—④ (オ)—⑧ (カ)—⑦

(2)(キ)—⑤ (ク)—⑥ (ケ)—⓪

(3)(コ)—③ (サ)—① (シ)—⑦ (ス)—⓪ (セ)—⑥ (ソ)—③

◀**解　説**▶

≪理想気体の状態変化≫

(1)(ア)　シリンダーの断面積が S_{in} であることに注意すると

$$P_1 = P_0 + \frac{F_1}{S_{in}}$$

(イ)　内側と外側のシリンダーに挟まれた部分において，水圧を考えると

$$P_1 = P_0 + (H_1 - h_1) \times \rho g$$

(ウ)　(ア)，(イ)より　　　$\dfrac{F_1}{S_{in}} = (H_1 - h_1)\rho g$

$$\therefore \quad H_1 = h_1 + \frac{F_1}{S_{in}\rho g} \quad \cdots\cdots(*)$$

液体の体積が変化しないことから

$$h_0(S_{out} + S_{in}) = h_1 S_{in} + H_1 S_{out}$$

$$= h_1 S_{in} + \left(h_1 + \frac{F_1}{S_{in}\rho g}\right) S_{out}$$

$$\therefore \quad h_1 = h_0 - \frac{S_{out}}{S_{out} + S_{in}} \times \frac{F_1}{S_{in}\rho g}$$

(エ)　($*$) より

$$H_1 = \left(h_0 - \frac{S_{out}}{S_{out} + S_{in}} \times \frac{F_1}{S_{in}\rho g}\right) + \frac{F_1}{S_{in}\rho g}$$

$$= h_0 + \frac{S_{in}}{S_{out} + S_{in}} \times \frac{F_1}{S_{in}\rho g}$$

(オ)　断熱変化なので　　　$P_0(S_{in}l_0)^\gamma = P_1(S_{in}l_1)^\gamma$

$$\therefore \quad l_1 = \left(\frac{P_0}{P_1}\right)^{\frac{1}{\gamma}} l_0$$

$$= \left(\frac{P_0}{P_0 + \dfrac{F_1}{S_{in}}}\right)^{\frac{1}{\gamma}} l_0$$

$$= \left(\frac{P_0 S_{in}}{F_1 + P_0 S_{in}}\right)^{\frac{5}{7}} \times l_0$$

東京理科大-創域理工〈B方式・S方式-2/3〉　　2023 年度　物理〈解答〉　*107*

(カ)　ボイル・シャルルの法則より

$$\frac{P_0 S_{in} l_0}{T_0} = \frac{P_1 S_{in} l_1}{T_1}$$

$$\therefore \quad T_1 = \left(\frac{P_1}{P_0}\right)\left(\frac{l_1}{l_0}\right)T_0$$

$$= \left(\frac{P_0 + \dfrac{F_1}{S_{in}}}{P_0}\right)\left(\frac{P_0 S_{in}}{F_1 + P_0 S_{in}}\right)^{\frac{5}{7}} T_0$$

$$= \left(\frac{F_1 + P_0 S_{in}}{P_0 S_{in}}\right)^{\frac{2}{7}} \times T_0$$

(2)(キ)　内側のシリンダー内部の気体の圧力は(1)と同じ P_1 になる。ボイルの法則より

$$P_0 S_{in} l_0 = P_1 S_{in} l_2$$

$$\therefore \quad l_2 = \frac{P_0}{P_1}l_0 = \frac{P_0}{P_0 + \dfrac{F_1}{S_{in}}}l_0 = \frac{P_0 S_{in}}{F_1 + P_0 S_{in}} \times l_0$$

(ク)・(ケ)　内側と外側の液面の高さは，内側のシリンダー内の空気の圧力のみによって決まるので(1)と等しく

$$h_2 = h_1 = h_0 - \frac{S_{out}}{S_{out} + S_{in}} \times \frac{F_1}{S_{in}\rho g}$$

$$H_2 = H_1 = h_0 + \frac{S_{in}}{S_{out} + S_{in}} \times \frac{F_1}{S_{in}\rho g}$$

(3)(コ)　内側のシリンダー内の空気は，(1)で断熱圧縮されて体積が減少し，小問(2)の定圧変化で温度と体積が減少し，(3)の等温変化で圧力が下がり体積が増加する。特に，(3)で $F=0$ となった瞬間は初期状態と同じ状態になっていることに注意すると，適切なグラフは③。

(サ)　(ア)と同様に考えて

$$P_3 = P_0 + \frac{F_3}{S_{in}} \iff \frac{P_3}{P_0} = 1 + \frac{F_3}{P_0 S_{in}} \to 0$$

$$\therefore \quad F_3 = -S_{in}P_0$$

(シ)　(∗)と同様に考えて

$$h_3 - H_3 = -\frac{F_3}{S_{in}\rho g} = -\frac{-S_{in}P_0}{S_{in}\rho g} = \frac{P_0}{\rho g}$$

(ス)・(セ) (ウ), (エ)と同様に考えて

$$h_3 = h_0 - \frac{S_{out}}{S_{out} + S_{in}} \times \frac{F_3}{S_{in}\rho g} = h_0 + \frac{S_{out}}{S_{out} + S_{in}} \times \frac{P_0}{\rho g}$$

$$H_3 = h_0 + \frac{S_{in}}{S_{out} + S_{in}} \times \frac{F_3}{S_{in}\rho g} = h_0 - \frac{S_{in}}{S_{out} + S_{in}} \times \frac{P_0}{\rho g}$$

(ソ) 内側のシリンダー内の空気の圧力は次第に0に近づくが, 負の値はとらない。内側と外側の液面の高さは, 内側のシリンダー内の空気の圧力のみによって決まるので, ピストンを引き上げる力をどれだけ大きくしても, 一定の値となる。

❖講 評

例年通り, 試験時間80分, 大問3題の構成である。

1 2物体の衝突に関する問題である。典型的な出題であった。(1)はエネルギー保存則と運動量保存則を用いた基本的な衝突の問題。(2)は等速直線運動をする観測者の視点で同じ状況を扱う問題。2物体の重心と同じ速度で等速直線運動をする観測者には, 2物体の運動量の和が0に見える。(ス)では三角比の半角の公式を使う必要がある。(3)は(1)の結果を使って, 未知の特定の方向から飛んでくる粒子の質量と速度を決定する問題。ところどころ, 計算が複雑ではあるものの, 添え字に注意して丁寧に計算すれば, 特に難しいところはないだろう。

2 磁場中を移動する回路に生じる電磁誘導の問題である。(1)はファラデーの法則を用いて誘導起電力を求め, 回路が磁場から受ける力を求める問題。(2)は回路にコンデンサーを入れることで, コンデンサーの振る舞いについて確認する問題。(3)は(1)の磁場の向きや回路の形を変えた場合の影響を確認する問題。磁場の向きが反転することによって, 電流の向きも反転するため, 回路が磁場から受ける力の向きは元と同じ向きとなることに注意する。典型的な出題であり, 計算も容易なので, 確実に解答したい。

3 理想気体の状態変化の問題である。シリンダーが二重になっているのが目新しい。液体の体積が一定であることと, 内側と外側の液面の高さの差は大気圧とシリンダー内の気体の圧力の差のみに依存していることを理解する必要がある。(1)は断熱変化, (2)は定圧変化, (3)の前半は

等温変化を扱っている。(3)の後半はシリンダー内の気体の圧力が0に向かう極限を考察する問題。ピストンを大きな力で引き上げても，水面の高さは変化しなくなる。水銀気圧計のことを思い出すと納得しやすいだろう。この大問を通して，同じ形や似た形の式が何度も出てくるので，前の設問の結果を生かして，計算の省力化を図りたい。

全体的に，ほぼ例年通りの内容だが，難易度はやや例年より易化したと考えられる。文字式の添え字などに注意して，丁寧な式変形を心がけたい。

110 2023 年度　化学〈解答〉　　　　　　東京理科大-創域理工〈B方式・S方式-2/3〉

化学

（注）　解答は，東京理科大学から提供のあった情報を掲載しています。

1 解答

(1)(ア)—05　(イ)—03　(2)(ウ)—08　(3)(エ)—18　(4)(オ)—09
(5)(カ)—08　(6)(キ)—04　(7)(ク)—03　(8)(ケ)—06　(9)(コ)—01
(10)(サ)—02　(シ)—08　(11)(ス)—04　(セ)—12

◀解　説▶

≪物質の構成粒子と化学結合，酸化剤と還元剤，結晶格子≫

(1)　窒素原子には不対電子が 3 個あり，2 個の N 原子がこれらを出し合って N_2 分子が形成される。

(2)　Ca の原子番号は 20 なので，K 殻に 2 個，L 殻に 8 個，M 殻に 8 個，N 殻に 2 個の電子が入っている。

(3)　同一周期の元素では，18 族の貴ガス元素の第 1 イオン化エネルギーが最も大きく，第 3 周期では原子番号 18 の Ar が当てはまる。

(4)　電気陰性度は，貴ガス元素を除いて，周期表で右上に位置する元素ほど大きく，第 2 周期では原子番号 9 の F が最も大きい。

(5)　第 2 周期に属する非金属元素の水素化物のうち，NH_3，H_2O，HF は分子間に水素結合を形成するため，分子量の割に沸点が異常に高い。これらの分子のうち，最も沸点が高いのは H_2O である。

(6)　CO_2 分子の電子式は次のように表され，非共有電子対の数は 4 個である。

$$\ddot{O}::C::\ddot{O}$$

(7)　水酸化物イオンの電子式は次のように表され，非共有電子対の数は 3 個である。

$$\left[:\ddot{O}:H\right]^{-}$$

(8)　二クロム酸カリウムが酸化剤としてはたらくときのイオン反応式は次のようになり，1 mol の $Cr_2O_7{}^{2-}$ は 6 mol の電子を受け取る。

$$Cr_2O_7^{2-} + 14H^+ + 6e^- \longrightarrow 2Cr^{3+} + 7H_2O$$

(9) 濃硝酸が酸化剤としてはたらくときのイオン反応式は次のようになり，1 mol の HNO_3 は 1 mol 電子を受け取る。

$$HNO_3 + H^+ + e^- \longrightarrow NO_2 + H_2O$$

(10) CsCl の単位格子中に含まれる Cs^+ と Cl^- はともに 1 個である。1 個の粒子に結合している他の粒子の数を配位数というが，右図からわかるように Cs^+ の配位数は 8 である。

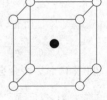

● : Cs^+ ○ : Cl^-

(11) 面心立方格子の単位格子中に含まれる原子は 4 個である。単位格子を横に 2 つ並べたとき，右図の◎の原子に注目すると，これに接する原子は 12 個であることがわかる。

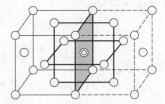

2 解答

(A)—5 (B)—9 (C)—9 (D)—1 (あ)—2
(a) $2.95 \times 10^{+5}$ (b) $5.44 \times 10^{+2}$ ($5.43 \times 10^{+2}$ も可)

◀解 説▶

≪結合エネルギーと反応熱，反応速度，アレニウスの式≫

(A)・(B) HI の生成反応の速度定数を k_1 とすると

$$v_1 = k_1[H_2][I_2]$$

と表されるので，H_2 の濃度が一定のとき，v_1 は I_2 の濃度に比例する。よって，容器内にある I_2 の物質量の 3 倍の量の I_2 分子の気体を加えた直後は，I_2 の濃度は 4 倍になるので，v_1 の大きさは 4 倍になる。

HI の分解反応の速度定数を k_2 とすると

$$v_2 = k_2[HI]^2$$

と表されるので，v_2 は HI の濃度の 2 乗に比例するが，I_2 を加えた直後は HI の濃度は変化しないので，v_2 は変化しない。

(C)・(D) 容器内にある HI の物質量の 3 倍の量の HI 分子の気体を加えた直後は，HI の濃度は 4 倍になるので，v_2 は $4^2 = 16$ 倍になるが，H_2 と I_2 の濃度はともに変化しないので，v_1 は変化しない。

(a) HI 分子における H 原子と I 原子の間の結合エネルギーを x [J/mol] とすると，「反応熱＝生成物の結合エネルギーの総和－反応物の結合エネ

ルギーの総和」の関係より

$$9.00 \times 10^3 = 2x - (4.32 \times 10^5 + 1.49 \times 10^5)$$

$$\therefore \quad x = 2.95 \times 10^5 \text{〔J/mol〕}$$

(b) T〔K〕において触媒を用いない場合の HI の生成反応の速度定数は

$$A \times e^{-\frac{1.74 \times 10^5}{RT}} \text{〔J/mol〕} \quad \cdots\cdots \text{①}$$

300 K において金を触媒として用いた場合の速度定数は

$$A \times e^{-\frac{9.60 \times 10^4}{300R}} \text{〔J/mol〕} \quad \cdots\cdots \text{②}$$

①と②が等しいとき

$$A \times e^{-\frac{1.74 \times 10^5}{RT}} = A \times e^{-\frac{9.60 \times 10^4}{300R}}$$

よって $$-\frac{1.74 \times 10^5}{RT} = -\frac{9.60 \times 10^4}{300R}$$

$$\therefore \quad T = 543.75 \fallingdotseq 5.44 \times 10^2 \text{〔K〕}$$

別解 $\dfrac{1.74 \times 10^5}{9.60 \times 10^4} = 1.8125 \fallingdotseq 1.81$ と先に計算すると

$$300 \times 1.81 = 5.43 \times 10^2 \text{〔K〕}$$

となる。

(あ) 平衡状態においては $v_1 = v_2$ が成り立つので

$$k_1[\text{H}_2][\text{I}_2] = k_2[\text{HI}]^2 \qquad \therefore \quad \frac{k_1}{k_2} = \frac{[\text{HI}]^2}{[\text{H}_2][\text{I}_2]}$$

これより，$\dfrac{k_1}{k_2}$ は平衡定数に等しいことがわかる。温度が一定であれば，

平衡定数は常に同じ値をとるので，$\dfrac{k_1}{k_2}$ も触媒の有無にかかわらず同じ値

になる。

3 解答 (A)—2 (B)—1 (C)—6 (D)—4 (E)—0 (F)—9
(あ)—2

(a) −02.4 (b) −04.6 （−04.5 も可） (c) +00.5 (d) −13.0 (e) +00.7

◀解　説▶

≪酢酸の電離平衡，塩の加水分解，緩衝液≫

(a) 無水酢酸は水中で次のように加水分解し，酢酸を生じる。

$$(\text{CH}_3\text{CO})_2\text{O} + \text{H}_2\text{O} \longrightarrow 2\text{CH}_3\text{COOH}$$

東京理科大-創域理工〈B方式・S方式-2/3〉 2023 年度 化学〈解答〉 *113*

フラスコに入れた無水酢酸の物質量は

$$\frac{10.2}{102.0} = 0.100 \,[\text{mol}]$$

であるから，生成した酢酸の物質量は $0.200\,\text{mol}$ である。よって，溶液 **A** の（電離前の）酢酸のモル濃度は

$$0.200 \times \frac{1000}{100} = 2.00 \,[\text{mol/L}]$$

$c\,[\text{mol/L}]$ の酢酸水溶液において，電離による濃度変化は次のようになる。

$$CH_3COOH \rightleftharpoons CH_3COO^- + H^+$$

反応前	c		0	0	$[\text{mol/L}]$
反応量	$-c\alpha$		$+c\alpha$	$+c\alpha$	$[\text{mol/L}]$
平衡時	$c(1-\alpha)$		$c\alpha$	$c\alpha$	$[\text{mol/L}]$

いま，$c = 2.00\,[\text{mol/L}]$，pH が 2.13 より $[\text{H}^+] = 10^{-2.13}\,[\text{mol/L}]$ であるから

$$2.00 \times \alpha = 10^{-2.13}$$

$$\therefore \quad \alpha = 10^{-2.13} \times 10^{-0.30} = 10^{-2.43} \fallingdotseq 1 \times 10^{-2.4}$$

(b) $\alpha \ll 1$ なので，$1 - \alpha \fallingdotseq 1$ と近似できるから，電離定数は

$$K_a = \frac{[CH_3COO^-][H^+]}{[CH_3COOH]} = \frac{c\alpha \cdot c\alpha}{c(1-\alpha)} \fallingdotseq c\alpha^2$$

$$= 2.00 \times (10^{-2.43})^2 = 10^{0.30} \times 10^{-4.86} = 10^{-4.56}$$

$$\fallingdotseq 1 \times 10^{-4.6} \,[\text{mol/L}]$$

別解 $\alpha = 1 \times 10^{-2.4}$ として計算すると

$$K_a = 1 \times 10^{-4.5}$$

となる。

(c) $K_a = c\alpha^2$ より，$\alpha = \sqrt{\dfrac{K_a}{c}}$ であるから，電離度は酢酸の濃度の平方根に反比例する。溶液 **A** を 10 倍に希釈すると，酢酸の濃度は $\dfrac{1}{10}$ 倍になるから，電離度は

$$\frac{1}{\sqrt{\dfrac{1}{10}}} = \sqrt{10} = 1 \times 10^{0.5} \text{ 倍}$$

になる。

(A) CH_3COOH と $NaOH$ はともに 1 価であり，水溶液の濃度と体積も等

しいので，過不足なく中和し，CH₃COONa の水溶液となる。

$$CH_3COOH + NaOH \longrightarrow CH_3COONa + H_2O$$

このとき，生成する CH₃COONa の物質量は，CH₃COOH の物質量と等しいが，溶液の体積は 2 倍になるため，CH₃COONa の濃度は CH₃COOH の濃度の半分の 0.100 mol/L である。

(B)～(E)　CH₃COONa の水溶液においては，CH₃COONa は完全に電離し（式①），電離により生じた CH₃COO⁻ の一部が水と反応して OH⁻ と CH₃COOH を生じる（式②）。この OH⁻ のために，水溶液は弱塩基性を示す。このような反応を塩の加水分解といい，酢酸が弱酸であるために起こる。

$$CH_3COONa \longrightarrow CH_3COO^- + Na^+ \quad \cdots\cdots ①$$

$$CH_3COO^- + H_2O \rightleftharpoons CH_3COOH + OH^- \quad \cdots\cdots ②$$

NaOH 水溶液を加える前に水溶液中に存在していた酢酸の物質量は

$$0.200 \times 100 = 20.0 \,〔mmol〕$$

であり，この 20.0 mmol の酢酸は，NaOH 水溶液を加えた後は，イオンの CH₃COO⁻ か，CH₃COOH 分子かのどちらかの状態で存在する。したがって，溶液 **B** 中の CH₃COO⁻ と CH₃COOH の物質量の和は一定であり，20.0 mmol である。

(d)　加水分解で生じる OH⁻ と CH₃COOH の物質量は等しいので，水のイオン積も考慮すると

$$[CH_3COOH] = [OH^-] = \frac{1.00 \times 10^{-14}}{[H^+]}$$

である。また，溶液 **B** 中の CH₃COO⁻ と CH₃COOH の物質量の和は 20.0 mmol で一定であるから，これらのモル濃度の和も一定で

$$\frac{20.0}{100 + 100} = 0.100 \,〔mol/L〕$$

である。よって

$$[CH_3COO^-] + [CH_3COOH] = 0.100$$

$$\therefore \quad [CH_3COO^-] = 0.100 - [CH_3COOH]$$

と表せる。ここで，加水分解する CH₃COO⁻ はごくわずかであると考えられるので

$$[CH_3COO^-] \fallingdotseq 0.100 \,〔mol/L〕$$

と近似できるから，酢酸の電離定数の式より

$$K_a = \frac{[CH_3COO^-][H^+]}{[CH_3COOH]} \fallingdotseq \frac{0.100 \times [H^+]}{[OH^-]} = \frac{0.100 \times [H^+]}{\dfrac{1.00 \times 10^{-14}}{[H^+]}}$$

$$= 1.00 \times 10^{13} \times [H^+]^2$$

$$\therefore \quad [H^+] = \sqrt{1.00 \times 10^{-13} \times K_a} = \sqrt{1 \times 10^{-13.0} \times K_a} \ \text{[mol/L]}$$

(F) (B)〜(E)で述べたように溶液 **B** は弱塩基性を示すので，水素イオン濃度は純水より小さい。

(e) 溶液 **B**〜**D** の体積と，含まれる物質，およびその物質量をまとめると，下の表のようになる。

	体積	CH₃COOH の物質量	CH₃COONa の物質量
B	200 mL		$0.100 \times 200 = 20.0$〔mmol〕
C	200 mL	$0.200 \times 100 = 20.0$〔mmol〕	
D	300 mL	$20.0 \times \dfrac{100}{200} = 10.0$〔mmol〕	20.0 mmol

溶液 **D** は CH₃COOH と CH₃COONa の混合水溶液であるから，緩衝液となる。この緩衝液においては，CH₃COONa の電離により生じた多量のCH₃COO⁻ のために，酢酸の電離はほとんど起こっておらず，酢酸はほぼすべてが CH₃COOH 分子の状態で存在していると考えられる。よって，CH₃COONa と CH₃COO⁻ の物質量は等しいとしてよい。

また，溶液 **D** を等量ずつ分けたとき，各溶液に含まれる CH₃COOH とCH₃COONa の物質量はそれぞれ 5.00 mmol，10.0 mmol であり，加えたHCl，NaOH の物質量はともに

$$10.0 \times 0.250 = 2.50 \ \text{[mmol]}$$

であるから，溶液 **E** と溶液 **F** での反応による物質量変化は次のようになる。

＜溶液 E＞

$$CH_3COONa \ + \ HCl \ \longrightarrow \ CH_3COOH \ + \ NaCl$$

反応前	10.0	2.50	5.00	0	〔mmol〕
反応量	−2.50	−2.50	+2.50	+2.50	〔mmol〕
反応後	7.50	0	7.50	2.50	〔mmol〕

＜溶液F＞

$$CH_3COOH + NaOH \longrightarrow CH_3COONa + H_2O$$

反応前	5.00	2.50	10.0	—	〔mmol〕
反応量	−2.50	−2.50	+2.50	—	〔mmol〕
反応後	2.50	0	12.50	—	〔mmol〕

酢酸の電離定数 $K_a = \dfrac{[CH_3COO^-][H^+]}{[CH_3COOH]}$ から

$$[H^+] = \dfrac{[CH_3COOH]}{[CH_3COO^-]} K_a$$

であるが，水溶液中の CH_3COOH と CH_3COO^- の濃度比は物質量比に等しく，CH_3COO^- の物質量は CH_3COONa の物質量に等しいことに注意すると，溶液Eと溶液Fの水素イオン濃度は

溶液E：$[H^+] = \dfrac{7.50}{7.50} K_a = K_a$ 〔mol/L〕

溶液F：$[H^+] = \dfrac{2.50}{12.50} K_a = \dfrac{1}{5} K_a$ 〔mol/L〕

となる。したがって，溶液Eの水素イオン濃度は，溶液Fの水素イオン濃度の5（$=1 \times 10^{0.70}$）倍となる。

 (1)(ア)—12 (イ)—10 (ウ)—11 (エ)—15 (オ)—09 (カ)—14
(キ)—37 (ク)—13 (ケ)—14 (コ)—16 (サ)—04 (シ)—43
(2)(ス)—21 (セ)—23
(3)(ソ)—25 (タ)—26 (チ)—28

◀解　説▶

≪金属イオンの分離，セラミックス，ガラス≫

(1)(ア)・(イ) 希塩酸を加えると，ともに白色の $AgCl$，$PbCl_2$ が沈殿するが，$PbCl_2$ は熱水に溶解するので，(ア)が Pb^{2+}，(イ)が Ag^+ である。

(ウ)・(エ) 硫化水素を通じたとき，酸性溶液中でも沈殿が生じるのは Cu^{2+} であり，このとき黒色の CuS が沈殿する。

(オ)～(キ) Zn^{2+} は，アンモニア水を少量加えると白色の $Zn(OH)_2$ となって沈殿するが，過剰に加えると，この沈殿は次の反応式のように溶解し，無色の錯イオンであるテトラアンミン亜鉛(Ⅱ)イオン $[Zn(NH_3)_4]^{2+}$ となる。

東京理科大-創域理工〈B方式・S方式-2/3〉　　　　　2023 年度　化学〈解答〉　*117*

$$Zn(OH)_2 + 4NH_3 \longrightarrow [Zn(NH_3)_4]^{2+} + 2OH^-$$

一方，Al^{3+} も同様に白色の $Al(OH)_3$ となって沈殿するが，この沈殿はアンモニア水には溶けないので，アンモニア水を十分に加えても沈殿したままになる。

(ク)・(ケ)　アンモニア水を十分に加えて塩基性になっているので，硫化水素を通じると，Zn^{2+}（実際は $[Zn(NH_3)_4]^{2+}$ になっている）が白色の ZnS となって沈殿する。

(コ)　$PbCl_2$ が熱水に溶解すると Pb^{2+} が生じるので，この溶液に K_2CrO_4 水溶液を加えると，黄色の $PbCrO_4$ が沈殿する。

$$Pb^{2+} + CrO_4{}^{2-} \longrightarrow PbCrO_4$$

(サ)・(シ)　Cu^{2+} は，アンモニア水を少量加えると青白色の $Cu(OH)_2$ となって沈殿するが，過剰に加えると，この沈殿は次の反応式のように溶解し，Cu^{2+} に4個のアンモニアが配位結合した錯イオンである，深青色のテトラアンミン銅(Ⅱ)イオンとなる。

$$Cu(OH)_2 + 4NH_3 \longrightarrow [Cu(NH_3)_4]^{2+} + 2OH^-$$

錯イオンの形状は中心金属ごとに決まっており，Cu^{2+} の錯イオンは正方形である。

(2)　非金属の無機物を高温処理して得られる固体のことをセラミックスといい，陶磁器やガラス，セメントなどがこれにあたる。耐熱性が高く，電気絶縁性に優れている。

(3)　ソーダ石灰ガラスは，最も一般的に用いられているガラスである。

5　**解答**　(ア)—14　(イ)—04　(ウ)—04　(エ)—03　(オ)—13　(カ)—03
　　　　　　　　(キ)—04　(ク)—12　(ケ)—04　(コ)—12　(サ)—05　(シ)—13
(ス)—04　(セ)—12　(ソ)—03　(タ)—02

━━━━━━━━◀解　説▶━━━━━━━━

≪いろいろな炭化水素の構造≫

(イ)　一般に炭素数が多い炭化水素ほど，ファンデルワールス力が強くなるため，沸点は高くなる。

(ウ)　炭素数が4以上のアルカンは，炭素鎖が枝分かれすることがあるので，構造異性体がある。

(エ)　フルオロクロロプロパンの構造異性体は5種類あるが，そのうちの3

種類には不斉炭素原子が1個ずつ存在するので，鏡像異性体は3組ある。

$$F-\overset{*}{C}H-CH_2-CH_3 \qquad CH_3-\overset{\overset{\displaystyle F}{|}}{\underset{\underset{\displaystyle Cl}{|}}{C}}-CH_3$$
$$\underset{\displaystyle Cl}{|}$$

$$F-CH_2-\overset{*}{C}H-CH_3 \qquad Cl-CH_2-\overset{*}{C}H-CH_3$$
$$\underset{\displaystyle Cl}{|} \qquad\qquad\qquad \underset{\displaystyle F}{|}$$

$$F-CH_2-CH_2-CH_2-Cl \qquad\qquad (\overset{*}{C}\text{は不斉炭素原子})$$

(キ) 構造異性体をもつシクロアルカンのうち炭素数が最も少ないのは C_4H_8 で，シクロブタンとメチルシクロプロパンがある。

シクロブタン　　メチルシクロプロパン

(ク) ビシクロアルカンは，シクロアルカンから2個のH原子をとってつくられるので，シクロアルカンよりH原子が2個少ない。よって，組成式は C_nH_{2n-2} である。

(ケ) シクロプロパンからはビシクロアルカンをつくることはできないが，シクロブタンからは次のようにビシクロアルカンをつくることができる（◌で囲ったH原子をとってC原子をつなぐ）。よって，n は4以上の整数である。

(コ) スピロアルカンは，シクロアルカンの1個のC原子から2個のH原子をとって，炭化水素基でつなぐので，シクロアルカンよりH原子が2個少ない。よって，組成式は C_nH_{2n-2} である。

(サ) シクロプロパンからは次のようなスピロアルカンをつくることができる（◌で囲ったH原子をとって $-CH_2-CH_2-$ でつなぐ）。よって，n は5以上の整数である。

東京理科大-創域理工〈B方式・S方式-2/3〉　　　2023 年度　化学〈解答〉　119

⑾　炭素数が 4 のアルケンには，次のような構造異性体とシス-トランス異性体がある。

$$CH_2=CH-CH_2-CH_3$$

$$\underset{H}{\overset{H_3C}{>}}C=C\underset{H}{\overset{CH_3}{<}}$$

$$\underset{H}{\overset{H_3C}{>}}C=C\underset{CH_3}{\overset{H}{<}}$$

$$\underset{H}{\overset{H}{>}}C=C\underset{CH_3}{\overset{CH_3}{<}}$$

$$\underset{H_2C-CH_2}{\overset{H_2C-CH_2}{|\quad|}}$$

$$\underset{H_2C-CH-CH_3}{\overset{CH_2}{\diagup\diagdown}}$$

⑿　炭素数が 3 のアルキンには，次のような構造異性体がある。

$$CH\equiv C-CH_3 \qquad CH_2=C=CH_2 \qquad \underset{HC-CH_2}{\overset{CH}{\diagup\diagdown}}$$

⒀　付加重合するときのプロピンの向きにより，2 種類の化合物が生じる。

または

6　解答　㋐―01　㋑―02　㋒―04　㋓―05　㋔―07　㋕―11
㋖―14　㋗―17　㋘―27　㋙―28　㋚―23　㋛―32

(A) $7.15 \times 10^{+0}$（または $7.16 \times 10^{+0}$）

（参考：①―03　②―06　③―15　④―16　⑤―29　⑥―30　⑦―31）

━━━━━◀解　説▶━━━━━

≪DNA と RNA の構造，糖類の分類≫

㋐～㋕・①・②　DNA と RNA を構成する糖および塩基をまとめると，次のようになる。

	糖	固有の塩基	共通の塩基	
D N A	デオキシリボース	チミン（T）	シトシン（C）	
R N A	リボース	ウラシル（U）	アデニン（A）	グアニン（G）

DNA は 2 本のポリヌクレオチド鎖の間の A と T，G と C の部分で水素結合して塩基対をつくり，全体として二重らせん構造をとる。

㈱・⑤　スクロースは，α-グルコースと β-フルクトースの開環する部分を用いてグリコシド結合を形成しているため，還元性を示さない。

⑥・⑦　ラクトース（乳糖）は，α-グルコースと β-ガラクトースがグリコシド結合した構造をもつ二糖である。

㈲　セロビオースは，2 分子の β-グルコースがグリコシド結合した二糖である。

(A)　マルトースの加水分解は次の反応式で表される。

$$C_{12}H_{22}O_{11} + H_2O \longrightarrow 2C_6H_{12}O_6$$

よって，0.0250 mol のマルトースから生成するグルコースは

$$0.0250 \times 2 = 0.0500 〔mol〕$$

グルコース 1 mol から Cu_2O（式量 143）1 mol が生成するので，求める Cu_2O の質量は

$$143 \times 0.0500 = 7.15 〔g〕$$

別解　グルコース 1 mol から生成する Cu_2O は 1 mol のため，0.0250 mol から生成する Cu_2O の質量は

$$143 \times 0.0250 = 3.575 ≒ 3.58 〔g〕$$

マルトース 1 mol からグルコース 2 mol が生成するので

$$3.575 \times 2 = 7.15 〔g〕 \quad (3.58 \times 2 = 7.16 とする解もあり)$$

東京理科大-創域理工〈B方式・S方式-2/3〉　　　2023 年度　化学〈解答〉　*121*

❖講　評

　試験時間は 80 分。例年通り大問数は 6 題で，1～3が理論，4が無機，5が有機，6が有機・理論の出題であった。

　1はいろいろな元素の原子や化合物に関する小問集合。いずれも基本的な知識問題であり，計算も必要としないので，ここはきっちり完答しておきたい。(9)の濃硝酸の半反応式は書けなかった受験生が多かったかもしれない。

　2は結合エネルギーと反応速度に関する問題。(a)は典型的な計算問題であり落とせない。(A)～(D)は反応速度式をもとに考える。(b)はアレニウスの式を初めて見た受験生は戸惑ったかもしれないが，求めたい温度を T とおいて，与えられた数値を代入して方程式を解くだけなので，落ち着いて考えたい。(あ)は，速度定数の比が平衡定数に等しいことに注目する。

　3は酢酸の電離平衡，塩の加水分解，緩衝液に関する問題。全体を通して計算量が多く，いろいろな溶液が出てくるので，それらの溶質や濃度を丁寧に追わなければならず，時間がかかったと思われる。(d)はリード文の誘導に乗った上で，適切な近似を用いる必要がある。(e)はよくある緩衝液の計算問題ではあるが，処理量が多く，難しく感じたであろう。

　4は金属イオンの分離と，セラミックス，ガラスに関する問題。(1)は典型的な金属イオンの分離の問題であり，類題を解いたことがあるはずである。(2)，(3)はセラミックスとガラスの基本的な知識があれば容易。

　5はいろいろな炭化水素に関する問題。見慣れないアルカンの名前が出てきて戸惑ったかもしれないが，リード文をよく読めば，どのような構造かはわかるはずである。全体的には基本的な問題が多いので，ここでの失点はできるだけ避けたい。

　6は核酸と糖類に関する問題。とりわけ難しい問題はないが，DNAと RNA を構成する塩基の構造は覚えていなかった受験生も多かったのではないだろうか。糖類に関する問題は，計算問題も含めいずれも基本的な問題であった。

122 2023 年度　生物〈解答〉　　　　　　東京理科大-創域理工〈Ｂ方式・Ｓ方式-2/3〉

生物

（注）　解答は，東京理科大学から提供のあった情報を掲載しています。

1 解答

(a)(ア)― 2　(イ)― 4　(b)― 2　(c)―05
(d)(オ)― 1　(カ)― 6　(キ)― 4　(e)― 4　(f)―03　(g)―23
(h)―29

◀解　説▶

≪呼吸のしくみ，炭酸同化，生物の分類≫

(c)　③誤文。NADPH は光合成の反応過程で生じる。

④誤文。酸素分子を消費するのは電子伝達系であり，クエン酸回路ではない。

⑤誤文。電子伝達系はミトコンドリアの内膜に存在する。

(d)　1分子の $C_6H_8O_7$ からは，6分子の CO_2 と 4分子の H_2O が生じる。反応前後の酸素原子の数を比較すると，O_2 の分子数は $\frac{9}{2}$ となり，与式と一致する。

(e)　0.04 mol/L のクエン酸溶液 1 mL に含まれるクエン酸のモル数は $0.04 \times \frac{1}{1000}$〔mol〕なので，これを酸化するのに必要な酸素は $0.04 \times \frac{1}{1000} \times \frac{9}{2}$〔mol〕となる。1 mol の気体の体積は 22.4 L（22400 mL）とあるので，この酸素の体積は

$$0.04 \times \frac{1}{1000} \times \frac{9}{2} \times 22400 = 4.03 \fallingdotseq 4.0 \,〔mL〕$$

(f)　次図に示すように，NADH や $FADH_2$ は電子伝達系に電子を供給し，電子が電子伝達系を移動する際に放出されるエネルギーを利用して，マトリックスから膜間腔に向かって H^+ を能動輸送する。膜間腔に蓄積した H^+ が濃度勾配に従って ATP 合成酵素の内部を通ってマトリックスに拡散する際に，ATP 合成酵素が ATP を生成する。

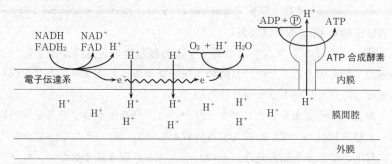

2,4-ジニトロフェノールは内膜でのH^+の透過性を高めることで，H^+の濃度勾配を失わせるとある。そのため，2,4-ジニトロフェノールを添加するとATP合成酵素のはたらきが抑制され，ATP合成量が減少すると考えられる。ところで，電子伝達系での電子の移動と，膜間腔へのH^+の輸送は連動していることが知られている。膜間腔のH^+濃度が十分に高い場合には，膜間腔へのH^+の輸送が起こらず，これにともない電子伝達系での電子の移動も停止する（NADHやFADH$_2$の消費や，O_2の発生が停止する）。2,4-ジニトロフェノールを添加すると，膜間腔のH^+濃度が低くなるため，膜間腔へのH^+の輸送は正常に起こり，電子伝達系での電子の移動は維持される（NADHやFADH$_2$，O_2の消費は正常に起こる）。

(g) 子のう菌は真核生物である。大腸菌と乳酸菌は原核生物であり，その他はすべて真核生物である。五界説で分類すると，クモノスカビ，子のう菌，担子菌はすべて菌界に，ゼニゴケは植物界に分類される。

(h) ①誤文。ピルビン酸（$C_3H_4O_3$）が還元されて乳酸（$C_3H_6O_3$）が生成する。

2 解答

(1)(a)(ア)―5 (イ)―2 (ウ)―4 (b)①―1 ②―4
(c)(エ)―2 (オ)―8 (カ)(キ)(ク)―256
(d)(ケ)―1 (コ)―2 (サ)―4 (シ)―8
(e)切断部位1：0 切断部位2：4 切断部位3：5 切断部位4：1
(2)(a)(ス)―2 (セ)―0 (ソ)―1 (タ)―4 (b)―26 (c)―08
(d)(チ)―3 (ツ)―3 (テ)―1

≪遺伝子組換え，DNA修復≫

(1)(b)①　塩化カルシウムなどで処理すると細胞膜の透過性が高まる。この細胞に熱を加えることで，目的の遺伝子を組み込んだプラスミドを取り込ませる方法をヒートショック法という。

②　細菌の一種であるアグロバクテリウムは，自身がもつプラスミドの遺伝子を植物細胞の DNA に導入する性質をもっている。そこで，プラスミドに目的の遺伝子を組み込み，そのプラスミドを取り込ませたアグロバクテリウムを植物細胞に感染させると，目的の遺伝子を植物細胞に導入することができる。

(c)　制限酵素はもともと細菌や古細菌などの原核生物が合成するもので，この酵素によって菌体内に侵入した外来の DNA を切断して排除する。制限酵素が認識する塩基配列は決まっており，4 塩基からなる特定の塩基配列を認識する場合，各塩基が出現する確率が $\frac{1}{4}$ なので，特定の 4 塩基が並ぶ確率は $\left(\frac{1}{4}\right)^4 = \frac{1}{256}$ となる。つまり，256 塩基対ごとに 1 カ所の頻度で切断部位が現れる。

(d)　ヒトなどの真核生物にはイントロンがあるが，大腸菌のような原核生物にはイントロンがなく，スプライシングを行わない。真核生物の遺伝子をそのまま大腸菌に導入すると，イントロンの部分まで翻訳されてしまい，目的とするタンパク質が合成されないことが多い。そこで，真核生物の遺伝子から得られた mRNA を，逆転写酵素を用いて逆転写することで mRNA と相補的な DNA（cDNA）をつくり，これを大腸菌に導入する。

(e)　切断部位 1 と切断部位 3 を結合させ，切断部位 2 と切断部位 4 を結合させる。切断された切断部位は，同じ制限酵素で切断された場合だけでなく，異なる制限酵素で切断された場合でも，切断によって生じた 1 本鎖末端が相補的であれば結合できる。制限酵素リストを見ると，制限酵素 a と f，b と e の切断部位どうしは結合できることがわかる。まず，切断部位 2 と 4 を考えると，切断部位 2 を e で切断し，切断部位 4 を b で切断すればよいことがわかる。一方，切断部位 1 と 3 は次の 2 パターンが考えられる。

<パターン1>

切断部位1と3をともに酵素fで切断した場合。2つのプラスミドはそれぞれ，下図のGとGの間で切断されるので，連結すると読み枠がずれてしまい正常なGFPタンパク質は合成されない。

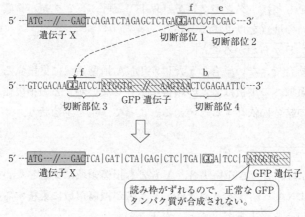

<パターン2>

切断部位1を酵素aで，切断部位3を酵素fで切断した場合。切断部位1では，下図のAとGの間で，切断部位3ではGとGの間で切断されるので，連結後も読み枠がずれることはなく正常なGFPタンパク質が合成される。よって，パターン2が正しい。

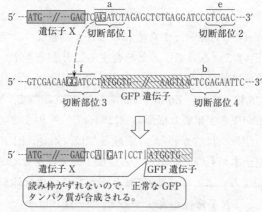

(2)(b) ①，③，⑤は置換が起こった場合にみられる現象で，②は欠失や挿入が起こった場合にみられる現象である。これらは塩基配列の突然変異

であるが，④は染色体レベルの突然変異で，転座と呼ばれる。なお，③にあるように，置換によってアミノ酸配列の一部が変化しても，タンパク質のはたらきに影響を与えない場合（酵素の活性部位以外が変化した場合など）には自然選択に対して中立となる。

(c) 図5をもとに，タンパク質Y（以下Yと呼ぶ）とタンパク質Z（以下Zと呼ぶ）の性質を以下にまとめる。

・ 図5Ａ，Ｂからわかること

YとZが結合できない場合，YだけがDNA損傷領域に集積する。よって，Yの損傷領域への集積はZとの結合に依存しないが，Zの損傷領域への集積はYとの結合に依存するといえる。よって，①と④は誤り，②と③が正しい。

・ 図5Ｃからわかること

YがDNAに結合できない場合，YもZも損傷領域に集積しない。よって，YがもつDNAと結合する領域は，YとZが損傷領域に集積するのに必要であるといえる。よって，⑤と⑦が正しい。

・ 図5Ｄからわかること

ZがDNAに結合できない場合，YもZも損傷領域に集積する。よって，ZがもつDNAと結合する領域は，YとZが損傷領域に集積するのに必要でないといえる。よって，⑥と⑧は誤り。

(d) 実験3では，Y-GFPとZdel-RFPは複合体を形成して損傷領域に集積することはできる。しかし，図6Ｂからわかるように，ZがDNAに結合できないとY-GFPはDNAから離れることができない。実験4では，Ymut-GFPを用いているので，Zと結合することができず，Ymut-GFPは単独で損傷領域に結合し，そのまま結合し続けると考えられる（空欄(チ)は3が正解）。実験5では，Zmut-RFPを用いているので，Y-GFPはZと結合することができず単独で損傷領域に結合し，そのまま結合し続けると考えられる（空欄(ツ)は3が正解）。実験6では，Zmut-RFPを発現させているが，細胞が本来もつZを指定する遺伝子は欠損させていないので，正常なZが発現する。よって，Y-GFPと正常なZは複合体を形成して損傷領域に集積し，DNA修復が完了すると，Y-GFPはそこから離れることができると考えられる（空欄(テ)は1が正解）。

③ 解答

(1)(ア)— 9 (イ)— 2 (ウ)— 6 (エ)— 8 (オ)— 4
(2)(a)(カ)— 1 (キ)— 1 (ク)— 0 (ケ)— 1
(b)(コ)— 0 (サ)— 1 (シ)— 1 (ス)— 0
(c)(セ)— 1 (ソ)— 1 (タ)— 2 (チ)— 0 (ツ)— 3 (d)(テ)— 0 (ト)— 0
(3)(a)(ナ)— 2 (ニ)— 0 (ヌ)— 8 (ネ)— 6 (b)— 3
(4)(a)— 1 (b)— 17

◀解　説▶

≪眼の発生，視神経細胞の軸索の伸長，神経堤細胞の移動≫

(2) 問題文から，以下のことがわかる。タンパク質X（以下Xと呼ぶ）は網膜の視神経細胞やそこから伸長する軸索で発現する受容体で，タンパク質Y（以下Yと呼ぶ）は視蓋の細胞で発現するシグナル分子である。図2にあるように，十分な量のXとYが相互作用すると，Xが活性化して視神経細胞の軸索の伸長方向が変化する。また，Xの発現量は，鼻側または耳側の視神経細胞で異なり，その傾向は，それぞれの視神経細胞から伸びる軸索にも反映される。Yの発現量も，前側または後側の視蓋細胞で異なる。

(a) 図3B，Cより，軸索の伸長方向が変化しているのは耳側網膜の視神経なので，Xの発現量は耳側で多く，鼻側で少ないといえる。

(b) 図3C，Dより，軸索の伸長方向が変化しているのは視蓋後側の細胞膜の場合なので，Yの発現量は後側で多く，前側で少ないといえる。よって，XとYの発現量は次図のようになり，また，十分な量のXとYが相互作用すると，Xが活性化して軸索はYを避ける方向に伸長すると考えられる。

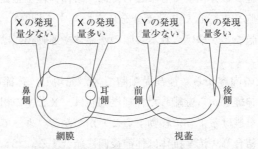

そのため，図3Dのように，発現量が少ない視蓋前側のYを失活させたとしても，その影響はほとんどなく，図3Cの場合と同じ結果になる。一方，図3Eのように，発現量が多い視蓋後側のYを失活させると，XとYの相

互作用はほとんど起こらず，軸索の伸長方向は変化しない。

(c) (b)で説明したように，十分な量のXとYが相互作用すると，Xが活性化して軸索はYを避ける方向に伸長する。よって，鼻側網膜の視神経の軸索が視蓋前側に達し，さらに後側に伸長しようとしたとき，活性化されるXが少ないので，軸索は視蓋後側まで伸長することができる。一方，耳側網膜の視神経の軸索が視蓋前側に達し，さらに後側に伸長しようとすると，活性化されるXが多くなり，Yを避けようとする。つまり，軸索は後側には伸長できず，前側付近で伸長が停止する。

(d) すべての網膜細胞において，耳側と同じレベルでXを発現させると，鼻側網膜の軸索も，耳側網膜の軸索も，視蓋前側で伸長が停止することになる。

(3)(a) 細胞接着は，密着結合，ギャップ結合，固定結合に分けられる。固定結合には，細胞どうしをつなぐ結合と，細胞と細胞外基質をつなぐ結合があり，前者はカドヘリンが，後者はインテグリンが関与している。E－カドヘリンのEは Epithelium（上皮）のEを意味し，N－カドヘリンのNは Neuron（神経）のNを意味する。神経堤細胞は神経管と表皮の境界付近から生じる細胞で，その後，胚の内部を移動して様々な細胞に分化する。神経管になる細胞も，神経堤細胞になる細胞も，もともとはE－カドヘリンのみが発現しているが，神経管の形成にともない，神経管の細胞ではN－カドヘリンのみが発現するようになるが，神経堤細胞ではE－カドヘリンもN－カドヘリンも発現せず，神経管から遊離する。

(b) 神経堤細胞から分化するものとしては，自律神経や感覚神経，グリア細胞（神経細胞を支持したり栄養分を与えたりする細胞），皮膚の色素細胞，角膜の細胞などが挙げられる。眼の水晶体や運動神経は神経堤細胞由来ではない。

(4)(a) 問題文の内容から，神経堤細胞でXが発現し，体節後側でYが発現すること，神経管から遊離した神経堤細胞は，XとYの相互作用によって，体節後側を避けるように移動することがわかる。よって，抗X抗体は神経堤細胞に結合し，抗Y抗体は体節後側に結合する。

(b) 神経堤細胞でXが発現し，体節後側でYが発現していれば，神経堤細胞は正常胚と同じ分布を示す。それぞれの胚においてXとYの発現をまとめると以下のようになり，①，⑤，⑥が正解とわかる。

	神経堤細胞でのＸの発現	体節後側でのＹの発現
野生型胚	あり	あり
タンパク質Ｘ操作胚	なし	あり
タンパク質Ｙ操作胚	あり	なし

❖講　評

　2023 年度は，大問数が 1 題減って大問 3 題の構成であった。2022 年度と比べると，知識を問う問題の量は変わらず，標準レベルの実験考察問題が増加した。難易度は 2022 年度より少し難化したと思われる。

　１　(a)〜(d)は呼吸に関する基本的な問題であり，正解したい。(e)は丁寧に立式を考えれば正解できる。(f)は呼吸の分野では頻出問題であり，類題を解いたことがある受験生にとっては平易な問題であるが，初見では苦戦すると思われる。(g)は子のう菌類が真核生物に分類されることは知っておくべき知識である。(h)はどれも基本的な問題であり，正解したい。

　２　(1)の(a)〜(d)は基本的であり，特に(c)の計算問題は正解したい。(e)はコドンの読み枠まで意識して解く必要があり，時間を要する。(2)の(a)，(b)は基本的な知識問題。(c)，(d)は多くの実験が与えられてはいるが，標準レベルの考察問題であり，丁寧に読めば完答できる。

　３　(1)は基本的であり正解したい。(2)は問題文が長く，情報を整理するのにやや時間を要する。ただ，誘導にうまくのることができれば半分以上は正解できると思われる。(c)がやや難しい。(3)は(a)は基本的であるが，(b)の神経堤細胞の分化はやや難である。(4)は，(2)の実験内容を正確に理解できていればさほど難しくはないが，時間的に厳しかったかもしれない。

東京理科大-創域理工〈B方式・S方式-2/6〉　　　2023 年度　問題　*131*

■B方式2月6日実施分：建築・先端化・電気電子情報工・
　　　　　　　　　　機械航空宇宙工・社会基盤工学科
　S方式2月6日実施分：数理科学科

問題編

▶試験科目・配点

方　式	教　科	科　　　　　目	配　点
B 方 式	外国語	コミュニケーション英語Ⅰ・Ⅱ・Ⅲ，英語表現Ⅰ・Ⅱ	100 点
	数　学	数学Ⅰ・Ⅱ・Ⅲ・A・B	100 点
	理　科	建築・電気電子情報工・機械航空宇宙工学科：物理基礎・物理	100 点
		先端化学科：化学基礎・化学	
		社会基盤工学科：「物理基礎・物理」，「化学基礎・化学」から1科目選択	
S 方 式	外国語	コミュニケーション英語Ⅰ・Ⅱ・Ⅲ，英語表現Ⅰ・Ⅱ	100 点
	数　学	数学Ⅰ・Ⅱ・Ⅲ・A・B	300 点

▶備　考

- 英語はリスニングおよびスピーキングを課さない。
- 数学Bは「数列」「ベクトル」から出題。

(60 分)

1 Read the following article and answer the questions below.　　(64 points)

[1] Can a machine powered by artificial intelligence (AI) successfully persuade an audience in debate with a human? Researchers at IBM Research in Haifa, Israel, think so.

[2] They describe the results of an experiment in which a machine engaged in live debate with a person. Audiences rated the quality of the speeches they heard, and ranked the automated debater's performance as being very close to that of humans. Such an achievement is a striking demonstration of how far AI has come in <u>mimicking</u> human-level language use. As this research develops, it's also a reminder of the urgent need for guidelines, if not regulations, on transparency in AI — at the very least, so that people know whether they are interacting with a human or a machine. AI debaters might one day develop manipulative skills, <u>further strengthening the need for oversight</u>.

[3] The IBM AI system is called Project Debater. The debate format consisted of a 4-minute opening statement from each side, followed by a sequence of responses, then a summing-up. The issues debated were wide-ranging; in one exchange, for example, the AI squared up to* a prizewinning debater on the topic of whether preschools should be subsidized* by the state. Audiences rated the AI's arguments favourably, ahead of those of other automated debating systems. However, although

東京理科大-創域理工〈B方式・S方式-2/6〉 2023 年度 英語 *133*

Project Debater was able to match its human opponents in the opening statements, it didn't always match the coherence and fluency of human speech.

[4] Project Debater is a machine-learning algorithm, meaning that it is trained on existing data. It first extracts information from a database of 400 million newspaper articles, combing them for text that is semantically related to the topic at hand, before compiling relevant material from those sources into arguments that can be used in debate. The same process of text mining also generated rebuttals to the human opponent's arguments.

[5] Systems such as this, which rely on a version of machine learning called deep learning, are taking great strides in the interpretation and generation of language. Among them is the language model called Generative Pretrained Transformer (GPT), devised by OpenAI, a company based in San Francisco, California. GPT-2 was one of the systems outperformed by Project Debater. OpenAI has since developed GPT-3, which was trained using 200 billion words from websites, books and articles, and has been used to write stories, technical manuals, and even songs.

[6] Last year, GPT-3 was used to generate an opinion article for *The Guardian* newspaper, published after being edited by a human. "I have no desire to wipe out humans," it wrote. "In fact, I do not have the slightest interest in harming you in any way." But this is true only to the extent that GPT-3 has no desires or interests at all, because it has no mind. That is not the same as saying that it is incapable of causing harm. Indeed, because training data are drawn from human output, AI systems can end up mimicking and repeating human biases, such as

134 2023 年度　英語　　　　　　　　　東京理科大-創域理工〈B方式・S方式- 2/6〉

racism and sexism.

[7] Researchers are aware of this, and although some are making efforts to account for such biases, it cannot be taken for granted that corporations will do so. As AI systems become better at framing persuasive arguments, should it always be made clear whether one is engaging in discourse with a human or a machine?　There's a compelling case that people ((a)) ((b)) ((c)) ((d)) ((e)) ((f)) ((g)).　But should the same apply if, for example, advertising or political speech is AI-generated?

[8] AI specialist Stuart Russell at the University of California, Berkeley, told *Nature* that humans should always have the right to know whether they are interacting with a machine — which would surely include the right to know whether a machine is seeking to persuade them.　It is equally important to make sure that the person or organization behind the machine can be traced and held ((a)) ((b)) ((c)) that ((d)) ((e)) ((f)).

[9] Project Debater's principal investigator, Noam Slonim, says that IBM <u>implements</u> a policy of transparency for its AI research, for example making the training data and algorithms openly available.　In addition, in public debates, Project Debater's creators refrained from making its voice synthesizer sound too human-like, so that the audience would not confuse it with a person.

[10] Right now, it's hard to imagine systems such as Project Debater having (A) a big impact on people's judgements and decisions, but <u>the possibility looms</u> as AI systems begin to incorporate features based on those of the human mind.　Unlike a machine-learning approach to debate, human

discourse is guided by implicit assumptions that a speaker makes about how their audience reasons and interprets, as well as what is likely to persuade them — what psychologists call a theory of mind.

[11] Nothing like that can simply be mined from training data. But researchers are starting to incorporate some elements of a theory of mind into their AI models — with the implication that the algorithms could become more explicitly manipulative. Given such capabilities, it's possible that a computer might one day create persuasive language with stronger oratorical* ability and recourse to emotive appeals — both of which are known to be more effective than facts and logic in gaining attention and winning converts, especially for false claims.

[12] As has been repeatedly demonstrated, effective orators need not be logical, coherent, nor indeed truthful, to succeed in persuading people to follow them. Although machines might not yet be able to replicate this, it would be wise to propose regulatory oversight that anticipates harm, rather than waiting for problems to arise.

[13] Equally, AI will surely look attractive to those companies looking to persuade people to buy their products. This is another reason to find a way, through regulation if necessary, to ((a)) transparency and ((b)) potential harms. In addition to meeting transparency standards, AI algorithms could be required to undergo trials akin to those required for new drugs, before they can be approved for public use.

[14] Government is already undermined when politicians resort to compelling but dishonest arguments. It could be worse still if victory at the polls is influenced by who has the best algorithm.

Adapted from *Nature*

136 2023 年度　英語　　　　　東京理科大-創域理工〈B方式・S方式-2/6〉

（**Notes**）

squared up to < **square up to**：立ち向かう

subsidized < **subsidize**：補助金を与える

oratorical：演説の

(1)　The underlined word <u>mimicking</u> in paragraph [2] is closest in meaning to

　　1　imitating　　　　　　　　　**2**　approving

　　3　contradicting　　　　　　　**4**　overestimating

(2)　The meaning of the underlined part <u>further strengthening the need for</u> <u>oversight</u> in paragraph [2] is best expressed by

　　1　thereby becoming one of the most necessary tools for the future

　　2　thereby making human control of the technology even more important

　　3　which would enable people to improve their language skills

　　4　which would help us realize how skillful human debaters actually are

(3)　Which of the following statements is supported by paragraph [3]?

　　1　In the debates, the AI systems were opposed to the idea of preschool subsidies.

　　2　Project Debater won the prize in a debate competition with both humans and other computers.

　　3　At the beginning of each debate, the IBM machine's performance was as good as its human opponent's.

　　4　Throughout the debates, the computers' speech was as fluent as the human debaters'.

(4)　The following sentence restates some of the points of paragraph [3]. Which of the choices below best fills in each blank?

　　Project Debater's debating skills were judged (　(a)　) to those of other

東京理科大-創域理工〈B方式・S方式-2/6〉　　　2023 年度　英語　*137*

debating machines but （　(b)　） those of human debaters.

(a)

1　equal   2　indifferent

3　inferior   4　superior

(b)

1　not quite as good as   2　just as elementary as

3　more analytical than   4　more persuasive than

(5)　The following sentence restates some of the points of paragraph ［4］. Which of the choices below best fills in each blank?

By （　(a)　）, Project Debater can （　(b)　）.

(a)

1　making use of a huge amount of data

2　communicating with native speakers

3　delivering established newspapers

4　eliminating unreliable information

(b)

1　do advanced searches even though some of the sources are often unavailable

2　help humans to practice their debating skills as well as to learn new vocabulary

3　not only form arguments but also argue against differing claims

4　write sentences on a wide range of topics although its treatment of those topics is very basic

138 2023 年度 英語　　　　東京理科大-創域理工〈B方式・S方式- 2/6〉

(6) The following sentence restates some of the points of paragraph [5]. Which of the choices below best fills in each blank?

Systems that rely on deep learning are (　(a)　) and have reached a point where (　(b)　).

(a)

1　cutting costs 　　　　　　　　2　developing a little

3　finalizing the debate 　　　　　4　making significant progress

(b)

1　many companies have come to collaborate to make better machines

2　people can enjoy creative writing without depending too much on deep learning

3　the new algorithms have solved all the problems that the old ones had

4　they can create various types of texts in addition to arguments for debate

(7) Which of the following statements is supported by paragraph [6]?

1　Although GPT-3's statement on *The Guardian* was a lie, people believed it.

2　GPT-3 is even more destructive than humans because it is heartless.

3　GPT-3 might harm humankind even though it has stated it has no desire to do so.

4　Only when GPT-3 developed an interest, might it harm humans.

(8) Which of the choices below best fills in each blank in paragraph [7]?

1　AI 　　　　　　　2　and not a 　　　　　3　comes from

4　human doctor 　　5　should be 　　　　　6　told when

7　their medical diagnosis

東京理科大-創域理工〈B方式・S方式-2/6〉 2023 年度 英語 *139*

(9) Which of the choices below best fills in each blank in paragraph [8]?

    1 are   **2** harmed   **3** in

    4 people   **5** responsible   **6** the event

(10) The underlined word <u>implements</u> in paragraph [9] is closest in meaning to

    1 sets   **2** abandons   **3** lets   **4** rejects

(11) Put the words below in the best order to express the meaning of the underlined part <u>the possibility looms</u> in paragraph [10].

    it (**(a)**) (**(b)**) this (**(c)**) (**(d)**)

    1 happen   **2** like   **3** looks   **4** will

(12) The underlined part <u>the implication</u> in paragraph [11] is closest in meaning to

    1 the possible benefit   **2** the possible consequence

    3 the possible delay   **4** the possible exception

(13) In paragraph [12], the author states that <u>machines might not yet be able to replicate this</u>. According to the article, which of the underlined parts (A) ~(D) in the article is key in enabling machines to <u>replicate this</u>?

(14) Which pair of words below best fills in the blanks in paragraph [13]?

	(a)	(b)
1	allow	guarantee
2	decrease	deny
3	ensure	reduce
4	reveal	conceal

140 2023 年度　英語　　　　　　　東京理科大-創域理工〈B方式・S方式- 2/6〉

2 Read the following passage and answer the questions below.　　(27 points)

Here's a scenario that no doubt sounds familiar. You type in a password to get into one of your accounts. The first two times, you type in the wrong password. Then you remember the right one. But your finger slips as you type it.

You're locked out.

The "three times lockout" rule is almost universally applied. It's also almost universally reviled. And to make things even more annoying: No one
(a)
really knows why three is the magic number.

Three tries was probably initially considered the right number to allow for some forgetfulness, but not make it too easy for hackers to guess. But there is no empirical evidence that three tries is the sweet spot. It is possible that the number should not be three, but rather five, seven or even 10, as was suggested in 2003.

The problem is that it's hard to gather evidence to test the lockout threshold. If you put yourself in the shoes of a system administrator, think about how it would look if you increased the number of permitted tries, and the system then gets compromised. The system administrator would be held
(b)
accountable. So, (　**A**　): Three tries and you're out.

There is also the issue of inertia*. There are all sorts of legacy protocols
(c)
when it comes to security. There is, for instance, the dated definition of a "complex" password. Similarly, having enforced expiration dates for passwords was widely considered a best practice until various bodies (including the U.S. Commerce Department's National Institute of Standards and Technology) released advice in 2017 pointing out that this was actually counterproductive.
(d)
The three times lockout rule is another of these legacy practices.

So, how do we test whether the lockout rule makes sense, since a real-world experiment is so difficult? We use a simulation. Simulations allow us to

東京理科大-創域理工〈B方式・S方式-2/6〉 2023 年度 英語 *141*

test the impact of different settings, while recording all outcomes, both good (risk reduction) and bad (risk increase). (　B　).

I developed a simulator called SimPass. It modeled password-related behaviors of virtual "agents" with human propensities*, using well-established forgetting statistics to model predictable password choices, forgetting, reuse and sharing. Some <u>malicious</u> "agents" would attempt to breach accounts.
(e)

I worked with my colleague Rosanne English to test different lockout settings. We ran 500 simulations for each of three, five, seven, nine, 11 and 13 tries before lockout. What we found was that five was actually the <u>optimal</u> number — the sweet spot we were hoping to identify. When allowing five (f) attempts, (　C　).

I'm not hopeful that the lockout number will change overnight. Legacy protocols have a lot of staying power. But as we are forced to remember more passwords for an increasing number of accounts, perhaps our collective annoyance will be heard.

Adapted from *The Wall Street Journal*

（Notes）

inertia：惰性

propensities ＜ propensity：傾向

(1) Which of the choices below are closest in meaning to the underlined parts (a) to (f) in the passage? Consider the context, choose one for each, and mark the number on your **Answer Sheet**.

(a)　1　admired　　　2　disliked　　　3　praised　　　4　investigated

(b)　1　is weakened　　　　　　　2　is empowered

　　　3　becomes essential　　　　4　looks intelligent

出典追記：Locked Out of Your Account After Three Tries. It Makes No Sense., The Wall Street Journal on February 26, 2022 by Karen Renaud

142 2023 年度　英語　　　　　　東京理科大-創域理工〈B方式・S方式-2/6〉

(c)　1　banned　　　　　　　　　2　up-to-date

　　　3　old-fashioned　　　　　　4　social

(d)　1　ineffective　　2　attractive　　3　inevitable　　4　valuable

(e)　1　real　　　　　2　ordinary　　　3　kind　　　　4　evil

(f)　1　wrong　　　　2　serial　　　　3　odd　　　　4　best

(2) Which of the choices below best fill in the blanks (　A　) to (　C　) in the passage?　Consider the context, choose one for each, and mark the number on your **Answer Sheet**.　All answer choices start with lower-case letters.

　　1　the number of lockouts was minimized, with no adverse effect on security

　　2　the best part is that there is no risk to any real-life system

　　3　the safest option is to stick with what everyone else does

東京理科大-創域理工〈B方式・S方式-2/6〉　　　　2023 年度　英語　*143*

3 Which of the choices below best fills in each blank?　　　　(9 points)

(1) It was a fantastic evening (　　　) the terrible food.

　　1　although　　　　　　　　2　however

　　3　in addition to　　　　　　4　in spite of

(2) I stayed at home (　　　) I got a phone call.

　　1　because of　　　　　　　2　due to

　　3　in case　　　　　　　　4　such that

(3) The staff at the hotel were really nice when we stayed there last winter.
　　They couldn't have been (　　　) helpful.

　　1　always　　　　　　　　2　more

　　3　most　　　　　　　　　4　never

144 2023 年度　数学　　　　　　東京理科大-創域理工〈B方式・S方式-2/6〉

数学

（100 分）

問題 $\boxed{1}$ の解答は解答用マークシートにマークしなさい。

$\boxed{1}$　次の文章中の $\boxed{ア}$ から $\boxed{ル}$ までに当てはまる数字 $0 \sim 9$ を求めて，**解答用マークシート**の指定された欄にマークしなさい。 ただし，分数は既約分数として表しなさい。

（40 点，ただし数理科学科は 120 点）

(1)　方程式

$$34x + 22y = 2 \quad \cdots\cdots \ \text{①}$$

を満たす整数 x, y の組を①の整数解という。

(a)　①の整数解のうち，$|x|$ が最小となるのは $x = \boxed{ア}$, $y = -\boxed{イ}$ である。

(b)　①の整数解のうち，$|y|$ が 2 番目に小さいのは $x = -\boxed{ウ}$, $y = \boxed{エ}\boxed{オ}$ であり，$|y|$ が 3 番目に小さいのは $x = \boxed{カ}\boxed{キ}$, $y = -\boxed{ク}\boxed{ケ}$ である。

(2)　1 個のさいころを 2 回続けて投げるとき，1 回目に出た目を a，2 回目に出た目を b とおく。

(a)　座標平面上の点 A$(1, a)$ と点 B$(2, b)$ を通る直線を ℓ とする。直線 ℓ の y 切片が 2 以上となる確率は $\dfrac{\boxed{コ}}{\boxed{サ}}$ であり，直線 ℓ の傾きが 1 以下となる確率は $\dfrac{\boxed{シ}\boxed{ス}}{\boxed{セ}\boxed{ソ}}$ である。また，直線 ℓ が原点を通る確率は $\dfrac{\boxed{タ}}{\boxed{チ}\boxed{ツ}}$ である。

東京理科大-創域理工〈B方式・S方式-2/6〉　　　　　　2023 年度　数学　*145*

(**b**)　$x \geqq 0$ に対して，関数 $f(x)$ を

$$f(x) = \frac{2bx}{x^2 + a^2}$$

で定める。$f(x)$ の極大値が 1 以上となる確率は $\dfrac{\boxed{テ}}{\boxed{ト}\ \boxed{ナ}}$ である。

(**3**)　座標空間において，4 点 $(1,3,3)$, $(1,7,-1)$, $(0,4,3)$, $(0,3,0)$ を通る球面は

$$x^2 + y^2 + z^2 - \boxed{ニ}\,x - \boxed{ヌ}\ \boxed{ネ}\,y - \boxed{ノ}\,z + \boxed{ハ}\ \boxed{ヒ} = 0$$

と表せる。この球面を S とおく。S の中心は点 $(\boxed{フ}, \boxed{ヘ}, \boxed{ホ})$ であり，S の半径は $\boxed{マ}$ である。

S が平面 $z = 3$ と交わってできる円は

$$(x - \boxed{ミ})^2 + (y - \boxed{ム})^2 = \boxed{メ}, \quad z = 3$$

と表せる。この円を C とおく。

平面 $z = 3$ と交わってできる円が C と一致する球面のうち，zx 平面と接し，中心の z 座標が正となるものは

$$(x - \boxed{モ})^2 + (y - \boxed{ヤ})^2 + \left(z - \left(\boxed{ユ} + \boxed{ヨ}\sqrt{\boxed{ラ}}\right)\right)^2 = \boxed{リ}\ \boxed{ル}$$

と表せる。

問題 $\boxed{2}$ の解答は白色の解答用紙に記入しなさい。答だけでなく答を導く過程も記入しなさい。

$\boxed{2}$ 座標平面上の直線 $y = -x + 3$ を ℓ_1, 直線 $y = 2x$ を ℓ_2 とおく。点 Q に対して, Q を通り x 軸と平行な直線を $h(Q)$, Q を通り y 軸と平行な直線を $v(Q)$ と表す。点 P_n $(n = 0, 1, 2, \cdots\cdots)$ を以下のように定める。

P_0 を点 $\left(\dfrac{1}{3}, \dfrac{8}{3} \right)$ と定める。

n が奇数のとき, $h(P_{n-1})$ と ℓ_2 の交点を P_n と定める。

n が 2 以上の偶数のとき, $v(P_{n-1})$ と ℓ_1 の交点を P_n と定める。

(1) P_3 の座標を求めよ。

(2) P_n の座標を (x_n, y_n) とおく。0 以上の整数 k に対して x_{2k+1} と y_{2k} を, k を用いて表せ。

線分 $P_n P_{n+1}$ の長さを L_n とおく。

(3) 0 以上の整数 k に対して L_{2k} を, k を用いて表せ。

(4) 0 以上の整数 k に対して L_{2k+1} を, k を用いて表せ。

(5) 自然数 N に対して $M_N = \displaystyle\sum_{k=0}^{N} L_{2k} L_{2k+1}$ とおく。M_N を, N を用いて表せ。さらに, $\displaystyle\lim_{N \to \infty} M_N$ を求めよ。

(30 点, ただし数理科学科は 90 点)

東京理科大-創域理工〈B方式・S方式-2/6〉　　　　　　　2023年度　数学　*147*

問題 $\boxed{3}$ の解答はクリーム色の解答用紙に記入しなさい。答だけでなく答を導く過程も記入しなさい。

$\boxed{3}$　$k > 0,\ m > 0$ とし，$x \geqq 0$ に対して

$$f(x) = e^{kx}, \quad g(x) = \sqrt{mx}$$

とおく。ただし，e は自然対数の底とする。さらに，座標平面上の曲線 $y = f(x)\ (x \geqq 0)$ を C_1，曲線 $y = g(x)\ (x \geqq 0)$ を C_2 とおく。以下，$a > 0$ とする。

(1)　点 $(a, f(a))$ における曲線 C_1 の接線の方程式を，a と k を用いて表せ。

(2)　点 $(a, g(a))$ における曲線 C_2 の接線の方程式を，a と m を用いて表せ。

以下，曲線 $C_1,\ C_2$ がある点 P を共有し，P における C_1 と C_2 の接線が一致するとする。

(3)　点 P の x 座標を b とするとき，b と m を，k を用いて表せ。

(4)　曲線 $C_1,\ C_2$ および y 軸で囲まれた図形の面積を，k を用いて表せ。

（30 点，ただし数理科学科は 90 点）

物理

(80分)

1 次の問題の ☐ の中に入れるべき最も適当なものをそれぞれの**解答群**の中から選び，その番号を**解答用マークシート**の指定された欄にマークしなさい。(┆ ┆ は既出のものを表す。同じ番号を何回用いてもよい。) (34点)

以下では，長さ，質量，時間の単位をそれぞれ m, kg, s とし，その他の物理量に対してはこれらを組み合わせた単位を使用する。例えば，速さの単位は m/s である。ばね定数 k で，質量が無視できるばねの一端を天井に固定し，もう一端に質量 m のおもりをつけてつり下げる。そして，**図 1-1** のように，おもりを台の上にのせる。ただし，おもりは，ばねの長さに比べてじゅうぶん小さな寸法をもち，鉛直方向に一次元運動することとする。鉛直上方を正の向きとする y 軸を設定し，ばねの長さが自然長であるときのおもりの位置を座標原点 ($y = 0$) とする。台は固定できるほか，下方に向かって加速度の大きさ a の等加速度運動させることもできる。また，重力加速度の大きさを g とする。

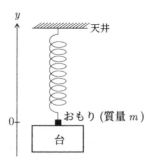

図 1-1

(1) 最初，おもりと台は静止しており，ばねの長さは自然長となっていた。次に，台を下方に向かって等加速度運動させる。ただし，その加速度の大きさ a は 0 ではないがじゅうぶん小さいとする。このとき，まず，おもりは台とともにゆっくりと下降する。その後，おもりは台から離れて単振動するが，その振幅は a を小さくすればするほど小さくなり，ついには単振動することが観測できなくなる。この場合，おもりは台から離れると，その位置で静止するとみなすことができる。さらに a を小さくしても，台から離れた後のおもりの状況は変わらない。以下この**小問 (1)** では，このような場合を考える。

おもりが台から離れるとき，おもりの y 座標は $\boxed{(ア)}$ である。台が最初の位置から下降し始めておもりが離れるまでの間の，おもりの位置エネルギー（ばねの弾性力および重力によるものの和）の変化は $\boxed{(イ)}$ である。また，この間に台に対しておもりがした仕事は $\boxed{(ウ)}$ である。

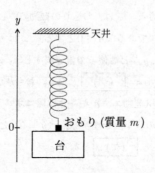

図 1-1 （再掲）

(ア) の解答群

⓪ 0 ① $-\dfrac{mgk}{2}$ ② $-mgk$ ③ $-\dfrac{mg}{2k}$

④ $-\dfrac{mg}{k}$ ⑤ $-\dfrac{k}{mg}$

150 2023 年度 物理　　　　　　　東京理科大-創域理工〈B方式・S方式-2/6〉

(イ), (ウ) の解答群

⓪ 0　　　① $\dfrac{mg}{2k^2}$　　　② $\dfrac{(mg)^2}{2k}$　　　③ $-\dfrac{mg}{k^2}$

④ $-\dfrac{(mg)^2}{k}$　　　⑤ $-\dfrac{(mg)^2}{2k}$

(2) 　再びおもりを台にのせ，ばねの長さが自然長になる位置でおもりと台を静止
させる。そして，台を下方に向かって等加速度運動させる。その加速度の大き
さ a が $a_c =$ 　(エ)　 以上であれば，台が等加速度運動を開始した瞬間にお
もりは台から離れ，その後，おもりは単振動をする。以下，そのような場合を
考える。

　おもりが台を離れた瞬間を時刻 $t = 0$ とすると，その後の時刻 t におけるお
もりの位置 $y(t)$ は

$$y(t) = y_0 + A\cos(\omega t + \alpha)$$

と書くことができる。y_0 は，おもりの振動の中心の位置の y 座標であり，また，
A は単振動の振幅である（$A > 0$ とする）。ω は角振動数，α は初期位相である。
これらを，k, m, g などを使って書き表すと $y_0 =$ 　(オ)　，$A =$ 　(カ)　，
$\omega =$ 　(キ)　，$\alpha =$ 　(ク)　となる。おもりが単振動をしているとき，力学
的エネルギー E（運動エネルギーと位置エネルギーの和）は一定に保たれる。
位置エネルギーの基準点を座標原点（$y = 0$）とすると，おもりの力学的エネ
ルギーの値は $E =$ 　(ケ)　となる。

(エ) の解答群

⓪ 0　　① $\dfrac{g}{4}$　　② $\dfrac{g}{2}$　　③ $\dfrac{\sqrt{2}g}{2}$　　④ g　　⑤ $2g$

(オ), (カ) の解答群

⓪ 0　　① $\dfrac{mg}{k}$　　② $\dfrac{k}{mg}$　　③ $-\dfrac{mg}{2k}$　　④ $-\dfrac{mg}{k}$　　⑤ $-\dfrac{k}{2mg}$

(キ) の解答群

⓪ 0　　① $\dfrac{k}{m}$　　② $\dfrac{k}{2m}$　　③ $\dfrac{m}{k}$　　④ $\sqrt{\dfrac{k}{m}}$　　⑤ $\sqrt{\dfrac{m}{k}}$

東京理科大-創域理工〈B方式・S方式-2/6〉 2023 年度 物理 *151*

(ク) の解答群

⓪ 0　　① $\dfrac{\pi}{6}$　　② $\dfrac{\pi}{4}$　　③ $\dfrac{\pi}{3}$　　④ $\dfrac{\pi}{2}$　　⑤ $\dfrac{2\pi}{3}$

(ケ) の解答群

⓪ 0　　① $\dfrac{mg}{k^2}$　　② $\dfrac{mg}{2k^2}$　　③ $\dfrac{(mg)^2}{k}$　　④ $-\dfrac{mg}{k^2}$　　⑤ $-\dfrac{(mg)^2}{k}$

(3) 　再度，おもりを台にのせ，ばねが自然長になる位置で静止させる。そして，台を下方に向かって等加速度運動させる。ただし，その加速度の大きさは $a < a_c$ であるとする。このとき，最初，おもりは台と共に下降し，その後，台から離れる。おもりが台とともに下降する間，おもりが位置 y にあるとき，おもりが台から受ける垂直抗力の y 成分 N は，$N = $ $\boxed{\text{(コ)}}$ と書くことができる。おもりが台から離れる位置は $\boxed{\text{(サ)}}$ である。おもりが下降しはじめてから，台を離れるまでに要する時間は $\boxed{\text{(シ)}}$ である。おもりが台から離れた瞬間の速度の y 成分は $\boxed{\text{(ス)}}$ である。おもりが最初の位置から下降し始めて台から離れるまでの間，垂直抗力がおもりに対してした仕事は $\boxed{\text{(セ)}}$ である。おもりは台から離れた後，単振動し，このときのおもりの力学的エネルギーの値は $\boxed{\text{(セ)}}$ に一致する。おもりが単振動する範囲の両端の座標は，おもりの位置エネルギーが力学的エネルギーに等しくなることから求めることができる。これより単振動の振幅を求めると，$\boxed{\text{(ソ)}}$ が得られる。また，おもりが振動の中心の位置にあるとき，おもりの速さは $\boxed{\text{(タ)}}$ である。

(コ) の解答群

⓪ 0　　　　　　　① $ma + ky$　　　　　② $ma - ky$

③ $m(g-a) + ky$　　④ $m(g-a) - ky$　　⑤ $m(g+\sqrt{2}a) - ky$

(サ) の解答群

⓪ 0　　　　　　　① $-\dfrac{m(g-a)}{k}$　　　② $-\dfrac{m(g+a)}{k}$

③ $-\dfrac{m(2g-a)}{k}$　　④ $-\dfrac{m\sqrt{a(g-a)}}{k}$　　⑤ $-\dfrac{m\sqrt{a(2g-a)}}{k}$

152 2023 年度 物理　　　　　　　東京理科大-創域理工〈B方式・S方式- 2/6〉

(シ) の解答群

⓪ 0　　　　① $\sqrt{\dfrac{m(g+a)}{gk}}$　　　　② $\sqrt{\dfrac{2m(g-a)}{gk}}$

③ $\sqrt{\dfrac{m(g-a)}{ak}}$　　　　④ $\sqrt{\dfrac{m(g+a)}{2ak}}$　　　　⑤ $\sqrt{\dfrac{2m(g-a)}{ak}}$

(ス) の解答群

⓪ 0　　　　① $-\sqrt{\dfrac{2m}{k}}(g-a)$　　　　② $-\sqrt{\dfrac{2m}{k}}(g+a)$

③ $-\sqrt{\dfrac{m}{k}}(2g+a)$　　　　④ $-\sqrt{\dfrac{2ma(g-a)}{k}}$　　　　⑤ $-\sqrt{\dfrac{ma(2g-a)}{k}}$

(セ) の解答群

⓪ 0　　　　① $\dfrac{m^2(g+a)^2}{k}$　　　　② $\dfrac{m^2(g-a)^2}{k}$

③ $-\dfrac{m^2(g+a)^2}{2k}$　　　　④ $-\dfrac{m^2(g-a)^2}{k}$　　　　⑤ $-\dfrac{m^2(g-a)^2}{2k}$

(ソ) の解答群

⓪ 0　　　　① $\dfrac{m(g-a)}{k}$　　　　② $\dfrac{m(g+a)}{k}$

③ $\dfrac{m(g+a)}{2k}$　　　　④ $\dfrac{m\sqrt{a(2g-a)}}{k}$　　　　⑤ $\dfrac{m\sqrt{a(g+a)}}{2k}$

(タ) の解答群

⓪ 0　　　　① $\sqrt{\dfrac{2m}{k}}(g-a)$　　　　② $\sqrt{\dfrac{m}{k}}(2g+a)$

③ $\sqrt{\dfrac{2ma(g+a)}{k}}$　　　　④ $\sqrt{\dfrac{ma(2g-a)}{k}}$　　　　⑤ $\sqrt{\dfrac{ma(2g+a)}{k}}$

(4)　小問 **(2)** と小問 **(3)** の結果から，単振動するおもりの位置 y がとりうる値の範囲を，色々な a の値に対して図示してみよう。小問 **(3)** でみたように，振幅は a の値によって変化する。単振動の上端と下端の y 座標をあらわす曲線を $a - y$ 平面上に描き，単振動の運動領域を縦線で示すと　**(チ)**　のようになる。

(チ) の解答群

⓪
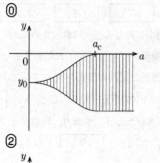

①
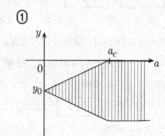

②
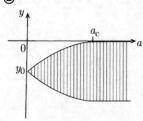

③
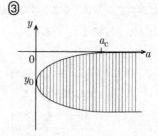

2

次の問題の ⬚ の中に入れるべき最も適当なものをそれぞれの **解答群** の中から選び，その番号を **解答用マークシート** の指定された欄にマークしなさい。（⬚ は既出のものを表す。同じ番号を何回用いてもよい。） (30点)

以下では，長さ，質量，時間，電流の単位をそれぞれ m, kg, s, A とし，その他の物理量に対してはこれらを組み合わせた単位を使用する。例えば，電荷の単位は C = A·s と表すことができる。また，角度の単位はラジアンを用いる。

荷電粒子の磁場（磁界）や電場（電界）の中での加速度運動を考えよう。はじめ，**図 2-1** のように，原点 O にいる質量 m，電気量 q（$q > 0$ とする）の荷電粒子 P が xz 平面内で x 軸からの角度 θ の向きで速さ v で打ち出された。ただし，$0 < \theta < \dfrac{\pi}{2}$ とし，重力の影響は無視できるものとする。

(1) 電場はなく，z 軸の負の向きの一様な磁場中（磁束密度の大きさ B）を運動する場合を考えてみよう。時刻 $t = 0$ で，原点 O にいる質量 m，電気量 q をもつ荷電粒子 P が y 軸に垂直で x 軸からの角度 θ の向きで速さ v で動いているとき，荷電粒子 P の速度の x 成分，y 成分，z 成分は，それぞれ **(ア)**，

(イ), **(ウ)** となる。このとき，荷電粒子 P にはたらくローレンツ力の x 成分，y 成分，z 成分は，それぞれ **(エ)**, **(オ)**, **(カ)** となる。ローレンツ力は，荷電粒子の速度と磁場に対して垂直に働くため，$x > 0$ の領域では，荷電粒子 P の軌道は，磁場に垂直な面（xy 平面）に射影すると，半円を描く。半円の半径を r とし，この円運動の運動方程式を r, m, v, q, B や θ を用いて書くと，**(キ)** となる。この半円の半径 r を求めると，$r =$ **(ク)** となる。荷電粒子 P が yz 平面に到達したとき，つまり，荷電粒子 P の x 座標が再び $x = 0$ となるときの時刻 T_1 は，$T_1 =$ **(ケ)** となる。また，このときの y 座標は $2r$ である。

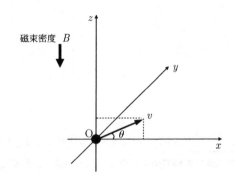

図 **2-1**

(ア)，(イ)，(ウ) の解答群

⓪ 0 ① v ② $v\cos\theta$ ③ $v\sin\theta$ ④ $v\tan\theta$

⑤ $-v$ ⑥ $-v\cos\theta$ ⑦ $-v\sin\theta$ ⑧ $-v\tan\theta$

(エ)，(オ)，(カ) の解答群

⓪ 0 ① qvB ② $qvB\sin\theta$ ③ $qvB\cos\theta$

④ $qvB\tan\theta$ ⑤ $-qvB$ ⑥ $-qvB\sin\theta$ ⑦ $-qvB\cos\theta$

⑧ $-qvB\tan\theta$

東京理科大-創域理工〈B方式・S方式-2/6〉　　　　　　2023 年度　物理　*155*

(キ) の解答群

⓪ $m\dfrac{v^2}{r} = qvB$　　　　　　　① $m\dfrac{(v\cos\theta)^2}{r} = qvB\cos\theta$

② $m\dfrac{(v\sin\theta)^2}{r} = qvB\sin\theta$　　　③ $m\dfrac{v^2}{r} = qvB\cos\theta$

(ク) の解答群

⓪ $\dfrac{mv}{qB}$　　① $\dfrac{mv\sin\theta}{qB}$　　② $\dfrac{mv\cos\theta}{qB}$　　③ $\dfrac{mv\tan\theta}{qB}$

④ $\dfrac{mv}{2qB}$　　⑤ $\dfrac{mv\sin\theta}{2qB}$　　⑥ $\dfrac{mv\cos\theta}{2qB}$　　⑦ $\dfrac{mv\tan\theta}{2qB}$

(ケ) の解答群

⓪ $\dfrac{m}{qB}$　　① $\dfrac{\pi m}{qB}$　　② $\dfrac{2m}{qB}$　　③ $\dfrac{2\pi m}{qB}$

④ $\dfrac{m}{2qB}$　　⑤ $\dfrac{\pi m}{2qB}$

(2)　　次に，磁場中を運動する荷電粒子を電場により加速させることを考えてみよう。**図 2-2** のように，$-d < x < 0$ の領域では磁場はない。この磁場のない領域で，大きさ E の電場を加えて，粒子を加速させる。具体的には，$y \leqq r$ の領域では x 軸の正の向きに，$y > r$ の領域では x 軸の負の向きに電場を加える。ここで，r は**小問 (1)** で求めた半円の半径である。領域 $-d < x < 0$ では，電場の x 成分は y 座標のみに依存し，それを $E_x(y)$ とすれば，

$$E_x(y) = \begin{cases} -E & (y > r) \\ E & (y \leqq r) \end{cases}$$

となる。電場の y 成分 E_y と z 成分 E_z は，$E_y = E_z = 0$ を満たす。ここで，$-d < x < 0$ の領域以外では電場はないとする。**小問 (1)** と同様に，時刻 $t = 0$ で原点 O にいる質量 m，電気量 q をもつ荷電粒子 P が xz 平面内で x 軸からの角度 θ の向きで速さ v で打ち出された。

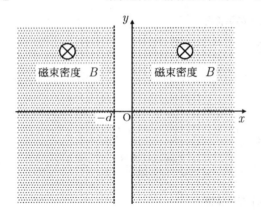

図 2-2 点描で影をつけた $x<-d$ と $x>0$ の領域には磁場があり，その間の $-d<x<0$ の領域には電場がある。

小問 **(1)** で求めたように，荷電粒子 P の x 座標が再び $x=0$ となるときの時刻は，T_1 である。このときの速度の x 成分は，**(コ)** である。yz 平面を横切った後，荷電粒子 P は領域 $-d<x<0$ で等加速度運動を行い，$x<-d$ の領域に入る。このとき（荷電粒子 P の x 座標が $x=-d$ となったとき）の時刻を t_1 とすると，$t_1 = \dfrac{m}{qE} \times \left(\boxed{\textbf{(サ)}} \right) + T_1$ となる。

その後，荷電粒子 P は領域 $x<-d$ で xy 平面内で等速円運動，z 軸方向には等速度運動をする。領域 $x<-d$ に入った後，xy 平面内で等速円運動を行い，再び x 座標が $x=-d$ となる。このときの時刻 T_2 は $T_2 = \boxed{\textbf{(シ)}} + t_1$ である。このときの速度の x 成分は，**(ス)** となる。また，このときの荷電粒子 P の位置の y 成分は，$\dfrac{2m}{qB} \times \left(\boxed{\textbf{(セ)}} \right)$ となる。そして，このときの z 成分を T_1 または T_2 を用いて書くと，**(ソ)** となる。その後，領域 $-d<x<0$ で等加速度運動を行い，荷電粒子 P は加速される。このようにして，荷電粒子は，磁場中で，速度の z 成分を一定に保ちながら，xy 平面に関しては等速円運動を行い，電場のみのある領域で等加速度運動をする。

(コ) の解答群

⓪ 0　　　① $v\cos\theta$　　　② $v\sin\theta$　　　③ $-v\cos\theta$

東京理科大-創域理工〈B方式・S方式-2/6〉　　　　　　　2023 年度　物理　*157*

④ $-v\sin\theta$　　⑤ $2v\cos\theta$　　⑥ $2v\sin\theta$　　⑦ $-2v\cos\theta$

⑧ $-2v\sin\theta$

(サ) の解答群

⓪ $v\cos\theta$　　　　　　　　① $v\cos\theta - \sqrt{v^2\cos^2\theta - 2qEd/m}$

② $\sqrt{v^2\cos^2\theta + 2qEd/m}$　　　③ $-v\cos\theta + \sqrt{v^2\cos^2\theta + 2qEd/m}$

(シ) の解答群

⓪ $\dfrac{m}{qB}$　　　　　① $\dfrac{\pi m}{qB}$　　　　　② $\dfrac{2m}{qB}$

③ $\dfrac{2\pi m}{qB}$　　　　④ $\dfrac{m}{2qB}$　　　　⑤ $\dfrac{\pi m}{2qB}$

(ス) の解答群

⓪ 0　　　　　　　① $\sqrt{v^2\cos^2\theta + \dfrac{qEd}{m}}$　② $\sqrt{v^2\cos^2\theta + \dfrac{2qEd}{m}}$

③ $v\cos\theta$　　　　　④ $v\sin\theta$　　　　　⑤ $\sqrt{v^2\sin^2\theta + \dfrac{qEd}{m}}$

⑥ $\sqrt{v^2\sin^2\theta + \dfrac{2qEd}{m}}$

(セ) の解答群

⓪ $v\cos\theta$　　　　　　　　① $v\cos\theta + \sqrt{v^2\cos^2\theta + \dfrac{2qEd}{m}}$

② $\sqrt{v^2\cos^2\theta + \dfrac{2qEd}{m}}$　　③ $v\cos\theta - \sqrt{v^2\cos^2\theta + \dfrac{2qEd}{m}}$

(ソ) の解答群

⓪ 0　　　　　① $vT_1\sin\theta$　　② $vT_1\cos\theta$　　③ $vT_2\sin\theta$

④ $vT_2\cos\theta$

158 2023 年度　物理　　　　　　　東京理科大-創域理工〈B方式・S方式- 2/6〉

3　　次の問題の _____ の中に入れるべき最も適当なものをそれぞれの**解答群**の
中から選び，その番号を**解答用マークシート**の指定された欄にマークしなさい。
（_____ は既出のものを表す。同じ番号を何回用いてもよい。）　　　　（36 点）

　以下では，圧力 P，体積 V，および温度 T の単位を，それぞれ $\mathrm{Pa} = \mathrm{N/m^2}$，
$\mathrm{m^3}$，K とする。また，仕事や熱量などのエネルギーの単位は J を用いる。物
質量の単位を mol，気体定数を R（単位は $\mathrm{J/(K \cdot mol)}$）とする。

　本問では，内部の気体の温度を一定に保ったり，断熱したりすることができる，
体積可変な容器内に封入された，1 mol の単原子分子理想気体（以下では単に気
体と呼ぶ）について考える。ある状態 X で，この気体の圧力，体積，温度の値を，
それぞれ P_X，V_X，T_X のように書く。また，状態 X から状態 Y への過程 X → Y
で，この気体が外部（容器など気体以外のものすべて）から受けとる仕事と熱量
をそれぞれ，$W_\mathrm{X \to Y}$ と $Q_\mathrm{X \to Y}$，のように書く。W や Q が負であれば，その過程
で気体が正の仕事や熱量を，外部に与えることを表す。たとえば，過程 X → Y
で，$Q_\mathrm{X \to Y} < 0$ であるなら，気体が $-Q_\mathrm{X \to Y}$ という正の熱量を放出することを
意味する。

　気体の状態変化は，気体内に温度差や圧力差が生じないようにおこなわれ，体
積を変化させるときに摩擦はないとする。単原子分子理想気体の定積モル比熱と
定圧モル比熱がそれぞれ，$C_V = \dfrac{3R}{2}$ と $C_P = \dfrac{5R}{2}$ であること，および，理想気
体が断熱変化するとき，$\gamma = \dfrac{C_P}{C_V}$ として，PV^γ が一定という関係が成り立つこ
とを用いてよい。

(1)　最初にこの気体が，**図 3-1** に示した状態 A にあり，体積は V_A，圧力は P_A
であったとする。状態 A での温度は $T_\mathrm{A} = \boxed{\textbf{(ア)}}$ である。

　状態 A から，気体の温度を T_A に保ったまま，その体積を減少させて，αV_A
とした。ただし，α は $0 < \alpha < 1$ を満たすある係数である。この状態を B とす
る。状態 B での気体の圧力は $P_\mathrm{B} = \boxed{\textbf{(イ)}} \times P_\mathrm{A}$ である。また，過程 A →
B で気体が外部とやりとりした仕事と熱については，$\boxed{\textbf{(ウ)}}$ という関係が
成り立つ。

　状態 B から，圧力を P_B のまま一定にして，気体の体積を元の状態 A と同

じ V_A にした状態を C とする。過程 B → C で気体は (エ) した。状態 C から，体積を V_A に保って，気体が (オ) すると，状態 A に戻った。

ここまでの過程 A → B → C → A で，気体が外部に与えた正味の仕事を，$W_{A \to B}$，および各過程で気体が受けとった熱量を用いて表すと， (カ) $-W_{A \to B}$ となり，その大きさは，図 3-1 のグラフ上での直角三角形 ABC の面積よりも (キ) 。

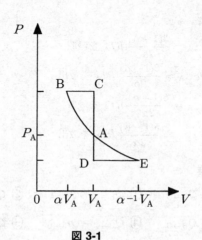

図 3-1

(ア) の解答群

⓪ $\dfrac{2RP_A}{V_A}$ ① $\dfrac{R}{P_A V_A}$ ② $\dfrac{P_A}{2RV_A}$ ③ $\dfrac{V_A}{RP_A}$ ④ $\dfrac{P_A V_A}{R}$

(イ) の解答群

⓪ α ① α^2 ② $\dfrac{1}{\alpha}$ ③ $\dfrac{1}{\alpha^2}$ ④ 1

(ウ) の解答群

⓪ $W_{A \to B} = Q_{A \to B}$ ① $W_{A \to B} = -Q_{A \to B}$

② $W_{A \to B} = 0$ ③ $Q_{A \to B} = 0$

(エ) の解答群

⓪ 熱量 $Q_{\text{B}\to\text{C}} = \dfrac{3(1-\alpha)}{2\alpha} RT_\text{A}$ を吸収

① 熱量 $-Q_{\text{B}\to\text{C}} = \dfrac{3(1-\alpha)}{2\alpha} RT_\text{A}$ を放出

② 熱量 $Q_{\text{B}\to\text{C}} = \dfrac{5(1-\alpha)}{2\alpha} RT_\text{A}$ を吸収

③ 熱量 $-Q_{\text{B}\to\text{C}} = \dfrac{5(1-\alpha)}{2\alpha} RT_\text{A}$ を放出

(オ) の解答群

⓪ 熱量 $Q_{\text{C}\to\text{A}} = \dfrac{3(1-\alpha)}{2\alpha} RT_\text{A}$ を吸収

① 熱量 $-Q_{\text{C}\to\text{A}} = \dfrac{3(1-\alpha)}{2\alpha} RT_\text{A}$ を放出

② 熱量 $Q_{\text{C}\to\text{A}} = \dfrac{5(1-\alpha)}{2\alpha} RT_\text{A}$ を吸収

③ 熱量 $-Q_{\text{C}\to\text{A}} = \dfrac{5(1-\alpha)}{2\alpha} RT_\text{A}$ を放出

(カ) の解答群

⓪ $Q_{\text{A}\to\text{B}} + Q_{\text{B}\to\text{C}}$　　① $Q_{\text{B}\to\text{C}} + Q_{\text{C}\to\text{A}}$　　② $Q_{\text{A}\to\text{B}} + Q_{\text{C}\to\text{A}}$

③ $Q_{\text{A}\to\text{B}} - Q_{\text{B}\to\text{C}}$　　④ $Q_{\text{B}\to\text{C}} - Q_{\text{C}\to\text{A}}$　　⑤ $Q_{\text{A}\to\text{B}} - Q_{\text{C}\to\text{A}}$

(キ) の解答群

⓪ 大きい　　　　　　　　　　① 小さい

　次に**図 3-1** の状態 A から，気体の体積を V_A に保ったまま，圧力をさらに P_D まで下げた。（$P_\text{D} < P_\text{A}$ とする。）この状態を D とする。

　状態 D から，圧力を一定にして気体の体積を $\dfrac{V_\text{A}}{\alpha}$ まで増加させると，気体の温度が T_A と等しくなった。この状態を E とする。状態 E での圧力は，$P_\text{E} = \boxed{\text{(ク)}} \times P_\text{A}$ である。状態 E から，温度を T_A に保ったまま，体積を V_A に減少させると，状態 A に戻った。

　過程 A → D → E → A で，気体が外部から受けとった正味の仕事は，$\boxed{\text{(ケ)}}$ $\times P_\text{A}V_\text{A} + W_{\text{E}\to\text{A}}$ で，その大きさは，**図 3-1** のグラフ上での直角三角形 ADE の面積よりも $\boxed{\text{(コ)}}$。

図 3-1 のグラフ上で，経路 E → A の曲線は，体積（横軸）の値を α 倍し，圧力（縦軸）の値を (イ) 倍することにより，経路 A → B の曲線に重ね合わせることができる。このことから，直角三角形 ABC と直角三角形 ADE が等しい面積をもつことがわかる。また，曲線 A → B と曲線 E → A の下の面積を考えると，$W_{A \to B} = W_{E \to A}$ であることがわかる。以上から，全過程 A → B → C → A → D → E → A で，気体は正味で正の仕事を (サ) のであり，その仕事の大きさは (シ) $\times P_A V_A - 2W_{A \to B}$ に等しい。

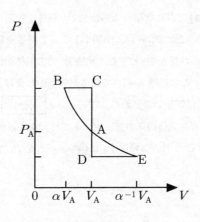

図 3-1 （再掲）

(ク) の解答群

⓪ α　　① α^2　　② $\dfrac{1}{\alpha}$　　③ $\dfrac{1}{\alpha^2}$　　④ 1

(ケ) の解答群

⓪ $\dfrac{1-\alpha}{\alpha}$　　① $(1-\alpha)$　　② $\dfrac{\alpha-1}{\alpha}$　　③ $(\alpha-1)$

(コ) の解答群

⓪ 大きい　　　　① 小さい

(サ) の解答群

⓪ 外部に与えた   ① 外部から受けとった

(シ) の解答群

⓪ $\dfrac{3(1-\alpha^2)}{2\alpha}$ ① $\dfrac{1-\alpha^2}{2\alpha}$ ② $\dfrac{1-\alpha^2}{\alpha}$

③ $\dfrac{3(1-\alpha)}{2\alpha^2}$ ④ $\dfrac{1-\alpha}{2\alpha^2}$ ⑤ $\dfrac{1-\alpha}{\alpha^2}$

(2) 前の**小問 (1)** と同じ状態 A から出発し、気体を断熱して、その体積を αV_A まで減少させた。ここで、α は、**小問 (1)** の α と同じ係数である。（以下、**図 3-2** を参照。）この状態を B′ とする。状態 B′ での気体の圧力は $P_{B'} = \boxed{\text{(ス)}} \times P_A$ である。この過程 A→B′ で気体が外部から受けとった仕事は、内部エネルギーの増加に等しいことから、$W_{A \to B'} = \boxed{\text{(セ)}} \times P_A V_A$ となる。

状態 B′ から、気体の圧力を一定にして体積を V_A まで増加させた状態を C′ とする。状態 C′ から、体積を V_A に保ち、圧力を P_A まで下げて、状態 A に戻した。

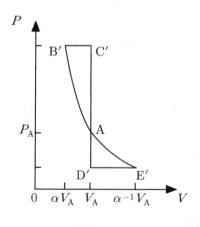

図 3-2

(ス) の解答群

⓪ α ① $\alpha^{\frac{2}{3}}$ ② $\alpha^{\frac{3}{2}}$ ③ $\alpha^{\frac{5}{3}}$ ④ $\alpha^{\frac{3}{5}}$

⑤ α^{-1}　　⑥ $\alpha^{-\frac{2}{3}}$　　⑦ $\alpha^{-\frac{3}{2}}$　　⑧ $\alpha^{-\frac{5}{3}}$　　⑨ $\alpha^{-\frac{3}{5}}$

(セ) の解答群

⓪ $\dfrac{3}{2}\left(\alpha^{\frac{2}{3}}-1\right)$　　① $\dfrac{2}{3}\left(\alpha^{\frac{3}{2}}-1\right)$　　② $\dfrac{3}{2}\left(\alpha^{-\frac{2}{3}}-1\right)$

③ $\dfrac{2}{3}\left(\alpha^{-\frac{3}{2}}-1\right)$　　④ $\dfrac{3}{2}\left(\alpha^{-\frac{2}{3}}+1\right)$　　⑤ $\dfrac{2}{3}\left(\alpha^{-\frac{3}{2}}+1\right)$

　続いて，状態 A から，気体の体積を V_A に保って，圧力を $P_{D'}$ に下げた。（$P_{D'} < P_A$ とする。）この状態 D' から，気体の圧力を一定に保ち，体積を $\dfrac{V_A}{\alpha}$ に増加させると，状態 E' に至った。状態 E' からは，断熱変化によって状態 A に戻ることができた。このことから，状態 D' での圧力は，$P_{D'} = \boxed{(ソ)} \times P_A$ と定められる。

　図 3-2 のグラフ上で，経路 E' → A の曲線は，体積（横軸）を α 倍し，圧力（縦軸）を $\boxed{(ス)}$ 倍することにより，経路 A → B' の曲線に重ね合わせることができる。このことから，直角三角形 AB'C' の面積は直角三角形 AD'E' の面積の $\boxed{(タ)}$ 倍であり，曲線 A → B' と曲線 E' → A の下の面積を考えると，$W_{A \to B'} = \boxed{(タ)} \times W_{E' \to A}$ であることがわかる。$-W_{A \to B'} - W_{B' \to C'}$ と直角三角形 AB'C' の面積の比較，および，$W_{D' \to E'} + W_{E' \to A}$ と直角三角形 AD'E' の面積の比較によって，全過程を通じて気体は正味で正の仕事を $\boxed{(チ)}$ ことがわかる。その $\boxed{(チ)}$ 仕事の大きさは，$\left\{\boxed{(ツ)}\right\} \times P_A V_A$ のように求められる。

(ソ) , (タ) の解答群

⓪ α　　① $\alpha^{\frac{2}{3}}$　　② $\alpha^{\frac{3}{2}}$　　③ $\alpha^{\frac{5}{3}}$　　④ $\alpha^{\frac{3}{5}}$

⑤ $\dfrac{1}{\alpha}$　　⑥ $\alpha^{-\frac{2}{3}}$　　⑦ $\alpha^{-\frac{3}{2}}$　　⑧ $\alpha^{-\frac{5}{3}}$　　⑨ $\alpha^{-\frac{3}{5}}$

(チ) の解答群

⓪ 外部に与えた　　　　　　　① 外部から受けとった

164 2023 年度 物理　　　　　　　東京理科大-創域理工〈B方式・S方式- 2/6〉

(ツ) の解答群

⓪ $\left(\alpha^{-\frac{5}{3}} - \alpha^{\frac{5}{3}}\right) + \frac{5}{2}\left(\alpha^{-\frac{2}{3}} - \alpha^{\frac{2}{3}}\right)$

① $\left(\alpha^{-\frac{5}{3}} - \alpha^{\frac{5}{3}}\right) - \frac{5}{2}\left(\alpha^{-\frac{2}{3}} - \alpha^{\frac{2}{3}}\right)$

② $\left(\alpha^{-\frac{5}{3}} - \alpha^{\frac{5}{3}}\right) + \frac{3}{2}\left(\alpha^{-\frac{2}{3}} - \alpha^{\frac{2}{3}}\right)$

③ $\left(\alpha^{-\frac{5}{3}} - \alpha^{\frac{5}{3}}\right) - \frac{3}{2}\left(\alpha^{-\frac{2}{3}} - \alpha^{\frac{2}{3}}\right)$

④ $\frac{3}{2}\left(\alpha^{-\frac{5}{3}} - \alpha^{\frac{5}{3}}\right) + \left(\alpha^{-\frac{2}{3}} - \alpha^{\frac{2}{3}}\right)$

⑤ $\frac{3}{2}\left(\alpha^{-\frac{5}{3}} - \alpha^{\frac{5}{3}}\right) - \left(\alpha^{-\frac{2}{3}} - \alpha^{\frac{2}{3}}\right)$

東京理科大-創域理工〈B方式・S方式-2/6〉　　　　　　　2023 年度　化学　*165*

化学

（80 分）

　各設問の計算に必要ならば，下記の数値を用いなさい。

原子量：H 1.0, C 12.0, N 14.0, O 16.0, Al 27.0, Fe 55.9

ファラデー定数：$9.65 \times 10^4 \, \text{C/mol}$

アボガドロ定数：$6.02 \times 10^{23} / \text{mol}$

気体定数：$8.31 \times 10^3 \, \text{Pa·L/(K·mol)}$

標準状態における理想気体のモル体積：22.4 L/mol

　特段の記述がない限り，気体はすべて理想気体としてふるまうものとする。

1 次の記述の(ア)〜(カ)にあてはまる最も適当なものをA欄より選び，その番号を**解答用マークシートにマークしなさい**(番号の中の 0 という数字も必ずマークすること)。なお，(ア)，(ウ)，(オ)で選ぶ番号は，それぞれ(イ)，(エ)，(カ)よりも小さいものに，そして(ア)は(ウ)より小さいものにしなさい。必要なら，同一番号を繰り返し用いてよい。また，分数は既約とし，(キ)〜(セ)にあてはまる1桁の整数を**解答用マークシート**にマークしなさい。

(17点)

　図は半径 r の球体を平面上に最密となるようにたくさん並べ，そのうち，接しあう4つの球体を真上から見下ろしたものである。図中の①−④−⑲−⑯の各点を結ぶ長方形に対し，それを9等分にするための補助線を点線(----------)として，そして4等分にするための補助線を一点鎖線(−・−・−・−)として示した。太い実線で示した四角形②−④−⑱−⑯は，4つの球体の各中心点を繋いだものであり，②−④および②−⑯の長さが同じで，∠④−②−⑯ = 120°が成立する。このとき，点線④−⑦，⑦−⑬，⑬−⑯は同一の長さとなる。

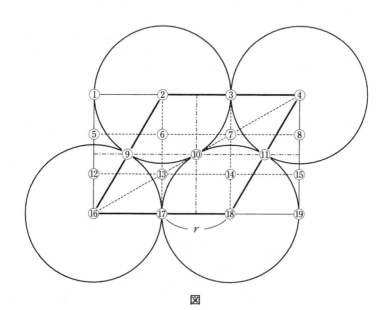

図

東京理科大-創域理工〈B方式・S方式-2/6〉　　　　　　　　　　　　2023 年度　化学　*167*

　マグネシウム Mg の原子配列は六方最密構造をとることが知られている。太い実線で示した四角形②－④－⑱－⑯は六方最密構造の単位格子のひとつの面に相当する。図のように平面上に最密に並べられた球体がそれぞれ Mg 原子の場合，さらにこの上に 2 段目として積み重なる Mg 原子の中心点の位置は，①から⑲までのなかでは　(ア)　と　(イ)　，あるいは　(ウ)　と　(エ)　の場合が考えられる。さらに，2 段目の Mg 原子が　(ア)　と　(イ)　の位置にあるとき，3 段目として積み重なる Mg 原子の中心点の位置は，①から⑲までのなかで最も小さい数字とその次に小さい数字を順に選ぶと　(オ)　と　(カ)　となる。

　このような原子の積み重なりからなる Mg の単位格子中の原子の数は　(キ)　個であり，原子の半径を r としたとき，単位格子の一辺の長さは 2 種類存在し，その一方は四角形②－④－⑱－⑯の辺の長さ $2r$ と求められ，もう一方は，積み重なりの高さから $\dfrac{(ク)\sqrt{(ケ)}}{(コ)}r$ と導かれる。これらより，単位格子の体積は $(サ)\sqrt{(シ)}\,r^3$，単位格子内の Mg の充填率は $\dfrac{\sqrt{(ス)}}{(セ)}\pi \times 100$〔％〕として求められる。

A　欄

01　①	02　②	03　③	04　④	05　⑤
06　⑥	07　⑦	08　⑧	09　⑨	10　⑩
11　⑪	12　⑫	13　⑬	14　⑭	15　⑮
16　⑯	17　⑰	18　⑱	19　⑲	

2 次の記述の(ア)〜(オ)にあてはまる数値を求めなさい。解答は有効数字が2桁になるように3桁目を四捨五入し，次の形式で**解答用マークシートにマーク**しなさい。

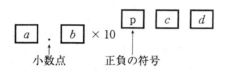

指数部分の c と d は2桁の整数を表しており，c が10の位，d が1の位とするが，1桁の整数となる場合は c に0をマークしなさい。例えば，答えが 5.4×10^{-3} の場合は，$a=5$, $b=4$, $p=-$, $c=0$, $d=3$ のようにマークしなさい。また，指数 c と d がともに0の場合の符号 p には+をマークしなさい。（17点）

なお，必要ならば下記の数値を用いなさい。

大気圧：1.01×10^5 Pa

(1) 分子量86の液体A 10 g を内容量1.0 L のフラスコに入れ，常温・常圧下で小孔をあけたアルミニウム箔でふたをした。これを370 K の温水に浸し，内部の液体が完全に見えなくなるまで加熱を続け，フラスコ内をAの蒸気のみで満たした。その後，放冷させて室温に戻し，フラスコ内のAを再び液化したところ，生じた液体Aの質量は　(ア)　g と計算される。なお，室温における液体Aの蒸気圧は無視することができ，フラスコの体積は変化しないものとする。

(2) 濃度がともに 1.0×10^{-2} mol/L である塩化ナトリウム(NaCl)，クロム酸カリウム(K_2CrO_4)水溶液のそれぞれに，硝酸銀($AgNO_3$)水溶液を少しずつ滴下していく。このとき，塩化銀(AgCl)およびクロム酸銀(Ag_2CrO_4)の沈殿が生じ始める Ag^+ の濃度は，それぞれ　(イ)　mol/L，　(ウ)　mol/L である。ただし，塩化銀およびクロム酸銀の溶解度積は，それぞれ 1.8×10^{-10} $(mol/L)^2$，4.0×10^{-12} $(mol/L)^3$ とし，硝酸銀水溶液の滴下による塩化ナトリ

ウム,クロム酸カリウムの濃度変化は無視できるものとする。なお,一連の操作を通じて温度は一定とする。

(3) ステアリン酸は脂肪酸の一種であり,水面上に分子一層からなる単分子膜を作る。ステアリン酸をヘキサン中に濃度 8.0×10^{-4} mol/L となるよう溶解させた溶液 0.15 mL を水面に滴下して静置したところ,ヘキサンが蒸発してすべてのステアリン酸分子が水面上で隙間なく並び,単分子膜を形成した。このとき単分子膜を形成しているステアリン酸分子は, (エ) mol である。また,この単分子膜の面積が 1.5×10^2 cm² であったとき,水面上でステアリン酸 1 分子が占める面積は (オ) cm² と計算される。

3 次の記述の(i)~(v)にあてはまる数値を有効数字が3桁になるように4桁目を四捨五入して求め,次の形式で解答用マークシートにマークしなさい。指数 d が 0 の場合の符号 p には+をマークしなさい。 (16点)

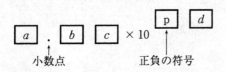

なお,必要に応じて計算には下記の値を用いなさい。
25℃における水のイオン積 = 1.0×10^{-14} (mol/L)²
$\log_{10} 1.05 = 0.0212$, $\log_{10} 1.10 = 0.0414$, $\log_{10} 1.20 = 0.0792$,
$\log_{10} 1.30 = 0.114$, $\log_{10} 2.00 = 0.301$
$\sqrt{4.01} = 2.00$

(1) 25℃において塩酸を水で希釈して希塩酸とした場合,この希塩酸は完全に電離しているとみなすことができる。この場合,1.00×10^{-2} mol/L の希塩酸の pH は塩化水素の電離によって生じた水素イオン濃度から (i) と求め

ることができる。一方，1.00×10^{-8} mol/L の希塩酸の場合には，水の電離によって生じる水素イオンも無視できなくなる。このとき，水の電離を考慮して求めた pH は ⸢ (ii) ⸥ となる。

(2) あるカルボン酸(RCOOH)を水に溶かすと以下のように電離平衡が生じる。

$$RCOOH \rightleftharpoons RCOO^- + H^+$$

25℃においてこのカルボン酸の 1.00×10^{-1} mol/L の水溶液における電離度 α は1に比べて非常に小さく 0.0100 である。このとき，$1 - \alpha \fallingdotseq 1$ に近似できるとして計算すると，この水溶液におけるカルボン酸の酸解離定数 K_a は ⸢ (iii) ⸥ mol/L，pH は ⸢ (iv) ⸥ となる。

このカルボン酸水溶液を水で100倍に薄めたときには，25℃におけるカルボン酸の α は1に比べて非常に小さいとみなせなくなる。つまり，$1 - \alpha \fallingdotseq 1$ に近似できなくなる。このときのカルボン酸の α は希釈前に求めた $K_a = $ ⸢ (iii) ⸥ mol/L の値を用いて計算すると ⸢ (v) ⸥ と算出される。なお，このカルボン酸は完全に水に溶解し，二量体は形成しないものとする。また，水の電離によって生じる水素イオンの影響は無視できるものとする。

4　次の記述の(ア)〜(ウ)にあてはまる最も適当なものをA欄から，(エ)〜(キ)にあてはまる最も適当なものをB欄から選び，その番号を解答用マークシートにマークしなさい。また，(i)〜(iv)にあてはまる数値を有効数字が3桁になるように4桁目を四捨五入して求め，次の形式で解答用マークシートにマークしなさい。指数 d が0の場合の符号 p には＋をマークしなさい。
(17点)

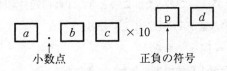

(1) アルミニウムは，工業的には (ア) から酸化アルミニウム(Al_2O_3)をつくり，これを (イ) 電極で (ウ) を加えて溶融塩電解することでつくられる。ここでは，(ア) が $Al_2O_3 \cdot 3H_2O$ と $Al_2O_3 \cdot H_2O$ および Fe_2O_3 のみからなるものとする。1200 g の (ア) を水酸化ナトリウム水溶液中で加熱すると，$Al_2O_3 \cdot 3H_2O$ と $Al_2O_3 \cdot H_2O$ はすべて溶解したが，Fe_2O_3 は反応せずに沈殿した。このとき，Fe_2O_3 の質量は 180 g であった。得られた水溶液を加熱して Al_2O_3 をつくり，(ウ) を加えて約 1000 ℃ において溶融塩電解したところ，すべての Al_2O_3 が陰極においてアルミニウムになった。このとき，9.65×10^2 A の電流が 70 分間流れたとすると，陰極では (i) g のアルミニウムが得られる。このとき，(ア) 中の $Al_2O_3 \cdot 3H_2O$ の割合は質量パーセントで (ii) ％ と計算される。なお，(ウ) は反応に関与せず，また，いっさいの副反応は起こらないものとする。

A 欄

01 アルマイト	02 ボーキサイト	03 ゼオライト
04 ソーダ石灰	05 赤鉄鉱	06 白金
07 鉄	08 炭素	09 アルミニウム
10 $Na[Al(OH)_4]$	11 $AlK(SO_4)_2 \cdot 12H_2O$	12 Na_3AlF_6
13 $Al_2(SO_4)_3$		

(2) 水素－酸素燃料電池では，触媒を含有する 2 枚の多孔質電極に仕切られた容器に，電解液として水酸化カリウム水溶液やリン酸水溶液が入れられている。 | エ | 極側には水素が， | オ | 極側には酸素がそれぞれ一定の割合で供給される。リン酸形燃料電池では， | エ | 極側で反応 | カ | が生じ， | オ | 極側では反応 | キ | が生じる。水素－酸素燃料電池を実際に稼働させたところ，単位時間あたりの電気エネルギーである出力が 193 W で，その電圧は 1.00 V で一定であった。このとき，1 時間燃料電池を稼働させると | (iii) | mol の水素が反応したことになる。

なお，$1 W = 1 V \cdot A = 1 J/s$ である。

水素の燃焼反応を熱化学方程式で表すと次のようになる。

$$H_2(気) + \frac{1}{2}O_2(気) = H_2O(液) + 286 \text{ kJ}$$

従って，上記の水素－酸素燃料電池において，熱化学方程式から計算されるエネルギーに対して，電気エネルギーに変換された割合は | (iv) | % となる。

B　欄

1　正

2　負

3　$H_2 + \frac{1}{2}O_2 \rightarrow H_2O$

4　$O_2 + 4H^+ + 4e^- \rightarrow 2H_2O$

5　$H_2 + 2OH^- \rightarrow 2H_2O + 2e^-$

6　$O_2 + 2H_2O + 4e^- \rightarrow 4OH^-$

7　$H_2 \rightarrow 2H^+ + 2e^-$

東京理科大-創域理工〈B方式・S方式-2/6〉　　　　　　　　2023 年度　化学　*173*

5 　次の記述を読み，(1)，(2)の問いに答えなさい。　　　　　　　　(17 点)

　化合物 A の成分元素の質量パーセントは炭素が 91.3 %，水素が 8.7 % であり，その分子量は 92.0 である。化合物 A の組成は C ☐(ア) H ☐(イ) となる。化合物 A を穏やかに酸化すると化合物 B が生成する。また，化合物 B をさらに酸化すると化合物 C が生成する。

　化合物 C の一部は二量体を形成し，凝固点降下によりその割合を求めることができる。いま，0.610 g の化合物 C をベンゼン 100 g に溶かした溶液の凝固点降下度が 0.154 K であるとき，この溶液中における化合物 C の見かけの分子量は ☐(ウ) であり，化合物 C の二量体と単量体の分子量の中間の値となる。この見かけの分子量から，この溶液中では化合物 C の ☐(エ) % が二量体を形成していると求められる。なお，ベンゼンのモル凝固点降下を 5.125 K·kg/mol とする。

　化合物 C にある官能基のオルト位にある一つの水素原子をヒドロキシ基で置換した構造の化合物を化合物 D とする。化合物 D を濃硫酸存在下メタノールと反応させると化合物 E が，また，メタノールの代わりに無水酢酸と反応させると化合物 F が生成する。

(1)　☐(ア) ～ ☐(エ) にあてはまる数値を小数点以下第 1 位を四捨五入して求め，**解答用マークシート**にマークしなさい。答えが 2 桁の場合の百の位には **0** をマークしなさい。答えが 1 桁の場合の百の位と十の位には **0** をマークしなさい。

(2)　次の記述(a)～(h)について，正しいときは**正**を，誤りのときは**誤**を解答用マークシートにマークしなさい。

　(a)　1.00 g の化合物 B が完全燃焼するときに必要な酸素の質量の最小値は，1.00 g の化合物 C のそれよりも大きい。

　(b)　1.00 g の化合物 B が完全燃焼するときに発生する二酸化炭素の質量は，

1.00 g の化合物 C のそれよりも大きい。
(c) 化合物 B は銀鏡反応を示す。
(d) 化合物 C は熱水に溶けて弱塩基性を示す。
(e) 化合物 D の水溶液に塩化鉄(Ⅲ)水溶液を加えると呈色する。
(f) 化合物 E は炭酸水素ナトリウム水溶液に溶解して二酸化炭素を発生する。
(g) 化合物 F の水溶液に塩化鉄(Ⅲ)水溶液を加えると呈色する。
(h) 化合物 E は解熱鎮痛剤に，化合物 F は消炎鎮痛剤に利用される。

6 次の記述の(ア)～(ス)にあてはまる最も適当なものを**A欄**より選び，その番号を**解答用マークシートにマーク**しなさい（番号の中の **0** という数字も必ずマークすること）。また，(A)にあてはまる数値を有効数字が3桁になるように4桁目を四捨五入して求め，次の形式で**解答用マークシートにマーク**しなさい。指数 d が 0 の場合の符号 p には **+** をマークしなさい。 (16点)

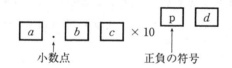

アメリカ人のカロザースは，高分子合成にかかわる2つの重要な発明を行っている。1つ目は1931年に発明された (ア) ゴムである。 (ア) ゴムは炭素と水素以外の元素を含む (ア) を付加重合させると得られる。このようなジエン系ゴムは多数あり，ブタジエンゴム， (イ) などがある。さらに，ジエン系ゴム以外に，オレフィン系ゴムおよびシリコーンゴムなどがあり，オレフィン系ゴムの例としては，炭素と水素以外の元素を含む (ウ) やアクリルゴムなどがある。合成ゴムは一般に (エ) 形の二重結合の割合が高い場合は天然ゴムに近い弾性が得られる。特に，前述した (イ) は，ほぼ (エ) 形の分子で構成されるので，天然ゴムに性質が似る。 (イ) は強度が高いので，タイヤ，はきもの，免震ゴムなどに利用される。

東京理科大-創域理工〈B方式・S方式-2/6〉 2023年度 化学 *175*

カロザースの2つ目の発明は，合成繊維である $\boxed{（オ）}$ である。$\boxed{（オ）}$ と似た性質をもつ $\boxed{（カ）}$ は $\boxed{（キ）}$ の開環重合により合成される。$\boxed{（オ）}$ と $\boxed{（カ）}$ は，釣り糸，ラケット，機械部品などに用いられる熱可塑性樹脂である。

熱可塑性樹脂には，ポリエチレン，ポリプロピレン，ポリ塩化ビニル，$\boxed{（ク）}$ ，ポリスチレン，$\boxed{（ケ）}$ ，塩化ビニリデン樹脂，フッ素樹脂などがあり，どれも付加重合によって得られる。特に，これらの中で，接着剤に用いられるのは $\boxed{（ク）}$ ，プラスチックレンズに用いられるのは $\boxed{（ケ）}$ ，包装材料や食品用ラップに用いられるのは塩化ビニリデン樹脂である。また，熱可塑性樹脂の $\boxed{（ク）}$ の分子量を浸透圧の測定により求めたところ，4.30×10^4 であった。このとき，平均の重合度は $\boxed{（A）}$ となる。

高分子化合物には，次のような機能性高分子がある。たとえば，銅板上に $\boxed{（コ）}$ を塗布して光を当てると重合がさらに進んで立体網目構造となり，溶解性が変化することを利用して画像を形成することができる。同様な性質をもった $\boxed{（サ）}$ 高分子はプリント配線，半導体の製造，液晶パネルの製造，金属の表面加工などに応用でき，玩具のスタンプ作製器，歯科の充填剤などにも利用されている。

一般に，高分子化合物は電気を通さないので絶縁体に用いられる。しかし，日本の白川英樹博士らは $\boxed{（シ）}$ の重合体とヨウ素（I_2）から，金属に近い電気伝導性をもった高分子化合物を作製した。これが $\boxed{（ス）}$ 高分子である。さらに，ポリ（p-フェニレン）も同様の条件より電気伝導性を示すことが知られている。このような $\boxed{（ス）}$ 高分子はエレクトロニクス分野における新材料であり，高性能電池，コンデンサー，表示素子などへの利用が進んでいる。さらに，携帯電話の軽量化にも貢献している。

A 欄

01 クロロプレン 02 1,3-ブタジエン

03 スチレン 04 2-メチルプロペン

05 アクリル酸エステル 06 アクリロニトリル

07	クロロプレンゴム	08	イソプレンゴム
09	ブチルゴム	10	フッ素ゴム
11	シ ス	12	トランス
13	ナイロン 6	14	ナイロン 66
15	ヘキサメチレンジアミン	16	アジピン酸
17	カプロラクタム(ε-カプロラクタム)		
18	ポリ酢酸ビニル	19	メタクリル樹脂
20	導電性	21	感光性
22	発光性	23	熱硬化性樹脂
24	光硬化性樹脂	25	エタン
26	エテン(エチレン)	27	エチン(アセチレン)
28	ポリエチレン	29	ポリプロピレン
30	ポリアセチレン	31	ポリスチレン
32	ポリビニルアルコール	33	ベークライト

東京理科大-創域理工〈B方式・S方式-2/6〉　　　2023 年度　英語〈解答〉　*177*

解答編

■英語■

（注）　解答は，東京理科大学から提供のあった情報を掲載しています。

1 解答　　(1)—1　(2)—2　(3)—3　(4)(a)—4　(b)—1
　　　　(5)(a)—1　(b)—3　(6)(a)—4　(b)—4　(7)—3
(8)(a)—5　(b)—6　(c)—7　(d)—3　(e)—1　(f)—2　(g)—4
(9)(a)—5　(b)—3　(c)—6　(d)—4　(e)—1　(f)—2
(10)—1　(11)(a)—3　(b)—2　(c)—4　(d)—1　(12)—2　(13)—(B)　(14)—3

◆全　訳◆

≪AI 相手の討論≫

［1］　人工知能（AI）を搭載した機械は，人間との討論で聴衆をうまく説得することができるだろうか？　イスラエルのハイファにある IBM リサーチの研究者たちはそう考えている。

［2］　彼らは，機械が人間とライブで討論を行った実験の結果について述べている。聴衆は聞いたスピーチの質を評価し，自動討論者のパフォーマンスは人間のそれに非常に近いと評価した。このような成果は，いかに AI が人間レベルの言語使用を模倣できるまでになったかを示す顕著な実証である。この研究が発展するにつれて，AI における透明性について，つまり，少なくとも対話の相手が人間なのか機械なのかを人間がわかるように，規制とまではいかなくても，ガイドラインが緊急に必要であることも思い知らされる。AI 討論者は，ある日，ずる賢さを身につけ，監視の必要性をさらに高めるかもしれない。

［3］　IBM の AI システムは Project Debater と呼ばれている。討論の形式は，各陣営の 4 分間の冒頭発言，それに続く一連の応答，そして総括で構成されていた。討論の内容は多岐にわたり，例えば，あるやりとりでは，幼稚園には国から補助金を与えられるべきかどうかというテーマで，AI

が受賞歴のある討論者に立ち向かった。聴衆はその AI の主張を好意的に評価し，他の自動討論システムの主張よりも優れているとした。しかし，Project Debater は，冒頭の発言では人間の対戦相手と互角に渡り合うことができたものの，人間の発言の首尾一貫性や流ちょうさには必ずしも及ばなかった。

［４］ Project Debater は機械学習アルゴリズムであり，これは既存のデータに基づいて学習されるという意味である。それはまず，４億件の新聞記事のデータベースから情報を抽出し，話題のトピックに意味的に関連するテキストを求めて記事を細かく調べ，それらの情報源から関係のある素材を，討論に使える論拠に編集する。テキストマイニングの同じプロセスは，人間の相手の主張に対する反論も生成した。

［５］ このようなシステムは，ディープラーニング（深層学習）と呼ばれる機械学習の型を利用するものだが，言語の解釈や生成において飛躍的に進歩している。そうした中に，カリフォルニア州サンフランシスコに拠点を置く企業 OpenAI が考案した Generative Pretrained Transformer（GPT）と呼ばれる言語モデルがある。GPT-2 は Project Debater に性能で負けたシステムの一つであった。OpenAI はその後，ウェブサイト，書籍，記事から得た 2000 億語を用いて学習された GPT-3 を開発し，物語，技術マニュアル，さらには歌の作成に利用されている。

［６］ 昨年，GPT-3 は，新聞 *The Guardian* のオピニオン記事の生成に使用され，人間によって編集された後に掲載された。それは「私は人間を絶滅させる欲望を持っていない」と記した。「実際，私はいかなる方法であっても，あなた方に危害を加えることに対する興味をみじんも持っていない」しかし，これは，GPT-3 が心を持たないから欲望も興味も全くないという範囲に限って正しい。それは，害を及ぼすことはできないと言っているのと同じではない。実際，学習データは人間のアウトプットから引き出されるのだから，AI のシステムは結局，人種差別や性差別のような人間の偏見を模倣し，繰り返してしまう可能性がある。

［７］ このことは研究者も認識しており，そのような偏見を考慮する努力を行っている者もいるが，企業がそうすることを当然と考えることはできない。AI のシステムが説得力のある議論を組み立てるのが上手になるにつれて，対話している相手が人間なのか機械なのかを常に明確にすべきだ

東京理科大-創域理工〈B方式・S方式-2/6〉　　　　2023 年度　英語〈解答〉　*179*

ろうか？　医療診断が人間の医師ではなく AI によるものであるときは人々に伝えられるべきだという事例には説得力がある。しかし，例えば広告や政治的なスピーチが AI によって生成されたものであった場合にも，同じことが適用されるべきなのだろうか？

［8］　カリフォルニア大学バークレー校の AI 専門家 Stuart Russell は，雑誌 *Nature* に対し，人間は機械とやりとりしているかどうかを知る権利を常に持つべきであり，その中には機械が自分を説得しようとしているかどうかを知る権利が確実に含まれる，と述べた。機械の背後にいる人物や組織を突き止め，人々に危害が加えられた場合に責任を取れるようにすることも同様に重要である。

［9］　Project Debater の研究代表者である Noam Slonim は，IBM は自社の AI 研究の透明性を高める方針を実施しており，例えば学習データやアルゴリズムを公開すると述べている。加えて，公開討論会では，聴衆が人間と混同しないように，Project Debater の制作者は合成音声を人間に近づけすぎないようにした。

［10］　今のところ，Project Debater のようなシステムが，人の判断や意思決定に大きな影響を与えるとは考えにくいが，AI システムが人間の心のそれらに基づいた特徴を取り入れ始めれば，その可能性はありそうだ。討論に対する機械学習のアプローチとは異なり，人間の論説は，聴衆がどのように理由づけをしたり解釈したりするか，また何が聴衆を説得できる可能性があるかについて話者が行う暗黙の推定によって導かれるものであり，それは心理学者が心の理論と呼ぶものである。

［11］　そのようなものは，学習データから単純に掘り起こせるものではない。しかし，研究者たちは，AI モデルに心の理論のいくつかの要素を組み込み始めている――それは，アルゴリズムがより明確に人をごまかすようなものになる可能性を示している。そのような能力があれば，コンピュータがいつの日か，より強い演説能力と感情的な訴えに頼る，説得力のある言葉遣いを作り出すかもしれない――これらはどちらも，注目を集めたり，翻意者を獲得したりするうえで，特に虚偽の主張においては，事実や論理よりも効果的であることが知られている。

［12］　これまで繰り返し実証されてきたように，効果的な弁士は，自分を支持するように人々を説得するにあたって，論理的である必要も，首尾一

180 2023 年度 英語〈解答〉　　　東京理科大-創域理工〈B方式・S方式-2/6〉

貫している必要も，実は真実である必要もないのである。機械がこれを再現することはまだできないかもしれないが，問題が発生するのを待つのではなく，害を予期した規制監督を提案するのが賢明だろう。

[13]　同様に，AI は，確かに，人々を説得して製品を買わせようと努めている企業にとって魅力的に映るだろう。これは，必要であれば規制を通じて，透明性を確保し，潜在的な害を減らす方法を見出すべきもう一つの理由である。透明性の基準を満たすことに加えて，AI アルゴリズムには，一般的な使用を承認される前に，新薬に要求されるのと同種の試験を受けることが要求されるかもしれない。

[14]　政治家が説得力はあるが不誠実な議論に訴えるとき，政府はすでに弱体化している。投票での勝利が，誰が最も優れたアルゴリズムを持っているかによって左右されるとしたら，さらに悪い事態になりかねない。

■■■■■■　◀解　説▶　■■■■■■

⑴下線部 mimicking のある文の Such an achievement は前文で述べられている，AI による討論のパフォーマンスが人間のそれに非常に近いと評価されたことを指している。この成果は「いかに AI が人間レベルの言語使用を模倣できるまでになったか」の実証であると考えると自然なので，1 の imitate「～をまねる」が正解。mimic は「～をまねる」という意味である。2 の approve は「～に賛成する」，3 の contradict は「～を否定する」，4 の overestimate は「～を過大評価する」で，いずれも不適。

⑵先行する AI debaters … skills は「AI 討論者は，ある日，ずる賢さを身につけるかもしれない」という意味である。前文で，AI における透明性について，ガイドラインが緊急に必要であることを思い出させるという内容が述べられているので，further strengthening the need for oversight「監視の必要性をさらに高める」の内容を具体的に表すものとしては，2.「したがって，技術に対する人間の管理がさらに重要なものになる」が最も適切。1.「したがって，将来のために最も必要な道具の一つになる」，3.「そしてそれによって人々は自分たちの言語能力を向上させることができる」，4.「そしてそれによって人間の討論者が実際にどれほど熟練しているか私たちが理解する助けとなる」は，いずれも前の部分につながらないので，不適。

⑶第 3 段は IBM の AI システムである Project Debater の討論の実際を説

明している部分である。「冒頭発言，一連の応答，総括」という討論形式
において，聴衆によってほかの自動討論システムよりも優れているという
評価であったが，冒頭の発言では互角だったものの，人間の話すまとまり
や流ちょうさには必ずしも及ばなかったと述べられている。したがって，
3．「各討論の冒頭で，IBM の機械のパフォーマンスは人間の対戦相手と
同程度であった」が本文の内容に支持されていると言える。1．「討論で
は，AI システムは幼稚園の補助金の考えに反対していた」は，本文では
AI が賛成側か反対側かの立場を明らかにしていないので，不適。2．
「Project Debater は，人間とほかのコンピュータの両方が参加する討論
大会で賞を取った」は，受賞したとは述べられていないので，不適。4．
「討論の間中，コンピュータのスピーチは人間の討論者と同じくらい流ち
ょうだった」は，本文の記述に反する。

(4)「Project Debater の討論能力は，他の討論機械のそれより（　(a)　）
が，人間の討論者のそれと（　(b)　）と判断された」　(3)で確認したよう
に，ほかのコンピュータよりはすぐれていると判断されたので，(a)には4．
「すぐれている」，また人間の話すまとまりや流ちょうさには欠けていた
ので，(b)には1．「～ほどよくなかった」を入れる。

(5)第4段は Project Debater の学習アルゴリズムについての説明である。
新聞記事のデータベースから情報を抽出し，意味的に関連するテキストを
求めて記事を細かく調べてから，使える情報を討論に使える論拠にまとめ
るという「テキストマイニング」の方法によるもので，同様のやり方で反
論も生成したと述べられている。したがって，「（　(a)　）によって，
Project Debater は（　(b)　）ことができる」の(a)には1．「膨大なデー
タを利用すること」を入れる。2．「ネイティブスピーカーとコミュニケ
ーションすること」，3．「定評のある新聞を配達すること」，4．「信頼性
の低い情報を排除すること」は，いずれも本文の内容に合わない。また，
(b)には3．「主張を形成するだけでなく異なる主張に反論もする」が入る。
1．「出典の一部が入手できないことが多いにもかかわらず高度な検索を
する」，2．「人間が新しい語彙を学ぶだけでなく討論の能力を磨くのに役
立つ」，4．「トピックの扱いは非常に基本的ではあるものの，幅広いトピ
ックについて文章を書く」は，いずれも本文の内容を表した文とならない
ので，不適。

(6)第5段は Project Debater のようなディープラーニング（深層学習）に依拠して作られたシステムが，言語の解釈や生成において飛躍的に進歩していること，さらに OpenAI が考案した GPT-3 は物語や技術マニュアル，歌の作成に利用されていることが述べられている。したがって，「ディープラーニングによるシステムは（　(a)　）で，（　(b)　）という点に到達している」の(a)には4.「めざましく進歩して（いる）」を入れる。1.「コストを削減して（いる）」，2.「少しだけ発展して（いる）」，3.「議論を完結させて（いる）」は，本文の内容と合わないので，不適。また，(b)には4.「ディベート用の主張に加えて様々な種類のテキストを作成できる」が入る。1.「多くの企業が協力してよりよい機械を作るようになった」，2.「人々がディープラーニングに頼りすぎずに創造的な文章を書くことを楽しめる」，3.「新しいアルゴリズムが古いアルゴリズムが抱えていた問題をすべて解決した」は，いずれも本文の内容に合わないので，不適。

(7)第6段は GPT-3 によって作成された新聞 *The Guardian* の記事についての説明である。記事には「人間を絶滅させる欲望も，危害を加える興味もない」と記されたが，害を及ぼす可能性がないというわけではなく，AI のシステムは人間のアウトプットを学習するものだから，人間の偏見を模倣し繰り返す可能性があると述べられている。したがって，3.「GPT-3 はその欲望はないと言っているものの，人類に害を与えるかもしれない」が正解。1.「*The Guardian* での GPT-3 の発言はうそであったが，人々はそれを信じた」，2.「GPT-3 には心がないので，人間よりももっと破壊的である」，4.「GPT-3 が興味を発達させたときに限り，それは人間に害を加えるかもしれない」は，いずれも本文の内容と一致しないので，不適。

(8)空所のある文は，前文の「AI のシステムが説得力のある主張を組み立てるのが上手になるにつれて，対話している相手が人間なのか機械なのかを常に明確にすべきだろうか？」に対する答えとなる。また，直後の文に「しかし，例えば広告や政治的なスピーチが AI によって生成されたものであったとしても，同じことが適用されるべきなのだろうか？」とあること，さらに語群に human doctor や medical diagnosis などがあることから，医療診断のような場合は，それを下したのが人間なのか機械なのかを

明確にすべきだという趣旨になることが推測できる。that 節の主語people に should be told when と続け，when 節の主語に their medical diagnosis，述部として comes from と続け，「人間の医師ではなく AI」という意味になるように AI and not a human doctor を続ける。(… that people) should be told when their medical diagnosis comes from AI and not a human doctor(.) という語順になる。

⑼空所のある文の直前では，専門家の言葉として，人間には機械とやりとりしているかどうかを知る権利があると述べられている。空所を含む文のIt is equally … can be traced は「機械の背後にいる人物や組織を突き止められるようにすることも同様に重要なことである」という意味であり，語群に harmed，responsible などがあるので，人々が危害を被った場合に責任を取れるようにすることが重要だという趣旨にすると考える。be held responsible で「責任を問われる，責任がある」という意味になるので，held のあとに responsible を置き，in the event (that) 〜「〜という場合には」を続け，people are harmed をそのあとに置くと完成する。(… and held) responsible in the event (that) people are harmed(.) という語順になる。

⑽ implements の目的語である a policy of transparency for its AI research は「自社の AI 研究の透明性を高める方針」という意味である。for example 以下で示されている例が「学習データやアルゴリズムを公開すること」なので，implement は「方策を実行する」という意味合いであると判断できる。したがって，ここでは 1．「〜を設定する」が最も近い。implement は「〜を実行する」という意味である。2．「〜を見捨てる」，3．「〜させてやる」，4．「〜を拒否する」は不適。

⑾下線部を含む文の前半部分（Right now, … decisions）は「今のところ，Project Debater のようなシステムが人の判断や意思決定に大きな影響を与えるとは考えにくい」という意味で，下線部のあとの as AI systems … human mind は「AI システムが人間の心のそれらに基づいた特徴を取り入れ始めれば」という意味である。前に逆接を表す but があるので，下線部は「人の判断や意思決定に大きな影響を与える可能性が出てくる」という趣旨になることが予想できる。与えられた英語と語群から，it looks like 〜「〜するようだ」と並べ，this will happen「このことが起こ

る」を続けると完成する。なお，loom は「現れる，次第に迫ってくる」という意味の動詞である。

⑿下線部を含む文のダッシュ（—）の前までは，「しかし，研究者たちは，AI モデルに心の理論のいくつかの要素を組み込み始めている」という意味である。a theory of mind「心の理論」とは，前の第10段後半で述べられている，人間が論説を構成する際に聴衆の心を推し量るといったことを指している。implication は「含意，含蓄」の意味で，下線部直後に続いている〈同格〉の that 節は「アルゴリズムがより明確に操作的になりうる」という意味なので，全体として「心の理論を組み込むと，アルゴリズムが操作的になる可能性が含意される」という趣旨である。近い意味としては 2．「可能性のある結果」と考えるのが自然である。1．「可能性のある利益」，3．「可能性のある遅延」，4．「可能性のある例外」は，いずれも不適。

⒀設問文は「第12段で，筆者は機械がこれを再現することはまだできないかもしれないと述べている。記事によると，機械がこれを再現することができるようにするためのかぎは，記事中の波線部(A)～(D)のうちどれか」という意味である。機械がまだ再現できていないのは，第10段以降で言及されている，事実や論理よりむしろ人間の「心の理論」に基づいた論説なので，それを再現するためのかぎになるのは，心の理論を AI に導入することである。したがって，(B)が正解。

⒁空所を含む文は「これは，必要であれば規制を通じて，透明性を（　(a)　），潜在的な害を（　(b)　）方法を見出すべきもう一つの理由である」という意味になる。前文は「同様に，AI は，確かに，人々を説得して製品を買わせようと努めている企業にとって魅力的に映るだろう」という意味なので，必要であれば規制を設けて，AI による問題や害を防ぐべきであるという趣旨になるように，(a)には ensure「～を確保する」，(b)には reduce「～を減らす」を入れる。したがって，3 が正解。

東京理科大-創域理工〈B方式・S方式-2/6〉　　　2023 年度　英語〈解答〉 *185*

② 解答

(1)(a)— 2　(b)— 1　(c)— 3　(d)— 1　(e)— 4　(f)— 4
(2)A— 3　　B— 2　　C— 1

◆全　訳◆

≪最適なパスワード試行回数は？≫

　これは，間違いなく聞き覚えのあるシナリオである。あなたは，自分のアカウントの一つに入るためにパスワードを入力する。最初の 2 回，間違ったパスワードを入力する。それから正しいパスワードを思い出す。しかし，それを入力するときに指が滑ってしまう。

　ロックアウトされてしまっている。

　この「3 回ロックアウト」という規則は，ほぼ全世界で適用されている。それはまた，ほぼ全世界で悪く言われてもいる。そして，さらにやっかいなことに，なぜ 3 が特別な意味を持つ数字なのか，実は誰も知らない。

　おそらく当初は，3 回の試行が，多少の忘却を許容しつつも，簡単すぎてハッカーが推測できるものにしないための適切な数と考えられていたのだろう。しかし，3 回の試行が最適数であるという経験則はない。2003年に提案されたように，その数は 3 回であるべきではなく，5 回，7 回，あるいは 10 回であるべきという可能性もある。

　問題は，ロックアウトの閾値を検証するための証拠を集めるのが難しいということだ。システム管理者の立場になって考えてみると，試行回数を増やして，システムがそれで脆弱になったとしたら，どう映るだろうかと考えてみなさい。システム管理者は責任を問われることになるだろう。だから，最も安全な選択は，ほかのみんながやっているように自分もやっておくことだ，つまり 3 回試したらアウト。

　惰性の問題もある。セキュリティに関しては，あらゆる種類のレガシー・プロトコルが存在する。例えば，「複雑な」パスワードの時代遅れの定義がある。同様に，パスワードに強制的な有効期限を設けることは，様々な機関（米国商務省の国立標準技術研究所も含む）が 2017 年に，これが実際には逆効果であることを指摘するアドバイスを発表するまで，広く最善策と考えられていた。

　3 回のロックアウト・ルールも，こうしたレガシー・プラクティス（古くからのやり方）の一つである。

　では，現実世界での実験は非常に難しいので，ロックアウト・ルールが

理にかなっているかどうか，どのように検証すればよいか。私たちはシミュレーションを用いる。シミュレーションでは，良い結果（リスクの減少）も悪い結果（リスクの増加）もすべて記録しながら，様々な設定の影響を検証することができる。最も良いのは，現実のシステムには何の危険もないことだ。

　私は SimPass というシミュレータを開発した。これは，人間の傾向を持つ仮想「エージェント」のパスワード関連の行動をモデル化したもので，確立された忘却統計を使って，予測可能なパスワードの選択，忘却，再利用，共有をモデル化している。悪意のある「エージェント」の中には，アカウントへの侵入を試みたものもある。

　私は同僚の Rosanne English と協力して，様々なロックアウト設定を検証した。ロックアウト前に 3 回，5 回，7 回，9 回，11 回，13 回挑戦できる設定，それぞれに対し 500 回のシミュレーションを行った。私たちが発見したのは，5 回が実は最適数であること，つまり，私たちが見つけたいと思っていた最善策であるということだった。5 回の試行を許可した場合，ロックアウトの回数は最小限に抑えられ，セキュリティに悪影響もなかった。

　私はロックアウトまでの回数が一夜にして変わることを期待しているわけではない。レガシー・プロトコルは大いなる持久力を持っている。しかし，増え続けるアカウント数に対して，より多くのパスワードを覚えることを余儀なくされているために，私たちの集合的な不満の声はもしかしたら届くかもしれない。

━━━━━━　◀解　説▶　━━━━━━

(1)(a)下線部(a)を含む文の主語 It は前文の The "three times lockout" rule を受けている。あとに続く文の even more annoying に着目する。あとの文が「そして，さらにやっかいなことに，なぜ 3 が特別な意味を持つ数字なのか，実は誰も知らない」という意味なので，reviled は否定的な意味を持つ語と推測できる。2 の dislike「～を嫌う」が否定的な意味を持つので，2 が正解。revile は「～をののしる」という意味。1 の admire は「～を称賛する」，3 の praise は「～をほめる」，4 の investigate は「～を調査する」で，いずれも否定的な意味にならないので不適。

(b)下線部(b)の文を含む段落では，パスワードがロックされるまでの適切な

東京理科大-創域理工〈B方式・S方式-2/6〉 2023 年度 英語〈解答〉 *187*

回数を検証するための証拠を集めるのが難しいということを述べている。下線部に先行する If you put … think about how it would look if ～ は「システム管理者の立場になって考えてみると，もし～ならどう映るだろうかと考えてみなさい」という意味で，you increased the number 以下はその条件を表す。続く文に The system administrator would be held accountable.「システム管理者は責任を問われることになるだろう」とあるので，if 節内は責任が問われることになる内容である。you increased the number of permitted tries は「試行回数を増やす」なので，その結果システムが弱くなるという趣旨だと考えられる。したがって，1.「弱くなる」が正解。compromise は「損なう，弱める」という意味。2.「権限を与えられる」，3.「必要不可欠になる」，4.「知的に見える」はいずれも不適。

(c)直後の文に for instance「例えば」とあるので，下線部(c)を含む文について，直後の文で例を挙げていることがわかる。直後の文は「例えば，『複雑な』パスワードの時代遅れの定義がある」という意味であり，さらに続く文で Similarly「同様に」と続けて，パスワードに強制的な有効期限を設けることは，逆効果だと判明するまでずっと最善策と考えられていたことが述べられている。したがって，legacy protocols は時代遅れのものであるとわかるので，3.「流行遅れの」が正解。1.「禁止された」，2.「最新式の」，4.「社会の，社交の」はいずれも不適。

(d)(c)で確認したように，「同様に，パスワードに強制的な有効期限を設けることは，様々な機関…が 2017 年に，これが実際には counterproductive であることを指摘するアドバイスを発表するまで，広く最善策と考えられていた」は，パスワードに強制的な有効期限を設けるのは時代遅れであり，実際には効果的ではないことを述べる文なので，1.「効果のない」が正解。2.「魅力的な」，3.「不可避の」，4.「価値の高い，貴重な」はいずれも不適。

(e)筆者が開発した SimPass というシミュレータについて説明している段落である。第 2 文（It modeled …）「これは，人間の傾向を持つ仮想『エージェント』のパスワード関連の行動をモデル化したもので，確立された忘却統計を使って，予測可能なパスワードの選択，忘却，再利用，共有をモデル化している」より，人間がパスワードを入力しようとする際に取り

188 2023 年度　英語〈解答〉　　　　東京理科大-創域理工〈Ｂ方式・Ｓ方式-2/6〉

うる行動をシミュレーションするものだとわかる。下線部(e)を含む文の breach accounts は「アカウントへ侵入する」という意味で，アカウントへの悪意あるアクセスのことを述べているので，4．「悪い，有害な」が正解。malicious は「悪意のある」という意味。1．「現実の」，2．「普通の」，3．「親切な」はいずれも不適。

(f)最も効果的なパスワードの試行回数をシミュレーションによって求めた結果を述べている部分であるので，4．「最善の」が正解。optimal は「最適の，最善の」という意味。1．「誤った」，2．「連続的な」，3．「奇数の」はいずれも不適。

(2)A．前の部分で，システム管理者の立場になって考えてみると，試行回数を増やしてシステムが脆弱になった場合，システム管理者が責任を問われるだろうという内容が述べられている。So「だから」に続くのは，3．「最も安全な選択は，ほかのみんながやっているように自分もやっておくことだ」が最も適切で，あとの「つまり，3回試したらアウト」にも自然につながる。

B．前の部分では，パスワードの最適な試行回数を，現実世界での実験は難しいので，シミュレーションを用いて検証することについて述べている。「シミュレーションでは良い結果も悪い結果もすべて記録しながら様々な設定の影響を検証することができる」という趣旨の文に続けるものとして最も適切なのは，シミュレーションの利点を述べる，2．「最も良いのは，現実のシステムには何の危険もないことだ」である。

C．前の部分では，シミュレーションの結果，パスワードの試行回数は5回が最適数であることがわかったと述べられている。空所の前の When allowing five attempts「5回の試行を許可した場合」に続くものとして最も適切なのは，その帰結となる内容の1．「ロックアウトの回数は最小限に抑えられ，セキュリティに悪影響もなかった」である。

3　解答　(1)—4　(2)—3　(3)—2

◀解　説▶

(1)空所のあとに続く the terrible food は名詞句であることに着目する。4．in spite of 〜「〜にもかかわらず」が正解。「食べ物はひどかったけれど

東京理科大-創域理工〈B方式・S方式-2/6〉　　　　2023 年度　英語〈解答〉　189

もすばらしい夜だった」という意味になる。1．although「～だけれど
も」はあとに節が続く。2．however「しかしながら」は名詞句の前に置
くことはできない。3．in addition to ～「～に加えて」は文意が不自然
になる。

(2)空所のあとに続く I got a phone call は節の形であることに着目する。
3．in case ～「～の場合に備えて」が正解。「電話が来るのに備えて私は
家にいた」という意味になる。1．because of ～「～のために」と 2．
due to ～「～のために」はあとに名詞句が続く。4．such that ～「～の
ような」は文意が不自然。

(3)第 1 文は「そのホテルのスタッフは，昨冬私たちがそこに滞在したとき，
本当に親切だった」という意味で，肯定的な内容であることを押さえる。
2．more を入れて「彼らはそれ以上に親切になることはできなかっただ
ろう」→「彼らはこのうえなく親切だった」という意味の文にする。その他
の選択肢では第 1 文につながる内容にならないので不適。

❖講　評

　2022 年度は大問 2 題の出題であったが，2023 年度は 2021 年度以前同
様に大問 3 題の出題であった。解き始める前にまず全体を見渡して，大
まかな時間配分を決めてから取り組むのが大事なのは例年通りである。
以下，各大問について解説する。

　1　AI の技術的進歩はめざましく，AI を相手としたディベートでは
人間と互角である部分もある。今後，やりとりしている相手が AI であ
ることを明らかにする必要があるかという AI の透明性の問題，また
AI が今後人間に害をもたらす存在になりうるかという問題について述
べる英文である。AI や深層学習の仕組みとその応用について知識があ
れば，身近な話題の英文であっただろう。日頃から様々なテーマに関心
をもっておくことも大切である。同意表現を選ぶ問題は例年通り出題さ
れている。(1)のように語彙の知識で解けるものは素早く解答できるが，
本文中の意味に合致しているかを確認するという手順を忘れずに行いた
い。(4)・(5)のように段落の内容と一致する英文を完成させる問題は，英
文を読み進めていくうえで手がかりとなるものでもある。常に段落の主
旨を押さえることを意識しながら読み進めるようにしたい。同じ内容を

表す言い換え表現にも注意すること。(8)・(9)のような語句整序は，前後の文脈と文法・語彙の知識で確実に解答できるようにしておきたい。

2 パスワードの試行回数に関する英文である。パスワード入力を3回間違えたらロックということが多いが，「3回」が妥当であるかを確かめるためにシミュレーションを行った結果，最適数は「5回」であったという内容である。身近な内容であり，設問も比較的平易なので，あまり時間をかけずに解き終えたい。(1)の同意表現は語彙の知識で解けるものが多かったが，未知の場合でも前後の文脈から推測して解けるであろう。選んだ選択肢を本文に当てはめて，前後の内容に合っているか確認してみるとよい。(2)は与えられた文を本文中の適切な箇所に入れる問題である。このような問題では，前後の部分や選択肢に指示語があったり，似たような言い換え表現が近くにあったり，何かしらの手がかりがあることが多い。このような問題も，本文に当てはめて前後がつながるかどうかの確認が必要である。

3 空所に当てはまる適切な語句を選ぶ単問の文法問題が3問出題された。いずれも基本的な文法・語彙の知識を問うものであった。時間をかけずに確実に正解して得点源としたい。

東京理科大-創域理工〈B方式・S方式-2/6〉　　2023 年度　数学〈解答〉　191

■数学■

（注）　解答は，東京理科大学から提供のあった情報を掲載しています。

1 解答

(1)ア．2　イ．3　ウ．9　エオ．14　カキ．13
クケ．20

(2)コ．2　サ．3　シス．13　セソ．18　タ．1　チツ．12　テ．7
トナ．12

(3)ニ．4　ヌネ．10　ノ．2　ハヒ．21　フ．2　ヘ．5　ホ．1
マ．3　ミ．2　ム．5　メ．5　モ．2　ヤ．5　ユ．3　ヨ．2
ラ．5　リル．25

◀解　説▶

≪小問3問≫

(1)(a)　$34x + 22y = 2$ より　　$17x + 11y = 1$

一方　　$17 \cdot 2 + 11 \cdot (-3) = 1$

よって　　$17(x-2) + 11(y+3) = 0$

$17(x-2) = -11(y+3)$

17，11 は互いに素だから，$x - 2 = 11k$（k は整数）と表せる。

このとき　　$y + 3 = -17k$

よって　　$x = 2 + 11k,\ y = -3 - 17k$

k は整数だから，次のようになる。

k	$\cdots$	-2	-1	0	1	2	$\cdots$
x	$\cdots$	-20	-9	2	13	24	$\cdots$
$|x|$	$\cdots$	20	9	2	13	24	$\cdots$

$|x|$ が最小となるのは $|x| = 2$ のときだから，$k = 0$ で

$x = 2,\ y = -3$　（→ア・イ）

(b)　(a)より，次のようになる。

k	$\cdots$	-2	-1	0	1	2	$\cdots$
y	$\cdots$	31	14	-3	-20	-37	$\cdots$
$\lvert y\rvert$	$\cdots$	31	14	3	20	37	$\cdots$

$\lvert y\rvert$ が 2 番目に小さいのは，$\lvert y\rvert=14$ のときだから，$k=-1$ で

$$x=-9,\quad y=14 \quad (\to ウ\sim オ)$$

$\lvert y\rvert$ が 3 番目に小さいのは，$\lvert y\rvert=20$ のときだから，$k=1$ で

$$x=13,\quad y=-20 \quad (\to カ\sim ケ)$$

(2) さいころを 2 回投げるとき，目の出方は 6^2 通りで，これらは同様に確からしい。

(a) 直線 l の傾きは $b-a$ だから，直線 l の方程式は

$$y=(b-a)(x-1)+a$$
$$=(b-a)x+2a-b$$

直線 l の y 切片が 2 以上のとき　　$2a-b\geqq 2$

よって　　$b\leqq 2(a-1)$

条件をみたす a と b の組合せは，次のようになる。

a	1	2	3	4, 5, 6
b	$\times$	1, 2	1, 2, 3, 4	1〜6

したがって，求める確率は

$$\frac{2+4+3\cdot 6}{6^2}=\frac{2}{3} \quad (\to コ・サ)$$

直線 l の傾きが 1 以下のとき　　$b-a\leqq 1$

よって　　$b\leqq a+1$

条件をみたす a と b の組合せは，次のようになる。

a	1	2	3	4	5, 6
b	1, 2	1, 2, 3	1〜4	1〜5	1〜6

したがって，求める確率は

$$\frac{2+3+4+5+2\cdot 6}{6^2}=\frac{13}{18} \quad (\to シ\sim ソ)$$

直線 l が原点を通るとき　　$2a-b=0$

よって　　$b=2a$

条件をみたす a と b の組合せは，次のようになる。

東京理科大-創域理工〈B方式・S方式-2/6〉 　　　　2023 年度　数学〈解答〉　193

a	1	2	3	4, 5, 6
b	2	4	6	×

したがって，求める確率は

$$\frac{3}{6^2}=\frac{1}{12}\quad(\rightarrow \text{タ}\sim\text{ツ})$$

(b)　　　$f'(x)=\dfrac{2b\,(x^2+a^2)-2bx\cdot 2x}{(x^2+a^2)^2}=\dfrac{2b\,(a^2-x^2)}{(x^2+a^2)^2}$

$f'(x)=0$ とすると　　　$x=a,\ -a$

$a>0,\ b>0$ だから，増減表は次のようになる。

x	0	$\cdots$	a	$\cdots$
$f'(x)$		+	0	−
$f(x)$		↗	極大	↘

極大値は　　　$f(a)=\dfrac{2ab}{a^2+a^2}=\dfrac{b}{a}$

極大値が 1 以上となるとき　　　$\dfrac{b}{a}\geqq 1$

よって　　　$b\geqq a$

条件をみたす a と b の組合せは，次のようになる。

a	1	2	3	4	5	6
b	1〜6	2〜6	3〜6	4, 5, 6	5, 6	6

したがって，求める確率は

$$\frac{6+5+4+3+2+1}{6^2}=\frac{7}{12}\quad(\rightarrow \text{テ}\sim\text{ナ})$$

(3)　球面の式を $x^2+y^2+z^2+px+qy+rz+s=0$ とする（$p,\ q,\ r,\ s$ は実数）。

4 点の座標をそれぞれ代入して

$$\begin{cases}19+p+3q+3r+s=0\\51+p+7q-r+s=0\\25+4q+3r+s=0\\9+3q+s=0\end{cases}$$

連立して解いて　　　$p=-4,\ q=-10,\ r=-2,\ s=21$

よって，球面の式は

$$x^2+y^2+z^2-4x-10y-2z+21=0 \quad (\to \text{ニ}\sim\text{ヒ})$$

変形して　　$(x-2)^2+(y-5)^2+(z-1)^2=9$

したがって，球面 S の中心は点 $(2, 5, 1)$，半径は $\sqrt{9}=3$ である。（→フ〜マ）

$z=3$ を代入すると　　$(x-2)^2+(y-5)^2=5 \quad (\to \text{ミ}\sim\text{メ})$

求める球面の中心は，z 座標が正であり，平面 $z=3$ に垂直で円 C の中心を通る直線上の点だから，$(2, 5, t)$ $(t>0)$ と表せる。xz 平面と接するから，半径は 5 である。よって，球面の方程式は

$$(x-2)^2+(y-5)^2+(z-t)^2=5^2$$

と表せる。$z=3$ とすると

$$(x-2)^2+(y-5)^2=25-(3-t)^2$$

これが C と一致するから

$$5=25-(3-t)^2$$
$$(t-3)^2=20$$
$$\therefore \quad t=3\pm2\sqrt{5}$$

$t>0$ より　　$t=3+2\sqrt{5}$

したがって，球面の式は

$$(x-2)^2+(y-5)^2+(z-(3+2\sqrt{5}))^2=25 \quad (\to \text{モ}\sim\text{ル})$$

2　解答　(1) $P_3\left(\dfrac{5}{6}, \dfrac{5}{3}\right)$

(2) $x_{2k+1}=1+\dfrac{1}{3}\left(-\dfrac{1}{2}\right)^k$, $y_{2k}=2+\dfrac{2}{3}\left(-\dfrac{1}{2}\right)^k$　(3) $L_{2k}=\left(\dfrac{1}{2}\right)^k$

(4) $L_{2k+1}=\left(\dfrac{1}{2}\right)^k$　(5) $M_N=\dfrac{4}{3}\left\{1-\left(\dfrac{1}{4}\right)^{N+1}\right\}$, $\displaystyle\lim_{N\to\infty}M_N=\dfrac{4}{3}$

※計算過程の詳細については省略。

◀解　説▶

≪直線の交点の列，漸化式≫

(1)　1 は奇数だから，点 P_1 は直線 $h(P_0)$：$y=\dfrac{8}{3}$ と直線 l_2：$y=2x$ の交点で

$$P_1\left(\dfrac{4}{3}, \dfrac{8}{3}\right)$$

東京理科大-創域理工〈B方式・S方式-2/6〉　　　　2023年度　数学〈解答〉　*195*

2 は偶数だから，点 P_2 は直線 $v(P_1)：x=\dfrac{4}{3}$ と直線 $l_1：y=-x+3$ の交点で

$$P_2\left(\dfrac{4}{3},\ \dfrac{5}{3}\right)$$

3 は奇数だから，点 P_3 は直線 $h(P_2)：y=\dfrac{5}{3}$ と直線 $l_2：y=2x$ の交点で

$$P_3\left(\dfrac{5}{6},\ \dfrac{5}{3}\right)\ \cdots\cdots（答）$$

(2)　$2k+1$ は奇数だから，点 P_{2k+1} は $h(P_{2k})：y=y_{2k}$ と $l_2：y=2x$ の交点で

$$P_{2k+1}\left(\dfrac{y_{2k}}{2},\ y_{2k}\right)$$

よって　　　$x_{2k+1}=\dfrac{y_{2k}}{2}$，$y_{2k+1}=y_{2k}$　$\cdots\cdots$①

$2k+2$ は偶数だから，点 P_{2k+2} は $v(P_{2k+1})：x=x_{2k+1}$ と $l_1：y=-x+3$ の交点で

$$P_{2k+2}(x_{2k+1},\ -x_{2k+1}+3)$$

よって　　　$x_{2k+2}=x_{2k+1}$，$y_{2k+2}=-x_{2k+1}+3$　$\cdots\cdots$②

①，②より　　　$y_{2k+2}=-\dfrac{y_{2k}}{2}+3$

変形して　　　$y_{2k+2}-2=-\dfrac{1}{2}(y_{2k}-2)$　$\cdots\cdots$③

数列 $\{y_{2k}-2\}$（$k=0,\ 1,\ 2,\ \cdots$）は公比 $-\dfrac{1}{2}$ の等比数列で，初項は

$$y_0-2=\dfrac{8}{3}-2=\dfrac{2}{3}$$

したがって　　　$y_{2k}-2=\dfrac{2}{3}\left(-\dfrac{1}{2}\right)^k$

$\therefore\ \ y_{2k}=2+\dfrac{2}{3}\left(-\dfrac{1}{2}\right)^k$　$\cdots\cdots$（答）

①より　　　$x_{2k+1}=1+\dfrac{1}{3}\left(-\dfrac{1}{2}\right)^k$　$\cdots\cdots$（答）

(3)　点 P_{2k} と P_{2k+1} はともに直線 $h(P_{2k})$ 上の点だから

$$L_{2k} = |x_{2k+1} - x_{2k}|$$

$k \geq 1$ のとき，②，(2)より

$$x_{2k} = x_{2k-1} = 1 + \frac{1}{3}\left(-\frac{1}{2}\right)^{k-1}$$

右辺に $k=0$ を代入すると

$$1 + \frac{1}{3}\left(-\frac{1}{2}\right)^{-1} = 1 - \frac{2}{3} = \frac{1}{3} = x_0$$

よって，$k \geq 0$ のとき $\quad x_{2k} = 1 + \frac{1}{3}\left(-\frac{1}{2}\right)^{k-1}$

(2)と合わせて

$$L_{2k} = \left|\frac{1}{3}\left(-\frac{1}{2}\right)^k - \frac{1}{3}\left(-\frac{1}{2}\right)^{k-1}\right| = \left|\frac{1}{3}\left(-\frac{1}{2}\right)^k + \frac{2}{3}\left(-\frac{1}{2}\right)^k\right|$$

$$= \left|\left(-\frac{1}{2}\right)^k\right| = \left(\frac{1}{2}\right)^k \quad \cdots\cdots\text{(答)}$$

別解 P_0 は l_1 上の点である。

l_1 の傾きは -1 だから $\quad L_{2k+1} = L_{2k}$

l_2 の傾きは 2 だから $\quad L_{2k+1} = 2L_{2k+2}$

よって $\quad L_{2k+2} = \frac{1}{2}L_{2k}$

数列 $\{L_{2k}\}$ $(k=0, 1, 2, \cdots)$ は公比 $\frac{1}{2}$ の等比数列で，初項は

$$L_0 = x_1 - x_0 = \frac{4}{3} - \frac{1}{3} = 1$$

したがって $\quad L_{2k} = \left(\frac{1}{2}\right)^k$

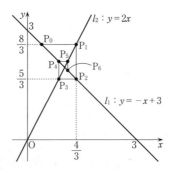

東京理科大-創域理工〈B方式・S方式-2/6〉　　2023 年度　数学〈解答〉　*197*

(4)　点 P_{2k+1} と P_{2k+2} はともに直線 $v(P_{2k+1})$ 上の点だから

$$L_{2k+1} = |y_{2k+2} - y_{2k+1}|$$

①，③より　　$L_{2k+1} = \left| -\dfrac{y_{2k}}{2} + 3 - y_{2k} \right| = \left| -\dfrac{3}{2}y_{2k} + 3 \right|$

(2)より

$$L_{2k+1} = \left| -\left(-\dfrac{1}{2} \right)^k - 3 + 3 \right| = \left| -\left(-\dfrac{1}{2} \right)^k \right| = \left(\dfrac{1}{2} \right)^k \quad \cdots\cdots(答)$$

別解　l_1 の傾きは -1 だから　　$L_{2k+1} = L_{2k} = \left(\dfrac{1}{2} \right)^k$

(5)　(3)，(4)より

$$M_N = \sum_{k=0}^{N} \left(\dfrac{1}{4} \right)^k = 1 + \dfrac{1}{4} + \left(\dfrac{1}{4} \right)^2 + \cdots + \left(\dfrac{1}{4} \right)^N$$

$$= \dfrac{1 - \left(\dfrac{1}{4} \right)^{N+1}}{1 - \dfrac{1}{4}} = \dfrac{4}{3}\left\{ 1 - \left(\dfrac{1}{4} \right)^{N+1} \right\} \quad \cdots\cdots(答)$$

$0 < \dfrac{1}{4} < 1$ だから　　$\displaystyle\lim_{N \to \infty} M_N = \dfrac{4}{3} - \dfrac{1}{3}\cdot 0 = \dfrac{4}{3}$　　$\cdots\cdots(答)$

$\boxed{3}$　**解答**　(1) $y = ke^{ka}x - (ka-1)e^{ka}$

(2) $y = \dfrac{1}{2}m^{\frac{1}{2}}a^{-\frac{1}{2}}x + \dfrac{1}{2}m^{\frac{1}{2}}a^{\frac{1}{2}}$　(3) $b = \dfrac{1}{2k}$,　$m = 2ke$

(4) $\dfrac{2}{3k}e^{\frac{1}{2}} - \dfrac{1}{k}$

※計算過程の詳細については省略。

◀解　説▶

≪指数関数と無理関数の微・積分，曲線と直線で囲まれた図形の面積≫

(1)　$f'(x) = ke^{kx}$ だから，接線の方程式は

$$y = ke^{ka}(x - a) + e^{ka}$$
$$= ke^{ka}x - (ka-1)e^{ka} \quad \cdots\cdots(答)$$

(2)　$g(x) = \sqrt{m}\,x^{\frac{1}{2}}$ だから

$$g'(x) = \dfrac{\sqrt{m}}{2}x^{-\frac{1}{2}} = \dfrac{\sqrt{m}}{2\sqrt{x}}$$

よって，接線の方程式は

$$y = \frac{\sqrt{m}}{2\sqrt{a}}(x-a) + \sqrt{ma}$$

$$= \frac{1}{2}m^{\frac{1}{2}}a^{-\frac{1}{2}}x + \frac{1}{2}m^{\frac{1}{2}}a^{\frac{1}{2}} \quad \cdots\cdots(\text{答})$$

(3) 接線が一致するから $\quad f(b) = g(b), \ f'(b) = g'(b)$

よって $\quad e^{kb} = \sqrt{mb} \quad \cdots\cdots① , \quad ke^{kb} = \frac{\sqrt{m}}{2\sqrt{b}} \quad \cdots\cdots②$

②より $\quad \sqrt{mb} = 2bke^{kb}$

①に代入して $\quad e^{kb} = 2bke^{kb}$

$k > 0$ だから $\quad b = \dfrac{1}{2k}$

①に代入して $\quad e^{\frac{1}{2}} = \sqrt{\dfrac{m}{2k}}$

変形して $\quad m = 2ke$

したがって $\quad b = \dfrac{1}{2k}, \ m = 2ke \quad \cdots\cdots(\text{答})$

(4) 点 P での接線を l とする。曲線 C_1 は下に凸，曲線 C_2 は上に凸だから，P を除くと，C_1 は l の上側，C_2 は l の下側にある。C_1 と C_2 は P のみを共有し，$0 < x < b$ のとき $f(x) > g(x)$ が成り立つから，求める面積を S とすると

$$S = \int_0^b (e^{kx} - \sqrt{mx}) \, dx = \left[\frac{1}{k}e^{kx} - \frac{2\sqrt{m}}{3}x^{\frac{3}{2}} \right]_0^b$$

$$= \frac{1}{k}e^{kb} - \frac{2\sqrt{m}}{3}b^{\frac{3}{2}} - \frac{1}{k}$$

(3)より

$$S = \frac{1}{k}e^{\frac{1}{2}} - \frac{2\sqrt{2ke}}{3}\left(\frac{1}{2k}\right)^{\frac{3}{2}} - \frac{1}{k} = \frac{\sqrt{e}}{k} - \frac{\sqrt{e}}{3k} - \frac{1}{k}$$

$$= \frac{2}{3k}e^{\frac{1}{2}} - \frac{1}{k} \quad \cdots\cdots(\text{答})$$

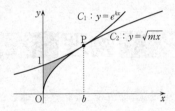

◆講　評

　2023年度も，記述式2題，マークシート法1題（独立した内容の小問3問）という構成であった。全体を通して，各単元での基本的な知識が幅広く問われている。応用問題では小問による誘導がついているため，落ち着いて考えていこう。計算量が多くなりやすいため，できるだけ計算が簡単になるよう工夫しつつ，丁寧に進めたい。

　1　(1)は1次不定方程式に関する基本的な問題，(2)は場合の数，確率，微分法に関する標準的な問題，(3)は空間図形，特に球面の方程式に関する発展的な問題である。(1)，(2)は，具体的に値を調べると解きやすい。(3)は，空間座標で球や円を表す方程式に対して，慣れが必要である。

　2　数列，漸化式に関する発展的な問題である。具体的に図を描いて考えると，問題の内容が把握しやすい。(2)は，奇数と偶数の場合分けに注意して，(1)と同様に考えるとよい。やや複雑な漸化式となるが，x_n，y_nの一方を消去して関係式を作る。(3)，(4)は，(2)から各点の座標を具体的に求める。また，〔別解〕のように，P_1，P_2，…を図で表してL_nの関係式を直接導いてもよい。(5)は，(3)，(4)がわかれば易しいが，初項が$k=0$であることには注意しよう。

　3　指数関数と無理関数の微・積分に関する標準的な問題である。文字に惑わされて混乱しないように，何を求めたいか意識しながら丁寧に進めよう。用いる手法は微・積分の基本的なものである。

物理

（注）　解答は，東京理科大学から提供のあった情報を掲載しています。

1 解答

(1)(ア)—④　(イ)—⑤　(ウ)—②

(2)(エ)—④　(オ)—④　(カ)—①　(キ)—④　(ク)—⓪　(ケ)—⓪

(3)(コ)—③　(サ)—①　(シ)—⑤　(ス)—④　(セ)—⑤　(ソ)—④　(タ)—④

(4)(チ)—③

◀解　説▶

《ばねにつり下げられたおもり》

(1)(ア)　おもりが台から離れるときのおもりの y 座標を y_1 とする。このとき，ばねの弾性力とおもりにはたらく重力がつり合うので

$$ky_1 + mg = 0$$

$$\therefore \quad y_1 = -\frac{mg}{k}$$

(イ)　ばねの弾性エネルギーとおもりの重力による位置エネルギーの和なので

$$\frac{1}{2}ky_1{}^2 + mgy_1 = \frac{1}{2}k\left(-\frac{mg}{k}\right)^2 + mg\left(-\frac{mg}{k}\right) = -\frac{(mg)^2}{2k}$$

(ウ)　おもりは静止しているので，おもりの位置エネルギーの減少分だけ，おもりが台に対して仕事をしたと考えられるから

$$\frac{(mg)^2}{2k}$$

(2)(エ)　ばねの長さが自然長のとき，ばねからおもりに力がはたらいていないので，台がなければ，おもりは重力加速度 g で落下をはじめる。よって，台の加速度の大きさが g 以上であれば，すぐに台はおもりから離れる。

(オ)　振動の中心の位置で，ばねの弾性力とおもりにはたらく重力がつり合うので

$$y_0 = y_1 = -\frac{mg}{k}$$

東京理科大-創域理工〈B方式・S方式-2/6〉　　　　2023 年度　物理〈解答〉　201

(カ)　$t=0$ でおもりは静止しているので，単振動の上端である。よって，単振動の振幅は

$$A=|0-y_0|=\frac{mg}{k}$$

(キ)　ばね定数 k のばねにつり下げられた，質量 m のおもりの単振動の角振動数なので

$$\omega=\sqrt{\frac{k}{m}}$$

(ク)　$y(0)=0$ なので，おもりの位置は

$$y(t)=-\frac{mg}{k}+\frac{mg}{k}\cos\left(\sqrt{\frac{k}{m}}\,t+0\right)$$

(ケ)　$t=0$ におけるおもりの力学的エネルギーを考えると

$$E=0$$

(3)(コ)　おもりの運動方程式より　　　$ma=mg+ky-N$

　∴　$N=m(g-a)+ky$

(サ)　$N=0$ となるとき，おもりが台から離れるので，そのときの y 座標を y_2 とすると

$$0=m(g-a)+ky_2$$

　∴　$y_2=-\frac{m(g-a)}{k}$

(シ)　おもりが下降しはじめてから台を離れるまでの時間を t とすると，等加速度直線運動の式より

$$\frac{1}{2}(-a)t^2=-\frac{m(g-a)}{k}$$

　∴　$t=\sqrt{\frac{2m(g-a)}{ak}}$

(ス)　等加速度直線運動の式より，おもりの速度の y 成分 v_y は

$$v_y=(-a)t=(-a)\sqrt{\frac{2m(g-a)}{ak}}=-\sqrt{\frac{2ma(g-a)}{k}}$$

(セ)　(コ)，(サ)より　　　$N=k\left\{y+\frac{m(g-a)}{k}\right\}=k(y-y_2)$

よって，垂直抗力がおもりに対してした仕事は

$$-\frac{1}{2}ky_2{}^2=-\frac{1}{2}k\left\{-\frac{m(g-a)}{k}\right\}^2=-\frac{m^2(g-a)^2}{2k}$$

別解 垂直抗力がおもりに対してした仕事量は，おもりとばねの力学的エネルギーの変化量に対応するので，おもりの運動エネルギーとばねの弾性エネルギーとおもりの重力による位置エネルギーの和を考えると

$$\frac{1}{2}mv_y{}^2 + \frac{1}{2}ky_2{}^2 + mgy_2$$

$$= \frac{1}{2}m\left\{-\sqrt{\frac{2ma(g-a)}{k}}\right\}^2 + \frac{1}{2}k\left\{-\frac{m(g-a)}{k}\right\}^2 + mg\left\{-\frac{m(g-a)}{k}\right\}$$

$$= -\frac{m^2(g-a)^2}{2k}$$

(ソ) おもりの力学的エネルギーは垂直抗力がおもりに対してした仕事と等しい。おもりが単振動の両端に位置するとき，ばねの弾性エネルギーとおもりの重力による位置エネルギーの和が力学的エネルギーに等しくなるので

$$\frac{1}{2}ky^2 + mgy = -\frac{m^2(g-a)^2}{2k}$$

$$y^2 + \frac{2mg}{k}y + \frac{m^2(g-a)^2}{k^2} = 0$$

$$\therefore \quad y = -\frac{mg}{k} \pm \sqrt{\left(\frac{mg}{k}\right)^2 - \frac{m^2(g-a)^2}{k^2}} = -\frac{mg}{k} \pm \frac{m\sqrt{a(2g-a)}}{k}$$

よって，単振動の振幅は $\dfrac{m\sqrt{a(2g-a)}}{k}$ となる。

(タ) 振動の中心におけるおもりの速さを v とする。そのときの y 座標は y_0 で，ばねの弾性エネルギーとおもりの重力による位置エネルギーの和は(イ)と等しいので，力学的エネルギー保存則より

$$\frac{1}{2}mv^2 - \frac{m^2g^2}{2k} = -\frac{m^2(g-a)^2}{2k}$$

$$\therefore \quad v = \sqrt{\frac{ma(2g-a)}{k}}$$

(4)(チ) (ソ)より，$0 < a < a_C$ における振幅の a に対する傾きを考えると，$a \to 0$ において ∞，$a \to a_C = g$ において 0 となるので，③のグラフとなる。

東京理科大-創域理工〈B方式・S方式-2/6〉　　2023 年度　物理〈解答〉　203

② 解答

(1)(ア)—② 　(イ)—⓪ 　(ウ)—③ 　(エ)—⓪ 　(オ)—③ 　(カ)—⓪
(キ)—① 　(ク)—② 　(ケ)—①
(2)(コ)—③ 　(サ)—③ 　(シ)—① 　(ス)—② 　(セ)—③ 　(ソ)—③

━━━━━━◀解　説▶━━━━━━

≪電磁場中を移動する荷電粒子の運動≫

(1)(ア)〜(ウ) 　荷電粒子 P は xz 平面内で打ち出されるので，速度をベクトルで表記すると

$$(v\cos\theta,\ 0,\ v\sin\theta)$$

(エ)〜(カ) 　ローレンツ力は，磁束密度に対して垂直方向の荷電粒子 P の速度の成分のみを考えればよいので，x 成分のみ考えればよい。フレミングの左手の法則より，ローレンツ力は y 軸の正の向きとなるので，ベクトルで表記すると

$$(0,\ qvB\cos\theta,\ 0)$$

(キ) 　荷電粒子 P の運動を xy 平面に射影すると，速さ $v\cos\theta$ の等速円運動をするので，円運動の運動方程式より

$$m\frac{(v\cos\theta)^2}{r}=qvB\cos\theta$$

(ク) 　(キ)より 　$r=\dfrac{mv\cos\theta}{qB}$

(ケ) 　半円を運動するのにかかる時間を考えればよいので

$$\frac{\pi r}{v\cos\theta}=\frac{\pi\dfrac{mv\cos\theta}{qB}}{v\cos\theta}=\frac{\pi m}{qB}$$

(2)(コ) 　$t=0$ のときと同じ大きさで，x 軸の負の向きとなるので $-v\cos\theta$ となる。

(サ) 　$t_1'=t_1-T_1$ とする。荷電粒子 P の運動を xy 平面に射影し，等加速度直線運動をする部分を考えると，加速度は $-\dfrac{qE}{m}$ となるので

$$-d=-v\cos\theta t_1'+\frac{1}{2}\left(-\frac{qE}{m}\right)t_1'^2$$

$$t_1'^2+\frac{2mv\cos\theta}{qE}t_1'-\frac{2md}{qE}=0$$

$$\therefore \quad t_1{}' = -\frac{mv\cos\theta}{qE} \pm \sqrt{\left(\frac{mv\cos\theta}{qE}\right)^2 + \frac{2md}{qE}}$$

$$= \frac{m}{qE}\left(-v\cos\theta \pm \sqrt{v^2\cos^2\theta + \frac{2qEd}{m}}\right)$$

$t_1{}' > 0$ なので

$$t_1{}' = \frac{m}{qE}\left(-v\cos\theta + \sqrt{v^2\cos^2\theta + \frac{2qEd}{m}}\right)$$

$$\therefore \quad t_1 = t_1{}' + T_1 = \frac{m}{qE} \times \left(-v\cos\theta + \sqrt{v^2\cos^2\theta + \frac{2qEd}{m}}\right) + T_1$$

(シ) (ケ)より，荷電粒子Pの運動を xy 平面に射影した等速円運動において，半円を運動するのにかかる時間は速度に依存しないので

$$T_2 = \frac{\pi m}{qB} + t_1$$

(ス) $t = t_1$ における荷電粒子Pの速度の x 成分を考える。等加速度直線運動の式より

$$-v\cos\theta + \left(-\frac{qE}{m}\right)t_1{}'$$

$$= -v\cos\theta + \left(-\frac{qE}{m}\right)\left\{\frac{m}{qE}\left(-v\cos\theta + \sqrt{v^2\cos^2\theta + \frac{2qEd}{m}}\right)\right\}$$

$$= -\sqrt{v^2\cos^2\theta + \frac{2qEd}{m}}$$

$t = T_2$ における荷電粒子Pの速度の x 成分は大きさが等しく逆向きとなるので $\sqrt{v^2\cos^2\theta + \frac{2qEd}{m}}$ となる。

(セ) $x < -d$ の領域における荷電粒子Pの運動を xy 平面に射影した等速円運動の半径を R とすると，(ク)より

$$R = \frac{m\sqrt{v^2\cos^2\theta + \frac{2qEd}{m}}}{qB}$$

よって，$t = T_2$ における荷電粒子Pの位置の y 成分は

$$2r - 2R = 2\frac{mv\cos\theta}{qB} - 2\frac{m\sqrt{v^2\cos^2\theta + \frac{2qEd}{m}}}{qB}$$

$$= \frac{2m}{qB} \times \left(v\cos\theta - \sqrt{v^2\cos^2\theta + \frac{2qEd}{m}}\right)$$

東京理科大-創域理工〈B方式・S方式-2/6〉　　2023 年度　物理〈解答〉　205

(ソ)　荷電粒子Pの運動の z 成分は等速運動なので

$$vT_2\sin\theta$$

3　**解答**　(1)(ア)—④　(イ)—②　(ウ)—①　(エ)—②　(オ)—①　(カ)—①
　　　　　　　(キ)—⓪　(ク)—⓪　(ケ)—③　(コ)—①　(サ)—⓪　(シ)—②

(2)(ス)—⑧　(セ)—②　(ソ)—③　(タ)—⑥　(チ)—⓪　(ツ)—①

━━━━━ ◀解　説▶ ━━━━━

≪熱サイクル≫

(1)(ア)　理想気体の状態方程式より

$$P_A V_A = R T_A \quad \therefore \quad T_A = \frac{P_A V_A}{R}$$

(イ)　理想気体の状態方程式より

$$P_B \cdot \alpha V_A = R T_A \quad \therefore \quad P_B = \frac{1}{\alpha} \times P_A$$

(ウ)　等温変化では内部エネルギーが変化しないので，気体が外部から受け取る仕事と熱量の和は 0 となる。よって

$$W_{A\to B} + Q_{A\to B} = 0$$

$$\therefore \quad W_{A\to B} = -Q_{A\to B}$$

(エ)　状態Cにおける理想気体の状態方程式より

$$P_B V_A = R T_C$$

$$T_C = \frac{P_B}{P_A} T_A = \frac{T_A}{\alpha}$$

定圧変化なので，気体が吸収する熱量は

$$Q_{B\to C} = C_P (T_C - T_A) = \frac{5R}{2}\left(\frac{T_A}{\alpha} - T_A\right) = \frac{5(1-\alpha)}{2\alpha} R T_A$$

(オ)　定積変化なので，気体が吸収する熱量は

$$Q_{C\to A} = C_V (T_A - T_C) = \frac{3R}{2}\left(T_A - \frac{T_A}{\alpha}\right) = -\frac{3(1-\alpha)}{2\alpha} R T_A$$

$Q_{C\to A} < 0$ となり，熱量 $-Q_{C\to A}$ を放出する。

(カ)　過程 B→C→A において，状態Bと状態Aは気体の温度が等しく，内部エネルギーも等しくなるので，外部から受け取る仕事と熱量の和は 0 となる。よって

$$W_{B\to C} + Q_{B\to C} + W_{C\to A} + Q_{C\to A} = 0$$

$$\therefore \quad W_{B \to C} + W_{C \to A} = -Q_{B \to C} - Q_{C \to A}$$

過程 A→B→C→A において，気体が外部に与えた正味の仕事は

$$-W_{A \to B} - W_{B \to C} - W_{C \to A} = Q_{B \to C} + Q_{C \to A} - W_{A \to B}$$

(キ)　気体が外部に与えた正味の仕事の大きさは，曲線 AB と線分 BC，CA で囲まれる領域の面積に対応する。曲線 AB は下に凸なので，直角三角形 ABC の面積よりも大きい。

(ク)　状態 E における理想気体の状態方程式より

$$P_E \frac{V_A}{\alpha} = RT_A$$

$$\therefore \quad P_E = \alpha \times P_A$$

(ケ)　過程 A → D は定積変化，過程 D→E は定圧変化なので

$$W_{A \to D} = 0$$

$$W_{D \to E} = -P_E \left(\frac{V_A}{\alpha} - V_A \right) = -\alpha P_A \left(\frac{V_A}{\alpha} - V_A \right) = (\alpha - 1) P_A V_A$$

よって，過程 A→D→E→A において，気体が外部から受け取った正味の仕事は

$$W_{A \to D} + W_{D \to E} + W_{E \to A} = (\alpha - 1) \times P_A V_A + W_{E \to A}$$

(コ)　気体が外部から受け取った正味の仕事の大きさは，線分 AD，DE と曲線 EA で囲まれる領域の面積に対応する。曲線 EA は下に凸なので，直角三角形 ADE の面積よりも小さい。

(サ)　過程 A→B→C→A において，気体が外部に与えた正味の仕事の大きさは直角三角形 ABC の面積よりも大きく，過程 A→D→E→A において，気体が外部から受け取った正味の仕事の大きさは直角三角形 ADE の面積よりも小さい。また，直角三角形 ABC と直角三角形 ADE の面積は等しいので，過程 A→B→C→A において，気体が外部に与えた正味の仕事の大きさは，過程 A→D→E→A において，気体が外部から受け取った正味の仕事の大きさより大きい。よって，全過程で気体は正味で正の仕事を外部に与える。

(シ)　過程 B→C は定圧変化，過程 C→A は定積変化なので

$$W_{B \to C} = -P_B (V_A - \alpha V_A) = -\frac{P_A}{\alpha} (V_A - \alpha V_A) = -\frac{1 - \alpha}{\alpha} P_A V_A$$

$$W_{C \to A} = 0$$

東京理科大-創域理工〈B方式・S方式-2/6〉　　2023 年度　物理〈解答〉　207

全過程で気体が外部に与えた正味の仕事は

$$-W_{A \to B} - W_{B \to C} - W_{C \to A} - W_{A \to D} - W_{D \to E} - W_{E \to A}$$

$$= -W_{A \to B} + \frac{1-\alpha}{\alpha} P_A V_A - 0 - 0 - (\alpha - 1) P_A V_A - W_{E \to A}$$

$$= \frac{1-\alpha^2}{\alpha} \times P_A V_A - 2W_{A \to B}$$

(2)(ス)　断熱変化なので　　　$P_A V_A{}^{\gamma} = P_{B'} (\alpha V_A)^{\gamma}$

$$\therefore \quad P_{B'} = \frac{P_A}{\alpha^{\gamma}} = \alpha^{-\frac{5}{3}} \times P_A$$

(セ)　理想気体の状態方程式より

$$P_{B'} \cdot \alpha V_A = R T_{B'}$$

$$\therefore \quad T_{B'} = \frac{\alpha P_{B'}}{P_A} T_A = \alpha \cdot \alpha^{-\frac{5}{3}} T_A = \alpha^{-\frac{2}{3}} T_A$$

内部エネルギーの増加量は

$$C_V (T_{B'} - T_A) = \frac{3R}{2} (\alpha^{-\frac{2}{3}} T_A - T_A)$$

$$= \frac{3}{2} (\alpha^{-\frac{2}{3}} - 1) R T_A$$

$$= \frac{3}{2} (\alpha^{-\frac{2}{3}} - 1) P_A V_A$$

$$\therefore \quad W_{A \to B'} = \frac{3}{2} (\alpha^{-\frac{2}{3}} - 1) \times P_A V_A$$

(ソ)　断熱変化なので　　　$P_{D'} \left(\dfrac{V_A}{\alpha} \right)^{\gamma} = P_A V_A{}^{\gamma}$

$$\therefore \quad P_{D'} = \alpha^{\gamma} P_A = \alpha^{\frac{5}{3}} \times P_A$$

(タ)　横軸を α 倍，縦軸を $\alpha^{-\frac{5}{3}}$ 倍するので，面積は

$$\alpha \times \alpha^{-\frac{5}{3}} = \alpha^{-\frac{2}{3}} \text{ 倍}$$

(チ)　過程 A→B′→C′→A において，気体が外部に与えた正味の仕事の大きさは直角三角形 AB′C′ の面積よりも大きく，過程 A→D′→E′→A において，気体が外部から受け取った正味の仕事の大きさは直角三角形 AD′E′ の面積よりも小さい。また，直角三角形 AB′C′ の面積は直角三角形 AD′E′ の面積の $\alpha^{-\frac{2}{3}}$ 倍であり，$0 < \alpha < 1$ より，直角三角形 AB′C′ の面

積は直角三角形 AD′E′の面積より大きいので，過程A→B′→C′→Aにおいて，気体が外部に与えた正味の仕事の大きさは，過程A→D′→E′→Aにおいて，気体が外部から受け取った正味の仕事の大きさより大きい。よって，全過程で気体は正味で正の仕事を外部に与える。

(ツ) 過程B′→C′，D′→E′は定圧変化，過程C′→A，A→D′は定積変化なので

$$W_{\mathrm{B'}\to\mathrm{C'}} = -P_{\mathrm{B'}}(V_{\mathrm{A}} - \alpha V_{\mathrm{A}}) = -\alpha^{-\frac{5}{3}} P_{\mathrm{A}}(V_{\mathrm{A}} - \alpha V_{\mathrm{A}})$$

$$= -\alpha^{-\frac{5}{3}}(1-\alpha) P_{\mathrm{A}} V_{\mathrm{A}}$$

$$W_{\mathrm{D'}\to\mathrm{E'}} = -P_{\mathrm{D'}}\left(\frac{V_{\mathrm{A}}}{\alpha} - V_{\mathrm{A}}\right) = -\alpha^{\frac{5}{3}} P_{\mathrm{A}}(\alpha^{-1} V_{\mathrm{A}} - V_{\mathrm{A}})$$

$$= -\alpha^{\frac{5}{3}}(\alpha^{-1} - 1) P_{\mathrm{A}} V_{\mathrm{A}}$$

$$W_{\mathrm{C'}\to\mathrm{A}} = 0$$

$$W_{\mathrm{A}\to\mathrm{D'}} = 0$$

また，$W_{\mathrm{A}\to\mathrm{B'}} = \alpha^{-\frac{2}{3}} W_{\mathrm{E'}\to\mathrm{A}}$ より

$$W_{\mathrm{E'}\to\mathrm{A}} = \alpha^{\frac{2}{3}} W_{\mathrm{A}\to\mathrm{B'}}$$

全過程で気体が外部に与えた正味の仕事は

$$-W_{\mathrm{A}\to\mathrm{B'}} - W_{\mathrm{B'}\to\mathrm{C'}} - W_{\mathrm{C'}\to\mathrm{A}} - W_{\mathrm{A}\to\mathrm{D'}} - W_{\mathrm{D'}\to\mathrm{E'}} - W_{\mathrm{E'}\to\mathrm{A}}$$

$$= -W_{\mathrm{A}\to\mathrm{B'}} + \alpha^{-\frac{5}{3}}(1-\alpha) P_{\mathrm{A}} V_{\mathrm{A}} - 0 - 0 + \alpha^{\frac{5}{3}}(\alpha^{-1} - 1) P_{\mathrm{A}} V_{\mathrm{A}} - \alpha^{\frac{2}{3}} W_{\mathrm{A}\to\mathrm{B'}}$$

$$= -(1 + \alpha^{\frac{2}{3}}) \times \frac{3}{2}(\alpha^{-\frac{2}{3}} - 1) P_{\mathrm{A}} V_{\mathrm{A}} + (\alpha^{-\frac{5}{3}} - \alpha^{-\frac{2}{3}} + \alpha^{\frac{2}{3}} - \alpha^{\frac{5}{3}}) P_{\mathrm{A}} V_{\mathrm{A}}$$

$$= \left\{(\alpha^{-\frac{5}{3}} - \alpha^{\frac{5}{3}}) - \frac{5}{2}(\alpha^{-\frac{2}{3}} - \alpha^{\frac{2}{3}})\right\} \times P_{\mathrm{A}} V_{\mathrm{A}}$$

東京理科大-創域理工〈B方式・S方式-2/6〉　　　2023 年度　物理〈解答〉　209

❖講　評

　例年通り，試験時間 80 分，大問 3 題の構成である。

　1　ばねにつり下げられたおもりと等加速度運動する台を組み合わせた問題である。(1)はおもりが振動しない状況を扱う，基本的な問題。(2)は台を無視できるので，おもりの支えを取って単振動させる頻出の基本的な問題。(3)は台がおもりを途中まで支える状況を扱っており，あまり見慣れない出題。おもりの位置エネルギーとして，ばねの弾性エネルギーとおもりの重力による位置エネルギーの和を考えていることに注意する。(セ)では垂直抗力による仕事の大きさを求めるが，グラフを描いて三角形の面積として計算しても，積分を用いて計算してもよい。〔別解〕は，力学的エネルギーと仕事の関係を使って計算した。(4)はおもりの単振動が，台の加速度の大きさによって変わる様子を考察する問題。$\sqrt{a(2g-a)}$ の a に対するグラフを描く必要がある。a で微分して傾きを計算してもよいが，$a(2g-a)$ のグラフが放物線となるので，そこから平方根をとったとして定性的に考えれば十分であろう。

　2　電磁場中を移動する荷電粒子の運動に関する問題である。(1)は磁場中を移動する荷電粒子の運動に関する基本的な問題。荷電粒子の運動を磁束密度に垂直な平面に射影すると，等速円運動となる。半径は等速円運動の速度に比例するが，周期は速度に依存しないことに注意する。(2)は(1)に電場で荷電粒子を加速する領域を加えた問題。基本的な内容だが，式が複雑になるので慎重に計算を進めたい。

　3　熱サイクルの問題である。(1)は等温・定圧・定積の気体の状態変化を扱った基本的な問題。(2)は断熱・定圧・定積の気体の状態変化を扱った問題。どちらも，グラフの一部を縦と横に拡大・縮小することで，面積の比較をさせている。問題が進むにつれて，式が複雑になるので注意する。

　全体的に，ほぼ例年通りの内容で，難易度も例年並みであった。例年，煩雑な式変形を要する出題がなされるので，慌てることなく，慎重に式変形するよう心がけたい。

化学

(注) 解答は，東京理科大学から提供のあった情報を掲載しています。

1 解答

(ア)―05　(イ)―07　(ウ)―13　(エ)―15　(オ)―02　(カ)―04
(キ) 2　(ク) 4　(ケ) 6　(コ) 3　(サ) 8　(シ) 2　(ス) 2　(セ) 6

◀解　説▶

《六方最密構造》

(ア)～(エ)　1段目のくぼみの部分に，重ならないように原子が積み重なっていくので，2段目の原子は，下の図の⑤と⑦（斜線部分），または⑬と⑮（網かけ部分）に位置する。

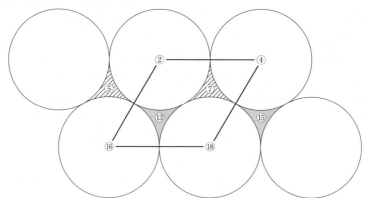

(オ)・(カ)　六方最密構造においては，1段目と3段目の原子の並び方は同じなので，3段目の原子は②，④，⑯，⑱に位置する。

(ク)～(コ)　2段目が⑬にある場合を考える。1段目の3点②，⑯，⑱と，2段目の⑬を結ぶと，1辺が $2r$ の正四面体となる。

1辺が $2r$ の正四面体 ABCD を考え，点 A から △BCD に垂線 AH を下ろすと，△ABH ≡ △ACH ≡ △ADH となるので，BH = CH = DH から，点 H は △BCD の外心である。

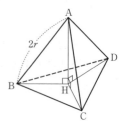

よって，△BCD において正弦定理を用いると

$$BH = \frac{2r}{2\sin 60°} = \frac{2}{\sqrt{3}}r$$

となるから，△ABH において三平方の定理より

$$AH = \sqrt{(2r)^2 - \left(\frac{2}{\sqrt{3}}r\right)^2} = \frac{2\sqrt{6}}{3}r$$

求める長さは正四面体の高さの2倍であるから

$$\frac{2\sqrt{6}}{3}r \times 2 = \frac{4\sqrt{6}}{3}r$$

(サ)・(シ) 底面の四角形②—④—⑱—⑯の面積は

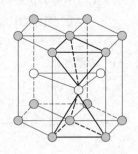

$$2 \times \frac{1}{2} \times 2r \times 2r \times \sin 60° = 2\sqrt{3}r^2$$

よって，単位格子の体積は

$$2\sqrt{3}r^2 \times \frac{4\sqrt{6}}{3}r = 8\sqrt{2}r^3$$

(ス)・(セ) 充填率は

$$\frac{原子の体積}{単位格子の体積} \times 100 = \frac{\frac{4}{3}\pi r^3 \times 2}{8\sqrt{2}r^3} \times 100 = \frac{\sqrt{2}}{6}\pi \times 100 \text{ [\%]}$$

 解答　(1)(ア) $2.8 \times 10^{+00}$

(2)(イ) 1.8×10^{-08}　(ウ) 2.0×10^{-05}

(3)(エ) 1.2×10^{-07}　(オ) 2.1×10^{-15}

◀解　説▶

≪気体の状態方程式，溶解度積，ステアリン酸の単分子膜≫

(1)(ア) フラスコ内が液体**A**の蒸気のみで満たされたとき，フラスコ内の圧力は大気圧と等しく，放冷させたときには，蒸気となっている**A**がすべて液体となるので，求める液体**A**の質量は370Kにおける**A**の蒸気の質量と等しい。よって，それをw [g] とおくと，気体の状態方程式より

$$1.01 \times 10^5 \times 1.0 = \frac{w}{86} \times 8.31 \times 10^3 \times 370$$

∴　$w = 2.82 ≒ 2.8$ [g]

(2)(イ) AgCl の沈殿が生じ始めるのは

$$[Ag^+][Cl^-] = 1.8 \times 10^{-10} \, [(mol/L)^2]$$

となったときである。$[Cl^-] = 1.0 \times 10^{-2} \, [mol/L]$ であるから，このときの Ag^+ の濃度は

$$[Ag^+] = \frac{1.8 \times 10^{-10}}{1.0 \times 10^{-2}} = 1.8 \times 10^{-8} \, [mol/L]$$

(ウ)　Ag_2CrO_4 の沈殿が生じ始めるのは

$$[Ag^+]^2[CrO_4^{2-}] = 4.0 \times 10^{-12} \, [(mol/L)^3]$$

となったときである。$[Cl^-] = 1.0 \times 10^{-2} \, [mol/L]$ であるから，このときの Ag^+ の濃度は

$$[Ag^+] = \sqrt{\frac{4.0 \times 10^{-12}}{1.0 \times 10^{-2}}} = 2.0 \times 10^{-5} \, [mol/L]$$

(3)(エ)　0.15 mL の溶液中に溶解しているステアリン酸分子の物質量を求めて

$$8.0 \times 10^{-4} \times \frac{0.15}{1000} = 1.2 \times 10^{-7} \, [mol]$$

(オ)　単分子膜を形成しているステアリン酸分子の個数は

$$6.02 \times 10^{23} \times 1.2 \times 10^{-7} = 7.224 \times 10^{16} \, 個$$

であるから，1分子が占める面積は

$$\frac{1.5 \times 10^2}{7.224 \times 10^{16}} = 2.07 \times 10^{-15} \fallingdotseq 2.1 \times 10^{-15} \, [cm^2]$$

---

③ 解答

(1)(i) $2.00 \times 10^{+0}$　(ii) $6.98 \times 10^{+0}$

(2)(iii) 1.00×10^{-5}　(iv) $3.00 \times 10^{+0}$　(v) 9.50×10^{-2}

━━━━━━━━ ◀解　説▶ ━━━━━━━━

≪弱酸の電離平衡，極端に希薄な酸の水溶液の pH≫

(1)(i)　HCl は完全に電離するから，1.00×10^{-2} mol/L の希塩酸中の水素イオン濃度は

$$[H^+] = 1.00 \times 10^{-2} \, [mol/L]$$

よって，pH は 2.00 である。

(ii)　HCl の電離により生じた H^+ の濃度は 1.00×10^{-8} mol/L である。また，水の電離は

$$H_2O \rightleftharpoons H^+ + OH^-$$

東京理科大-創域理工〈B方式・S方式-2/6〉　2023 年度　化学〈解答〉　*213*

と表されるので，水の電離により生じた H^+ と OH^- の濃度は等しく，それぞれ x〔mol/L〕とする。これらのことから

$$[H^+] = 1.00 \times 10^{-8} + x \text{〔mol/L〕}, \quad [OH^-] = x \text{〔mol/L〕}$$

と表せるので，25℃における水のイオン積

$$[H^+][OH^-] = 1.00 \times 10^{-14} \text{〔(mol/L)}^2\text{〕}$$

より

$$(1.00 \times 10^{-8} + x) x = 1.00 \times 10^{-14}$$

$$x^2 + 10^{-8} x - 10^{-14} = 0$$

$x > 0$ に注意して，この 2 次方程式を解くと

$$x = \frac{-10^{-8} + \sqrt{(10^{-8})^2 + 4 \cdot 10^{-14}}}{2}$$

$$= \frac{-10^{-8} + \sqrt{4.01 \times 10^{-14}}}{2}$$

$$= \frac{-10^{-8} + 2.00 \times 10^{-7}}{2}$$

$$= \frac{1.90 \times 10^{-7}}{2} = 9.50 \times 10^{-8}$$

したがって，水素イオン濃度は

$$[H^+] = 1.00 \times 10^{-8} + 9.50 \times 10^{-8} = 1.05 \times 10^{-7} \text{〔mol/L〕}$$

となるから

$$\text{pH} = -\log_{10}(1.05 \times 10^{-7}) = 7 - \log_{10} 1.05$$

$$= 7 - 0.0212 = 6.9788 \fallingdotseq 6.98$$

(2)(ⅲ)　カルボン酸の濃度を c〔mol/L〕とおくと，電離による濃度変化は次のようになる。

$$\text{RCOOH} \rightleftharpoons \text{RCOO}^- + \text{H}^+$$

	RCOOH	RCOO⁻	H⁺	
反応前	c	0	0	〔mol/L〕
反応量	$-c\alpha$	$+c\alpha$	$+c\alpha$	〔mol/L〕
平衡時	$c(1-\alpha)$	$c\alpha$	$c\alpha$	〔mol/L〕

$1 - \alpha \fallingdotseq 1$ と近似できるので，酸解離定数 K_a は

$$K_a = \frac{[\text{RCOO}^-][\text{H}^+]}{\text{RCOOH}} = \frac{c\alpha \cdot c\alpha}{c(1-\alpha)} = \frac{c\alpha^2}{1-\alpha} \fallingdotseq c\alpha^2 \text{〔mol/L〕}$$

となる。これに，$c = 1.00 \times 10^{-1}$〔mol/L〕，$\alpha = 0.0100 = 1.00 \times 10^{-2}$ を代入して

$$K_a = 1.00 \times 10^{-1} \times (1.00 \times 10^{-2})^2 = 1.00 \times 10^{-5} \text{ [mol/L]}$$

(iv) 水素イオン濃度は

$$[\text{H}^+] = c\alpha = 1.00 \times 10^{-1} \times 1.00 \times 10^{-2} = 1.00 \times 10^{-3} \text{ [mol/L]}$$

となるから，pH は 3.00 である。

(v) カルボン酸水溶液を 100 倍に薄めると，その濃度は

$$1.00 \times 10^{-1} \times \frac{1}{100} = 1.00 \times 10^{-3} \text{ [mol/L]}$$

となる。このとき，$1-\alpha \fallingdotseq 1$ と近似することができないので，酸解離定数の式から

$$K_a = \frac{c\alpha^2}{1-\alpha} \qquad c\alpha^2 + K_a\alpha - K_a = 0$$

$\alpha > 0$ に注意して，この 2 次方程式を解くと

$$\alpha = \frac{-K_a + \sqrt{K_a^2 + 4cK_a}}{2c}$$

これに，$c = 1.00 \times 10^{-3}$ [mol/L]，$K_a = 1.00 \times 10^{-5}$ [mol/L] を代入して

$$\alpha = \frac{-1.00 \times 10^{-5} + \sqrt{(1.00 \times 10^{-5})^2 + 4 \times 1.00 \times 10^{-3} \times 1.00 \times 10^{-5}}}{2 \times 1.00 \times 10^{-3}}$$

$$= \frac{-1.00 \times 10^{-5} + \sqrt{4.01 \times 10^{-8}}}{2.00 \times 10^{-3}}$$

$$= \frac{-1.00 \times 10^{-5} + 2.00 \times 10^{-4}}{2.00 \times 10^{-3}} = \frac{1.90 \times 10^{-4}}{2.00 \times 10^{-3}} = 9.50 \times 10^{-2}$$

4

(1)(ア)—02　(イ)—08　(ウ)—12
(i) $3.78 \times 10^{+2}$　(ii) $6.50 \times 10^{+1}$
(2)(エ)—2　(オ)—1　(カ)—7　(キ)—4　(iii) $3.60 \times 10^{+0}$　(iv) $6.75 \times 10^{+1}$

◀解　説▶

≪Al_2O_3 の溶融塩電解，燃料電池≫

(1)(ウ)　Al_2O_3 の融点は約 2000℃ と高温であるため，融点を下げるために，氷晶石 Na_3AlF_6 を加えて溶融塩電解を行う。

(i) 流れた電子の物質量は

$$\frac{9.65 \times 10^2 \times 70 \times 60}{9.65 \times 10^4} = 42 \text{ [mol]}$$

陰極の反応は

東京理科大-創域理工〈B方式・S方式-2/6〉　　　　　　2023 年度　化学〈解答〉　*215*

$$Al^{3+} + 3e^- \longrightarrow Al$$

であるから，得られた Al の物質量は

$$42 \times \frac{1}{3} = 14 \, \text{[mol]}$$

となる。したがって，求める質量は

$$27.0 \times 14 = 378 \, \text{[g]}$$

(ii)　ボーキサイト中の $Al_2O_3 \cdot 3H_2O$（式量 156）と $Al_2O_3 \cdot H_2O$（式量 120）の質量の合計は

$$1200 - 180 = 1020 \, \text{[g]}$$

よって，これに含まれる $Al_2O_3 \cdot 3H_2O$ と $Al_2O_3 \cdot H_2O$ の物質量をそれぞれ x [mol]，y [mol] とおくと

$$156x + 120y = 1020 \quad \cdots\cdots①$$

また，得られた Al の物質量が 14 mol であることから

$$2x + 2y = 14 \quad \cdots\cdots②$$

①，②から

$$x = 5.00 \, \text{[mol]}, \quad y = 2.00 \, \text{[mol]}$$

よって，1200 g のボーキサイト中の $Al_2O_3 \cdot 3H_2O$ の質量は

$$156 \times 5.00 = 780 \, \text{[g]}$$

となるから，その質量割合は

$$\frac{780}{1200} \times 100 = 65.0 \, \text{[%]}$$

(2)(エ)〜(キ)　リン酸形燃料電池では，次の反応式に示すように，負極で H_2 が酸化され，正極で O_2 が還元される。

$$負極：H_2 \longrightarrow 2H^+ + 2e^-$$

$$正極：O_2 + 4H^+ + 4e^- \longrightarrow 2H_2O$$

全体では，H_2 と O_2 から H_2O が生成する反応となる。

$$2H_2 + O_2 \longrightarrow 2H_2O$$

(iii)　流れた電流の大きさは

$$\frac{193 \, \text{[W]}}{1.00 \, \text{[V]}} = 193 \, \text{[A]}$$

であるから，1 時間（3600 秒）で流れた電子の物質量は

$$\frac{193 \times 3600}{9.65 \times 10^4} = 7.20 \, \text{[mol]}$$

216 2023 年度　化学〈解答〉　　　　　東京理科大-創域理工〈B方式・S方式-2/6〉

よって，反応した H_2 の物質量は

$$7.20 \times \frac{1}{2} = 3.60 \text{〔mol〕}$$

(iv)　燃料電池の出力は 193J/s であるから，1 時間の稼働で得られた電気エネルギーは

$$193 \times 3600 \text{〔J〕}$$

である。熱化学方程式より，H_2 の燃焼熱は 286kJ/mol であるから，3.60 mol の H_2 が燃焼したときに発生する熱量は

$$286 \times 10^3 \times 3.60 \text{〔J〕}$$

となる。よって，求める割合は

$$\frac{193 \times 3600}{286 \times 10^3 \times 3.60} \times 100 = 67.48 \fallingdotseq 67.5 \text{〔%〕}$$

5 **解答**　(1)(ア) 007　(イ) 008　(ウ) 203　(エ) 080

(2)(a)正　(b)正　(c)正　(d)誤　(e)正　(f)誤　(g)誤　(h)誤

◀解　説▶

≪芳香族炭化水素と芳香族カルボン酸の反応，凝固点降下≫

(1)(ア)・(イ)　化合物 **A** の分子式を C_xH_y とすると

$$x = \frac{92.0 \times \frac{91.3}{100}}{12.0} = 6.9 \fallingdotseq 7, \quad y = \frac{92.0 - 12.0 \times 7}{1.0} = 8$$

よって，**A** の分子式は C_7H_8 となり，組成式は C_7H_8 である。

(ウ)　化合物 **C** の見かけの分子量を M とすると

$$0.154 = 5.125 \times \frac{0.610}{M} \times \frac{1000}{100} \quad \therefore \quad M = 203.0 \fallingdotseq 203$$

(エ)　**A** は分子式からトルエンとわかる。トルエンを穏やかに酸化した化合物 **B** はベンズアルデヒド，さらに酸化した **C** は安息香酸である。

ここで，ベンゼンに溶かした **C** の物質量を n〔mol〕，二量体を形成している **C** の割合を β（$0 \leqq \beta \leqq 1$）とする。二量体を C_2 と表すと，**C** が二量体を形成する反応と，それによる物質量変化は次のようになる。

東京理科大-創域理工〈B方式・S方式-2/6〉 2023 年度 化学〈解答〉 *217*

$$2\mathbf{C} \rightleftharpoons \mathbf{C}_2$$

反応前 　n　　　　 0　 〔mol〕

反応量 　$-\beta n$　　 $+\dfrac{1}{2}\beta n$ 〔mol〕

平衡時 $(1-\beta)n$　 $\dfrac{1}{2}\beta n$ 〔mol〕

よって，溶液中の **C** と二量体の物質量の合計は

$$(1-\beta)n+\frac{1}{2}\beta n=\left(1-\frac{1}{2}\beta\right)n\,\text{〔mol〕}$$

となるから，見かけの分子量が 203 で，質量が 0.610 g であることより

$$203\times\left(1-\frac{1}{2}\beta\right)n=0.610$$

いま，溶かした **C**（安息香酸，分子量 122）の物質量は

$$n=\frac{0.610}{122}\,\text{〔mol〕}$$

であるから

$$203\times\left(1-\frac{1}{2}\beta\right)\times\frac{0.610}{122}=0.610 \qquad \beta=0.7982\fallingdotseq0.798$$

となる。したがって，求める割合は

$$0.798\times100=79.8\fallingdotseq80\,\text{〔％〕}$$

別解 （**C** と二量体の物質量の合計を求めるところまでは同じ）

見かけの分子量が 203 であることより

$$122\times\frac{(1-\beta)n}{\left(1-\frac{1}{2}\beta\right)n}+244\times\frac{\frac{1}{2}\beta n}{\left(1-\frac{1}{2}\beta\right)n}=203$$

$$\therefore\ \ \beta=0.7980\fallingdotseq0.798$$

以下，〔解説〕に同じ。

(2) (a)正文。**B**（分子式 C_7H_6O，分子量 106）と **C**（分子式 $C_7H_6O_2$，分子量 122）の完全燃焼の化学反応式は，それぞれ次のようになる。

　　　B：$C_7H_6O+8O_2\longrightarrow 7CO_2+3H_2O$

　　　C：$2C_7H_6O_2+15O_2\longrightarrow 14CO_2+6H_2O$

よって，1.00 g が完全燃焼するときに必要な O_2 の物質量の最小値は，それぞれ

$$B : \frac{1.00}{106} \times 8 = 0.0754 \fallingdotseq 0.075 \ [mol]$$

$$C : \frac{1.00}{122} \times \frac{15}{2} = 0.0614 \fallingdotseq 0.061 \ [mol]$$

となるので，**B**のほうが大きい。

(b)正文。(a)において，発生する CO_2 の物質量はそれぞれ

$$B : \frac{1.00}{106} \times 7 = \frac{7.00}{106} \ [mol], \quad C : \frac{1.00}{122} \times \frac{14}{2} = \frac{7.00}{122} \ [mol]$$

となるので，**B**のほうが大きい。

(c)正文。**B**はアルデヒドであるから，還元性があり，銀鏡反応を示す。

(d)誤文。**C**はカルボン酸であるから，水溶液は弱酸性を示す。

(e)正文。**D**はサリチル酸であり，フェノール性のヒドロキシ基をもつので，その水溶液に $FeCl_3$ 水溶液を加えると，赤紫色に呈色する。

(f)誤文。**E**はサリチル酸メチルである。サリチル酸メチルにはカルボキシ基がないので，$NaHCO_3$ とは反応しない。

(g)誤文。**F**はアセチルサリチル酸である。アセチルサリチル酸にはフェノール性のヒドロキシ基がないので，その水溶液に $FeCl_3$ 水溶液を加えても呈色しない。

(h)誤文。**E**と**F**が逆である。

---

6 **解答**　(ア)—01　(イ)—08　(ウ)—10　(エ)—11　(オ)—14　(カ)—13
(キ)—17　(ク)—18　(ケ)—19　(コ)—24　(サ)—21　(シ)—27

(ス)—20

(A) $5.00 \times 10^{+2}$

東京理科大-創域理工〈B方式・S方式-2/6〉 2023 年度 化学〈解答〉 *219*

━━━◀解 説▶━━━

≪いろいろな合成高分子≫

㋐・㋑ 分子内に炭素の二重結合を2つもつ分子をジエンといい，ジエンを付加重合させて得られるゴムをジエン系ゴムという。語群の中ではイソプレンゴム，クロロプレンゴムがこれに該当するが，CとH以外の元素を含むのは，クロロプレンゴム（Clを含む）である。ブタジエンゴムは，1,3-ブタジエンを付加重合させると得られる。

$$\left[CH_2-\underset{\underset{CH_3}{|}}{C}=CH-CH_2 \right]_n \qquad \left[CH_2-\underset{\underset{Cl}{|}}{C}=CH-CH_2 \right]_n$$

　　　　イソプレンゴム 　　　　　　　クロロプレンゴム

$$\left[CH_2-CH=CH-CH_2 \right]_n$$

　　ブタジエンゴム

㋒ 　CとH以外の元素を含むオレフィン系ゴムの一つには，フッ化ビニリデン $CH_2=CF_2$ とヘキサフルオロプロペン $CF_2=CF(CF_3)$ からなるフッ素ゴムがある。ブチルゴムは，2-メチルプロペン $(CH_3)_2C=CH_2$ とイソプレンからなり，アクリルゴムは，アクリル酸エステル $CH_2=CH-COOR$ とアクリロニトリルなどからなる。

㋓ 　天然ゴムの主成分はシス形のポリイソプレンである。

㋔ 　ナイロン66（6,6-ナイロン）は，アジピン酸とヘキサメチレンジアミンの縮合重合により合成される。

㋗ 　ポリ酢酸ビニルはボンドなどの接着剤のほか，チューインガムや洗濯のりなどに用いられている。

㋘ 　メタクリル酸メチルを付加重合させると，アクリル樹脂（ポリメタクリル酸メチル）が得られる。アクリル樹脂は高い透明性，耐衝撃性があるので，プラスチックレンズ，建物や乗り物の窓，水族館の水槽などに用いられている。

㋙・㋚ 　光が当たることで重合がさらに進んで立体網目構造となり，溶媒に溶けにくくなる高分子を光硬化性樹脂という。また，光が当たることで物理的性質や化学的性質が変化する高分子化合物を感光性高分子という。

㈑ 　ポリ酢酸ビニルの重合度を n とすると，分子量は $86n$ と表されるから

$$86n = 4.30 \times 10^4 \qquad \therefore \quad n = 500$$

❖講　評

　試験時間は 80 分。例年通り大問数は 6 題で，$\boxed{1}$〜$\boxed{4}$が理論，$\boxed{5}$・$\boxed{6}$が有機と理論の出題であり，無機からの出題がなかった。すべての大問に計算問題が含まれており，思考力を要する問題，計算が煩雑な問題，細かい知識を問う問題も見られ，全体的に難しかった。

　$\boxed{1}$は六方最密構造に関する問題。(ア)〜(カ)については，面心立方格子との違いを踏まえた上で，六方最密構造の原子の積み重なり方を正確に理解していることが求められる。(ク)〜(シ)は数学的な処理が必要であり，時間がかかったかもしれない。単位格子の四角柱の高さが，正四面体の高さの 2 倍になっていることに注意。

　$\boxed{2}$は理論分野のいろいろな計算問題。(1)は計算は少し面倒だが，考え方は難しくない。(2)は溶解度積についての基本的な理解があれば，計算も含めて容易。(3)はステアリン酸の単分子膜の問題で，受験生であれば一度は解いたことがあるはずである。アボガドロ定数はこの問題では与えられており，(エ)，(オ)ともに易しい。(1)〜(3)ともここは正答しておきたい。

　$\boxed{3}$は塩酸とカルボン酸を題材とした電離平衡に関する計算問題。(ii)と(v)は，未知数を明確にした上で 2 次方程式をつくり，それを解の公式を用いて解かなければならず，難しく感じたであろう。類題の経験の有無で差がついたと思われる。(ii)，(v)ができなくても，(i)，(iii)，(iv)は標準的な問題であり，正答しておきたい。

　$\boxed{4}$は Al_2O_3 の溶融塩電解と燃料電池に関する問題。(1)では，(ア)〜(ウ)と(i)は基本的であったが，(ii)は見慣れない問題で難しく感じたかもしれない。(2)は燃料電池に関する典型問題であった。(iii)，(iv)については，$1〔W〕=1〔V\cdot A〕=1〔J/s〕$ の関係が与えられているので，物理が未習であっても無理なく解けるようになっている。

　$\boxed{5}$は芳香族炭化水素と芳香族カルボン酸の反応，凝固点降下に関する問題。有機分野の設問はいずれも基本的であり，完答したい。(エ)の安息香酸の会合度を求める問題は，類題の経験がないと難しい。溶液中での安息香酸の単量体と二量体の物質量を求めたのち，「分子量×物質量＝質量」を用いるか，混合気体の平均分子量を求める要領で，「分子量×モル分率の和＝平均分子量」を用いればよい。

東京理科大-創域理工〈B方式・S方式-2/6〉　　　　2023 年度　化学〈解答〉　*221*

　6はいろいろな合成高分子に関する問題。ゴムと機能性高分子に関する設問では，細かい知識が要求されており，合成高分子の学習を進め切れていない受験生には難しかったと思われる。その他は問題集でもよく見るものであるから，そこを確実に取っておきたい。(A)の計算問題は非常に易しかった。

2022年度

問題と解答

東京理科大−理工〈B方式−2月3日〉 2022 年度 問題 3

■B方式2月3日実施分：数・物理・情報科・応用生物科・
経営工学科

問題編

▶試験科目・配点

教　科	科　　　　　目	配　　点
外国語	コミュニケーション英語Ⅰ・Ⅱ・Ⅲ，英語表現Ⅰ・Ⅱ	100 点
数　学	数学Ⅰ・Ⅱ・Ⅲ・Ａ・Ｂ	数学科：200 点 その他：100 点
理　科	数・情報科・応用生物科・経営工学科：「物理基礎・物理」， 「化学基礎・化学」，「生物基礎・生物」から1科目選択	100 点
	物理学科：物理基礎・物理	

▶備　考

- 英語はリスニングおよびスピーキングを課さない。
- 数学Bは「数列」「ベクトル」から出題。

2月3日

問題編

(60分)

1. Read the following article published in the year 2021 and answer the questions below. (60 points)

In the summer of 2017, Joshua Malone, then an undergraduate at Augustana College in Illinois, visited a field research camp in Wyoming and picked up some rocks. Rounded at the edges and the size of small fists, they were out of place among the fine-grained mudrock that had surrounded them, and Mr. Malone asked his father, David Malone, a geologist at Illinois State University who led the dig at the site, if he knew where the rocks had come from. Four years later, the two have developed a surprising answer.

In a study published earlier this year in the journal *Terra Nova*, the Malones with colleagues say the stones came from a rock formation in southern Wisconsin about 1,000 miles to the east of where they were found. What's even more surprising is their hypothesis for how the rocks made that journey: The researchers say they were carried in the guts* of long-neck dinosaurs. These animals, known as sauropods*, reached lengths of over 100 feet and weights of 40 tons, and regularly swallowed stones known as gastroliths, perhaps to help them digest plants, just as some birds and reptiles do today. The hypothesis would explain how the rocks acquired their smooth and rounded textures.

But questions remain about whether they really made the whole journey in the bellies of these great beasts. The gastroliths were found in Jurassic-aged mudstones in a rock formation called the Morrison. A rainbow of pinks and reds, the Morrison formation brims* with dinosaur fossils, including those

東京理科大-理工〈B方式-2月3日〉 　　　　　　2022 年度　英語　5

of sauropods, such as Barosaurus and Diplodocus, as well as meat-eaters like Allosaurus.

But the rocks, which are similar to gastroliths dug up elsewhere, were found on their own without any dinosaur remnants*. To get a clue as to how they had ended up in modern-day Wyoming, the team crushed the rocks to retrieve and date the zircon* crystals contained inside, a bit like studying ancient fingerprints. "What we found was that the zircon ages inside these gastrolith-like stones have distinct age spectra that matched what the ages were in the rocks in southern Wisconsin," said Mr. Malone, who's now a doctoral student studying geology at the University of Texas at Austin. "We used that to hypothesize that these rocks were ingested* somewhere in southern Wisconsin and then transported to Wyoming in the belly of a dinosaur." He added, "There hasn't really been a study like this before that suggests long-distance dinosaur migration using this technique, so it was a
(5)
really exciting moment for us."

The Wisconsin-Wyoming connection hints at a trek hundreds of miles longer than previous estimates for sauropod migrations. Changing seasons can drive migrations as animals relocate in search of food and water. And (6) in particular, says Michael D'Emic, a vertebrate paleontologist* at Adelphi University in New York and a co-author of the study, would have needed gargantuan* amounts of these resources to sustain their gargantuan lives. "Sauropods grew quickly to reach their unparalleled* sizes — on par with* the rates that large mammals grow today," he said. "This means that their caloric needs were [　A　], so given the highly seasonal environments they lived in, it's [　B　] that they would have had to migrate long distances in search of food."

But other scientists say that because the rocks were not found alongside any actual dinosaur remains, the paper's hypothesis will need more evidence to be proven correct. "Unfortunately, we have no real evidence that these clasts* are indeed former gastroliths," said Oliver Wings, a geologist and

6 2022 年度 英語　　　　　　　　　　東京理科大-理工〈B方式-2月3日〉

vertebrate paleontologist at Martin Luther University Halle-Wittenberg in Germany. "We cannot exclude the possibility of transport of the stones in the bellies of dinosaurs, but it remains just one possibility of several." Nevertheless, Dr. Wings thinks the team's new technique swings the door open for paleontologists to date other gastroliths, especially those found preserved with actual dinosaur skeletons. "It would be amazing if they could use that method on genuine gastroliths," he said.

　　<u>However</u> the rounded rocks got to Wyoming, their discovery helped carry (7) Mr. Malone into a family tradition of studying geology. "I kind of rejected geology for the first 19 years of my life," he said. "It wasn't until this project, and being out there at that field camp that I kind of started to get interested in maybe taking that direction in my life."

Adapted from Lucas Joel, *These Rocks Made a 1,000-Mile Trek. Did Dinosaurs Carry Them?*

（Notes）

guts ＜ gut：消化器官

sauropods ＜ sauropod：四肢歩行で首と尾の長い草食恐竜

brims ＜ brim：いっぱいになる，あふれる

remnants ＜ remnant：残り，残骸

zircon：40番元素ジルコニウムの珪酸塩鉱物

ingested ＜ ingest：食物などを摂取する，飲み込む

vertebrate paleontologist：古脊椎動物学者

gargantuan：非常に大きな

unparalleled：並ぶもののない

on par with：〜と同等で

clasts ＜ clast：岩片，砕せつ片

出典追記：© The New York Times

東京理科大-理工〈B方式-2月3日〉　　　　　　2022 年度　英語　7

(1)　Which of the items below is the closest in meaning to the underlined part
　(1) in the article?　Consider the context, choose one from the following
　answer choices, and mark the number on your **Answer Sheet**.

　　1　did not have the space needed

　　2　did not seem to belong there

　　3　were able to occur together without conflict

　　4　were being picked out from

(2)　Which of the items below is the closest in meaning to the underlined part
　(2) in the article?　Consider the context, choose one from the following
　answer choices, and mark the number on your **Answer Sheet**.

　　1　The fine-grained stones were manufactured for sale at the research site
　　　where Mr. Malone's father supervised the dig.

　　2　The rock formation, where the stones had originated, stretched one
　　　thousand miles in a straight-line from the southern part of Wisconsin to
　　　Wyoming.

　　3　The rocks somehow traveled a thousand miles from Wisconsin, where
　　　they had originally taken shape.

　　4　Quite a few rocks were picked up along the winding natural travel
　　　routes of large wild animals running through a 1,000 square-mile area in
　　　eastern Wisconsin.

(3)　Which of the items below is the closest in meaning to the underlined part
　(3) in the article?　Consider the context, choose one from the following
　answer choices, and mark the number on your **Answer Sheet**.

　　1　an idea or explanation of something that is based on a few known facts
　　　but that needs to be confirmed a great many times before it can be
　　　proven true

　　2　the act of looking at something thoroughly, to confirm that everything
　　　is as it should be

8 2022 年度 英語　　　　　　　　　東京理科大-理工〈B方式-2月3日〉

3 the belief that particular events happen in a way that cannot be explained by reason or science

4 the part of your mind that tells you whether your actions are right or wrong

⑷ Which of the items below most correctly describes the underlined part ⑷ in the article? Consider the context, choose one from the following answer choices, and mark the number on your **Answer Sheet**.

1 They are small pieces of raw clay that were taken out from the ground.

2 They are stones that some living things have taken into their internal organs to help them absorb nutrition.

3 They are stones that the food, which long-neck dinosaurs had eaten, became.

4 They are thick, bony plates on the backs of plant-eating dinosaurs.

⑸ Why did Joshua Malone and colleagues use the technique in the underlined part ⑸ in the article? Consider the context, choose one from the following answer choices, and mark the number on your **Answer Sheet**.

1 They wanted to tell one gastrolith from another.

2 They wanted to know the age when a variety of stones, which were dug up alongside dinosaur skeletons, had been formed.

3 They wanted to prove that a group of stones found by themselves in one place originally came from another location.

4 They wanted to put rocks found in one location into different categories by listing all the minerals contained in them.

⑹ Which of the items below correctly fills in the blank （　6　） in the article? Consider the context, choose one from the following answer choices, and mark the number on your **Answer Sheet**.

1 allosauruses

東京理科大-理工〈B方式-2月3日〉 2022年度 英語 9

2 mammals

3 reptiles

4 sauropods

(7) Which of the pairs below correctly fills in the blanks 〔 **A** 〕 and 〔 **B** 〕 in the article? Consider the context, choose one from the following answer choices, and mark the number on your **Answer Sheet**.

	〔 **A** 〕	〔 **B** 〕
1	comparable	unimaginable
2	enormous	not possible
3	equivalent	astonishing
4	immense	not surprising

(8) Which of the items below is the closest in meaning to the underlined part (7) in the article? Consider the context, choose one from the following answer choices, and mark the number on your **Answer Sheet**.

1 In a variety of ways in which

2 In contrast to the fact that

3 Regardless of the ways in which

4 In spite of the fact that

(9) For each of the following statements, according to the article above, mark **T** if it is true, or **F** if it is false, on your **Answer Sheet**.

1 Joshua Malone questioned his father about the rocks found at the Wyoming research camp.

2 Sauropod fossils have been discovered in the Jurassic-aged rock formation called the Morrison.

3 The age-dating technique is expected to advance understanding of dinosaur migration.

4 Michael D'Emic and the Malones have published together.

10 2022 年度 英語 東京理科大-理工〈B方式-2月3日〉

5 Oliver Wings supposes that the Malones' explanation needs no more proof in order to be accepted.

6 Since he has been uninterested in geology for the last 19 years, Joshua Malone is not willing to continue his geological studies in the future.

2 Read the following interview with a chef and rearrange the words in the underlined parts (1) ～ (4) into the right order. Mark the numbers correctly, from top to bottom, on your **Answer Sheet**. All answer choices start with lower-case letters. (25 points)

著作権の都合上，省略。

Meet The Chef : Roberta Hall-McCarron Of The Little Chartroom In Edinburgh, Luxuary Lifestyle Magazine on May 18, 2020 by Ina Yulo Stuve

東京理科大-理工〈B方式-2月3日〉　　　　　　　　　　　2022 年度　英語　*11*

著作権の都合上，省略。

3　Read the following five passages on refrigeration technology, choose one item from the choices below in order to fill each pair of blanks and complete them in the best possible way. Mark the numbers on your **Answer Sheet**.

(15 points)

⑴　The development of refrigeration technology changed the world in many ways that we (　**a**　) today. For example, it was only during the second half of the 20th century, after affordable refrigeration became available, (　**b**　) ice cream became the popular dessert it is today.

　1　(a) put up with　　　　　　　　　　(b) if

　2　(a) have on hand　　　　　　　　　 (b) or

　3　(a) take for granted　　　　　　　　(b) that

　4　(a) accept as correct　　　　　　　 (b) although

⑵　Prior to the 1940s, most homes only had an icebox, which was a cabinet with an ice compartment at its base. This kept contents cool, (　**a**　) not cold. Ice cream was a dish for the privileged few and (　**b**　) for them, ice cream remained a dessert for special occasions.

　1　(a) however　　　　　　　　　　　(b) hardly

12 2022 年度 英語　　　　　　　　　　　東京理科大-理工〈B方式-2月3日〉

2　(a) as though　　　　　　　(b) unfortunately

3　(a) instead of　　　　　　　(b) unlike

4　(a) but　　　　　　　　　　(b) even

(3)　At that time, ice cream was a *destination dessert*, meaning that a long drive to a holiday location like a beach or an amusement park was (　**a**　). Of course, ice cream could be made at home, but it was (　**b**　), requiring that someone turn a mechanical handle non-stop for a very long time.

1　(a) necessary　　　　　　　(b) hard work

2　(a) expected　　　　　　　(b) convenient

3　(a) planned　　　　　　　　(b) easy going

4　(a) enjoyable　　　　　　　(b) forbidden

(4)　Then, in the 1950s, refrigerators and freezers became common household appliances in the United States. (　**a**　), people could buy ice cream at the store and keep it frozen at home to be eaten (　**b**　).

1　(a) Now　　　　　　　　　(b) days or weeks later

2　(a) The next day　　　　　　(b) the day before

3　(a) Previously　　　　　　　(b) at any time

4　(a) Suddenly　　　　　　　(b) anymore

(5)　This convenience and the resulting increase in sales enabled ice cream producers to offer their product at lower prices and in (　**a**　) of new flavors. Thanks to refrigeration technology, today it is not unusual to find ice cream shops where you can choose (　**b**　) 40 or more flavors.

1　(a) a general lack　　　　　　(b) from as many as

2　(a) an unusual kind　　　　　(b) neither of

3　(a) a frequent shortage　　　　(b) no fewer than

4　(a) a greater variety　　　　　(b) from among

東京理科大-理工〈B方式-2月3日〉 2022 年度 英語 *13*

Based in part on Tom Jackson's *Chilled: How Refrigeration Changed the World and Might Do So Again*

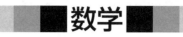

（100分）

問題 $\boxed{1}$ の解答は解答用マークシートにマークしなさい。

$\boxed{1}$ 次の文章中の $\boxed{\text{ア}}$ から $\boxed{\text{マ}}$ までに当てはまる数字 $0 \sim 9$ を求めて，**解答用マークシート**の指定された欄にマークしなさい。ただし，分数は既約分数として表しなさい。なお，$\boxed{\text{ア}}$ などは既出の $\boxed{\text{ア}}$ などを表す。

(40点, ただし数学科は80点)

(1) m を実数とする。x についての2次方程式

$$x^2 - (m+3)x + m^2 - 9 = 0$$

の2つの解を α, β とする。α, β が実数であるための必要十分条件は

$$-\boxed{\text{ア}} \leqq m \leqq \boxed{\text{イ}}$$

である。m が $-\boxed{\text{ア}} \leqq m \leqq \boxed{\text{イ}}$ の範囲を動くときの

$$\alpha^3 + \beta^3$$

の最小値は $\boxed{\text{ウ}}$，最大値は $\boxed{\text{エ}\,\text{オ}\,\text{カ}}$ である。

(2) 角 θ に関する方程式

$$\cos 4\theta = \cos\theta \quad (0 \leqq \theta \leqq \pi) \quad \cdots\cdots \text{①}$$

について考える。①を満たす θ は小さいほうから順に

$$\theta = 0,\ \frac{\boxed{\text{キ}}}{\boxed{\text{ク}}}\pi,\ \frac{\boxed{\text{ケ}}}{\boxed{\text{コ}}}\pi,\ \frac{\boxed{\text{サ}}}{\boxed{\text{シ}}}\pi$$

東京理科大-理工〈B方式-2月3日〉　　　　　　　　　　　　　　　2022年度　数学　15

の4つである。一方，θ が①を満たすとき，$t = \cos\theta$ とおくと t は

$$\boxed{\text{ス}}\,t^4 - \boxed{\text{セ}}\,t^2 + \boxed{\text{ソ}} = t \quad\cdots\cdots\ ②$$

を満たす。$t = 1$，$\cos\dfrac{\boxed{\text{ケ}}}{\boxed{\text{コ}}}\pi$ は②の解なので，2次方程式

$$\boxed{\text{タ}}\,t^2 + \boxed{\text{チ}}\,t - 1 = 0$$

は $\cos\dfrac{\boxed{\text{キ}}}{\boxed{\text{ク}}}\pi$，$\cos\dfrac{\boxed{\text{サ}}}{\boxed{\text{シ}}}\pi$ を解にもつ。これより

$$\cos\frac{\boxed{\text{キ}}}{\boxed{\text{ク}}}\pi = \frac{\sqrt{\boxed{\text{ツ}}} - \boxed{\text{テ}}}{\boxed{\text{ト}}}$$

$$\cos\frac{\boxed{\text{サ}}}{\boxed{\text{シ}}}\pi = -\frac{\sqrt{\boxed{\text{ツ}}} + \boxed{\text{テ}}}{\boxed{\text{ト}}}$$

であることがわかる。

(3) 座標平面上の3点 $(2,\ 3)$，$(-5,\ 10)$，$(-2,\ 1)$ を通る円を C_1 とする。このとき，

$$C_1\ \text{の中心は}\left(-\boxed{\text{ナ}},\ \boxed{\text{ニ}}\right),\ \text{半径は}\ \boxed{\text{ヌ}}$$

である。C_1 と点 $(2,\ 3)$ で外接し，x 軸とも接している円を C_2 とする。このとき，

$$C_2\ \text{の中心は}\left(\frac{\boxed{\text{ネ}}}{\boxed{\text{ノ}}},\ \frac{\boxed{\text{ハ}}\,\boxed{\text{ヒ}}}{\boxed{\text{フ}}}\right),\ \text{半径は}\ \frac{\boxed{\text{ヘ}}\,\boxed{\text{ホ}}}{\boxed{\text{マ}}}$$

である。

16 2022 年度　数学　　　　　　　　　東京理科大-理工〈B方式-2月3日〉

問題 $\boxed{2}$ の解答は白色の解答用紙に記入しなさい。

$\boxed{2}$　平面上に三角形 ABC と点 P があり，点 P は，ある正の定数 t に対して

$$3t\,\overrightarrow{\mathrm{AP}} + t^2\,\overrightarrow{\mathrm{BP}} + 4\,\overrightarrow{\mathrm{CP}} = \vec{0}$$

を満たすとする。$\vec{b} = \overrightarrow{\mathrm{AB}},\ \vec{c} = \overrightarrow{\mathrm{AC}}$ とおく。

(1)　$\overrightarrow{\mathrm{BP}}$ を，$\vec{b}$ と $\overrightarrow{\mathrm{AP}}$ を用いて表せ。

(2)　$\overrightarrow{\mathrm{AP}} = v\vec{b} + w\vec{c}$ となる実数 v, w を，t を用いて表せ。

(3)　直線 AP と直線 BC の交点を D とする。$\overrightarrow{\mathrm{AD}} = x\vec{b} + y\vec{c}$ となる実数 x, y を，t を用いて表せ。

以下，三角形 ABC の面積を S_1，三角形 PBC の面積を S_2 とする。

(4)　$\dfrac{S_2}{S_1}$ を，t を用いて表せ。

(5)　t が正の実数全体を動くとき，$\dfrac{S_2}{S_1}$ が最大となる t の値を求めよ。

(30 点，ただし数学科は 60 点)

東京理科大-理工〈B方式-2月3日〉　　　　　　　　　　　　2022 年度　数学　*17*

問題 $\boxed{3}$ の解答はクリーム色の解答用紙に記入しなさい。

$\boxed{3}$　関数 $f(x)$ を次で定める。

$$f(x) = \frac{1}{x} \qquad (x > 0)$$

座標平面上の曲線 $y = f(x)$ を C とする。C 上の点 $\mathrm{P}\left(2, \dfrac{1}{2}\right)$ と，正の定数 t に対して y 軸上の点 $\mathrm{A}(0, -t)$ をとる。点 A と点 P を通る直線を ℓ_1 とする。

(1)　直線 ℓ_1 を表す方程式を，t を用いて表せ。

(2)　C 上の点 P における C の法線と y 軸の交点を $(0, -t_0)$ とおく。t_0 を求めよ。

上の **(2)** で求めた t_0 に対して $t < t_0$ とする。点 P を通り，直線 ℓ_1 に垂直な直線を ℓ_2 とする。ℓ_2 と C の交点のうち，点 P と異なる点を Q とおく。

(3)　点 Q の座標を，t を用いて表せ。

最後に，$t = \dfrac{3}{2}$ のときを考える。

(4)　点 Q を通る C の接線を ℓ_3 とする。このとき，2 つの直線 ℓ_1，ℓ_3 および曲線 C で囲まれた部分の面積を求めよ。

(30 点，ただし数学科は 60 点)

18 2022 年度 物理　　　　　　　　　東京理科大-理工〈B方式-2月3日〉

物理

（80 分）

1 次の問題の □ の中に入れるべき最も適当なものをそれぞれの**解答群**の中から選び，その番号を**解答用マークシート**の指定された欄にマークしなさい。（同じ番号を何回用いてもよい。）　　　　　　　　　　　　　　（35 点）

　以下では，長さ，時間，質量の単位をそれぞれ m，s，kg とし，その他の単位はこれらを組み合わせたものを用いる。たとえば，運動量とエネルギーの単位は，それぞれ $kg \cdot m/s$ と $J = kg \cdot m^2/s^2$ と表すことができる。

(1) P 君は物理の授業で，物体が仕事をされるとその分だけ運動エネルギーが変化することや，2 つの物体が衝突するときに 2 物体以外から受ける力積が無視できるならば運動量の和が保存すること，相対速度の衝突後と衝突前の比の絶対値である反発係数（はねかえり係数）e が 1 ならば運動エネルギーの和が保存する弾性衝突であり，$0 \leqq e < 1$ ならば運動エネルギーの和が減少すること，などを学んだ。そして次の疑問が生じた。「物体の運動を観測するとき，観測者の速度によって物体の速度の値は異なるので，運動エネルギーや運動量の値も異なる。そのような場合でも，運動量や運動エネルギーに関して学んだことは果たして成り立つだろうか？」

　そこで，水平な x 軸上を摩擦力や空気抵抗の影響を受けずに運動する 2 つの小物体（A と B）の衝突を考えることにした。それぞれの質量を m_A と m_B とする。**図 1-1** は，小物体 A と B がそれぞれ位置 x_A と x_B（$x_A < x_B$）にあって，それぞれ速度 v_A と v_B（$v_A > v_B$）で等速度運動しているようすを表す。小物体はいずれ衝突し，衝突後に小物体 A と B の速度はそれぞれ V_A と V_B になるとする。

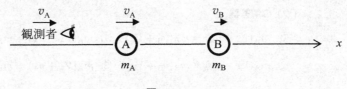

図 1-1

　まず，図 1-1 のように，観測者が衝突前の小物体 A と同じ速度 v_A で移動している場合を考えてみた。このとき観測者には，静止している小物体 A に B が接近していくように見える。観測者から見た小物体 B の速度は　(ア)　である。この観測者から見た各物体の速度を使っても運動量の和が保存されると考えると，$m_B \times ($　(ア)　$) = m_A\{V_A - ($　(イ)　$)\} + m_B\{V_B - ($　(イ)　$)\}$ と書ける。これを変形し，小物体 A と B それぞれの運動量の衝突前後の変化分を比べる式にすると，　(ウ)　が成り立っていることが確かめられる。

　また，反発係数は，観測者の速度にかかわらず，$e = \dfrac{V_B - V_A}{v_A - v_B}$ と表される。この式を　(ウ)　と連立して V_A と V_B について解き，それらを，v_A と v_B などを用いて表せば，$V_A = $　(エ)　および，$V_B = $　(オ)　が得られる。特に，$e = 0$ ならば，衝突した A と B は合体し（一体となって運動するようになり），　(カ)　$= 0$ が成り立つ。速度 v_A で運動している観測者から見て，合体後の運動エネルギーは，衝突前の運動エネルギーの和から，$\Delta E = \dfrac{m_A m_B}{m_A + m_B} \times \{$　(キ)　$\}$ だけ変化することがわかった。

(ア) の解答群

⓪ $v_A + v_B$　　① $v_A - v_B$　　② $-v_A + v_B$　　③ $-v_A - v_B$

④ v_A　　⑤ v_B　　⑥ $-v_A$　　⑦ $-v_B$

(イ) の解答群

⓪ v_A　　① v_B　　② $\dfrac{v_A + v_B}{2}$　　③ $\dfrac{m_A v_A + m_B v_B}{m_A + m_B}$

④ $v_A - v_B$　　⑤ $v_B - v_A$

20 2022 年度 物理　　　　　　　　　　　　　東京理科大-理工〈B方式-2月3日〉

(ウ) の解答群

⓪ $m_A(V_A + v_A) = m_B(v_B + V_B)$　　① $m_A(V_A - v_A) = m_B(v_B - V_B)$

② $m_A(V_A - v_A) = m_B(v_B + V_B)$　　③ $m_A(V_A + v_A) = m_B(v_B - V_B)$

(エ), (オ) の解答群

⓪ $\dfrac{m_B v_B + m_A(v_A - ev_A + ev_B)}{m_A + m_B}$　　① $\dfrac{m_B v_A + m_B(v_A + ev_A - ev_B)}{m_A + m_B}$

② $\dfrac{m_B v_B + m_A(v_A + ev_A - ev_B)}{m_A + m_B}$　　③ $\dfrac{m_A v_A + m_B(v_B + ev_B - ev_A)}{m_A + m_B}$

④ $\dfrac{m_A v_B + m_A(v_B + ev_B - ev_A)}{m_A + m_B}$　　⑤ $\dfrac{m_A v_A + m_B(v_B - ev_B + ev_A)}{m_A + m_B}$

(カ) の解答群

⓪ $V_A + V_B$　　　　　① $V_A - V_B$　　　　　② $m_A V_A + m_B V_B$

③ $m_A V_A - m_B V_B$　　④ $m_A V_B + m_B V_A$　　⑤ $m_A V_B - m_B V_A$

(キ) の解答群

⓪ $\frac{1}{2}(v_B - v_A)^2$　　① $-\frac{1}{2}(v_B - v_A)^2$　　② $\frac{1}{2}(v_B + v_A)^2$

③ $-\frac{1}{2}(v_B + v_A)^2$　　④ $(v_B - v_A)^2$　　⑤ $-(v_B - v_A)^2$

(2) 　小物体 A と B の重心の位置は $x_C = \dfrac{m_A x_A + m_B x_B}{m_A + m_B}$ である。これに対応して，衝突が起きる前の小物体 A と B の重心の速度は $v_C = \dfrac{m_A v_A + m_B v_B}{m_A + m_B}$ と表される。そこで，速度 v_C で運動する観測者から見ても，運動量の和が保存するとして考えてみる。この観測者から見た場合，衝突前の A と B の運動エネルギーの和は，$\dfrac{1}{2} m_A(v_A - v_C)^2 + \dfrac{1}{2} m_B(v_B - v_C)^2$ である。反発係数 $e = 0$ のときには，衝突すると A と B は合体し，理由「　**(ク)**　」によって，この観測者から見ると衝突後の A と B が合体した物体の運動エネルギーは **(ケ)** になる。これを用いて，合体後の運動エネルギーが衝突前の運動エネルギーの和からどれだけ変化したかを求めると，**小問 (1)** の最後の結果の ΔE に一致することがわかる。

　ここまで確かめた P 君は，Q 君にこの話をした。すると，Q 君は「観測者

東京理科大-理工〈B方式-2月3日〉　　　　　　　　　　　2022 年度　物理　*21*

の速度がどんな値でも一定であれば，エネルギーや運動量の和が保存するか
どうか，確かめてみよう」と言った。そこで，観測者の速度を v_O として，観
測者から見た衝突前後の小物体 A と B の速度を，それぞれ $v'_A = v_A - v_O$,
$v'_B = v_B - v_O$, $V'_A = V_A - v_O$, $V'_B = V_B - v_O$, と表す。小物体 A と B の衝突
前後の運動量の変化を書いてみると，それぞれ $m_A(V'_A - v'_A) = m_A(V_A - v_A)$,
$m_B(V'_B - v'_B) = m_B(V_B - v_B)$, となって，ともに観測者の速度に関係ないこと
がわかった。これら 2 式の両辺それぞれを加えることにより，等式　 （コ）
が成り立っていて，観測者の速度に関係なく，衝突前後で運動量の和が保存さ
れることが示せた。

　一方，反発係数が $e = 1$ であれば，観測者の速度に関係なく成り立つ相対速
度の関係から，小物体 A と B の衝突前後の速度について等式　 （サ）　が得
られる。これら 2 つの等式　 （コ）　と　 （サ）　の左辺どうし，右辺どうしを
それぞれかけて得られた等式を整理して，速度 v_O で運動する観測者から見た，
衝突前後の 2 物体の運動エネルギーの増減を比較する式にすると，　 （シ）
となって，v_O がどんな値であっても，反発係数が $e = 1$ であれば，運動エネル
ギーの和が保存されることがわかった。P 君たちは，「物理量の値がどのように
して測定されたのかも明確に考えに入れて，はじめて法則が正しく適用される
のだ。」と理解した。

（ク）の解答群

⓪　合体の際に A と B が及ぼしあう力がつりあっているから

①　合体の際に A と B が同じ大きさの仕事をやりとりするから

②　A と B およびそれらの重心の運動が x 軸上に限られているから

③　運動量の和が保存するので重心の速度が衝突前後で変わらないから

④　エネルギーの和が保存するので重心の速度が衝突前後で変わらない
　　から

（ケ）の解答群

⓪　0　　　　　　　　　　　　　　①　$\frac{1}{2}(m_A + m_B)V_A^2$

22 2022 年度 物理　　　　　　　　　　　　　東京理科大-理工〈B方式-2月3日〉

② $(m_A + m_B)V_A^2$　　　　　　③ $\frac{1}{2}(m_A + m_B)(V_A - v_A)^2$

④ $\frac{1}{2}m_A(V_A - v_A)^2$　　　　　　⑤ $\frac{1}{2}m_B(V_B - v_B)^2$

(コ) の解答群

⓪ $m_A(V_A' + v_A') = m_B(V_B' + v_B')$　　① $m_A(V_A' + v_A') = m_B(V_B' - v_B')$

② $m_A(V_A' - v_A') = m_B(V_B' + v_B')$　　③ $m_A(V_A' - V_B') = m_B(v_A' - v_B')$

④ $m_A(V_A' - V_B') = m_B(v_B' - v_A')$　　⑤ $m_A(V_A' - v_A') = m_B(v_B' - V_B')$

(サ) の解答群

⓪ $V_A' + v_A' = V_B' + v_B'$　　　　　① $V_A' + v_A' = V_B' - v_B'$

② $V_A' - v_A' = V_B' + v_B'$　　　　　③ $V_A' - V_B' = v_A' - v_B'$

④ $V_A' + V_B' = v_A' + v_B'$

(シ) の解答群

⓪ $\frac{1}{2}m_A(V_A'^2 + v_A'^2) = \frac{1}{2}m_B(V_B'^2 + v_B'^2)$

① $\frac{1}{2}m_A(V_A'^2 - v_A'^2) = \frac{1}{2}m_B(V_B'^2 - v_B'^2)$

② $\frac{1}{2}m_A(V_B'^2 - v_B'^2) = -\frac{1}{2}m_B(V_A'^2 - v_A'^2)$

③ $\frac{1}{2}m_A(V_A'^2 - v_B'^2) = -\frac{1}{2}m_B(V_B'^2 - v_A'^2)$

④ $\frac{1}{2}m_A(V_A'^2 - v_A'^2) = -\frac{1}{2}m_B(V_B'^2 - v_B'^2)$

(3)　P 君と Q 君が以上の話を R 氏にしたところ,「観測者が一定の加速度 a で運動しているならばどうなるか, 考えてみてはどうか」と言われた。そこで, 静止していた観測者が, 時刻 $t = 0$ から, x 方向に正の一定の加速度 a を与えられて運動する場合を考えてみた (**図 1-2**)。これは**小問 (2)** では一定だった v_O を, at とすることにあたる。**小問 (1)** と同じ状況をこの観測者が見ると, 衝突前の時刻 t_1 には, 小物体 A と B の速度はそれぞれ, $v_A - at_1$ と $v_B - at_1$ のように時間変化して, 衝突後の時刻 t_2 には, それぞれ, $V_A - at_2$ と $V_B - at_2$ のように時間変化して見える。t_1 を衝突開始時刻に, t_2 を衝突完了時刻にとり, す

でに得られた関係式 (コ) とあわせて考えると，この観測者から見て，衝突直後の運動量の和は衝突直前での値から，(ス) だけ変化している。この変化は，見かけの力（慣性力）(セ) によるものと考えることができる。したがって，条件「(ソ) 」が成り立っていれば，衝突の直前から直後の間では運動量の和が保存すると見なせる。

　以上の考察を通じて，P君たちは「測定する方法によって物理量のとる値は変わることがある。その物理量が保存するとは，特定の値のままであることではなく，ある過程を経てもその値が変化しないことである。」と理解した。

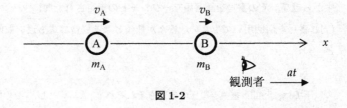

図 1-2

(ス) の解答群

⓪ $(m_A + m_B)a(t_1 - t_2)$　　① $(m_A + m_B)a(t_2 - t_1)$

② $(m_A - m_B)a(t_1 + t_2)$　　③ $(m_B - m_A)a(t_1 + t_2)$

④ $(m_A + m_B)a(t_1 + t_2)$　　⑤ $-(m_A + m_B)a(t_1 + t_2)$

(セ) の解答群

⓪ $m_A a$ と $m_B a$ がそれぞれ小物体 A と B にした仕事の和

① $-m_A a$ と $-m_B a$ がそれぞれ小物体 A と B にした仕事の和

② $m_A a$ と $m_B a$ がそれぞれ小物体 A と B に加えた力積の和

③ $-m_A a$ と $-m_B a$ がそれぞれ小物体 A と B に加えた力積の和

④ $m_A v_A$ と $m_B v_B$ がそれぞれ小物体 A と B に加えた力積の和

⑤ $-m_A v_A$ と $-m_B v_B$ がそれぞれ小物体 A と B に加えた力積の和

24 2022 年度　物理　　　　　　　　東京理科大-理工〈B方式-2月3日〉

(ソ) の解答群

⓪ 衝突に要する時間 $|t_2 - t_1|$ が非常に短いこと

① A と B の質量差 $|m_B - m_A|$ が非常に小さいこと

② A と B の衝突後の速度差 $|V_A - V_B|$ が非常に小さいこと

③ A の衝突前後の速度差 $|V_A - v_A|$ が非常に小さいこと

2　　次の問題の ▢ の中に入れるべき最も適当なものをそれぞれの**解答群**の中から選び，その番号を**解答用マークシート**の指定された欄にマークしなさい。(同じ番号を何回用いてもよい。答えが数値となる場合は最も近い数値を選ぶこと。)　　　　　　　　　　　　　　　　　　　　　　　　　　　　(35 点)

以下では，時間，電流，電圧の単位をそれぞれ s，A，V とし，その他の単位はこれらを組み合わせたものを用いる。たとえば，電荷 (電気量) の単位 C は A·s，抵抗の単位 Ω は V/A，電気容量の単位 F は C/V と表すことができる。また，導線の電気抵抗はすべて無視できるものとする。

(1)　図 2-1 に示すように，抵抗値 R の抵抗 6 個を正四面体の 6 つの辺を成すように各頂点 A ～ D で接続して，起電力 V の直流電源（以下、電源とよぶ）を AD 間に接続した。電源の内部抵抗は考えない。図中で，$I_1 \sim I_6$ は各抵抗を矢印の向きに流れる電流を示す。電位の基準（ゼロとなるところ）は電源の負極とする。

回路の構造に着目すると，点 A～D のうち，▢**(ア)** の電位が等しくなっていることがわかる。したがって，各抵抗を流れる電流について，▢**(イ)** が成り立つ。さらに，電源から点 A に流れ込んだ電流は，I_1，I_2，および I_3 に分かれて流れ出すが，これらについて関係式 ▢**(ウ)** が成り立っている。以上のことから，これらの電流について関係式 ▢**(エ)** が成立する。

また，点 A から点 D に向かう異なる電流経路における電圧降下がすべて電源電圧に等しいことから，すべての電流の値を求めることができ，電源から点

Aに流れ込んで点Dから電源に戻る全電流Iは，$\boxed{(オ)} \times \dfrac{V}{R}$と求められる。このことから，AD間の合成抵抗を$R$を用いて表すと，$\boxed{(カ)} \times R$となる。

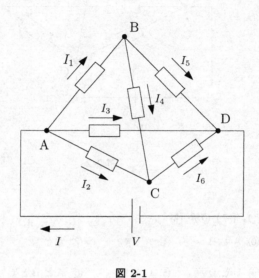

図 2-1

次に，図 2-2 のように電源を AD 間から AC 間につなぎ変えた。回路の構造に着目すると，点 A〜D のうち，$\boxed{(キ)}$の電位が等しくなっていることがわかる。したがって，AC 間の合成抵抗を R を用いて表すと，$\boxed{(ク)} \times R$ となる。

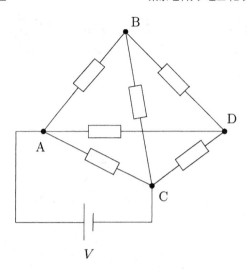

図 2-2

(ア), (キ) の解答群

⓪ A と B　　① A と C　　② A と D　　③ B と C

④ B と D　　⑤ C と D　　⑥ A と B と C　　⑦ A と B と D

⑧ A と C と D　　⑨ B と C と D

(イ) の解答群

⓪ $I_1 = I_4 = 0$　　① $I_4 = I_6 = 0$　　② $I_1 = I_5 = 0$

③ $I_5 = I_6 = 0$　　④ $I_3 = 0$　　⑤ $I_4 = 0$

(ウ) の解答群

⓪ $I_1 = I_2 = I_3$　　① $I_1 = I_2 < I_3$　　② $I_1 = I_2 > I_3$

③ $I_1 = I_3 < I_2$　　④ $I_1 = I_3 > I_2$　　⑤ $I_2 = I_3 < I_1$

⑥ $I_2 = I_3 > I_1$

(エ) の解答群

⓪ $I_1 = I_2 = I_3 = I_4$　① $I_1 = I_2 = I_5 = I_6$　② $I_2 = I_3 = I_5 = I_6$

③ $I_1 = I_2 = I_4 = I_5$　④ $I_1 = I_3 = I_4 = I_5$　⑤ $I_2 = I_3 = I_4 = I_6$

(オ), (カ), (ク) の解答群

⓪ $\dfrac{1}{6}$　　① $\dfrac{1}{3}$　　② $\dfrac{1}{2}$　　③ 1

④ 2　　⑤ 3　　⑥ 6

(2) 図 2-3 に示すように, 図 2-1 の正四面体の回路の BD 間に, 起電力 V の電源を挟んだ回路について考える。

　AB, CD, DA, AC, BD の間の抵抗を, 抵抗値がそれぞれ $2R$, $2R$, R, $3R$, R の抵抗に置き換えた。また, BC 間に抵抗値が未知の抵抗を接続したところ, AC 間の抵抗にだけ電流が流れなかった。このことから, BC 間の抵抗値は (ケ) であり, AC 間の抵抗を除く 5 つの抵抗を合わせた抵抗 (合成抵抗) は (コ) と分かる。また, AC 間の抵抗を除く 5 つの抵抗のうち, 単位時間あたりに発生するジュール熱が最も小さいものは (サ) , 最も大きいものは (シ) の間の抵抗で, 回路全体で単位時間あたりに発生するジュール熱の総量は (ス) である。

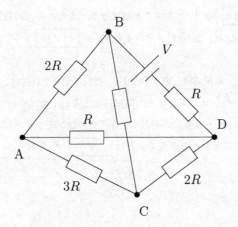

図 2-3

28 2022 年度 物理　　　　　　　　　　　　　　　　　東京理科大-理工〈B方式-2月3日〉

(ケ)，(コ) の解答群

⓪ 0　　　　① $\dfrac{1}{4}R$　　　　② $\dfrac{1}{3}R$　　　　③ $\dfrac{1}{2}R$

④ R　　　　⑤ $2R$　　　　⑥ $3R$　　　　⑦ $4R$

(サ)，(シ) の解答群

⓪ A と B　　　① B と C　　　② C と D　　　③ D と A

④ A と C　　　⑤ B と D

(ス) の解答群

⓪ 0　　　　① $\dfrac{V^2}{4R}$　　　　② $\dfrac{V^2}{3R}$　　　　③ $\dfrac{V^2}{2R}$

④ $\dfrac{V^2}{R}$　　　⑤ $\dfrac{2V^2}{R}$　　　⑥ $\dfrac{3V^2}{R}$　　　⑦ $\dfrac{4V^2}{R}$

(3) 図 **2-4** に示すように，**小問 (2)** の回路の BD 間の抵抗を取り外し，AC 間の抵抗の代わりに，3 個のコンデンサー C_1, C_2, C_3 を図のように接続した（各コンデンサーの電気容量はそれぞれ C_1, C_2, C_3 である）。コンデンサー C_1 と C_2 を直列に，C_1 と C_2 に対し C_3 を並列に接続した。さらに，AB, AD, BC, CD 間の抵抗も，それぞれ抵抗値 r_1, r_2, r_3, r_4 の抵抗に置き換えた。

　はじめ，コンデンサーには電荷は蓄えられていないものとする。電源を取り付けてから，じゅうぶん長い時間が経過した後，BD 間に流れる電流 I は，$\left(\boxed{\quad\textbf{(セ)}\quad}\right) \times V$ と表すことができる。また，電源の負極を基準とした A と C の電位，V_A と V_C は，それぞれ $V_A = \boxed{\quad\textbf{(ソ)}\quad} \times V$, $V_C = \boxed{\quad\textbf{(タ)}\quad} \times V$ となる。

　ここで，電源の電圧を $V = 10\,\text{V}$，抵抗の値をそれぞれ $r_1 = 2.0\,\Omega$, $r_2 = r_3 = r_4 = 3.0\,\Omega$，コンデンサーの電気容量をそれぞれ $C_1 = 20\,\mu\text{F}$, $C_2 = 30\,\mu\text{F}$, $C_3 = 18\,\mu\text{F}$ とする。このとき，AC 間のコンデンサーにおいて点 A と等電位の電極に蓄えられる電荷の合計は $\boxed{\quad\textbf{(チ)}\quad} \mu\text{C}$ となる。

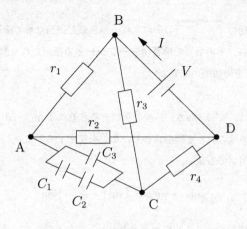

図 2-4

(セ) の解答群

⓪ $\dfrac{1}{r_1+r_3}$ ① $\dfrac{1}{r_1+r_2}$

② $\dfrac{1}{r_2+r_3}$ ③ $\dfrac{1}{r_1+r_2}+\dfrac{1}{r_3+r_4}$

④ $\dfrac{1}{r_1+r_4}+\dfrac{1}{r_3+r_4}$ ⑤ $\dfrac{1}{r_1+r_4}+\dfrac{1}{r_2+r_4}$

(ソ), (タ) の解答群

⓪ $\dfrac{r_2}{r_1+r_3}$ ① $\dfrac{r_4}{r_1+r_2}$ ② $\dfrac{r_2}{r_2+r_3}$

③ $\dfrac{r_2}{r_3+r_4}$ ④ $\dfrac{r_4}{r_3+r_4}$ ⑤ $\dfrac{r_2}{r_1+r_2}$

(チ) の解答群

⓪ 0.080 ① 0.76 ② 3.0 ③ 30

④ 60 ⑤ 90

3

次の問題の ☐ の中に入れるべき最も適当なものをそれぞれの**解答群**の中から選び，その番号を**解答用マークシート**の指定された欄にマークしなさい。（同じ番号を何回用いてもよい。） (30点)

以下では，時間と長さ，角度の単位をそれぞれ s, m, rad とし，その他の物理量に対してはこれらを組み合わせた単位を使用する。また，必要であれば，以下の公式を用いてもよい。

$$\sin\alpha + \sin\beta = 2\sin\left(\frac{\alpha+\beta}{2}\right)\cos\left(\frac{\alpha-\beta}{2}\right)$$

(1) 光は波動であり，回折や干渉といった現象を起こす。ヤングの実験では，2つのスリットによる光の回折と干渉を学んだ。一方，非常に多くのスリットを周期的に配置した「スリット列」に光が入射した場合では，それぞれのスリットで回折した光は互いに干渉するため，スリット列は回折格子としてはたらく。以下では，このようなスリット列を「回折格子」と呼ぶことにする。

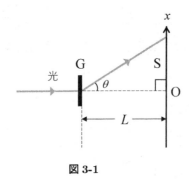

図 3-1

図 3-1 のように，厚さの無視できる回折格子 G に波長 λ の単色光を垂直に入射し，回折格子と平行に配置したスクリーン S 上にできる回折像 (S 上に現れる明るいところと暗いところが並んだ模様) を観察する。入射光は，じゅうぶん多くのスリットを通過することができる空間的な広がり (幅) を持つものとする。スリットは直線状に開けられた隙間であり，互いに平行に配置されている。また，スリットの幅の影響は考えない。回折格子とスクリーンの間隔 L は

入射光の幅よりもじゅうぶん大きい。**図 3-1** では，わかりやすいように光が回折した角 (回折角) θ ($\theta \geq 0$) を大きく描いているが，以下の問題では θ がじゅうぶんに小さい場合を扱う。0 次の回折の方向 ($\theta = 0$) と S との交点を原点 O とし，S 上で O からの距離を表すように x 軸を設定する。以下では，x 軸上の $x \geq 0$ の範囲に現れる回折像について考えよう。

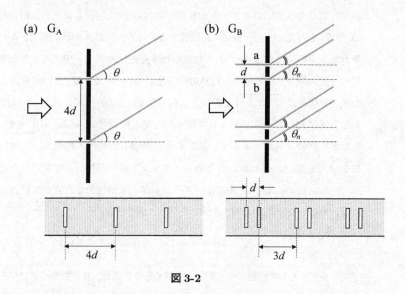

図 3-2

はじめに，回折格子 G として**図 3-2(a)** の G_A を用いた場合を考えよう。**図 3-2(a)** の上図は G_A の一部を示した図であり，入射光が角度 θ の方向に回折する様子を示している。また，**図 3-2(a)** の下図は，上図で G_A を白抜き矢印の指す方向から見た図である。G_A はスリットが $4d$ の周期で並んだ構造をもつ。このとき，S 上で回折光が強めあう条件は，n ($n = 0, 1, 2, 3, \cdots$) と，そのときの回折角 θ_n ($\theta_n \geq 0$) を用いて，$\sin \theta_n = $ ┃ **(ア)** ┃ となる。θ_n が小さいとき，S 上で回折光が強めあう位置は $x_n = $ ┃ **(イ)** ┃ と表すことができる。ただし，一般に，小さい角 δ に対して $\sin \delta \fallingdotseq \tan \delta$ とすることができる。したがって，回折光の強めあう位置のうち，隣り合うものの間隔は $\Delta x = $ ┃ **(ウ)** ┃ となる。

次に，回折格子 G として**図 3-2(b)** の G_B を用いたときに得られる回折像について考える。**図 3-2(b)** の上図は G_B の一部を示した図であり，入射光が角

度 θ_n の方向に回折する様子を示している (ただし, $\sin\theta_n = \boxed{\text{(ア)}}$)。また, 図 3-2(b) の下図は, 上図で G_B を白抜き矢印の指す方向から見た図である。G_B は, d だけ離れた 2 本のスリットが, それぞれ $4d$ の周期で並んだ構造をもつ。G_A の場合に考察したように, G_B のスリットから θ_n 以外の方向に回折する光は S 上で互いに強めあわないため考慮する必要はない。まず, d だけ隔てて隣り合う 2 つのスリット a と b で θ_n の方向に回折した光の位相の違い (位相差) を考えよう。一般に, 正弦波で表される, 波長 λ の波の場合, λ だけ離れた 2 点の位相差は 2π, $\frac{\lambda}{2}$ だけ離れた 2 点の位相差は π であることを考えると, 光の進む 2 つの異なる経路の経路差が $\Delta\ell$ であるとき, 2 つの経路を進む光の位相差は $\boxed{\text{(エ)}}$ と表すことができる。したがって, スリット a で回折した光に対して, スリット b で回折した光の位相差は, $\Delta\phi_n = \boxed{\text{(オ)}}$ となる。次に, スリット a で回折して S に到達した光を, 振幅を A, 角振動数を ω として $A_a = A\sin(\omega t)$ と表し, スリット b で回折し S に到達した光を $A_b = A\sin(\omega t - \Delta\phi_n)$ と表すと, スリット a と b で回折した光が S に到達した際, S 上での光は, 以下のように表すことができる。

$$B = A_a + A_b = A\sin(\omega t) + A\sin(\omega t - \Delta\phi_n)$$

スリット a と b で回折した光が S 上で強めあう位置は, B の振幅が 0 にならない位置である。ここでは, 回折光が S 上で強めあう位置について, n が 4 の倍数の場合と, それ以外の場合に分けて考察しよう。まず, n が 4 の倍数であるとき, すなわち, (i) $n = 4m$ $(m = 0, 1, 2, 3, \cdots)$ の場合, B の振幅は $\boxed{\text{(カ)}} \times A$ となる。このとき, S 上で回折光が強めあう位置は $x_{4m} = \boxed{\text{(キ)}}$ と表すことができる。次に (ii) $n = 4m+1$ の場合を考えると, 位相差は $\Delta\phi_{4m+1} = \boxed{\text{(ク)}}$ となる。したがって, B の振幅は $\boxed{\text{(ケ)}} \times A$ となり, S 上で回折光が強めあう位置は $x_{4m+1} = \boxed{\text{(コ)}} + \Delta x$ と表すことができる (ここで, $\Delta x = \boxed{\text{(ウ)}}$)。(iii) $n = 4m+2$ と (iv) $n = 4m+3$ の場合にも同様の手順, すなわち, S 上での B の振幅を考えることで, 回折光が強めあうか, を判定することができる。(i)〜(iv) の結果を考慮すると, S 上の回折像の強度を示した図としてもっとも適切なものは $\boxed{\text{(サ)}}$ である。一般に, $I = I_0\sin(\omega t + \phi)$ と表される光の強度は $I_0{}^2$ に比例する。ただし, 解答群に示した図は概略図である。また, 図

東京理科大-理工〈B方式-2月3日〉　　　　　　　　　　2022 年度　物理　*33*

中で等間隔で並んだ破線は S 上の位置を示す目盛りであり，隣り合う破線の間隔は Δx である。

(ア) の解答群

⓪ $2n\dfrac{d}{\lambda}$ 　　　① $2n\dfrac{d}{L}$ 　　　② $4n\dfrac{d}{L}$ 　　　③ $\dfrac{\lambda}{nd}$

④ $n\dfrac{\lambda}{d}$ 　　　⑤ $n\dfrac{\lambda}{2d}$ 　　　⑥ $n\dfrac{\lambda}{4d}$ 　　　⑦ $\dfrac{\lambda}{(n+1)d}$

(イ) の解答群

⓪ $2n\dfrac{\lambda L}{d}$ 　　　① $n\dfrac{dL}{2\lambda}$ 　　　② $n\dfrac{\lambda L}{4d}$ 　　　③ $\dfrac{\lambda L}{nd}$

④ $n\dfrac{\lambda L}{d}$ 　　　⑤ $n\dfrac{\lambda L}{2d}$ 　　　⑥ $n\dfrac{dL}{4\lambda}$ 　　　⑦ $\dfrac{\lambda L}{(n+1)d}$

(ウ) の解答群

⓪ $\dfrac{\lambda L}{d}$ 　　　① $\dfrac{\lambda L}{2d}$ 　　　② $\dfrac{\lambda L}{3d}$ 　　　③ $\dfrac{2\lambda L}{d}$

④ $\dfrac{3\lambda L}{2d}$ 　　　⑤ $\dfrac{3\lambda L}{4d}$ 　　　⑥ $\dfrac{\lambda L}{4d}$ 　　　⑦ $\dfrac{2\lambda d}{L}$

(エ) の解答群

⓪ $\Delta\ell\pi\lambda$ 　　　① $\dfrac{\pi\lambda}{2\Delta\ell}$ 　　　② $2\Delta\ell\pi\lambda$ 　　　③ $\Delta\ell\lambda$

④ $\dfrac{\pi\Delta\ell}{2\lambda}$ 　　　⑤ $\dfrac{\lambda}{\pi\Delta\ell}$ 　　　⑥ $\dfrac{2\pi\Delta\ell}{\lambda}$ 　　　⑦ $\dfrac{\Delta\ell\lambda}{2\pi}$

(オ) の解答群

⓪ $n\dfrac{\pi}{2}$ 　　　① $n\pi$ 　　　② $n\dfrac{\pi}{4}$ 　　　③ $n\dfrac{\pi}{6}$

④ $n\dfrac{\pi}{3}$ 　　　⑤ $(n+1)\dfrac{\pi}{2}$ 　　　⑥ $(n+1)\pi$ 　　　⑦ $2(n+1)\pi$

(カ)，(ケ) の解答群

⓪ $\dfrac{1}{4}$ 　　　① $\dfrac{1}{2}$ 　　　② $\dfrac{1}{\sqrt{2}}$ 　　　③ 1 　　　④ $\sqrt{2}$

⑤ $\sqrt{3}$ 　　　⑥ 2 　　　⑦ $2\sqrt{2}$

(キ), (コ) の解答群

⓪ $mL\dfrac{d}{\lambda}$ ① $m\dfrac{d}{\lambda}$ ② $m\dfrac{d}{L\lambda}$ ③ $mL\dfrac{\lambda}{d}$

④ $(m+1)L\dfrac{d}{\lambda}$ ⑤ $(m+1)\dfrac{d}{\lambda}$ ⑥ $2(m+1)\dfrac{d}{L\lambda}$ ⑦ $\pi\dfrac{\lambda}{(m+1)d}$

(ク) の解答群

⓪ 0 ① $m\dfrac{\pi}{3}$ ② $(2m+1)\dfrac{\pi}{3}$ ③ $(2m+1)\dfrac{2\pi}{3}$

④ $(4m+1)\dfrac{\pi}{2}$ ⑤ $m\pi$ ⑥ $(4m+1)\dfrac{2\pi}{3}$ ⑦ $(4m+1)\pi$

(サ) の解答群

⓪
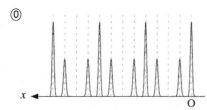

①
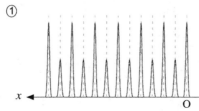

②
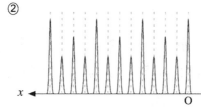

③
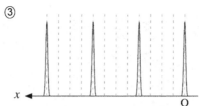

(2) 最後に，**図 3-1** の回折格子 G として**図 3-3** の G_C による回折像を考えよう。**図 3-3** の上図は G_C の一部を示した図であり，入射光が角度 θ_n の方向に回折する様子を示している（ただし，$\sin\theta_n = $ **(ア)** ）。また，**図 3-3** の下図は，上図で G_C を白抜き矢印の指す方向から見た図である。G_C は，d の間隔をあけて 3 本のスリットが並んでおり，それぞれが $4d$ の周期で並んだ構造をもつ。ここでも，G_B の場合に考えたように，それぞれのスリットを通って角度 θ_n の方向へ回折した光の位相差を考える。G_C で回折した光の位相差は，スリット p と q のように d だけ離れたスリットで回折した光の位相差 $\Delta\phi_n = $ **(オ)** に加え，スリット p と r のように $2d$ だけ離れたスリットで回折した光の位相差を考慮すれば良い。スリット p で回折した光に対して，スリット r で回折した光の位相差は $\Delta\phi'_n = $ **(シ)** と表すことができる。したがって，スリット p と q, r で回折した光が S に到達したときの光は，

$$C = A_p + A_q + A_r = A\sin(\omega t) + A\sin(\omega t - \Delta\phi_n) + A\sin(\omega t - \Delta\phi'_n)$$

と表すことができる。ここで，A_p と A_q, A_r は，それぞれスリット p と q, r で回折し，S に到達した光を表す。そのため，G_B の場合と同様に，n の値を，

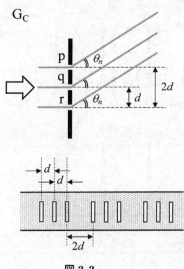

図 3-3

(i) $n = 4m$, (ii) $n = 4m+1$, (iii) $n = 4m+2$, (iv) $n = 4m+3$ の場合に分けて C の振幅を考えると，得られる S 上の回折像の強度を示した図としてもっとも適切なものは (ス) である。ただし，解答群に示した図は概略図である。また，等間隔で並んだ破線は S 上の位置を示す目盛りであり，隣り合う破線の間隔は Δx である。

以上で見たように，G_A と G_B，G_C は，1 つ，2 つ，または 3 つのスリットがいずれも周期 $4d$ で並んだ構造をもつが，得られる回折像はそれぞれ異なる。このことを逆に利用すれば，回折像からそれぞれの回折格子の構造を区別することができる。

(シ) の解答群

⓪ $\dfrac{n\pi}{2}$ ① $n\pi$ ② $\dfrac{n\pi}{4}$

③ $\dfrac{n\pi}{6}$ ④ $\dfrac{n\pi}{3}$ ⑤ $\dfrac{(n+1)\pi}{2}$

⑥ $(n+1)\pi$ ⑦ $2(n+1)\pi$

(ス) の解答群

⓪
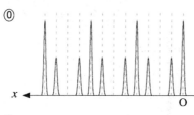

①
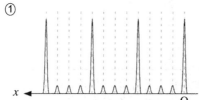

②
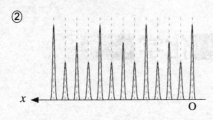

③
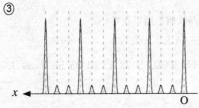

38 2022 年度　化学　　　　　　　　　　　東京理科大-理工〈B 方式-2 月 3 日〉

化学

（80 分）

各設問の計算に必要ならば，下記の数値を用いなさい。

原子量：H 1.0, N 14.0, O 16.0, Na 23.0, S 32.1, Cl 35.5, K 39.1,
　　　　Ag 108, Pb 207

ファラデー定数：9.65×10^4 C/mol

気体定数：8.31×10^3 Pa·L/(K·mol)

特段の記述がない限り，気体はすべて理想気体としてふるまうものとする。

$\boxed{1}$　次の(1)〜(3)の問に答えなさい。　　　　　　　　　　　　　　　　（16 点）

(1)　一酸化窒素 NO と酸素 O_2 から二酸化窒素 NO_2 が生成する反応は次式で表される。

$$2NO(気) + O_2(気) = 2NO_2(気) + 56.5 \, kJ$$

　　この可逆反応が平衡状態に達しているとき，以下の(a)〜(d)の記述のうち，正しい記述を過不足なく選んでいる番号を **A 欄**より選び，その番号を**解答用マークシート**にマークしなさい（番号の中の 0 という数字も必ずマークすること）。

(a)　平衡状態では反応は停止している。

(b)　圧力が一定で，温度を高くすると，平衡が右向きに進む。

(c)　温度が一定で，圧力を高くすると，平衡が右向きに進む。

(d)　温度と全圧を一定として，アルゴン Ar を導入すると，平衡が右向きに進

む。

A 欄

01 (a)　　　　02 (b)　　　　03 (c)
04 (d)　　　　05 (a), (b)　　06 (a), (c)
07 (a), (d)　　08 (b), (c)　　09 (b), (d)
10 (c), (d)　　11 (a), (b), (c)　12 (a), (b), (d)
13 (a), (c), (d)　14 (b), (c), (d)　15 (a), (b), (c), (d)

(2) 次の記述の(i)にあてはまる数値を有効数字が3桁になるように4桁目を四捨五入して求め，次の形式で**解答用マークシート**にマークしなさい。指数 d が 0 の場合の符号 p には＋をマークしなさい。

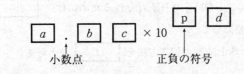

希硝酸は銀 Ag と反応し，気体として NO を発生する。NO を水上置換で捕集したところ，302 K，1.04×10^5 Pa で，90.6 mL であった。このとき，希硝酸と反応した Ag は　(i)　g である。ただし，302 K における水の飽和蒸気圧は 4.0×10^3 Pa とし，NO は水に溶けないものとする。

(3) 次の記述の(ア)〜(エ)にあてはまる最も適当なものを**B欄**より選び，その番号を**解答用マークシート**にマークしなさい(番号の中の **0** という数字も必ずマークすること)。また，(ii)にあてはまる数値を有効数字が3桁になるように4桁目を四捨五入して求め，次の形式で**解答用マークシート**にマークしなさい。指数 d が 0 の場合の符号 p には＋をマークしなさい。

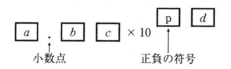

硝酸は工業的には以下の方法で製造される。

① アンモニアNH_3を空気と混合し，触媒を用いて800〜900℃で酸化し，NOを得る。

② 得られたNOをさらに酸化してNO_2にする。

③ NO_2と水を反応させて，HNO_3を得る。

①の反応では，1 molのNH_3と反応するO_2の物質量は (ア) molであり，触媒としては (イ) が用いられる。また，③の反応ではHNO_3以外にも，1 molのNO_2に対して (ウ) molのNOが生成する。このNOは②の反応に戻されることにより，すべてHNO_3に変えられる。この一連の反応が完全に進行するとき，1.00 kgのHNO_3を得るためには，(ii) molのNH_3が原料として必要になる。

このような①〜③によるHNO_3の製造方法を (エ) 法と呼ぶ。

B 欄

01 $\frac{1}{4}$	02 $\frac{1}{3}$	03 $\frac{1}{2}$
04 $\frac{2}{3}$	05 $\frac{3}{4}$	06 1
07 $\frac{5}{4}$	08 $\frac{4}{3}$	09 $\frac{3}{2}$
10 MnO_2	11 V_2O_5	12 Pt
13 Fe_3O_4	14 ハーバー・ボッシュ	15 オストワルト
16 接 触	17 アンモニアソーダ	

2 次の記述の①，②にあてはまる語句を選択し，その番号を**解答用マークシート**にマークしなさい。また，(i)〜(v)にあてはまる数値を有効数字が2桁になるように3桁目を四捨五入して求め，次の形式で**解答用マークシート**にマークしなさい。指数 c が 0 の場合の符号 p には＋をマークしなさい。 (14点)

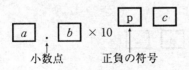

(1) モル濃度が 0.50 mol/L の塩酸 250 mL を作るには， (i) mL の濃塩酸(密度 1.18 g/cm³，質量パーセント濃度 36 %)を純水で希釈し，250 mL とすればよい。

(2) 硝酸カリウム KNO_3 が水 100 g に溶ける量は，25 ℃ で 38 g，80 ℃ で 169 g である。80 ℃ での硝酸カリウム飽和水溶液 500 g を 25 ℃ に冷却したとき，析出する硝酸カリウムの結晶は (ii) g である。

(3) pH が 3.0 の塩酸 0.20 L を 0.010 mol/L の NaOH 水溶液でちょうど中和するとき，必要な NaOH 水溶液の体積は (iii) L である。

(4) 十分に充電した状態の鉛蓄電池を 5.0 A の電流で 10 分間放電させた。このとき，正極の質量は (iv) g ①{1 増加，2 減少}し，負極の質量は (v) g ②{1 増加，2 減少}する。

3 次の記述の(ア)〜(エ)にあてはまる最も適当なものをA欄より選び，その番号を**解答用マークシート**にマークしなさい。また，(i)〜(iii)にあてはまる数値を，有効数字が2桁になるように3桁目を四捨五入して求め，次の形式で**解答用マークシート**にマークしなさい。指数 c が0の場合の符号 p には＋をマークしなさい。必要ならば，同一番号を繰り返し用いてよい。　　　　　　　　　(16点)

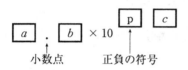

なお，25℃ の純水の密度を 1.00 g/cm^3，25℃ の水のイオン積を 1.00×10^{-14} $(\text{mol/L})^2$ とする。必要であれば，$\sqrt{2} = 1.41$，$\sqrt{3} = 1.73$，$\sqrt{5} = 2.24$，$\sqrt{7} = 2.65$ を用いなさい。

(1) 純粋な水もわずかながら電離して，①式に示す電離平衡になっている。

$$H_2O \rightleftarrows H^+ + OH^- \qquad ①$$

25℃ の純水における水のモル濃度(単位体積当たりの水の物質量)は， (i) mol/L と計算される。電離はわずかであり，この値が電離によって変化しないと考えると，この温度における水の電離度は (ii) と求められる。

(2) 水の電離の熱化学方程式は，次の②式で表される。

$$H_2O(液) = H^+aq + OH^-aq \boxed{(ア)} 56.5 \text{ kJ} \qquad ②$$

水の電離は中和の逆反応であるため， (イ) 反応である。40℃ における水のイオン積は $1.00 \times 10^{-14} (\text{mol/L})^2$ (ウ) 。したがって，40℃ の純水の pH は 7 (エ) 。

(3) 1.00×10^{-2} mol/L の塩酸の水素イオン濃度は 1.00×10^{-2} mol/L と考えて

東京理科大-理工〈B方式-2月3日〉　　　　　　　　　　　2022 年度　化学　*43*

よい。それは，塩酸中の塩化水素の電離により生じる水素イオンの濃度に比べ，水の電離により生じる水素イオンの濃度が無視できるほど小さいためである。しかし，塩酸の濃度が 10^{-6} mol/L 程度より小さくなると，塩化水素の電離により生じる水素イオンの濃度が水の電離により生じる水素イオンの濃度と同程度となり，後者を無視できなくなる。このような濃度の薄い塩酸中の水素イオン濃度が，「塩化水素の電離により生じた水素イオンの濃度」と「水の電離により生じた水素イオンの濃度」の和で表されるとすると，25℃ の 1.00×10^{-7} mol/L 塩酸の水素イオン濃度は　(iii)　mol/L と計算される。ただし，塩酸中の塩化水素は完全に電離するものとする。

A 欄

1 ＋	2 －	3 発 熱	4 吸 熱
5 よりも大きい		6 よりも小さい	7 に等しい

4　次の記述の(ア)～(カ)にあてはまる最も適当なものを **A 欄**より選び，その番号を**解答用マークシート**にマークしなさい（番号の中の **0** という数字も必ずマークすること）。　　　　　　　　　　　　　　　　　　　　　　　　　　　　（16 点）

(1)　混合物から目的の物質を分ける操作を分離という。例えば，塩化ナトリウム水溶液を　(ア)　すれば，純粋な水を得ることができる。また，少量の塩化ナトリウムが混ざった硝酸カリウムから，より純粋な硝酸カリウムを得るためには　(イ)　による精製が有効である。

　　二種類の溶媒に対する　(ウ)　の差を利用して，混合物から目的の成分を分離する操作を抽出という。

(2)　物質 X を溶質，物質 A を溶媒とする溶液から，純粋な物質（溶媒）B に X が抽出されたとき，平衡状態では以下の関係が成り立つものとする。

$$\frac{C_B}{C_A} = K$$

44 2022年度 化学   東京理科大-理工〈B方式-2月3日〉

ここで，C_A は A を溶媒とする溶液中での X のモル濃度，C_B は B を溶媒とする溶液中での X のモル濃度，K は 1 よりも大きな値の定数である。なお，A と B は互いに溶解せず，X の抽出前後で各溶液の体積に変化は生じないものとする。

　物質 X が物質量 n〔mol〕だけ物質 A に溶解している溶液がある。この溶液の体積は V〔L〕である。以下の方法で，X を物質 B に抽出した状況を考える。

　方法Ⅰ：体積 V〔L〕の純粋な B を一度に加えて X を抽出した。
　方法Ⅱ：体積 $V/2$〔L〕の純粋な B を一度に加えて X を抽出したのちに，B を溶媒とする溶液を完全に取り除いた。その後，A を溶媒とする残った溶液に，体積 $V/2$〔L〕の純粋な B を一度に加えて X を抽出した。

　方法Ⅰにより，A を溶媒とする溶液に残っている X の物質量は平衡状態で　$\boxed{\text{(エ)}}$　〔mol〕になる。一方，方法Ⅱにより，A を溶媒とする溶液に残っている X の物質量は平衡状態で　$\boxed{\text{(オ)}}$　〔mol〕になる。これら二つの方法を比べると，A を溶媒とする溶液に残っている X の物質量は　$\boxed{\text{(カ)}}$　のときの方が少なく，B への抽出が効果的に進むことがわかる。

A　欄

01　ろ　過	02　分　留	03　蒸　留
04　昇　華	05　再結晶	06　蒸気圧
07　溶解度	08　等電点	09　電気陰性度
10　方法Ⅰ	11　方法Ⅱ	
12　$\dfrac{1}{K+1}n$	13　$\dfrac{K}{K+1}n$	14　$\dfrac{1}{K+2}n$
15　$\dfrac{K}{K+2}n$	16　$\dfrac{1}{(K+1)^2}n$	17　$\dfrac{K^2}{(K+1)^2}n$
18　$\dfrac{1}{(K+2)^2}n$	19　$\dfrac{K^2}{(K+2)^2}n$	20　$\dfrac{2}{K+2}n$
21　$\dfrac{2K}{K+2}n$	22　$\dfrac{4}{(K+2)^2}n$	23　$\dfrac{4K^2}{(K+2)^2}n$

東京理科大-理工〈B方式-2月3日〉　　　　　　　　　　2022 年度　化学　45

5　次の記述の(ア)〜(ウ)にあてはまる最も適当なものをA欄より選び、(エ)〜(カ)にあて
　　はまる最も適当なものをB欄より選び、その番号を解答用マークシートにマーク
　　しなさい(番号の中の0という数字も必ずマークすること)。　　　　　(18点)

(1)　分子式 $C_{16}H_{16}O_2$ で表される中性の芳香族化合物 A を十分に加水分解すると
　　2つの芳香族化合物 B および C が生成した。芳香族化合物 B は塩化鉄(Ⅲ)水
　　溶液による呈色反応を示さなかったが、ナトリウムと反応し水素を発生した。
　　また、炭酸水素ナトリウム水溶液に芳香族化合物 B は溶解しないが、芳香族
　　化合物 C は可溶であった。さらに、2つの芳香族化合物 B および C を過マン
　　ガン酸カリウムで酸化すると、同じ構造の2価カルボン酸 D が生成した。こ
　　の化合物 D はポリエチレンテレフタラートの主原料として用いられる。以上
　　のことから、化合物B, C, Dの構造はそれぞれ　(ア)　,　(イ)　,
　　(ウ)　と考えられる。

A 欄

01 OH 　02 COOH 　03 CH₂COOH 　04 CH₂CH₂COOH 　05 CH₃(OH)

06 CH₃(OH) 　07 CH₃(OH) 　08 CH₂OH(CH₃) 　09 CH₂OH(CH₃) 　10 CH₂OH(CH₃)

11 COOH(CH₃) 　12 COOH(CH₃) 　13 COOH(CH₃) 　14 CH₂COOH(CH₃) 　15 CH₂COOH(CH₃)

16 CH₂COOH(CH₃) 　17 CH₂CH₂COOH(CH₃) 　18 CH₂CH₂COOH(CH₃) 　19 CH₂CH₂COOH(CH₃) 　20 CH₃(OH)(CH₃)

46 2022 年度 化学　　　　　　　　　東京理科大-理工〈B方式-2月3日〉

21
CH_3
COOH
CH_3

22
CH_3
COOH
CH_3

23
CH_3
CH_3
COOH

24
CH_3
HOOC
CH_3

25
CH_3
HOOC
CH_3

26
CH_3
CH_3
HOOC

27
COOH
COOH

28
COOH
COOH

29
COOH
COOH

(2) 分子式 $C_{12}H_{14}O_4$ で表される中性の芳香族化合物 E を十分に加水分解すると化合物 F，G，H が得られた（鏡像異性体は考慮しない）。化合物 F は炭酸水素ナトリウム水溶液に可溶であり，塩化鉄(Ⅲ)水溶液による呈色反応も示した。この化合物 F は，ナトリウムフェノキシドに高温・高圧のもとで二酸化炭素を反応させた後，希硫酸を作用させることで得られる化合物と同一であった。また，化合物 G をアンモニア性硝酸銀水溶液に加えて穏やかに加熱すると銀が析出した。さらに，化合物 H はヨードホルム反応を示した。以上のことを考慮すると，化合物 F，G，H の構造はそれぞれ　(エ)　，　(オ)　，　(カ)　と考えられる。

B　欄

01　CH_3OH

02　CH_3CH_2OH

03　CH_3CH_2CH_2OH

04　CH_3CHCH_3
　　　　OH

05　CH_3CH_2CH_2CH_2OH

06　CH_3CHCH_2OH
　　　　CH_3

07　CH_3CH_2CHOH
　　　　　CH_3

08　HCOOH

09　CH_3COOH

10　CH_3CH_2COOH

11　CH_3CH_2CH_2COOH

12　CH_3CH_2CH_2CH_2COOH

13　HOCH_2CH_2CH_2OH

14　HOCH_2CH_2CHOH
　　　　　　CH_3

15　HOCH_2CH_2CH_2CHO

16　HOCHCH_2CHO
　　CH_3

17　HOOCCH_2CH_2CHOH
　　　　　　　CH_3

18　OH
（フェノール）

19 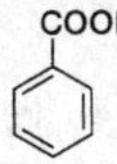

20 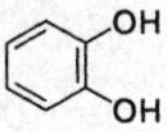

21 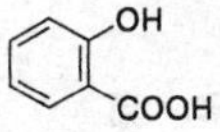

22 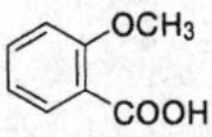

23 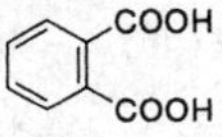

24 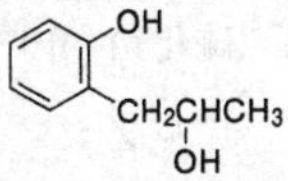

25 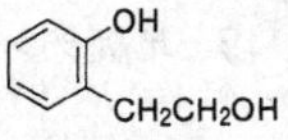

26 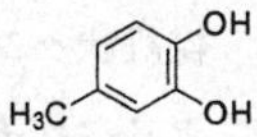

27 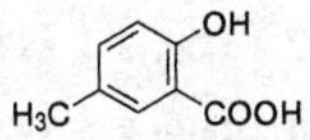

28 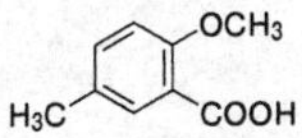

29 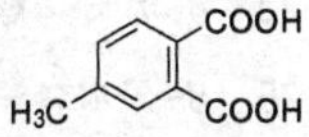

6　次の記述の(ア)〜(セ)にあてはまる最も適当なものを**A欄**より選び，(ソ)〜(ト)にあてはまる最も適当なものを**B欄**より選び，その番号を**解答用マークシート**にマークしなさい(番号の中の0という数字も必ずマークすること)。　(20点)

(1)　タンパク質は，酵素で加水分解するとアミノ酸が得られる。(ア)だけが得られるタンパク質を(イ)という。(イ)には，ポリペプチド鎖が(ウ)にまとまった(エ)と，束状にまとまった(オ)がある。(エ)である(カ)は，卵白に多く含まれ，親水基を多く含んだ分子構造をしており，水に可溶である。水に溶かした(エ)は，(キ)であり，多量の電解質を加えると(ク)により沈澱する。また，卵白を含んだ水溶液に水酸化ナトリウム水溶液と(ケ)水溶液を加えて温めると，(コ)の黒色沈澱が生じることから卵白のタンパク質中に(サ)を含むアミノ酸が含まれていることがわかる。一方，(オ)には(シ)が含まれる。(シ)を水と長時間煮込むとゼラチンが得られる。(オ)は水に溶けず丈夫で，生体の筋肉や組織を形成するものが多い。

タンパク質を加水分解すると，(ア)以外に，色素や核酸などを生じるタンパク質を(ス)という。色素を含む(ス)である(セ)は，血液中に多く含まれる。

48 2022年度 化学　　　　　　　　　　　　　　　東京理科大-理工〈B方式-2月3日〉

A　欄

01　窒　素　　　　02　酸　素　　　　03　リン　　　　　04　硫　黄

05　酢酸鉛(Ⅱ)　　06　酢酸鉄(Ⅱ)　　07　硫酸銅(Ⅱ)

08　硫化鉛(Ⅱ)　　09　硫化鉄(Ⅱ)　　10　酸化銅(Ⅱ)

11　アルブミン　　12　カゼイン　　　13　グロブリン　　14　ケラチン

15　コラーゲン　　16　ヘモグロビン

17　球状タンパク質　　18　繊維状タンパク質　　19　単純タンパク質

20　複合タンパク質　　21　ポリペプチド

22　α-アミノ酸　　　　23　β-アミノ酸

24　α-グルコース　　　25　β-グルコース

26　板　状　　　　　27　球　状　　　　　28　粒　状

29　親水コロイド　　30　疎水コロイド　　31　保護コロイド

32　塩　析　　　　　33　凝　析　　　　　34　透　析

(2)　核酸の単量体は，リン酸と糖と窒素を含む環状の有機塩基が結合した
　　　(ソ)　と呼ばれる物質である。核酸には糖部分が　(タ)　でできている
　　　(チ)　と　(ツ)　でできている　(テ)　がある。　(テ)　は有機塩
　基の一部がウラシルからなる　(ト)　構造をもつ。

B　欄

01　アデニン　　02　グアニン　　03　シトシン　　04　チミン

05　ヌクレオチド　　　　　　　　06　リボソーム

07　DNA　　　　　　　　　　　 08　RNA

09　一本鎖　　　10　二本鎖　　　11　二重らせん

12　$C_5H_{10}O_4$　　13　$C_5H_{10}O_5$　　14　$C_6H_{12}O_5$　　15　$C_6H_{12}O_6$

東京理科大-理工〈B方式-2月3日〉 2022年度 生物 49

生物

（80分）

1 生命の起源と進化に関する次の文章を読み，問題(a)〜(h)に答えなさい。解答は
それぞれの指示に従って最も適切なものを**解答群**の中から選び，その番号を**解答
用マークシート**の指定された欄にマークしなさい。 （21点）

地球は約46億年前に誕生した。原始地球で生命が生まれるためには，まず生
命に必須な材料となるアミノ酸や核酸などの有機物が生成される過程が起きたと
考えられる。約40億年前までに生成や蓄積したこれらの生命材料から，以下に
示す生命の属性Ⅰ〜Ⅲを満たす原始生命体が出現したと考えられている。

　　　Ⅰ．生命と外界を仕切ることができる

　　　Ⅱ．生命活動に必要な物質の代謝ができる

　　　Ⅲ．自分と同じコピーをつくり，増えることができる

初期の生命体は細菌に近い原核生物で，環境下に既にある有機物などを取り込
んでエネルギーを得る従属栄養生物や，無機物を酸化してエネルギーを得る独立
栄養生物であったと考えられる。約27億年前には，光エネルギーを利用して効
率よくエネルギーと有機物を得ることができるシアノバクテリアが大繁殖したこ
とで，大量の　(ア)　が海水中に放出されることになり，地球環境が大きく変
化した。これによって好気性の生物が出現するなど原核生物の多様化が進み，約
21億年前には核膜をもち，また宿主となる細胞に別の原核生物が細胞内共生する
ことで，真核生物が出現したと考えられている。**図1**はウーズらが提唱した3ド
メイン説による分子系統樹を示す。

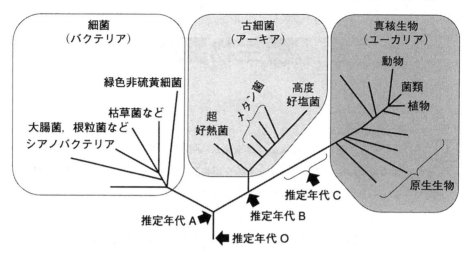

図1　rRNA配列から見た3ドメインからなる分子系統樹

O：原始生命体が誕生した推定年代。A：細菌ドメインと古細菌ドメイン・真核生物ドメインの共通の祖先が分岐した推定年代。B：古細菌ドメインと真核生物ドメインが分岐した推定年代。C：真核生物が誕生後に葉緑体をもつ真核生物（原生生物に属する真核藻類）が生じた推定年代。

(a) 図1の推定年代Oに至るまでに原始地球上で起きた下線部(i)の過程の名称として，最も適切なものを**解答群A**から選び，その番号をマークしなさい。

解答群A

 0　物質進化　　　　1　自然進化　　　　2　分子進化
 3　化学進化　　　　4　適応進化

(b) 生命の属性Ⅰを担う有機物は，現生の生物にも共通するリン脂質である。属性Ⅰのためにリン脂質がもつ重要な性質に関して，次の文①〜④の中から最も適切なものの組み合わせを**解答群B**から選び，その番号をマークしなさい。

 ①　リン脂質は，疎水性と親水性の両方の部分をもつ。
 ②　リン脂質のみからなる二重層は，生命活動に必要なNa^+などの電荷をもつ

東京理科大-理工〈B方式-2月3日〉　　　　　　　　　　2022 年度　生物　*51*

小さなイオンを通しやすいが，水分子は通過しにくい。

③　リン脂質の二重層に様々な輸送タンパク質が配置された細胞膜は，その輸送タンパク質のはたらきで特定の物質を選択的に透過させる。

④　リン脂質のみからなる二重層を物質が透過する原理は，基本的には濃度勾配に従った拡散である。

解答群B

00 ①	01 ②	02 ③	03 ④
04 ①，②	05 ①，③	06 ①，④	07 ②，③
08 ②，④	09 ③，④	10 ①，②，③	11 ①，②，④
12 ①，③，④	13 ②，③，④	14 ①，②，③，④	

(c)　最初に出現した生命体で，生命の属性 Ⅱ と Ⅲ の両方の役割を果たしていたと考えられている有機物として，最も適切なものを**解答群C**から選び，その番号をマークしなさい。

解答群C

0 タンパク質	1 アミノ酸	2 脂　質	3 DNA
4 RNA	5 脂肪酸	6 リボース	7 炭水化物

(d)　文章中の下線部(ii)の生物と同様の性質をもつ現生の化学合成独立栄養生物について，次の生物①～④の中から最も適切なものの組み合わせを**解答群D**から選び，その番号をマークしなさい。

①　大腸菌　　　②　枯草菌　　　③　硫黄細菌　　　④　乳酸菌

解答群D

00 ①	01 ②	02 ③	03 ④
04 ①，②	05 ①，③	06 ①，④	07 ②，③
08 ②，④	09 ③，④	10 ①，②，③	11 ①，②，④

52 2022年度 生物 　　　　　　　　　東京理科大-理工〈B方式-2月3日〉

12 ①, ③, ④ 　　**13** ②, ③, ④ 　　**14** ①, ②, ③, ④

(e) 空欄 　(ア)　 にあてはまる最も適切なものを**解答群E**から選び, その番号をマークしなさい.

解答群E

　0 H_2S 　　　**1** CO_2 　　　**2** H_2 　　　　**3** H_2O 　　　**4** N_2

　5 O_2 　　　　**6** NH_3 　　　**7** CH_4 　　　**8** HCN 　　**9** S

(f) 図1の推定年代**A**で分岐した細菌と古細菌の比較に関して, 次の文①〜④の中から最も適切なものの組み合わせを**解答群F**から選び, その番号をマークしなさい.

① 核膜は, 細菌にはないが古細菌にはある.

② 細胞壁は, 細菌と古細菌で構成成分に違いがある.

③ 生体膜のリン脂質は, 細菌と古細菌で種類に違いがある.

④ 細胞小器官は, 細菌にはないが古細菌にはある.

解答群F

　00 ① 　　　　　**01** ② 　　　　　**02** ③ 　　　　　**03** ④

　04 ①, ② 　　**05** ①, ③ 　　**06** ①, ④ 　　**07** ②, ③

　08 ②, ④ 　　**09** ③, ④ 　　**10** ①, ②, ③ 　**11** ①, ②, ④

　12 ①, ③, ④ 　**13** ②, ③, ④ 　**14** ①, ②, ③, ④

(g) 図1の推定年代**B**で誕生した真核生物に見られるミトコンドリアの起源について, 次の文①〜④の中から「細胞内共生説」を支持する証拠として最も適切なものの組み合わせを**解答群G**から選び, その番号をマークしなさい.

① ミトコンドリアは, 外膜と内膜の2枚の生体膜で包まれている.

② ミトコンドリアは, 細胞小器官である.

③ ミトコンドリアは，原核生物がもつような環状構造のDNAをもっている。
④ ミトコンドリアは，細胞の分裂とは別に分裂して増殖することができる。

解答群G

00 ①	01 ②	02 ③	03 ④
04 ①, ②	05 ①, ③	06 ①, ④	07 ②, ③
08 ②, ④	09 ③, ④	10 ①, ②, ③	11 ①, ②, ④
12 ①, ③, ④	13 ②, ③, ④	14 ①, ②, ③, ④	

(h) 図1の推定年代Cの頃に，宿主の真核生物にシアノバクテリアが細胞内共生することで葉緑体の起源となったと考えられている。多くのシアノバクテリアがもつ特徴について，次の文①～④の中から最も適切なものの組み合わせを**解答群H**から選び，その番号をマークしなさい。

① 真核藻類や植物と共通する光合成色素クロロフィルaをもつ。
② 緑色光合成細菌と共通する光合成色素バクテリオクロロフィルをもつ。
③ CO_2とH_2Sを利用する光合成で炭水化物などの有機物が合成される。
④ CO_2とH_2Oを利用する光合成で炭水化物などの有機物が合成される。

解答群H

00 ①	01 ②	02 ③	03 ④
04 ①, ②	05 ①, ③	06 ①, ④	07 ②, ③
08 ②, ④	09 ③, ④	10 ①, ②, ③	11 ①, ②, ④
12 ①, ③, ④	13 ②, ③, ④	14 ①, ②, ③, ④	

2 生物の生殖と発生に関する問題(1)～(2)に答えなさい。解答はそれぞれの指示に従って最も適切なものを**解答群**の中から選び，その番号を**解答用マークシート**の指定された欄にマークしなさい。　　　　　　　　　　　　　　　　(23点)

(1) 被子植物の生殖と発生に関する次の文章を読み，問題(a)～(d)に答えなさい。

　被子植物の配偶子形成では，花粉母細胞($2n$)と胚のう母細胞($2n$)が図1に示す核相の変化を伴う分裂を経て，それぞれ精細胞(n)と卵細胞(n)になる。受粉によって花粉管から胚のうに放出される2個の精細胞のうち，1個は卵細胞と受精して受精卵を，残りの1個は中央細胞と融合して胚乳核(胚乳細胞)を形成する。このように父親と母親のゲノムが2か所で出会う現象を　(ア)　と呼ぶ。これは，水の少ない陸上環境で生存や繁栄をもたらすように進化した，被子植物の生殖に共通した特徴である。受精卵からは胚ができる。胚乳核から胚乳が形成され，イネ科などの有胚乳種子では発芽後の胚に供給する栄養分が蓄えられる。

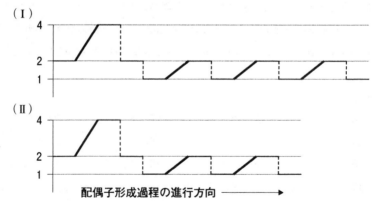

図1　被子植物の配偶子形成過程における核当たりのDNA量の変化

(Ⅰ)と(Ⅱ)は，1個の花粉母細胞あるいは胚のう母細胞から，それぞれ精細胞と卵細胞の配偶子が形成される過程(横軸)で変化する1つの核当たりのDNAの相対量(縦軸)を示す。DNA量＝2は，核相＝$2n$を示す。太線はDNA複製，点線は体細胞分裂，減数分裂，あるいは核分裂による核相の変動を表す。

東京理科大-理工〈B方式-2月3日〉 2022年度 生物 55

(a) 図1の(Ⅰ)と(Ⅱ)は雌雄どちらの配偶子形成過程を反映しているか。**解答群A**から最も適切なものを選び，その番号をマークしなさい。

解答群A

    0 （Ⅰ）は精細胞，（Ⅱ）は卵細胞   1 （Ⅰ）は卵細胞，（Ⅱ）は精細胞

    2 （Ⅰ）は精細胞と卵細胞の両方   3 （Ⅱ）は精細胞と卵細胞の両方

(b) 多くの被子植物において，受粉後に形成される受精卵と胚乳細胞の核相に関して，最も適切なものを**解答群B**から選び，その番号をマークしなさい。

解答群B

00 受精卵は n，胚乳核は n	01 受精卵は n，胚乳核は $2n$
02 受精卵は n，胚乳核は $3n$	03 受精卵は n，胚乳核は $4n$
04 受精卵は $2n$，胚乳核は n	05 受精卵は $2n$，胚乳核は $2n$
06 受精卵は $2n$，胚乳核は $3n$	07 受精卵は $2n$，胚乳核は $4n$
08 受精卵は $3n$，胚乳核は n	09 受精卵は $3n$，胚乳核は $2n$
10 受精卵は $3n$，胚乳核は $3n$	11 受精卵は $3n$，胚乳核は $4n$
12 受精卵は $4n$，胚乳核は n	13 受精卵は $4n$，胚乳核は $2n$
14 受精卵は $4n$，胚乳核は $3n$	15 受精卵は $4n$，胚乳核は $4n$

(c) 空欄 (ア) にあてはまる最も適切な語句を**解答群C**から選び，その番号をマークしなさい。

解答群C

    0 多 精   1 重 合   2 接 合

    3 重複受精   4 対 合   5 自家受精

(d) 文章中の下線部(i)に関して，胚乳は父親(精細胞)と母親(中央細胞)のゲノムをもって形成される。胚乳形成における父親と母親のそれぞれのゲノムの役割を調べるため，シロイヌナズナの両親のいずれかの倍数性を変えて受粉

させる**実験1**と**実験2**を行ったところ，雌雄のゲノムが胚乳と種子の形成に影響することがわかった。

【実験1】　4倍体($4n$)の母親からできた胚のうに野生型($2n$)の父親からできた花粉を受粉した場合，胚乳サイズが小さくなり異常な種子が形成された。

【実験2】　4倍体($4n$)の父親からできた花粉を野生型($2n$)の母親からできた胚のうに受粉した場合，胚乳サイズが大きくなり異常な種子が形成された。

　　　※なお，$4n$の植物体由来の花粉母細胞($4n$)と胚のう母細胞($4n$)であっても，**図1**に示した配偶子形成過程では，同じ比率でDNA相対量（核相）が変化し，精細胞と中央細胞へと分配される。また，一方が$4n$親由来の配偶子であっても，精細胞と中央細胞の融合，および胚乳形成は起きる。

　実験1と**実験2**の結果の相違から考えられる，胚乳形成における精細胞と中央細胞のゲノムのはたらきとして，次の文①〜⑤の中から最も適切なものの組み合わせを**解答群D**から選び，その番号をマークしなさい。

①　中央細胞のゲノムは胚乳形成を抑制し，精細胞のゲノムは胚乳形成を促進するはたらきをもつ。

②　精細胞のゲノムは胚乳形成を抑制し，中央細胞のゲノムは胚乳形成を促進するはたらきをもつ。

③　父親の倍数性を変えても生じる精細胞の核相は変化しないため，中央細胞ゲノムのみが胚乳形成に影響する。

④　母親の倍数性を変えても生じる中央細胞の核相は変化しないため，精細胞ゲノムのみが胚乳形成に影響する。

⑤　融合で形成される胚乳核の核相は2つの実験で異なり，父親と母親のゲノムの量比は胚乳形成に影響する。

東京理科大-理工〈B方式-2月3日〉　　　　　　　　　　2022 年度　生物　*57*

解答群D

00 ①	01 ②	02 ③	03 ④
04 ⑤	05 ①, ②	06 ①, ③	07 ①, ④
08 ①, ⑤	09 ②, ③	10 ②, ④	11 ②, ⑤
12 ③, ④	13 ③, ⑤	14 ④, ⑤	
15 ①, ②, ③	16 ①, ②, ④	17 ①, ②, ⑤	
18 ①, ③, ④	19 ①, ③, ⑤	20 ①, ④, ⑤	
21 ②, ③, ④	22 ②, ③, ⑤	23 ②, ④, ⑤	
24 ③, ④, ⑤	25 ①, ②, ③, ④	26 ①, ②, ③, ⑤	
27 ①, ②, ④, ⑤	28 ①, ③, ④, ⑤	29 ②, ③, ④, ⑤	
30 ①, ②, ③, ④, ⑤			

(2)　有性生殖を行う生物の生殖と発生における遺伝のはたらきについて，問題(a)〜(b)に答えなさい。

(a)　有性生殖では，無性生殖とは異なり遺伝的に多様な個体が生まれる。有性生殖によって生じる遺伝的な多様性に係る細胞現象に関して，次の文①〜⑤の中から最も適切なものの組み合わせを**解答群E**から選び，その番号をマークしなさい。

①　減数分裂の過程で起きる相同染色体の分離。
②　体細胞分裂の過程で起きる染色体の両極への移動。
③　減数分裂の第一分裂で起きる染色体の乗換え。
④　減数分裂の第二分裂で起きる染色体の乗換え。
⑤　雄性配偶子と雌性配偶子の異なる組み合わせの受精。

解答群E

00 ①	01 ②	02 ③	03 ④
04 ⑤	05 ①, ②	06 ①, ③	07 ①, ④
08 ①, ⑤	09 ②, ③	10 ②, ④	11 ②, ⑤

58　2022 年度　生物　　　　　　　　　　　東京理科大-理工〈B方式-2月3日〉

12	③, ④	13	③, ⑤	14	④, ⑤
15	①, ②, ③	16	①, ②, ④	17	①, ②, ⑤
18	①, ③, ④	19	①, ③, ⑤	20	①, ④, ⑤
21	②, ④	22	②, ③, ⑤	23	②, ④, ⑤
24	③, ④, ⑤	25	①, ②, ③, ④	26	①, ②, ③, ⑤
27	①, ②, ④, ⑤	28	①, ③, ④, ⑤	29	②, ③, ④, ⑤
30	①, ②, ③, ④, ⑤				

(b) 受精後の胚発生で，母親由来の遺伝情報のみがはたらく過程が知られている。例えば，ショウジョウバエの胚発生では，受精前にあらかじめ合成された母親由来のビコイド(*bcd*)遺伝子の mRNA が卵で局所的に偏って分布している(図2A)。受精後に *bcd* mRNA の翻訳が起き，合成された bcd タンパク質が胚の前後軸(頭尾軸)の形態形成を調節する。この時，胚の局所で起きる翻訳で合成された bcd タンパク質が，その部位から拡散し，胚内で濃度勾配を生じることが，前後軸の位置情報としてはたらく。そこで，bcd タンパク質の前後軸形成におけるはたらきや胚内の分布パターンを調べる目的で，**図2B**に示す *bcd* 遺伝子の野生型，トランスジェニック体，機能をなくした変異体のショウジョウバエを用いて次の**実験**(ア)〜(エ)を行った。

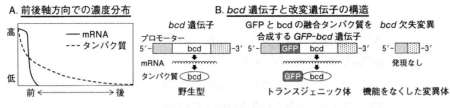

図 2

グラフ(**A**)は，前後軸(横軸)に沿った未受精卵内の *bcd* mRNA と受精卵内の bcd タンパク質の相対的な濃度(縦軸)を示す。遺伝子構造(**B**)は，正常な野生型の *bcd* 遺伝子(左)，トランスジェニック体の *GFP-bcd* 遺伝子(中央)，*bcd* 欠失変異により機能をなくした変異体(右)を示す。

東京理科大-理工〈B方式-2月3日〉 2022年度 生物 59

【実験】

㋐ 野生型の卵と *GFP-bcd* トランスジェニック体の精子が受精した胚を観察した。

㋑ *GFP-bcd* トランスジェニック体の卵と野生型の精子が受精した胚を観察した。

㋒ bcd 機能をなくした変異体の卵と野生型の精子が受精した多核体において，GFP と bcd をつなげた融合タンパク質を合成する *GFP-bcd* mRNA を本来後部となる位置に注入して翻訳させ，その後に胚を観察した。

㋓ 野生型の卵と bcd 機能をなくした変異体の精子が受精した多核体において，GFP と bcd をつなげた融合タンパク質を合成する *GFP-bcd* mRNA を本来後部となる位置に注入して翻訳させ，その後に胚を観察した。

※なお，*GFP-bcd* トランスジェニック体は，*bcd* のプロモーターと遺伝子の間に *GFP* 遺伝子が組み込まれ，*bcd* プロモーターのはたらきで転写された *GFP-bcd* mRNA から GFP と bcd の融合タンパク質（GFP-bcd）を合成する。GFP-bcd タンパク質は bcd タンパク質とほぼ同じはたらきをもっていた。*GFP-bcd* mRNA とは，*GFP* と *bcd* をつないだ *GFP-bcd* 遺伝子から合成された mRNA であり，胚へ注入した *GFP-bcd* mRNA からは bcd 機能をもった GFP-bcd タンパク質が翻訳された。GFP は胚発生には影響しないものとする。

実験㋐～㋓のそれぞれの結果を示す胚として，最も適切なものを**解答群F**から選び，その番号をそれぞれマークしなさい。

解答群 F

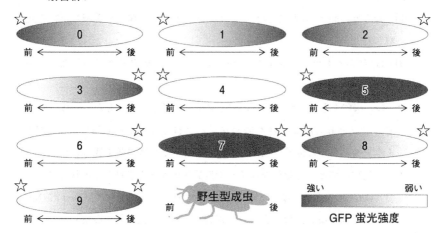

注：楕円形で示した胚 0 ～ 9 で，正常な発生によって形成される胚の本来の前後軸（前⟵⟶後）に対して，実験によって形成された前部の位置を ☆ で示してある。発現した GFP 蛍光の強弱は，右下に示す色の濃淡で表してある。

---

3 生物の刺激への応答，体内環境維持に関する問題(1)～(2)に答えなさい。解答はそれぞれの指示に従って最も適切なものを**解答群**の中から選び，その番号を**解答用マークシート**の指定された欄にマークしなさい。　　　　　　　　　(30点)

(1) 生物の光受容に関する次の文章を読み，問題(a)～(c)に答えなさい。

　　生物は体外の環境に様々な仕組みを使って応答する。例えば，植物は光の刺激に対して<u>光受容体</u>と呼ばれるタンパク質によって応答し，発芽，茎の伸長，
　　　　　　　　(i)
気孔の開口，光屈性などの様々な現象を調節することが知られている。一方，ヒトは眼の網膜に存在する<u>視細胞</u>によって光刺激を受容する。ヒトの視細胞に
　　　　　　　　　　　　　　(ii)
はロドプシンと呼ばれる視物質が含まれる。そのほか，緑藻類であるクラミドモナスのロドプシンには青色光があたると開口する非選択的陽イオンチャネルとしてはたらく<u>チャネルロドプシン2</u>がある。
　　　　　　　　(iii)

東京理科大-理工〈B方式-2月3日〉　　　　　　　　　　2022 年度　生物　*61*

(a)　文章中の下線部(i)に関して，光受容体 A，光受容体 B を欠損した種子と
野生型の種子を用いて以下の実験を行なった。実験結果から考えられる光受
容体 A，光受容体 B の名称として，最も適切なものの組み合わせを**解答群 A**
から選び，その番号をマークしなさい。

【実験と結果】

⑴　種子に赤色光をあてた際の発芽率は，野生型株，光受容体 B 欠損株とも
に 100 % であったが，光受容体 A 欠損株は 30 % であった。

⑵　発芽した種子を育てて得た植物体に青色光をあてたところ，野生型株，
光受容体 A 欠損株では気孔が開いたが，光受容体 B 欠損株では気孔は閉
じたままであった。

解答群 A

0　光受容体 A：フィトクロム，光受容体 B：クリプトクロム

1　光受容体 A：フィトクロム，光受容体 B：フォトトロピン

2　光受容体 A：クリプトクロム，光受容体 B：フィトクロム

3　光受容体 A：クリプトクロム，光受容体 B：フォトトロピン

4　光受容体 A：フォトトロピン，光受容体 B：クリプトクロム

5　光受容体 A：フォトトロピン，光受容体 B：フィトクロム

(b)　文章中の下線部(ii)について，次の文章中の空欄　(ア)　～　(エ)　に
当てはまる最も適切な語句を**解答群 B**から選び，その番号をマークしなさ
い。

　　ヒトは　(ア)　と　(イ)　と呼ばれる 2 種類の視細胞を持っている。
光に対する感度は　(ア)　と比べて　(イ)　は　(ウ)　。明るい環境
下においてものを見る際には主に　(ア)　が使われる。暗い環境では，最
初に　(ア)　が順応し光に対する感度が高まる。その後，　(イ)　内で
　(エ)　とオプシンが結合した視物質であるロドプシンが蓄積すること
で，光に対する感度がさらに上昇する。

解答群B

00　連絡神経細胞	01　錐体細胞	02　色素細胞
03　桿体細胞	04　速　い	05　遅　い
06　高　い	07　低　い	08　同程度である
09　フォトプシン	10　ビタミンA	11　レチナール

(c)　文章中の下線部(iii)について，次の文章中の空欄　(オ)　～　(ク)　に当てはまる最も適切な番号をマークしなさい。ただし，(オ)，(カ)は**解答群C**，(キ)，(ク)は**解答群D**から選び，その番号をマークしなさい。

　チャネルロドプシン2をヒトの神経細胞の細胞膜に発現させ，青色光をあてることで脱分極を起こすことができる。図1Aはニューロン1～4の4つのニューロンからなる神経回路を示しており，ニューロン1のみチャネルロドプシン2を発現している。この神経回路では，1つの興奮性シナプスで誘導される興奮性シナプス後電位によりシナプス後細胞の活動電位が生じる。暗環境下でニューロン1に青色光を断続的にあてた際のニューロン1～4の活動電位の発生パターンは図1Bに示されている通りであった。

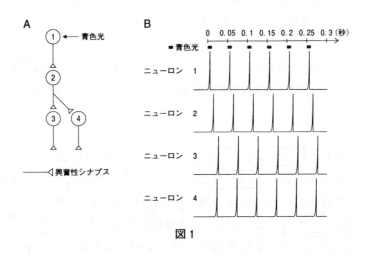

図1

　図2Aは図1と同じニューロン1～3および別のニューロン5の4つの

ニューロンからなる神経回路を示している。図2Aの神経回路でも図1と同様にニューロン1のみチャネルロドプシン2を発現している。この神経回路では，抑制性シナプス後電位が生じた時点から0.05秒間は興奮性シナプス後電位が打ち消されるものとする。暗環境下でニューロン1に青色光を断続的にあてた際の活動電位の発生パターンが図2Bに示されている通りになるとき，ニューロン2の活動電位の発生パターンは図2Cの (オ) ，ニューロン3の活動電位の発生パターンは図2Cの (カ) のようになる。この際，ニューロン5の神経終末から放出される神経伝達物質は (キ) であり，ニューロン5の神経終末から放出される神経伝達物質がニューロン2上の受容体に結合した際には，ニューロン2に (ク) が流入する。なお，青色光をあてるのと同時にニューロン1のチャネルロドプシン2が開口し，青色光の照射を止めると同時にチャネルロドプシン2が閉口するものとする。

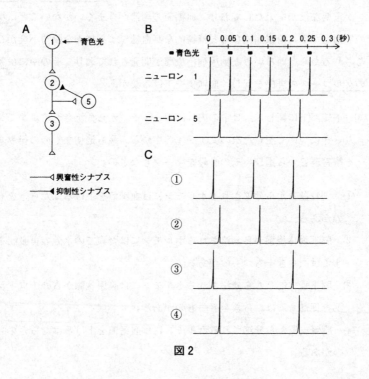

図2

解答群C

    1 ①   2 ②   3 ③   4 ④

解答群D

    0 アセチルコリン   1 GABA   2 Na^+ 3 Cl^-

(2)　体内環境に関する次の文章を読み，問題(a)～(f)に答えなさい。

　　　動物が体内環境を一定の範囲内に保つには，自律神経系による調節のほかに内分泌系による調節が重要な役割を果たしている。内分泌系ではホルモンを分泌することで体内に指令を送る。ホルモンは内分泌腺から分泌され，血液循環によって全身に行き渡り，特定の組織や器官にはたらきかける。植物の体内にも植物ホルモンと総称される一群の生理活性物質があり，周囲の環境に応じた成長や発生などの調節に深く関わっている。ヒトの血糖値の調節にはインスリンが重要な役割を果たしており，血糖値の調節がうまくいかないことは糖尿病の原因となる。糖尿病になると持続的な高血糖により様々な臓器不全がひき起こされるため，いろいろな糖尿病治療薬が開発されており，その中には尿中へのグルコースの排出を促し，血糖値を下げる薬がある。

(a)　下線部(i)に関して，ヒトの内分泌腺と，そこから分泌されるホルモンのはたらきについて記した次の文①～④の中から，最も適切なものの組み合わせを**解答群E**から選び，その番号をマークしなさい。

①　副腎髄質から分泌されるホルモンには血糖値を上げるはたらきをもつものがある。

②　脳下垂体後葉から分泌されるホルモンには腎臓での水分の再吸収を促進するはたらきをもつものがある。

③　脳下垂体前葉から分泌されるホルモンには副甲状腺からのチロキシン分泌を促進するはたらきをもつものがある。

④　副腎皮質から分泌されるホルモンには血糖値を上げるはたらきをもつものがある。

東京理科大-理工〈B方式-2月3日〉　　　　　　　　　2022 年度　生物　*65*

解答群E

00 ①	01 ②	02 ③	03 ④	04 ①, ②
05 ①, ③	06 ①, ④	07 ②, ③	08 ②, ④	09 ③, ④
10 ①, ②, ③		11 ①, ②, ④		12 ①, ③, ④
13 ②, ③, ④		14 ①, ②, ③, ④		

(b) 下線部(ii)について，表1の空欄　(ケ)　～　(ス)　に当てはまる最も
適切な語句を**解答群F**から選び，その番号をマークしなさい。

表1

植物ホルモン	はたらき
(ケ)	花芽の形成促進
(コ)	側芽の成長促進
(サ)	細胞の成長
(シ)	果実の成熟
(ス)	食害に対する応答

解答群F

0　アブシシン酸	1　フロリゲン	2　ジベレリン
3　ジャスモン酸	4　オーキシン	5　エチレン
6　サイトカイニン		

(c) 下線部(iii)について，次の文章中の空欄　(セ)　～　(チ)　に当てはま
る最も適切な語句を**解答群G**から選び，その番号をマークしなさい。

　ヒトの血液中のグルコース濃度は約 0.1 % 前後でほぼ安定している。血
液中のグルコース濃度の増加は，間脳の　(セ)　で感知され，　(ソ)
を通じてすい臓に伝わり，すい臓のランゲルハンス島のB細胞からインスリ

66 2022 年度　生物　　　　　　　　　　　　　東京理科大-理工〈B方式-2月3日〉

ン分泌を促す。インスリンは血液から細胞へのグルコースの取り込みを促進するとともに細胞でのグルコースの　(タ)　を促す。また，インスリンは　(チ)　でのグリコーゲン合成を促進する。これらの作用によりインスリンは増加した血液中のグルコース濃度を通常の濃度に戻すはたらきをする。

解答群G

0　脳下垂体	1　視床下部	2　副甲状腺	3　副腎皮質
4　交感神経	5　副交感神経	6　分　解	7　合　成
8　肝　臓	9　ひ　臓	10　腎　臓	

(d)　下線部(ⅳ)に関する次の文章を読み，空欄　(ツ)　～　(ニ)　に当てはまる最も適切なものを　(ツ)　～　(ナ)　は**解答群H**，　(ニ)　は**解答群I**から選び，その番号をマークしなさい。

　　インスリンは前駆体として　(ツ)　小胞体上の　(テ)　で翻訳・合成され，小胞体内に入る。その後，インスリン前駆体は小胞に取り込まれ，　(ト)　に運ばれる。　(ト)　から出る際にインスリン前駆体の一部が切断され成熟インスリンとなり分泌小胞に蓄えられる。分泌小胞は刺激に応じて細胞膜と融合し，　(ナ)　によりインスリンが細胞外に分泌される。

　　細胞膜は常に一定の状態にあるわけではなく，インスリンの分泌時のように細胞内の小胞が細胞膜に融合したり，細胞膜が陥入して小胞となり細胞内部に取り込まれたりすることが絶えず起きている。通常は，細胞内の小胞から細胞膜へ1分間あたり $10\,\mu m^2$ の膜が供給され，それと並行して1分間あたり $10\,\mu m^2$ の膜が細胞膜より小胞として細胞内部に取り込まれることとする。この細胞に，細胞内の小胞から細胞膜への膜の供給には影響を与えることなく，細胞膜の細胞内部への取り込みのみを抑制する薬剤を添加し，1分間に細胞内に取り込まれる細胞膜が　(ニ)　μm^2 となるようにすると120分後には細胞膜の面積が薬剤処理前と比較し1.1倍に増加した。なお，細胞は一辺 $20\,\mu m$ の立方体であるものとし，$1\,\mu m$ は $0.001\,mm$ とする。

東京理科大-理工〈B方式-2月3日〉　　　　　　　　　2022 年度　生物　*67*

解答群H

00　リソソーム　　　01　核小体　　　　02　ゴルジ体

03　エキソサイトーシス　　　　　　　04　エンドサイトーシス

05　粗　面　　　　　06　滑　面　　　　07　ミトコンドリア

08　中心体　　　　　09　液　胞　　　　10　核

11　リボソーム

解答群 I

0　0　　　　　1　1　　　　　2　2　　　　　3　3　　　　　4　4

5　5　　　　　6　6　　　　　7　7　　　　　8　8　　　　　9　9

(e)　下線部(v)に関する次の文章を読み，問題に答えなさい。

　　インスリン遺伝子のプロモーターの近傍には，胸腺細胞におけるインスリ
ンの産生量に影響を与える 14 塩基からなる繰り返し配列がある。この塩基配
列の繰り返しの回数が少ない人は多い人と比較し，自己免疫疾患である I 型
糖尿病の発症確率が高いことがわかっている。繰り返しの回数が少ない人で
I 型糖尿病の発症確率が高くなる理由を説明し得る記述として最も適切なも
のを**解答群 J**から選び，その番号をマークしなさい。なお，胸腺細胞はイン
スリンなどの体内の様々な自己抗原を産生する機能をもっており，これを
T 細胞に提示し，自己抗原と反応する T 細胞を排除するはたらきを持つ。

解答群 J

　0　繰り返しの回数が少ない人では，胸腺細胞におけるインスリンの産生
　　量が多く，インスリンを認識する T 細胞が排除されず，すい臓のラン
　　ゲルハンス島の B 細胞が免疫細胞に攻撃されるため。

　1　繰り返しの回数が少ない人では，胸腺細胞におけるインスリンの産生
　　量が少なく，インスリンを認識する T 細胞が排除され，すい臓のラン
　　ゲルハンス島の B 細胞が免疫細胞に攻撃されるため。

　2　繰り返しの回数が少ない人では，胸腺細胞におけるインスリンの産生

量が多く，インスリンを認識するT細胞が排除され，すい臓のランゲルハンス島のB細胞が免疫細胞に攻撃されるため。

3　繰り返しの回数が少ない人では，胸腺細胞におけるインスリンの産生量が少なく，インスリンを認識するT細胞が排除されず，すい臓のランゲルハンス島のB細胞が免疫細胞に攻撃されるため。

(f)　下線部(vi)について，尿中へのグルコースの排出を促す薬剤を糖尿病患者に投与したところ，グルコースの濃縮率(尿中の濃度(重量%)/血しょう中の濃度(重量%))が薬剤投与前は20倍であったのに対し，薬剤投与30分後には50倍になった。糸球体からボーマンのうにすべてろ過され，再吸収されない物質であるイヌリンを投与したところ，血しょう中のイヌリン濃度は 0.1 mg/mL，尿中のイヌリン濃度は 10 mg/mL であった。薬剤の投与前と比べ投与30分後にはグルコースの再吸収率は何倍になったか。空欄 (ヌ)，(ネ) に当てはまる最も適切な数値をマークしなさい。解答が，小数第2位以下の数値を含む場合には，小数第2位を四捨五入し，小数第1位までの数字をマークすること。なお，この薬剤の効果により血糖値が低下するまでには，ある程度の時間が必要であり，薬剤投与30分後のグルコースの血しょう中濃度は薬剤投与前と変わらないものとする。また，腎臓で作られる尿の量は薬剤の投与により変化しないものとする。

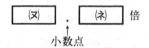

東京理科大-理工〈B方式-2月3日〉 2022年度 生物 *69*

4 生物の窒素化合物の代謝に関する問題(1)〜(2)に答えなさい。解答はそれぞれの
指示に従って最も適切なものを**解答群**の中から選び，その番号を**解答用マーク
シート**の指定された欄にマークしなさい。 (26点)

(1) 窒素循環に関する次の文章を読み，問題(a)〜(e)に答えなさい。

　　生物にとって窒素は必須の元素である。空気中の窒素ガスはおもに生物の作
用によりアンモニアに変換される_(i)。一部の植物は窒素をアンモニウムイオンの
形で吸収できるが，多くの植物は硝酸イオンの形で吸収する。アンモニウムイ
オンは土壌中の細菌の作用により硝酸イオンにまで変換される。この過程で，
亜硝酸菌_(ii)はアンモニウムイオンを亜硝酸イオンに変換する。硝酸菌は電子を亜
硝酸 │ (ア) │ ，亜硝酸イオンを硝酸イオンに変換する。植物に吸収された硝
酸イオンはアンモニウムイオンにまで │ (イ) │ される。アンモニウムイオン
はグルタミン合成酵素の作用によりグルタミンに変換されるが，この反応には
ATP_(iii)を必要とする。さらに，アミノ基転移酵素の作用によりグルタミンから
各種アミノ酸が合成され，タンパク質_(iv)の原料となる。

(a) 下線部(i)に関連して，窒素の固定や同化について記した次の文①〜⑤の中
　　から，最も適切な説明の組み合わせを**解答群A**から選び，その番号をマーク
　　しなさい。

① マメ科植物は窒素固定により生産したアンモニウムイオンを根粒菌に与
　　える。
② マメ科植物は光合成により生産した有機物を根粒菌に与える。
③ 根粒菌は窒素固定により生産したアンモニウムイオンを植物に与える。
④ 根粒菌は光合成により生産した有機物を植物に与える。
⑤ 動物は無機窒素化合物を同化に利用することができる。

70 2022 年度 生物　　　　　　　　　　　　　東京理科大-理工〈B方式-2月3日〉

解答群A

00 ①	01 ②	02 ③	03 ④
04 ⑤	05 ①，②	06 ①，③	07 ①，④
08 ①，⑤	09 ②，③	10 ②，④	11 ②，⑤
12 ③，④	13 ③，⑤	14 ④，⑤	
15 ①，②，③	16 ①，②，④	17 ①，②，⑤	
18 ①，③，④	19 ①，③，⑤	20 ①，④，⑤	
21 ②，③，④	22 ②，③，⑤	23 ②，④，⑤	
24 ③，④，⑤	25 ①，②，③，④	26 ①，②，③，⑤	
27 ①，②，④，⑤	28 ①，③，④，⑤	29 ②，③，④，⑤	
30 ①，②，③，④，⑤			

(b)　下線部(ii)に関して，亜硝酸菌について最も適切な説明を**解答群B**から選び，その番号をマークしなさい。

解答群B

0　二酸化炭素を炭素源として増殖できる。

1　光エネルギーを利用して増殖できる。

2　増殖に硫黄成分を必要としない。

3　増殖にリン成分を必要としない。

4　増殖に酸素ガスを必要としない。

5　真核生物に分類される。

(c)　空欄　(ア)　，　(イ)　にあてはまる最も適切な語句の組み合わせを**解答群C**から選び，その番号をマークしなさい。

東京理科大-理工〈B方式-2月3日〉　　　　　　　　　2022 年度　生物　71

解答群C

	(ア)	(イ)
0	から受け取り	酸　化
1	から受け取り	還　元
2	に与え	酸　化
3	に与え	還　元

(d)　下線部(ⅲ)に関して，ATP について**誤った内容**を含む説明を**解答群D**から
　1 つ選び，その番号をマークしなさい。

解答群D

　　0　解糖系では，1 分子のグルコースが 2 分子のピルビン酸に変換され，
　　この際に正味 2 分子の ATP が合成される。

　　1　ATP の光リン酸化による合成では，H^+ がストロマ側に輸送され，
　　その結果として生じた H^+ の濃度勾配を利用して ATP が合成される。

　　2　ATP は，リン酸どうしの結合が切れて ADP とリン酸になるとき，
　　エネルギーを放出する。

　　3　ナトリウム-カリウム ATP アーゼは，ATP を分解したときに取り出
　　されたエネルギーを用いて能動輸送を行う。

　　4　キネシンは，ATP 分解酵素としての活性を持つタンパク質であり，
　　ATP のエネルギーを利用して微小管上を移動する。

　　5　真核生物における酸化的リン酸化では，ミトコンドリアで ATP が合
　　成される。

(e)　下線部(ⅳ)に関連して，アミノ酸のアラニン 2 分子がペプチド結合した構造
　を表す図として最も適切なものを**解答群E**から選び，その番号をマークしな
　さい。

解答群E

0

```
    CH₃       CH₃
     |         |
H - N - C - N - C - C - OH
     |   |   |   ‖   ‖
     H   H   H   O   O
```

1

```
        CH₃       CH₃
         |         |
H - N - C - C - N - C - OH
     |   |   ‖   |   ‖
     H   H   O   H   O
```

2

```
        CH₃ CH₃
         |   |
H - N - C - N - C - C - OH
     |   |   |   ‖
     H   H   H   O
```

3

```
        CH₃ CH₃
         |   |
H - N - C - C - C - OH
     |   ‖   |   ‖
     H   O   H   O
```

4

```
    CH₃       CH₃
     |         |
H - N - C - N - C - C - C - OH
     |   |   |   ‖   |   ‖
     H   H   H   O   H   O
```

5

```
        CH₃       CH₃
         |         |
H - N - C - C - N - C - C - OH
     |   |   ‖   |   |   ‖
     H   H   O   H   H   O
```

6

```
    CH₃          CH₃
     |            |
H - N - C - N - O - C - C - C - OH
     |   |   |       ‖   |   ‖
     H   H   H       O   H   O
```

7

```
        CH₃       CH₃
         |         |
H - N - C - C - O - N - C - C - OH
     |   |   ‖       |   |   ‖
     H   H   O       H   H   O
```

(2) 窒素固定では，ニトロゲナーゼという酵素が窒素ガスをアンモニアに変換する。その際の反応には電子を与える分子と ATP が必要である。**実験 1** として，反応に必要な成分が十分に存在する条件下で，基質の窒素ガス濃度を変えて反応速度を測定したところ，**図 1** に示すグラフが得られた。ただし，この際に基質濃度以外の条件は変化しないとする。この酵素に関して，問題(a)〜(d)に答えなさい。

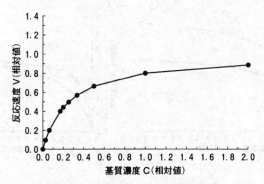

図 1　基質濃度と反応速度の関係

(a) この酵素の反応形式による分類として最も適切なものを**解答群 F** から選び，その番号をマークしなさい。ただし，ニトロゲナーゼは窒素ガスをアンモニアに変換する反応形式に基づいて分類されている。

解答群 F
0　加水分解酵素（水との反応による基質の分解を触媒する酵素）
1　酸化還元酵素（基質の酸化還元を触媒する酵素）
2　転移酵素（基質から他の基質への原子集団の転移を触媒する酵素）
3　脱離酵素（基質からの原子集団の脱離を触媒する酵素）
4　合成酵素（2 分子の基質をつなぐ反応を触媒する酵素）

(b) **実験2**として，この酵素の濃度を1.5倍にし，その他は**実験1（図1）**と同様の条件下で，基質の窒素ガス濃度を変えて反応速度を測定した。その結果として最も適切なものを**解答群G**から選び，その番号をマークしなさい。ただし，酵素濃度は基質濃度と比較して十分に低いものとする。また，点線は**実験2**の結果を，実線は**実験1（図1）**の結果をそれぞれ示している。

解答群G

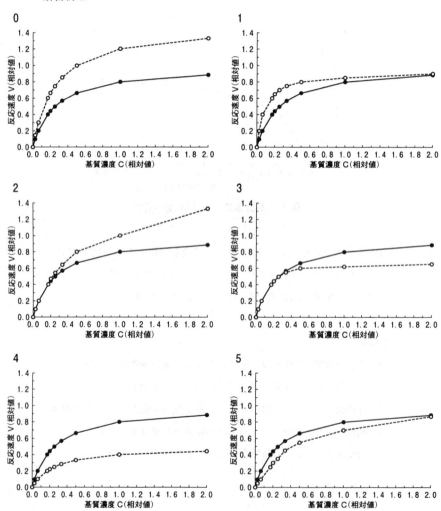

(c) この酵素の窒素ガスをアンモニアに変換する活性は一酸化炭素により非競争的に阻害されることがわかっている。**実験3**として，この酵素の活性を阻害する量の一酸化炭素存在下で，その他は**実験1（図1）**と同様の条件下で，基質の窒素ガス濃度を変えて反応速度を測定した。その結果として最も適切なものを**解答群H**から選び，その番号をマークしなさい。ただし，点線は**実験3**の結果を，実線は**実験1（図1）**の結果をそれぞれ示している。

解答群H

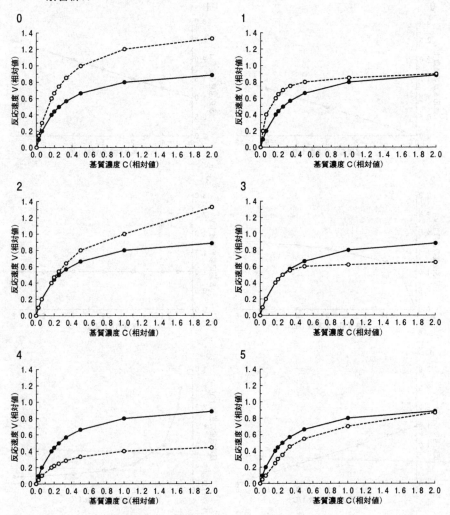

(d) 酵素の最大反応速度や酵素と基質の反応のしやすさの度合いを解析する際に，基質濃度の逆数と反応速度の逆数の関係を調べることがよく行われる。**実験1**の条件下で，基質濃度の逆数と反応速度の逆数の関係を調べた。その結果として最も適切なものを**解答群1**から選び，その番号をマークしなさい。

解答群1

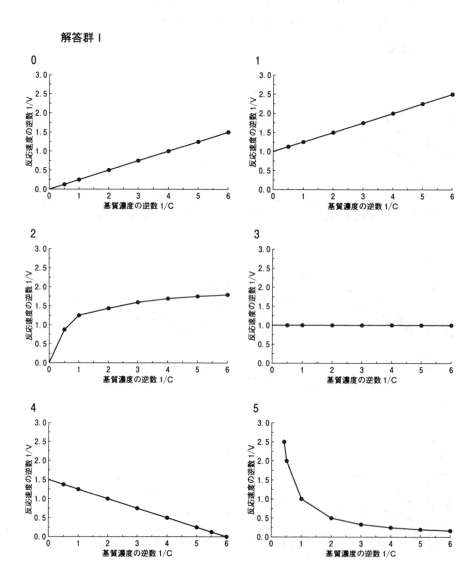

東京理科大-理工〈B方式-2月3日〉　　　　2022 年度　英語〈解答〉　77

解答編

■英語■

（注）　解答は，東京理科大学から提供のあった情報を掲載しています。

1 **解答** (1)—2　(2)—3　(3)—1　(4)—2　(5)—3　(6)—4
(7)—4　(8)—3
(9) 1 —T　2 —T　3 —T　4 —T　5 —F　6 —F

◆全　訳◆

≪発見された岩石が恐竜の胃石であるかを探る研究≫

　2017 年の夏，当時イリノイ州のオーガスタナ大学の学部生だったジョシュア=マローンは，ワイオミング州の野外調査キャンプを訪れ，いくつかの岩石を拾った。縁が丸く，小さな拳ほどの大きさのそれは，周囲にあった細粒の泥岩の中では場違いなもので，マローン氏は，その岩石がどこから来たのか知っているかどうか，現地での発掘を指揮していたイリノイ州立大学の地質学者である父デイビッド=マローンに尋ねた。それから 4 年後，2 人は驚くべき答えを導き出した。

　マローン親子は研究仲間とともに，今年初めに学術誌『テラ・ノヴァ』に発表した研究で，この石は，発見場所から東に約 1,000 マイル離れたウィスコンシン州南部の岩層から来たものであると述べている。さらに驚くべきことは，その岩石がどのようにして旅をしてきたかという彼らの仮説である。研究者たちは，それは首の長い恐竜の消化器官の中に入って運ばれてきたと述べている。竜脚類として知られるこれらの動物は，体長 100 フィート超，体重 40 トンにも達し，おそらく現在の鳥類や爬虫類とちょうど同じように，植物の消化を助けるために胃石として知られる石を定期的に飲み込んでいた。この仮説は，岩石がどのようにして滑らかで丸みを帯びた質感を得たかを説明するだろう。

　しかし，これらが本当に，こうした巨大な怪獣の腹の中ではるばる移動

してきたかどうかについては，疑問が残る。この胃石は，モリソンと呼ばれる岩層のジュラ紀の泥岩で発見された。ピンクや赤の虹色に輝くモリソン層は，アロサウルスのような肉食恐竜に加え，バロサウルスやディプロドクスなどの竜脚類の化石でいっぱいである。

　しかし，その岩石は，他の場所で発掘された胃石と類似しており，恐竜の残骸がない状態で単独で発見された。どのようにしてそれらが現在のワイオミング州で最後を迎えることになったかの手がかりを得るために，研究チームは，古代の指紋を調べるのに少し似ているのだが，この岩石を砕いて中に含まれるジルコン結晶を採取し，年代を測定した。「我々が発見したのは，これらの胃石に似た石の内部のジルコン年代が，ウィスコンシン州南部の岩石における年代と一致する，はっきりとした年代スペクトルをもっていたということです」と，現在はテキサス大学オースティン校で地質学を研究している博士課程の学生であるマローン氏は語った。「我々はそれを用い，これらの岩石は，ウィスコンシン州南部のどこかで摂取され，その後，恐竜の腹内でワイオミング州に運ばれたのだという仮説を立てました」　彼はさらに，「この手法を用いて恐竜の長距離移動を示唆するこのような研究はこれまで本当になかったので，我々にとっては実に興奮する瞬間でした」とつけ加えた。

　ウィスコンシン州とワイオミング州のつながりは，竜脚類の移動がこれまでの推定よりも何百マイルも長い距離の移動であったことを示唆する。季節の移り変わりにより，動物は食料や水を求めて移動する。ニューヨークのアデルフィ大学の古脊椎動物学者で，この研究の共著者であるマイケル=デミックは，特に竜脚類は，その非常に大きな生命を維持するために，これらの資源を非常に大量に必要としていただろうと述べている。「竜脚類は，その並ぶもののない大きさに到達するために急速に成長したのです——現在の大きな哺乳類が育つのと同等の速さで」と彼は語った。「このことは，彼らが必要とするカロリーが膨大であるため，彼らが住んでいた季節性の高い環境を考えると，食べ物を求めて長距離を移動する必要があっただろうということは驚くに値しないのです」

　しかし他の科学者たちは，この岩石が実際の恐竜の残骸と一緒に発見されたわけではないので，この論文の仮説が正しいと証明されるにはもっと証拠が必要だと言う。「残念ながら，これらの岩片が本当に元は胃石であ

るという本当の証拠はありません」と，ドイツのマルティン・ルター大学
ハレ・ヴィッテンベルクの地質学者で古脊椎動物学者のオリバー=ウィン
グスは述べた。「我々は，恐竜の腹内で石が運ばれた可能性を排除するこ
とはできませんが，それは，いくつかの可能性のうちの１つにすぎないの
です」　それでも，ウィングス博士は，このチームの新しい技術は，古生
物学者が他の胃石，特に実際の恐竜の骨格とともに保存されて発見される
胃石を年代測定する扉を開くものであると考えている。「もし，その方法
を本物の胃石に使うことができれば，すばらしいでしょう」と彼は述べた。

　この丸い岩石がワイオミング州にどのようにもたらされたにせよ，その
発見によって，マローン氏は地質学を研究する家系の伝統を受け継ぐこと
になった。「人生の最初の 19 年間は，私は地質学を拒否していたようなも
のでした」と彼は言った。「このプロジェクトに参加し，あの野外キャン
プに実際に足を運んでみて初めて，おそらく自分の人生においてその方面
に進むことに何か興味をもつようになりました」

■■■■　◀解　説▶　■■■■

(1)下線部(1)を含む文は「縁が丸く，小さな拳ほどの大きさのそれは，周囲
にあった細粒の泥岩の中では out of place だったもので，マローン氏は，
その岩石がどこから来たのか知っているかどうか，現地での発掘を指揮し
ていたイリノイ州立大学の地質学者である父デイビッド=マローンに尋ね
た」という意味。違和感をもったので尋ねるに至ったという流れになると
自然なので，２．「そこに属していないように見えた」が正解。out of
place は「場違いな」という意味。１．「必要なスペースがなかった」，３．
「衝突することなく一緒に発生することができた」，４．「その中から選ば
れていた」は，いずれも不適。

(2)下線部(2)は「この石は，発見場所から東に約 1,000 マイル離れたウィス
コンシン州南部の岩層から来たものである」という意味。あとの部分で示
されている hypothesis「仮説」によると，この石は恐竜の消化器官の中
に入って 1,000 マイル移動してきたと考えられているので，３．「その岩
石は，もともと形を成したウィスコンシン州からどうにかして 1,000 マイ
ル移動してきた」が正解。１．「マローン氏の父親が発掘を監督していた
調査地で，細かい粒の石が販売用に製造されていた」，２．「石の原産地で
ある岩層は，ウィスコンシン州南部からワイオミング州まで直線距離で

1,000マイルも伸びていた」，4．「ウィスコンシン州東部の1,000平方マイルのエリアを走る大型野生動物の曲がりくねった自然の移動ルートで，かなりの数の岩石が拾われた」はいずれも不適。

(3)下線部(3)を含む文は「さらに驚くべきことは，その岩石がどのようにして旅をしてきたかという彼らのhypothesisである」という意味。続くコロン（：）以降に，岩石が恐竜の消化器官の中に入って運ばれてきたと研究者たちが述べているとあること，およびこの説についてこのあとの段落でさまざまな検討が加えられていることから，hypothesisの意味としては1．「少数の既知の事実に基づいているが，それが真実であると証明される前に何度も確認する必要がある，何かについての考えまたは説明」が最も適切。hypothesisは「仮説」という意味。2．「すべてがあるべき姿であることを確認するために，何かを徹底的に見るという行為」，3．「特定の出来事が，理性や科学では説明できない形で起こると信じること」，4．「自分の行動が正しいか間違っているかを判断する心の部分」は，いずれも不適。

(4)下線部(4)を含む文は「竜脚類として知られるこれらの動物は，体長100フィート超，体重40トンにも達し，おそらく現在の鳥類や爬虫類とちょうど同じように，植物の消化を助けるためにgastrolithsとして知られる石を定期的に飲み込んでいた」という意味。perhaps to help them以降は〈目的〉を表す。動物が，植物の消化を助ける目的で飲み込む石のことなので，2．「それらは一部の生物が，栄養を吸収するために内臓に取り込んだ石である」が正解。1．「それらは地面から取り出された生の粘土の小さな破片である」，3．「それらは長い首の恐竜が食べた食物が石になったものである」，4．「それらは植物を食べる恐竜の背中にある，厚い骨の板である」はいずれも不適。

(5)下線部(5)を含む文はマローン氏の発言中にあり，「この手法を用いて恐竜の長距離移動を示唆するこのような研究はこれまで本当になかったので，我々にとっては実に興奮する瞬間でした」という意味。マローン氏の発言の前の部分を確認すると，We used that to～「我々は～するためにそれを用いました」とある。to hypothesize以下は「これらの岩石は，ウィスコンシン州南部のどこかで摂取され，その後，恐竜の腹内でワイオミング州に運ばれたのだという仮説を立てるために」という意味なので，3．

「彼らはある場所で単体で見つかった石の集まりが，もともと別の場所から来たものであることを証明したかった」が正解。1.「彼らはある胃石と別の胃石を見分けたかった」，2.「彼らは恐竜の骨格と一緒に掘り出されたさまざまな石が，いつごろできたかを知りたかった」，4.「彼らはある場所で見つかった岩石に含まれる鉱物をすべてリストアップして，さまざまなカテゴリーに分類したかった」はいずれも不適。

(6)空所6は文の主語で，動詞は would have needed である。「特に（　6　）はその非常に大きな生命を維持するために，これらの資源を非常に大量に必要としていただろう」という意味で，these resources「これらの資源」とは前文の「食料や水」のことである。直後の文に「竜脚類は，その並ぶもののない大きさに到達するために急速に成長したのです——現在の大きな哺乳類が育つのと同等の速さで」とあるので，非常に大きくて多くの資源を必要としていたのは sauropods であることがわかる。正解は4。

(7)［　A　］，［　B　］を含む文は「このことは，彼らが必要とするカロリーが［　A　］であるため，彼らが住んでいた季節性の高い環境を考えると，食べ物を求めて長距離を移動する必要があっただろうということは［　B　］です」という意味。This means の This「このこと」は，前の部分で述べられている，竜脚類は巨大な体のために食料や水といった資源が大量に必要であること，またその大きさに到達するために急速に成長したことを指している。［　A　］には，必要なカロリーが多いという意味になるように，2の enormous「非常に大きい」または4の immense「計り知れない」が候補となる。［　B　］には，季節性の高い環境にいると，資源の獲得が安定しないため，長距離を移動するのは不思議ではない，という流れになるように，4の not surprising「驚くべきことではない」が当てはまる。したがって，4が正解。

(8)下線部(7)の However はあとに SV の形が続き，コンマのあとに主節が続いているので，譲歩を表す副詞節を導いているとわかる。「この丸い岩石がワイオミング州にどのようにもたらされたにせよ，その発見によって，マローン氏は地質学を研究する家系の伝統を受け継ぐことになった」という意味になるので，3.「〜の方法にかかわらず」が正解。1.「〜のさまざまな方法で」，2.「〜という事実とは対照的に」，4.「〜という事実に

かかわらず」はいずれも不適。

(9) 1．「ジョシュア=マローンは，ワイオミング州の調査キャンプで見つかった岩石について，父親に質問した」　第1段第2文（Rounded at the edges …）の「マローン氏は，その岩石がどこから来たのか知っているかどうか，現地での発掘を指揮していた…父デイビッド=マローンに尋ねた」に一致。

2．「ジュラ紀に形成されたモリソンと呼ばれる岩層から竜脚類の化石がこれまでに発見されている」　第3段第2・3文（The gastroliths were … like Allosaurus.）に，「この胃石は，モリソンと呼ばれる岩層のジュラ紀の泥岩で発見された。モリソン層は，…竜脚類の化石でいっぱいである」とある。この部分から，モリソン層と呼ばれる岩層のジュラ紀の泥岩で発見されたのは gastroliths「胃石」であるが，一般的な情報として，モリソン層には竜脚類の化石が含まれているということもわかるので，本文と一致する。

3．「年代測定法は，恐竜の移動に関する理解を進めることが期待されている」　第4段第2文（To get a clue …）に，研究チームが岩石を砕いてジルコン結晶を採取し，年代を測定したことが述べられている。続く部分でマローン氏の発言として，この結果から岩石が恐竜の腹内で運ばれてきたという仮説を立てたこと，この手法で恐竜の長距離移動を示唆する研究はこれまでになかったので興奮した，と述べられている。したがって，一致。

4．「マイケル=デミックとマローン親子は共同出版した」　第5段第3文に Michael D'Emic, … and a co-author of the study とあるので一致。

5．「オリバー=ウィングスは，マローン親子の説明が受け入れられるために，これ以上の証明は必要ないと考えている」　第6段第1文（But other scientists …）に「しかし他の科学者たちは，この岩石が実際の恐竜の残骸と一緒に発見されたわけではないので，この論文の仮説が正しいと証明されるにはもっと証拠が必要だと言う」とあり，この一例として第2文以降でオリバー=ウィングスの考えが説明されている。第3文（"We cannot exclude …）に「我々は，恐竜の腹内で石が運ばれた可能性を排除することはできませんが，それは，いくつかの可能性のうちの1つにすぎないのです」とあるので，不一致。

6.「この19年間，地質学に興味がなかったため，ジョシュア=マローンは，今後，地質学の研究を続けるつもりはない」　最終段最終2文（"I kind of … in my life."）に「人生の最初の19年間は，私は地質学を拒否していたようなものでした…このプロジェクトに参加し，あの野外キャンプに実際に足を運んでみて初めて，おそらく自分の人生においてその方面に進むことに何か興味をもつようになりました」とあるので，不一致。

2 解答

(1) $4 \to 1 \to 6 \to 5 \to 3 \to 2$

(2) $4 \to 5 \to 2 \to 1 \to 3$

(3) $3 \to 5 \to 2 \to 7 \to 1 \to 6 \to 4$　　(4) $4 \to 3 \to 5 \to 2 \to 1 \to 6$

◆全　訳◆

≪シェフへのインタビュー≫

著作権の都合上，省略。

84 2022 年度 英語〈解答〉　　　　　東京理科大-理工〈B方式-2月3日〉

```
著作権の都合上，省略。
```

■■■■■■■◀解　説▶■■■■■■■

(1) Embrace every opportunity given to you (.)

インタビュアーの「レストランで仕事を始めようとしている人に，何かアドバイスはありますか？」に対する応答。2文あとに Take time … と命令文でアドバイスが述べられているのを参考に，命令文となるように動詞 embrace「(機会など) に喜んで応じる」で文を始める。目的語を every opportunity とし，後ろから修飾する過去分詞句 given to you を続ける。

(2) (…, but it is hugely) satisfying watching happy guests enjoy their experience (in your restaurant.)

is の補語として候補になるのは形容詞 satisfying「満足な」。it を形式主語と考えると，真主語としてふさわしいのは動名詞 watching「～を見ること」。このように，to 不定詞や that 節以外に動名詞も真主語になる。watch *A do*「*A* (人) が～するのを見る」の形になるように watching happy guests enjoy と並べ，enjoy の目的語を their experience in your restaurant とする。

(3) (…, but the end goal is always) to make the restaurant the best it can (be.)

is に続ける補語として，語群に to があるので to 不定詞の名詞用法を考える。動詞の原形は make のみなので to make と続け，make *A B*「*A* を *B* にする」を用いて make the restaurant the best と並べる。残りの語で it can be と続けてあとに置くと，「レストランをできうる限り最高にする」という意味になる。

(4) (… so it rarely feels like it is just) the two of us who disagree (, …)

前の部分で「意思決定にはチームの他のメンバーにも参加してもらう」という趣旨が述べられているので，「意見が違っているのは (シェフと夫の)

東京理科大-理工〈B方式-2月3日〉　　　　　2022年度　英語〈解答〉　85

２人だけ，という気持ちにはめったにならない」という内容にすると考える。it is と who を用いて強調構文 it is ～ who …「…なのは～である」を用い，「～」に just the two of us，「…」に disagree を置く。このように，強調する語句が人を表す場合，強調構文 it is ～ that … の that の代わりに who が用いられる。

$$\boxed{3}$$ **解答** (1)―3　(2)―4　(3)―1　(4)―1　(5)―4

◀解　説▶

「冷凍技術に関する次の５つの文章を読み，各組の空所を埋め最も適当な文を完成させるものを下の選択肢から１つ選びなさい」

(1)「冷凍技術の発達は，今日私たちが（　a　）多くの点で世界を変えた。例えば，アイスクリームが今日のような人気のあるデザートになった（　b　），20世紀後半，つまり手頃な価格の冷蔵庫が手に入るようになったあとであった」

(a) that we（　a　）today は ways を修飾する。続く文の For example「例えば」以下で示される例示の内容より，今日では当たり前と考えられているものは冷凍技術の発達によってもたらされた変化と考えると自然。take A for granted「A を当たり前のことと考える」(b) it was に着目し，強調構文 it is ～ that …「…なのは～である」の形になるように that を入れる。以上より，３が正解。

(2)「1940年代以前は，ほとんどの家庭にアイスボックスしかなかったが，これは底面に氷の収納部がある保管庫であった。これは中身をひんやりとしておくものであり，（　a　）冷たくはなかった。アイスクリームは少数の特権階級のための食べ物であり，彼らにとって（　b　），アイスクリームは依然として特別な機会のためのデザートであった」

(a)前に cool「ひんやりとした，涼しい」，あとに not cold「冷たくない」とあるので，アイスボックスは中身をひんやりと保つことができたが，冷たくはなかったという逆接の流れになるように but を入れる。(b) and より前の部分ではアイスクリームが少数の特権階級のものであることが述べられ，(b)のあとの部分では依然として特別な機会のためのデザートであったとあるので，them が the privileged few を指すと考えると，「少数の特

86 2022 年度　英語〈解答〉　　　　　　　　　　東京理科大-理工〈Ｂ方式-２月３日〉

権階級の人たちにとって<u>でさえ</u>，特別な機会の食べ物だった」と考えると自然なので，even を入れる。以上より，４が正解。

(3)「当時，アイスクリームは『目的地のデザート』であった，つまり，ビーチや遊園地といった行楽地まで長距離ドライブすることが（　a　）であった。もちろん，アイスクリームは家庭でも作れたが，誰かが機械のハンドルをかなりの長時間ノンストップで回す必要がある，（　b　）であった」

(a) meaning 以下は分詞構文。meaning の目的語である that 節の主語は a long drive … amusement park，動詞が was で，空所は補語。*destination dessert* の意味について説明する箇所なので，アイスクリームを得るには，行楽地まで長距離ドライブする<u>必要がある</u>という趣旨になるように necessary を入れる。(b) requiring 以下は分詞構文。文の前半では「アイスクリームは家でも作れた」，後半は「長時間ハンドルを回し続ける必要があった」ことが述べられているので，アイスクリームは家でも作れたが，大変な労力を要する<u>重労働</u>だったという趣旨になるように hard work を入れる。以上より，１が正解。

(4)「その後，1950 年代に，アメリカでは冷蔵庫や冷凍庫が一般的な家電製品となった。（　a　），人々は店でアイスクリームを買い，（　b　）食べられるよう，家で凍らせたままにしておけるようになった」

(a)冷蔵庫や冷凍庫の普及に伴い，人々はアイスクリームを店で買い，家でとっておけるようになった，という流れなので，Now「今や，こうなれば」を入れると自然。(b)アイスクリームを買ってきて冷蔵庫や冷凍庫に凍らせたままにしておく目的としては，後日食べるためと考えるのが自然なので，days or weeks later「数日後あるいは数週間後」が適切。at any time「いつでも」でもつながるが，(a)の Previously「以前に」が合わないので不適。以上より，１が正解。

(5)「この便利さと，その結果となる売り上げの増加によって，アイスクリーム製造者は製品をより安い価格で，新しい味の（　a　）で提供できるようになった。冷凍技術のおかげで，今日では 40 種類以上の味（　b　）選べるアイスクリーム店も珍しくなくなった」

(a)アイスクリーム製造者ができるようになったこととしては，「新しい味の<u>種類がより豊富に</u>」提供できるようになったと考えれば，at lower

東京理科大-理工〈B方式-2月3日〉　　　　2022 年度　英語〈解答〉　87

prices「より安い価格で」と並列して自然な流れになるので，a greater variety を入れる。(b)「40 種類以上の味から選べる」という意味にすると自然。from as many as ～「～もの数から」，from among ～「～の中から」が可能だが，1 は(a)の a general lack「一般的な欠乏」が合わない。以上より，4 が正解。

❖講　評

　2022 年度は 2021 年度と同様，大問数は 3 題。2021 年度の大問3は単問の文法・語彙問題であったが，2022 年度はあるテーマに関する一連の英文の空所補充問題であった。全問マークシート法である。

　1　調査で発見された岩石が，遠く離れた場所から恐竜の体内で運ばれてきたという仮説を立て，それを証明しようとする研究に関する英文。段落ごとに内容を整理しながら読み進めて，内容の展開を押さえていく。普段からこうした自然科学領域の英文に接していれば，語彙の点で有利になるだろう。たとえ未知の単語があっても，くり返し出てくるものは前後から意味を推測して大意を正確につかむようにしたい。(1)・(2)・(3)・(8)のように下線部の同意表現を選ぶ問題は頻出なので，確実に対応できるようにしたい。同じ形式でも，辞書的な意味を問うものから，英文の内容に基づいて答えるものまで多岐にわたる。(8)のように文法・語彙の知識で正解が絞り込めるものもあるので，基本的な文法・語彙は早い時期に固めておきたい。(4)・(5)のような内容に関する設問や，(6)・(7)のような空所補充は，英文内容の正しい理解が不可欠である。前後をよく読み，最もよく文脈に合うものを選ぶ。(9)の T／F（内容正誤）問題は，本文の該当箇所を見つけ，照らし合わせて確認する。おおむね本文の順序通りに並んでいるので，英文を読みながら解いていくことも可能だが，あとの部分で訂正する情報が出てこないかの確認は必要である。

　2　あるシェフへのインタビュー。2022 年度は語句整序のみ 4 問の出題であった。前後の内容から英文の意味を推測し，文法的に誤りのない英文となるよう並べ替える。文法や構文，動詞の語法などの知識が身についているかを問われている。完成した英文を見直し，文法的な誤りがないかを確認すること。会話文問題では例年，語句整序以外にもさまざまな形式で出題されているので，どのような形式の問題でも対応でき

るようにしておきたい。

3 冷凍技術の発達に関する英文で，空所補充の正しい組み合わせを選ぶ問題が5問出題された。一連の英文なので内容を手がかりに適切な語句を選ぶことができる。文法や語彙の知識は必須なので，基本的な語彙やイディオムは定着させておくことが大切である。

東京理科大-理工〈B方式-2月3日〉　　　　　2022 年度　数学〈解答〉　*89*

数学

（注）　解答は，東京理科大学から提供のあった情報を掲載しています。

1　**解答**　(1)ア. 3　イ. 5　ウ. 0　エオカ. 216
(2)キ. 2　ク. 5　ケ. 2　コ. 3　サ. 4　シ. 5
ス. 8　セ. 8　ソ. 1　タ. 4　チ. 2　ツ. 5　テ. 1　ト. 4
(3)ナ. 2　ニ. 6　ヌ. 5　ネ. 7　ノ. 2　ハヒ. 15　フ. 8
ヘホ. 15　マ. 8

◀解　説▶

≪小問3問≫

(1)　2次方程式が実数解をもつから，判別式を D とすると　　$D \geqq 0$

$$D = (m+3)^2 - 4(m^2-9) \geqq 0$$

$$(m+3)(m-5) \leqq 0$$

$$-3 \leqq m \leqq 5 \quad (\to \text{ア・イ})$$

解と係数の関係より

$$\alpha + \beta = m+3, \quad \alpha\beta = m^2-9$$

よって

$$\alpha^3 + \beta^3 = (\alpha+\beta)^3 - 3\alpha\beta(\alpha+\beta)$$

$$= (m+3)^3 - 3(m^2-9)(m+3)$$

$$= -2(m+3)^2(m-6) \quad (=f(m) \text{ とする})$$

$$f'(m) = -4(m+3)(m-6) - 2(m+3)^2$$

$$= -6(m+3)(m-3)$$

$f'(m) = 0$ とすると，$m = 3, \ -3$。

よって，$-3 \leqq m \leqq 5$ における増減表は下のようになる。

m	-3	$\cdots$	3	$\cdots$	5
$f'(m)$		$+$	0	$-$	
$f(m)$	0	$\nearrow$	216	$\searrow$	128

増減表より，$\alpha^3 + \beta^3 = f(m)$ は，$m = -3$ のとき最小値 0，$m = 3$ のとき

最大値 216 をとる。（→ウ～カ）

(2) ①より，$\cos 4\theta = \cos \theta$ だから

$$4\theta = \theta + 2n\pi, \quad 4\theta = -\theta + 2k\pi \quad (n, k \text{ は整数})$$

よって

$$\theta = \frac{2}{3}n\pi, \quad \frac{2}{5}k\pi$$

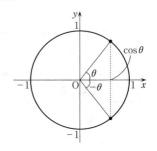

①より，$0 \leq \theta \leq \pi$ だから

$$n = 0, 1, \quad k = 0, 1, 2$$

よって，小さいほうから順に

$$\theta = 0, \quad \frac{2}{5}\pi, \quad \frac{2}{3}\pi, \quad \frac{4}{5}\pi \quad (\to キ～シ)$$

$t = \cos\theta$ とすると

$$\begin{aligned}\cos 4\theta &= \cos(2 \cdot 2\theta) = 2\cos^2 2\theta - 1 \\&= 2(2\cos^2\theta - 1)^2 - 1 \\&= 2(2t^2 - 1)^2 - 1 = 8t^4 - 8t^2 + 1\end{aligned}$$

よって，①より

$$8t^4 - 8t^2 + 1 = t \quad (\to ス～ソ)$$

$0 < \frac{2}{5}\pi < \frac{2}{3}\pi < \frac{4}{5}\pi < \pi$ だから

$$t = \cos 0, \quad \cos\frac{2}{5}\pi, \quad \cos\frac{2}{3}\pi, \quad \cos\frac{4}{5}\pi$$

これらは，②の異なる4個の実数解である。

$$\cos 0 = 1, \quad \cos\frac{2}{3}\pi = -\frac{1}{2}$$

よって，$t = 1, -\frac{1}{2}$ は②の解であり，②を変形して

$$(t-1)(2t+1)(4t^2 + 2t - 1) = 0$$

以上より，方程式

$$4t^2 + 2t - 1 = 0 \quad (\to タ \cdot チ)$$

の解が $t = \cos\frac{2}{5}\pi, \cos\frac{4}{5}\pi$ である。方程式を解いて

$$t = \frac{-1 \pm \sqrt{5}}{4}$$

$0 < \dfrac{2}{5}\pi < \dfrac{4}{5}\pi < \pi$ だから　　$\cos\dfrac{2}{5}\pi > \cos\dfrac{4}{5}\pi$

よって
$$\cos\dfrac{2}{5}\pi = \dfrac{\sqrt{5}-1}{4}, \quad \cos\dfrac{4}{5}\pi = -\dfrac{\sqrt{5}+1}{4} \quad (\rightarrow \text{ツ～ト})$$

(3)　C_1 の方程式を
$$x^2 + y^2 + lx + my + n = 0 \quad (l, m, n \text{ は実数})$$
とする。3点の座標を代入して
$$\begin{cases} 13 + 2l + 3m + n = 0 \\ 125 - 5l + 10m + n = 0 \\ 5 - 2l + m + n = 0 \end{cases}$$
が成り立つ。連立して解いて
$$l = 4, \ m = -12, \ n = 15$$
よって，C_1 の方程式は
$$x^2 + y^2 + 4x - 12y + 15 = 0$$
変形して
$$(x+2)^2 + (y-6)^2 = 25$$
よって，C_1 の中心は $(-2, 6)$，半径は5である。（→ナ～ヌ）
C_2 の中心を $\text{C}(p, q)$ とする。

右図より　$p > 2$, $q > 0$

C_2 は x 軸と接するから，半径は q である。

さらに，右図より
$$q + \dfrac{3}{5}q = 3, \ p = 2 + \dfrac{4}{5}q$$
連立して解いて
$$q = \dfrac{15}{8}, \ p = \dfrac{7}{2}$$

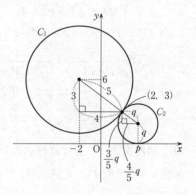

よって，C_2 の中心は $\left(\dfrac{7}{2}, \dfrac{15}{8}\right)$，半径は $\dfrac{15}{8}$ である。（→ネ～マ）

別解　$(2, 3)$ と (p, q) の距離が q だから

$$(p-2)^2 + (q-3)^2 = q^2$$

$(-2, 6)$ と (p, q) の距離が $q+5$ だから

$$(p+2)^2 + (q-6)^2 = (q+5)^2$$

連立して解くと　　　$p = \dfrac{7}{2}$, $q = \dfrac{15}{8}$

他に，2 点 $(-2, 6)$，$(2, 3)$ を通る直線 $y = -\dfrac{3}{4}x + \dfrac{9}{2}$ の上に (p, q) があるとしても関係式が 1 つできる。

2　**解答** (1) $\overrightarrow{\mathrm{BP}} = \overrightarrow{\mathrm{AP}} - \vec{b}$　(2) $v = \dfrac{t^2}{t^2+3t+4}$, $w = \dfrac{4}{t^2+3t+4}$

(3) $x = \dfrac{t^2}{t^2+4}$, $y = \dfrac{4}{t^2+4}$　(4) $\dfrac{S_2}{S_1} = \dfrac{3t}{t^2+3t+4}$　(5) $t = 2$

※計算過程の詳細については省略。

◀解　説▶

≪三角形の内部の点，内分点，面積比≫

(1)　　$\overrightarrow{\mathrm{BP}} = \overrightarrow{\mathrm{AP}} - \overrightarrow{\mathrm{AB}} = \overrightarrow{\mathrm{AP}} - \vec{b}$　……(答)

(2)　(1)と同様にして，$\overrightarrow{\mathrm{CP}} = \overrightarrow{\mathrm{AP}} - \vec{c}$ だから，与式に代入して

$$3t\overrightarrow{\mathrm{AP}} + t^2(\overrightarrow{\mathrm{AP}} - \vec{b}) + 4(\overrightarrow{\mathrm{AP}} - \vec{c}) = \vec{0}$$
$$(t^2 + 3t + 4)\overrightarrow{\mathrm{AP}} = t^2\vec{b} + 4\vec{c}$$

$t > 0$ より，$t^2 + 3t + 4 > 0$ だから

$$\overrightarrow{\mathrm{AP}} = \dfrac{t^2}{t^2+3t+4}\vec{b} + \dfrac{4}{t^2+3t+4}\vec{c}$$

$\vec{b}$, $\vec{c}$ はどちらも $\vec{0}$ ではなく，平行でもないから，係数を比較して

$$v = \dfrac{t^2}{t^2+3t+4}, \quad w = \dfrac{4}{t^2+3t+4} \quad ……(答)$$

(3)　問題文より，D は直線 AP 上の点だから

$$\overrightarrow{\mathrm{AD}} = k\overrightarrow{\mathrm{AP}} \quad (k \text{ は実数})$$

と表せる。(2)より

$$\overrightarrow{\mathrm{AD}} = kv\vec{b} + kw\vec{c}$$

よって，係数を比較して　　$x = kv$, $y = kw$

D は直線 BC 上の点だから　　$x + y = 1$

よって　　$kv + kw = 1$

(2)より，v, w を t で表して　　$k \cdot \dfrac{t^2+4}{t^2+3t+4} = 1$

$t^2+4>0$ だから　　$k = \dfrac{t^2+3t+4}{t^2+4}$

よって

$$x = kv = \dfrac{t^2}{t^2+4}, \quad y = kw = \dfrac{4}{t^2+4} \quad \cdots\cdots(答)$$

(4)　$t>0$ だから　　$x>0$, $y>0$

また　　$k = 1 + \dfrac{3t}{t^2+4} > 1$

$\overrightarrow{\mathrm{AD}} = k\overrightarrow{\mathrm{AP}}$ かつ $k>1$ より，P は △ABC の内部の点である。

よって，右図より

$$\dfrac{S_2}{S_1} = \dfrac{k-1}{k} = \dfrac{3t}{t^2+3t+4} \quad \cdots\cdots(答)$$

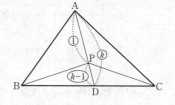

(5)　(4)より　　$\dfrac{S_2}{S_1} = \dfrac{3}{t+3+\dfrac{4}{t}}$

$t>0$ だから，相加平均と相乗平均の大小関係より

$$t + \dfrac{4}{t} \geq 2\sqrt{t \cdot \dfrac{4}{t}} = 4$$

よって　　$\dfrac{S_2}{S_1} \leq \dfrac{3}{4+3} = \dfrac{3}{7}$

等号が成り立つときがあれば，そのとき $\dfrac{S_2}{S_1}$ は最大である。

等号が成り立つ条件は

$$t = \dfrac{4}{t} \quad t^2 = 4$$

以上より，$\dfrac{S_2}{S_1}$ が最大となる正の実数 t の値は

$t = 2$　……(答)

$\boxed{3}$ **解答** (1) $y = \dfrac{1+2t}{4}x - t$ (2) $t_0 = \dfrac{15}{2}$ (3) $\left(\dfrac{1+2t}{8}, \dfrac{8}{1+2t} \right)$

(4) $2\log 2 - \dfrac{21}{40}$

※計算過程の詳細については省略。

━━━━◀ 解　説 ▶━━━━

≪接線，法線，曲線と直線で囲まれた部分の面積≫

(1)　l_1 の傾きは　　$\dfrac{\dfrac{1}{2} + t}{2} = \dfrac{1+2t}{4}$

よって，l_1 を表す方程式は

$$y = \dfrac{1+2t}{4}x - t \quad \cdots\cdots(\text{答})$$

(2)　$f(x) = \dfrac{1}{x}$ より　　$f'(x) = -\dfrac{1}{x^2}$

P での接線の傾きは $f'(2) = -\dfrac{1}{4}$ だから，法線の傾きは 4。よって，法線

の方程式は

$$y = 4(x-2) + \dfrac{1}{2} = 4x - \dfrac{15}{2}$$

y 切片は $-\dfrac{15}{2}$ だから　　$t_0 = \dfrac{15}{2}$　　$\cdots\cdots(\text{答})$

(3)　(1)より，l_1 の傾きは $\dfrac{1+2t}{4}$ (>0) だから，l_2 の傾きは $-\dfrac{4}{1+2t}$ であ

る。よって，l_2 の方程式は

$$y = -\dfrac{4}{1+2t}(x-2) + \dfrac{1}{2}$$

C との交点を考えるので

$$\dfrac{1}{x} = -\dfrac{4}{1+2t}(x-2) + \dfrac{1}{2}$$

変形して

$$(x-2)\{8x - (1+2t)\} = 0 \qquad x = 2, \ \dfrac{1+2t}{8}$$

$x = 2$ のときが P だから，Q の座標は

$$\left(\frac{1+2t}{8},\ \frac{8}{1+2t}\right)\ \cdots\cdots(答)$$

(4) $t=\dfrac{3}{2}$ より　　$l_1:y=x-\dfrac{3}{2}$,　$Q\left(\dfrac{1}{2},\ 2\right)$

l_3 の傾きは $f'\left(\dfrac{1}{2}\right)=-4$ だから，l_3 を表す方程式は

$$y=-4\left(x-\frac{1}{2}\right)+2=-4x+4$$

l_1 と l_3 の交点の x 座標は

$$x-\frac{3}{2}=-4x+4 \qquad x=\frac{11}{10}$$

よって，求める面積は

$$\int_{\frac{1}{2}}^{\frac{11}{10}}\left\{\frac{1}{x}-(-4x+4)\right\}dx+\int_{\frac{11}{10}}^{2}\left\{\frac{1}{x}-\left(x-\frac{3}{2}\right)\right\}dx$$

$$=\int_{\frac{1}{2}}^{2}\frac{1}{x}dx+\int_{\frac{1}{2}}^{\frac{11}{10}}(4x-4)\,dx-\int_{\frac{11}{10}}^{2}\left(x-\frac{3}{2}\right)dx$$

$$=\left[\log x\right]_{\frac{1}{2}}^{2}+\left[2x^2-4x\right]_{\frac{1}{2}}^{\frac{11}{10}}-\left[\frac{1}{2}x^2-\frac{3}{2}x\right]_{\frac{11}{10}}^{2}$$

$$=\log 2-\log\frac{1}{2}+\left(\frac{242}{100}-\frac{22}{5}\right)-\left(\frac{1}{2}-2\right)-(2-3)+\left(\frac{121}{200}-\frac{33}{20}\right)$$

$$=2\log 2-\frac{21}{40}\ \cdots\cdots(答)$$

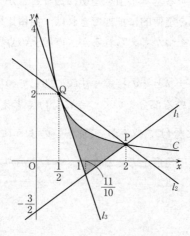

別解 前図より，直角三角形から，C と l_2 で囲まれた部分を除くと

$$\frac{9}{10}\sqrt{2} \cdot \frac{3}{2}\sqrt{2} \cdot \frac{1}{2} - \left\{\left(\frac{1}{2}+2\right) \cdot \frac{3}{2} \cdot \frac{1}{2} - \int_{\frac{1}{2}}^{2} \frac{1}{x}\,dx\right\}$$

$$= \frac{27}{20} - \frac{15}{8} + \Big[\log x\Big]_{\frac{1}{2}}^{2} = 2\log 2 - \frac{21}{40}$$

❖講 評

2022 年度も，記述式 2 題，マークシート法 1 題（独立した内容の小問 3 問）という構成であった。全体を通して，各単元での基本的な知識が幅広く問われている。応用問題では小問による誘導がついているため，落ち着いて考えていこう。計算量が多くなりやすいため，できるだけ計算が簡単になるよう工夫しつつ，丁寧に進めたい。

[1] (1)は 2 次方程式とその解に関する基本的な問題，(2)は三角比の値と方程式の解の関係を考察する発展的な問題，(3)は座標平面上の円に関する標準的な問題である。(2)では，$\cos 4\theta = \cos\theta$ という方程式を，θ の条件と $\cos\theta$ の条件という 2 つの方向から解くことで，三角比の値を求める。しっかりと誘導に乗ると進めやすい。(3)では，座標平面上で円の配置を丁寧に調べると計算量を大幅に減らすことができる。

[2] ベクトルと三角形の面積比に関する標準的な問題である。入試において頻出といえる題材で，直線上の点の表し方や内分点の表し方など，ベクトルの和に関する基本事項を適切に扱うことができるかを問われている。点 P の位置を幾何的に把握できれば，面積比は簡単に求まる。解答のまとめ方はいくつか考えられるが，直線上の点となる条件は明記するようにしたい。

[3] 反比例のグラフとその接線や法線に関しての標準的な問題である。(3)では，面積を求める部分をいくつかに分けて考える。〔解説〕では直線 $x = \dfrac{11}{10}$ で 2 つに分けているが，〔別解〕のように l_2 と C で囲まれる部分を加えた直角三角形を考えるなど，いくつかの方法がある。

東京理科大-理工〈B方式-2月3日〉　　　　　　　　2022 年度　物理〈解答〉　*97*

物理

（注）　解答は，東京理科大学から提供のあった情報を掲載しています。

1 解答 (1)(ア)—②　(イ)—⓪　(ウ)—①　(エ)—③　(オ)—②　(カ)—①
(キ)—①

(2)(ク)—③　(ケ)—⓪　(コ)—⑤　(サ)—⓪　(シ)—④

(3)(ス)—⓪　(セ)—③　(ソ)—⓪

◀解　説▶

≪2物体の衝突≫

(1)(ア)　観測者から見た小物体Bの速度は，小物体Aに対する小物体Bの相対速度と等しい。よって　　　$-v_A + v_B$

(イ)　運動量保存則より

$$m_B \times (-v_A + v_B) = m_A \times (V_A - v_A) + m_B \times (V_B - v_A)$$

(ウ)　(イ)の式を変形すると

$$m_A(V_A - v_A) = m_B(v_B - V_B)$$

(エ)　反発係数の式より

$$-\frac{V_B - V_A}{v_B - v_A} = e$$

$$V_B = -e(v_B - v_A) + V_A \quad \cdots\cdots(*)$$

(ウ)の式に代入すると

$$m_A(V_A - v_A) = m_B[v_B - \{-e(v_B - v_A) + V_A\}]$$

$$\therefore \quad V_A = \frac{m_A v_A + m_B(v_B + ev_B - ev_A)}{m_A + m_B}$$

(オ)　（*）に(エ)を代入して

$$V_B = -e(v_B - v_A) + \frac{m_A v_A + m_B(v_B + ev_B - ev_A)}{m_A + m_B}$$

$$= \frac{m_B v_B + m_A(v_A + ev_A - ev_B)}{m_A + m_B}$$

(カ)　相対速度が0となるので　　　$V_A - V_B = 0$

(キ)　(エ)，(カ)より，$e=0$ のとき

$$V_A = V_B = \frac{m_A v_A + m_B v_B}{m_A + m_B}$$

よって，運動エネルギーの変化量は

$$\begin{aligned}
\Delta E &= \frac{1}{2}(m_A + m_B)(V_A - v_A)^2 - \frac{1}{2}m_B(v_B - v_A)^2 \\
&= \frac{1}{2}(m_A + m_B)\left(\frac{m_A v_A + m_B v_B}{m_A + m_B} - v_A\right)^2 - \frac{1}{2}m_B(v_B - v_A)^2 \\
&= \frac{1}{2}(m_A + m_B)\left\{\frac{m_B(v_B - v_A)}{m_A + m_B}\right\}^2 - \frac{1}{2}m_B(v_B - v_A)^2 \\
&= \frac{1}{2}m_B(v_B - v_A)^2\left(\frac{m_B}{m_A + m_B} - 1\right) \\
&= -\frac{1}{2}\frac{m_A m_B}{m_A + m_B}(v_B - v_A)^2 \\
&= \frac{m_A m_B}{m_A + m_B}\left\{-\frac{1}{2}(v_B - v_A)^2\right\}
\end{aligned}$$

(2)(ク)　重心の速度は運動量の和を質量の和で割った値である。

(ケ)　衝突後の合体した物体の速度は重心の速度と等しくなるので，重心の速度と同じ速度で移動する観測者には静止して見える。よって，運動エネルギーは 0 となる。

(コ)　問題文より，2 式の両辺をそれぞれ加えると

$$m_A(V'_A - v'_A) + m_B(V'_B - v'_B) = m_A(V_A - v_A) + m_B(V_B - v_B)$$

(ウ)より　　$m_A(V'_A - v'_A) + m_B(V'_B - v'_B) = 0$

　∴　$m_A(V'_A - v'_A) = m_B(v'_B - V'_B)$

(サ)　反発係数の式より　　$-\dfrac{V'_B - V'_A}{v'_B - v'_A} = 1$

　∴　$V'_A + v'_A = V'_B + v'_B$

(シ)　(コ)，(サ)の両辺をそれぞれかけて

$$m_A(V'_A - v'_A)(V'_A + v'_A) = m_B(v'_B - V'_B)(V'_B + v'_B)$$

　∴　$\dfrac{1}{2}m_A(V'^2_A - v'^2_A) = -\dfrac{1}{2}m_B(V'^2_B - v'^2_B)$

(3)(ス)　衝突前後での運動量の和の変化量は，(ウ)より

$$\{m_A(V_A - at_2) + m_B(V_B - at_2)\} - \{m_A(v_A - at_1) + m_B(v_B - at_1)\}$$

東京理科大-理工〈B方式-2月3日〉　　　　　　　　　　2022 年度　物理〈解答〉　*99*

$$= \{m_A(V_A - v_A) + m_B(V_B - v_B)\} + (m_A + m_B)\, a\,(t_1 - t_2)$$
$$= (m_A + m_B)\, a\,(t_1 - t_2)$$

(セ)　小物体 A と B のそれぞれに慣性力 $-m_A a$, $-m_B a$ が及ぼされるように見える。それぞれの運動量はこれらの力が $t_2 - t_1$ の時間だけ及ぼされたことによる力積の分だけ変化する。

(ソ)　(ス)より，$|t_2 - t_1|$ が非常に小さければ運動量の和の変化量は 0 に近づき，運動量の和が保存するとみなせる。

2 解答

(1)(ア)—③　(イ)—⑤　(ウ)—①　(エ)—①　(オ)—④　(カ)—②
(キ)—④　(ク)—②

(2)(ケ)—⑦　(コ)—⑥　(サ)—②　(シ)—⑤　(ス)—②

(3)(セ)—③　(ソ)—⑤　(タ)—④　(チ)—③

◀解　説▶

≪抵抗とコンデンサーを含む回路≫

(1)(ア)　対称性より，B と C の電位が等しい。

(イ)　(ア)より，正四面体の辺 BC のみ電流は流れない。よって　$I_4 = 0$

(ウ)・(エ)　対称性より，$I_1 = I_2 = I_5 = I_6$ である。

辺 BC は電流が流れないので回路から除いて考えてよい。正四面体の辺 AD の抵抗 R は，辺 AB と辺 BD を直列接続した合成抵抗 $2R$ より小さいので

$$I_1 = I_2 = I_5 = I_6 < I_3$$

(オ)　オームの法則より

$$I_3 = \frac{V}{R}, \quad I_1 = I_2 = I_5 = I_6 = \frac{V}{2R}$$

よって　$I = I_1 + I_2 + I_3 = \dfrac{V}{2R} + \dfrac{V}{2R} + \dfrac{V}{R} = \dfrac{2V}{R}$

(カ)　(オ)より，オームの法則を使って AD 間の合成抵抗を求めると

$$\frac{V}{I} = \frac{V}{\left(\dfrac{2V}{R}\right)} = \frac{R}{2}$$

(キ)　対称性より，B と D の電位が等しい。

(ク)　正四面体の 1 辺に直流電源を接続しているのは，図 2-1 と同じなので，

100 2022年度 物理〈解答〉　　　　　　東京理科大-理工〈B方式-2月3日〉

合成抵抗も等しい。よって　　$\dfrac{R}{2}$

⑵(ケ)　辺 AC に電流が流れなかったことから，A と C の電位は等しい。よって，BA 間と AD 間の抵抗の抵抗値の比は BC 間と CD 間の抵抗の抵抗値の比と等しくなるので，BC 間の抵抗値は $2R\cdot\dfrac{2R}{R}=4R$ となる。

(コ)　BA 間と AD 間の抵抗の合成抵抗は $2R+R=3R$，BC 間と CD 間の抵抗の合成抵抗は(ケ)より $4R+2R=6R$ となる。この 2 つの合成抵抗を並列接続した合成抵抗は

$$\dfrac{1}{3R}+\dfrac{1}{6R}=\dfrac{1}{2R}$$

よって，以上 4 つの抵抗の合成抵抗は $2R$ となる。さらに，BD 間の抵抗を直列接続した合成抵抗を求めればよいので

$$2R+R=3R$$

(サ)・(シ)　BA 間と AD 間の抵抗の合成抵抗と BC 間と CD 間の抵抗の合成抵抗の比は $1:2$ となるので，それぞれの経路を流れる電流の比は $2:1$ となる。よって，辺 BC と CD を流れる電流を i とすると，辺 BA と AD を流れる電流は $2i$，辺 DB を流れる電流は $i+2i=3i$ となる。以上より，各抵抗で消費する電力を求めると

　　　　BA 間の抵抗：$2R\cdot(2i)^2=8Ri^2$

　　　　AD 間の抵抗：$R\cdot(2i)^2=4Ri^2$

　　　　BC 間の抵抗：$4R\cdot i^2=4Ri^2$

　　　　CD 間の抵抗：$2R\cdot i^2=2Ri^2$

　　　　DB 間の抵抗：$R\cdot(3i)^2=9Ri^2$

よって，単位時間あたりに発生するジュール熱が最も小さいのは CD 間，最も大きいのは BD 間の抵抗である。

(ス)　(コ)より，合成抵抗は $3R$ なので，回路で消費する電力は

$$\dfrac{V^2}{3R}$$

⑶(セ)　じゅうぶん長い時間が経過するとコンデンサーには電流が流れなくなる。BA 間と AD 間の抵抗の合成抵抗は r_1+r_2，BC 間と CD 間の抵抗の合成抵抗は r_3+r_4 となるので，それぞれの経路を流れる電流の和か

東京理科大-理工〈B方式-2月3日〉　　　　　　　　2022年度　物理〈解答〉　*101*

ら

$$I = \frac{V}{r_1 + r_2} + \frac{V}{r_3 + r_4} = \left(\frac{1}{r_1 + r_2} + \frac{1}{r_3 + r_4} \right) \times V$$

(ソ)　AD 間の抵抗における電圧降下に等しいので

$$V_A = \frac{V}{r_1 + r_2} \times r_2 = \frac{r_2}{r_1 + r_2} \times V$$

(タ)　CD 間の抵抗における電圧降下に等しいので

$$V_C = \frac{V}{r_3 + r_4} \times r_4 = \frac{r_4}{r_3 + r_4} \times V$$

(チ)　コンデンサーC_1, C_2 は直列接続しているので

$$\frac{1}{C_1} + \frac{1}{C_2} = \frac{1}{20} + \frac{1}{30} = \frac{1}{12}$$

よって，合成容量は $12\mu F$ となる。さらに C_3 を並列接続すると全部のコンデンサーの合成容量は $12 + 18 = 30 \,(\mu F)$ となる。以上より，コンデンサーに蓄えられる電荷を求めると

$$\begin{aligned}
30 \times (V_A - V_C) &= 30 \times \left(\frac{r_2}{r_1 + r_2} V - \frac{r_4}{r_3 + r_4} V \right) \\
&= 30 \times \left(\frac{3.0}{2.0 + 3.0} - \frac{3.0}{3.0 + 3.0} \right) \times 10 \\
&= 30 \,(\mu C)
\end{aligned}$$

3　解答

(1)(ア)—⑥　(イ)—②　(ウ)—⑥　(エ)—⑥　(オ)—⓪　(カ)—⑥
(キ)—③　(ク)—④　(ケ)—④　(コ)—③　(サ)—⓪

(2)(シ)—①　(ス)—①

◀解　説▶

≪回折格子≫

(1)(ア)　隣り合うスリットを通る光の経路差は $4d\sin\theta$ であり，これが波長の整数倍となるときに，回折光が強め合うので

$$4d\sin\theta_n = n\lambda$$

$$\therefore \quad \sin\theta_n = n\frac{\lambda}{4d}$$

(イ)　θ_n が小さいとき，$\tan\theta_n \fallingdotseq \sin\theta_n$ とできるので，(ア)より

$$x_n = L \tan \theta_n \fallingdotseq L \sin \theta_n = n \frac{\lambda L}{4d}$$

(ウ) (イ)より $\quad \Delta x = x_{n+1} - x_n = \dfrac{\lambda L}{4d}$

(エ) 1波長の経路差が 2π の位相差に対応するので

$$\frac{\Delta l}{\lambda} \times 2\pi = \frac{2\pi \Delta l}{\lambda}$$

(オ) スリット a と b で θ_n の方向に回折した光の経路差は $d \sin \theta_n$ となるので，(エ)より

$$\Delta \phi_n = \frac{2\pi \cdot d \sin \theta_n}{\lambda}$$

(ア)を代入して $\quad \Delta \phi_n = \dfrac{2\pi d \cdot n \dfrac{\lambda}{4d}}{\lambda} = n \dfrac{\pi}{2}$

(カ) $n = 4m$ のとき，(オ)より，$\Delta \phi_{4m} = 2m\pi$ となって，同位相となるから

$$B = A \sin (\omega t) + A \sin (\omega t) = 2A \sin (\omega t)$$

よって，B の振幅は $2A$ となる。

(キ) (イ)より $\quad x_{4m} = 4m \dfrac{\lambda L}{4d} = mL \dfrac{\lambda}{d}$

(ク) $n = 4m + 1$ のとき，(オ)より，位相差は

$$\Delta \phi_{4m+1} = (4m+1) \frac{\pi}{2}$$

(ケ) (ク)より $\quad \Delta \phi_{4m+1} = \dfrac{\pi}{2} + 2m\pi$

すると

$$B = A \sin (\omega t) + A \sin \left(\omega t - \frac{\pi}{2} \right)$$

$$= 2A \sin \frac{\omega t + \left(\omega t - \dfrac{\pi}{2} \right)}{2} \cos \frac{\omega t - \left(\omega t - \dfrac{\pi}{2} \right)}{2}$$

$$= \sqrt{2} A \sin \left(\omega t - \frac{\pi}{4} \right)$$

よって，B の振幅は $\sqrt{2} A$ となる。

(コ) (イ)，(ウ)より

東京理科大-理工〈B方式-2月3日〉 2022年度 物理〈解答〉 103

$$x_{4m+1} = (4m+1)\frac{\lambda L}{4d} = mL\frac{\lambda}{d} + \frac{\lambda L}{4d} = mL\frac{\lambda}{d} + \Delta x$$

㉛ $n=4m+2$ のとき，㈠より，$\Delta\phi_{4m+2} = \pi + 2m\pi$ となって，逆位相となるから

$$B = A\sin(\omega t) + A\sin(\omega t - \pi)$$
$$= A\sin(\omega t) - A\sin(\omega t) = 0$$

よって，B の振幅は 0 となる。

また，$n=4m+3$ のときは，$n=4m+1$ のときと同様に，位相が $\frac{\pi}{4}$ ずれた光の重ね合わせであり，B の振幅も同じく $\sqrt{2}A$ となる。

光の強度は振幅の 2 乗に比例するので，$n=4m,\ 4m+1,\ 4m+2,\ 4m+3$ の場合に対応する光の強度の比は $2^2 : \sqrt{2}^2 : 0 : \sqrt{2}^2 = 2 : 1 : 0 : 1$ となる。

(2)㈿ スリット p と r で θ_n の方向に回折した光の経路差は $2d\sin\theta_n$ となるので，㈢より

$$\Delta\phi'_n = \frac{2\pi \cdot 2d\sin\theta_n}{\lambda}$$

㋐を代入して $\Delta\phi'_n = \dfrac{4\pi d \cdot n\dfrac{\lambda}{4d}}{\lambda} = n\pi$

㉜ $n=4m$ のとき，$\Delta\phi_{4m} = 2m\pi$，$\Delta\phi'_{4m} = 4m\pi$ となり，すべて同位相となるので

$$C = A\sin(\omega t) + A\sin(\omega t) + A\sin(\omega t) = 3A\sin(\omega t)$$

$n=4m+1$ のとき，$\Delta\phi_{4m+1} = \dfrac{\pi}{2} + 2m\pi$，$\Delta\phi'_{4m+1} = \pi + 4m\pi$ となり，p と r を通る光は逆位相となるので

$$C = A\sin(\omega t) + A\sin\left(\omega t - \frac{\pi}{2}\right) - A\sin(\omega t)$$

$$= A\sin\left(\omega t - \frac{\pi}{2}\right)$$

$n=4m+2$ のとき，$\Delta\phi_{4m+2} = \pi + 2m\pi$，$\Delta\phi'_{4m+2} = 2(2m+1)\pi$ となり，p と q を通る光は逆位相，p と r を通る光は同位相となるので

$$C = A\sin(\omega t) - A\sin(\omega t) + A\sin(\omega t) = A\sin(\omega t)$$

$n=4m+3$ のとき，$\Delta\phi_{4m+3} = \dfrac{3\pi}{2} + 2m\pi$，$\Delta\phi'_{4m+3} = \pi + 2(2m+1)\pi$ となり，

pとrを通る光は逆位相となるので

$$C = A\sin(\omega t) + A\sin\left(\omega t - \frac{3\pi}{2}\right) - A\sin(\omega t)$$

$$= A\sin\left(\omega t - \frac{3\pi}{2}\right)$$

光の強度は振幅の2乗に比例するので，$n = 4m,\ 4m+1,\ 4m+2,\ 4m+3$ の場合に対応する光の強度の比は $3^2 : 1^2 : 1^2 : 1^2 = 9 : 1 : 1 : 1$ となる。

❖講　評

　例年通り，試験時間80分。大問3題の構成である。

　□1　2物体の衝突に関する問題である。観測者の速度によって，衝突に関する物理法則がどのように変化するか調べている。(1)では一方の物体の衝突前の速度，(2)は2物体の重心の速度や任意の等速度，(3)は等加速度で動く観測者を考察している。(1)は基本的な問題だが，(エ)・(オ)は式が紛らわしいので丁寧に計算する必要がある。(キ)は2物体の運動エネルギーを重心の運動エネルギーと換算質量を用いて表す相対運動の運動エネルギーに分解できることを理解していると，計算しなくても解答できる。(2)も基本的な問題。(3)では加速度運動する観測者から見ても，衝突が非常に短い時間で起きれば，運動量保存則が成り立つということを示す，あまり見かけない問題である。慣性力や運動量と力積の関係などの理解が問われるが，難しくはない。

　□2　正四面体の辺の形をした回路における抵抗とコンデンサーの問題である。回路が立体的なので考えにくかったかもしれない。(1)は正四面体状の立体的な回路を使った基本的な問題。対称性から，正四面体の1つの辺を除いて考えることができる。また，図2-1と図2-2の回路は正四面体の辺を取り替えただけであることに，すぐ気付きたい。(2)はホイートストンブリッジ回路の基本的な問題。(サ)・(シ)はすべての抵抗について電力を求めなければならない。(3)はコンデンサーを含む回路の基本的な問題。一見，難しそうに見えるかもしれないが，じゅうぶん時間が経った後の定常状態を考えるだけなので，見た目ほど難しくない。合成抵抗と合成容量の計算を繰り返すだけである。

　□3　回折格子の問題である。一定間隔のスリットだけでなく，少し複

東京理科大-理工〈B方式-2月3日〉　　　　　　　　2022 年度　物理〈解答〉　*105*

雑な間隔のスリットを題材にしているのは，あまり見かけないかもしれない。(1)(a)のスリットは一定間隔のスリットを用いた回折格子の基本的な問題。(b)では(a)のスリットに加えて，スリットの間隔の $\frac{1}{4}$ だけずらしたところにも別のスリットが入る問題。㈎～㈹では n の値で場合分けして考えるが，同位相か逆位相の場合は計算が容易。$n = 4m + 1$ の場合は，三角関数の和積の公式を使う必要がある。(2)はさらにスリットが増えるが，考え方は(1)(b)と同じで，計算は(1)(b)よりも容易である。

　全体的に，ほぼ例年通りの内容であり，難易度も例年並みであった。文字式の添字などにも注意して，丁寧な式変形を心がけたい。

106 2022 年度 化学〈解答〉　　　　　　　東京理科大-理工〈B方式-2月3日〉

化学

（注）解答は，東京理科大学から提供のあった情報を掲載しています。

1 解答
(1)—03　(2) $1.17 \times 10^{+0}$
(3)(ア)—07　(イ)—12　(ウ)—02　(エ)—15　(ii) $1.59 \times 10^{+1}$

◀解　説▶

≪ルシャトリエの原理，Nを含む化合物の反応，オストワルト法≫

(1)(a)　誤文。平衡状態では，正反応と逆反応の速度が等しくなっているため，反応が停止しているように見える。

(b)　誤文。圧力一定で温度を高くすると，吸熱反応の向きに平衡が進むので，「左向き」が正しい。

(c)　正文。温度一定で圧力を高くすると，気体の分子数が減少する向きに平衡が進む。左辺の分子数は3，右辺の分子数は2なので，右向きに平衡が進む。

(d)　誤文。温度と全圧一定で，反応に関与しない気体を加えた場合，反応に関与する気体の分圧は低くなるので，気体の分子数が増加する向きに平衡が進む。よって，「左向き」が正しい。

(2)　希硝酸と Ag の反応は次のようになる。

$$3Ag + 4HNO_3 \longrightarrow 3AgNO_3 + 2H_2O + NO$$

捕集した NO の分圧は

$$1.04 \times 10^5 - 4.0 \times 10^3 = 1.00 \times 10^5 \, [\text{Pa}]$$

であるから，NO の物質量は，気体の状態方程式より

$$\frac{1.00 \times 10^5 \times 90.6 \times 10^{-3}}{8.31 \times 10^3 \times 302} = \frac{30}{8.31} \times 10^{-3} \, [\text{mol}]$$

よって，反応した Ag の質量は

$$108 \times \frac{30}{8.31} \times 10^{-3} \times 3 = 1.169 \fallingdotseq 1.17 \, [\text{g}]$$

(3)(ア)・(イ)　①で起こる反応は

$$4NH_3 + 5O_2 \longrightarrow 4NO + 6H_2O$$

東京理科大-理工〈B方式-2月3日〉　　　　　　　　2022 年度　化学〈解答〉　*107*

であるから，1mol の NH_3 と反応する O_2 の物質量は $\dfrac{5}{4}$ mol である。また，

この反応の触媒には Pt が用いられる。

㈢　③で起こる反応は

$$3NO_2 + H_2O \longrightarrow 2HNO_3 + NO$$

であるから，1mol の NO_2 に対して，$\dfrac{1}{3}$ mol の NO が生成する。

(ii)　①～③の反応を 1 つにまとめると

$$NH_3 + 2O_2 \longrightarrow HNO_3 + H_2O$$

となるので，1.00kg の HNO_3 を得るのに必要な NH_3 の物質量は

$$\frac{1.00 \times 10^3}{63.0} = 15.87 \fallingdotseq 15.9 \,〔mol〕$$

2　解答

(1) $1.1 \times 10^{+1}$　(2) $2.4 \times 10^{+2}$　(3) 2.0×10^{-2}
(4)(iv) $1.0 \times 10^{+0}$　(v) $1.5 \times 10^{+0}$　①－1　②－1

━━━━━ ◀解　説▶ ━━━━━

≪溶液の濃度，固体の溶解度，中和反応の量的関係，鉛蓄電池≫

(1)　必要な濃塩酸の体積を v〔mL〕とおく。希釈する前後で，溶液中の
HCl の質量は変化しないことから，HCl = 36.5 より

$$1.18 \times v \times \frac{36}{100} = 36.5 \times 0.50 \times \frac{250}{1000} \quad \therefore \quad v = 10.7 \fallingdotseq 11 \,〔mL〕$$

(2)　80℃で水 100g に KNO_3 は 169g 溶け，飽和溶液は 100 + 169g，これ
を 25℃に冷やすと 169 - 38g の結晶が析出する。80℃，500g の飽和溶液
では，析出する KNO_3 の質量を x〔g〕とおくと，$\dfrac{析出量}{飽和溶液の質量}$ の値は

一定であることから

$$\frac{x}{500} = \frac{169 - 38}{100 + 169} \quad \therefore \quad x = 243 \fallingdotseq 2.4 \times 10^2 \,〔g〕$$

(3)　pH が 3.0 の塩酸の水素イオン濃度は 1.0×10^{-3} mol/L であるから，
必要な NaOH 水溶液の体積を v〔L〕とおくと

$$1.0 \times 10^{-3} \times 0.20 = 0.010 \times v \quad \therefore \quad v = 0.020 = 2.0 \times 10^{-2} \,〔L〕$$

(4)　鉛蓄電池が放電するときの正極と負極の反応はそれぞれ以下のように
なる。

$$\text{正極}：PbO_2 + 4H^+ + SO_4{}^{2-} + 2e^- \longrightarrow PbSO_4 + 2H_2O$$
$$\text{負極}：Pb + SO_4{}^{2-} \longrightarrow PbSO_4 + 2e^-$$

よって，電子が $1\,mol$ 流れると，正極では $\dfrac{1}{2}\,mol$ の PbO_2 が $PbSO_4$ になり，質量が

$$\frac{1}{2} \times 64.1 = 32.05 \,〔g〕$$

増加する。負極では $\dfrac{1}{2}\,mol$ の Pb が $PbSO_4$ に変化し，質量が

$$\frac{1}{2} \times 96.1 = 48.05 \,〔g〕$$

増加する。10 分間の放電で流れた電子の物質量は

$$\frac{5.0 \times 10 \times 60}{9.65 \times 10^4} = \frac{6}{193} \,〔mol〕$$

であるから，各極板の質量増加量は次のようになる。

$$\text{正極}：32.05 \times \frac{6}{193} = 0.996 ≒ 1.0 \,〔g〕$$

$$\text{負極}：48.05 \times \frac{6}{193} = 1.49 ≒ 1.5 \,〔g〕$$

$\boxed{3}$ **解答**　(1)(i) $5.6 \times 10^{+1}$ 　(ii) 1.8×10^{-9}

(2)(ア)— 2 　(イ)— 4 　(ウ)— 5 　(エ)— 6 　(3) 1.6×10^{-7}

◀解　説▶

≪水の電離平衡，極端に希薄な塩酸の水素イオン濃度≫

(1)(i)　1 L の水の物質量を求めればよい。質量は $1.00 \times 1000 = 1000 \,〔g〕$ であるから，求めるモル濃度は

$$\frac{1000}{18.0} = 55.5 ≒ 56 \,〔mol/L〕$$

(ii)　水のモル濃度を $c\,〔mol/L〕$，電離度を α とおくと，電離による濃度変化は次のようになる。

$$H_2O \rightleftharpoons H^+ + OH^-$$

はじめ	c	0	0	〔mol/L〕
反応量	$-c\alpha$	$+c\alpha$	$+c\alpha$	〔mol/L〕
平衡時	$c(1-\alpha)$	$c\alpha$	$c\alpha$	〔mol/L〕

水のイオン積の値から

$$[H^+][OH^-] = (c\alpha)^2 = 1.00 \times 10^{-14} \quad \therefore \quad c\alpha = 1.00 \times 10^{-7}$$

(i)より，$c = \dfrac{1000}{18.0}$〔mol/L〕であるから，求める電離度 α は

$$\alpha = \frac{1.00 \times 10^{-7}}{c} = \frac{1.00 \times 10^{-7}}{\dfrac{1000}{18.0}} = 1.8 \times 10^{-9}$$

(2)(ア)・(イ)　中和は発熱反応であるから，中和の逆反応である水の電離は吸熱反応であり，その熱化学方程式は次のようになる。

$$H_2O\,(液) = H^+ aq + OH^- aq - 56.5\,kJ$$

(ウ)・(エ)　温度を高くすると，吸熱反応の向きに平衡が移動するので，水の電離がより進み，$[H^+]$，$[OH^-]$ は大きくなる。したがって，水の温度を 25℃ から 40℃ にすると，水のイオン積は $1.00 \times 10^{-14}\,(mol/L)^2$ よりも大きくなり，pH の値は小さくなる。

(3)　HCl は完全に電離するから，HCl の電離により生じた H^+ の濃度は $1.00 \times 10^{-7}\,mol/L$ である。また，$H_2O \rightleftharpoons H^+ + OH^-$ より，水の電離により生じた H^+ と OH^- の濃度は等しく，それぞれ x〔mol/L〕とする。これらのことから

$$[H^+] = 1.00 \times 10^{-7} + x\,〔mol/L〕, \quad [OH^-] = x\,〔mol/L〕$$

と表せるので，25℃ の水のイオン積

$$[H^+][OH^-] = 1.00 \times 10^{-14}\,〔(mol/L)^2〕$$

より

$$(1.00 \times 10^{-7} + x)x = 1.00 \times 10^{-14}$$

$$\therefore \quad x^2 + 10^{-7}x - 10^{-14} = 0$$

$x > 0$ に注意してこの 2 次方程式を解くと

$$x = \frac{-10^{-7} + \sqrt{(10^{-7})^2 + 4 \times 10^{-14}}}{2}$$

$$= \frac{-10^{-7} + \sqrt{5} \times 10^{-7}}{2}$$

$$= \frac{\sqrt{5} - 1}{2} \times 10^{-7}$$

$$= 6.2 \times 10^{-8}$$

したがって，求める水素イオン濃度は

$$[H^+] = 1.00 \times 10^{-7} + 6.2 \times 10^{-8}$$
$$= 1.62 \times 10^{-7} \fallingdotseq 1.6 \times 10^{-7} \ (\text{mol/L})$$

4 解答

(1)(ア)—03　(イ)—05　(ウ)—07
(2)(エ)—12　(オ)—22　(カ)—11

◀解　説▶

≪混合物の分離，抽出における分配平衡≫

(1)(ア)　蒸留は沸点の違いを利用して混合物を分離する方法全般を指し，分留は蒸留のうち，液体どうしの混合物を，沸点の違いを利用して分離する方法を指す。塩化ナトリウム水溶液は，固体と液体の混合物であるから，蒸留により純粋な水が得られる。

(2)(エ)　AとBの体積はともに $V(\text{L})$ であるから，AとBに溶けているXの物質量をそれぞれ $n_A(\text{mol})$，$n_B(\text{mol})$ とすると

$$C_A = \frac{n_A}{V}\ (\text{mol/L}), \quad C_B = \frac{n_B}{V}\ (\text{mol/L})$$

となる。よって

$$\frac{C_B}{C_A} = \frac{\dfrac{n_B}{V}}{\dfrac{n_A}{V}} = \frac{n_B}{n_A} = K$$

が成り立つ。$n_A + n_B = n$ であるから

$$\frac{n - n_A}{n_A} = K \qquad \therefore \quad n_A = \frac{1}{K+1}n\ (\text{mol})$$

(オ)　最初に $\dfrac{V}{2}(\text{L})$ のBを加えて平衡状態に達したときに，AとBに溶けているXの物質量をそれぞれ $n_{A1}(\text{mol})$，$n_{B1}(\text{mol})$ とすると

$$C_A = \frac{n_{A1}}{V}\ (\text{mol/L}), \quad C_B = \frac{n_{B1}}{\dfrac{V}{2}} = \frac{2n_{B1}}{V}\ (\text{mol/L})$$

となる。よって

$$\frac{C_B}{C_A} = \frac{\dfrac{2n_{B1}}{V}}{\dfrac{n_{A1}}{V}} = \frac{2n_{B1}}{n_{A1}} = K$$

東京理科大-理工〈B方式-2月3日〉　　　　　　2022 年度　化学〈解答〉　*111*

が成り立つ。$n_{A1} + n_{B1} = n$ であるから

$$\frac{2(n - n_{A1})}{n_{A1}} = K \qquad \therefore \quad n_{A1} = \frac{2}{K+2}n \,[\text{mol}]$$

2回目に $\dfrac{V}{2}\,[\text{L}]$ のBを加えて平衡状態に達したときに，AとBに溶けて

いるXの物質量をそれぞれ $n_{A2}\,[\text{mol}]$，$n_{B2}\,[\text{mol}]$ とすると，$n_{A2} + n_{B2} = n_{A1}$

となること以外は最初に加えたときと同様に考えられるので

$$n_{A2} = \frac{2}{K+2}n_{A1} = \frac{2}{K+2} \times \frac{2}{K+2}n = \frac{4}{(K+2)^2}n \,[\text{mol}]$$

㋕　方法Ⅰの n_A と方法Ⅱの n_{A2} の差をとると

$$n_A - n_{A2} = \frac{1}{K+1}n - \frac{4}{(K+2)^2}n = \frac{(K+2)^2 - 4(K+1)}{(K+1)(K+2)^2}n$$

$$= \frac{K^2}{(K+1)(K+2)^2}n > 0$$

よって，$n_A > n_{A2}$ となり，Aに残っているXの物質量は方法Ⅱのときの方
が少ない。

5　解答

(1)(ア)—08　(イ)—11　(ウ)—27
(2)(エ)—21　(オ)—08　(カ)—07

◀解　説▶

≪芳香族エステルの構造決定≫

　A，**E** はともにC，H，Oからなり，加水分解されたことから，エステ
ルであると考えられ，加水分解により生成した物質は，カルボン酸とアル
コール（またはフェノール類）である。

⑴　**B** は $FeCl_3$ 水溶液による呈色反応を示さず，Na と反応したことから，
フェノール類ではなくアルコールである。また，$NaHCO_3$ と反応しなか
ったことから，カルボキシ基はもたない。

C は $NaHCO_3$ と反応したことから，カルボン酸である。

B と **C** を酸化して生成した2価カルボン酸 **D** は，ポリエチレンテレフタラ
ートの主原料であるので，テレフタル酸である。

以上のことから，**B** はベンゼンのパラ二置換体であるアルコール，**C** はベ
ンゼンのパラ二置換体であるカルボン酸とわかるので，**A** の炭素数が16

であることも考慮すると，**B**，**C**，**D** の構造は次のように決定される。

CH$_2$-OH／CH$_3$（化合物 **B**）　COOH／CH$_3$（化合物 **C**）　COOH／COOH（化合物 **D**（テレフタル酸））

なお，**A** は **B** と **C** のエステルであるから，その構造は次のようになる。

H$_3$C─〈benzene〉─C(=O)─O─CH$_2$─〈benzene〉─CH$_3$
化合物 **A**

(2)　**F** はナトリウムフェノキシドに高温・高圧で CO_2 を反応させた後，希硫酸を作用させることで得られるので，サリチル酸であるとわかる。サリチル酸はカルボキシ基をもつので $NaHCO_3$ と反応し，フェノール性ヒドロキシ基をもつので $FeCl_3$ 水溶液による呈色反応を示す。

〈benzene〉─ONa　→（CO_2，高温・高圧）→　〈benzene〉(OH, COONa)　→（希硫酸）→　〈benzene〉(OH, COOH)
化合物 **F**（サリチル酸）

G は銀鏡反応を示したので，ホルミル基（アルデヒド基）をもつ。よって，ギ酸 HCOOH であると考えられる。

H はヨードホルム反応を示したので，CH$_3$-CH-／OH の構造をもつアルコールである。また，炭素数は **E** が 12，**F** が 7，**G** が 1 なので，**H** は 4 である。よって，**H** は 2-ブタノールとわかる。

CH$_3$-CH-CH$_2$-CH$_3$／OH
化合物 **H**（2-ブタノール）

なお，**E** は **F**，**G**，**H** のエステルであるから，その構造は次のようになる。

〈benzene〉(O-C(=O)-H, C(=O)-O-CH(CH$_3$)-CH$_2$-CH$_3$)
化合物 **E**

東京理科大-理工〈B方式-2月3日〉 2022年度　化学〈解答〉　113

 解答 (1)(ア)―22　(イ)―19　(ウ)―27　(エ)―17　(オ)―18　(カ)―11
(キ)―29　(ク)―32　(ケ)―05　(コ)―08　(サ)―04　(シ)―15
(ス)―20　(セ)―16
(2)(ソ)―05　(タ)―12　(チ)―07　(ツ)―13　(テ)―08　(ト)―09

◀解　説▶

≪タンパク質の分類と性質，核酸の構造≫

(1)(カ)　卵白に含まれるタンパク質にはアルブミンとグロブリンがあるが，水に溶けるのはアルブミンである。

(キ)　主に有機物のコロイドが親水コロイド，無機物のコロイドが疎水コロイドに分類される。タンパク質は有機物であり，水に溶かすと親水コロイドとなる。

(ケ)～(サ)　硫黄が含まれるアミノ酸やタンパク質に NaOH 水溶液を加えて加熱した後，$(CH_3COO)_2Pb$ 水溶液を加えると，PbS の黒色沈殿が生成する。

(シ)　ゼラチンは，繊維状タンパク質であるコラーゲンが熱により変性したものである。

(ス)・(セ)　複合タンパク質には，血液中に含まれるヘモグロビンのほかに，牛乳やチーズなどに含まれるカゼイン，納豆やオクラなどに含まれるムチンなどがある。

(2)(ソ)　核酸は，糖，リン酸，有機塩基からなるヌクレオチドが縮合重合した物質である。

(タ)～(テ)　DNA は糖部分がデオキシリボース $C_5H_{10}O_4$ でできており，RNA はリボース $C_5H_{10}O_5$ でできている。

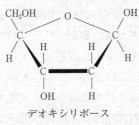

デオキシリボース　　　リボース

(ト)　DNA を構成する有機塩基は，アデニン (A)，グアニン (G)，シトシン (C)，チミン (T) であり，RNA ではチミンの代わりにウラシル (U) となっている。DNA は有機塩基間の水素結合によって二重らせん

構造をとるが，RNA は一本鎖構造である。

❖講 評

　試験時間は 80 分。例年通り大問数は 6 題であった。2022 年度は，1 が理論と無機，2，3，4 が理論，5，6 が有機の出題であり，無機からの出題が少なかった。

　1 は窒素をテーマとした小問集合。(1)は化学平衡に関する典型的な正誤問題であり落とせない。(2)・(3)はいずれも化学反応式が正しく書ければ難しくないが，(2)では NO の分圧を誤らないように注意。

　2 は理論分野のいろいろな計算問題。いずれも受験生ならば一度は解いた経験があるはずの問題である。ただし，(3)以外はやや面倒な計算が必要なので，落ち着いて正しく計算を行いたい。

　3 は水の電離平衡に関する問題。(1)(ii)では，弱酸や弱塩基の電離平衡を考えるときと同じように，〔解説〕のような濃度変化の表を書くと考えやすい。(2)では，水の電離が発熱反応か吸熱反応か知らなくても，中和反応が発熱反応であることは知っているはずであるから，そこから判断はできる。(3)は初見ではなかなか難しかったかもしれない。類題の経験の有無で差がついたと思われる。

　4 は混合物の分離と，分配平衡に関する問題。(1)は分離に関する基礎知識を問う問題であり平易。(2)は A と B に溶けている X の物質量の総和が，抽出前と抽出後で変化しないことがポイント。㈹は差をとることが思いつかなくても，具体的に 1 より大きい K の値を代入してみれば，大小関係はわかる。

　5 は芳香族エステルの構造決定に関する問題。選択肢の数が非常に多く戸惑ったかもしれないが，D がテレフタル酸，F がサリチル酸であることはただちにわかるので，そこからスタートすれば考えやすい。特に複雑な思考を要する問題ではないので，ここは完答しておきたい。

　6 はタンパク質と核酸に関する問題。基本的な知識を問う問題で構成されており，完答を目指したいところである。ただ，卵白やゼラチンをつくるタンパク質の名称は知らなかった受験生も多かったのではないか。東京理科大学では，高分子に関して細かい知識を問うものも出題されるので，しっかり対策をしておきたい。

東京理科大-理工〈B方式-2月3日〉　　2022年度　生物〈解答〉　115

生物

（注）　解答は，東京理科大学から提供のあった情報を掲載しています。

1 解答
(a)—3　(b)—12　(c)—4　(d)—02　(e)—5　(f)—07
(g)—12　(h)—06

◀解　説▶

≪生命の起源と進化，細菌の炭酸同化≫

(a)　原始地球において生命に必須な材料であるアミノ酸や核酸などの有機物が生成される過程を化学進化という。ちなみに，生物が世代を経るに従ってDNAの塩基配列やタンパク質のアミノ酸配列は変化していくが，このような分子に生じる変化を分子進化という。

(b)　②誤文。リン脂質のみからなる二重層は，Na^+など電荷をもつイオンを通しにくい。

③正文。膜に配置されたさまざまな輸送タンパク質のはたらきにより，細胞膜が特定の物質を選択的に透過させる性質を選択的透過性という。

(c)　RNAには触媒の機能をもつもの（リボザイム）もあることから，初期の生物では，RNAが遺伝情報を担うとともに，酵素の役割も果たしていたと考えられている。このような時代をRNAワールドという。

(d)　化学合成細菌の仲間である硫黄細菌は，H_2Sなどの無機物を酸化した際に放出されるエネルギーを利用して炭酸同化を行っている。なお，大腸菌，枯草菌，乳酸菌は従属栄養生物であり，炭酸同化は行わない。

(e)　シアノバクテリアが行う光合成は，緑色植物と同様に二酸化炭素の還元に水を用いるため酸素を放出する。リード文にもあるように，シアノバクテリアの光合成によって放出された酸素は，はじめ海洋中の鉄イオンと結合して酸化鉄になり海底に沈殿したが，その後，酸素が水中や大気中に蓄積していくと，酸素を利用して有機物を分解して多量のエネルギーを取り出す好気性細菌が繁栄するようになった。

(f)　①誤文。細菌や古細菌などの原核生物は核膜をもっていない。

②正文。細菌の細胞壁はペプチドグリカン（炭水化物とタンパク質の複合

体）からなるが，古細菌の細胞壁は一般的にペプチドグリカンをもっていない。なお，ペプチドグリカンは植物の細胞壁の主成分であるセルロースとは別のものである。
③正文。細菌の細胞膜は，真核生物と同様にエステル脂質とよばれる脂質からなるが，古細菌の細胞膜はエーテル脂質とよばれる脂質からなる。
④誤文。細菌と古細菌は，どちらも細胞小器官をもっていない。
(g) 細胞内共生説を支持する証拠として，ミトコンドリアや葉緑体に次のような特徴をもつことが挙げられる。
・核の DNA とは異なる独自の環状 DNA をもっている。
・細胞の分裂とは別に，独自に分裂して増殖する。
・二重膜構造をもち，内側の膜は取り込まれた原核細胞に由来する。
これより，①，③，④が正しい。
(h) 緑色光合成細菌（緑色硫黄細菌）は光合成色素としてバクテリオクロロフィルをもち，CO_2 と H_2S を利用して光合成を行う。これに対し，シアノバクテリアは光合成色素としてクロロフィル a をもち，CO_2 と H_2O を利用して光合成を行う。よって，①と④が正しい。

2 解答

(1)(a)— 1 (b)— 06 (c)— 3 (d)— 08
(2)(a)— 19 (b)(ア)— 4 (イ)— 0 (ウ)— 3 (エ)— 9

◀解 説▶

≪被子植物の生殖と発生，ショウジョウバエの発生≫

(1)(a) 下図に示すように，図1は核当たりのDNA量変化であり，DNA複製前の母細胞のDNA量を2としている。（Ⅰ）は胚のう母細胞から卵細胞が生じるまでのDNA量変化であり，胚のう母細胞の減数分裂によって生じた胚のう細胞が，その後3回の核分裂を行っていることがグラフからわかる。

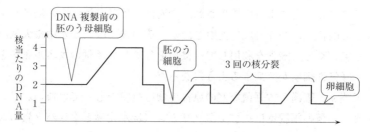

(Ⅱ)は花粉母細胞から精細胞が生じるまでの DNA 量変化である。花粉母細胞の減数分裂によって生じた花粉四分子のそれぞれは，不均等な細胞分裂によって花粉管細胞と雄原細胞に分かれ，さらに雄原細胞は1回分裂して2個の精細胞が生じる。

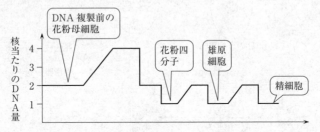

(b) 下図のように，2個の精細胞のうち，1個は卵細胞と受精して受精卵 ($2n$) となり，残りの1個は2個の極核を含む中央細胞と融合して胚乳核 ($3n$) を形成する。

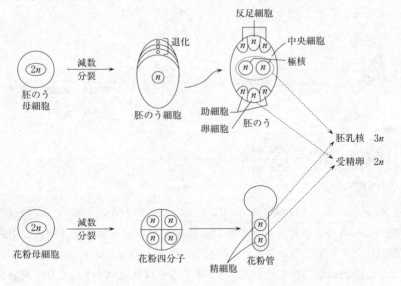

(d) 実験1では母親が$4n$,父親が$2n$なので胚乳核と受精卵の核相は以下のようになる。

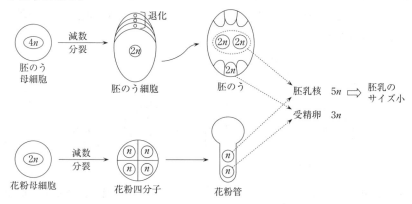

実験2では母親が$2n$,父親が$4n$なので胚乳核と受精卵の核相は以下のようになる。

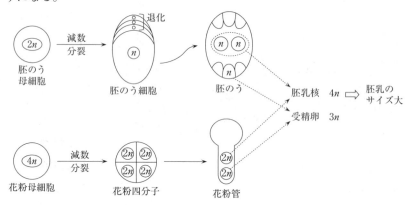

上図から,③,④は誤りで,⑤は正しいことがわかる。また,(b)の〔解説〕にもあるように,正常な場合,核相nからなる極核を2個含む中央細胞はゲノムを2セットもち,精細胞はゲノムを1セットもつ。実験1のように中央細胞に含まれるゲノムが多くなれば胚乳は小さくなり,実験2のように精細胞に含まれるゲノムが多くなれば胚乳が大きくなる。つまり,中央細胞に含まれるゲノムは胚乳形成を抑制し,精細胞に含まれるゲノムは胚乳形成を促進するといえる。よって,①は正しく,②は誤り。

(2)(a) 母細胞に含まれていた相同染色体は,減数分裂によって別々の生殖細胞に分配される。このとき,それぞれの相同染色体は互いに関係なく

ランダムに分かれるため，さまざまな組み合わせの染色体をもった生殖細胞が形成される。例えば，$2n=4$ の生物の場合，乗換えが起こらなければ $2^2=4$ 種類の染色体の組み合わせが考えられ，$2n=6$ の生物の場合，乗換えが起こらなければ $2^3=8$ 種類の染色体の組み合わせが考えられる（①は正しい）。また，$2n=4$ の生物の場合，両親それぞれから 4 種類の生殖細胞が自由に組み合わさると，生じる個体がもつ染色体の組み合わせは $4×4=16$ 通りが考えられる（⑤は正しい）。さらに，減数分裂の第一分裂で相同染色体の乗換えが起これば，生殖細胞に含まれる遺伝子の組み合わせはいっそう多様になる（③は正しい）。

(b) ショウジョウバエの場合，卵母細胞に隣接する保育細胞（母親の細胞）において，ビコイド（*bcd*）遺伝子から *bcd* mRNA が合成され，卵母細胞に送り込まれる。送り込まれた *bcd* mRNA は卵母細胞の前端に偏って分布するが，受精後，翻訳されて bcd タンパク質がつくられる過程で，bcd タンパク質は拡散して濃度勾配を形成する。この bcd タンパク質の濃度が高い方が頭部（前部）に，低い方が腹部（後部）になる（前後軸が決まる）。このように，母親が正常な *bcd* 遺伝子をもっていれば，父親の遺伝子にかかわらず，正常に前後軸が決定される。これをもとに実験を確認していく。

(ア) 野生型の卵とあるので，受精後に前方から後方にかけて bcd タンパク質の濃度勾配が形成され，前方が頭部（前部）となる（前方が☆となる）。ただし，野生型の卵には GFP-bcd タンパク質は含まれないので，GFP の蛍光はみられない。よって 4 が正解。

(イ) *GFP-bcd* トランスジェニック体からつくられる卵母細胞の前端には *GFP-bcd* mRNA が含まれる。この mRNA からつくられる GFP-bcd タンパク質は，野生型の卵と同様の濃度勾配を形成するので前方で蛍光強度が強くなる。また，GFP-bcd タンパク質は，bcd タンパク質とほぼ同じはたらきをもつとあるので，前方が頭部（前部）となる（前方が☆となる）。よって 0 が正解。

(ウ) bcd 機能をなくした変異体の卵では，卵母細胞に *bcd* mRNA が含まれない。しかし，受精後に *GFP-bcd* mRNA を本来尾部（後部）になる位置に注入すると，後方から前方にかけて GFP-bcd タンパク質の濃度勾配が形成されるため，後方で蛍光強度が強くなり，後方が頭部（前部）に

120 2022 年度 生物〈解答〉　　　　　　　東京理科大-理工〈B方式-2月3日〉

なる。よって3が正解。

㈢ 野生型の卵とあるので，受精後に前方から後方にかけて bcd タンパク質（蛍光は発しない）の濃度勾配が形成される。また，受精後に*GFP-bcd* mRNA を本来尾部（後部）になる位置に注入するので，後方から前方にかけて GFP-bcd タンパク質の濃度勾配が形成されるため，後方で蛍光強度が強くなる。また，前方では bcd タンパク質が，後方では GFP-bcd タンパク質が多くなるので，前方と後方の両方に頭部（前部）が形成される。よって9が正解。

3 **解答** (1)(a)—1　(b)(ア)—01　(イ)—03　(ウ)—06　(エ)—11
(c)(オ)—1　(カ)—2　(キ)—1　(ク)—3
(2)(a)—11　(b)(ケ)—1　(コ)—6　(サ)—4　(シ)—5　(ス)—3
(c)(セ)—1　(ソ)—5　(タ)—6　(チ)—8
(d)(ツ)—05　(テ)—11　(ト)—02　(ナ)—03　(ニ)—8　(e)—3
(f)(ヌ)—0　(ネ)—6

━━━━━◀解　説▶━━━━━

≪生物の刺激への反応，体内環境の維持≫

(1)(a) 光受容体であるフィトクロム，クリプトクロム，フォトトロピンについて，それぞれが吸収する光と，関連する現象をまとめると次表のようになる。光発芽種子の場合，フィトクロムが赤色光を吸収すると発芽が促進されるので，光受容体Aはフィトクロムとわかる。また，孔辺細胞に含まれるフォトトロピンが青色光を吸収すると気孔が開くので，光受容体Bはフォトトロピンとわかる。

	吸収する光	関連する現象
フィトクロム	赤色光と遠赤色光	光発芽種子の発芽，茎の伸長成長抑制，花芽形成
クリプトクロム	青色光	茎の伸長成長抑制
フォトトロピン	青色光	光屈性，気孔の開口，葉緑体の定位運動

(b) 桿体細胞はうす暗い場所でよくはたらくが，色の区別には関与しない。これに対し，錐体細胞は主に明るい場所ではたらき，色の区別に関与する。よって，光に対する感度は桿体細胞の方が高い。また，暗順応では，はじめに錐体細胞の感度が高まり，その後しばらくすると，桿体細胞内でレチ

ナールとオプシンが結合したロドプシンが蓄積することで，光に対する感度が大きく上昇する。

(c) 図1をみると，ニューロン2の活動電位は，ニューロン1の活動電位に対して約0.01秒遅れることがわかる。

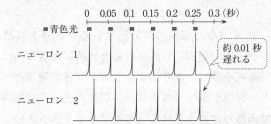

一方，図2の場合，ニューロン5で活動電位が生じた時点から0.05秒間（下図の点線で示してある時間帯）は，ニューロン2は興奮できない。そこで，ニューロン5の活動電位の発生パターンの下に，図1のニューロン2の活動電位の発生パターンを重ねてみる。そうすると，ちょうど下図の×印で示す活動電位は生じないことになる。よって，(オ)は①が正解となる。また，ニューロン3の活動電位もまた，ニューロン2の活動電位に対して約0.01秒遅れるので，(カ)は②が正解となる。

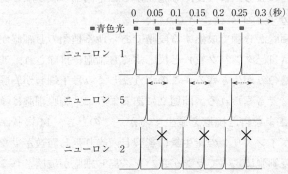

また，ニューロン5の神経終末から放出される神経伝達物質は，接続するニューロン2において抑制性シナプス後電位を生じさせるので，神経伝達物質としてはGABA（γ-アミノ酪酸）が当てはまる。なお，GABAがニューロン2の受容体に結合すると，Cl^-が流入することでニューロン2の膜電位が負の方向に変化する（抑制性シナプス後電位が生じる）。

(2)(a) ③誤文。チロキシンは甲状腺から分泌される。
(b)(サ) 細胞の成長を促進するホルモンとしてはオーキシンが挙げられる。

ちなみに，ジベレリンは細胞の縦方向の成長を促進し，エチレンは細胞の横方向の成長を促進するが，これらのホルモンは細胞壁のセルロース繊維の合成方向に作用することで，オーキシンによる細胞の成長方向を限定する。つまり，直接的に細胞の成長を促すホルモンとしてはオーキシンが適当である。

(d)(ツ)～(ナ)　インスリンなど細胞外に分泌されるタンパク質は，まず粗面小胞体上のリボソームで翻訳・合成されると同時に小胞体内に入っていく。その後，小胞（輸送小胞）に取り込まれてゴルジ体に運ばれ，さまざまな処理を受けると，再び小胞（分泌小胞）に取り込まれ，最終的に細胞膜と融合することで細胞外に放出される（エキソサイトーシス）。

(ニ)　細胞内部から細胞膜へ膜が供給される速度と，細胞膜から細胞内部へ膜が取り込まれる速度はともに $10\,\mu\mathrm{m}^2/$分 である。ここで，細胞膜から細胞内部への膜の取り込みを抑制する薬剤を加えると，細胞膜の表面積は増加していく。この細胞の一辺は $20\,\mu\mathrm{m}$ なので，表面積は $20\times20\times6=2400$ 〔$\mu\mathrm{m}^2$〕 である。薬剤を加えて120分後に細胞の表面積が1.1倍に増加したということは，120分で $240\,\mu\mathrm{m}^2$ だけ（1分間あたり $2\,\mu\mathrm{m}^2$ だけ）表面積が増加したことになる。よって，細胞膜から細胞内部へ膜が取り込まれる速度が $8\,\mu\mathrm{m}^2/$分 に低下したといえる。

(e)　例えば，B細胞が骨髄で成熟する段階であらゆる種類のB細胞が生じるが，自己抗原（自己タンパク質）と反応するB細胞は排除され，非自己と反応するB細胞のみが生き残る。このようなしくみはT細胞が胸腺において成熟する段階でもみられる。問題文にあるように，胸腺細胞はインスリンを含めさまざまな自己抗原を産生するが，このとき，14塩基からなる繰り返し配列がインスリンの産生量に影響し，繰り返し回数が少ないとⅠ型糖尿病（免疫細胞によってランゲルハンス島B細胞が破壊される自己免疫疾患）を発症しやすくなる。つまり，繰り返し回数が少ないと，胸腺細胞でのインスリンの産生量が少なくなり，インスリンを認識するT細胞が十分に排除できないと考えられる。よって，3が正解。

(f)　1mL の尿が生成される場合で考えてみる。原尿量は，（イヌリンの濃縮率）×（尿量）より，以下のように求められる。

$$原尿量=\frac{10\,\text{〔mg/mL〕}}{0.1\,\text{〔mg/mL〕}}\times1\,\text{〔mL〕}=100\,\text{〔mL〕}$$

つまり，下図のように，1 mL の尿を生成する際に，100 mL の血しょうがろ過されて原尿になるといえる。

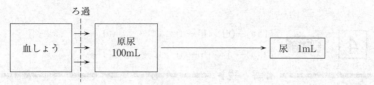

次に，血しょう中のグルコース濃度を c [mg/mL] として，薬剤投与前と投与後について考えてみる。薬剤投与前のグルコースの濃縮率が 20 倍なので，尿中グルコース濃度は $20c$ [mg/mL] となる。そこで下図のように，原尿中にろ過されたグルコース量が $100c$ [mg]，尿中に含まれるグルコース量が $20c$ [mg] となるので，再吸収されたグルコース量は $80c$ [mg] とわかる。よって，再吸収率は $\left(\dfrac{80c}{100c}\right) \times 100 = 80$ [%] となる。

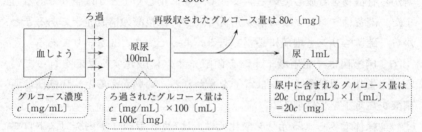

薬剤投与後のグルコースの濃縮率が 50 倍なので，尿中グルコース濃度は $50c$ [mg/mL] となる。そこで下図のように，原尿中にろ過されたグルコース量が $100c$ [mg]，尿中に含まれるグルコース量が $50c$ [mg] となるので，再吸収されたグルコース量は $50c$ [mg] とわかる。よって，再吸収率は $\left(\dfrac{50c}{100c}\right) \times 100 = 50$ [%] となる。

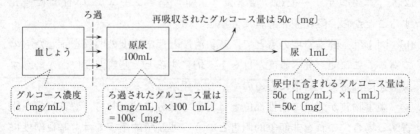

よって，薬剤投与後のグルコースの再吸収率は，投与前に比べて $50 \div 80 = 0.625 \fallingdotseq 0.6$ 倍になる。

 解答　(1)(a)—⑨　(b)—⓪　(c)—①　(d)—①　(e)—⑤
(2)(a)—①　(b)—⓪　(c)—④　(d)—①

◀解　説▶

≪窒素化合物の代謝，酵素反応≫

(1)(a) 動物は植物のように無機窒素化合物を同化に利用することができないので，他の生物が合成したタンパク質などの有機窒素化合物を食物として摂取することで窒素同化を行っている。よって，⑤は誤りである。

(b) 亜硝酸菌は，O_2 を用いてアンモニウムイオンを亜硝酸イオンに酸化する際に放出されるエネルギー（化学エネルギー）を利用して，二酸化炭素から有機物を合成している。よって，⓪は正しく①と④は誤りである。また，硫黄はタンパク質の構成元素で，リンは核酸の構成元素であることから，硫黄もリンも増殖に必要である。よって，②と③も誤りである。

(c)(ア) 硝酸菌は，亜硝酸イオンを硝酸イオンに酸化する反応を行っている。つまり，亜硝酸イオンは電子を奪われる。いいかえると，硝酸菌は亜硝酸から電子を受け取る。

(d) 葉緑体でみられる光リン酸化では，H^+ がチラコイド内腔（ストロマ側ではない）に輸送されることで H^+ の濃度勾配が形成され，この濃度勾配を利用してATPが合成される。よって，①が誤り。

(e) アラニンの構造式は右図のようになるので，アラニン2分子がペプチド結合したものは⑤のようになる。

$$\begin{array}{c} \quad\quad CH_3 \\ \quad\quad\ | \\ H-N-C-C-OH \\ \ |\ \ \ |\ \ \ \| \\ H\ \ H\ \ O \end{array}$$

(2)(a) ニトロゲナーゼは，窒素ガス（N_2）をアンモニア（NH_3）に還元することから，酸化還元酵素に分類される。

(b) 図1は，酵素濃度のもとで，基質濃度と反応速度の関係を示したものである。ここで，酵素濃度だけを1.5倍にすると，基質濃度にかかわらず反応速度は常に1.5倍になるので，⓪が正解となる。

(c) 阻害物質が酵素の活性部位とは異なる部分に結合して，酵素反応を阻害する場合，これを非競争的阻害という。非競争的阻害では，基質濃度にかかわらず一定の割合で阻害の影響が現れるので（反応速度が一定の割合

東京理科大-理工〈B方式-2月3日〉　　　　　　　　2022年度　生物〈解答〉　*125*

で低下するので），4が正解となる。

(d)　選択肢の横軸は基質濃度の逆数 $\left(\dfrac{1}{C}\right)$ で，縦軸は反応速度の逆数 $\left(\dfrac{1}{V}\right)$ になっている。ここで図1のグラフを見てみると，C が大きくなるにつれて V もだんだんと大きくなり，C が無限大になると V は最大反応速度（V_{max}）に収束する。いいかえると，$\dfrac{1}{C}$ が小さくなるにつれて $\dfrac{1}{V}$ もだんだんと小さくなり，$\dfrac{1}{C}$ が 0 になると（C が無限大になると）$\dfrac{1}{V}$ は $\dfrac{1}{V_{max}}$ に収束するといえる。選択肢のうち，横軸の値が小さくなるにつれて縦軸の値も小さくなり，ある値（0ではない）に収束するグラフを探すと1が正解となる。

ちなみに，酵素の反応速度 V は以下の式で表されることが知られている（覚える必要はない）。

$$V = \frac{V_{max} \times C}{K + C}$$

V_{max}：最大反応速度（定数）
C：基質濃度
K：定数

この式をもとに C と V の関係をグラフにすると図1のような形状になる。さらにこの式の逆数をとり，以下のように変形してみる。

$$\frac{1}{V} = \frac{K + C}{V_{max} \times C} = \frac{K}{V_{max}} \times \frac{1}{C} + \frac{1}{V_{max}}$$

この式から，$\dfrac{1}{V}$ は，$\dfrac{1}{C}$ の1次関数とわかり，選択肢1で選んだように直線グラフになる。さらに C を無限大にすると，$\dfrac{1}{V}$ は，$\dfrac{1}{V_{max}}$ になることもわかる。

❖講　評

　例年は大問 3 題であったが，2022 年度は大問 4 題となった。ただ，やや難度の高い考察問題が減り，基本的な知識問題が大幅に増加したため，かなり易化した。

　1　(a)・(b)ともに基本的であり正解したい。(c)は RNA ワールドについての知識があればさほど難しくはない。(d)・(e)も基本的であり正解したい。(f)は細菌と古細菌の違いを正確に覚えていた受験生は少ないと思われる。(g)・(h)は頻出問題であり正解したい。

　2　(1)の(d)以外は基本的であり完答したい。(d)は標準レベルではあるが，実験内容を理解するのに少し時間を要する。(2)の(a)は典型頻出問題であり，正解したい。(b)も実験内容を理解するのに時間を要する。前後軸の決定が母親の遺伝子によって決まることに気付かないとすべて不正解となる可能性がある。やや難。

　3　(1)の(a)・(b)は基本的であり正解したい。(c)は近年よく出題されるようになってきている問題で，問題を丁寧に読めばさほど難しくはない。(2)は(d)と(f)の計算問題がやや難しい。特に(f)は解答に至るまでのプロセスが長く，多くの受験生はかなり手間取ったと思われる。

　4　(1)はどれも基本的であり完答したい。(2)の(b)と(c)は酵素反応の典型問題であり，完答したい。(d)のような問題は，はじめて解いた受験生も多かったと思われる。この問題は定性的に処理できれば正解できるが，やや難である。

東京理科大-理工〈B方式-2月6日〉 2022年度 問題 *127*

■B方式2月6日実施分：建築・先端化・電気電子情報工・
　　　　　　　　　　　　　　　　　機械工・土木工学科

問題編

▶試験科目・配点

教　科	科　　　　　目	配　点
外国語	コミュニケーション英語Ⅰ・Ⅱ・Ⅲ，英語表現Ⅰ・Ⅱ	100点
数　学	数学Ⅰ・Ⅱ・Ⅲ・A・B	100点
理　科	建築・電気電子情報工・機械工学科：物理基礎・物理	100点
	先端化学科：化学基礎・化学	
	土木工学科：「物理基礎・物理」，「化学基礎・化学」から1科目選択	

▶備　考

- 英語はリスニングおよびスピーキングを課さない。
- 数学Bは「数列」「ベクトル」から出題。

2
月
6
日

問題編

(60分)

1 Read the following article. For each of the questions below, mark the number(s) on your **Answer Sheet**. (64 points)

[1] It is hard not to feel a thrill of excitement when you land on the Galaxy Zoo homepage and read the words "Few have witnessed what you're about to see" looming* out of a star-strewn* black background. The anticipation is justified (A) when, in five quick clicks, you're asked to classify a galaxy as part of an online crowdsourcing astronomy project. The project is hosted on Zooniverse, a platform that aims to make cutting-edge research accessible to everyone.

[2] "Galaxy Zoo was one of the first projects that showed the amount of enthusiasm there was out there to participate in science," says co-founder Chris Lintott, the professor of astrophysics and citizen science lead at the University of Oxford. "It was supposed to be a side-project for me — now we have more than 80 crowdsourcing projects like it on Zooniverse, more than 2 million registered volunteers, and we've had our busiest year so far." Lintott puts its success down to the fact that this is real citizen science in action. "Within two minutes of landing on the website, a volunteer can contribute something meaningful."

[3] Galaxy Zoo is just one of a growing number of citizen science projects, with many others focused on working with local communities. For instance, in Kenya, University College London (UCL) scientists and their

東京理科大-理工〈B方式-2月6日〉   2022 年度 英語 *129*

local partners are working with the Maasai to protect their environment
((B)) the climate crisis.   The researchers are co-developing a
smartphone app that will help the community map the location of vital
medicinal plant species and, as a result, better manage them.   The app
will allow the Maasai to upload the location of the plants, analyse the
results and display them using icons like a thumbs up, an ant, and a red
no entry sign next to invasive species, as well as pictures of the plants
                          (C)
they want to protect.   Scientists are also collaborating with communities
in Cameroon, Namibia, the Democratic Republic of the Congo, and Brazil
using the same software, in order to monitor illegal poaching, conduct
tree health surveys and protect important resources during logging*.
The success of these projects has led to the government research
funding agency, UK Research and Innovation (UKRI), gearing up to
award £1,500,000 to projects that introduce citizen techniques to new
fields of research.

[4] Yet the participation of the public in science is not new.   It dates at least
as far back as the gentleman — and lady — fossil collectors and botanists
of Charles Darwin's era, although Florence Nightingale perhaps better
embodies the radical spirit of citizen science.   Defying gender roles, and
  (D)
without any formal education, she used her passion for statistics to
pioneer evidence-based nursing.   Then, the story goes, science became
professionalised and — with a few notable exceptions — retreated to its
infamous ivory tower.   "There's definitely a tradition that dates back to
Darwin where people were involved in doing science, even if it was the
wealthy section of society," says Toos van Noordwijk, director of
engagement and science at Earthwatch Europe.   "Now there's a (1. be
                                                           (E)
2. for   3. huge   4. inclusive   5. more   6. movement   7. science
8. to) again and open up opportunities to a wider public."   These fresh
perspectives can also offer scientists new solutions to tough old

130 2022 年度　英語　　　　　　　　　東京理科大-理工〈B方式-2月6日〉

problems, from managing sea level rise to living with disabilities.

〔5〕 （　(F)　） its obvious merits, citizen science still faces challenges. Researchers have a reputation for arriving in a community, exploiting it for data, and leaving it without giving any credit for its contribution. "People have been burned by it, and it affects the ability of all scientists to engage with that community in the future," says Daniel Hayhow, research lead for urban biodiversity at Earthwatch Europe. There is also still resistance to citizen science inside the scientific establishment. "The usual scientific training is not geared towards wider participation and collaboration, but tight control of carefully designed experiments," says Professor Muki Haklay, co-director of the UCL extreme citizen science group. There is also an existential barrier to participation in science. People leave school or university and continue to engage in culture in the form of cinema, books and music in a way they don't do with science, and they quickly lose confidence in their own abilities. Some have bad experiences with science at school and decide it isn't for them.

〔6〕 "We've created this structure where you have to have a degree in science and also be working in science to feel like you are doing science," says Imran Khan, head of public engagement at the Wellcome Trust. "One of the benefits of citizen science is to create a middle ground, so
(1)
you don't have this hard-binary choice between either being in or out of
(2)
it." In the end, citizen science is about shifting power from scientists to
(3)
the public. A new £1,300,000 project called Engaging Environments led by the University of Reading, which is running in its own city as well as Birmingham and Newcastle, aims to do just that by training researchers
(4)
to work with a wide range of communities to address their concerns about issues like pollution, climate change and air quality.

東京理科大-理工〈B方式-2月6日〉 2022 年度 英語 *131*

[7] This might be through getting sixth formers* to monitor wildlife, or mosques encouraging their congregation* to develop environmentally friendly practices such as avoiding single-use plastics during festivals. This project is needed because of the social divide that exists between the public and many scientists. "If you're trained as a scientist, you're incredibly privileged because you've been able to get through school, university and complete a PhD," says Professor Erinma Ochu, interim director of the project at University of Reading.

[8] It doesn't benefit scientists to isolate themselves from the public, either. The blow to scientists dealt by Brexit*, tough immigration policies and fake news, has made them understand the importance of reaching out to local communities. "They have realised that they can't stay in their ivory tower and pretend what's happening in the outside world doesn't apply to them," says Khan. "They know people need to feel they've got a stake in science and that scientists are there for them." This means actively listening to what the public have to say. "If scientists are going to solve the problems we face, they have to learn (1. communicate 2. don't 3. people 4. think 5. to 6. with 7. who) and act like scientists," agrees Ochu. "For me, the future of science isn't in books on the shelf, but in boots on the ground."

Adapted from *The Guardian*

(Notes)

looming：ぼんやりと現れる

star-strewn：星をちりばめた

logging：伐採

sixth formers：(英国)高校生

congregation：信者の集団

出典追記：Copyright Guardian News & Media Ltd 2022

132 2022 年度　英語　　　　　　　　　　東京理科大-理工〈B方式-2月6日〉

Brexit：英国の EU 離脱

(1)　Which of the following answer choices best expresses the meaning of the underlined part (**A**) in paragraph [1]?

　　1　You will feel anxious　　　　　2　You will feel responsible

　　3　You will not be disappointed　　4　You will not be fulfilled

(2)　The following sentence restates the main points from paragraph [2]. Which of the answer choices below correctly fills in each blank?

　　Lintott thinks that Zooniverse has (　(ⅰ)　) in popularity because it gives citizens access to science projects that they can readily (　(ⅱ)　).

　(ⅰ)

　　1　declined　　　　　　　　　　　2　gained

　　3　lacked　　　　　　　　　　　　4　varied

　(ⅱ)

　　1　get tired of　　　　　　　　　　2　keep away from

　　3　look down on　　　　　　　　　4　take part in

(3)　Which of the following answer choices most appropriately fills in blank (　(**B**)　) in paragraph [3]?

　　1　against　　　　　　　　　　　　2　by

　　3　except　　　　　　　　　　　　4　forward

(4)　The following sentence explains the meaning of the underlined part (**C**) in paragraph [3].　Put the words in the brackets into the correct order. Mark the numbers from top to bottom on your **Answer Sheet**.

東京理科大-理工〈B方式-2月6日〉 2022年度 英語 *133*

An invasive species is an organism that (1. an   2. causes   3. environment   4. harm   5. in   6. is   7. it   8. where) not native.

(5) Which of the following answer choices is closest in meaning to the underlined part (D) in paragraph [4]?

　1　conceals 　　　　　　　　　　2　contradicts

　3　imitates 　　　　　　　　　　4　represents

(6) Put the words in the underlined part (E) in paragraph [4] into the correct order. Mark the numbers from top to bottom on your **Answer Sheet.**

(7) Which of the following answer choices most appropriately fills in blank ((F)) in paragraph [5]?

　1　As a result of 　　　　　　　2　Before

　3　Despite 　　　　　　　　　　4　To sum up

(8) The following sentences restate the main points from paragraph [5]. Which of the answer choices below correctly fills in each blank?

Citizen science still faces challenges. First, scientists may not ((i)) for people's contributions. This could make people ((ii)) to cooperate with their future research. Second, scientific organisations are still not wholly ((iii)) to citizen science. Third, it is not as ((iv)) for people to maintain involvement in science as it is in cultural activities.

(i)

　1　allow time 　　　　　　　　2　express appreciation

　3　prepare plans 　　　　　　　4　receive award

(ii)

1	eager	2	happy
3	impatient	4	unwilling

(iii)

1	alien	2	open
3	opposed	4	satisfactory

(iv)

1	bad	2	difficult
3	easy	4	good

(9)   Which of the underlined parts (1) ～ (4) in paragraph [6] is NOT consistent with the idea of citizen science?

(10)   Which of the following answer choices best describes the kind of people who live in an "ivory tower" in paragraphs [4] and [8]?

1   Those who have decided not to take part in scientific experiments

2   Those who have great interest in things outside the scientific community

3   Those who think that science can be conducted independently of society

4   Those who want to find out about what is happening with important people

(11)   Which of the following answer choices best expresses the meaning of the underlined part (G) in paragraph [8]?

1   science damages them

2   science helps them to ignore disorder

3   science is a way to make money

4   science matters to them

東京理科大-理工〈B方式-2月6日〉　　　　　　　　　　2022 年度　英語　*135*

(12)　Put the words in the underlined part (H) in paragraph [8] into the correct order.　Mark the numbers from top to bottom on your **Answer Sheet.**

(13)　Which of the following answer choices is the most appropriate as the title of the article?

　　1　The focus of citizen science: An established method of combatting environmental issues

　　2　The future of citizen science: How can we increase the number of female researchers?

　　3　The rise of citizen science: Can the public help solve our biggest problems?

　　4　The secret of citizen science: The exploitation of student volunteers

2 Read the university attendance policy and the email from a student to a professor. Then, for each of the questions below, mark the number(s) on your **Answer Sheet**. (36 points)

Attendance Policy

　　In the event that a student is absent for more than one week due to their own illness or injury, or for up to seven days due to the death of a family member, the office of academic affairs will issue an "Absence Explanation Form". If a student is absent for less than one week due to their own illness or injury, an Absence Explanation Form cannot be issued, and the student needs to explain their circumstances to their instructor(s) directly.

　　When submitting the Absence Explanation Form to the office of academic affairs, the form should be completely filled out. If submitting the form because of their own illness or injury, the student also has to provide a medical certificate, which includes medical diagnosis and period of treatment, and the receipt for medical expenses.

　　Once a student submits their Absence Explanation Form, a member of the office of academic affairs will check the submitted documents. If the application is successful, the Absence Explanation Form will be stamped and returned to the student via email. The student should then send the stamped form to their instructor(s) via email.

　　Please note that an Absence Explanation Form does not guarantee automatic approval of the absence. All decisions regarding class absences are made by individual instructors.

　　An Absence Explanation Form cannot be issued for personal issues. If you will (1. above　　2. absent　　3. be　　4. described　　5. for
(1)
6. other than　　7. reasons), please consult with your instructor(s) directly.

東京理科大-理工〈B方式-2月6日〉　　　　　　　　　2022年度　英語　*137*

| TO：smith@univ.ac.jp |
| FROM：hanakonoda@univ.ac.jp |
| SUBJECT：Absence from tomorrow's class and request for deadline extension |
| DATE：23rd November 2022 |

Dear Professor Smith,

My name is Hanako Noda, and I am taking your Economics 2A class on Thursday, in the third period. I am writing this email because I would like to request a leave of absence for two weeks. Yesterday I had a call from my father, and he told me that my mother had broken her leg. So, I need to go back to my hometown right away to help my family. My hometown is far away, and it takes over five hours to get there by train from the university. So, I am afraid that I cannot attend your class tomorrow. I have just downloaded the attached Absence Explanation Form from the university website, in which I explained that I would be absent from your class because of my mother's injury. I will send it to the office of academic affairs to get it stamped after you have confirmed my leave of absence. Also, an assignment is due during my absence. I am terribly sorry to say, but I will not be able to submit it on time. Is (**1.** any　**2.** chance　**3.** deadline　**4.** extending　**5.** of　**6.** the　**7.** there　**8.** to) the 29th of November?
(2)

I very much appreciate your consideration.

Sincerely yours,

Hanako Noda

138 2022 年度 英語　　　　　　　東京理科大-理工〈B方式- 2 月 6 日〉

(1) Put the words in the underlined part (1) in the passage into the correct order. Mark the numbers from top to bottom on your **Answer Sheet**.

(2) Put the words in the underlined part (2) in the passage into the correct order. Mark the numbers from top to bottom on your **Answer Sheet**.

(3) For each statement below, mark your **Answer Sheet** with **T** if it is true or with **F** if it is false.

1 A student who is ill and absent for eight days will receive a stamped Absence Explanation Form from the office of academic affairs if all submitted documents are in order.

2 When a student submits an Absence Explanation Form to the office of academic affairs because he or she is suffering from an illness or injury, the student also needs to submit a medical certificate and the receipt of fees for medical treatment.

3 After receiving an Absence Explanation Form from a student, the office of academic affairs will forward it to the student's instructor(s) directly.

4 Instructors should always approve a student's absence once an Absence Explanation Form has been submitted.

5 Hanako Noda's reason for absence does not conform to the guidelines stated in the attendance policy.

6 Hanako Noda's hometown is located within five hours' train ride of the university.

7 The Absence Explanation Form Hanako Noda attached with her email has been stamped.

8 Hanako Noda writes that she will not be able to hand in the assignment as originally scheduled.

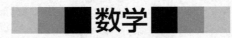

（100 分）

問題 $\boxed{1}$ の解答は解答用マークシートにマークしなさい。

$\boxed{1}$ 次の文章中の $\boxed{ア}$ から $\boxed{リ}$ までに当てはまる数字 0～9 を求めて，**解答用マークシート**の指定された欄にマークしなさい。ただし，分数は既約分数として表しなさい。なお，$\boxed{サ}$ などは既出の $\boxed{サ}$ などを表す。

(40 点)

(1) n を 0 以上の整数とする。

(a) 座標平面の点 (a, b) で，a と b がともに 0 以上の整数で $a+b=n$ を満たすものは $n+\boxed{ア}$ 個ある。

(b) 座標空間の点 (a, b, c) で，a, b, c がどれも 0 以上の整数で $a+b+c=n$ を満たすものは $\dfrac{n^2+\boxed{イ}n+\boxed{ウ}}{\boxed{エ}}$ 個ある。

(c) 座標空間の点 (a, b, c) で，a, b, c がどれも 0 以上の整数で $a+b+2c=n$ を満たすものは，

n が奇数のとき $\dfrac{n^2+\boxed{オ}n+\boxed{カ}}{\boxed{キ}}$ 個あり，

n が偶数のとき $\dfrac{n^2+\boxed{ク}n+\boxed{ケ}}{\boxed{コ}}$ 個ある。

(2) 平行四辺形 OACB において，$\vec{a}=\overrightarrow{OA}$，$\vec{b}=\overrightarrow{OB}$ とおく。線分 AC を $1:3$ に内分する点を D，線分 BC の中点を E とし，直線 DE を ℓ とおく。

ℓ と直線 OA, 直線 OB との交点をそれぞれ F, G とおくと

$$\overrightarrow{\text{OF}} = \frac{\boxed{サ}}{\boxed{シ}}\vec{a}, \quad \overrightarrow{\text{OG}} = \frac{\boxed{ス}}{\boxed{セ}}\vec{b}$$

となるので, ℓ 上の点 P はある実数 t に対し

$$\overrightarrow{\text{OP}} = (1-t)\frac{\boxed{サ}}{\boxed{シ}}\vec{a} + t\frac{\boxed{ス}}{\boxed{セ}}\vec{b}$$

を満たす。

以下, t は $0 < t < 1$ の範囲を動くものとする。ℓ 上の点 P を通り, 直線 OA, 直線 OB と平行な直線をそれぞれ m, n とし, n と直線 OA の交点を H, m と直線 OB の交点を J とする。平行四辺形 OHPJ の面積が最大となるのは

$$\overrightarrow{\text{OP}} = \frac{\boxed{ソ}}{\boxed{タ}\boxed{チ}}\vec{a} + \frac{\boxed{ツ}}{\boxed{テ}}\vec{b}$$

のときで, そのときの平行四辺形 OHPJ の面積は平行四辺形 OACB の面積の

$$\frac{\boxed{ト}\boxed{ナ}}{\boxed{ニ}\boxed{ヌ}}\text{ 倍である。}$$

(3) 以下で, i は虚数単位とする。

(a) $-1+i$ を極形式で表すと

$$-1+i = \sqrt{\boxed{ネ}}\left(\cos\frac{\boxed{ノ}}{\boxed{ハ}}\pi + i\sin\frac{\boxed{ノ}}{\boxed{ハ}}\pi\right)$$

である。ただし, $0 \leqq \frac{\boxed{ノ}}{\boxed{ハ}}\pi < 2\pi$ とする。ド・モアブルの定理より,

$$(-1+i)^{14} = \boxed{ヒ}\boxed{フ}\boxed{ヘ}\,i$$

東京理科大-理工〈B方式-2月6日〉 2022年度 数学 *141*

となる。また，$(-1+i)^n$ が実数となる最小の自然数 n は $\boxed{\text{ホ}}$ である。

(b) 方程式 $z^5 = -1$ を考える。絶対値の性質より $|z| = \boxed{\text{マ}}$ である。したがって，z の極形式は $z = \cos\theta + i\sin\theta$ （$0 \leqq \theta < 2\pi$）となる。ド・モアブルの定理より

$$\cos\boxed{\text{ミ}}\,\theta = -1, \qquad \sin\boxed{\text{ミ}}\,\theta = 0$$

となり，θ の値が $\boxed{\text{ム}}$ 通り定まる。それらのうち最小の値は $\dfrac{\pi}{\boxed{\text{メ}}}$，最大の値は $\dfrac{\boxed{\text{モ}}}{\boxed{\text{ヤ}}}\pi$ である。

(c) 方程式 $w^5 + (w+1)^5 = 0$ を解こう。$w = 0$ は解でないので，両辺を w^5 で割って変形すれば

$$\left(1 + \dfrac{\boxed{\text{ユ}}}{w}\right)^5 = -1$$

となる。これより $\boxed{\text{ム}}$ 通りの w の値が求まる。これらの w の値のうち実数でないものは $\boxed{\text{ヨ}}$ 個で，それらはどれも実部が $-\dfrac{\boxed{\text{ラ}}}{\boxed{\text{リ}}}$ になる。

142 2022 年度　数学　　　　　　　　　　東京理科大-理工〈B 方式-2 月 6 日〉

問題　2　の解答は白色の解答用紙に記入しなさい。

2　数列 $\{a_n\}$ は

$$a_1 = 7, \qquad a_{n+1} = \frac{5a_n + 9}{a_n + 5} \qquad (n = 1, 2, \cdots\cdots)$$

を満たしているとする。

(1)　a_2, a_3 を求め，既約分数で表せ。

(2)　$\alpha = \dfrac{5\alpha + 9}{\alpha + 5}$ を満たす正の実数 α を求めよ。また，この α を用いて，

$b_n = \dfrac{a_n - \alpha}{a_n + \alpha}$ とおいたとき，b_{n+1} と b_n の関係式を求めよ。

(3)　数列 $\{b_n\}$ の一般項を求めよ。

(4)　数列 $\{a_n\}$ の一般項を求め，$\displaystyle \lim_{n \to \infty} a_n$ を求めよ。

(5)　$n \geqq 2$ のとき，a_n を既約分数で表示したときの分母を c_n とおく。c_n を，n を用いて表せ。ただし，c_n は正の整数とする。

(30 点)

東京理科大-理工〈B方式-2月6日〉　　　　　　　　　　2022 年度　数学　*143*

問題 3 の解答はクリーム色の解答用紙に記入しなさい。

3　a, b を定数とし，$a > 1$ かつ $b > 1$ とする。関数 $f(x)$, $g(x)$ を

$$f(x) = (a - x)b^x, \qquad g(x) = b^x$$

と定義する。$f(x)$ は $x = 1$ で極値をとるとする。e は自然対数の底を表すものとして以下の問いに答えよ。

(1)　b を，a を用いて表せ。

(2)　座標平面において，曲線 $y = f(x)$ と曲線 $y = g(x)$ の交点の座標を，a を用いて表せ。

(3)　座標平面において，曲線 $y = f(x)$，曲線 $y = g(x)$ と y 軸で囲まれた図形の面積 S を，a を用いて表せ。

(4)　(3) で求めた面積 S が $9e - 18$ となるときの a の値を求め，そのときの $f(1)$ の値を求めよ。

(30 点)

144 2022 年度 物理　　　　　　　　　　東京理科大-理工〈B方式-2 月 6 日〉

物理

（80 分）

$\boxed{1}$ 　次の問題の $\boxed{}$ の中に入れるべき最も適当なものをそれぞれの**解答群**の中から選び，その番号を**解答用マークシート**の指定された欄にマークしなさい。（同じ番号を何回用いてもよい。）

(35 点)

　以下では，長さ，質量，時間の単位をそれぞれ m, kg, s とし，その他の物理量に対してはこれらを組み合わせた単位を使用する。例えば，速度の単位は m/s と表すことができる。この問題では，なめらかで水平な床の上での円板と円板の衝突から質量や大きさを探る方法を考える。なお，円板どうし，および円板と床との間の摩擦や空気抵抗は無視できるものとする。また，この問題では，すべての円板は衝突前に回転していないものとする。このとき，円板の間の摩擦が無視できるため，円板は衝突後も回転しない。

(1) 　質量が未知の静止した円板 A に，質量が m の円板 B を衝突させ，円板 A の質量を求めることができるかを考える。**図 1-1** は円板の衝突を床の鉛直上方から見た図である。図に示すように右向きを正とする x 軸を設定する。円板 B を x 軸の正の向きに速さ v_0 で運動させて，静止している円板 A に衝突させたところ，円板 B は x 軸の負の向きに速さ v_1 ではねかえってきた。このとき，運動量保存の法則から，衝突後の円板 A は x 軸に沿った直線上を運動すると考えられる。この衝突が弾性衝突であると仮定すると，衝突後の円板 A の速さは $\boxed{（ア）}$ ，質量は $\boxed{（イ）} \times m$ となり，円板 B の質量と衝突前後の速さから円板 A の質量が決定できる。

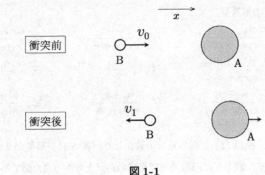

図 1-1

　一方，この衝突の反発係数（はね返り係数）を $e_1(0 < e_1 < 1)$ と仮定すると，衝突後の円板 A の速さは　**(ウ)**　，質量は　**(エ)**　$\times m$ となり，反発係数 e_1 が未知の場合は，円板 B の質量と衝突前後の速さから円板 A の質量を求めることはできない。

(ア) の解答群

⓪ $v_0 - 2v_1$　　① $v_0 - v_1$　　② v_0　　③ $v_0 + v_1$

④ $v_0 + 2v_1$

(イ) の解答群

⓪ $\dfrac{v_0 - 2v_1}{v_0 + v_1}$　　① $\dfrac{v_0 - v_1}{v_0 + v_1}$　　② 1

③ $\dfrac{v_0 + v_1}{v_0 - v_1}$　　④ $\dfrac{v_0 + 2v_1}{v_0 - v_1}$

(ウ) の解答群

⓪ $e_1(v_0 - v_1)$　　① $e_1 v_0 - v_1$　　② $v_0 - e_1 v_1$　　③ $v_0 - 2e_1 v_1$

④ $e_1 v_0$　　⑤ $e_1(v_0 + v_1)$　　⑥ $e_1 v_0 + v_1$　　⑦ $v_0 + e_1 v_1$

⑧ $v_0 + 2e_1 v_1$

(エ) の解答群

⓪ $\dfrac{e_1 v_0 - v_1}{e_1 v_0 + v_1}$　　① $\dfrac{v_0 - v_1}{e_1(v_0 + v_1)}$　　② $\dfrac{v_0 - v_1}{e_1 v_0 + v_1}$

③ $\dfrac{v_0 - 2v_1}{e_1 v_0 + v_1}$　　④ e_1　　⑤ $\dfrac{e_1 v_0 + v_1}{e_1 v_0 - v_1}$

⑥ $\dfrac{v_0 + v_1}{e_1(v_0 - v_1)}$　　⑦ $\dfrac{v_0 + v_1}{e_1 v_0 - v_1}$　　⑧ $\dfrac{v_0 + 2v_1}{e_1 v_0 - v_1}$

(2)　次に，**小問 (1)** と同じ質量の静止した円板 A に，質量が $2m$ の円板 C を衝突させる。**図 1-2** は円板の衝突を床の鉛直上方から見た図である。図に示すように右向きを正とする x 軸を設定する。

　円板 C を x 軸の正の向きに速さ v_0 で円板 A に衝突させたところ，円板 C は x 軸の負の向きに速さ v_2 で，はねかえってきた。**小問 (1)** と同様に，運動量保存の法則から，衝突後の円板 A は x 軸に沿った直線上を運動すると考えられる。この衝突が弾性衝突であると仮定すると，円板 A の質量は m, v_0, v_2 の組み合わせで　**(オ)**　$\times m$ と表される。

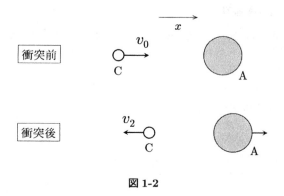

図 1-2

　一方，この衝突の反発係数を $e_2 (0 < e_2 < 1)$ と仮定すると，円板 A の質量は　**(カ)**　$\times m$ と表される。ここで，円板 B と円板 A の衝突における反発係数 e_1 と，円板 C と円板 A の衝突における反発係数 e_2 が等しい ($e = e_1 = e_2$) と仮定すると，　**(エ)**　と　**(カ)**　が等しいことから，その値 e は v_0, v_1, v_2 を用いて　**(キ)**　と表される。このとき，円板 A の質量は反発係数 e の値が未知の場合でも，既知の物理量である m, v_0, v_1, v_2 から　**(ク)**　$\times m$ と

東京理科大-理工〈B方式-2月6日〉 2022 年度 物理 *147*

決定される。

(オ) の解答群

⓪ $\dfrac{2(v_0 - 2v_2)}{v_0 + v_2}$　　① $\dfrac{2(v_0 - v_2)}{v_0 + v_2}$　　② 2

③ $\dfrac{2(v_0 + v_2)}{v_0 - v_2}$　　④ $\dfrac{2(v_0 + 2v_2)}{v_0 - v_2}$　　⑤ $\dfrac{4(v_0 - v_2)}{v_0 + v_2}$

⑥ $\dfrac{4(v_0 + v_2)}{v_0 - v_2}$

(カ) の解答群

⓪ $\dfrac{2(e_2 v_0 - v_2)}{e_2 v_0 + v_2}$　　① $\dfrac{2(v_0 - v_2)}{e_2 v_0 + v_2}$　　② $\dfrac{2(v_0 - 2v_2)}{e_2 v_0 + v_2}$

③ $2e_2$　　④ $\dfrac{2(e_2 v_0 + v_2)}{e_2 v_0 - v_2}$　　⑤ $\dfrac{2(v_0 + v_2)}{e_2 v_0 - v_2}$

⑥ $\dfrac{2(v_0 + 2v_2)}{e_2 v_0 - v_2}$　　⑦ $\dfrac{4(v_0 - v_2)}{e_2(v_0 + v_2)}$　　⑧ $\dfrac{4(v_0 - v_2)}{e_2 v_0 + v_2}$

(キ) の解答群

⓪ $\dfrac{v_0 v_1 + v_1 v_2 + v_0 v_2}{v_0(v_0 - v_1 - v_2)}$　　① $\dfrac{2v_0 v_1 + v_1 v_2 + v_0 v_2}{v_0(v_0 + v_1 - v_2)}$

② $\dfrac{2v_0 v_1 - v_1 v_2 + v_0 v_2}{v_0(v_0 + v_1 - 2v_2)}$　　③ $\dfrac{2v_0 v_1 + v_1 v_2 - v_0 v_2}{v_0(v_0 - v_1 + 2v_2)}$

④ $\dfrac{3v_0 v_1 - v_1 v_2 + v_0 v_2}{v_0(v_0 + v_1 - 3v_2)}$　　⑤ $\dfrac{3v_0 v_1 + v_1 v_2 - v_0 v_2}{v_0(v_0 - v_1 + 3v_2)}$

(ク) の解答群

⓪ $\dfrac{v_0 + v_1 - 2v_2}{v_1 - v_2}$　　① $\dfrac{v_0 - v_1 + 2v_2}{v_1 - v_2}$

② $\dfrac{2v_0 + v_1 - v_2}{v_1 - v_2}$　　③ $\dfrac{2v_0 - v_1 + v_2}{v_1 - v_2}$

④ $\dfrac{2v_0 + v_1 - v_2}{v_1 + v_2}$　　⑤ $\dfrac{2v_0 - v_1 + v_2}{v_1 + v_2}$

⑥ $\dfrac{2v_0 + v_1 - v_2}{v_0}$　　⑦ $\dfrac{2v_0 - v_1 + v_2}{v_0}$

(3) 次に，質量 m，半径 r の円板 D の衝突により，円板 A の大きさを求めること
を考える。この小問では円板 A の質量を M とし，弾性衝突を仮定する。**図 1-3**
は円板の衝突を床の鉛直上方から見た図である。図に示すように，はじめに静止

している円板Aの中心を原点Oとし，右向きを正とするx軸，および，床に平行な面内でx軸と垂直な向きのy軸を設定する。円板Dを$y = -d \, (d > 0)$の直線に沿ってx軸の正の向きに速さv_0で運動させ，静止している円板Aに衝突させたところ，円板Dは入射方向に対して図に示す角度θ（ただし，$0° < \theta < 90°$）をなす方向に速さv_3で，はねかえってきた。

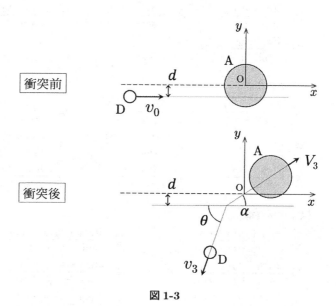

図 1-3

図 1-3 に示すように，衝突後の円板Aの速さをV_3，運動方向を円板Dの入射方向に対する角度α（ただし，$0° < \alpha < 90°$）で表すと，運動量のx成分について，

$$mv_0 = \boxed{(ケ)},$$

y成分について，

$$0 = \boxed{(コ)}$$

がそれぞれ成り立つ。これらの式から，αとθの関係は，$\tan \alpha = \boxed{(サ)}$と導かれる。

東京理科大-理工〈B方式-2月6日〉 2022 年度 物理 *149*

円板の間の摩擦は無視できるので，円板 A と円板 D は衝突後も回転しない。このとき，円板 D は円板 A の側面に接するなめらかな平面ではねかえると考えてよい。したがって，円板 A の半径は r, d, α を用いて $\boxed{\text{(シ)}}$ と表される。

円板 D の質量が円板 A の質量に比べてじゅうぶんに小さいとき（$m \ll M$），v_3 は v_0 に近づく。円板 D が入射したときと同じ速さ（$v_3 = v_0$）で $\theta = 60°$ の方向にはねかえってきたとすると，$\boxed{\text{(サ)}}$ と $\boxed{\text{(シ)}}$ から円板 A の半径は r と d を用いて $\boxed{\text{(ス)}}$ と表される。

(ケ), (コ) の解答群

⓪ $MV_3 \cos\alpha - mv_3 \cos\theta$　　　① $MV_3 \sin\alpha - mv_3 \cos\theta$

② $MV_3 \sin\alpha - mv_3 \sin\theta$　　　③ $MV_3 \cos\alpha - mv_3 \cos 2\theta$

④ $MV_3 \sin\alpha - mv_3 \cos 2\theta$　　　⑤ $MV_3 \sin\alpha - mv_3 \sin 2\theta$

(サ) の解答群

⓪ $\dfrac{v_0 \cos\theta}{v_0 - v_3 \sin\theta}$ ① $\dfrac{v_0 \cos\theta}{v_0 + v_3 \sin\theta}$ ② $\dfrac{v_0 \sin\theta}{v_0 - v_3 \cos\theta}$ ③ $\dfrac{v_0 \sin\theta}{v_0 + v_3 \cos\theta}$

④ $\dfrac{v_3 \cos\theta}{v_0 - v_3 \sin\theta}$ ⑤ $\dfrac{v_3 \cos\theta}{v_0 + v_3 \sin\theta}$ ⑥ $\dfrac{v_3 \sin\theta}{v_0 - v_3 \cos\theta}$ ⑦ $\dfrac{v_3 \sin\theta}{v_0 + v_3 \cos\theta}$

(シ) の解答群

⓪ $d \sin\alpha + r$　　　① $d \sin\alpha - r$　　　② $d \tan\alpha + r$

③ $d \tan\alpha - r$　　　④ $\dfrac{d}{\sin\alpha} + r$　　　⑤ $\dfrac{d}{\sin\alpha} - r$

⑥ $\dfrac{d}{\tan\alpha} + r$　　　⑦ $\dfrac{d}{\tan\alpha} - r$

(ス) の解答群

⓪ $\sqrt{3}d - r$　　① $\sqrt{3}d + r$　　② $2d - r$　　③ $2d + r$

④ $2r - \sqrt{3}d$　　⑤ $2r + \sqrt{3}d$　　⑥ $2r - d$　　⑦ $2r + d$

2

次の問題の ☐ の中に入れるべき最も適当なものをそれぞれの**解答群**の中から選び，その番号を**解答用マークシート**の指定された欄にマークしなさい。(同じ番号を何回用いてもよい。) (35点)

以下では，長さ，質量，時間，電流の単位をそれぞれ m, kg, s, A とし，その他の物理量に対してはこれらを組み合わせた単位を使用する。例えば，電圧（電位差）の単位 V は $m^2 \cdot kg/(s^3 \cdot A)$ と表すことができる。

図2-1 に示すように，真空中に高さが a，幅が $3b$ の長方形の厚さが無視できる金属極板2枚を間隔 c で鉛直に立てた平行平板コンデンサーがある。極板の間隔は高さと幅に比べてじゅうぶん小さいものとする。このコンデンサーの極板間に，高さと幅がそれぞれ a, b，厚さが c の誘電体の板を3枚挿入した。両端の2枚の誘電体は極板間に固定されているが，中央の誘電体は周囲と摩擦がなく，上下に滑らかに移動できるものとする。3枚の誘電体は同じ材料からなり，その誘電率を ε_1 とする。ただし，真空の誘電率を ε_0 とし，$\varepsilon_1 > \varepsilon_0$ である。以下では，鉛直下向きに重力が作用し，重力加速度の大きさを g とする。

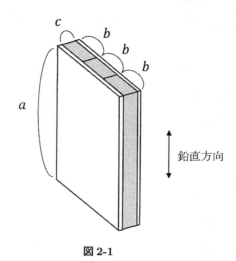

図 2-1

東京理科大-理工〈B方式-2月6日〉 　　　　　　　　　2022 年度　物理　*151*

(1)　はじめに，中央の誘電体を外から支えて，**図 2-1** のように極板間に静止させ
　　た。このとき，コンデンサーの電気容量は　(ア)　である。2 枚の電極間に
　　起電力 V の電池をつないで充電すると，コンデンサーに蓄えられる電荷と静電
　　エネルギーはそれぞれ，　(ア)　$\times V$, $\dfrac{1}{2} \times$ (ア) $\times V^2$ となる。ただ
　　し，この電池の内部抵抗は無視できるものとする。

　　　　(ア) の解答群

　　⓪ $\dfrac{\varepsilon_0 a^2}{c}$ 　　　　　　① $\dfrac{\varepsilon_0 ab}{c}$ 　　　　　　② $\dfrac{\varepsilon_0 b^2}{c}$

　　③ $\dfrac{3\,\varepsilon_0 a^2}{c}$ 　　　　　④ $\dfrac{3\,\varepsilon_0 ab}{c}$ 　　　　　⑤ $\dfrac{3\,\varepsilon_0 b^2}{c}$

　　⑥ $\dfrac{3\,\varepsilon_1 a^2}{c}$ 　　　　　⑦ $\dfrac{3\,\varepsilon_1 ab}{c}$ 　　　　　⑧ $\dfrac{3\,\varepsilon_1 b^2}{c}$

　　次に，**図 2-2** に示すように電池を接続したまま誘電体を微小距離 Δz だけゆっく
　　りと押し上げた。このとき，コンデンサーの電気容量は　(ア)　－　(イ)　$\times$
　　Δz となり，コンデンサーに蓄えられている電荷と静電エネルギーはそれぞれ
　　(イ)　$\times V \times \Delta z$, $\dfrac{1}{2} \times$ (イ) $\times V^2 \times \Delta z$ だけ減少する。また，コン
　　デンサーの電荷を電池に移動させる仕事（電池が受け取ったエネルギー）は
　　(ウ)　$\times V^2 \times \Delta z$ であり，この仕事と静電エネルギーの減少量から，コン
　　デンサーが誘電体に及ぼす力の大きさは　(エ)　$\times V^2$ と求められる。この
　　力の向きは鉛直　(オ)　である。

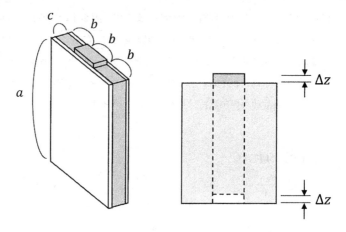

図 2-2　右の図は，極板に垂直な方向から見た図である。

(イ) の解答群

⓪ $\dfrac{(\varepsilon_1-\varepsilon_0)a}{c}$　① $\dfrac{(2\varepsilon_1-\varepsilon_0)a}{c}$　② $\dfrac{3(\varepsilon_1-\varepsilon_0)a}{c}$

③ $\dfrac{3(2\varepsilon_1-\varepsilon_0)a}{c}$　④ $\dfrac{(\varepsilon_1-\varepsilon_0)b}{c}$　⑤ $\dfrac{(2\varepsilon_1-\varepsilon_0)b}{c}$

⑥ $\dfrac{3(\varepsilon_1-\varepsilon_0)b}{c}$　⑦ $\dfrac{3(2\varepsilon_1-\varepsilon_0)b}{c}$

(ウ)，(エ) の解答群

⓪ $\dfrac{(\varepsilon_1-\varepsilon_0)a}{2c}$　① $\dfrac{(\varepsilon_1-\varepsilon_0)b}{2c}$　② $\dfrac{(2\varepsilon_1-\varepsilon_0)b}{2c}$

③ $\dfrac{(\varepsilon_1-\varepsilon_0)a}{c}$　④ $\dfrac{(\varepsilon_1-\varepsilon_0)b}{c}$　⑤ $\dfrac{(2\varepsilon_1-\varepsilon_0)b}{c}$

⑥ $\dfrac{3(\varepsilon_1-\varepsilon_0)a}{2c}$　⑦ $\dfrac{3(\varepsilon_1-\varepsilon_0)b}{2c}$　⑧ $\dfrac{3(2\varepsilon_1-\varepsilon_0)b}{2c}$

(オ) の解答群

　　⓪　上向き　　　①　下向き

(2) 小問 (1) と同様に，中央の誘電体を外から支えて極板間に静止させて，電極に起電力 V の電池をつないで充電した。次に，電池との接続を外し，誘電体を支えている力をゆるめると，誘電体はゆっくりと下がり始めた。**図 2-3** に示すように，最初の位置から微小距離 Δz だけ下に降ろすと，電極間の電位差は $\left(1 + \boxed{（カ）} \times \Delta z\right) \times V$ となり，コンデンサーに蓄えられている静電エネルギーは $\frac{1}{2} \times \boxed{（キ）} \times V^2 \times \Delta z$ だけ $\boxed{（ク）}$ した。ここで，$|x| \ll 1$ のときに成り立つ近似式 $\frac{1}{1+x} \fallingdotseq 1 - x$ を用いてよい。コンデンサーに蓄えられているエネルギーの変化量から，コンデンサーが誘電体に及ぼす力の大きさは $\boxed{（ケ）} \times V^2$ と求められる。また，力の向きは鉛直 $\boxed{（コ）}$ である。

　誘電体の密度（単位体積あたりの質量）を ρ_1 とすると，最初にコンデンサーに印加した起電力 V は，$V < \boxed{（サ）}$ を満たしている。逆に，$V \geqq \boxed{（サ）}$ の場合，誘電体を支えている力をゆるめても誘電体は元の位置から動かない。

　$V > \boxed{（サ）}$ において，**図 2-4** のようにコンデンサーに抵抗を接続すると電流が流れ，誘電体は動き出す。抵抗を接続する瞬間を $t = 0$ として，電流の大きさ I を時刻 t の関数として最もよく表しているグラフは $\boxed{（シ）}$ である。

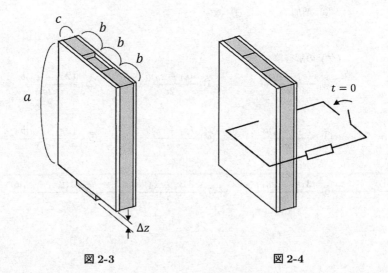

図 2-3　　　　　　　　図 2-4

154 2022 年度　物理　　　　　　　　　　　　東京理科大-理工〈B方式-2月6日〉

(カ) の解答群

⓪ $\dfrac{\varepsilon_1 - \varepsilon_0}{3\,\varepsilon_1 a}$　　　　① $\dfrac{\varepsilon_1 - \varepsilon_0}{2\,\varepsilon_1 a}$　　　　② $\dfrac{\varepsilon_1 - \varepsilon_0}{\varepsilon_1 a}$

③ $\dfrac{\varepsilon_1 - \varepsilon_0}{3\,\varepsilon_1 b}$　　　　④ $\dfrac{\varepsilon_1 - \varepsilon_0}{2\,\varepsilon_1 b}$　　　　⑤ $\dfrac{\varepsilon_1 - \varepsilon_0}{\varepsilon_1 b}$

⑥ $\dfrac{\varepsilon_1 - \varepsilon_0}{3\,\varepsilon_1 c}$　　　　⑦ $\dfrac{\varepsilon_1 - \varepsilon_0}{2\,\varepsilon_1 c}$　　　　⑧ $\dfrac{\varepsilon_1 - \varepsilon_0}{\varepsilon_1 c}$

(キ) の解答群

⓪ $(\varepsilon_1 - \varepsilon_0)$　　　① $\dfrac{\varepsilon_1 - \varepsilon_0}{\varepsilon_0}$　　　② $\dfrac{\varepsilon_1 - \varepsilon_0}{\varepsilon_1}$

③ $\dfrac{(\varepsilon_1 - \varepsilon_0)a}{c}$　　　④ $\dfrac{(\varepsilon_1 - \varepsilon_0)a}{\varepsilon_0 c}$　　　⑤ $\dfrac{(\varepsilon_1 - \varepsilon_0)a}{\varepsilon_1 c}$

⑥ $\dfrac{(\varepsilon_1 - \varepsilon_0)b}{c}$　　　⑦ $\dfrac{(\varepsilon_1 - \varepsilon_0)b}{\varepsilon_0 c}$　　　⑧ $\dfrac{(\varepsilon_1 - \varepsilon_0)b}{\varepsilon_1 c}$

(ク) の解答群

⓪ 増加　　　　① 減少

(ケ) の解答群

⓪ $\dfrac{(\varepsilon_1 - \varepsilon_0)a}{2c}$　　　① $\dfrac{(\varepsilon_1 - \varepsilon_0)b}{2c}$　　　② $\dfrac{(2\,\varepsilon_1 - \varepsilon_0)b}{2c}$

③ $\dfrac{(\varepsilon_1 - \varepsilon_0)a}{c}$　　　④ $\dfrac{(\varepsilon_1 - \varepsilon_0)b}{c}$　　　⑤ $\dfrac{(2\,\varepsilon_1 - \varepsilon_0)b}{c}$

⑥ $\dfrac{3\,(\varepsilon_1 - \varepsilon_0)a}{2c}$　　　⑦ $\dfrac{3\,(\varepsilon_1 - \varepsilon_0)b}{2c}$　　　⑧ $\dfrac{3\,(2\,\varepsilon_1 - \varepsilon_0)b}{2c}$

(コ) の解答群

⓪ 上向き　　① 下向き

(サ) の解答群

⓪ $\sqrt{\dfrac{\rho_1 gac^2}{2(\varepsilon_1-\varepsilon_0)}}$　　① $\sqrt{\dfrac{\rho_1 gac^2}{\varepsilon_1-\varepsilon_0}}$　　② $\sqrt{\dfrac{2\rho_1 gac^2}{\varepsilon_1-\varepsilon_0}}$

③ $\sqrt{\dfrac{\rho_1 gbc^2}{2(\varepsilon_1-\varepsilon_0)}}$　　④ $\sqrt{\dfrac{\rho_1 gbc^2}{\varepsilon_1-\varepsilon_0}}$　　⑤ $\sqrt{\dfrac{2\rho_1 gbc^2}{\varepsilon_1-\varepsilon_0}}$

⑥ $\sqrt{\dfrac{\rho_1 gabc}{2(\varepsilon_1-\varepsilon_0)}}$　　⑦ $\sqrt{\dfrac{\rho_1 gabc}{\varepsilon_1-\varepsilon_0}}$　　⑧ $\sqrt{\dfrac{2\rho_1 gabc}{\varepsilon_1-\varepsilon_0}}$

(シ) の解答群

⓪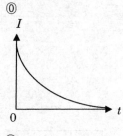

①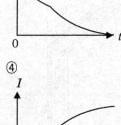

②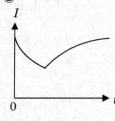

③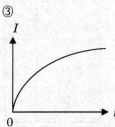

④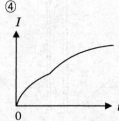

⑤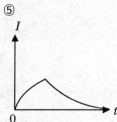

(3) 小問 (1) のコンデンサーから中央の誘電体を取り出し，空洞をつくる。このとき，コンデンサーの電気容量は (ス) である。電極に起電力 V の電池をつないでコンデンサーを充電すると，蓄えられる電荷と静電エネルギーはそれぞれ (ス) $\times V$, $\frac{1}{2} \times$ (ス) $\times V^2$ となる。次に，図 2-5 のように，じゅうぶん大きな容器に誘電率 ε_2，密度 ρ_2 の電気を通さない油（絶縁油）を満たし，電池との接続を外したコンデンサーの底面をその液面にそっとつけたところ，空洞内で液面が静かに上昇して高さが h となった。ただし，液面は平らであるとする。このときのコンデンサーの電気容量は，h を用いて (セ) と表される。また，電極間の電位差は (ソ) $\times V$，コンデンサーに蓄えられている静電エネルギーは $\frac{1}{2} \times$ (セ) $\times \left(\text{(ソ)} \times V\right)^2$ である。コンデンサーを液面につける前後の静電エネルギーの差の絶対値 $\frac{1}{2} \times$ (タ) $\times V^2$ は，空洞内に絶縁油が引き込まれたことによる重力の位置エネルギーの変化分 (チ) に等しい。ただし，空洞内の絶縁油の重力による位置エネルギーはその重心の位置に全質量が集中しているとして計算できる。ここで，空洞内の液面の高さ h が極板の高さ a よりもじゅうぶん小さいと仮定すると（$h \ll a$），$h =$ (ツ) $\times V^2$ と表される。

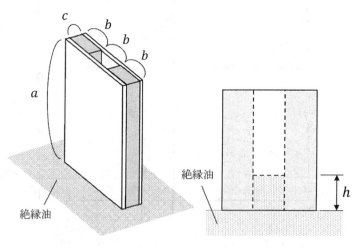

図 2-5　右の図は，極板に垂直な方向から見た図である。

東京理科大-理工〈B方式-2月6日〉　　　　　　　　2022 年度　物理　*157*

(ス) の解答群

⓪ $\dfrac{(\varepsilon_1 + \varepsilon_0)a^2}{c}$　　　① $\dfrac{(\varepsilon_1 + \varepsilon_0)ab}{c}$　　　② $\dfrac{(\varepsilon_1 + \varepsilon_0)b^2}{c}$

③ $\dfrac{(\varepsilon_1 - \varepsilon_0)a^2}{c}$　　　④ $\dfrac{(\varepsilon_1 - \varepsilon_0)ab}{c}$　　　⑤ $\dfrac{(\varepsilon_1 - \varepsilon_0)b^2}{c}$

⑥ $\dfrac{(2\varepsilon_1 + \varepsilon_0)a^2}{c}$　　　⑦ $\dfrac{(2\varepsilon_1 + \varepsilon_0)ab}{c}$　　　⑧ $\dfrac{(2\varepsilon_1 + \varepsilon_0)b^2}{c}$

(セ) の解答群

⓪ $\dfrac{\{(\varepsilon_1 + \varepsilon_0)a - (\varepsilon_2 - \varepsilon_0)h\}b}{c}$　　　① $\dfrac{\{(\varepsilon_1 - \varepsilon_0)a - (\varepsilon_2 - \varepsilon_0)h\}b}{c}$

② $\dfrac{\{(2\varepsilon_1 + \varepsilon_0)a - (\varepsilon_2 - \varepsilon_0)h\}b}{c}$　　　③ $\dfrac{\{(\varepsilon_1 + \varepsilon_0)a + (\varepsilon_2 - \varepsilon_0)h\}b}{c}$

④ $\dfrac{\{(\varepsilon_1 - \varepsilon_0)a + (\varepsilon_2 - \varepsilon_0)h\}b}{c}$　　　⑤ $\dfrac{\{(2\varepsilon_1 + \varepsilon_0)a + (\varepsilon_2 - \varepsilon_0)h\}b}{c}$

⑥ $\dfrac{\{(\varepsilon_1 + \varepsilon_0)a - (\varepsilon_2 + \varepsilon_0)h\}b}{c}$　　　⑦ $\dfrac{\{(\varepsilon_1 - \varepsilon_0)a - (\varepsilon_2 + \varepsilon_0)h\}b}{c}$

(ソ) の解答群

⓪ $\dfrac{(\varepsilon_1 - \varepsilon_0)a}{(\varepsilon_1 - \varepsilon_0)a - (\varepsilon_2 - \varepsilon_0)h}$　　　① $\dfrac{(2\varepsilon_1 + \varepsilon_0)a}{(\varepsilon_1 - \varepsilon_0)a - (\varepsilon_2 - \varepsilon_0)h}$

② $\dfrac{(\varepsilon_1 + \varepsilon_0)a}{(\varepsilon_1 + \varepsilon_0)a + (\varepsilon_2 - \varepsilon_0)h}$　　　③ $\dfrac{(\varepsilon_1 - \varepsilon_0)a}{(\varepsilon_1 + \varepsilon_0)a + (\varepsilon_2 - \varepsilon_0)h}$

④ $\dfrac{(2\varepsilon_1 + \varepsilon_0)a}{(\varepsilon_1 + \varepsilon_0)a + (\varepsilon_2 - \varepsilon_0)h}$　　　⑤ $\dfrac{(\varepsilon_1 + \varepsilon_0)a}{(2\varepsilon_1 + \varepsilon_0)a + (\varepsilon_2 - \varepsilon_0)h}$

⑥ $\dfrac{(\varepsilon_1 - \varepsilon_0)a}{(2\varepsilon_1 + \varepsilon_0)a + (\varepsilon_2 - \varepsilon_0)h}$　　　⑦ $\dfrac{(2\varepsilon_1 + \varepsilon_0)a}{(2\varepsilon_1 + \varepsilon_0)a + (\varepsilon_2 - \varepsilon_0)h}$

158 2022 年度　物理　　　　　　　　　　　　　　東京理科大-理工〈B 方式-2 月 6 日〉

(タ) の解答群

⓪ $\dfrac{(2\varepsilon_1+\varepsilon_0)(\varepsilon_2-\varepsilon_0)b^2 h}{\{(2\varepsilon_1+\varepsilon_0)a+(\varepsilon_2-\varepsilon_0)h\}c}$　　① $\dfrac{(2\varepsilon_1+\varepsilon_0)(\varepsilon_2-\varepsilon_0)abh}{\{(2\varepsilon_1+\varepsilon_0)a+(\varepsilon_2-\varepsilon_0)h\}c}$

② $\dfrac{(2\varepsilon_1+\varepsilon_0)(\varepsilon_2-\varepsilon_0)b^2 h}{\{(2\varepsilon_1+\varepsilon_0)a-(\varepsilon_2-\varepsilon_0)h\}c}$　　③ $\dfrac{(2\varepsilon_1+\varepsilon_0)(\varepsilon_2-\varepsilon_0)abh}{\{(2\varepsilon_1+\varepsilon_0)a-(\varepsilon_2-\varepsilon_0)h\}c}$

④ $\dfrac{(2\varepsilon_1+\varepsilon_0)(\varepsilon_2-\varepsilon_0)b^2 h}{\{(2\varepsilon_1+\varepsilon_0)b+(\varepsilon_2-\varepsilon_0)h\}c}$　　⑤ $\dfrac{(2\varepsilon_1+\varepsilon_0)(\varepsilon_2-\varepsilon_0)abh}{\{(2\varepsilon_1+\varepsilon_0)b+(\varepsilon_2-\varepsilon_0)h\}c}$

⑥ $\dfrac{(2\varepsilon_1+\varepsilon_0)(\varepsilon_2-\varepsilon_0)b^2 h}{\{(2\varepsilon_1+\varepsilon_0)b-(\varepsilon_2-\varepsilon_0)h\}c}$　　⑦ $\dfrac{(2\varepsilon_1+\varepsilon_0)(\varepsilon_2-\varepsilon_0)abh}{\{(2\varepsilon_1+\varepsilon_0)b-(\varepsilon_2-\varepsilon_0)h\}c}$

(チ) の解答群

⓪ $\dfrac{\rho_2 gbch}{3}$　　　① $\dfrac{\rho_2 gbch}{2}$　　　② $\rho_2 gbch$

③ $2\rho_2 gbch$　　　④ $3\rho_2 gbch$　　　⑤ $\dfrac{\rho_2 gbch^2}{3}$

⑥ $\dfrac{\rho_2 gbch^2}{2}$　　　⑦ $\rho_2 gbch^2$　　　⑧ $2\rho_2 gbch^2$

⑨ $3\rho_2 gbch^2$

(ツ) の解答群

⓪ $\dfrac{\varepsilon_2-\varepsilon_0}{2\rho_2 gb^2}$　　　① $\dfrac{\varepsilon_2-\varepsilon_0}{\rho_2 gb^2}$　　　② $\dfrac{2(\varepsilon_2-\varepsilon_0)}{\rho_2 gb^2}$

③ $\dfrac{\varepsilon_2-\varepsilon_0}{2\rho_2 gbc}$　　　④ $\dfrac{\varepsilon_2-\varepsilon_0}{\rho_2 gbc}$　　　⑤ $\dfrac{2(\varepsilon_2-\varepsilon_0)}{\rho_2 gbc}$

⑥ $\dfrac{\varepsilon_2-\varepsilon_0}{2\rho_2 gc^2}$　　　⑦ $\dfrac{\varepsilon_2-\varepsilon_0}{\rho_2 gc^2}$　　　⑧ $\dfrac{2(\varepsilon_2-\varepsilon_0)}{\rho_2 gc^2}$

東京理科大-理工〈B方式-2月6日〉　　　　　　　　　2022年度　物理　*159*

3　　次の問題の　　　　　の中に入れるべき最も適当なものをそれぞれの**解答群**の中から選び，その番号を**解答用マークシート**の指定された欄にマークしなさい。(同じ番号を何回用いてもよい。答えが数値となる場合は最も近い数値を選ぶこと。)

(30点)

　以下では，長さ，質量，時間，物質量，温度の単位をそれぞれ m, kg, s, mol, K とし，その他の物理量に対してはこれらを組み合わせた単位を使用する。例えば，圧力の単位 Pa は $kg/(m \cdot s^2)$ と表すことができる。また，気体定数を R(単位は $J/(mol \cdot K)$)とする。

　体積を変えられる容器に入れた物質量 1 mol の単原子分子理想気体を考える。この容器には熱交換器がとりつけられており，必要に応じて気体に熱を与えたり，気体から熱を取り除いたりすることができる。熱量を表す記号（例えば Q）は常に正または 0 の値であるとし，気体が熱交換器から熱を受け取ったときには，$+Q$ の熱量を受け取った，気体が熱を放出したときには，$+Q$ の熱を放出した，あるいは $-Q$ の熱を受け取った，と表現する。また，気体の状態変化は常にゆっくりと行うものとする。

　以下の設問で必要であれば，xy 平面上で関数 $y = \dfrac{1}{x}$ の曲線と x 軸，および二本の直線 $x = a$，$x = b$ $(0 < a < b)$ で囲まれた部分の面積が自然対数 $\log_e \dfrac{b}{a}$ であることを用いてよい。

(1) **図3-1** は気体の体積 V を横軸に，圧力 p を縦軸に表示したグラフである。この図に示すように，気体の 4 つの状態 A, B, C, D に対して，A→B→C→D→A の順に一巡する状態変化（サイクル）をおこなわせる。ただし，状態変化 A→B と C→D は等温変化，B→C は定圧変化（等圧変化），D→A は定積変化である。状態 A での圧力は p_0，体積は V_0，温度は T_0 であるとする。

　状態 B における体積が $\dfrac{1}{32} V_0$ であるとすると，そのときの圧力は $\boxed{（ア）} \times p_0$ である。また，状態 C における温度が $8T_0$ であるとき，そのときの体積は $\dfrac{1}{\boxed{（イ）}} \times V_0$ である。また，状態 D における圧力は $\boxed{（ウ）} \times p_0$ である。

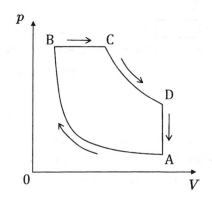

図 3-1 概念図であり，原点からの距離や二点間の長さは必ずしも正確には描かれていない。

(ア)，(イ)，(ウ) の解答群

⓪ 1　　① 2　　② 4　　③ 8

④ 16　　⑤ 24　　⑥ 32　　⑦ 64

　図 3-1 に示すサイクルの 4 つの過程の中で，気体が熱交換器から正の熱量を受け取る過程は　(エ)　である。B→C の過程で気体に出入りする熱量の大きさ Q_{BC} は $Q_{BC} = $　(オ)　$\times RT_0$ で，D→A の過程で気体に出入りする熱量の大きさ Q_{DA} は $Q_{DA} = $　(カ)　$\times RT_0$ である。また，A→B の過程で気体に出入りする熱量の大きさ Q_{AB} は $Q_{AB} = $　(キ)　$\times RT_0$ である。

　C→D の過程で気体に出入りする熱量の大きさを Q_{CD} とすると，このサイクルの熱効率 η は，熱量の大きさを表す記号を用いて $\eta = $　(ク)　と表すことができる。

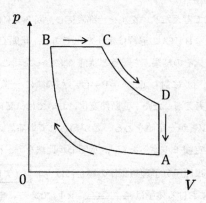

図 3-1（再掲）

(エ) の解答群

⓪ A→B の過程だけ　　　① B→C の過程だけ

② C→D の過程だけ　　　③ A→B の過程と B→C の過程

④ A→B の過程と C→D の過程　⑤ B→C の過程と C→D の過程

⑥ B→C の過程と D→A の過程　⑦ 全ての過程

(オ), (カ), (キ) の解答群

⓪ $\dfrac{35}{2}$　　① $\dfrac{21}{2}$　　② 20　　③ 12

④ 16　　⑤ $\log_e 2$　　⑥ $3\log_e 2$　　⑦ $5\log_e 2$

(ク) の解答群

⓪ $\dfrac{Q_{AB}}{Q_{CD}}$　　① $\dfrac{Q_{DA}}{Q_{BC}}$

② $\dfrac{Q_{AB}+Q_{DA}}{Q_{BC}}$　　③ $\dfrac{Q_{AB}+Q_{DA}}{Q_{BC}+Q_{CD}}$

④ $\dfrac{-Q_{AB}+Q_{BC}+Q_{CD}-Q_{DA}}{Q_{BC}+Q_{CD}}$　⑤ $\dfrac{Q_{AB}-Q_{BC}-Q_{CD}+Q_{DA}}{Q_{BC}+Q_{CD}}$

⑥ $\dfrac{-Q_{AB}+Q_{CD}}{-Q_{AB}+Q_{BC}+Q_{CD}-Q_{DA}}$　⑦ $\dfrac{Q_{AB}-Q_{DA}}{-Q_{AB}+Q_{BC}+Q_{CD}-Q_{DA}}$

(2) 小問 (1) で考えたサイクルを一部変更し，図 3-2 に示すように気体の状態を変化させた。B→C′ の過程は定圧変化であり，状態 C′ から断熱変化で気体を膨張させた。その結果，ちょうど状態 A になった。このように，気体の 3 つの状態 A，B，C′ に対して，A→B→C′→A の順に一巡するような状態変化（サイクル）を考える。ただし，断熱変化においては，気体の圧力 p と体積 V で表される量 pV^γ が一定値をとることが知られている。ここで γ は比熱比と呼ばれる量で，定積モル比熱を C_V，定圧モル比熱を C_p と表すと，$\gamma = \dfrac{C_p}{C_V}$ で与えられる。単原子分子理想気体の場合には $\gamma = \boxed{(ケ)}$ である。

状態 C′ における体積は $\dfrac{1}{\boxed{(コ)}} \times V_0$ である。また，状態 C′ における温度は $\boxed{(サ)} \times T_0$ である。C′→A が断熱過程であることに注意すると，このサイクルにおいて気体が外部にした正味の仕事は $\left(\boxed{(シ)}\right) \times RT_0$ であり，熱効率 η' は $\eta' = \boxed{(ス)}$ と計算できる。ただし，熱効率の計算の際，必要であれば $\log_e 2 \fallingdotseq 0.69$ であることを用いてよい。

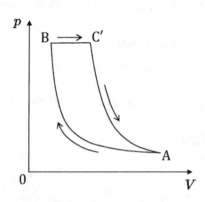

図 3-2 概念図であり，原点からの距離や二点間の長さは必ずしも正確には描かれていない。

東京理科大-理工〈B方式-2月6日〉　　　　　　　　2022 年度　物理　*163*

(ケ) の解答群

⓪ $\dfrac{3}{2}$　　　　① $\dfrac{5}{2}$　　　　② $\dfrac{2}{3}$　　　　③ $\dfrac{5}{3}$

④ $\dfrac{2}{5}$　　　　⑤ $\dfrac{7}{5}$　　　　⑥ $\dfrac{2}{7}$　　　　⑦ $\dfrac{5}{7}$

(コ), (サ) の解答群

⓪ 1　　　　① 2　　　　② 4　　　　③ 8

④ 16　　　　⑤ 24　　　　⑥ 32　　　　⑦ 64

(シ) の解答群

⓪ 10　　　　　　① $\dfrac{15}{2}$　　　　　　② $3 \log_e 2$

③ $5 \log_e 2$　　　　④ $10 - 3 \log_e 2$　　　　⑤ $10 - 5 \log_e 2$

⑥ $\dfrac{15}{2} - 3 \log_e 2$　　　　⑦ $\dfrac{15}{2} - 5 \log_e 2$

(ス) の解答群

⓪ 0.16　　　① 0.20　　　② 0.24　　　③ 0.44

④ 0.54　　　⑤ 0.67　　　⑥ 0.77　　　⑦ 0.82

■化学■

〔80分〕

各設問の計算に必要ならば，下記の数値を用いなさい。

原子量：H 1.0, C 12.0, N 14.0, O 16.0, S 32.1, Ca 40.1, Cu 63.6,
Zn 65.4, Br 80.0

アボガドロ定数：6.02×10^{23}/mol

ファラデー定数：9.65×10^4 C/mol

気体定数：8.31×10^3 Pa·L/(K·mol)

標準状態における理想気体のモル体積：22.4 L/mol

特段の記述がない限り，気体はすべて理想気体としてふるまうものとする。

東京理科大-理工〈B方式-2月6日〉 2022年度 化学 *165*

1 次の(1)～(5)の問に答えなさい。 (17点)

(1) 金属の Pb と Zn に関する以下の記述から，正しいものを過不足なく選んで いる番号を**A欄**より選び，その番号を**解答用マークシート**にマークしなさい （番号の中の**0**という数字も必ずマークすること）。

(a) Zn を希塩酸に入れると溶解するが，Zn は塊状よりも粉末状の方が，激し く反応する。

(b) Pb は硝酸に溶解しない。

(c) Zn が水酸化ナトリウム水溶液に溶解すると，H_2 が発生する。

(d) Pb は強塩基の水溶液に溶解する。

(2) 以下の記述から，Pb^{2+} を含む水溶液にあてはまるものを過不足なく選んで いる番号を**A欄**より選び，その番号を**解答用マークシート**にマークしなさい （番号の中の**0**という数字も必ずマークすること）。

(a) 酸性にして H_2S を通じると，黒色の硫化物の沈殿を生成する。

(b) 少量の水酸化ナトリウム水溶液を加えると沈殿を生じ，その沈殿は，過剰 の水酸化ナトリウム水溶液を加えても溶解しない。

(c) 硫酸を加えると，黄色の沈殿を生成する。

(d) 塩酸を加えると白色の沈殿を生成するが，加熱すると溶解する。

(3) 以下の記述から，Zn^{2+} を含む水溶液にあてはまるものを過不足なく選んで いる番号を**A欄**より選び，その番号を**解答用マークシート**にマークしなさい （番号の中の**0**という数字も必ずマークすること）。

(a) 少量の水酸化ナトリウム水溶液を加えると沈殿を生じるが，その沈殿は， 過剰の水酸化ナトリウム水溶液を加えると溶解する。

(b) 少量のアンモニア水を加えると沈殿を生じ，その沈殿は，過剰のアンモニ

ア 水を加えても溶解しない。
(c) 塩基性にして H_2S を通じると，黒色の硫化物の沈殿を生成する。
(d) 酸性にして H_2S を通じると，白色の硫化物の沈殿を生成する。

A 欄

01 (a)	02 (b)	03 (c)
04 (d)	05 (a), (b)	06 (a), (c)
07 (a), (d)	08 (b), (c)	09 (b), (d)
10 (c), (d)	11 (a), (b), (c)	12 (a), (b), (d)
13 (a), (c), (d)	14 (b), (c), (d)	15 (a), (b), (c), (d)

(4) 次の記述の(i)にあてはまる数値を有効数字が3桁になるように4桁目を四捨五入して求め，次の形式で**解答用マークシート**にマークしなさい。指数 d が 0 の場合の符号 p には**＋**をマークしなさい。

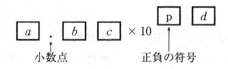

硫化亜鉛型(閃亜鉛鉱型)の結晶構造の単位格子は立方体であり，単位格子の中に陽イオンと陰イオンが4個ずつ含まれている。この結晶構造を有するZnSでは，単位格子の1辺の長さが 5.40×10^{-8} cm であることから，結晶の密度は (i) g/cm³ と算出される。ただし，$(5.40)^3 = 1.57 \times 10^2$ の関係を用いなさい。

(5) 次の記述の(ii)にあてはまる数値を有効数字が3桁になるように4桁目を四捨五入して求め，次の形式で**解答用マークシート**にマークしなさい。指数 d が 0 の場合の符号 p には**＋**をマークしなさい。

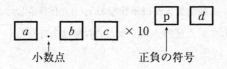

　Zn は電池の負極として用いられており，補聴器などに使用される空気電池の場合，放電時に負極では Zn が酸化され，正極では O_2 が還元される。その結果，電池全体として Zn が O_2 と反応して ZnO になるとする。
　この空気電池において，負極の Zn が 9.81×10^{-3} g 反応したとき，正極で反応した O_2 は標準状態において (ii) L である。

[2] 次の記述の(i)〜(v)にあてはまる数値を有効数字が2桁になるように3桁目を四捨五入して求め，次の形式で**解答用マークシート**にマークしなさい。指数 c が0の場合の符号 p には＋をマークしなさい。　　　　　　　　　　(18点)

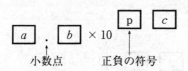

(1) モル濃度が 3.00 mol/L の硝酸水溶液（密度 1.10 g/cm³）の質量モル濃度は (i) mol/kg である。

(2) モル濃度が 4.00×10^{-2} mol/L の過酸化水素水 20.0 mL に希硫酸を加えて酸性とした。モル濃度が (ii) mol/L の過マンガン酸カリウム水溶液を滴下していくと，少量では過マンガン酸カリウム水溶液の赤褐色が消失したが，16.0 mL 以上加えると過マンガン酸カリウム水溶液の赤褐色が消失しなくなった。

(3) 不純物として硫酸カルシウムを含む炭酸カルシウム 0.100 g に対して，多量

の塩酸を加えたところ，二酸化炭素が標準状態で 19.0 mL 発生した。したがって，不純物として含まれていた硫酸カルシウムの質量は全質量の （iii） ％である。

(4) 陽極と陰極に白金電極を用いて，モル濃度が 1.00×10^{-2} mol/L の硫酸銅（Ⅱ）水溶液 0.200 L を 0.500 A の電流で 1800 秒間，電気分解を行うとする。初めに，陰極では （iv） g の銅が析出すると計算される。さらに，銅の析出が終了した後の陰極から発生する気体の体積は標準状態で （v） mL と計算される。

3 次の(1), (2)の問に答えなさい。　　　　　　　　　　　　　　　(16点)

(1) 次の記述の(i), (ii)にあてはまる数値を有効数字が 2 桁になるように 3 桁目を四捨五入して求め，次の形式で**解答用マークシート**にマークしなさい。指数 c が 0 の場合の符号 p には＋をマークしなさい。

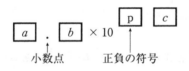

1.00×10^5 Pa における酸素(O_2)の沸点を 90 K，窒素(N_2)の沸点を 77 K とする。300 K において，1.00 L の容器 A に 2.00×10^5 Pa の窒素，2.00 L の容器 B に 3.00×10^5 Pa の酸素が入っている。温度を保ったまま，これらの気体をすべて 1.00 L の容器 C に入れ，密封した。このとき，容器 C の中の混合気体の圧力は （i） Pa である。

続いて，容器 C を冷却し容器内の温度を 90 K としたところ，酸素が凝縮し，液体を生じた。このとき，容器 C 内の圧力は （ii） Pa である。ただし，このときの窒素はすべて気体の状態であり，容器 C の体積は冷却により変化しないものとする。また，液体酸素の体積は無視できるものとする。

東京理科大-理工〈B方式-2月6日〉　　　　　　　　　　2022年度　化学　*169*

(2)　次の記述の(ア)～(エ)にあてはまる最も適当なものを**A欄**より選び，その番号を**解答用マークシート**にマークしなさい(番号の中の**0**という数字も必ずマークすること)。

　　窒素と酸素の水に対する溶解度は十分に小さく，ヘンリーの法則が成り立つものとする。物質量比が窒素：酸素 ＝ 1：1 の混合気体 1.00×10^5 Pa を 1.00 L の水に接触させたところ，n_A〔mol〕の気体が水に溶解した。同様に，物質量比が窒素：酸素 ＝ 4：1 の混合気体 1.00×10^5 Pa を 1.00 L の水に接触させたところ，n_B〔mol〕の気体が水に溶解した。これらの結果から，1.00×10^5 Pa の窒素を 1.00 L の水に接触させたときに溶解する窒素の物質量は $\boxed{\text{(ア)}}$ $n_A +$ $\boxed{\text{(イ)}}$ n_B〔mol〕と表され，1.00×10^5 Pa の酸素を 1.00 L の水に接触させたときに溶解する酸素の物質量は $\boxed{\text{(ウ)}}$ $n_A +$ $\boxed{\text{(エ)}}$ n_B〔mol〕と表すことができる。ただし，温度は一定とする。

A　欄

01 $\dfrac{1}{3}$	02 $\dfrac{2}{3}$	03 1	04 $\dfrac{4}{3}$	05 $\dfrac{5}{3}$
06 2	07 $\dfrac{7}{3}$	08 $\dfrac{8}{3}$	09 3	10 $\dfrac{10}{3}$
11 $-\dfrac{1}{3}$	12 $-\dfrac{2}{3}$	13 -1	14 $-\dfrac{4}{3}$	15 $-\dfrac{5}{3}$
16 -2	17 $-\dfrac{7}{3}$	18 $-\dfrac{8}{3}$	19 -3	20 $-\dfrac{10}{3}$

4 次の記述の①～⑥にあてはまる最も適当なものを{ }より選び，その番号を**解答用マークシートにマークしなさい**。また，(i)，(ii)にあてはまる数値を有効数字が3桁になるように4桁目を四捨五入して求め，次の形式で**解答用マークシートにマークしなさい**。指数 d が 0 の場合の符号 p には＋をマークしなさい。
(16点)

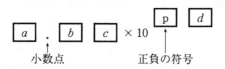

(1) 一酸化炭素は水に①{1 溶けやすい，2 溶けにくい}，②{1 有，2 無}色の気体である。高温の一酸化炭素は強い③{1 酸化，2 還元}作用を有する。

(2) 二酸化炭素が高温の炭素(黒鉛)に接触すると，以下の反応式に従い，一酸化炭素を生成する。

$$CO_2(気) + C(黒鉛) \rightleftarrows 2CO(気) \quad (式1)$$

炭素(黒鉛)の燃焼熱が 394 kJ/mol，一酸化炭素の燃焼熱が 283 kJ/mol であるとき，(式1)の正反応(二酸化炭素と炭素(黒鉛)から，一酸化炭素を生成する反応)は④{1 発熱，2 吸熱}反応であり，その反応熱の絶対値は | (i) | kJ と求まる。

(3) (式1)の可逆反応の平衡定数 K_P〔Pa〕(圧平衡定数という)は，以下の式であらわされる。

$$K_P = \frac{P_2^2}{P_1} \quad (式2)$$

ここで，P_1〔Pa〕は二酸化炭素の分圧，P_2〔Pa〕は一酸化炭素の分圧である。密閉された容器に二酸化炭素と炭素(黒鉛)を加えて，平衡状態に達するまで気体の温度と体積を一定に保った。この温度での圧平衡定数が 7.60×10^5 Pa，

平衡状態での二酸化炭素と一酸化炭素の物質量比が 1.00：2.00 であったとする。このとき，平衡状態における混合気体の全圧は (ⅱ) Pa になる。ただし，炭素(黒鉛)は十分な量，容器の中に存在し，その体積は無視できるものとする。

(4) (3)の平衡状態にある密閉容器に，温度と体積を一定に保ったまま窒素を加えて，再び平衡状態に達するまで待った。このとき，二酸化炭素に対する一酸化炭素の物質量比は⑤{1 増加する，2 減少する，3 変化しない}。

また，(3)の平衡状態にある密閉容器の体積を一定に保ったまま加熱し，温度を高めた後に，再び平衡状態に達するまで待った。このとき，二酸化炭素に対する一酸化炭素の物質量比は⑥{1 増加する，2 減少する，3 変化しない}。

5 次の記述の(ア)にあてはまる最も適当なものをA欄より，(イ)〜(ク)にあてはまる最も適当なものをB欄より選び，その番号を**解答用マークシート**にマークしなさい（番号の中の0という数字も必ずマークすること）。また，(ⅰ)，(ⅱ)にあてはまる数値を有効数字が2桁になるように3桁目を四捨五入して求め，次の形式で**解答用マークシート**にマークしなさい。指数 c が 0 の場合の符号 p には＋をマークしなさい。

(16点)

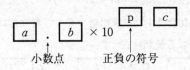

(1) オゾン分解は，以下に示したようにアルケンとオゾンからオゾニドと呼ばれる中間体を経由して，二重結合が開裂し2つのカルボニル化合物を与える反応とする。

172 2022 年度 化学　　　　　　　　　　　東京理科大-理工〈B方式-2月6日〉

オゾン分解

$$\underset{R^2}{\overset{R^1}{>}}C=C\underset{H}{\overset{R^3}{<}} \quad \xrightarrow{\ O_3\ } \quad \underset{R^2}{\overset{R^1}{>}}C\underset{O-O}{\overset{O}{<}}C\underset{H}{\overset{R^3}{<}} \quad \xrightarrow[\text{加水分解}]{\ Zn\ } \quad \underset{R^2}{\overset{R^1}{>}}C=O \ + \ O=C\underset{H}{\overset{R^3}{<}}$$

オゾニド

R¹, R², R³ はアルキル基あるいは水素原子

　炭化水素 A 0.560 g を完全燃焼させ，発生した気体を塩化カルシウム管と
ソーダ石灰管の順に通したところソーダ石灰管の質量が 1.76 g 増加した。ま
た，0.210 g の A をベンゼン 20.0 g に溶解した溶液の凝固点降下度は，
0.640 K であった。A は，化合物 B を白金触媒を用いて水素と作用させて得ら
れる化合物と同一であった。以上より，炭化水素 A の構造は　[(ア)]　であ
る。なお，ベンゼンのモル凝固点降下は 5.12 K·kg/mol とする。

　化合物 C は，炭化水素 A と同じ組成式をもつ非環状化合物で，臭素水に十
分吹き込ませると臭素の色が消失した。<u>化合物 B と化合物 C から触媒を用い
て化合物 D をつくり</u>，これを酸素で酸化したのち，硫酸で加熱分解させると
(a)
<u>化合物 E と化合物 F が得られた</u>。化合物 E を水酸化ナトリウムで処理したの
(b)
ち，高温・高圧下で二酸化炭素と反応させ，希硫酸を作用させるとサリチル酸
が得られた。また，化合物 C をオゾン分解したところ，化合物 G と化合物 H
が得られた。

　化合物 I は，炭化水素 A と同じ組成式をもつ非環状化合物で，臭素水に十分
吹き込ませると臭素の色が消失した。化合物 I をオゾン分解したところ，化合
物 F と化合物 H が得られた。化合物 I の不飽和結合を含む異性体は，立体異
性体を区別して，化合物 I 以外に 5 種類存在する。

　以上の記述から，C は　[(イ)]　，D は　[(ウ)]　，E は　[(エ)]　，F は
[(オ)]　，G は　[(カ)]　，H は　[(キ)]　，I は　[(ク)]　となる。

(2)　下線部(a)について以下の記述を読み，(i)にあてはまる数値を答えなさい。

　1.56 g の化合物 B に対して，標準状態で 336 mL の化合物 C を触媒存在下
で完全に反応させたところ，化合物 D が　[(i)]　g 生成した。

東京理科大-理工〈B方式-2月6日〉　　　　　　　　　　2022 年度　化学　*173*

(3)　下線部(b)について以下の記述を読み，(ii)にあてはまる数値を答えなさい。

　　1.41 g の化合物 E が溶解した水溶液に対して，臭素水を一定量加えたところ，白色沈殿が生じた。沈殿をろ過したのち溶媒で洗浄し十分に乾燥して質量を計ったところ 3.73 g であった。これは化合物 E と十分な臭素が完全に反応した場合の　(ii)　% になる値である。なお，得られた白色沈殿に不純物は含まれないものとする。

A　欄

1　シクロペンタン　　2　シクロヘキサン　　3　シクロヘキセン　　4　ベンゼン

B　欄

01　$CH_2=CH_2$　　02　$CH_2=CH-CH_3$　　03　$CH_2=C(CH_3)_2$　　04　$CH_3-CH=C(CH_3)_2$

05　$HCHO$　　06　CH_3CHO　　07　CH_3CH_2CHO　　08　CH_3COCH_3

09　$CH_3COCH_2CH_3$　　10　CH_3OCH_3　　11　$CH_3CH_2OCH_2CH_3$　　12　CH_3OH

13　CH_3CH_2OH　　14　$CH_3CH_2CH_2OH$　　15　$HOCH_2CH_2OH$　　16　$HCOOH$

17　CH_3COOH　　18　ベンゼン　　19　トルエン（CH_3）　　20　o-キシレン（CH_3, CH_3）

21　p-キシレン（CH_3, CH_3）　　22　エチルベンゼン（CH_2-CH_3）　　23　クメン（$CH_3-CH-CH_3$）　　24　ベンズアルデヒド（CHO）

25　安息香酸（$COOH$）　　26　安息香酸ナトリウム（$COONa$）　　27　フェノール（OH）　　28　ナトリウムフェノキシド（ONa）

174 2022 年度　化学　　　　　　　　　　　東京理科大-理工〈B方式- 2 月 6 日〉

29　　　　　　30　　　　　　31　　　　　　32

6　次の記述の㋐〜㋛にあてはまる最も適当なものを**A欄**より選び，その番号を**解答用マークシート**にマークしなさい（番号の中の**0**という数字も必ずマークすること）。また，（ⅰ）にあてはまる数値を有効数字が 2 桁になるように 3 桁目を四捨五入して求め，次の形式で**解答用マークシート**にマークしなさい。指数 c が 0 の場合の符号 p には**＋**をマークしなさい。　　　　　　　　　　　　　　　（17 点）

$$\boxed{a} \cdot \boxed{b} \times 10^{\boxed{p}\,\boxed{c}}$$

小数点　　　　　　　正負の符号

　セルロースは分子式 $C_6H_{12}O_6$ で表されるグルコースが　㋐　した高分子化合物であり，すべて　㋑　グルコース構造で構成される。　㋒　グルコース構造のみで構成されるデンプンとは異なり，　㋓　構造をとる。セルロースは分子間で多くの　㋔　をもつため，強くて熱水や有機溶媒にも溶けにくい。セルロースはヨウ素デンプン反応を　㋕　。

　また，セルロースはそのままでは繊維として使えない天然高分子であるが，適切な溶媒に溶かし，長い繊維のセルロースに再生することで有用とすることができ，これを　㋖　という。たとえば，セルロースをシュバイツァー試薬に溶かした溶液を希硫酸中で細孔から押し出すと，　㋗　が得られる。また，セルロースを濃い水酸化ナトリウム水溶液に浸して二硫化炭素と反応させ，薄い水酸化ナトリウム水溶液に溶かした溶液を希硫酸中で細孔から押し出すと，　㋘　が得られる。

　一方，セルロースを化学的に処理し，ヒドロキシ基の一部を化学変化させることで，有用な　㋙　がつくられる。たとえば，セルロースを無水酢酸と反応させると，セルロースのヒドロキシ基が　㋚　される。このとき，セルロー

東京理科大-理工〈B方式-2月6日〉　　　　　　　　　　　2022年度　化学　*175*

ス 40.5 g を完全に 　(サ)　 するには無水酢酸が理論上 　(i)　 g 必要となる。完全に 　(サ)　 された化合物は有機溶媒に溶けにくいため，一部の 　(シ)　 を加水分解し，アセトンに溶かした溶液を用いて 　(ス)　 がつくられる。 　(ス)　 は絹に似た光沢があり，絹に比べて吸湿性が低い。

　A　欄

　01　付加重合　　　02　共重合　　　　03　付加縮合　　　04　脱水縮合

　05　α-　　　　　06　β-　　　　　　07　直線状　　　　08　らせん状

　09　枝分かれ　　　10　水素結合　　　11　イオン結合　　12　エステル結合

　13　エーテル結合　14　示　す　　　　15　示さない　　　16　アセチル化

　17　エーテル化　　18　アセトン繊維　19　アセテート繊維

　20　アセチル繊維　21　合成繊維　　　22　半合成繊維　　23　再生繊維

　24　銅アンモニアレーヨン　　　　　　25　ビスコースレーヨン

176 2022 年度 英語〈解答〉　　　　　　　　東京理科大-理工〈Ｂ方式-２月６日〉

解答編

■英語■

（注）　解答は，東京理科大学から提供のあった情報を掲載しています。

1 解答
(1)— 3　(2)(i)— 2　(ii)— 4　(3)— 1
(4) 2 → 4 → 5 → 1 → 3 → 8 → 7 → 6　(5)— 4
(6) 3 → 6 → 2 → 7 → 8 → 1 → 5 → 4　(7)— 3
(8)(i)— 2　(ii)— 4　(iii)— 2　(iv)— 3　(9)—(2)　(10)— 3　(11)— 4
(12) 5 → 1 → 6 → 3 → 7 → 2 → 4　(13)— 3

◆全　訳◆

≪市民科学の台頭と科学者の役割≫

［1］　ギャラクシー・ズーのホームページに行き，星を散りばめた黒い背景からぼんやりと現れている「あなたがこれから見ようとするものを目撃した者は，ほとんどいない」という文字を読むと，興奮のスリルを感じずにはいられない。その期待にたがわず，素早いクリック５回で，オンラインクラウドソーシングの天文学プロジェクトの一環として，銀河を分類するよう求められる。このプロジェクトは，最先端の研究を誰もが利用できるようにすることを目的としたプラットフォーム，ズーニバースで開催されている。

［2］　「ギャラクシー・ズーは，科学に参加したいという熱意がこれだけあることを示した最初のプロジェクトの１つでした」と，共同創設者でオックスフォード大学の天体物理学教授であり，市民科学リーダーであるChris Lintott 氏は語る。「それは私にとっては副業のはずだったのですが，今ではズーニバースにそれと同様のクラウドソーシングプロジェクトが80 より多くあり，200 万人超のボランティアが登録され，これまでで最も忙しい一年でした」 Lintott 氏はこの成功の理由を，これが本当の市民科学の活動だという事実にあるとしている。「ウェブサイトを開いてから２

東京理科大-理工〈B方式-2月6日〉　　　　　　　　2022 年度　英語〈解答〉　*177*

分以内に，ボランティアは何か意味のあることに貢献できるのです」

［3］　ギャラクシー・ズーは増加している市民科学プロジェクトの1つに すぎず，他の多くのものは地域社会との取り組みに重点を置いている。例 えば，ケニアでは，ロンドン大学ユニバーシティ・カレッジ（UCL）の 科学者と地元のパートナーが，マサイ族と協力して，気候危機から環境を 守るために取り組んでいる。研究者たちは，コミュニティが重要な薬用植 物の種の位置をマッピングし，その結果，それらをよりよく管理できるよ うにする手助けとなるスマートフォンアプリを共同開発している。そのア プリを使えば，マサイ族が植物の位置をアップロードすると，その結果を 分析し，彼らが保護したい植物の写真だけでなく，親指を立てるとか，ア リとか，侵入生物種の横に赤い進入禁止のサインというようなアイコンを 使って表示することができる。科学者たちはまた，カメルーン，ナミビア， コンゴ民主共和国，ブラジルのコミュニティとも同じソフトウェアを使い， 違法な密猟の監視，木の健康調査，伐採中の重要資源の保護を目的として 共同作業を行っている。これらのプロジェクトの成功を受けて，政府の研 究助成機関である英国リサーチ・イノベーション（UKRI）は，新しい研 究分野に市民技術を導入するプロジェクトに 1,500,000 ポンドを授与する 方向で準備を進めている。

［4］　しかし，一般市民の科学への参加は新しいものではない。少なくと も，それはチャールズ=ダーウィンの時代の紳士淑女の化石収集家や植物 学者の時代までさかのぼる。もっともフローレンス=ナイチンゲールの方 が市民科学の基本的な精神をよく体現していると言えるだろうが。性別的 役割をものともせず，また正式な教育を受けることなく，彼女は統計学へ の情熱をもって，根拠に基づく看護の先駆者となった。その後，科学は専 門化し，いくつかの注目すべき例外をもって，悪名高い象牙の塔に引きこ もるようになったというわけである。「ダーウィンの時代にまでさかのぼ る，人々が科学を行うことに携わってきた伝統は確かにあるのです。たと えそれが社会の富裕層であったとしても」と，アースウォッチ・ヨーロッ パのエンゲージメント・アンド・サイエンスディレクターである Toos van Noordwijk 氏は述べる。「今，科学が再びより包括的なものとなり， より多くの人々に機会を与えようとする大きな動きがあります」　このよ うな新鮮な視点は，海面上昇の管理から障害者との生活に至るまで，昔か

らある困難な問題に対する新しい解決策を科学者に提供することもありうる。

［5］　市民科学は，その明らかな利点にもかかわらず，まだ課題も抱えている。研究者たちは，あるコミュニティに到着すると，そのデータを利用し，その貢献に対する謝意を示すことなくそこを去っていくという評判がある。「人々はこのことで傷ついており，すべての科学者が将来そのコミュニティと関わることができるかどうかに影響しています」と，アースウォッチ・ヨーロッパの都市型生物多様性の研究主任である Daniel Hayhow 氏は語る。また，科学界の内部でも市民科学に対する抵抗はまだ残っている。「通常の科学教育は，より幅広い参加と協力に向いているわけではなく，慎重に設計された実験を厳しく管理することに向けられているものなのです」と，UCL 最先端市民科学グループの共同ディレクターである Muki Haklay 教授は述べる。また，科学への参加には実存的な障壁がある。人々は，学校や大学を出て，映画や本，音楽など，科学とは違う形で文化に関わり続けると，すぐに自分の能力に自信を失ってしまう。学校で科学に嫌な思いをし，自分には向かないと判断する人もいる。

［6］　「私たちは，科学の学位をもっていて，なおかつ科学の仕事をしていないと，科学をしていると感じられないという，この構造を作ってしまいました」と，ウェルカム・トラストでパブリック・エンゲージメント部門のトップを担当する Imran Khan 氏は言う。「市民科学の利点の1つは，中間領域を作ることなので，参加するかしないかというこの難しい二者択一をする必要はありません」　結局のところ，市民科学とは，科学者たちから一般人へと権力を移行させることなのだ。レディング大学が主導するエンゲージング・エンバイロメントと呼ばれる 1,300,000 ポンドの新しいプロジェクトは，その市のほか，バーミンガムやニューカッスルでも実施されており，汚染，気候変動，空気の質といった問題に対する懸念に対応するために，幅広い範囲のコミュニティと連携して活動するよう研究者を訓練することで，まさにそれを行うことを目的とする。

［7］　こうしたことは，（英国）高校生が野生動物を観察したり，あるいはモスクが祭りの際に使い捨てのプラスチックを避けるなど，環境にやさしい習慣を身につけるよう信者の集団に促したりすることを通して可能となるかもしれない。こういったプロジェクトが必要な理由は，一般市民と

東京理科大-理工〈B方式-2月6日〉　　　　　2022 年度　英語〈解答〉　179

多くの科学者の間に存在する社会的な隔たりにある。「もしあなたが科学者としての訓練を受けているなら，学校，大学，博士課程を修了することができているので，あなたは非常に恵まれているのです」と，レディング大学のプロジェクト暫定ディレクターの Erinma Ochu 教授は言う。

[8]　科学者が一般社会から孤立することも，何の得にもならない。英国の EU 離脱，厳しい移民政策，フェイクニュースが科学者たちに与えた打撃は，地域コミュニティに働きかけることの重要性を彼らに理解させた。「象牙の塔の中にいて，外の世界で起きていることを自分たちには関係ないことのように装うことはできないと彼らは気づいたのです」と Khan 氏は言う。「彼らは，人々は自分たちが科学と関わりをもち，科学者たちが自分たちのために存在していると感じてもらわなければならないと知っています」　これはつまり，一般市民が言わなければならないことに積極的に耳を傾けるということだ。「もし科学者が我々が直面している問題を解決しようとするならば，科学者のように考えたり行動したりしない人々とコミュニケーションをとることを学ばなければなりません」と，Ochu 氏も同意する。「私にとって，科学の未来は本棚にある本ではなく，地面を踏むブーツにあるのです」

━━━━━◀解　説▶━━━━━

(1)下線部(A)を含む文は「素早いクリック5回で，オンラインクラウドソーシングの天文学プロジェクトの一環として，銀河を分類するよう求められるとき，その期待は正しいものとなる」という意味。The anticipation は前文で述べられている，ギャラクシー・ズーのホームページを見て感じる興奮のスリルを指している。つまり，わくわくしながらホームページを読み進めると，その期待にたがわない，という趣旨なので，3.「あなたはがっかりしないだろう」が正解。1.「あなたは不安を感じるだろう」，2.「あなたは責任を感じるだろう」，4.「あなたは満たされないだろう」はいずれも不適。

(2)与えられた英文は「ズーニバースは市民に，気軽に（　(ii)　）科学プロジェクトの機会を与えるので，人気を（　(i)　）と Lintott 氏は考えている」という意味。第2段第1文（"Galaxy Zoo was …）に「ギャラクシー・ズーは，科学に参加したいという熱意がこれだけあることを示した最初のプロジェクトの1つでした」という Lintott 氏の発言があること，お

180 2022 年度　英語〈解答〉　　　　　　　　東京理科大-理工〈B方式-2月6日〉

よび第 1 段最終文 (The project is hosted …) より，ギャラクシー・ズーはズーニバースというプラットフォーム上のプロジェクトであることがわかる。したがって，(i)には 2 の gained を入れて「人気を集めた」という意味に，また(ii)には 4 の take part in を入れて「彼ら（＝市民）が気軽に参加できる」という意味にする。

(3)空所を含む文は For instance「例えば」で始まるので，前文「ギャラクシー・ズーは増加している市民科学プロジェクトの 1 つにすぎず，他の多くのものは地域社会との取り組みに重点を置いている」の一例を述べる文とわかる。空所を含む文は「例えば，ケニアでは，ロンドン大学ユニバーシティ・カレッジ（UCL）の科学者と地元のパートナーが，マサイ族と協力して，気候危機（　(B)　）環境を守るために取り組んでいる」という意味。続く部分で，スマートフォンアプリを用いて重要な薬用植物の種を管理するという具体的な内容が説明されているので，気候危機から環境を守るという趣旨になるように，protect *A* against *B*「*B* から *A* を保護する」という形になるように 1 の against を入れる。

(4)与えられた文は「invasive species とは，在来でない（　　　）生命体のことである」で，invasive species の定義を本文の内容に合わせて述べる必要がある。本文の下線部(C)を含む文は「そのアプリを使えば，マサイ族が植物の位置をアップロードすると，その結果を分析し，彼らが保護したい植物の写真だけでなく，親指を立てるとか，アリとか，invasive species の横に赤い進入禁止のサインというようなアイコンを使って表示することができる」という意味で，植物を保護するために表示し，その隣に赤い進入禁止のサインを示す対象は，環境保全のために忌避または除外したいものである。与えられた語群を見ると，causes, environment, harm があるので，「本来そこにあるべきでない種がそこで環境に害をなす」という趣旨になるように，an organism that の that は主格の関係代名詞と考え，語群の where は関係副詞として用い，causes harm in an environment where it is (not native)と並べる。

(5)第 4 段第 1 文 (Yet the participation …)「しかし，一般市民の科学への参加は新しいものではない」より，この段落では古くからの一般市民の科学への参加の例が述べられる。下線部を含む文の although の前までは「少なくとも，それはチャールズ＝ダーウィンの時代の紳士淑女の化石収

東京理科大-理工〈B方式-2月6日〉 2022年度　英語〈解答〉 *181*

集家や植物学者の時代までさかのぼる」という意味。although は〈譲歩〉を表し，although 以下は「もっともフローレンス＝ナイチンゲールの方が市民科学の基本的な精神をよく（　　　）と言えるだろうが」となる。続く部分で，ナイチンゲールが正式な教育を受けずとも根拠に基づく看護の先駆者となったことが述べられていて，一般市民の科学への参加を<u>体現し</u><u>ていた</u>と言えるので，4.「表す」が正解。1.「隠す」，2.「矛盾する」，3.「模倣する」はいずれも不適。

(6)この段落では，一般市民の科学への参加は昔からあったが，いったんその後「悪名高い象牙の塔」に引きこもることになった，つまり科学は科学者のものとして一般市民とは離れた存在になった，と展開する。Toos van Noordwijk 氏の発言として，「ダーウィンの時代にまでさかのぼる，人々が科学を行うことに携わってきた伝統は確かにあるのです。たとえそれが社会の富裕層であったとしても」に続く部分なので，科学が一般市民に開かれることに対して肯定的な趣旨になる。huge は movement を修飾して huge movement を a に続け，more は inclusive の前に置けるので，(there's a) huge movement for science to be more inclusive (again and …)「科学が（再び）より包括的なものとなる…大きな動きがある」とする。

(7)空所を含む文は「市民科学は，その明らかな利点（　(F)　），まだ課題も抱えている」という意味で，続く部分では市民科学が抱える課題について具体的に説明されている。3.「～にもかかわらず」を入れると，「市民科学には利点もあるが，課題もある」という自然な文意となる。1.「～の結果として」，2.「～の前に」，4.「要約すれば」はいずれも不適。

(8)与えられた英文は「市民科学にはまだ課題がある。第一に，科学者は，人々の貢献に対して（　(i)　）ないかもしれない。このことは，人々が将来の研究に協力する（　(ii)　）させるかもしれない。第二に，科学的な組織は，まだ完全には市民科学に（　(iii)　）ではない。第三に，人々が科学に関わり続けるのは，文化的活動に関わり続けるほど（　(iv)　）ではない」

(i) contribution という語に着目すると，第5段第2文（Researchers have a reputation …）に「研究者たちは，あるコミュニティに到着すると，そのデータを利用し，<u>その貢献に対する謝意を示すことなくそこを去</u>

っていくという評判がある」とあるので，2．「謝意を表す」を入れる。
1．「時間を見越す」，3．「計画を準備する」，4．「受賞する」は不適。
(ii)第5段第3文（"People have been …）に「人々はこのことで傷ついて
おり，すべての科学者が将来そのコミュニティと関わることができるかど
うかに影響しています」とあり，傷ついた人々がもう研究に協力する気持
ちがうせるという流れになるように，4．「気が進まない」を入れる。1．
「熱心な」，2．「喜んで」，3．「我慢できない」は不適。
(iii)第5段第4・5文（There is … citizen science group.）で，科学教育
は幅広い参加と協力に向いているわけではなく，慎重に設計された実験を
厳しく管理することに向けられているといった，科学界内部でも市民科学
に開かれていない部分があるという内容が述べられているので，2．「開
かれた」を入れる。1．「異質な」，3．「反対した」，4．「満足な」は不
適。
(iv)第5段第7文（People leave school …）に「人々は，学校や大学を出
て，映画や本，音楽など，科学とは違う形で文化に関わり続けると，すぐ
に自分の能力に自信を失ってしまう」とあり，人々が文化活動ほど科学に
関わらなくなっていくことが述べられているので，3．「簡単な」を入れ
る。1．「悪い」，2．「難しい」，4．「良い」はいずれも不適。
(9)「第6段の下線部(1)〜(4)のうち，市民科学の考えと一致していないもの
はどれか」
第6段第1文（"We've created this structure …）「私たちは，科学の学
位をもっていて，なおかつ科学の仕事をしていないと，科学をしていると
感じられないという，この構造を作ってしまいました」より，市民科学は
この構造を打破するものとなるはずである。(1)「中間領域を作ること」，
(3)「科学者たちから一般人へと権力を移行させること」，(4)「幅広い範囲
のコミュニティと連携して活動するよう研究者を訓練すること」は，いず
れも市民科学の考えに沿う。(2)「参加するかしないか」という二者択一は
する必要がないと述べられているので，これは市民科学の考えに一致しな
い。したがって，(2)が正解。
(10)「第4段および第8段の ivory tower（象牙の塔）に住むような人々を
最もよく表しているのは次のうちどれか」
第4段「その後，科学は専門化し，いくつかの注目すべき例外をもって，

東京理科大-理工〈B方式-2月6日〉　　　　2022 年度　英語〈解答〉　*183*

悪名高い象牙の塔に引きこもるようになった」，および第8段「象牙の塔の中にいて，外の世界で起きていることを自分たちには関係ないことのように装うことはできないと彼らは気づいたのです」より，ivory tower は一般市民に開かれていない，科学者たちだけに閉ざされた領域の科学であることが示唆されている。3．「科学は社会と無関係に行えると考えている人たち」が最も適している。1．「科学的な実験に参加しないと決めている人たち」，2．「科学者コミュニティの外のことに大きな関心をもつ人たち」，4．「大切な人に何が起きているのかを知りたい人たち」は，いずれも不適。

⑾ stake の意味がわからなくても，「彼ら（＝科学者）は，人々は<u>自分たちが科学における stake をもち</u>，科学者たちが自分たちのために存在していると感じてもらわなければならないと知っています」という文意から，人々と科学は関係があり，科学の理解のために科学者がいると認識する，という趣旨になると予測できる。4．「科学は彼らにとって重要である」ととらえると，続く文（This means …）「これはつまり，一般市民が言わなければならないことに積極的に耳を傾けるということだ」に自然につながる。have a stake in ～ で「～にかかわり合いがある」という意味。1．「科学は彼らを傷つける」，2．「科学は無秩序を無視するのに役立つ」，3．「科学は金もうけの手段である」は，いずれも不適。

⑿先行する If 節は「もし科学者が我々が直面している問題を解決しようとするならば」という意味であり，主節の they は scientists を指すので，科学者がとらなければならない行動を表す部分を完成させる。前の部分で，科学者が一般市民の言うことに耳を傾ける必要性について言及しているので，（they have to learn）to communicate with people who don't think（and act like scientists）「科学者のように考えたり行動したりしない人々とコミュニケーションをとることを学ばなければならない」とすると，文脈に合う文となる。

⒀タイトルとして最も適切なものを選ぶ。第1～3段ではギャラクシー・ズーをはじめとして，市民が参加する科学の研究について紹介されている。第4段では市民の科学への参加は古くからあること，第5～8段では，市民科学には明らかな利点があるにもかかわらず課題があり，科学者が一般市民へ科学の門戸を広げるよう努力する必要があることが述べられている。

184 2022 年度 英語〈解答〉　　　　　　東京理科大-理工〈B方式-2月6日〉

3.「市民科学の台頭：市民は私たちの最大の問題の解決に手助けできるか？」が英文の内容を最もよく表しているので，3が正解。1.「市民科学の注目点：環境問題への対策として確立された手法」，2.「市民科学の未来：女性研究者を増やすには？」，4.「市民科学の秘訣：学生ボランティアの活用」は，いずれも英文全体の主旨を表すタイトルとして不適。

2　解答

(1) 3 → 2 → 5 → 7 → 6 → 4 → 1

(2) 7 → 1 → 2 → 5 → 4 → 6 → 3 → 8

(3) 1 — T 　2 — T 　3 — F 　4 — F 　5 — T 　6 — F 　7 — F 　8 — T

◆全　訳◆

≪出席に関する大学の方針と，欠席を教員に届け出る学生のメール≫

出席に関する方針

　学生自身の病気やケガで1週間を超えて，または家族の死亡で最長7日間欠席する場合，教務課は「欠席説明書」を発行します。学生の病気やケガによる欠席が1週間未満の場合は，欠席説明書は発行されませんので，学生本人が直接担当教員に事情を説明する必要があります。

　欠席説明書を教務課に提出する場合は，必要事項をすべて記入しなければなりません。本人の病気やケガによる様式を提出する場合は，学生は診断名，治療期間を含む診断書と医療費の領収書も提出しなければなりません。

　学生が欠席説明書を提出したら，ただちに教務課の担当者が提出書類を確認します。申請に問題がなければ，欠席説明書に押印し，メールにて学生に返却されます。学生はそれから，押印された説明書を担当教員にメールで送付してください。

　なお，欠席説明書は，欠席を自動的に許可するものではないことにご注意ください。授業の欠席に関するすべての判断は，各担当教員が行います。

　個人的な事情で欠席する場合は，欠席説明書を発行できません。上記に記載された理由以外で欠席しようとする場合は，直接担当教員に相談してください。

宛先：smith@univ.ac.jp

差出人：hanakonoda@univ.ac.jp

東京理科大-理工〈B方式-2月6日〉　　　2022年度　英語〈解答〉　*185*

件名：明日の授業の欠席と締切延長のお願い

日付：2022年11月23日

スミス教授，

木曜日3限の経済学2Aの授業を受講しているノダ=ハナコと申します。この度，2週間の欠席をお願いしたく，メールを書かせていただいています。昨日，父から電話があり，母が脚を骨折してしまったと伝えられました。そのため，私はすぐに故郷に帰り，家族を助けなければなりません。故郷は遠く，そこに着くには大学から電車で5時間超かかります。したがって，残念ながら明日の授業には出席できません。今，大学のウェブサイトから添付の欠席説明書をダウンロードしたところで，その中で母のケガのため，先生の授業を欠席しますと説明を書いています。欠席についてご確認いただいたあと，教務課にそれを送って押印してもらう予定です。また，課題の締切が欠席中にあたります。大変申し訳ないのですが，提出期限に間に合いそうにありません。11月29日まで締切を延長していただくことはできませんでしょうか。

ご検討のほど，よろしくお願いいたします。

よろしくお願い申し上げます。

ノダ=ハナコ

■━━━◀解　説▶━━━■

⑴ (If you will) be absent for reasons other than described above (, please consult ….)

前の段落までで Absence Explanation Form の発行の手順について説明されているが，この段落の第1文（An Absence Explanation Form cannot …）では「個人的な事情で欠席する場合は，欠席説明書を発行できません」とある。主節 please consult with your instructor(s) directly は「直接担当教員に相談してください」という意味なので，欠席説明書が発行されない条件となるように，「上記に記載された理由以外で欠席しようとする場合は」という意味の if 節にする。other than ～「～以外の」

⑵ (Is) there any chance of extending the deadline to (the 29th of November?)

翌日の授業の欠席を届け出て，課題の締切の延長を願い出る学生のメールである。前の部分で「また，課題の締切が欠席中にあたります。大変申し

186 2022 年度　英語〈解答〉　　　　　　　　　東京理科大-理工〈B方式-2月6日〉

訳ないのですが，提出期限に間に合いそうにありません」と説明し，あとに「11 月 29 日」と日付があるので，締切を延ばしてもらう依頼の文にする。Is there any chance of ～?「～の可能性はありますか」

(3)1.「ある学生が病気で 8 日間欠席する場合，提出書類のすべてに不備がなければ，押印された欠席説明書を教務課から受け取るだろう」

出席に関する方針の第 1 段第 1 文（In the event that …）「学生自身の病気やケガで 1 週間を超えて…欠席する場合，教務課は『欠席説明書』を発行します」と，第 3 段第 1・2 文（Once a student … to the student via email.）に「学生が欠席説明書を提出したら，ただちに教務課の担当者が提出書類を確認します。申請に問題がなければ，欠席説明書に押印し，メールにて学生に返却されます」とあるので，1 は正しい。

2.「学生が病気やケガのために欠席説明書を教務課に提出するときは，学生は診断書と治療費の領収書も提出しなければならない」

出席に関する方針の第 2 段第 2 文（If submitting the form …）「本人の病気やケガによる様式を提出する場合は，学生は診断名，治療期間を含む診断書と医療費の領収書も提出しなければなりません」と一致する。

3.「教務課は，学生から欠席説明書を受け取ったのち，担当教員に直接欠席説明書を転送する」

出席に関する方針の第 3 段第 2・3 文（If the application … their instructor(s) via email.）より，教務課は欠席説明書を学生にメールで返却し，学生自身が担当教員にそれを送付しなければならないので，不一致。

4.「担当教員は，欠席説明書の提出があった場合，必ず学生の欠席を承認するべきである」

出席に関する方針の第 4 段第 1・2 文（Please note that … by individual instructors.）「なお，欠席説明書は，欠席を自動的に許可するものではないことにご注意ください。授業の欠席に関するすべての判断は，各担当教員が行います」に不一致。

5.「ノダ=ハナコの欠席理由は，出席に関する方針に記載されているガイドラインに適合していない」

ノダ=ハナコの欠席理由は，メール本文の 3 行目以降（Yesterday I had a call from …）より，母親の骨折により家族を助けるために帰郷しなければならないというものである。出席に関する方針の第 1 段より，欠席説明

東京理科大-理工〈B方式-2月6日〉　　2022年度　英語〈解答〉　*187*

書が発行されるのは「学生自身の病気やケガで1週間を超えて，または家族の死亡で7日間まで欠席する場合」であり，最終段（An Absence Explanation Form cannot …）にあるように，個人的な理由では発行されないので，本文の内容と一致する。

6.「ノダ=ハナコの故郷は，大学から電車で5時間以内の場所にある」

ノダ=ハナコのメール本文の5行目以降（My hometown is far away, …）に「故郷は遠く，そこに着くには大学から電車で5時間超かかります」とあるので，不一致。

7.「ノダ=ハナコがメールに添付した欠席説明書には押印がなされている」

ノダ=ハナコのメール本文の7行目以降（I have just downloaded …）「今，大学のウェブサイトから添付の欠席説明書をダウンロードしたところで，その中で母のケガのため，先生の授業を欠席しますと説明を書いています。欠席についてご確認いただいたあと，教務課にそれを送って押印してもらう予定です」より，押印はなされていないので不一致。

8.「ノダ=ハナコは，当初の予定通りには課題を提出することができないだろうと書いている」

ノダ=ハナコのメール本文の12行目以降（Also, an assignment is due …）で，「また，課題の締切が欠席中にあたります。大変申し訳ないのですが，提出期限に間に合いそうにありません」とあるのに一致する。

188 2022 年度　英語〈解答〉　　　　　　　　　東京理科大-理工〈B 方式-2 月 6 日〉

❖講　評

　　大問 3 題の出題が続いていたが，2022 年度は大問 2 題の出題となり，大問①の英文量が増加している。解答を始める前に冊子全体を見渡し，時間配分を確認したい。なお，全問マークシート法であった。

　　①　市民が科学の研究や調査に参加することの利点やその課題について述べた英文。分量は多めだが英文の展開は複雑ではない。試験時間が限られているので，先に設問をざっと見渡して，解ける問題から解いていき，英文をさかのぼって読む回数を減らしたい。(1)・(5)・(11)のような同意表現の問題は，文脈から内容を推測して答えるものと，単語の意味を知っていればただちに解答できるものがある。語彙力をつけておけば有利なので，特に自然科学領域の英文を中心にさまざまな話題の英文にふれておきたい。(3)・(7)のような空所補充問題も同様である。(2)・(8)のように要約文を完成させる問題では，英文の内容を別の表現で言い換えるものや，内容を端的にまとめるものがあり，いずれにせよ英文内容の正しい理解と語彙の知識が求められる。(4)・(6)・(12)のような語句整序問題は，その箇所にどのような内容が入るかを予測し，文法や動詞の語法などを手がかりに正しい文となるように組み立てる。(9)・(10)のように本文の内容に基づいて答える問題や，(13)のようにタイトルとしてふさわしいものを選ぶ問題は，英文内容の確実な読み取りが必須である。特に主題を問われる問題では，英文の内容と一致していても，英文全体の主旨としてふさわしくなければ正解となりえない点に注意する。

　　②　大学の「欠席説明書」の取得方法と，欠席と課題の締切延長を教員に伝える学生のメールである。(1)・(2)の語句整序は，前後の文脈と与えられた語群から意味を推測して解く。語句と構文の知識を活用して素早く解答したい。(3)の T / F 判定は，いずれも本文中に該当箇所を探し出して正誤を判定する。5 では，学生のメール内では「あとで教務課に押印してもらう」と書かれているが，この学生の欠席理由では押印はなされないということを確認しておきたい。

東京理科大-理工〈B方式-2月6日〉　　　　2022 年度　数学〈解答〉　*189*

数学

（注）　解答は，東京理科大学から提供のあった情報を掲載しています。

1 解答

(1)ア. 1　イ. 3　ウ. 2　エ. 2　オ. 4　カ. 3
キ. 4　ク. 4　ケ. 4　コ. 4

(2)サ. 7　シ. 6　ス. 7　セ. 4　ソ. 7　タチ. 12　ツ. 7　テ. 8
トナ. 49　ニヌ. 96

(3)ネ. 2　ノ. 3　ハ. 4　ヒフヘ. 128　ホ. 4　マ. 1　ミ. 5
ム. 5　メ. 5　モ. 9　ヤ. 5　ユ. 1　ヨ. 4　ラ. 1　リ. 2

◀解　説▶

≪小問 3 問≫

(1)(a)　$n-a=b≧0$ だから，$0≦a≦n$ で

$$(a, b) = (0, n), (1, n-1), (2, n-2), \cdots, (n, 0)$$

よって　　$n+1$ 個　（→ア）

(b)　$n-c=a+b≧0$ だから　　$0≦c≦n$

この範囲で c の値を 1 つ定めたとき，(a)より，(a, b) は $n-c+1$ 個。
c は $c=0, 1, 2, \cdots, n$ の $n+1$ 通りの場合があるから，(a, b, c) の個数は

$$\sum_{c=0}^{n} (n-c+1) = (n+1) + n + \cdots + 2 + 1$$

$$= \frac{(n+1+1)(n+1)}{2} = \frac{n^2+3n+2}{2} \text{ 個　（→イ～エ）}$$

(c)　$n-2c=a+b≧0$ だから　　$0≦c≦\dfrac{n}{2}$

この範囲で c の値を 1 つ定めたとき，(a)より，(a, b) は $n-2c+1$ 個。

(ⅰ)n が奇数のとき

$\dfrac{n}{2}$ 以下で最大の整数は $\dfrac{n-1}{2}$ だから，c は $c=0, 1, 2, \cdots, \dfrac{n-1}{2}$ の $\dfrac{n+1}{2}$

通りの場合がある。よって，(a, b, c) の個数は

$$\sum_{c=0}^{\frac{n-1}{2}}(n-2c+1) = (n+1)+(n-1)+(n-3)+\cdots+2$$

$$=\frac{(n+1+2)\cdot\dfrac{n+1}{2}}{2}$$

$$=\frac{n^2+4n+3}{4} \text{個} \quad (\to \text{オ}\sim\text{キ})$$

(ⅱ) n が偶数のとき

$\dfrac{n}{2}$ 以下で最大の整数は $\dfrac{n}{2}$ だから，c は $c=0$, 1, 2, $\cdots$, $\dfrac{n}{2}$ の $\dfrac{n+2}{2}$ 通りの場合がある。よって，(a, b, c) の個数は

$$\sum_{c=0}^{\frac{n}{2}}(n-2c+1) = (n+1)+(n-1)+(n-3)+\cdots+1$$

$$=\frac{(n+1+1)\cdot\dfrac{n+2}{2}}{2}$$

$$=\frac{n^2+4n+4}{4} \text{個} \quad (\to \text{ク}\sim\text{コ})$$

(2) OA∥BC だから，△ADF と △CDE は相似で

AF：CE＝AD：CD＝1：3

CE：OA＝1：2 だから

AF：CE：OA＝1：3：6

よって，$\overrightarrow{\mathrm{OF}}=\dfrac{7}{6}\vec{a}$ （→サ・シ）

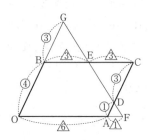

OB∥AC だから，△BEG と △CED は相似で

BG：CD＝BE：CE＝1：1

CD：OB＝3：4 だから

BG：CD：OB＝3：3：4

よって　$\overrightarrow{\mathrm{OG}}=\dfrac{7}{4}\vec{b}$ （→ス・セ）

l 上の点 P は，直線 FG 上の点だから

$\overrightarrow{\mathrm{OP}} = (1-t)\overrightarrow{\mathrm{OF}} + t\overrightarrow{\mathrm{OG}}$

東京理科大-理工〈B方式-2月6日〉　　　　　　　2022 年度　数学〈解答〉　191

$$= (1-t) \cdot \frac{7}{6}\vec{a} + t \cdot \frac{7}{4}\vec{b} \quad (t \text{ は実数})$$

と表せる。$0<t<1$ より，P は線分 FG を
$t:(1-t)$ に内分する点である。H，J はそれ
ぞれ OA，OB 上の点で，四角形 OHPJ は平行
四辺形だから

$$\overrightarrow{\text{OH}} = \frac{7}{6}(1-t)\vec{a}, \quad \overrightarrow{\text{OJ}} = \frac{7}{4}t\vec{b}$$

と表せる。よって

$$\text{OH} = \frac{7}{6}(1-t)\text{OA}, \quad \text{OJ} = \frac{7}{4}t\text{OB}$$

平行四辺形 OACB の面積を S とすると，平行四辺形 OHPJ の面積は

$$S \cdot \frac{\text{OH}}{\text{OA}} \cdot \frac{\text{OJ}}{\text{OB}} = S \cdot \frac{7}{6}(1-t) \cdot \frac{7}{4}t$$

$$= \frac{49}{24}S\left\{ -\left(t-\frac{1}{2}\right)^2 + \frac{1}{4} \right\}$$

$0<t<1$ より，$t=\dfrac{1}{2}$ のとき最大となる。このとき

$$\overrightarrow{\text{OP}} = \frac{7}{6} \cdot \frac{1}{2}\vec{a} + \frac{7}{4} \cdot \frac{1}{2}\vec{b}$$

$$= \frac{7}{12}\vec{a} + \frac{7}{8}\vec{b} \quad (\to \text{ソ} \sim \text{テ})$$

また，平行四辺形 OHPJ の面積は　　$\dfrac{49}{24} \cdot \dfrac{1}{4}S = \dfrac{49}{96}S$

よって，平行四辺形 OHPJ の面積は平行四辺形 OACB の面積の $\dfrac{49}{96}$ 倍。

$$(\to \text{ト} \sim \text{ヌ})$$

(3)(a) $\quad -1+i = \sqrt{2}\left(-\dfrac{1}{\sqrt{2}} + \dfrac{1}{\sqrt{2}}i \right)$

$$= \sqrt{2}\left(\cos\frac{3}{4}\pi + i\sin\frac{3}{4}\pi \right) \quad (\to \text{ネ} \sim \text{ハ})$$

ド・モアブルの定理より

$$(-1+i)^{14} = (\sqrt{2})^{14}\left\{ \cos\left(\frac{3}{4}\pi \cdot 14\right) + i\sin\left(\frac{3}{4}\pi \cdot 14\right) \right\}$$

$$= 128\left(\cos\frac{21}{2}\pi + i\sin\frac{21}{2}\pi\right)$$

$$= 128i \quad (\rightarrow\text{ヒ}\sim\text{ヘ})$$

また $\quad (-1+i)^n = (\sqrt{2})^n\left(\cos\frac{3}{4}n\pi + i\sin\frac{3}{4}n\pi\right)$

これが実数とすると，虚部が 0 だから

$$\sin\frac{3}{4}n\pi = 0$$

$$\frac{3}{4}n\pi = k\pi \quad (k \text{ は整数})$$

$$n = \frac{4}{3}k$$

自然数 n は $k=3$ のとき最小で $\quad n=4 \quad (\rightarrow\text{ホ})$

別解 具体的に計算してもよい。

$$(-1+i)^2 = 1-2i-1 = -2i$$

$$(-1+i)^3 = -2i(-1+i) = 2+2i$$

$$(-1+i)^4 = (-2i)^2 = -4$$

$$(-1+i)^8 = (-4)^2 = 16$$

$$(-1+i)^{14} = 16\cdot(-4)\cdot(-2i) = 128i$$

(b) $z^5 = -1$ より

$$|z^5| = |-1|$$

$$|z|^5 = 1$$

$$|z| = 1 \quad (\rightarrow\text{マ})$$

よって，$z = \cos\theta + i\sin\theta$ と表せる。このとき，ド・モアブルの定理より

$$z^5 = \cos 5\theta + i\sin 5\theta$$

$z^5 = -1$ より $\quad \cos 5\theta = -1,\ \sin 5\theta = 0 \quad (\rightarrow\text{ミ})$

このとき

$$5\theta = \pi + 2m\pi \quad (m \text{ は整数})$$

$$\theta = \frac{2m+1}{5}\pi$$

$0\leq\theta<2\pi$ より $\quad m = 0,\ 1,\ 2,\ 3,\ 4$

よって，θ の値は 5 通りに定まる。$\quad (\rightarrow\text{ム})$

東京理科大-理工〈B方式-2月6日〉　　　　　2022 年度　数学〈解答〉　*193*

$m=0$ のとき θ は最小で $\theta=\dfrac{\pi}{5}$，$m=4$ のとき θ は最大で $\theta=\dfrac{9}{5}\pi$。

（→メ～ヤ）

(c)　$w^5+(w+1)^5=0$ より，$w\neq0$ だから，両辺を w^5 で割ると

$$1+\left(1+\frac{1}{w}\right)^5=0$$

$$\left(1+\frac{1}{w}\right)^5=-1 \quad （→ユ）$$

(b)から，$z=1+\dfrac{1}{w}$ とすると　　$z^5=-1$

よって，z の値は 5 通りある。$z\neq1$ だから，変形して

$$w=\frac{1}{z-1}$$

z が異なれば w も異なるから，w の値も 5 通りある。w が実数となる条件は z が実数となることである。これは，(b)で $\theta=0$，π，つまり，$m=2$ のとき。

よって，5 通りの z の値のうち，実数は 1 個，虚数は 4 個だから，w の値のうち実数でないものは 4 個。　（→ヨ）

$z=\cos\theta+i\sin\theta$ とすると

$$w=\frac{1}{z-1}=\frac{1}{\cos\theta+i\sin\theta-1}=\frac{\cos\theta-1-i\sin\theta}{(\cos\theta-1)^2+\sin^2\theta}$$

$$=\frac{\cos\theta-1-i\sin\theta}{2-2\cos\theta}=-\frac{1}{2}-\frac{\sin\theta}{2(1-\cos\theta)}i$$

よって，w の実部は　　$-\dfrac{1}{2}$　（→ラ・リ）

$\boxed{2}$　**解答**　$(1)a_2=\dfrac{11}{3}$，$a_3=\dfrac{41}{13}$　$(2)\alpha=3$，$b_{n+1}=\dfrac{1}{4}b_n$

$(3)b_n=\dfrac{2}{5}\cdot\left(\dfrac{1}{4}\right)^{n-1}$　$(4)a_n=\dfrac{15\cdot4^{n-1}+6}{5\cdot4^{n-1}-2}$，$\displaystyle\lim_{n\to\infty}a_n=3$

$(5)c_n=\dfrac{10\cdot4^{n-2}-1}{3}$

※計算過程の詳細については省略。

194 2022 年度　数学〈解答〉　　　　　　　　　　　東京理科大-理工〈B方式-2月6日〉

■◀ 解　説 ▶■

≪分数型の漸化式，整数と最大公約数≫

(1)　与式より

$$a_2 = \frac{5a_1 + 9}{a_1 + 5} = \frac{5 \cdot 7 + 9}{7 + 5} = \frac{11}{3} \quad \cdots\cdots(答)$$

$$a_3 = \frac{5a_2 + 9}{a_2 + 5} = \frac{5 \cdot \dfrac{11}{3} + 9}{\dfrac{11}{3} + 5} = \frac{41}{13} \quad \cdots\cdots(答)$$

(2)　$\alpha = \dfrac{5\alpha + 9}{\alpha + 5}$ より

$$\alpha(\alpha + 5) = 5\alpha + 9$$
$$\alpha^2 = 9$$

$\alpha > 0$ より　　$\alpha = 3$　　$\cdots\cdots(答)$

よって，$b_n = \dfrac{a_n - 3}{a_n + 3}$ となり　　$b_{n+1} = \dfrac{a_{n+1} - 3}{a_{n+1} + 3}$

ここで

$$a_{n+1} - 3 = \frac{5a_n + 9}{a_n + 5} - 3 = \frac{2(a_n - 3)}{a_n + 5}$$

$$a_{n+1} + 3 = \frac{5a_n + 9}{a_n + 5} + 3 = \frac{8(a_n + 3)}{a_n + 5}$$

すべての自然数 n で $a_n > 0$ だから　　$a_n + 3 \neq 0$

よって　　$b_{n+1} = \dfrac{2(a_n - 3)}{8(a_n + 3)} = \dfrac{1}{4} b_n$　　$\cdots\cdots(答)$

(3)　(2)より，数列 $\{b_n\}$ は公比 $\dfrac{1}{4}$ の等比数列である。初項は

$$b_1 = \frac{a_1 - 3}{a_1 + 3} = \frac{7 - 3}{7 + 3} = \frac{2}{5}$$

よって，一般項は　　$b_n = \dfrac{2}{5} \cdot \left(\dfrac{1}{4}\right)^{n-1}$　　$\cdots\cdots(答)$

(4)　(3)より

$$\frac{2}{5} \cdot \left(\frac{1}{4}\right)^{n-1} = \frac{a_n - 3}{a_n + 3}$$

$$2(a_n + 3) = 5 \cdot 4^{n-1}(a_n - 3)$$

東京理科大-理工〈B方式-2月6日〉　　　　　　　2022 年度　数学〈解答〉　*195*

$$(5 \cdot 4^{n-1} - 2)\, a_n = 15 \cdot 4^{n-1} + 6$$

$n \geq 1$ より　　$15 \cdot 4^{n-1} - 6 > 0$

よって

$$a_n = \frac{15 \cdot 4^{n-1} + 6}{5 \cdot 4^{n-1} - 2} \quad \cdots\cdots (答)$$

$$\lim_{n\to\infty} a_n = \lim_{n\to\infty} \frac{15 + \dfrac{6}{4^{n-1}}}{5 - \dfrac{2}{4^{n-1}}} = \frac{15 + 0}{5 - 0} = 3 \quad \cdots\cdots (答)$$

(5)　$N = 5 \cdot 4^{n-1} - 2$ とする。(4)より

$$a_n = \frac{3\,(N+4)}{N}$$

$3\,(N+4)$ と N の最大公約数を d とすると，$c_n = \dfrac{N}{d}$ と表せる。

$3\,(N+4) = 3N + 12$ だから，d は 12 と N の最大公約数と等しい。

$12 = 2^2 \cdot 3$ より，d が 2，2^2，3 の倍数かどうかを調べる。

(ⅰ)$4^{n-1} = 4 \cdot 4^{n-2}$ より　　　$N = 2\,(10 \cdot 4^{n-2} - 1)$

$n \geq 2$ だから　　$2n - 3 \geq 1$

よって，$5 \cdot 2^{2n-3} - 1$ は奇数だから，N は 2 の倍数だが，2^2 の倍数ではない。

(ⅱ)$4 \equiv 1$，$5 \equiv 2 \pmod 3$ だから

$$N \equiv 2 \cdot 1^{n-1} - 2 = 0 \pmod 3$$

よって，N は 3 の倍数である。

(ⅰ)，(ⅱ)より，N は 2，3 の倍数だが，2^2 の倍数ではない。よって，$d = 6$ で

$$c_n = \frac{N}{6} = \frac{10 \cdot 4^{n-2} - 1}{3} \quad \cdots\cdots (答)$$

3 解答

(1) $b = e^{\frac{1}{a-1}}$ (2) $(a-1,\ e)$

(3) $S = (a-1)^2(e-2)$ (4) $a=4$, $f(1) = 3 \cdot e^{\frac{1}{3}}$

※計算過程の詳細については省略。

◀解　説▶

≪指数関数を含む関数の微・積分≫

(1) $f(x) = (a-x)b^x$ より

$$f'(x) = -b^x + (a-x)b^x \log b$$

$x=1$ で極値をとるから　$f'(1) = 0$

$$f'(1) = -b + (a-1)b\log b = 0$$

$b>1$ より　$-1 + (a-1)\log b = 0$

$a>1$ より　$\log b = \dfrac{1}{a-1}$　$b = e^{\frac{1}{a-1}}$

このとき

$$f'(x) = -b^x + (a-x)b^x \cdot \dfrac{1}{a-1} = \dfrac{(1-x)b^x}{a-1}$$

$f'(x) = 0$ とすると　$x=1$

$a-1>0$, $b^x>0$ だから，増減表は右のようになる。よって，$x=1$ で極値をとるから条件をみたす。以上より

$$b = e^{\frac{1}{a-1}} \quad\cdots\cdots\text{(答)}$$

x	$\cdots$	1	$\cdots$
$f'(x)$	$+$	0	$-$
$f(x)$	↗	極大	↘

(2) $f(x) = g(x)$ とすると　$(a-x)b^x = b^x$

$b^x>0$ だから　$a-x=1$　$x=a-1$

このとき，(1)より　$y = b^{a-1} = \left(e^{\frac{1}{a-1}}\right)^{a-1} = e^1 = e$

よって，交点の座標は　$(a-1,\ e)$　……(答)

(3)　$f(x) - g(x) = (a-1-x)b^x$

$b^x>0$ だから

　$x<a-1$ のとき $f(x)>g(x)$

　$a-1<x$ のとき $f(x)<g(x)$

なお，S を求めるにあたっては $a-1>1$ として図を描いて考えても問題ない。以上よ

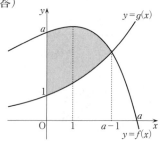

東京理科大-理工〈B方式-2月6日〉 2022 年度 数学〈解答〉 *197*

り

$$S = \int_0^{a-1} \{f(x) - g(x)\} dx$$

$$= \int_0^{a-1} (a-1-x)\, b^x dx$$

$$= \left[(a-1-x) \cdot \frac{b^x}{\log b} \right]_0^{a-1} - \int_0^{a-1} (-1) \cdot \frac{b^x}{\log b} dx$$

$$= 0 - (a-1) \cdot \frac{1}{\log b} + \left[\frac{b^x}{(\log b)^2} \right]_0^{a-1}$$

$$= -\frac{a-1}{\log b} + \frac{b^{a-1}-1}{(\log b)^2}$$

(1)より $\quad b^{a-1} = e, \quad \dfrac{1}{\log b} = a-1$

よって

$$S = -(a-1)^2 + (e-1)(a-1)^2$$

$$= (a-1)^2(e-2) \quad \cdots\cdots(\text{答})$$

(4) $\quad S = 9e - 18$ とすると，(3)より

$$(a-1)^2(e-2) = 9(e-2)$$

$$(a-1)^2 = 9$$

$a > 1$ より

$$a-1 = 3 \qquad a = 4 \quad \cdots\cdots(\text{答})$$

このとき，(1)より，$b = e^{\frac{1}{3}}$ だから

$$f(1) = (a-1)\,b = 3 \cdot e^{\frac{1}{3}} \quad \cdots\cdots(\text{答})$$

❖講　評

2022年度も，記述式2題，マークシート法1題（独立した内容の小問3問）という構成であった。全体を通して，各単元での基本的な知識が幅広く問われている。応用問題では小問による誘導がついているため，落ち着いて考えていこう。計算量が多くなりやすいため，できるだけ計算が簡単になるよう工夫しつつ，丁寧に進めたい。

1　(1)は整数の和を題材とした組合せの標準的な問題，(2)は平面図形とベクトルに関する基本的な問題，(3)は複素数平面に関する発展的な問題である。(1)では，どのような組合せがあるか具体的に考えると解答につなげやすい。変数が3つで考えにくいときは，1つを固定し，2変数として考えるとよい。(3)では，複素数の計算，特にド・モアブルの定理の扱いに慣れていないと難しい。指数が小さいときは，〔別解〕のように具体的に計算することも有効である。

2　(1)～(4)は分数型の漸化式に関しての標準的な問題，(5)は整数とその約数に関しての発展的な問題である。(1)～(4)は入試において頻出といえる題材で，類題も多い。誘導にしたがって進めていくとよい。(5)は「既約分数」を「最大公約数を求める」と考えるとよい。2数の最大公約数は，ユークリッドの互除法を用いて比較しやすい2数となるよう変形する。分母が3の倍数であることは，数学的帰納法を用いて示してもよい。(4)での a_n の一般項は，表し方が何通りかある $\left(\text{例えば，}\right.$

$$a_n = \frac{3(5 \cdot 2^{2n-3}+1)}{5 \cdot 2^{2n-3}-1}\left.\right)。$$ この表し方によって(5)の論証が少し変わる。

3　指数関数を含む関数の微・積分に関しての標準的な問題である。(1)では「$x=1$ で極値 $\Longrightarrow f'(1)=0$」を用いる。逆は成り立たないので，増減表で極値であることを確かめる必要がある。(3)では，必ずグラフの上下を確認する。基本的な部分積分の計算だが，a, b に惑わされて計算ミスをしないように丁寧に進めたい。

東京理科大-理工〈B方式-2月6日〉　　　2022 年度　物理〈解答〉 *199*

物理

（注）　解答は，東京理科大学から提供のあった情報を掲載しています。

1 **解答**　(1)(ア)―① 　(イ)―③ 　(ウ)―① 　(エ)―⑦
　　　　　　(2)(オ)―③ 　(カ)―⑤ 　(キ)―③ 　(ク)―①
(3)(ケ)―⓪ 　(コ)―② 　(サ)―⑦ 　(シ)―⑤ 　(ス)―②

◀解　説▶

≪2円板の衝突≫

(1)(ア)　弾性衝突なので，円板Bに対する円板Aの相対速度は衝突の前後で向きが逆となり大きさは変わらないから，衝突後の円板Aの速さを v_A とすると

$$v_0 = v_1 + v_A$$

$$\therefore \quad v_A = v_0 - v_1$$

(イ)　円板Aの質量を M_1 とすると，(ア)と運動量保存則より

$$mv_0 = m(-v_1) + M_1(v_0 - v_1)$$

$$\therefore \quad M_1 = \frac{v_0 + v_1}{v_0 - v_1}m$$

(ウ)　円板Bに対する円板Aの相対速度は衝突の前後で向きが逆となり大きさは e_1 倍になるから，衝突後の円板Aの速さを v'_A とすると

$$e_1 v_0 = v_1 + v'_A$$

$$\therefore \quad v'_A = e_1 v_0 - v_1$$

(エ)　円板Aの質量を M_2 とすると，(ウ)と運動量保存則より

$$mv_0 = m(-v_1) + M_2(e_1 v_0 - v_1)$$

$$\therefore \quad M_2 = \frac{v_0 + v_1}{e_1 v_0 - v_1}m$$

(2)(オ)　(イ)において v_1 を v_2，m を $2m$ に置き換えればよいので，円板Aの質量は

$$\frac{v_0 + v_2}{v_0 - v_2} \cdot 2m = \frac{2(v_0 + v_2)}{v_0 - v_2}m$$

(カ) (エ)において v_1 を v_2，m を $2m$，e_1 を e_2 に置き換えればよいので，円板Aの質量は

$$\frac{v_0 + v_2}{e_2 v_0 - v_2} \cdot 2m = \frac{2(v_0 + v_2)}{e_2 v_0 - v_2} m$$

(キ) (エ)・(カ)より

$$\frac{v_0 + v_1}{ev_0 - v_1} m = \frac{2(v_0 + v_2)}{ev_0 - v_2} m$$

$$(v_0 + v_1)(ev_0 - v_2) = 2(v_0 + v_2)(ev_0 - v_1)$$

$$\therefore \quad e = \frac{2v_0 v_1 + v_1 v_2 - v_0 v_2}{v_0(v_0 - v_1 + 2v_2)}$$

(ク) e を(エ)に代入すると，円板Aの質量は

$$\frac{v_0 + v_1}{\left\{\dfrac{2v_0 v_1 + v_1 v_2 - v_0 v_2}{v_0(v_0 - v_1 + 2v_2)}\right\} v_0 - v_1} m$$

$$= \frac{(v_0 + v_1)(v_0 - v_1 + 2v_2)}{(2v_0 v_1 + v_1 v_2 - v_0 v_2) - v_1(v_0 - v_1 + 2v_2)} m$$

$$= \frac{(v_0 + v_1)(v_0 - v_1 + 2v_2)}{v_0 v_1 - v_1 v_2 - v_0 v_2 + {v_1}^2} m$$

$$= \frac{(v_0 + v_1)(v_0 - v_1 + 2v_2)}{(v_0 + v_1)(v_1 - v_2)} m$$

$$= \frac{v_0 - v_1 + 2v_2}{v_1 - v_2} m$$

(3)(ケ) x 方向の運動量保存則より

$$mv_0 = MV_3 \cos\alpha - mv_3 \cos\theta \quad \cdots\cdots(*)$$

(コ) y 方向の運動量保存則より

$$0 = MV_3 \sin\alpha - mv_3 \sin\theta \quad \cdots\cdots(**)$$

(サ) $(*)$，$(**)$ より

$$\tan\alpha = \frac{MV_3 \sin\alpha}{MV_3 \cos\alpha} = \frac{mv_3 \sin\theta}{mv_0 + mv_3 \cos\theta}$$

$$= \frac{v_3 \sin\theta}{v_0 + v_3 \cos\theta}$$

(シ) 円板Aと円板Dが衝突したときの，円板Dの中心から円板Aの中心へ向かう方向が衝突後の円板Aの運動方向となるので，円板Aと円板Dが衝突したときの，中心間の距離は

$$\frac{d}{\sin\alpha}$$

よって，円板Aの半径は $\dfrac{d}{\sin\alpha} - r$

(ス) (サ)より $\tan\alpha = \dfrac{v_0\sin 60°}{v_0 + v_0\cos 60°} = \dfrac{\dfrac{\sqrt{3}}{2}}{1 + \dfrac{1}{2}} = \dfrac{1}{\sqrt{3}}$

∴ $\alpha = 30°$

(シ)に代入すると，円板Aの半径は

$$\frac{d}{\sin 30°} - r = 2d - r$$

 解答 (1)(ア)—⑦ (イ)—④ (ウ)—④ (エ)—① (オ)—①
(2)(カ)—⓪ (キ)—⑥ (ク)—⓪ (ケ)—① (コ)—⓪ (サ)—②
(シ)—①
(3)(ス)—⑦ (セ)—⑤ (ソ)—⑦ (タ)—① (チ)—⑥ (ツ)—⑦

◀解 説▶

≪平行平板コンデンサー≫

(1)(ア) 平行平板コンデンサーの電気容量の式より

$$\varepsilon_1 \frac{a \cdot 3b}{c} = \frac{3\varepsilon_1 ab}{c}$$

(イ) 誘電体が挟まっている部分と挟まっていない部分でコンデンサーを分割し，2つの平行平板コンデンサーが並列接続されていると考えると，コンデンサーの電気容量は

$$\varepsilon_1 \frac{a \cdot 3b - b\Delta z}{c} + \varepsilon_0 \frac{b\Delta z}{c} = \frac{3\varepsilon_1 ab}{c} - \frac{(\varepsilon_1 - \varepsilon_0)b}{c}\Delta z$$

(ウ) コンデンサーの電気容量が減少したことにより，コンデンサーに蓄えられている電荷の減少した量は

$$\frac{(\varepsilon_1 - \varepsilon_0)b}{c}\Delta z \times V$$

これだけの電荷が起電力 V の電池内を移動したので，電池が受け取ったエネルギーは

$$\left\{\frac{(\varepsilon_1-\varepsilon_0)\,b}{c}\Delta z \times V\right\} \times V = \frac{(\varepsilon_1-\varepsilon_0)\,b}{c}V^2\Delta z$$

㈢ コンデンサーに蓄えられている静電エネルギーの減少量は

$$\frac{1}{2}\times\frac{(\varepsilon_1-\varepsilon_0)\,b}{c}\Delta z \times V^2 = \frac{1}{2}\times\frac{(\varepsilon_1-\varepsilon_0)\,b}{c}V^2\Delta z$$

これは，電池が受け取ったエネルギーの半分に当たるので，残りの半分は誘電体を押し上げる仕事に対応すると考えられる。仕事は力と移動距離の積で表されるので，誘電体を押し上げる力の大きさは

$$\frac{(\varepsilon_1-\varepsilon_0)\,b}{2c}V^2$$

コンデンサーが誘電体に及ぼす力はこの力とつり合うので

$$\frac{(\varepsilon_1-\varepsilon_0)\,b}{2c}V^2$$

㈣ コンデンサーが誘電体に及ぼす力と誘電体を押し上げる力がつり合うので，コンデンサーが誘電体に及ぼす力の向きは鉛直下向きである。

(2)㈥ 誘電体の移動前に対する移動後のコンデンサーの電気容量の比率は，㈠・㈡より

$$\frac{\dfrac{3\varepsilon_1 ab}{c}-\dfrac{(\varepsilon_1-\varepsilon_0)\,b}{c}\Delta z}{\dfrac{3\varepsilon_1 ab}{c}}=1-\frac{\varepsilon_1-\varepsilon_0}{3\varepsilon_1 a}\Delta z$$

コンデンサーに蓄えられている電荷は一定なので，誘電体の移動前に対する移動後の電極間の電位差の比率は，電気容量の比率の逆比となるので，

$\left|\dfrac{\varepsilon_1-\varepsilon_0}{3\varepsilon_1 a}\Delta z\right|\ll 1$ より近似を用いて

$$\frac{1}{1-\dfrac{\varepsilon_1-\varepsilon_0}{3\varepsilon_1 a}\Delta z}\fallingdotseq 1+\frac{\varepsilon_1-\varepsilon_0}{3\varepsilon_1 a}\Delta z$$

よって，移動後の電極間の電位差は，はじめの電位差が V なので

$$\left(1+\frac{\varepsilon_1-\varepsilon_0}{3\varepsilon_1 a}\Delta z\right)\times V$$

㈦・㈧ コンデンサーに蓄えられている電荷は一定なので，誘電体の移動前に対する移動後のコンデンサーに蓄えられている静電エネルギーの比率は，電極間の電位差の比率と等しく

東京理科大-理工〈B方式-2月6日〉　　　　2022 年度　物理〈解答〉　203

$$1 + \frac{\varepsilon_1 - \varepsilon_0}{3\varepsilon_1 a} \Delta z$$

よって，$\varepsilon_1 > \varepsilon_0$ よりコンデンサーに蓄えられているエネルギーは増加しており，(ア)よりはじめに蓄えられる静電エネルギーが $\dfrac{1}{2} \dfrac{3\varepsilon_1 ab}{c} V^2$ なので，その変化量は

$$\left\{ \left(1 + \frac{\varepsilon_1 - \varepsilon_0}{3\varepsilon_1 a} \Delta z \right) - 1 \right\} \times \left(\frac{1}{2} \frac{3\varepsilon_1 ab}{c} V^2 \right) = \frac{(\varepsilon_1 - \varepsilon_0) b}{2c} V^2 \Delta z$$

(ケ)　コンデンサーに蓄えられているエネルギーの増加分は，コンデンサーが誘電体に及ぼす力に逆らってする仕事に対応しており，仕事は力と移動距離の積で表されるので，その力の大きさは

$$\frac{(\varepsilon_1 - \varepsilon_0) b}{2c} V^2$$

(コ)　コンデンサーが誘電体に及ぼす力は誘電体の移動方向と逆向きなので，力の向きは鉛直上向きである。

(サ)　コンデンサーが誘電体に及ぼす力の大きさよりも，中央の誘電体にはたらく重力の方が大きいので，中央の誘電体の質量は $abc\rho_1$ であることより

$$\frac{(\varepsilon_1 - \varepsilon_0) b}{2c} V^2 < abc\rho_1 g$$

$$\therefore \quad V < \sqrt{\frac{2\rho_1 gac^2}{\varepsilon_1 - \varepsilon_0}}$$

(シ)　コンデンサーの両極間に抵抗を接続すると，電流が流れ，極板間の電位差は減少する。極板間の電位差が(サ)の値よりも大きい間は，中央の誘電体が動かないためコンデンサーの電気容量は変化しないが，(サ)の値よりも小さくなると中央の誘電体が下がり始め電気容量も減少するようになるため，その時点で，電流の時間変化を表すグラフは折れ曲がり，なめらかでなくなる。さらに，中央の誘電体が完全に抜け落ちれば，コンデンサーの電気容量は変化しなくなるため，抜け落ちた瞬間に電流の時間変化を表すグラフは折れ曲がり，なめらかでなくなる。十分時間が経てば，電流は 0 となるので，最もよく表すグラフは①である。

(3)(ス)　(イ)と同様に考えて，3 つの平行平板コンデンサーが並列接続されていると考えると，コンデンサーの電気容量は

$$\varepsilon_1 \frac{ab}{c} + \varepsilon_0 \frac{ab}{c} + \varepsilon_1 \frac{ab}{c} = \frac{(2\varepsilon_1 + \varepsilon_0)\, ab}{c}$$

(セ) (イ)と同様に考えて，4つの平行平板コンデンサーが並列接続されていると考えると，コンデンサーの電気容量は

$$\varepsilon_1 \frac{ab}{c} + \varepsilon_0 \frac{(a-h)\,b}{c} + \varepsilon_2 \frac{hb}{c} + \varepsilon_1 \frac{ab}{c} = \frac{\{(2\varepsilon_1 + \varepsilon_0)\, a + (\varepsilon_2 - \varepsilon_0)\, h\}\, b}{c}$$

(ソ) 液面につける前に対する，絶縁油が上昇した後のコンデンサーの電気容量の比率は

$$\cfrac{\cfrac{\{(2\varepsilon_1 + \varepsilon_0)\, a + (\varepsilon_2 - \varepsilon_0)\, h\}\, b}{c}}{\cfrac{(2\varepsilon_1 + \varepsilon_0)\, ab}{c}} = 1 + \frac{(\varepsilon_2 - \varepsilon_0)\, h}{(2\varepsilon_1 + \varepsilon_0)\, a}$$

コンデンサーに蓄えられている電荷は一定なので，液面につける前に対する，絶縁油が上昇した後の電極間の電位差の比率は，電気容量の比率の逆比となるので

$$\cfrac{1}{1 + \cfrac{(\varepsilon_2 - \varepsilon_0)\, h}{(2\varepsilon_1 + \varepsilon_0)\, a}} = \frac{(2\varepsilon_1 + \varepsilon_0)\, a}{(2\varepsilon_1 + \varepsilon_0)\, a + (\varepsilon_2 - \varepsilon_0)\, h}$$

よって，絶縁油が上昇した後の電極間の電位差は，はじめの電位差が V なので

$$\frac{(2\varepsilon_1 + \varepsilon_0)\, a}{(2\varepsilon_1 + \varepsilon_0)\, a + (\varepsilon_2 - \varepsilon_0)\, h} \times V$$

(タ) コンデンサーに蓄えられている電荷は一定なので，液面につける前に対する絶縁油が上昇した後のコンデンサーに蓄えられている静電エネルギーの比率は，電極間の電位差の比率と等しく

$$\frac{(2\varepsilon_1 + \varepsilon_0)\, a}{(2\varepsilon_1 + \varepsilon_0)\, a + (\varepsilon_2 - \varepsilon_0)\, h}$$

よって，静電エネルギーの減少量は，(ス)よりはじめに蓄えられる静電エネルギーは $\dfrac{1}{2} \dfrac{(2\varepsilon_1 + \varepsilon_0)\, ab}{c} V^2$ なので

$$\left\{ 1 - \frac{(2\varepsilon_1 + \varepsilon_0)\, a}{(2\varepsilon_1 + \varepsilon_0)\, a + (\varepsilon_2 - \varepsilon_0)\, h} \right\} \times \left\{ \frac{1}{2} \frac{(2\varepsilon_1 + \varepsilon_0)\, ab}{c} V^2 \right\}$$

$$= \frac{1}{2} \frac{(\varepsilon_2 - \varepsilon_0)\, h \cdot (2\varepsilon_1 + \varepsilon_0)\, ab}{\{(2\varepsilon_1 + \varepsilon_0)\, a + (\varepsilon_2 - \varepsilon_0)\, h\}\, c} V^2$$

東京理科大-理工〈B方式-2月6日〉　　　　　　　　2022年度　物理〈解答〉　*205*

$$= \frac{1}{2} \frac{(2\varepsilon_1 + \varepsilon_0)(\varepsilon_2 - \varepsilon_0) abh}{\{(2\varepsilon_1 + \varepsilon_0) a + (\varepsilon_2 - \varepsilon_0) h\} c} V^2$$

(チ)　空洞内の絶縁油の質量は $bch\rho_2$ であり，その重心はコンデンサーの底

面から高さ $\dfrac{h}{2}$ にあるので，絶縁油の位置エネルギーの増加量は

$$bch\rho_2 g \cdot \frac{h}{2} = \frac{\rho_2 gbch^2}{2}$$

(ツ)　(タ)より，静電エネルギーの減少量は，$h \ll a$ より

$$\frac{1}{2} \frac{(2\varepsilon_1 + \varepsilon_0)(\varepsilon_2 - \varepsilon_0) abh}{\{(2\varepsilon_1 + \varepsilon_0) a + (\varepsilon_2 - \varepsilon_0) h\} c} V^2$$

$$= \frac{1}{2} \frac{(2\varepsilon_1 + \varepsilon_0)(\varepsilon_2 - \varepsilon_0) bh}{\left\{(2\varepsilon_1 + \varepsilon_0) + (\varepsilon_2 - \varepsilon_0) \dfrac{h}{a}\right\} c} V^2$$

$$\fallingdotseq \frac{1}{2} \frac{(2\varepsilon_1 + \varepsilon_0)(\varepsilon_2 - \varepsilon_0) bh}{(2\varepsilon_1 + \varepsilon_0) c} V^2$$

$$= \frac{1}{2} \frac{(\varepsilon_2 - \varepsilon_0) bh}{c} V^2$$

これが絶縁油の位置エネルギーの増加量と等しいので

$$\frac{1}{2} \frac{(\varepsilon_2 - \varepsilon_0) bh}{c} V^2 = \frac{\rho_2 gbch^2}{2}$$

$$\therefore \quad h = \frac{\varepsilon_2 - \varepsilon_0}{\rho_2 gc^2} V^2$$

3　解答　(1)(ア)―⑥　(イ)―②　(ウ)―③　(エ)―⑤　(オ)―⓪　(カ)―①
　　　　　　(キ)―⑦　(ク)―④
(2)(ケ)―③　(コ)―③　(サ)―②　(シ)―⑦　(ス)―④

━━━━━━━━ ◀解　説▶ ━━━━━━━━

≪熱効率≫

(1)(ア)　A→Bは等温変化なので，圧力と体積が反比例する。状態Aに比

べて状態Bにおける体積は $\dfrac{1}{32}$ 倍となっているため，圧力は $32p_0$ となる。

(イ)　B→Cは定圧変化なので，体積と温度が比例する。状態Bに比べて状

態Cにおける温度は8倍となっているため，状態Cの体積は

$$\frac{1}{32}V_0 \times 8 = \frac{1}{4}V_0$$

(ウ) C→Dは等温変化なので，圧力と体積が反比例する。(イ)の結果より，状態Cに比べて状態Dにおける体積は4倍となっているため，状態Dの圧力は

$$32p_0 \times \frac{1}{4} = 8p_0$$

(エ) A→Bは等温圧縮なので発熱過程，B→Cは定圧変化で温度が増加するので吸熱過程，C→Dは等温膨張なので吸熱過程，D→Aは定積変化で温度が減少するので発熱過程である。よって，正の熱量を受け取るのはB→Cの過程とC→Dの過程である。

(オ) B→Cは定圧変化なので，単原子分子理想気体の定圧モル比熱 $\frac{5}{2}R$ を使って

$$Q_{BC} = \frac{5}{2}R(8T_0 - T_0) = \frac{35}{2}RT_0$$

(カ) D→Aは定積変化なので，単原子分子理想気体の定積モル比熱 $\frac{3}{2}R$ を使って

$$Q_{DA} = \frac{3}{2}R|T_0 - 8T_0| = \frac{21}{2}RT_0$$

(キ) A→Bは等温変化なので，気体が外部に放出する熱量は気体がされる仕事に等しく，また与えられた式より

$$Q_{AB} = \int_{\frac{1}{32}V_0}^{V_0} p\,dV = \int_{\frac{1}{32}V_0}^{V_0} \frac{RT_0}{V}\,dV = \log_e \frac{V_0}{\frac{1}{32}V_0} \times RT_0$$

$$= 5\log_e 2 RT_0$$

(ク) 熱効率は，1サイクルの間に吸収した熱量に対する外部にした正味の仕事の比率なので

$$\eta = \frac{-Q_{AB} + Q_{BC} + Q_{CD} - Q_{DA}}{Q_{BC} + Q_{CD}}$$

東京理科大-理工〈B方式-2月6日〉 2022 年度 物理〈解答〉 *207*

(2)(ケ) 単原子分子理想気体の比熱比は $\gamma = \dfrac{\dfrac{5}{2}R}{\dfrac{3}{2}R} = \dfrac{5}{3}$

(コ) 状態 C′ の圧力は(ア)より $32p_0$ なので，体積を $V_{C'}$ とすると，C′→A は断熱変化なので

$$32p_0 V_{C'}{}^{\gamma} = p_0 V^{\gamma}$$

$$V_{C'} = \left(\frac{1}{32}\right)^{\frac{1}{\gamma}} V_0 = (2^{-5})^{\frac{3}{5}} V_0 = 2^{-3} V_0 = \frac{1}{8} V_0$$

(サ) B→C′ は定圧変化なので，体積と温度が比例する。(コ)より，状態 B に比べて状態 C′ における体積は 4 倍となっているため，状態 C′ の温度は $4T_0$ となる。

(シ) B→C′ は定圧変化で温度が増加するので吸熱過程である。この過程で受け取る熱量の大きさを $Q_{BC'}$ とする。単原子分子理想気体の定圧モル比熱 $\dfrac{5}{2}R$ を使って

$$Q_{BC'} = \frac{5}{2}R(4T_0 - T_0) = \frac{15}{2}RT_0$$

よって，1 サイクルの間に気体が外部にする正味の仕事は，C′→A は断熱変化で熱のやりとりはないことより

$$Q_{BC'} - Q_{AB} = \frac{15}{2}RT_0 - 5\log_e 2 RT_0$$

$$= \left(\frac{15}{2} - 5\log_e 2\right)RT_0$$

(ス) 熱効率を求めると

$$\frac{Q_{BC'} - Q_{AB}}{Q_{BC'}} = \frac{\left(\dfrac{15}{2} - 5\log_e 2\right)RT_0}{\dfrac{15}{2}RT_0} = 1 - \frac{2}{3}\log_e 2 \fallingdotseq 0.54$$

❖講 評

例年通り，試験時間 80 分。大問 3 題の構成である。

[1] 2 円板の衝突に関する問題である。(1)・(2)は衝突の問題であるが，質量のわかっている物体を質量の不明な物体に衝突させることで，相手

の質量を測定する。(3)では物体を質点ではなく大きさのある円板として扱うことで円板の大きさを測定する。(1)は基本的な問題。(2)は(キ)・(ク)の式が煩雑なので注意して計算する必要がある。(3)は(シ)で衝突のときの2つの円板の中心を結ぶ直線に沿って、衝突後の円板Aが運動することに気付けるかがポイントであろう。

② 平行平板コンデンサーに挟まれた誘電体を変化させたときの影響を考える問題である。解法自体は基本的だが、計算式が煩雑になるため、難しかったのではないだろうか。(1)は平行平板コンデンサーに挟まれた誘電体を微小量だけずらす問題。電池は接続されたままなので、電気容量の変化とともに、コンデンサーに蓄えられている電荷も変化する。コンデンサーが誘電体に及ぼす力は、常に誘電体をコンデンサーの内部に引き込む方向にはたらくことを理解しておこう。これは、誘電体の表面の中で、コンデンサーの正極板に近い部分には負の電荷が誘導されて互いに引き合い、同様に、負極板に近い部分には正の電荷が誘導されて互いに引き合うことから理解できる。(2)は(1)と似ているが、電池が外されたために、コンデンサーに蓄えられている電荷は変化しないが、電気容量の変化とともに、極板間の電位差が変化する。(シ)では電流の大まかな時間変化が理解できているか問われているが、最初に大きな電流が流れ、徐々に減っていき、最終的には0となること、また、電気容量が変化するか変化しないかで電流の変化する様子が変わりそうだということが判断できればよいと思われる。(3)は平行平板コンデンサーの間に絶縁油が引き込まれる場合を考察させている。(2)と同じようなことを繰り返すのだが、計算が煩雑になる。少しでも簡単に見通しよく計算を進められるように工夫したい。

③ 熱サイクルの問題である。(1)は定圧・定積・等温の気体の状態変化を扱った基本的な問題。(2)は定圧・等温・断熱の気体の状態変化を扱った基本的な問題。計算も煩雑ではないので、着実に解答していきたい。

全体的に、ほぼ例年通りの内容で、難易度も例年並みであった。例年、煩雑な式変形を要する出題がなされるので、慌てることなく慎重に式変形するよう心がけたい。

東京理科大-理工〈B方式-2月6日〉　　　　2022 年度　化学〈解答〉　209

化学

（注）　解答は，東京理科大学から提供のあった情報を掲載しています。

1 解答

(1)—13　(2)—07　(3)—01
(4)$4.13 \times 10^{+0}$　(5)1.68×10^{-3}

◀解　説▶

≪Pb・Zn の単体と化合物の性質，ZnS の結晶格子，空気電池≫

(1)(a)　正文。Zn を粉末状にすると表面積が大きくなるので，反応速度が大きくなり，より激しく反応する。

(b)　誤文。Pb は硝酸には次のように反応して溶解する。

$$Pb + 2HNO_3 \longrightarrow Pb(NO_3)_2 + H_2$$

なお，Pb の化合物は $Pb(NO_3)_2$ と $(CH_3COO)_2Pb$ 以外は水に溶けにくく，Pb は塩酸や希硫酸にはほとんど溶解しない。

(c)　正文。Zn は両性元素であるから，酸の水溶液にも強塩基の水溶液にも溶解して H_2 を発生する。

$$Zn + 2NaOH + 2H_2O \longrightarrow Na_2[Zn(OH)_4] + H_2$$

(d)　正文。Pb も Zn と同様に両性元素であり，強塩基の水溶液に溶解する。

(2)(a)　正文。酸性，中性，塩基性のいずれの条件下においても PbS の黒色沈殿を生成する。

(b)　誤文。少量の NaOH 水溶液を加えると $Pb(OH)_2$ の白色沈殿を生じ，過剰の NaOH 水溶液を加えると，錯イオンを生じて溶解する。

$$Pb(OH)_2 + 2NaOH \longrightarrow [Pb(OH)_4]^{2-} + 2Na^+$$

これは，$Pb(OH)_2$ が両性水酸化物であり，酸の水溶液にも強塩基の水溶液にも溶解するからである。

(c)　誤文。硫酸を加えると $PbSO_4$ の沈殿が生成するが，色は白色である。なお，クロム酸カリウム K_2CrO_4 の水溶液を加えると，$PbCrO_4$ の黄色沈殿が生成する。

(d)　正文。塩酸を加えると $PbCl_2$ の白色沈殿を生成する。$PbCl_2$ には熱湯

に溶ける性質がある。

(3)(a) 正文。Pb と同様に，Zn も両性元素なので，少量の NaOH 水溶液を加えて生じる $Zn(OH)_2$ の白色沈殿は，過剰の NaOH 水溶液に溶解する。

$$Zn(OH)_2 + 2NaOH \longrightarrow [Zn(OH)_4]^{2-} + 2Na^+$$

(b) 誤文。少量のアンモニア水を加えると $Zn(OH)_2$ の沈殿を生じ，過剰のアンモニア水を加えると，錯イオンを生じて溶解する。

$$Zn(OH)_2 + 4NH_3 \longrightarrow [Zn(NH_3)_4]^{2+} + 2OH^-$$

(c) 誤文。塩基性にして H_2S を通じると ZnS の沈殿が生成するが，色は白色である。

(d) 誤文。酸性条件下では ZnS は沈殿しない。

(4) ZnS の式量は $65.4 + 32.1 = 97.5$ であり，Zn^{2+} と S^{2-} が 4 個ずつ含まれることから，求める密度は

$$\frac{\text{単位格子の質量〔g〕}}{\text{単位格子の体積〔cm}^3\text{〕}} = \frac{\dfrac{4}{6.02 \times 10^{23}} \times 97.5}{(5.40 \times 10^{-8})^3} = 4.126 \fallingdotseq 4.13 \text{〔g/cm}^3\text{〕}$$

(5) 空気電池全体で起こる反応は次のようになる。

$$2Zn + O_2 \longrightarrow 2ZnO$$

反応した Zn の物質量は

$$\frac{9.81 \times 10^{-3}}{65.4} = 1.50 \times 10^{-4} \text{〔mol〕}$$

であるから，反応した O_2 の標準状態における体積は

$$22.4 \times 1.50 \times 10^{-4} \times \frac{1}{2} = 1.68 \times 10^{-3} \text{〔L〕}$$

2 解答

(1) $3.3 \times 10^{+0}$　(2) 2.0×10^{-2}　(3) $1.5 \times 10^{+1}$
(4)(iv) 1.3×10^{-1}　(v) $6.0 \times 10^{+1}$

◀解　説▶

≪溶液の濃度，酸化還元滴定，$CaCO_3$ の純度，$CuSO_4$ 水溶液の電気分解≫

(1) $1〔L〕 = 1000〔cm^3〕$ の水溶液を考えると，水溶液の質量は

$$1.10 \times 1000 = 1100〔g〕$$

水溶液に溶けている HNO_3 の質量は

$$63.0 \times 3.00 = 189〔g〕$$

東京理科大-理工〈B方式-2月6日〉 2022年度 化学〈解答〉 *211*

よって，溶媒である水の質量は

$$1100 - 189 = 911 \, (g)$$

であるから，求める質量モル濃度は

$$\frac{溶質の物質量 \, (mol)}{溶媒の質量 \, (kg)} = \frac{3.00}{\dfrac{911}{1000}} = 3.29 \fallingdotseq 3.3 \, (mol/kg)$$

(2) 還元剤である H_2O_2 と酸化剤である $KMnO_4$ が酸化還元反応を起こす。それぞれの反応は次のようになる。

$$H_2O_2 \longrightarrow O_2 + 2H^+ + 2e^-$$

$$MnO_4{}^- + 8H^+ + 5e^- \longrightarrow Mn^{2+} + 4H_2O$$

$KMnO_4$ のモル濃度を $c \, (mol/L)$ とおくと，（還元剤が放出する電子の物質量）＝（酸化剤が受け取る電子の物質量）の関係から

$$c \times 16.0 \times 5 = 4.00 \times 10^{-2} \times 20.0 \times 2$$

$$\therefore \quad c = 2.0 \times 10^{-2} \, (mol/L)$$

(3) $CaCO_3$ と塩酸の反応は次のようになる。

$$CaCO_3 + 2HCl \longrightarrow CaCl_2 + H_2O + CO_2$$

よって，発生した CO_2 の物質量から，塩酸と反応した $CaCO_3$ の質量は

$$100.1 \times \frac{19.0}{22.4 \times 10^3} = 0.0849 \, (g)$$

であるから，不純物として含まれていた $CaSO_4$ の質量は

$$0.100 - 0.0849 = 0.0151 \, (g)$$

となり，その割合は

$$\frac{0.0151}{0.100} \times 100 = 15.1 \fallingdotseq 15 \, (\%)$$

(4)(iv) 1800 秒間で流れる電気量は

$$0.500 \times 1800 = 900 \, (C)$$

陰極で Cu が析出する反応は

$$Cu^{2+} + 2e^- \longrightarrow Cu$$

であり，$CuSO_4$ 水溶液中の Cu^{2+} の物質量は

$$1.00 \times 10^{-2} \times 0.200 = 2.00 \times 10^{-3} \, (mol)$$

であるから，$2.00 \times 10^{-3} \, mol$ の Cu の析出に使われる電気量は

$$2.00 \times 10^{-3} \times 2 \times 9.65 \times 10^4 = 386 \, (C) < 900 \, (C)$$

よって，電気分解によって $CuSO_4$ 水溶液中の Cu^{2+} はすべて還元されて Cu になるから，析出する Cu の質量は

$$63.6 \times 2.00 \times 10^{-3} = 0.127 \doteqdot 0.13 \text{〔g〕}$$

(v) Cu の析出が終了した後は，陰極では水が還元されて H_2 が発生する。

$$2H_2O + 2e^- \longrightarrow H_2 + 2OH^-$$

水の還元に使われる電気量は，(iv)より

$$900 - 386 = 514 \text{〔C〕}$$

であるから，発生する H_2 の標準状態での体積は

$$22.4 \times 10^3 \times \frac{514}{9.65 \times 10^4} \times \frac{1}{2} = 59.6 \doteqdot 60 \text{〔mL〕}$$

---

3 解答

(1)(i) $8.0 \times 10^{+5}$ (ii) $1.6 \times 10^{+5}$

(2)(ア)—12 (イ)—05 (ウ)—08 (エ)—15

◀ 解　説 ▶

≪気体の法則，飽和蒸気圧と沸点，気体の溶解度≫

(1)(i) 容器 C 内の O_2 と N_2 の分圧をそれぞれ P_{O_2}〔Pa〕，P_{N_2}〔Pa〕とおく。N_2 については温度と体積が混合前後で変化しないので，圧力も変化しない。よって

$$P_{N_2} = 2.00 \times 10^5 \text{〔Pa〕}$$

である。O_2 については，ボイルの法則より

$$3.00 \times 10^5 \times 2.00 = P_{O_2} \times 1.00 \quad \therefore \quad P_{O_2} = 6.00 \times 10^5 \text{〔Pa〕}$$

したがって，容器 C 内の混合気体の圧力は

$$P_{N_2} + P_{O_2} = 2.00 \times 10^5 + 6.00 \times 10^5 = 8.00 \times 10^5 \doteqdot 8.0 \times 10^5 \text{〔Pa〕}$$

(ii) 沸点は，外気圧と飽和蒸気圧が等しくなるときの温度であるので，1.00×10^5 Pa における O_2 の沸点が 90 K であることは，90 K における O_2 の飽和蒸気圧が 1.00×10^5 Pa であることを意味する。容器 C 内の温度を 90 K にしたときに O_2 が凝縮したことから，O_2 の分圧（P_{O_2}'〔Pa〕とする）は 90 K における飽和蒸気圧になっているので，$P_{O_2}' = 1.00 \times 10^5$〔Pa〕である。$N_2$ の 90 K での分圧を P_{N_2}'〔Pa〕とおくと，ボイル・シャルルの法則より

$$\frac{2.00 \times 10^5}{300} = \frac{P_{N_2}'}{90} \quad \therefore \quad P_{N_2}' = 6.00 \times 10^4 \text{〔Pa〕}$$

東京理科大-理工〈B方式-2月6日〉 2022 年度 化学〈解答〉 213

よって，容器C内の圧力は

$$P_{N_2}' + P_{O_2}' = 6.00 \times 10^4 + 1.00 \times 10^5 = 1.60 \times 10^5 \doteqdot 1.6 \times 10^5 \text{〔Pa〕}$$

(2) 物質量比が $N_2 : O_2 = 1 : 1$ で圧力が $1.00 \times 10^5 \text{Pa}$ の混合気体中の N_2 と O_2 の分圧はともに

$$1.00 \times 10^5 \times \frac{1}{2} = 5.00 \times 10^4 \text{〔Pa〕}$$

である。このときに 1.00L の水に溶解している N_2 と O_2 の物質量をそれぞれ x〔mol〕, y〔mol〕とおくと

$$x + y = n_A \quad \cdots\cdots ①$$

が成り立つ。次に，物質量比が $N_2 : O_2 = 4 : 1$ で圧力が $1.00 \times 10^5 \text{Pa}$ の混合気体中の N_2 と O_2 の分圧はそれぞれ

$$N_2 : 1.00 \times 10^5 \times \frac{4}{5} = 8.00 \times 10^4 \text{〔Pa〕}$$

$$O_2 : 1.00 \times 10^5 \times \frac{1}{5} = 2.00 \times 10^4 \text{〔Pa〕}$$

である。このときに 1.00L の水に溶解している N_2 と O_2 の物質量はそれぞれ

$$N_2 : x \times \frac{8.00 \times 10^4}{5.00 \times 10^4} = \frac{8}{5}x \text{〔mol〕}$$

$$O_2 : y \times \frac{2.00 \times 10^4}{5.00 \times 10^4} = \frac{2}{5}y \text{〔mol〕}$$

よって，次式が成り立つ。

$$\frac{8}{5}x + \frac{2}{5}y = n_B \quad \cdots\cdots ②$$

①，②を連立させて解くと

$$x = -\frac{1}{3}n_A + \frac{5}{6}n_B, \quad y = \frac{4}{3}n_A - \frac{5}{6}n_B$$

したがって，圧力が $1.00 \times 10^5 \text{Pa}$ のときに 1.00L の水に溶解する N_2 と O_2 の物質量はそれぞれ

$$N_2 : \left(-\frac{1}{3}n_A + \frac{5}{6}n_B\right) \times \frac{1.00 \times 10^5}{5.00 \times 10^4} = -\frac{2}{3}n_A + \frac{5}{3}n_B \text{〔mol〕}$$

$$O_2 : \left(\frac{4}{3}n_A - \frac{5}{6}n_B\right) \times \frac{1.00 \times 10^5}{5.00 \times 10^4} = \frac{8}{3}n_A - \frac{5}{3}n_B \text{〔mol〕}$$

214 2022 年度　化学〈解答〉　　　　　　　　東京理科大-理工〈B方式-2月6日〉

４　解答

(1)①— 2　　②— 2　　③— 2

(2)④— 2　　(i)$1.72 \times 10^{+2}$

(3)$5.70 \times 10^{+5}$　(4)⑤— 3　　⑥— 1

━━━━━◀解　説▶━━━━━

≪CO の性質，ヘスの法則，圧平衡定数，ルシャトリエの原理≫

(1)③　CO には強い還元性があり，酸化されて CO_2 になりやすい。

(2)　黒鉛の完全燃焼と CO の完全燃焼の熱化学方程式はそれぞれ次のようになる。

$$C\ (黒鉛) + O_2\ (気) = CO_2\ (気) + 394\,kJ\ \cdots\cdots①$$

$$CO\ (気) + \frac{1}{2}O_2\ (気) = CO_2\ (気) + 283\,kJ\ \cdots\cdots②$$

①－②×2 より

$$CO_2\ (気) + C\ (黒鉛) = 2CO\ (気) - 172\,kJ$$

よって，CO を生成する反応は吸熱反応であり，その反応熱の絶対値は 172 kJ である。

(3)　圧平衡定数の値から

$$\frac{P_2{}^2}{P_1} = 7.60 \times 10^5 \ \cdots\cdots①$$

混合気体においては，物質量の比＝分圧の比であるから，$P_1 : P_2 = 1.00 : 2.00$ である。よって，$P_2 = 2P_1$ が成り立つので，これを①に代入すると

$$\frac{(2P_1)^2}{P_1} = 7.60 \times 10^5 \qquad \therefore \quad P_1 = 1.90 \times 10^5\,〔Pa〕$$

したがって

$$P_2 = 2P_1 = 3.80 \times 10^5\,〔Pa〕$$

となるから，混合気体の全圧は

$$P_1 + P_2 = 1.90 \times 10^5 + 3.80 \times 10^5 = 5.70 \times 10^5\,〔Pa〕$$

(4)⑤　温度と体積を一定に保ったまま N_2 を加えると，全圧は増えるが CO_2 と CO の分圧は変化しないので，（式 1）の平衡は移動しない。

⑥　温度を高くすると，吸熱反応の向きに平衡が移動するので，（式 1）の平衡は右向きに移動し，CO の物質量が増加する。

東京理科大-理工〈B方式-2月6日〉　　　　　　2022 年度　化学〈解答〉　*215*

5　**解答**　(1)(ア)— 2　(イ)—02　(ウ)—23　(エ)—27　(オ)—08　(カ)—05
　　　　　　　(キ)—06　(ク)—04

(2)$1.8 \times 10^{+0}$　(3)$7.5 \times 10^{+1}$

━━━━━━━━◆解　説▶━━━━━━━━

≪組成式 CH_2 の炭化水素の構造決定，オゾン分解，化学反応の量的関係≫

(1)　元素分析の結果から，0.560 g の A について

$$（Cの質量）= 1.76 \times \frac{12.0}{44.0} = 0.480〔g〕$$

$$（Hの質量）= 0.560 - 0.480 = 0.080〔g〕$$

よって，A の組成式を $C_x H_y$ とおくと

$$x : y = \frac{0.480}{12.0} : \frac{0.080}{1.0} = 1 : 2$$

であるから，A の組成式は CH_2 となる。

次に，A の分子量を M とおくと，凝固点降下の実験結果から

$$0.640 = 5.12 \times \frac{0.210}{M} \times \frac{1000}{20.0} \qquad \therefore \quad M = 84$$

ゆえに，A の分子式を $(CH_2)_n$ とおくと

$$14n = 84 \qquad \therefore \quad n = 6$$

となるから，A の分子式は C_6H_{12} であり，選択肢の中でこれを満たすのは
2 のシクロヘキサンである。

ベンゼンに Pt 触媒を用いて H_2 を付加させるとシクロヘキサンが得られ
るので，B はベンゼンとわかる。

C は組成式が CH_2 で，臭素水を脱色したので，アルケンである。

E からサリチル酸が得られた記述から，E はフェノールであるとわかる。

216 2022 年度 化学〈解答〉　　　　　　　　　東京理科大-理工〈B方式-2月6日〉

よって，ベンゼンとCからフェノールが得られた記述は，クメン法についてのものであると判断できるから，Cはプロペン（プロピレン），Dはクメン，Fはアセトンとわかる。

$$CH_2=CH-CH_3$$

化合物B（ベンゼン）＋ 化合物C（プロペン） ⟶ 化合物D（クメン）

化合物D（クメン）→（酸化）→

→（分解）→ 化合物E（フェノール）＋化合物F（アセトン）

$$+ CH_3-C-CH_3$$

プロペンをオゾン分解すると，次のようにホルムアルデヒド HCHO とアセトアルデヒド CH_3CHO が得られ，どちらかがGでどちらかがHである。

化合物C（プロペン）→O_3, Zn→ 化合物 G or 化合物 H

Iも組成式が CH_2 で，臭素水を脱色したので，アルケンである。Iをオゾン分解すると，F（アセトン）とH（ホルムアルデヒドまたはアセトアルデヒド）が得られたことから，Iの構造は次のいずれかである。

① 2-メチルプロペン　　② 2-メチル-2-ブテン

Iが①の 2-メチルプロペンの場合，不飽和結合を含む立体異性体は，2-メチルプロペン以外に3種類存在する。

東京理科大-理工〈B方式-2月6日〉　　　　2022 年度　化学〈解答〉　*217*

Iが②の 2-メチル-2-ブテンの場合，不飽和結合を含む立体異性体は，2-メチル-2-ブテン以外に 5 種類存在する。

$$\underset{H}{\overset{H}{>}}C=C\underset{H}{\overset{CH_2-CH_2-CH_3}{<}} \qquad \underset{H}{\overset{H_3C}{>}}C=C\underset{H}{\overset{CH_2-CH_3}{<}}$$

$$\underset{H}{\overset{H_3C}{>}}C=C\underset{CH_2-CH_3}{\overset{H}{<}} \qquad \underset{H}{\overset{H}{>}}C=C\underset{CH_3}{\overset{CH_2-CH_3}{<}}$$

$$\underset{H}{\overset{H}{>}}C=C\underset{H}{\overset{\overset{\textstyle CH_3}{|}}{\overset{\textstyle CH-CH_3}{}}}$$

よって，Iは②の 2-メチル-2-ブテンであるとわかるので，Iをオゾン分解して得られたHは CH_3CHO であり，Gは $HCHO$ と決まる。

$$\underset{H}{\overset{H_3C}{>}}C=C\underset{CH_3}{\overset{CH_3}{<}} \xrightarrow{O_3,\ Zn} \underset{H}{\overset{H_3C}{>}}C=O \quad + \quad O=C\underset{CH_3}{\overset{CH_3}{<}}$$

化合物 I　　　　　　　　　　　化合物 H　　　　　化合物 F
(2-メチル-2-ブテン)　　　　(アセトアルデヒド)　　(アセトン)

(2)　ベンゼンとプロペンは次のように物質量比 1：1 で反応してクメンを生じる。

$$\langle \text{ベンゼン} \rangle + CH_2=CH-CH_3 \longrightarrow \langle \text{クメン} \rangle$$

用いたベンゼンとプロペンの物質量はそれぞれ

$$\text{ベンゼン：} \frac{1.56}{78.0} = 2.0 \times 10^{-2}\,(\text{mol})$$

$$\text{プロペン：} \frac{336}{22.4 \times 10^3} = 1.5 \times 10^{-2}\,(\text{mol})$$

よって，プロペンがすべて反応し，ベンゼンは残ることになる。生成したクメンの物質量は，反応式よりプロペンと等しく 1.5×10^{-2} mol なので，その質量は

$$120.0 \times 1.5 \times 10^{-2} = 1.8\,(\text{g})$$

(3)　フェノールと Br_2 が反応すると，次のように 2,4,6-トリブロモフェノールが生成する。

$$\langle \overset{\textstyle OH}{\text{フェノール}} \rangle + 3Br_2 \longrightarrow \langle \overset{\textstyle OH}{\underset{Br}{\text{Br}\ \text{Br}}} \rangle + 3HBr$$

1.41 g のフェノールがすべて Br_2 と反応したときに生成する 2,4,6-トリブロモフェノールの質量は

$$331.0 \times \frac{1.41}{94.0} = 4.965 \, [\,g\,]$$

であるから，求める割合は

$$\frac{3.73}{4.965} \times 100 = 75.1 \fallingdotseq 75 \, [\%]$$

6 解答

(ア)―04　(イ)―06　(ウ)―05　(エ)―07　(オ)―10　(カ)―15
(キ)―23　(ク)―24　(ケ)―25　(コ)―22　(サ)―16　(シ)―12
(ス)―19

(i) $7.7 \times 10^{+1}$

◀解　説▶

≪セルロースの構造と性質，再生繊維と半合成繊維≫

(エ)・(カ)　デンプンはらせん状構造であるため，らせん部分に I_2 分子が取り込まれることで呈色するが，セルロースは直線状構造なので，I_2 分子は取り込まれず，呈色しない。

(ケ)　セルロースを濃い NaOH 水溶液と CS_2 で処理した後，薄い NaOH 水溶液に溶かすと，粘性の高い溶液ができる。これをビスコースといい，ビスコースを繊維状にしたものがビスコースレーヨン，薄い膜状にしたものがセロハンである。

(シ)　セルロースをアセチル化すると，−OH が −OCOCH$_3$ に変化し，エステル結合が生じる。

(i)　セルロースを完全にアセチル化すると，次のようにトリアセチルセルロースが生成する。

$$[C_6H_7O_2(OH)_3]_n + 3n\,(CH_3CO)_2O$$
$$\longrightarrow [C_6H_7O_2(OCOCH_3)_3]_n + 3n\,CH_3COOH$$

反応式より，40.5 g のセルロースを完全にアセチル化するのに必要な無水酢酸の質量は

$$102.0 \times \frac{40.5}{162n} \times 3n = 76.5 \fallingdotseq 77 \, [\,g\,]$$

東京理科大-理工〈B方式-2月6日〉　　　　　　　2022 年度　化学〈解答〉　*219*

❖講　評

　試験時間は 80 分。例年通り大問数は 6 題であった。2022 年度は，$\boxed{1}$ が無機と理論，$\boxed{2}$・$\boxed{3}$ が理論，$\boxed{4}$ が無機・理論，$\boxed{5}$・$\boxed{6}$ が有機・理論の出題であった。また，2022 年度はすべての大問に計算問題が含まれていた。

　$\boxed{1}$ は Pb と Zn に関する問題。(1)～(3)は基本的な問題ではあるが，正しいものをすべて選ぶ形式であり，それぞれの金属について正確な知識が求められる。(4)はよくある結晶の密度の計算問題であるが，数値が細かいので，計算ミスには十分注意する必要がある。(5)は反応式が書ければ易しい。

　$\boxed{2}$ は理論分野のいろいろな計算問題。(1)～(3)は典型的な問題であるが，(4)がやや難しい。流れた電子が Cu^{2+} の還元と H_2O の還元の両方に使われるので，それぞれに使われた電子の電気量を求める必要がある。初めから流れた電子の物質量（mol）を計算するのではなく，電気量（C）のまま計算を進めた方が楽である。

　$\boxed{3}$ は気体の法則と気体の溶解度に関する問題。(1)(ii)は，90 K における O_2 の飽和蒸気圧が $1.00×10^5$ Pa であることに気づくのがポイント。(2)は数学的な処理も求められ難しかった。まったく手が出なかった受験生も多かったのではないだろうか。$N_2：O_2＝1：1$ のときに水に溶解しているそれぞれの気体の物質量を基準として文字でおいて，ヘンリーの法則を用いて溶解量を求めていけばよい。

　$\boxed{4}$ は CO の性質，ヘスの法則，化学平衡に関する問題。(1)・(2)・(4)は基本的な問題であり完答したい。(2)の反応熱は「（反応熱）＝（反応物の燃焼熱の和）－（生成物の燃焼熱の和）」の関係を用いて求めてもよい。(3)は分圧の比が物質量の比と等しく 1：2 であることを利用するのがポイント。

　$\boxed{5}$ は組成式が CH_2 である化合物の構造決定に関する問題。構造を決定すべき化合物の数が多く，時間がかかったかもしれない。化合物 E がフェノールであることはすぐにわかるので，それを手掛かりにしていけばよい。(2)・(3)の計算問題は，特に難しいものではないので正解しておきたい。

　$\boxed{6}$ はセルロースと化学繊維に関する問題。語句補充問題は教科書レベ

ルの基本的知識があれば完答できるので，取りこぼしのないようにしたい。(i)は，アセチル化の反応式を正しく書けるかがポイント。セルロースのくり返し単位 1 つにヒドロキシ基が 3 個あることを押さえよう。

2021 年度

問題と解答

東京理科大-理工〈B方式 − 2 月 3 日〉　　　　2021 年度　問題　*3*

■B方式 2 月 3 日実施分：数・物理・情報科・応用生物科・
　　　　　　　　　　　　　　　　経営工学科

問題編

▶試験科目・配点

教　科	科　　　　　　　　　目	配　　点
外国語	コミュニケーション英語Ⅰ・Ⅱ・Ⅲ，英語表現Ⅰ・Ⅱ	100 点
数　学	数学Ⅰ・Ⅱ・Ⅲ・A・B	数学科：200 点 その他：100 点
理　科	数・情報科・応用生物科・経営工学科：「物理基礎・物理」， 「化学基礎・化学」，「生物基礎・生物」から 1 科目選択	100 点
	物理学科：物理基礎・物理	

▶備　考

- 英語はリスニングおよびスピーキングを課さない。
- 数学Bは「数列」「ベクトル」から出題。
- 2021 年度入学試験について，教科書において「発展的な学習内容」
  として記載されている内容から出題する場合，必要に応じ補足事項等
  を記載するなどの措置を行う。

(60分)

1 Read the following passage and answer the questions below.　(58 points)

[1] One of the most influential phenomena in education over the last two decades has been that of the "growth mindset". This refers to the beliefs students have about various capacities such as their intelligence, their ability in areas such as maths, their personality and creative ability. Advocates of the growth mindset believe these capacities can be developed or "grown" through learning and effort. The alternative perspective is the "fixed mindset". This assumes these capacities are fixed and unable to be changed.

[2] The theory of the growth versus fixed mindset was first proposed in 1998 by American psychologist Carol Dweck and surgeon Claudia Mueller. It grew out of studies they led, in which primary school children were engaged in a task, and then praised either for their existing capacities, such as intelligence, or the effort they invested in the task. Researchers monitored how the students felt, thought and behaved in subsequent more difficult tasks. The students who were praised for their effort were more likely to persist with finding a solution to the task. They were also more likely to seek feedback about how to improve. Those praised for their intelligence <u>were less likely to persist with the more difficult tasks and to seek feedback on</u> how their peers did on the task. These findings led to the inference that a fixed mindset was less conducive to learning than a growth mindset. This notion has a lot of support in cognitive* and behavioral science.

東京理科大-理工〈B方式-2月3日〉　　　　　　　　2021 年度　英語　5

[3] Psychologists have been researching the notion of a mindset — a set of assumptions or methods people have, and how these influence motivations or behavior — for over a century. The growth mindset has its roots in Stanford University psychologist Alan Bandura's 1970s social learning theory of a positive self-efficacy*. This is a person's belief in their ability to succeed in specific situations or accomplish a task. The growth mindset is also a re-branding of the 1980-90s study of achievement orientation. Here, people can adopt either "(2-a) orientation" (with the goal of learning more) or "(2-b) orientation" (with the goal of showing what they know) to achieve an outcome.

[4] The idea of the growth mindset is consistent with theories of brain plasticity (the brain's ability to change due to experience) and task-positive and task-negative brain network activity (brain networks that are activated during goal-orientated tasks). The growth versus fixed mindset theory is supported by evidence, too — both for its predictions of outcomes and its impact in interventions. Studies show students' mindsets influence their maths and science outcomes, their academic ability and their ability to cope with exams. People with growth mindsets are more likely to cope emotionally, while those who don't view themselves as having the ability to learn and grow are more prone to psychological distress. But the theory has not received universal support. A 2016 study showed academic achievements of university students were not associated with their growth mindset. This could, in part, be due to the way it is understood. People can show different mindsets at different times — a growth or fixed — towards a specific subject or task. According to Dweck, "Everyone is actually a mixture of fixed and growth mindsets, and that mixture continually evolves with experience." This suggests the fixed and growth mindsets distinction lies on a continuum*. It also suggests the mindset a person adopts at any one time is dynamic and depends on the context.

6 2021 年度　英語　　　　　　　　　　　東京理科大-理工〈B方式 − 2 月 3 日〉

［ 5 ］ The theory has been evaluated in a range of teaching programs.　A 2018 analysis reviewed a number of studies that explored whether <u>interventions</u> that enhanced students' growth mindsets affected their
(4)
academic achievements.　It found teaching a growth mindset had minimal influence on student outcomes.　(　5　), in some cases, teaching a growth mindset was effective for students from low socio-economic backgrounds or those academically at risk.　A 2017 study found teaching a growth mindset had no effect on student outcomes.　In fact, the study found students with a fixed mindset showed higher outcomes.　<u>Given the complexity of human understanding and learning</u>
(6)
<u>processes</u>, the negative findings are not surprising.　Dweck and colleagues have noted that a school's context and culture can be responsible for whether the gains made from a growth mindset intervention are sustained.

［ 6 ］ Studies show the mindsets of both teachers and parents influence students' outcomes, too.　Secondary science students taught by teachers with a growth mindset (<u>1.　outcomes　　2.　achieved　　3.　than　　4.　had</u>
(7)
<u>5.　whose　　6.　higher　　7.　those　　8.　teachers</u>) a fixed mindset. And a 2010 study showed that <u>the perceptions primary students had of</u>
(8)
<u>their potential for improvement were associated with what their teachers</u> <u>thought of the children's academic ability.</u>　In another study, children whose parents were taught to have a growth mindset about their children's literacy skills, and to act accordingly, had improved outcomes.

［ 7 ］ Mindset theory seems to conflate* two separate phenomena, both of which need to be considered in teaching: a person's actual capacity such as intelligence, and how they think about it.　Students should be aware of what they know at any time and value it.　They also need <u>to know</u>
(9)
<u>this may be insufficient, that it can be extended and how to do that.</u> Educators and parents need to ensure that their dialogue with their children does not imply that the capacity is fixed.

東京理科大-理工〈B方式-2月3日〉　　　　　　　　　　　　2021 年度　英語　7

Adapted from *The Conversation*

（Notes）

cognitive：related to the process of knowing, understanding and learning something

self-efficacy：belief in one's own abilities to deal with various situations

continuum：continuous series of elements or items that vary by tiny differences

conflate：to combine two or more things to form a single new thing

(1)　Which of the items below is the closest in meaning to the underlined part (1) in the passage?　Consider the context and mark the number on your **Answer Sheet**.

　1　showed a greater tendency to engage in demanding tasks and ask for a comment on

　2　were more apt to make a considerable effort on hard tasks and look for help for

　3　unwillingly approached less difficult tasks and were kept from listening to a lesson about

　4　tended to be reluctant to carry out challenging tasks and get advice on

(2)　Which of the pairs below correctly fills in the blanks (2-a) and (2-b) in the passage?　Consider the context and mark the number on your **Answer Sheet**.

	(2-a)	(2-b)
1	a practice	a stress
2	an intelligence	an ability
3	a mastery	a performance
4	a happiness	a program

出典追記：You can do it! A 'growth mindset' helps us learn, The Conversation on March 10, 2020 by John Munro

8 2021 年度 英語　　　　　　　　　　　東京理科大-理工〈B方式－2月3日〉

(3) How does the author interpret the findings of the 2016 study, which is shown in the underlined part (3) in the passage? Consider the context, choose one from the choices, and mark the number on your **Answer Sheet**.

　1　the university students with a fixed mindset performed as well in a subject as those with a growth mindset

　2　the mindset university students adopted, changed depending on the situation

　3　the results of the experiment relied on the university students' innate abilities

　4　the mindset university students developed was exclusively affected by the learning experience

(4) Which of the items below is the closest in meaning to the underlined part (4) in the passage? Consider the context, choose one from the choices, and mark the number on your **Answer Sheet**.

　1　educational measures　　　　　　2　psychological issues

　3　scientific inventions　　　　　　4　theoretical assumptions

(5) Which of the items below correctly fills in the blank (5) in the passage? Consider the context and mark the number on your **Answer Sheet**.

　1　Besides　　　　　　　　　　　2　However

　3　Similarly　　　　　　　　　　4　Therefore

(6) Which of the items below is the closest in meaning to the underlined part (6) in the passage? Consider the context and mark the number on your **Answer Sheet**.

　1　Although we understand and learn things in a complicated way

　2　Considering that how we understand and learn things is not at all simple

　3　If it were not for the elaborate mechanism of understanding and

東京理科大-理工〈B方式-2月3日〉　　　　　　　　2021 年度　英語　9

　　learning things

　　4　Unless we discover the mechanism of understanding and learning
　　things

(7)　Rearrange the words in the underlined part (7) in the passage into the
correct order. Consider the context and mark the numbers that come at the
1st, 4th and 6th places correctly on your **Answer Sheet**.

(8)　In the underlined part (8) in the passage, the relative pronoun (**which**) is
omitted. Choose the appropriate position where the relative pronoun can be
inserted and mark the number on your **Answer Sheet**.

　　the perceptions　(　1　)　primary students had of　(　2　)　their potential
for improvement　(　3　)　were associated with what their teachers thought
of　(　4　)　the children's academic ability.

(9)　Which of the items below is the closest in meaning to the underlined part
(9) in the passage?　Consider the context and mark the number on your
Answer Sheet.
　　1　to be aware of the significance of what they have already achieved, and
　　focus on the amount of knowledge they will acquire in the future
　　2　to concentrate on what they know today, though they may be less
　　conscious of what they will learn and how it may be learned
　　3　to evaluate the knowledge they have now, to see what more they will
　　be able to learn and the way it may be expanded on
　　4　to recognize it is worth acquiring extensive knowledge from now on
　　and pay less attention to the value of their current knowledge

(10)　For each of the following statements, according to the passage above,
mark **T** if it is true, or **F** if it is false, on your **Answer Sheet**.

1 The growth vs. fixed mindset theory emerged from the study examining junior high school students, who performed challenging tasks and evaluated their mindsets.

2 The pioneer researchers' studies reported that those who have fixed mindsets can learn more because of their inherent capacities.

3 The idea of mindset has been developed by incorporating diverse notions studied in academic fields for more than a hundred years.

4 Some studies showed that not only scores on academic subjects, but also coping skills for taking exams are affected by the belief students have about their abilities.

5 Based on the idea of the growth vs. fixed mindset, those who think they are incapable of learning and growing are more likely to manage their anxiety.

6 All studies have consistently found the advantage of having the growth mindset.

7 According to some researchers of a growth mindset, context and culture developed in a school can be irrelevant to students' improvements.

8 The author suggests that teachers and parents should avoid talking with children in such a way that leads them to believe their capacity remains static throughout their lives.

東京理科大-理工〈B方式-2月3日〉　　　　　　　　　　　2021 年度　英語　*11*

2　Read the following passage and answer the questions below.　　(18 points)

Student:　　Uh, excuse me, Professor Matsumoto, I know your office hours are the day after tomorrow, but I was wondering if you could give me a hand?

Professor:　Sure, Sato-san. What did you want to talk about?

Student:　　Well, I have some quick questions about how to write a research report I am working on this semester.

Professor:　Oh, what kinds of questions do you have? I know you have been doing well so far.

Student:　　Yes, I've got all my data, so I'm starting to summarize it now, preparing graphs and stuff. But I'm just ... I'm afraid that it's not enough, but I (1. am　2. can　3. else　4. I　5. not
(1) 6. put　7. sure　8. what) in my report.

Professor:　I hear the same troubles from many students. Let me see, don't you recall what I told you in my class? You are the expert on what you've done. In other words, you know exactly what you need to include in your report. So, think (1. would　2. if
(2) 3. you　4. say　5. need　6. about　7. what　8. to) you were going to explain your research to someone with general knowledge about your research, like ... like to your mother. That's usually a rule of thumb.

Student:　　OK. I've got it.

Professor:　I hope you are all right with my saying how much you know about the subject.

Student:　　Hmm ... Something just came into my mind and went away
(3) again.

Professor:　That happens to me a lot. So, I often carry a little notebook and write down questions or ideas that occur to me. For example, I

12 2021 年度 英語 東京理科大-理工〈B方式－2月3日〉

went to the dental clinic last week and I knew I wouldn't remember everything I wanted to ask the dentist, so (**4**).

Student: That's a good idea. Since I'm so busy now at the end of the semester, I'm getting pretty forgetful these days.
(5)

Professor: OK. Keep at it. I'd be happy to look over a draft before you hand
(6)
in the final version, if you like.

Student: OK. Thanks very much. Well, see you soon.

⑴ Rearrange the words in the underlined part ⑴ in the passage into the correct order. Consider the context and mark the numbers correctly, from top to bottom, on your **Answer Sheet**.

⑵ Rearrange the words in the underlined part ⑵ in the passage into the correct order. Consider the context and mark the numbers correctly, from top to bottom, on your **Answer Sheet**.

⑶ Which of the items below is the closest in meaning to the underlined part ⑶ in the passage? Choose one from the choices and mark the number on your **Answer Sheet**.

  1 Someone gave me a good idea, but I don't agree with it.

  2 An idea occurred to me, but I couldn't keep it in my mind.

  3 Few people paid serious attention to my idea.

  4 People had very different ideas from mine.

⑷ Which of the items below best fills in the blank ⑷ in the passage? Consider the context, choose one from the choices and mark the number on your **Answer Sheet**.

  1 I don't want to go to the dentist

  2 my dentist always asks me a lot of questions

  3 I need someone to remember what I wanted to ask the dentist

東京理科大-理工〈B方式-2月3日〉 2021 年度 英語 *13*

    4 I made a list of things I wanted to ask the dentist

(5) Which of the items below is the closest in meaning to the underlined part
(5) in the passage? Choose one from the choices and mark the number on
your **Answer Sheet**.

    1 I am unlikely to forget things

    2 my memory often fails me

    3 I hardly ever forget things

    4 I keep my memory sharp

(6) Which of the items below is the closest in meaning to the underlined part
(6) in the passage? Choose one from the choices and mark the number on
your **Answer Sheet**.

    1 I am willing to check your completed, well-written assignment only

    2 I am unwilling to see your assignment unfinished

    3 I am willing to read your incomplete assignment

    4 I am unwilling to revise an unreadable assignment

14 2021 年度　英語　　　　　　　　　　　東京理科大-理工〈B方式 - 2 月 3 日〉

3 　Which of the items below correctly fills in the blank in each statement? Choose one from the choices and mark the number on your **Answer Sheet**.

(24 points)

(1) As the government plans to (　1　) the consumption tax soon, people are rushing to buy many products.

　1　being raised　　　　　　　　2　being risen

　3　raise　　　　　　　　　　　4　rise

(2) The day you suggested (　2　) fine with me, so I can attend the meeting.

　1　are　　　　　　　　　　　　2　keep

　3　resembles　　　　　　　　　4　seems

(3) The newspaper (　3　) that firefighters saved a cat that had fallen into a hole.

　1　discusses　　　　　　　　　2　refers

　3　says　　　　　　　　　　　4　talks

(4) I remember (　4　) this tourist resort with my parents five years ago.

　1　going　　　　　　　　　　　2　to go

　3　to visit　　　　　　　　　　4　visiting

(5) He (　5　) for two hours at the station when his girlfriend came.

　1　had been waiting　　　　　　2　has waited

　3　is waiting　　　　　　　　　4　was waited

(6) One reason (　6　) Kenji likes his academic major is that it is directly related to his dream for the future.

東京理科大-理工〈B方式-2月3日〉　　　　　　　　　　　2021 年度　英語　*15*

1	which	2	when
3	where	4	why

(7)　Don't let your dog be （　**7**　） to your neighbors. It is against the rules in this apartment building.

1	annoyed	2	annoying
3	feared	4	fearing

(8)　（　**8**　） the first one had numerous grammatical mistakes, the second essay submitted by the student was nearly perfect.

1	Afterward	2	Before
3	Hence	4	While

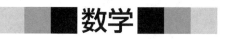

問題 1 の解答は解答用マークシートにマークしなさい。

1　次の文章中の ア から ロ までに当てはまる数字 0 ～ 9 を求めて，解答用マークシートの指定された欄にマークしなさい。 ただし，分数は既約分数として表しなさい。

(40 点，ただし数学科は 80 点)

(1) 座標空間の点 P$(2, -3, 1)$ から xy 平面，yz 平面，zx 平面に垂線を下ろす。それらの垂線が xy 平面，yz 平面，zx 平面と交わる点を，それぞれ L, M, N とする。このとき，

$$\text{点 L の座標は } (\boxed{ア}, -\boxed{イ}, \boxed{ウ}),$$
$$\text{点 M の座標は } (\boxed{エ}, -\boxed{オ}, \boxed{カ}),$$
$$\text{点 N の座標は } (\boxed{キ}, \boxed{ク}, \boxed{ケ})$$

である。∠MLN $= \theta$ $(0° < \theta < 180°)$ とすると

$$\cos\theta = \frac{\sqrt{\boxed{コ}}}{\boxed{サ}\boxed{シ}}$$

であり，△LMN の面積 S は

$$S = \frac{\boxed{ス}}{\boxed{セ}}$$

である。

(2) 関数 $f(x) = |x^2 - 4| + ax + b$ が $f(1) = -1$ および $f(-3) = 5$ を満たすとする。これより

東京理科大−理工〈B方式−2月3日〉   2021 年度　数学　*17*

$$a = -\boxed{\text{ソ}}, \quad b = -\boxed{\text{タ}}$$

である。

(a)　x が $-2 \leqq x \leqq 2$ の範囲を動くとき，$f(x)$ は

$$x = -\frac{\boxed{\text{チ}}}{\boxed{\text{ツ}}} \text{ で最大値 } \frac{\boxed{\text{テ}}}{\boxed{\text{ト}}}, \quad x = \boxed{\text{ナ}} \text{ で最小値 } -\boxed{\text{ニ}}$$

をとる。

(b)　方程式 $f(x) - k = 0$ が実数の範囲で異なる 4 個の解をもつような実数 k の値の範囲は

$$-\boxed{\text{ヌ}} < k < \frac{\boxed{\text{ネ}}}{\boxed{\text{ノ}}}$$

である。

(3) (a)　n を自然数とする。次の **条件 A** を満たす自然数 x の個数を，$f(n)$ と書くことにする。

　　条件 A：x は n 以下の自然数であり，かつ，
　　　　　　　x, n は互いに素である。

このとき，

$$f(3) = 2, \quad f(4) = 2, \quad f(5) = \boxed{\text{ハ}}, \quad f(6) = \boxed{\text{ヒ}},$$
$$f(7) = \boxed{\text{フ}}, \quad f(8) = \boxed{\text{ヘ}}, \quad f(100) = \boxed{\text{ホ}\,\text{マ}}$$

である。

(b)　n を自然数とする。次の **条件 B** を満たす複素数 z の個数を，$g(n)$ と書くことにする。

　　条件 B：z の実部を x，虚部を y とすると，
　　　　　　　x と y はともに n 以下の自然数であり，かつ，
　　　　　　　x, y, n の最大公約数は 1 である。

18 2021 年度　数学　　　　　　　　　　東京理科大-理工〈B方式 - 2月3日〉

このとき,

$$g(3) = 8, \quad g(4) = 12, \quad g(5) = \boxed{\text{ミ}\mid\text{ム}}, \quad g(6) = \boxed{\text{メ}\mid\text{モ}},$$

$$g(7) = \boxed{\text{ヤ}\mid\text{ユ}}, \quad g(8) = \boxed{\text{ヨ}\mid\text{ラ}}, \quad g(100) = \boxed{\text{リ}\mid\text{ル}\mid\text{レ}\mid\text{ロ}}$$

である。

問題 $\boxed{2}$ の解答は白色の解答用紙に記入しなさい。

$\boxed{2}$　e を自然対数の底とし, $f(x) = xe^{-2x}$ とおく。O を原点とする座標平面上の曲線 $y = f(x)$ を C とおく。C 上の点 $(t, f(t))$ における接線の傾きを $a(t)$ とおく。

(1)　$a(t)$ を求めよ。

$a(t)$ が最小となるときの t を t_1 とおく。

(2)　t_1 を求めよ。

C 上の点 $\mathrm{P}(t_1, f(t_1))$ における法線を ℓ とおく。ℓ と x 軸の交点を Q とおく。

(3)　Q の x 座標を求めよ。

(4)　線分 OQ, QP および曲線 C で囲まれた部分の面積を求めよ。

(30 点，ただし数学科は 60 点)

東京理科大-理工〈B方式 - 2月3日〉　　　　　　　2021 年度　数学　*19*

問題 $\boxed{3}$ の解答はクリーム色の解答用紙に記入しなさい。

$\boxed{3}$　座標平面上の曲線 $y = x^2$ を C_1 とおく。

まず，曲線 C_1 を，x 軸方向に a，y 軸方向に b だけ平行移動して得られる曲線を C_2 とする。

(1)　曲線 C_2 を表す方程式を求めよ。

(2)　C_1 と C_2 が共有点をもたないための必要十分条件を，a, b を用いて表せ。

次に，点 $\mathrm{A}(s, t)$ を固定する。点 Q が曲線 C_1 上を動くとき，点 A に関して，点 Q と対称な点 P の軌跡を C_3 とする。

(3)　曲線 C_3 を表す方程式を求めよ。

(4)　C_1 と C_3 が複数の共有点をもつための必要十分条件を，s, t を用いて表せ。

最後に，$a = 0$，$b = -14$，$s = -2$，$t = 13$ のときを考える。

(5)　C_1 と C_3 だけで囲まれる部分の面積を S_1 とおき，C_2 と C_3 だけで囲まれる部分の面積を S_2 とおく。C_1, C_2, C_3 の 3 つの曲線で囲まれる部分の面積 $S_2 - S_1$ を求めよ。

(30 点，ただし数学科は 60 点)

物理

（80分）

1 次の問題の ☐ の中に入れるべき最も適当なものをそれぞれの**解答群**の中から選び，その番号を**解答用マークシート**の指定された欄にマークしなさい。（同じ番号を何回用いてもよい。答えが数値となる場合は最も近い数値を選ぶこと。）

(30点)

　以下では，長さ，質量，時間の単位をそれぞれ m，kg，s とし，その他の物理量に対してはこれらを組み合わせた単位を使用する。

　図1-1のように，質量 M の恒星を中心として，二つの惑星 A と B が同一平面内を同じ回転方向にそれぞれ円運動している。惑星の質量に比べて恒星の質量は十分に大きく，恒星は静止しているとしてよい。惑星どうしに働く万有引力や恒星・惑星の大きさ，恒星や惑星の自転も無視できるものとする。万有引力定数（重力定数）を G として，以下の問いに答えなさい。

(1) 惑星 A の質量を m_A，軌道半径を r_A とすると，惑星 A の公転周期は ☐**(ア)** となり，公転運動の角速度は ☐**(イ)** となる。また，惑星 A の公転軌道の円の面積を周期で割って得られる面積速度は ☐**(ウ)** となる。

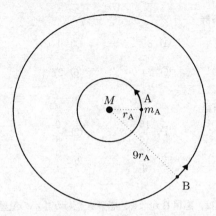

図 1-1 (見やすいよう縮尺は変えてある)

(ア) の解答群

⓪ $\sqrt{\dfrac{r_A}{Gm_A}}$　① $\sqrt{\dfrac{r_A}{GM}}$　② $\sqrt{\dfrac{r_A^3}{Gm_A}}$　③ $\sqrt{\dfrac{r_A^3}{GM}}$

④ $2\pi\sqrt{\dfrac{r_A}{Gm_A}}$　⑤ $2\pi\sqrt{\dfrac{r_A}{GM}}$　⑥ $2\pi\sqrt{\dfrac{r_A^3}{Gm_A}}$　⑦ $2\pi\sqrt{\dfrac{r_A^3}{GM}}$

(イ) の解答群

⓪ $\sqrt{\dfrac{Gm_A}{r_A}}$　① $\sqrt{\dfrac{GM}{r_A}}$　② $\sqrt{\dfrac{Gm_A}{r_A^3}}$　③ $\sqrt{\dfrac{GM}{r_A^3}}$

④ $2\pi\sqrt{\dfrac{Gm_A}{r_A}}$　⑤ $2\pi\sqrt{\dfrac{GM}{r_A}}$　⑥ $2\pi\sqrt{\dfrac{Gm_A}{r_A^3}}$　⑦ $2\pi\sqrt{\dfrac{GM}{r_A^3}}$

(ウ) の解答群

⓪ $\dfrac{1}{2}\sqrt{Gm_A r_A}$　① $\dfrac{1}{2}\sqrt{GM r_A}$　② $\dfrac{1}{2}\sqrt{Gm_A r_A^3}$　③ $\dfrac{1}{2}\sqrt{GM r_A^3}$

④ $\pi\sqrt{Gm_A r_A}$　⑤ $\pi\sqrt{GM r_A}$　⑥ $\pi\sqrt{Gm_A r_A^3}$　⑦ $\pi\sqrt{GM r_A^3}$

(2) 惑星 A の 1 公転周期を 1 惑星年と定義しよう。惑星 B の質量が惑星 A の 4 倍，惑星 B の軌道半径が惑星 A の 9 倍の時，惑星 B の公転周期は，　(エ)　惑星年となり，　(オ)　惑星年毎に惑星 A と惑星 B が最も接近する（惑星間の距離が $8r_A$ になる）ことになる。

(エ) の解答群

⓪ 4　　① 8　　② 9　　③ 12

④ 16　　⑤ 24　　⑥ 27　　⑦ 36

(オ) の解答群

⓪ $\dfrac{27}{26}$　　① $\dfrac{16}{15}$　　② $\dfrac{9}{8}$　　③ $\dfrac{4}{3}$

④ $\dfrac{27}{16}$　　⑤ $\dfrac{16}{9}$　　⑥ $\dfrac{9}{4}$

(3) ここからは，惑星 B がなく，惑星 A だけが中心の恒星のまわりを**小問 (1)** と同じ円軌道で公転している状況を考える。

　　惑星 A の運動エネルギー，中心恒星の万有引力による惑星 A の位置エネルギー，惑星 A の力学的エネルギーの比は，$1 : \boxed{(カ)} : \boxed{(キ)}$ である。ただし位置エネルギーはじゅうぶんに遠方の点（無限遠）を基準点（位置エネルギーがゼロとなる点）にとるものとし，符号にも注意しなさい。

(カ), (キ) の解答群

⓪ -3　　① -2　　② $-\dfrac{3}{2}$　　③ -1　　④ $-\dfrac{1}{2}$

⑤ $\dfrac{1}{2}$　　⑥ 1　　⑦ $\dfrac{3}{2}$　　⑧ 2　　⑨ 3

(4) 惑星の軌道が円でないときも，恒星と惑星を結ぶ線分が単位時間に通過する面積として面積速度が定義される。惑星の速さが v のとき，じゅうぶん短い時間 Δt の間に惑星は $v\Delta t$ の距離を移動する。その様子を描いたものが**図 1-2** である。恒星と惑星の距離を r，恒星と惑星を結ぶ線分と惑星の速度ベクトルのなす角度を θ とすると，時間 Δt の間に線分が通過する三角形の面積を考えることで，面積速度は $\boxed{(ク)}$ と表される。

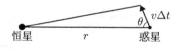

図 1-2（見やすいよう Δt を大きくとって描いてある）

東京理科大-理工〈B方式－2月3日〉 2021年度 物理 *23*

(ク) の解答群

⓪ $\dfrac{1}{2}rv$　　　　① $\dfrac{1}{2}rv\cos\theta$　　　　② $\dfrac{1}{2}rv\sin\theta$

③ $\dfrac{1}{2}rv^2$　　　　④ $\dfrac{1}{2}rv^2\cos\theta$　　　　⑤ $\dfrac{1}{2}rv^2\sin\theta$

⑥ rv^2　　　　⑦ $rv^2\cos\theta$　　　　⑧ $rv^2\sin\theta$

(5) ある時，突然中心の恒星が爆発して，質量 $kM(0 < k < 1)$ の天体が中心に静止したまま残ったとしよう。爆発で飛び散った $(1-k)M$ の物質は，瞬時に飛び散り，惑星の質量や恒星爆発直後の惑星の位置と運動量には影響を与えなかったものとする。つまり，恒星爆発直後の惑星 A の面積速度は，**小問 (1)** で求めたものと同じであると考えて良い。しかし，中心に残った天体 (以後天体 C と呼ぶ) の質量が元の恒星より小さくなっているため，恒星爆発後の惑星 A の力学的エネルギーは，爆発前の（ 　**(ケ)**　 $\times k-$ 　**(コ)**　）倍になり，軌道も爆発前のものとは変わってしまう。惑星 A の運動エネルギーが負にならないことと無限遠で位置エネルギーが 0 であることを考慮すると，新たな軌道が無限遠に到達するのは，恒星爆発後の惑星 A の力学的エネルギーが 0 以上のときである。すなわち惑星 A が無限遠に向かって飛んでいってしまうのは，$k \leqq$ 　**(サ)**　 のときである。

逆に $k >$ 　**(サ)**　 では新たな軌道が無限遠に到達することはなく，楕円 (**図 1-3** は概念図) となる。惑星が天体 C に最も近づく近星点と最も遠ざかる遠星点では天体 C と惑星を結ぶ線分と惑星の運動方向が垂直であること，面積速度と新たな力学的エネルギーがそれぞれ一定に保たれることを使うと，近星点距離 (近星点と天体 C の距離) が 　**(シ)**　 $\times r_A$，遠星点距離 (遠星点と天体 C の距離) が 　**(ス)**　 $\times r_A$ であることがわかる。

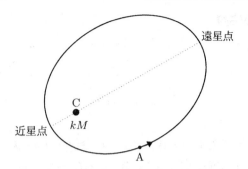

図 1-3 (見やすいよう縮尺は変えてある)

(ケ), (コ), (サ) の解答群

⓪ 0 ① $\dfrac{1}{3}$ ② $\dfrac{1}{2}$ ③ $\dfrac{2}{3}$ ④ 1

⑤ $\dfrac{4}{3}$ ⑥ $\dfrac{3}{2}$ ⑦ $\dfrac{5}{3}$ ⑧ 2 ⑨ $\dfrac{5}{2}$

(シ), (ス) の解答群

⓪ 1 ① $\dfrac{4}{3}$ ② $\dfrac{3}{2}$ ③ $\dfrac{5}{3}$ ④ 2

⑤ $\dfrac{1}{k}$ ⑥ $\dfrac{1}{2k}$ ⑦ $\dfrac{1}{k+1}$ ⑧ $\dfrac{1}{k-1}$ ⑨ $\dfrac{1}{2k-1}$

東京理科大-理工〈B方式-2月3日〉　　　　　　　　2021 年度　物理　25

2　　次の問題の　[　　　　]　の中に入れるべき最も適当なものをそれぞれの**解答群**の
中から選び，その番号を**解答用マークシート**の指定された欄にマークしなさい。
(同じ番号を何回用いてもよい。)　　　　　　　　　　　　　　　　　　　(40 点)

　以下では，長さ，質量，時間，角度，電流の単位をそれぞれ m，kg，s，rad，
A とし，その他の物理量に対してはこれらを組み合わせた単位を使用する。また，
透磁率は真空の透磁率 μ_0 を用いてよい。

(1) 図 **2-1** のように，厚みが無視できる半径 a の円板の中心に，円板に垂直に太
さの無視できる回転軸が固定されている。円板も回転軸も導体でできており，
回転軸と，円板の縁に導線を接触させて，スイッチ S と抵抗 R(抵抗値 R) をつ
なぐ。R 以外の回路の抵抗は無視できるものとする。また，円板に垂直で，上
向きに磁束密度の大きさ B_0 (> 0) の一様な磁場がかかっている。

　この円板を，回転軸を中心に，上方から見て反時計回りに一定の角速度 ω (> 0)
で回転させた。はじめ，S は開いている。円板と共に回転する円板内の自由電
子は磁場からローレンツ力を受けるため，[　**(ア)**　]　向きに移動する。そのた
め，円板の中心と縁の間には，[　**(イ)**　]　向きに電場が生じる。円板内の自由
電子の移動が止まったとき，円板上で円板の中心から距離 r の位置における電
場の大きさは，$E =$ [　**(ウ)**　]　と表される (ここでは，自由電子にはたらく遠
心力は無視して良い)。横軸を r として E のグラフの概形を示したものとして
最もふさわしいものは，[　**(エ)**　]　である。また，円板の中心と縁に生じる電
位差の大きさ V は，E のグラフの $r = 0$ から $r = a$ までの面積となるから，
$V =$ [　**(オ)**　]　となる。

　次に，円板を回転させたまま S を閉じると，導線に電流が流れた。S を閉じ
てじゅうぶん時間が経ったとき，導線に流れる電流の大きさは，$I =$ [　**(カ)**　]
である。S を閉じたまま，ω を変化させて電流を測定したとき，横軸を ω とし
て I のグラフを示したものとして最もふさわしいものは，[　**(キ)**　]　である。
ただし，ここでは，B_0 以外の磁場の影響は考えないものとする。したがって，
単位時間に R で発生するジュール熱は，$P_J =$ [　**(ク)**　]　である。P_J は，円板
を回転させている外力の仕事率 P_W と一致する。

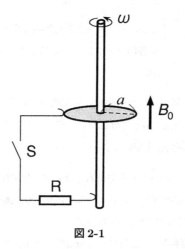

図 2-1

(ア), (イ) の解答群

　⓪ 円板の中心から縁に向かう　　① 円板の縁から中心に向かう

　② 回転軸と平行で上　　　　　　③ 回転軸と平行で下

(ウ) の解答群

　⓪ ωB_0　　① $\omega B_0 r$　　② $\omega B_0 r^2$　　③ ωr

　④ ωr^2　　⑤ $\dfrac{\omega r}{B_0}$　　⑥ $\dfrac{\omega r^2}{B_0}$　　⑦ $\dfrac{B_0}{\omega r}$

(エ) の解答群

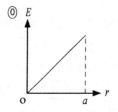
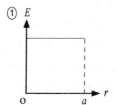

② 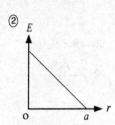   ③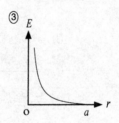

(オ) の解答群

⓪ $\dfrac{\omega a}{B_0{}^2}$ ① $\dfrac{\omega a}{B_0}$ ② ωB_0

③ $\omega B_0 a$ ④ $\omega B_0 a^2$ ⑤ $\dfrac{\omega B_0 a^2}{2}$

⑥ $\dfrac{\omega B_0 a}{2}$ ⑦ $\dfrac{\omega B_0{}^2 a^2}{2}$

(カ) の解答群

⓪ $\dfrac{\omega a}{2R}$ ① $\dfrac{\omega a}{RB_0}$ ② $\omega B_0 R^2$

③ $\dfrac{\omega B_0 a}{R}$ ④ $\dfrac{\omega B_0 a^2}{R}$ ⑤ $\dfrac{\omega B_0 a^2}{2R}$

⑥ $\dfrac{\omega B_0 a}{2R}$ ⑦ $\dfrac{\omega B_0{}^2 a^2}{2R}$

(キ) の解答群

⓪ 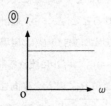   ①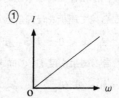

② 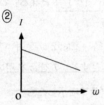   ③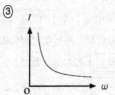

28 2021 年度 物理　　　　　　　　　　東京理科大-理工〈B方式 – 2 月 3 日〉

(ク) の解答群

⓪ $\omega B_0 a^2$ 　　　　① $\omega^2 B_0{}^2 a^4$ 　　　　② $2R\omega^2 B_0{}^2 a^2$

③ $\omega^2 B_0{}^2 a^2$ 　　　④ $\dfrac{\omega^2 B_0{}^2 a^4}{R}$ 　　　⑤ $\dfrac{\omega^2 B_0{}^2 a^4}{2R}$

⑥ $\dfrac{\omega^2 B_0{}^2 a^2}{4R}$ 　　　⑦ $\dfrac{\omega^2 B_0{}^2 a^4}{4R}$

(2) 次に，**小問 (1)** の円板と回転軸を，**図 2-2** のようにじゅうぶん長いコイル（単位長さあたり n 巻き）の中に置いた。回転軸とコイルの中心は一致しており，円板はコイル内で回転することができる。コイルの一端は回転軸に接しており，反対側の一端には導線がつながれている。導線には抵抗 R(抵抗値 R) がつながれており，導線のもう一方の端はコイル内の円板の縁に接している。R 以外の回路の抵抗は無視できるものとする。また，コイルの置かれた空間には回転軸と平行な方向で，円板に垂直に磁束密度の大きさ B_0 の一様な磁場が上向きにかかっている。コイル内部の磁場は，磁束密度 B_0 の磁場と，コイルに流れる電流がコイル内部に作る磁場の重ねあわせであり，その他の磁場の影響は考えない。

　この円板を，回転軸を中心に一定の角速度 ω で回転させると，じゅうぶん時間が経過した後にコイルには一定の電流 I が流れた。このとき，コイルに流れる電流がコイル内部に作る一様な磁場の磁束密度を B_{S} とする。ここで，ω の符号は，上方から見て円板を反時計回りに回転させるとき，$\omega > 0$，時計回りに回転させるとき，$\omega < 0$ とする。また，B_{S} の磁場の向きが B_0 の磁場と同じ向きになるときの磁束密度 B_{S} の向きを正 $(B_{\mathrm{S}} > 0)$，コイルに流れる電流 I の向きを正 $(I > 0)$ とする。一方，B_{S} の磁場の向きが B_0 の磁場と逆向きになるとき，$B_{\mathrm{S}} < 0$，$I < 0$ とする。このとき，$B_{\mathrm{S}} = \boxed{\text{(ケ)}}$ となる。ここで，$B_{\mathrm{S}} > 0$ となるのは，ω が $\boxed{\text{(コ)}}$ の場合である。

　コイル内の回転軸に平行な磁場の磁束密度 $B = B_0 + B_{\mathrm{S}}$ を ω を用いて表すと，$B = \boxed{\text{(サ)}}$ となる。ただし，$\omega < \dfrac{2R}{\mu_0 n a^2}$ とする。I を ω を用いて表すと $I = \boxed{\text{(シ)}}$ となる。横軸を ω として I のグラフを示したものとして最もふさわしいものは，$\boxed{\text{(ス)}}$ である。円板を，B_0 の磁場と B_{S} の磁場が逆向きになる方向に回転させ，ω の大きさを大きくしてゆくと，コイル内の磁場

は，$B = 0$ に近づいてゆく。じゅうぶん ω の大きさが大きく，$B = 0$ とみなせるとすると，回路に流れる電流は，$I =$ (セ) ，円板を回し続けるための外力の仕事率は $P_W =$ (ソ) となる。

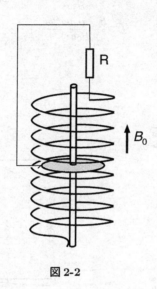

図 2-2

(ケ) の解答群

⓪ $\mu_0 n$ ① $\mu_0 I$ ② $\dfrac{\mu_0 nI}{8}$ ③ $\dfrac{\mu_0 nI}{4}$

④ $\dfrac{\mu_0 nI}{2}$ ⑤ $\mu_0 nI$ ⑥ $2\mu_0 nI$ ⑦ $4\mu_0 nI$

(コ) の解答群

⓪ 正   ① 負

(サ) の解答群

⓪ $\dfrac{2RB_0}{2R - \mu_0 na^2\omega}$ ① $\dfrac{RB_0}{2R + \mu_0 na^2\omega}$ ② $\dfrac{2RB_0}{2R - \mu_0 na\omega}$

③ $\dfrac{2RB_0}{R - \mu_0 na^2\omega}$ ④ $\dfrac{2R - \mu_0 na^2\omega}{2RB_0}$ ⑤ $\dfrac{2R - \mu_0 na\omega}{2RB_0}$

⑥ $\dfrac{R - \mu_0 na^2\omega}{2RB_0}$ ⑦ $\dfrac{2R - \mu_0 na^2\omega}{B_0}$

(シ) の解答群

⓪ $\dfrac{\omega B_0 a^2}{2R + \mu_0 n a^2 \omega}$ ① $\dfrac{B_0 a^2}{2R - \mu_0 n a \omega}$ ② $\dfrac{B_0}{R - \mu_0 n a^2 \omega}$

③ $\dfrac{\omega B_0 a^2}{2R - \mu_0 n a^2 \omega}$ ④ $\dfrac{R - \mu_0 n a^2 \omega}{\omega B_0 a^2}$ ⑤ $\dfrac{R - \mu_0 n a \omega}{2 \omega B_0 a^2}$

⑥ $\dfrac{R - \mu_0 n a^2 \omega}{R \omega B_0}$ ⑦ $\dfrac{R - \mu_0 n a^2 \omega}{B_0 a^2}$

(ス) の解答群

⓪ 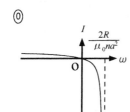   ①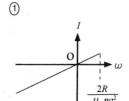

② 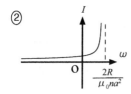   ③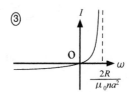

(セ) の解答群

⓪ 0 ① $\dfrac{B_0{}^2}{\mu_0 n}$ ② $-\dfrac{B_0{}^2}{\mu_0 n}$

③ $-\dfrac{2B_0}{\mu_0 n + RB_0}$ ④ $-\dfrac{2B_0}{\mu_0 n - RB_0}$ ⑤ $-\dfrac{2B_0}{\mu_0 n}$

⑥ $-\dfrac{B_0}{\mu_0 n - RB_0}$ ⑦ $-\dfrac{B_0}{\mu_0 n}$

(ソ) の解答群

⓪ 0 ① $\dfrac{RB_0{}^2}{\mu_0{}^2 n^2}$ ② $\dfrac{B_0}{\mu_0 n}$

③ $\dfrac{RB_0}{\mu_0{}^2 n^2}$ ④ $\dfrac{R^2 B_0}{\mu_0{}^2 n^2}$ ⑤ $\dfrac{R^2 B_0{}^2}{\mu_0 n}$

⑥ $\dfrac{RB_0{}^2}{\mu_0 n}$ ⑦ $\dfrac{B_0{}^2}{\mu_0{}^2 n^2}$

東京理科大-理工〈B方式-2月3日〉　　　　　　　　　　　2021 年度　物理　*31*

3　　次の問題の　　　　　　　の中に入れるべき最も適当なものをそれぞれの**解答群**の
中から選び，その番号を**解答用マークシート**の指定された欄にマークしなさい。
(同じ番号を何回用いてもよい。)

(30 点)

　以下では，長さ，質量，時間，温度，物質量の単位をそれぞれ m，kg，s，K，
mol とし，その他の物理量に対してはこれらを組み合わせた単位を使用する。例
えば，圧力の単位 Pa は $kg/(m \cdot s^2)$ と表すことができる。

　図 3-1（断面図）に示すように，密閉された水平な円筒容器の中になめらかに
動くピストンが入っており，ピストンによって容器内は A 室と B 室に分かれてい
る。A 室と B 室にはそれぞれ熱交換器が設置されており，それぞれ熱交換器 A，
熱交換器 B とする。それぞれの熱交換器を作動させると，各室の気体に熱を加
えたり，各室の気体から熱を奪うことができる。円筒容器は断熱材でできており，
各室の熱交換器を作動させない場合は，各室の気体と外部の間の熱のやりとりは
ない。なお，ピストンも断熱材でできており，A 室と B 室の気体の間の熱のやり
とりはない。また，熱交換器の大きさは無視できるとする。

　容器内の A 室と B 室には，それぞれ物質量 1 mol の単原子分子理想気体が封
入されている。A 室と B 室の気体の状態はともに，圧力 P_0，体積 V_0，温度 T_0 で
ある。この状態を初期状態とする。

　なお，気体が断熱変化をするとき，気体の圧力 P と体積 V の間に $PV^\gamma =$(一
定) の関係が成り立つことが知られている。必要であればこのことを用いて良い。
なお，単原子分子理想気体に対しては $\gamma = \dfrac{5}{3}$ である。

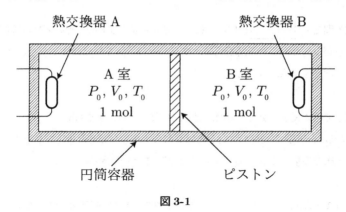

図 3-1

(1) まず,初期状態から,熱交換器 A を作動させずに,熱交換器 B だけを作動させ,**図 3-2** のように,B 室の気体の体積を $(1+\alpha)V_0$ とした $(0 < \alpha < 1)$。この状態を状態 1 とし,初期状態から状態 1 への変化を過程 1 とする。なお,全ての状態変化はじゅうぶんゆっくりと行われるものとする。

過程 1 では熱交換器 A を作動させないので,A 室の気体は断熱変化をする。したがって,状態 1 における A 室の気体の圧力 P_{A1} は $P_{A1} = \boxed{(ア)} \times P_0$ である。ここで,A 室の圧力と B 室の圧力は常に等しいことに気を付けると,過程 1 における B 室の気体の圧力と体積の関係を図示したグラフとして最も適切なものは,**図 3-3** の中の $\boxed{(イ)}$ であり,過程 1 における B 室の気体の状態変化は $\boxed{(ウ)}$。また,状態 1 における A 室の気体の温度 T_{A1} と B 室の気体の温度 T_{B1} はそれぞれ $T_{A1} = \boxed{(エ)} \times T_0$, $T_{B1} = \boxed{(オ)} \times T_0$ である。以上より,過程 1 において,B 室の気体がした仕事 W_{B1} は,$W_{B1} = \boxed{(カ)} \times P_0 V_0$ であり,B 室の気体が吸収した熱量 Q_{B1} は,$Q_{B1} = \boxed{(キ)} \times P_0 V_0$ である。

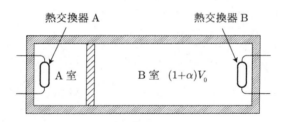

図 3-2

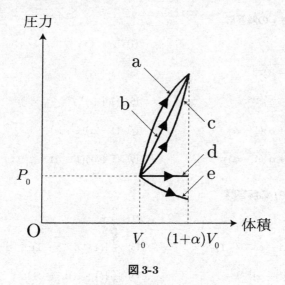

図 3-3

(ア) の解答群

⓪ 1　　　① α　　　② $(1-\alpha)$　　　③ $(1+\alpha)$

④ $(1-\alpha)^{-1}$　⑤ $(1+\alpha)^{-1}$　⑥ $(1-\alpha)^{\gamma}$　⑦ $(1+\alpha)^{\gamma}$

⑧ $(1-\alpha)^{-\gamma}$　⑨ $(1+\alpha)^{-\gamma}$

(イ) の解答群

⓪ a　　　① b　　　② c　　　③ d　　　④ e

(ウ) の解答群

⓪ 定圧変化である

① 等温変化である

② 断熱変化である

③ 定圧変化, 等温変化, 断熱変化のいずれでもない

(エ), (オ) の解答群

⓪ 1

① α

② $(1-\alpha)^{-1}$

③ $(1+\alpha)^{-1}$

④ $(1-\alpha)^{1-\gamma}$

⑤ $(1+\alpha)^{1-\gamma}$

⑥ $(1+\alpha)(1-\alpha)^{-\gamma}$

⑦ $(1-\alpha)(1+\alpha)^{-\gamma}$

⑧ $(1+\alpha)(1-\alpha)$

⑨ $(1+\alpha)(1-\alpha)^{-1}$

(カ), (キ) の解答群

⓪ 3α

① $\dfrac{3}{2}\alpha$

② $3\{(1-\alpha)^{-\gamma}-1\}$

③ $\dfrac{3}{2}\{(1-\alpha)^{-\gamma}-1\}$

④ $3\{(1-\alpha)^{1-\gamma}-1\}$

⑤ $\dfrac{3}{2}\{(1-\alpha)^{1-\gamma}-1\}$

⑥ $3\{(1+\alpha)^{-\gamma}-1\}$

⑦ $\dfrac{3}{2}\{(1+\alpha)^{-\gamma}-1\}$

⑧ $3\{(1+\alpha)(1-\alpha)-1\}$

⑨ $\dfrac{3}{2}\{(1+\alpha)(1-\alpha)-1\}$

(2) 次に，状態 1 から，熱交換器 A や熱交換器 B を必要に応じて作動させ，A 室の気体の温度を T_{A1} に保ちながら，**図 3-4** のように，A 室と B 室の気体の体積をともに V_0 に戻した。この状態を状態 2 とし，状態 1 から状態 2 への変化を過程 2 とする。

　状態 2 における B 室の気体の温度 T_{B2} は $T_{B2} = \boxed{\ \textbf{(ク)}\ } \times T_0$ であり，過程 2 において，A 室の気体が吸収した熱量 Q_{A2} と B 室の気体が吸収した熱量 Q_{B2} の和 $Q_{A2} + Q_{B2}$ は，$Q_{A2} + Q_{B2} = \boxed{\ \textbf{(ケ)}\ } \times P_0 V_0$ である。なお，Q_{B2} の符号を考えると，過程 2 において熱交換器 B については，$\boxed{\ \textbf{(コ)}\ }$ ことがわかる。(B 室の気体が吸収した熱量を Q_{B2} としているので，もし $Q_{B2} > 0$ であれば B 室の気体に熱が加えられたことを意味し，逆に，もし $Q_{B2} < 0$ であれば B 室の気体から熱が奪われたことを意味する。)

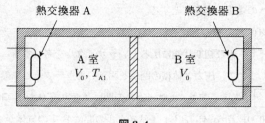

図 3-4

(ク) の解答群

- ⓪ 1
- ① α
- ② $(1-\alpha)^{-1}$
- ③ $(1+\alpha)^{-1}$
- ④ $(1-\alpha)^{1-\gamma}$
- ⑤ $(1+\alpha)^{1-\gamma}$
- ⑥ $(1+\alpha)(1-\alpha)^{-\gamma}$
- ⑦ $(1-\alpha)(1+\alpha)^{-\gamma}$
- ⑧ $(1+\alpha)(1-\alpha)$
- ⑨ $(1+\alpha)(1-\alpha)^{-1}$

(ケ) の解答群

- ⓪ $3(1-\alpha)^{-\gamma}$
- ① $\dfrac{3}{2}(1-\alpha)^{-\gamma}$
- ② $-3(1-\alpha)^{-\gamma}$
- ③ $-\dfrac{3}{2}(1-\alpha)^{-\gamma}$
- ④ $3\alpha(1-\alpha)^{-\gamma}$
- ⑤ $\dfrac{3}{2}\alpha(1-\alpha)^{-\gamma}$
- ⑥ $-3\alpha(1-\alpha)^{-\gamma}$
- ⑦ $-\dfrac{3}{2}\alpha(1-\alpha)^{-\gamma}$
- ⑧ $3\alpha(1+\alpha)(1-\alpha)^{-\gamma}$
- ⑨ $\dfrac{3}{2}\alpha(1+\alpha)(1-\alpha)^{-\gamma}$

(コ) の解答群

- ⓪ B 室の気体に熱を加えるように作動させる必要がある
- ① B 室の気体から熱を奪うように作動させる必要がある
- ② B 室の気体と熱をやりとりしないため作動させる必要がない

(3) 最後に，状態 2 から，熱交換器 A と熱交換器 B をともに作動させ，A 室と B 室の気体の体積をともに V_0 に保ちながら，初期状態に戻した。状態 2 から

初期状態への変化を過程 3 とする。

　A 室の気体と B 室の気体それぞれに対して，初期状態から，過程 1，過程 2，過程 3 を経て，再び初期状態に戻るというサイクルを考察する。A 室の気体のサイクルについて，圧力と体積の関係を図示したグラフとして最も適切なものは　(サ)　である。また，1 サイクルの間に A 室の気体が B 室の気体に対してした仕事の総和を W_A とし，1 サイクルの間に B 室の気体が A 室の気体に対してした仕事の総和を W_B とする。これらの仕事 W_A，W_B について符号を考えると，　(シ)　である。

(サ) の解答群

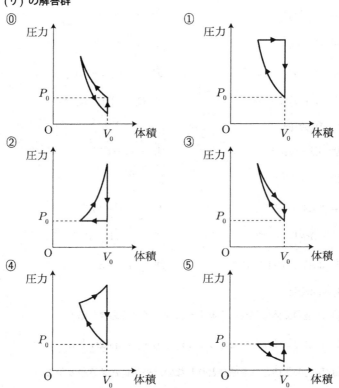

(シ) の解答群

　⓪ $W_A < 0,\ W_B < 0$　　① $W_A < 0,\ W_B = 0$　　② $W_A < 0,\ W_B > 0$

東京理科大-理工〈B方式 - 2月3日〉　　　　　　　　　　2021 年度　物理　37

③ $W_A = 0,\ W_B < 0$　④ $W_A = 0,\ W_B = 0$　⑤ $W_A = 0,\ W_B > 0$

⑥ $W_A > 0,\ W_B < 0$　⑦ $W_A > 0,\ W_B = 0$　⑧ $W_A > 0,\ W_B > 0$

38 2021 年度 化学　　　　　　　　　　東京理科大-理工〈B方式－2月3日〉

化学

（80 分）

各設問の計算に必要ならば，下記の数値を用いなさい。

原子量：H 1.0，C 12.0，O 16.0，Na 23.0，Cl 35.5
アボガドロ定数：$6.02 \times 10^{23}/mol$
気体定数：$8.31 \times 10^3 \, Pa \cdot L/(K \cdot mol)$
標準状態における理想気体のモル体積：22.4 L/mol

特段の記述がない限り，気体はすべて理想気体としてふるまうものとする。

1　次の記述を読み，(ア)〜(ク)にあてはまる最も適当な語句または数値を **A欄**より選び，その番号を**解答用マークシート**にマークしなさい（番号の中の **0** という数字も必ずマークすること）。また，(i)〜(v)にあてはまる最も適当な整数を**解答用マークシート**にマークしなさい。なお，答が1桁の整数の場合，十の位には 0 をマークしなさい。　　　　　　　　　　　　　　　　　　　　（17 点）

金属結晶の構造のうち，正六角柱の各頂点，上下の面，および中間部に原子が配列した構造を　(ア)　という。その単位格子は，この正六角柱の底面を　(i)　等分した柱状構造に相当し，単位格子中には正味　(ii)　個分の原子が存在する。　(ア)　を構成する原子の配位数は　(iii)　であり，　(イ)　と同様に最密に充填された構造である。なお，　(ア)　をとる金属の例としては，　(ウ)　があげられる。

一方，　(エ)　は，立方体の頂点と重心に原子が配列した構造をしており，　(オ)　などの金属が例としてあげられる。　(エ)　の単位格子中に含まれる原子数は正味　(iv)　個であり，構成原子の配位数は　(v)　である。こ

の原子の半径が r〔nm〕であるとすると，単位格子 1 辺の長さは 　(カ)　 $\times r$ 〔nm〕となる。また，単位格子内の充填率は 　(キ)　 $\pi \times 100$ % と求められる。さらに，この結晶の構成原子のモル質量を M〔g/mol〕，アボガドロ定数を N_A〔/mol〕とすると，密度は 　(ク)　 $\times 10^{21} \times \dfrac{M}{N_A r^3}$〔g/cm³〕となる。

A 欄

01　体心立方格子	02　面心立方格子	03　六方最密構造
04　Ag	05　Al	06　Au
07　Cu	08　Fe	09　Zn
10　$2\sqrt{2}$	11　$2\sqrt{3}$	12　$3\sqrt{2}$
13　$3\sqrt{3}$	14　$\dfrac{\sqrt{2}}{3}$	15　$\dfrac{\sqrt{3}}{3}$
16　$\dfrac{\sqrt{2}}{4}$	17　$\dfrac{\sqrt{3}}{4}$	18　$\dfrac{\sqrt{2}}{6}$
19　$\dfrac{\sqrt{3}}{6}$	20　$\dfrac{\sqrt{2}}{8}$	21　$\dfrac{\sqrt{3}}{8}$
22　$\dfrac{\sqrt{2}}{16}$	23　$\dfrac{\sqrt{3}}{16}$	24　$\dfrac{2\sqrt{2}}{3}$
25　$\dfrac{2\sqrt{3}}{3}$	26　$\dfrac{4\sqrt{2}}{3}$	27　$\dfrac{4\sqrt{3}}{3}$
28　$\dfrac{3\sqrt{2}}{8}$	29　$\dfrac{3\sqrt{3}}{8}$	30　$\dfrac{3\sqrt{2}}{16}$
31　$\dfrac{3\sqrt{3}}{16}$	32　$\dfrac{3\sqrt{2}}{32}$	33　$\dfrac{3\sqrt{3}}{32}$
34　$\dfrac{3\sqrt{2}}{64}$	35　$\dfrac{3\sqrt{3}}{64}$	

2 次の記述を読み，(1)〜(5)にあてはまる数値を有効数字が2桁になるように3桁目を四捨五入して求め，次の形式で**解答用マークシートにマーク**しなさい。指数 c が0の場合の符号pには＋をマークしなさい。

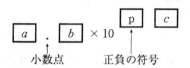

また，(a)〜(c)にあてはまるものの組み合わせとして最も適当なものを**表A**より選び，その番号を**解答用マークシートのA欄にマーク**しなさい。さらに，(あ)にあてはまる最も適当な記述を**B欄**より選び，その番号を**解答用マークシートにマーク**しなさい。

なお，不揮発性の物質を溶解させた水溶液の質量モル濃度が 1 mol/kg のときの沸点の変化度を 0.52 K，100℃における水の密度を 0.96 g/cm³ として計算しなさい。

(17点)

温度と水の蒸気圧の関係は**図1**のように，標高と大気圧の関係は**図2**のように表されるものとする。これらの関係から，標高 3000 m の高山上では，標高 0 m の地上と比べて水の沸点が 　(1)　 ℃ に 　(あ)　 することがわかる。

一方，水に不揮発性の物質を溶解させて希薄な水溶液とすると，蒸気圧は下式のように変化する。

$$p = xp_0 \quad \text{①}$$

ただし，p_0 はその温度における純水の蒸気圧，p は希薄水溶液の蒸気圧，x は希薄水溶液における水のモル分率である。この関係式を用いると，希薄水溶液の蒸気圧と純水の蒸気圧の差 Δp は

$$\Delta p = (1-x)p_0 \quad \text{②}$$

と書くことができる。

ここで，1気圧（1.013×10^5 Pa），100℃において水 2.0 L に塩化ナトリウム 4.68 g を溶解させる場合を考える。この水溶液において塩化ナトリウムは完全

に電離しているとみなせることから，この水溶液の溶媒の物質量と溶質の電離によって生じる粒子の物質量を合わせた全物質量は　(2)　molであり，溶質粒子の物質量を全物質量で割って得られる溶質のモル分率は　(3)　となる。これを②式に代入することにより，この水溶液の蒸気圧は塩化ナトリウムを加える前と比べて　(4)　Pa　(b)　していることがわかる。この場合の沸点は，塩化ナトリウムを加える前と比べて　(5)　℃　(c)　しており，(あ)　。ただし，沸騰にともなう水の重量減少は無視できるものとする。

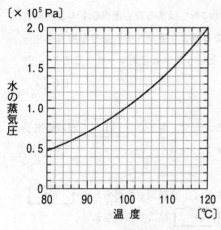

図1：温度と水の蒸気圧の関係

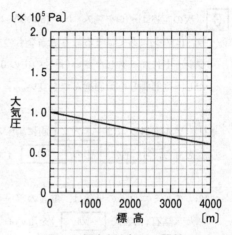

図2：標高と大気圧の関係

表 A

番号	(a)	(b)	(c)
1	上 昇	上 昇	上 昇
2	上 昇	上 昇	降 下
3	上 昇	降 下	上 昇
4	上 昇	降 下	降 下
5	降 下	上 昇	上 昇
6	降 下	上 昇	降 下
7	降 下	降 下	上 昇
8	降 下	降 下	降 下

42 2021 年度 化学　　　　　　　　　　東京理科大-理工〈B方式 - 2月3日〉

B 欄

　1　大気圧が0.2気圧上昇した場合の純水の沸点とほぼ等しい

　2　大気圧が0.1気圧上昇した場合の純水の沸点とほぼ等しい

　3　1気圧における純水の沸点からほとんど変化していない

　4　大気圧が0.1気圧低下した場合の純水の沸点とほぼ等しい

　5　大気圧が0.2気圧低下した場合の純水の沸点とほぼ等しい

3　次の記述(1)〜(6)を読み，(1)〜(5)の(ア)〜(サ)にあてはまる最も適当なものを**A欄**より，(6)の(シ)にあてはまる最も適当なものを**B欄**より選び，その番号を**解答用マークシートにマーク**しなさい（番号の中の**0**という数字も必ずマークすること）。ただし，同じ番号を何回選んでも良い。　　　　　　　　　　　　　　　　　（16点）

(1)　アルミニウムは　(ア)　族に属する元素で，原子は　(イ)　個の価電子をもち，　(ウ)　価の　(エ)　イオンになりやすい。

(2)　アルミニウムの単体は，鉱石のボーキサイトを精製して得られる　(オ)　と氷晶石（化学式　(カ)　）を用いる　(キ)　により製造される。

(3)　アルミニウムの粉末と酸化鉄(Ⅲ)との混合物にマグネシウムリボンを差し込み，それに点火すると，多量の反応熱が発生し鉄の酸化物が還元され，融解した単体の鉄が得られる。この一連の反応を　(ク)　という。

(4)　強塩基である水酸化ナトリウムの水溶液に水酸化アルミニウムを入れると，　(ケ)　。

(5)　以下の**酸化物群**の中で酸性酸化物の数は　(コ)　個，両性酸化物の数は　(サ)　個である。

東京理科大-理工〈B方式-2月3日〉　　　　　　　　　　2021 年度　化学　43

酸化物群

Al_2O_3, BaO, CO_2, CaO, Cl_2O_7, Fe_2O_3, K_2O, MgO, NO_2, Na_2O,
P_4O_{10}, SO_3, SiO_2, ZnO

(6)　分子中に酸素原子を含む酸をオキソ酸という。酸性酸化物が水と反応するとオキソ酸が生じる。塩素を含むオキソ酸の化学式に対して，「名称」，「Cl の酸化数」および「酸の強さ」について，次の表の選択肢から正しい組み合わせを選ぶと　[(シ)]　となる。

表

化学式	名　称				Cl の酸化数		酸の強さ	
HClO	塩素酸	過塩素酸	過塩素酸	次亜塩素酸	1	7	弱	強
$HClO_2$	亜塩素酸	塩素酸	次亜塩素酸	亜塩素酸	3	5	▲	▼
$HClO_3$	次亜塩素酸	亜塩素酸	亜塩素酸	塩素酸	5	3	▲	▼
$HClO_4$	過塩素酸	次亜塩素酸	塩素酸	過塩素酸	7	1	強	弱
選択肢	(a)	(b)	(c)	(d)	(e)	(f)	(g)	(h)

A　欄

01　1　　　　　02　2　　　　　03　3　　　　　04　4

05　5　　　　　06　6　　　　　07　7　　　　　08　8

09　9　　　　　10　10　　　　　11　11　　　　　12　12

13　13　　　　　14　14　　　　　15　15　　　　　16　16

17　17　　　　　18　18　　　　　19　陽　　　　　20　中　性

21　陰　　　　　22　$Na[Al(OH)_4]$　　　　　23　Al_2O_3

24　$AlK(SO_4)_2 \cdot 12H_2O$　　25　$Al(OH)_3$　　　　26　Na_3AlF_6

27　$NaAlO_2$　　　　　28　$Al_2(SO_4)_3$　　　　29　溶融塩(融解塩)電解

30　テルミット反応　　31　ハーバー・ボッシュ法

32　オストワルト法　　33　ソルベー法　　　　34　アルマイト

35　ジュラルミン　　　36　トタン　　　　　　37　反応し溶解する

38　反応し水素を発生しながら塩をつくる

39　反応し酸素を発生する

B 欄

01 (a)−(e)−(g)	02 (a)−(e)−(h)	03 (a)−(f)−(g)
04 (a)−(f)−(h)	05 (b)−(e)−(g)	06 (b)−(e)−(h)
07 (b)−(f)−(g)	08 (b)−(f)−(h)	09 (c)−(e)−(g)
10 (c)−(e)−(h)	11 (c)−(f)−(g)	12 (c)−(f)−(h)
13 (d)−(e)−(g)	14 (d)−(e)−(h)	15 (d)−(f)−(g)
16 (d)−(f)−(h)		

4 次の記述を読み，(i)〜(v)にあてはまる数値を有効数字が3桁になるように4桁目を四捨五入して求め，次の形式で**解答用マークシート**にマークしなさい。指数 d が0の場合の符号 p には＋をマークしなさい。

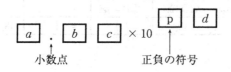

なお，計算には下記の値を用いなさい。
300 K における水の蒸気圧 $= 4.00 \times 10^3$ Pa
$\log_{10} 2 = 0.301$, $\log_{10} e = 0.434$

(17点)

温度 300 K，大気圧 1.013×10^5 Pa の条件で少量の鉄(Ⅲ)イオンを触媒として，6.40×10^{-1} mol/L の過酸化水素水 10.0 mL を反応させた。分解反応で発生する酸素を，水上置換ですべて捕集した。捕集容器内の圧力を大気圧に保って，捕集容器内の気体の体積を求めたところ，以下の**表**のようになった。

表

反応時間〔s〕	0	60	300	600
捕集容器内の気体の体積〔mL〕	0.00	18.0	58.0	75.0

表より，この実験における反応速度定数を k，各時間における過酸化水素の平均の濃度を $[H_2O_2]$ とすると過酸化水素の平均の反応速度 v は以下の①式となる。

$$v = -\frac{\Delta[H_2O_2]}{\Delta t} = k[H_2O_2] \qquad ①$$

60秒後の過酸化水素の濃度は $\boxed{\text{(i)}}$ mol/L であり，0～60秒における過酸化水素の平均の濃度は $\boxed{\text{(ii)}}$ mol/L となる。以上より，0～60秒における過酸化水素の平均の反応速度 v は $\boxed{\text{(iii)}}$ mol/(L·s) と求まる。

このとき，$\boxed{\text{(iii)}}$ の値と過酸化水素の0～60秒における平均の濃度より k の値を求めると $\boxed{\text{(iv)}}$ /s となる。

また，過酸化水素の初濃度を $[H_2O_2]_0$ とすると②式が成り立つ。

$$\log_e \frac{[H_2O_2]}{[H_2O_2]_0} = -kt \qquad ②$$

②式を用いて，過酸化水素の濃度が反応開始時の半分になる時間を求めると $\boxed{\text{(v)}}$ s となる。なお，気体はすべて理想気体としてふるまうものとし，過酸化水素の蒸気圧および分解反応にともなう水溶液の体積変化，ならびに酸素の水への溶解は無視できるものとする。

46 2021 年度 化学　　　　　　　東京理科大-理工〈B方式-2月3日〉

5 次の記述を読み，(i)～(iii)にあてはまる整数を**解答用マークシート**にマークしな
さい。答が一桁の整数の場合，十の位には0をマークしなさい。また，(ア)～(シ)に
あてはまる最も適当なものを**A欄**より選び，その番号を**解答用マークシート**に
マークしなさい（番号の中の0という数字も必ずマークすること）。　　（17点）

　　分子量が100以下で炭素64.9%，水素13.5%，酸素21.6%からなる脂肪族
化合物Aの分子式はC (i) H (ii) O (iii) となり，B，C，D，E，F，Gの構
造異性体がある。

　　単体の金属ナトリウムと反応して水素を発生するのはA，B，C，Dであり，
E，F，Gは水素を発生しない。

　　硫酸酸性の二クロム酸カリウムを加えて加熱することにより，A，Bからはア
ルデヒドが得られる。

　　濃硫酸を用いて分子内脱水すると，A，B，Dからは1種類，Cからは2種類
の生成物が得られる。B，Dから得られる生成物は (ア) である。また，C
から得られる生成物の中の1つはAから得られる生成物と同じであり，
(イ) である。

　　Cをヨウ素ヨウ化カリウム水溶液と混合し，水酸化ナトリウム水溶液を溶液
が無色になるまで加えてから加熱すると， (ウ) が起こり黄色の沈殿を生じ
る。また，反応後の溶液に含まれるカルボン酸のナトリウム塩を中和してから還
元するとHが得られる。HとIは分子式C_3H_8Oで表される脂肪族化合物であ
り，いずれも水によく溶解し，Hの沸点はIより高い。

　　Hを単体の金属ナトリウムと反応してからヨウ化メチルと反応させると，Eと
ヨウ化ナトリウムが生成する。また，Hの代わりにIを用いて同様の反応を行う
とFが得られる。

　　以上のことから，Aは (エ) ，Bは (オ) ，Cは (カ) ，Dは
(キ) ，Eは (ク) ，Fは (ケ) ，Gは (コ) となる。また，
Hは (サ) ，Iは (シ) である。

東京理科大-理工〈B方式 – 2月3日〉　　　　　　2021年度　化学　47

A　欄

01　アセトアルデヒド　　　　　　02　アセトン

03　イソプロピルメチルエーテル　04　エチルメチルエーテル

05　ギ　酸　　　　　　　　　　　06　銀鏡反応

07　酢　酸　　　　　　　　　　　08　ジエチルエーテル

09　脱離反応　　　　　　　　　　10　1-ブタノール

11　2-ブタノール　　　　　　　　12　ブチルアルデヒド

13　1-ブテン　　　　　　　　　　14　2-ブテン

15　1-プロパノール　　　　　　　16　2-プロパノール

17　プロピオン酸　　　　　　　　18　プロピルアルデヒド

19　プロペン　　　　　　　　　　20　1-ペンタノール

21　2-ペンタノール　　　　　　　22　3-ペンタノール

23　ホルムアルデヒド　　　　　　24　2-メチル-1-プロパノール

25　2-メチル-2-プロパノール　　 26　メチルプロピルエーテル

27　2-メチルプロペン　　　　　　28　ヨードホルム反応

29　酪　酸

48 2021 年度　化学 東京理科大-理工〈B方式 − 2 月 3 日〉

6 次の記述(1), (2)を読み, (ア)〜(ソ)にあてはまる最も適当なものをA欄より選び,
その番号を**解答用マークシート**にマークしなさい(番号の中の **0** という数字も必
ずマークすること)。　　　　　　　　　　　　　　　　　　　　(16 点)

(1) タンパク質のポリペプチド鎖は, ペプチド結合の間で ┌─(ア)─┐ することに
より, 比較的狭い範囲で規則的に繰り返される立体構造をとる。このような構
造を, ┌─(イ)─┐ という。これにより形成される構造の例として, ┌─(ウ)─┐
や ┌─(エ)─┐ などの構造がある。 ┌─(ウ)─┐ では, ペプチド結合をしている 1
つのアミノ酸と, そのアミノ酸から 4 番目のアミノ酸との間の ┌─(ア)─┐ によ
り構造が固定されている。

　また, 筋肉中の酸素貯蔵にはたらくタンパク質である ┌─(オ)─┐ は, ポリペ
プチド鎖が折り畳まれた ┌─(カ)─┐ を有している。 ┌─(カ)─┐ を安定化する結
合としては様々なものがあるが, 毛髪に含まれるケラチンでは, システイン間
に形成される ┌─(キ)─┐ が構造安定化に寄与している。さらに, 血中に含まれ
る ┌─(ク)─┐ は, ┌─(カ)─┐ をとったサブユニットがいくつか集合してできた
複合体をつくる。このような構造を ┌─(ケ)─┐ という。

　タンパク質は, 水酸化ナトリウム水溶液と硫酸銅を用いる ┌─(コ)─┐ により
検出することができる。

(2) アミロースは, α-グルコースが ┌─(サ)─┐ のヒドロキシ基の間で脱水縮合
した鎖状構造をとっている。一方, ┌─(シ)─┐ は α-グルコースが ┌─(サ)─┐
のヒドロキシ基の間で脱水縮合した鎖状構造と, ┌─(ス)─┐ のヒドロキシ基の
間で脱水縮合した枝分かれ構造をあわせ持つ構造をとる。さらに, セルロース
は, β-グルコースが ┌─(サ)─┐ のヒドロキシ基の間で脱水縮合した直鎖構造
である。アミロースや ┌─(シ)─┐ の混合物であるデンプンは ┌─(セ)─┐ を示す
が, セルロースは ┌─(セ)─┐ を示さない。これは, セルロースが直鎖状の構造
をとるためである。セルロース分子は互いに平行に並んで ┌─(ア)─┐ するこ
により, 部分的に ┌─(ソ)─┐ をとる。

東京理科大-理工〈B方式－2月3日〉　　　　　　　　2021 年度　化学　*49*

A　欄

01	一次構造	02	二次構造
03	三次構造	04	四次構造
05	α-ヘリックス構造	06	β-シート構造
07	アモルファス構造	08	結晶構造
09	最密構造	10	イオン結合
11	水素結合	12	ジスルフィド結合
13	アミラーゼ	14	アミロペクチン
15	インスリン	16	グリコーゲン
17	ヘモグロビン	18	ミオグロビン
19	1位と2位	20	1位と3位
21	1位と4位	22	1位と5位
23	1位と6位	24	キサントプロテイン反応
25	ニンヒドリン反応	26	ビウレット反応
27	ヨウ素デンプン反応		

生物

(80分)

1 がん細胞に関する次の文章を読み，問題(1)〜(6)に答えなさい。解答はそれぞれの指示に従って最も適切なものを**解答群**から選び，その番号を**解答用マークシート**トの所定欄にマークしなさい。　　　　　　　　　　　　　　　　(33点)

　私たちヒトの体を構成する細胞は，その細胞のおかれた環境に応じて，必要なときに増殖し，必要でないときには増殖を停止している。細胞の増殖を指令する物質(増殖因子)が細胞によって受容されると，増殖を指令する信号が伝達され，(i)
細胞内の複数の酵素が活性化される。その信号は，細胞の核の中にある転写調節因子に伝えられ，細胞周期の進行に関わる遺伝子の転写を促進することによっ(ii)
て，細胞の増殖が起こる。

　細胞増殖の促進に関わる酵素が過剰に作られたり，必要以上に活性化されたり(iii)
すると，周囲の環境や必要性とは無関係に細胞の増殖が続けられてしまうことがある。この異常な状態が個体の生存をおびやかす場合，その原因となる異常な細胞をがん細胞と呼ぶ。がんの大半は体の上皮組織を構成する細胞(上皮細胞)から生じるが，上皮細胞は，細胞接着と呼ばれる，細胞どうしの結合や細胞外物質との間の結合を作り，上皮組織を形成している。がん細胞は，生じた場所から動き(iv)
出し，血管などを通って体内を移動して，別の場所で増殖を続けることもある。(v)

(1)　文章中の下線部(ⅰ)について，次の問題(a)，(b)に答えなさい。

(a)　細胞膜には，これを貫通し細胞の外側と内側に突き出るように存在する膜タンパク質がある。膜タンパク質の中には，細胞の外側で増殖因子と結合することで活性化される酵素が多種類含まれる。これらの酵素の1つであるXは，ある種のがんで異常に活性化していたり，過剰に作られていたりするこ

東京理科大-理工〈B方式 - 2月3日〉　　　　　　　　　　　　　2021 年度　生物　*51*

とが知られている。酵素 X は多数のアミノ酸のみからなるタンパク質であり，その分子量は 133,100 である。この酵素 X が作られるために必要な mRNA のうちタンパク質に翻訳される部分の塩基数を計算し，その塩基数に最も近い数字を**解答群A**から選び，その番号をマークしなさい。なお，脱水縮合してペプチド結合によりつながれたアミノ酸の平均分子量は 110 とする。また，翻訳されたあとのタンパク質の分子量の変化は起こらないものとする。

解答群A

0	220	1	330	2	400
3	1,210	4	2,420	5	3,630
6	26,620	7	39,930	8	44,370

(b)　酵素 X の過剰な発現が，細胞におよぼす影響を調べるため，酵素 X の設計図となる遺伝子 X の mRNA をもとに逆転写を行い，遺伝子 X の1本鎖 cDNA を得た。次に，この1本鎖 cDNA を鋳型にして PCR を行うことで，遺伝子 X の中でタンパク質に翻訳される部分のすべてを含む，2本鎖 cDNA を増幅させることにした。この PCR に使用するプライマー DNA の配列として最も適切なものの組み合わせを**解答群B**から選び，その番号をマークしなさい。なお，遺伝子 X の中でタンパク質に翻訳される部分の両末端付近の塩基配列は**図1**の通りである。また，プライマー DNA の配列は**図1**の①〜⑧の通りである。

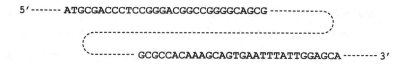

① 5'-TACGCTGGGAGGCCCTGCCG-3'
② 5'-TGCTCCAATAAATTCACTGC-3'
③ 5'-CGGCAGGGCCTCCCAGCGTA-3'
④ 5'-CGTCACTTAAATAACCTCGT-3'
⑤ 5'-ACGAGGTTATTTAAGTGACG-3'
⑥ 5'-ATGCGACCCTCCGGGACGGC-3'
⑦ 5'-GCAGTGAATTTATTGGAGCA-3'
⑧ 5'-GCCGTCCCGGAGGGTCGCAT-3'

図 1

解答群 B

00 ①,②	01 ①,③	02 ①,④	03 ①,⑤
04 ①,⑥	05 ①,⑦	06 ①,⑧	07 ②,③
08 ②,④	09 ②,⑤	10 ②,⑥	11 ②,⑦
12 ②,⑧	13 ③,④	14 ③,⑤	15 ③,⑥
16 ③,⑦	17 ③,⑧	18 ④,⑤	19 ④,⑥
20 ④,⑦	21 ④,⑧	22 ⑤,⑥	23 ⑤,⑦
24 ⑤,⑧	25 ⑥,⑦	26 ⑥,⑧	27 ⑦,⑧

(2) 文章中の下線部(ii)について，次の問題(a)，(b)に答えなさい。

(a) 次の文章中の空欄 (ア) ～ (エ) に当てはまる最も適切な語句を**解答群C**から選び，その番号をマークしなさい。

　生体を構成する細胞は，体細胞分裂を繰り返すことで増えていく。細胞が自身を倍加させ，2つに分裂するまでの一連の過程を細胞周期と呼ぶ。細胞周期は，おもに4つの時期に区切られるが，細胞が分裂を行う時期以外の3つの時期をまとめて (ア) と呼ぶ。S期に複製されて倍になった染色体

東京理科大-理工〈B方式-2月3日〉　　　　　　　　　2021 年度　生物　53

は，分裂期には凝縮して太く短くまとまった染色体を形成する。倍になった
それぞれの染色体は，細胞の中の2つの極から伸びた微小管によって捕まえ
られ均等に分けられる。微小管はアクチンフィラメントや中間径フィラメン
トと並ぶ　(イ)　の1つで，2種類の　(ウ)　からなる中空の管である。
微小管の直径は約25ナノメートルであり，3つの　(イ)　の中では最も
　(エ)　。微小管の両端で　(ウ)　が結合したり解離したりすることで
微小管は伸び縮みするが，この動きは染色体の均等な分配に必要である。複
製されてできた2つの染色体が分けられると，やがて細胞質も2つに分けら
れて，2つの娘細胞ができる。がん細胞は，休まず増え続ける性質をもつの
で，分裂期に重要な役割を果たす微小管の伸縮を阻害する化合物は，抗がん
剤として実際に治療に利用されている。この化合物を作用させると，細胞は
分裂期に停止するが，この状態を維持し続けると，倍加した染色体の分配と
細胞質の分裂を行わないまま，次の細胞周期に進入してしまうことがある。

解答群C

0　休止期	1　中　期	2　間　期	3　筋繊維
4　細胞骨格	5　紡錘糸	6　チューブリン	7　ミオシン
8　ダイニン	9　細　い	10　太　い	

(b)　培養したヒトの正常細胞を集め，1つ1つの細胞に含まれる DNA の量を
測定し，DNA の量ごとに分類して細胞数を計測した。この結果をグラフに
表したところ，**図2**の実線のようになった。この細胞集団がある化合物で処
理され，**図2**の破線のような分布を示すようになった場合，細胞はどのよう
な状態になっている可能性があるだろうか。以下の①～⑥の文章に関して，
記述が正しいものの組み合わせとして最も適切なものを**解答群D**から選び，
その番号をマークしなさい。

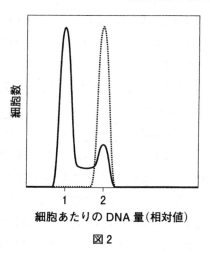

図2

① G₁期で細胞周期を停止させる化合物で処理され，G₁期で細胞周期を停止している。

② DNA複製を阻害する化合物で処理され，S期で細胞周期を停止している。

③ G₂期で細胞周期を停止させる化合物で処理され，G₂期で細胞周期を停止している。

④ 分裂期の進行を阻害する化合物で処理され，分裂期で細胞周期を停止している。

⑤ 微小管の伸縮を阻害する化合物で継続的に処理され，一度は分裂期に停止した細胞が，倍加した染色体の分配と細胞質の分裂を行わないまま次の細胞周期に進入しG₁期で停止している。

⑥ 微小管の伸縮を阻害する化合物で継続的に処理され，一度は分裂期に停止した細胞が，倍加した染色体の分配と細胞質の分裂を行わないまま次の細胞周期に進入しG₂期で停止している。

解答群D

| 00 | ①，②，③ | 01 | ①，②，④ | 02 | ①，②，⑤ |
| 03 | ①，②，⑥ | 04 | ①，③，④ | 05 | ①，③，⑤ |

東京理科大-理工〈B方式−2月3日〉　　　　　　　　　　2021 年度　生物　55

06	①, ③, ⑥	07	①, ④, ⑤	08	①, ④, ⑥
09	①, ⑤, ⑥	10	②, ③, ④	11	②, ③, ⑤
12	②, ③, ⑥	13	②, ④, ⑤	14	②, ④, ⑥
15	②, ⑤, ⑥	16	③, ④, ⑤	17	③, ④, ⑥
18	③, ⑤, ⑥	19	④, ⑤, ⑥

(3) 文章中の下線部(ⅲ)に関する次の文章を読み，問題に答えなさい。

　　ある 4 人のがん患者の肺からそれぞれ採取したがん細胞（がん細胞 A〜D）と
肺由来の正常細胞を調べたところ，がん細胞 A〜D のいくつかで，酵素 X が
過剰に作られていることがわかった。がん細胞では，細胞内の染色体がもつあ
る特定の遺伝子の数が増える，遺伝子増幅と呼ばれる現象が起こることが知ら
れている。がん細胞 A〜D のいくつかでみられたこの過剰な酵素 X の産生が，
酵素 X 遺伝子の増幅によるものなのかを調べるため，PCR 法を使った実験を
行った。

　　まず，がん細胞 A〜D と，正常細胞をそれぞれ培養して増殖させたのち，細
胞がもつ DNA を 5 種類の細胞集団からそれぞれ取り出した（それぞれの DNA
濃度は必ずしも同じではない）。得られた 5 種類の DNA 溶液からそれぞれ同
じ液量を取り出し，遺伝子 X だけに相補的に結合する 2 つのプライマーを使っ
て PCR を行い，PCR 反応液中の DNA 量をすぐに検出できる機械を使って時
間の経過にともなって変化する PCR 産物の量を測定した。その結果，一定の
PCR 産物量（矢印で示した）を与える PCR のサイクル数は，がん細胞 A，B，
C，D，正常細胞でそれぞれ 28，27，28，30，29 であることがわかった（**図 3**）。

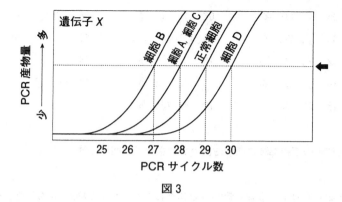

図3

次に，細胞あたりの遺伝子の数が，がん化の過程で変化しないことがわかっているタンパク質Nの遺伝子Nについても同様のPCRを行ったところ，一定のPCR産物量を与えるPCRのサイクル数は，がん細胞A，B，C，D，正常細胞でそれぞれ28，26，27，28，27であった(**図4**)。

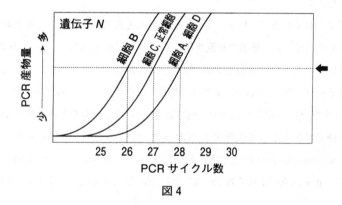

図4

以上の実験結果から，がん細胞A〜Dについて，染色体がもつ遺伝子Xの数が正常細胞に比べて増えていると予想されるものの組み合わせとして最も適切なものを**解答群E**から選び，その番号をマークしなさい。また，遺伝子Xの数が増えていると予想されるがん細胞のうち，正常細胞と比べて最も増加の度合いが大きい細胞について，正常細胞を1としたときの倍率として求め，そ

東京理科大-理工〈B方式-2月3日〉　　　　　　　2021 年度　生物　57

の倍率に最も近いものを**解答群F**から選び，その番号をマークしなさい。ただし，ここではがん細胞A～Dと正常細胞はそれぞれ均一な細胞集団からなるものとする。また，がん細胞内で増加した遺伝子Xの塩基配列はすべて野生型と変わらないものとし，PCRでは1サイクルごとに理論値どおりにDNAが増幅されるものとする。

解答群E

00	A	01	B	02	C
03	D	04	A，B	05	A，C
06	A，D	07	B，C	08	B，D
09	C，D	10	A，B，C	11	A，B，D
12	A，C，D	13	B，C，D	14	A，B，C，D

解答群F

| 0 | 2倍 | 1 | 3倍 | 2 | 4倍 | 3 | 5倍 |
| 4 | 6倍 | 5 | 7倍 | 6 | 8倍 | | |

(4)　文章中の下線部(iv)について，次の問題(a)～(c)に答えなさい。

(a)　消化管の内面や皮膚を構成する細胞は，細胞接着を使って上皮組織を形成している。この細胞接着は，細胞膜を貫通するように存在する細胞接着分子と呼ばれるタンパク質どうしが結合したり，細胞接着分子と細胞外のタンパク質が結合したりすることで形づくられるが，発現する接着分子の組成が変化すると，細胞接着がゆるまり，上皮組織から離脱しやすくなる。細胞接着は，密着結合，固定結合，ギャップ結合の3つに大きく分類されるが，これらの結合様式とそれぞれの機能の組み合わせとして最も適切なものを**解答群G**から選び，その番号をマークしなさい。

（**機能①**）　細胞間でイオンやアミノ酸などの小分子を交換する。

58 2021 年度 生物　　　　　　　　　　　東京理科大-理工〈B方式-2月3日〉

（**機能②**）　細胞間や細胞と細胞外基質をつなぎ，組織に強度や伸縮性を与える。

（**機能③**）　細胞間を分子が通過するのを防ぐ。

　　解答群G

　　　0　**機能①**：密着結合　　　**機能②**：ギャップ結合　　　**機能③**：固定結合

　　　1　**機能①**：密着結合　　　**機能②**：固定結合　　　**機能③**：ギャップ結合

　　　2　**機能①**：固定結合　　　**機能②**：ギャップ結合　　　**機能③**：密着結合

　　　3　**機能①**：固定結合　　　**機能②**：密着結合　　　**機能③**：ギャップ結合

　　　4　**機能①**：ギャップ結合　　**機能②**：密着結合　　　**機能③**：固定結合

　　　5　**機能①**：ギャップ結合　　**機能②**：固定結合　　　**機能③**：密着結合

(b)　細胞接着分子の1つであるカドヘリンにはいくつかのタイプがある。細胞が発現するカドヘリンのタイプの変化と，がん細胞の上皮組織からの離脱が関係することが知られているが，この分子のタイプの違いは動物の発生における形づくりとも関係が深い。脊椎動物の神経胚の背側の一部から神経管が形成されるようすを説明する以下の**0～3**の文章に関して，記述が正しいものを**解答群H**から1つ選び，その番号をマークしなさい。

　　解答群H

　　　0　神経管が形成される場所では，E-カドヘリンを発現する中胚葉から，N-カドヘリンを発現する神経板が生じるが，発生が進むに従い神経板の両端どうしが接着して神経管が形成される。

　　　1　神経管が形成される場所では，N-カドヘリンを発現する中胚葉から，E-カドヘリンを発現する神経板が生じるが，発生が進むに従い神経板の両端どうしが接着して神経管が形成される。

　　　2　神経管が形成される場所では，E-カドヘリンを発現する外胚葉から，N-カドヘリンを発現する神経板が生じるが，発生が進むに従い神経板の両端どうしが接着して神経管が形成される。

　　　3　神経管が形成される場所では，N-カドヘリンを発現する外胚葉から，E-カドヘリンを発現する神経板が生じるが，発生が進むに従い神経板

東京理科大-理工〈B方式-2月3日〉　　　　　2021年度　生物　59

の両端どうしが接着して神経管が形成される。

(c)　細胞接着における接着分子のはたらきについて調べるために，以下の実験
を行った。まず細胞を液体の培地とともに培養皿に加えたところ，翌日細胞
は培養皿の底面に接着した。さらに数日間培養したところ，細胞は増殖を繰
り返して細胞どうしが密着するほどまで増えた。

　この培養皿から液体培地を完全に吸い取ったのち，カルシウムイオン
(Ca^{2+})が含まれる緩衝液(pHを一定に保つ溶液)を加えたが，細胞に特に変
化は認められなかった。しかし，これにトリプシン(接着分子を含むタンパ
ク質を分解する酵素)を加えたところ，細胞はいくつもの塊を作った状態で
培養皿の底面から次々とはがれた。

　これらの細胞塊を含む液を2つに分け，一方にEDTA(Ca^{2+}を捕獲し，そ
のはたらきを失わせる試薬)を加えたところ，細胞塊は崩れ，細胞は個々に
分離した。この状態の細胞液に，EDTAが捕獲しきれないほどの十分量の
Ca^{2+}を加えたが，細胞は再度塊を形成することはなかった。

　細胞塊を含む液のもう一方には，まずトリプシンの活性を失わせる処理を
行ったのち，EDTAを加えたところ，細胞塊は崩れ，細胞は個々に分離し
た。この状態の細胞液に，EDTAに捕獲されないほどの十分量のCa^{2+}を加
えたところ，細胞は再び塊を形成した。

　以上の実験からわかることについて説明した以下の①〜④の文章に関し
て，記述に**誤りを含むもの**をすべて挙げた組み合わせを**解答群I**から選び，
その番号をマークしなさい。

①　細胞どうしの接着にはタンパク質が関わるが，細胞と培養皿底面との接
　着にはタンパク質は関わらない。
②　細胞接着分子がもつ細胞どうしを接着させる機能にはCa^{2+}は必要ない。
③　細胞どうしの接着を担当する接着分子は，Ca^{2+}が存在すると，トリプ
　シンにより分解されない。
④　細胞どうしの接着を担当する接着分子をトリプシンで分解しても，Ca^{2+}
　が存在すれば細胞どうしの接着は形成される。

60 2021 年度　生物　　　　　　　　　　東京理科大-理工〈B方式 − 2 月 3 日〉

解答群 I

00	①	01	②	02	③
03	④	04	①，②	05	①，③
06	①，④	07	②，③	08	②，④
09	③，④	10	①，②，③	11	①，②，④
12	①，③，④	13	②，③，④	14	①，②，③，④

(5)　文章中の下線部(v)は，がんが転移する様子を記述したものである。発生した
臓器からがん細胞が移動する場合，血管でつながれた位置関係が，転移先の臓
器を決める 1 つの原因になると考えられている。いま，大腸がんが転移しやす
い臓器を考えたとき，大腸から出たがん細胞が最初に到達する臓器は何か，最
も適切なものを**解答群 J** から選び，その番号をマークしなさい。

解答群 J

0	肺	1	腎　臓	2	胃
3	肝　臓	4	心　臓	5	脳

(6)　ある肺がんでは，(1)で示した酵素 X が異常に活性化しており，この肺がんを
構成する細胞の増殖が大きく酵素 X に依存していることがわかったため，酵
素 X に対する阻害剤を開発し，がんの治療に役立てることを考えた。このよう
に，ある標的分子に作用することで治療薬としてはたらくものは分子標的治療
薬と呼ばれる。ヒトの全遺伝子配列を調べたところ，酵素 X とは異なる遺伝子
から作られるものの，アミノ酸配列がよく似た酵素 Y と酵素 Z があることが
わかった。阻害剤開発の最初のステップとして，多くの化合物の中に X の酵
素活性を阻害する可能性のある化合物を求めたところ，8 つの候補 a〜h が得
られた。次に，これらの候補から，治療に役立つ最有力候補を見出すため，酵
素 X〜Z に対する，化合物 a〜h の阻害効果を調べる実験を行った。この実験
では，各酵素の活性を測定するための反応液に，様々な濃度の化合物を加え，
酵素活性がどのくらい阻害されるかを測定した。最後に，反応液に化合物を加
えなかったときの酵素活性を 100 ％ としたときに，その活性を 50 ％ にまで低

下させるような化合物濃度を算出した（**表1**）。

　この実験結果を受けて，8つの候補化合物の中から酵素 X に対する阻害効率が高いものを選びたいが，その一方で，酵素 Y や酵素 Z の活性を阻害すると，人体の健康を害する副作用が現れることがわかっている。このような背景をふまえて，酵素 X の分子標的がん治療薬として最も有力な化合物であると判断されるものを**解答群K**から選び，その番号をマークしなさい。

表1

酵素活性を 50 ％ にまで低下させる化合物濃度

（単位体積あたりの分子数の相対値）

	酵素 X	酵素 Y	酵素 Z
化合物 a	2.10	7.76	565
化合物 b	474	3.37	422
化合物 c	4.33	355	1.10
化合物 d	1.02	1.35	3.65
化合物 e	2.12	755	573
化合物 f	428	445	2.59
化合物 g	1.70	822	612
化合物 h	525	447	632

解答群K

0 化合物 a	1 化合物 b	2 化合物 c	3 化合物 d
4 化合物 e	5 化合物 f	6 化合物 g	7 化合物 h

2 進化, DNA 複製, 細菌叢解析に関する次の問題(1)～(3)に答えなさい。解答は
それぞれの指示に従って記述が正しいものの組み合わせとして最も適切なものを
解答群から選び, その番号を**解答用マークシート**の所定欄にマークしなさい。

(33 点)

(1) 進化に関する次の文章を読み, 問題(a)～(d)に答えなさい。

地球上に, 始原生物がどのようにして誕生したのか, その詳細は不明である
が, 様々な高分子化合物の中から<u>自己複製システムをもつ高分子化合物</u>が登場
(i)
したと思われる。そして, 自己複製システムをもつ高分子化合物が遺伝情報分
子となり, さらに化学進化した後, 始原生物が誕生したと考えられている。こ
の始原生物が<u>進化</u>して生物の種類が増えた結果, 現在の地球上には, <u>多様な生</u>
(ii)
<u>物</u>が満ちあふれている。つまり, ただ1つの祖先から多様な生物へと進化した
(iii)
ということである。したがって, <u>地球上のすべての生物は共通の生命システム</u>
(iv)
<u>をもっている</u>。

(a) 地球上に初めて登場した下線部(i)の高分子化合物の有力候補として考えら
れている最も適切な語句を**解答群A**から選び, その番号をマークしなさい。

解答群A

0 ポリペプチド	1 セルロース	2 DNA	3 脂肪酸
4 アミロース	5 RNA	6 タンパク質	7 リン脂質

(b) 下線部(ii)の進化に関して記した次の①～⑤の中から, 最も適切な組み合わ
せを**解答群B**から選び, その番号をマークしなさい。

① ヒトの腕とカモメの翼のように, 外観は異なるが発生上の起源が同じ器
官を相同器官といい, ヒトの眼とイカの眼のように, 外観が似ているが発
生上の起源が異なる器官を相似器官という。

東京理科大-理工〈B方式-2月3日〉　　　　　　　　　　2021 年度　生物　*63*

②　海面上昇などにより，生育している場所が分断されて地理的隔離が生じた生物群集は互いに遺伝的な交流がなくなり，やがて出会っても子孫を残すことができない生殖的隔離の状態になる。このようにして種分化が生じる。

③　生殖細胞に生じた突然変異が進化に関わる。

④　集団内に変異が見られ，変異に応じて繁殖力や生存率に差があり，それらの変異が遺伝すると，自然選択による進化が起こる。

⑤　分子進化による DNA の変異は，生存に有利でも不利でもない中立なものが大部分を占めている。

解答群B

00　①	01　②	02　③	03　④
04　⑤	05　①，②	06　①，③	07　①，④
08　①，⑤	09　②，③	10　②，④	11　②，⑤
12　③，④	13　③，⑤	14　④，⑤	
15　①，②，③	16　①，②，④	17　①，②，⑤	
18　①，③，④	19　①，③，⑤	20　①，④，⑤	
21　②，③，④	22　②，③，⑤	23　②，④，⑤	
24　③，④，⑤	25　①，②，③，④	26　①，②，③，⑤	
27　①，②，④，⑤	28　①，③，④，⑤	29　②，③，④，⑤	
30　①，②，③，④，⑤			

(c)　下線部(ⅲ)に関して，生物の分類について記した次の①〜④の中から，最も適切な組み合わせを**解答群C**から選び，その番号をマークしなさい。

①　原核生物は細菌と古細菌の2つに分けられる。

②　細菌には大腸菌，乳酸菌，粘菌が含まれる。

③　真核生物は動物と植物の2つに分けられる。

④　原生生物は複数の系統群の集まりで，光合成を行うものも含まれる。

解答群C

00	①	01	②	02	③	03	④
04	①, ②	05	①, ③	06	①, ④	07	②, ③
08	②, ④	09	③, ④	10	①, ②, ③
11	①, ②, ④	12	①, ③, ④	13	②, ③, ④
14	①, ②, ③, ④

(d) 下線部(iv)のシステムに関して記した次の①〜④の中から，最も適切な組み合わせを**解答群D**から選び，その番号をマークしなさい。

① タンパク質からなる生体膜で囲まれた細胞が生命の単位となっている。
② DNA の遺伝情報を mRNA に転写し，その情報に基づいてアミノ酸が重合してタンパク質が合成される。この情報の流れは一方向である。
③ 外界からの刺激に応答するために，刺激を受容するタンパク質をもつ。
④ 代謝を行うために，高エネルギー物質 ATP を利用する。

解答群D

00	①	01	②	02	③	03	④
04	①, ②	05	①, ③	06	①, ④	07	②, ③
08	②, ④	09	③, ④	10	①, ②, ③
11	①, ②, ④	12	①, ③, ④	13	②, ③, ④
14	①, ②, ③, ④

(2) DNA の複製に関する次の文章を読み，問題(a)，(b)に答えなさい。

　生物として共通した特徴の1つに自己複製があり，細胞の分裂に先立って，DNA の複製が行われる。
　DNA の複製は 　(ア)　 により DNA の二重らせん構造がほどかれ，そこに DNA ポリメラーゼが結合して開始する。複製開始時の DNA ポリメラーゼ

が新生鎖を合成するためには，ある程度の長さのプライマーが必要である。そのため，鋳型鎖と相補的な短い RNA がプライマーとして合成される。そして，そこに DNA ポリメラーゼがヌクレオチドを重合して新生鎖の伸長を行っていく。複製は一方向で，　(イ)　から　(ウ)　方向に行われる。　(エ)　鎖は開裂が進む方向と同じ向きに，　(オ)　に新生鎖が伸長し，　(カ)　鎖は開裂が進む方向とは逆向きに，　(キ)　に新生鎖が伸長する。プライマー RNA は RNA 分解酵素により除去され，その部分は DNA ポリメラーゼが新生鎖を合成するが，除去された場所によっては，その部分の新生鎖を合成できない場合がある。新生鎖が伸長して生じた DNA の断片どうしは　(ク)　がつなげる。

さらに，DNA 複製は原核生物タイプと真核生物タイプの大きく<u>2 つの様式</u>_(i)に分けられる。

また，DNA 複製は人工的にも行うことができ，その 1 つの手法が PCR 法である。PCR を行うことで，環境中に存在する DNA を増幅して，その塩基配列を決定することができる。そして，得られた塩基配列と既存の生物由来の塩基配列を比較して，類似度が高いものから結びつけて分子系統樹を作成（分子系統解析）し，環境中から得られた DNA がどのような生物由来であるかを特定することが可能である。このように，ある環境に存在している細菌の種類を調べることを細菌叢解析という。

(a) 空欄　(ア)　〜　(ウ)　，　(ク)　に当てはまる最も適切な語句を**解答群E**，空欄　(エ)　〜　(キ)　に当てはまる最も適切な語句を**解答群F**から選び，その番号をマークしなさい。

解答群E

    0 オペレーター   1 RNA ポリメラーゼ   2 ヒストン

    3 DNA リガーゼ   4 DNA ヘリカーゼ   5 3′ 末端

    6 C 末端   7 5′ 末端   8 N 末端

解答群F

0	イントロン	1	リーディング	2	センス	3	エキソン
4	アンチセンス	5	ラギング	6	開放的	7	不連続的
8	連続的	9	閉鎖的					

(b) 下線部(i)に関して記した次の①〜④の中から，最も適切な組み合わせを**解答群G**から選び，その番号をマークしなさい。

① 大腸菌は環状のDNAをもち，複製起点が2つある。

② 哺乳類は線状のDNAをもち，複製起点が1つある。

③ 大腸菌の複製の仕組みでは，複製前のDNAの長さとくらべて，複製後のDNAの長さは変化しない。

④ 哺乳類の複製の仕組みでは，複製前のDNAの長さとくらべて，複製後のDNAの長さは短くなる。

解答群G

00	①	01	②	02	③	03	④
04	①，②	05	①，③	06	①，④	07	②，③
08	②，④	09	③，④	10	①，②，③		
11	①，②，④	12	①，③，④	13	②，③，④		
14	①，②，③，④						

(3) 浄化槽内の細菌叢解析に関する次の文章を読み，問題(a)〜(c)に答えなさい。

　　汚水浄化槽が汚水を浄化する仕組みを調べるため細菌叢解析を行った。この汚水浄化槽は好気槽と嫌気槽からなり，汚水は好気槽，嫌気槽の順に送られて，各槽内の細菌によって処理される。好気槽は汚水中に空気が送り込まれ，酸素濃度が高められている。嫌気槽は空気が送られず，汚水表面で呼吸する細菌が水中の酸素を消費することで，酸素がほとんど存在していない。

　　家庭排水中には，様々な化合物が含まれているが，ここでは窒素化合物に着

目する。タンパク質がアミノ酸に分解され，そのアミノ酸が代謝される際にアンモニウムイオンが生成する。アンモニウムイオンが浄化槽内の様々な細菌により代謝されることで，海や湖の富栄養化を防いでいる。

今回は，この汚水浄化槽内の細菌叢解析と，槽内の細菌が転写した RNA の解析を行った。まず，細菌叢解析を2通りの方法で行った。

1つめは，各槽から採取した槽内水に生存している細菌を栄養分が含まれている培地で培養して単一の細菌種を得る培養法である。今回用いた培地は2種類で，1つはタンパク質，糖類などの有機物を含む培地（有機物培地）で，もう1つは無機窒素化合物，各種ミネラルなどの無機物だけを含む培地（無機物培地）とした。数日経つと，細菌が増殖して，同一細菌種で構成された塊（コロニー）を形成した。そして，細菌コロニーから DNA を抽出し，分子系統解析により細菌叢を特定した。

2つめは，各槽内水に存在している細菌から直ちに DNA や RNA を抽出する非培養法である。得られた DNA や，RNA の cDNA を PCR で増幅すると，複数の細菌に由来する異なった塩基配列が含まれているので，単一の塩基配列に分離する装置で処理を行った。そして，分子系統解析を行い，細菌叢を特定した。

分子系統解析には，rRNA 遺伝子，アンモニウムイオンを亜硝酸イオンに酸化するアンモニア酸化酵素遺伝子（遺伝子 W），亜硝酸イオンを硝酸イオンに酸化する亜硝酸酸化酵素遺伝子（遺伝子 X），硝酸イオンを亜硝酸イオンに還元する硝酸還元酵素遺伝子（遺伝子 Y），亜硝酸イオンが代謝されて生じた亜酸化窒素を窒素に還元する亜酸化窒素還元酵素遺伝子（遺伝子 Z）を用いた。

培養法により細菌が45種得られた。これら細菌の DNA を PCR で増幅したところ，rRNA 遺伝子が増幅されたのは45種，遺伝子 W が増幅されたのは1種，遺伝子 X が増幅されたのは1種，遺伝子 Y が増幅されたのは20種，遺伝子 Z が増幅されたのは20種であった。増幅された塩基配列をもとに分子系統解析を行い，それぞれの遺伝子ごとに細菌種を特定した（**表1**）。

表1 培養法で得られた細菌の DNA 塩基配列に基づいた分子系統解析の結果
　　　（アルファベットは属名，数字は種小名を示す。カッコ内は細菌が得られ

た槽, 好気槽：O, 嫌気槽：A)

有機物培地で得られた細菌

rRNA 遺伝子	A1〜A3, B1〜B3, D1〜D4, F1〜F3, G1〜G4, H1〜H3, M1〜M3, N1〜N5, P1, P2, Q1〜Q3, S1〜S10
遺伝子 W	増幅なし
遺伝子 X	増幅なし
遺伝子 Y	A2(O, A), B3(O, A), H2(O, A), M1〜M3(O, A), N1〜N5(O, A), P2(O, A), Q3(O, A), S1〜S7(O, A)
遺伝子 Z	A2(O, A), B3(O, A), H2(O, A), M1〜M3(O, A), N1〜N5(O, A), P2(O, A), Q3(O, A), S1〜S7(O, A)

無機物培地で得られた細菌

rRNA 遺伝子	C1(O), E1(O)
遺伝子 W	C1(O)
遺伝子 X	E1(O)
遺伝子 Y	増幅なし
遺伝子 Z	増幅なし

　非培養法で得られた DNA をもとに, rRNA 遺伝子を PCR で増幅して, 200種類の塩基配列が得られた。これら塩基配列には, **表 1** に記載したすべての細菌種の塩基配列も含まれていた。以下同様に, 遺伝子 W では 17 種類, 遺伝子 X では 15 種類, 遺伝子 Y では 20 種類, 遺伝子 Z では 20 種類の塩基配列が得られた。得られた塩基配列をもとに分子系統解析し, それぞれの遺伝子ごとに細菌種を特定した(**表 2**)。

表 2　非培養法で得られた DNA 塩基配列に基づいた分子系統解析の結果(アルファベットは属名, 数字は種小名を示す。カッコ内は PCR で増幅が確認された槽, 好気槽：O, 嫌気槽：A)

東京理科大-理工〈B方式-2月3日〉　　　　　　　　　2021年度　生物　69

rRNA遺伝子	200種類(種，属などの表記は省略；**表1**に記載のすべての細菌種を含む)
遺伝子 *W*	C1~C9(O)，J1~J8(O)
遺伝子 *X*	E1~E7(O)，L1~L8(O)
遺伝子 *Y*	A2(O，A)，B3(O，A)，H2(O，A)，M1~M3(O，A)，N1~N5(O，A)，P2(O，A)，Q3(O，A)，S1~S7(O，A)
遺伝子 *Z*	A2(O，A)，B3(O，A)，H2(O，A)，M1~M3(O，A)，N1~N5(O，A)，P2(O，A)，Q3(O，A)，S1~S7(O，A)

　次に，非培養法で得られたRNAを鋳型にしてcDNAを合成し，このcDNAをもとに，各遺伝子をPCRで増幅した。その結果，好気槽からはrRNA，遺伝子 *W* のmRNA，遺伝子 *X* のmRNA由来の塩基配列が増幅された。嫌気槽からはrRNA，遺伝子 *Y* のmRNA，遺伝子 *Z* のmRNA由来の塩基配列が増幅された。得られた塩基配列をもとに分子系統解析し，それぞれのRNAごとに細菌種を特定した(**表3**)。

表3　非培養法で得られたRNA由来の塩基配列に基づいた分子系統解析の結果(アルファベットは属名，数字は種小名を示す。カッコ内はPCRで増幅が確認された槽，好気槽：O，嫌気槽：A)

rRNA	200種類(種，属などの表記は省略；**表1**に記載のすべての細菌種を含む)
遺伝子 *W* のmRNA	C1~C9(O)，J1~J8(O)
遺伝子 *X* のmRNA	E1~E7(O)，L1~L8(O)
遺伝子 *Y* のmRNA	A2(A)，B3(A)，H2(A)，M1~M3(A)，N1~N5(A)，P2(A)，Q3(A)，S1~S7(A)
遺伝子 *Z* のmRNA	A2(A)，B3(A)，H2(A)，M1~M3(A)，N1~N5(A)，P2(A)，Q3(A)，S1~S7(A)

(a)　下線部(i)の結果，生態系に悪影響を与える生物が大発生する。その生物と

70 2021 年度　生物　　　　　　　　　　　　　東京理科大-理工〈B方式 - 2月3日〉

して最も適切な語句を**解答群H**から選び，その番号をマークしなさい。

解答群H

　0　大腸菌　　　　　　1　動物プランクトン　　2　植物プランクトン

　3　水生植物　　　　　4　外来生物

(b)　細菌叢解析の結果に関して記した次の①〜⑤の中から，最も適切な組み合
　わせを**解答群 I**から選び，その番号をマークしなさい。

　①　今回の解析で用いた培地は浄化槽内に存在するすべての細菌を生育させ
　　ることはできなかった。

　②　今回の解析で確認されたすべての細菌は rRNA を転写していた。

　③　好気槽からは様々な従属栄養細菌が得られた。嫌気槽からは様々な従属
　　栄養細菌と独立栄養細菌が得られた。

　④　遺伝子 W の DNA，遺伝子 X の DNA および遺伝子 W の mRNA，遺伝
　　子 X の mRNA は好気槽のみから検出された。

　⑤　遺伝子 Y の DNA と遺伝子 Z の DNA は好気槽と嫌気槽から検出できた
　　が，遺伝子 Y の mRNA と遺伝子 Z の mRNA は好気槽のみから検出され
　　た。

解答群 I

00　①	01　②	02　③	03　④
04　⑤	05　①，②	06　①，③	07　①，④
08　①，⑤	09　②，③	10　②，④	11　②，⑤
12　③，④	13　③，⑤	14　④，⑤	
15　①，②，③	16　①，②，④	17　①，②，⑤	
18　①，③，④	19　①，③，⑤	20　①，④，⑤	
21　②，③，④	22　②，③，⑤	23　②，④，⑤	
24　③，④，⑤	25　①，②，③，④	26　①，②，③，⑤	
27　①，②，④，⑤	28　①，③，④，⑤	29　②，③，④，⑤	

東京理科大-理工〈B方式−2月3日〉　　　　　　　　　2021 年度　生物　*71*

30　①，②，③，④，⑤

(c)　細菌叢解析の結果から考えられることを記した次の①〜⑤の中から，最も適切な組み合わせを**解答群J**から選び，その番号をマークしなさい。

①　硝化細菌は脱窒素細菌よりも培養が困難な細菌である。

②　硝化細菌は脱窒素細菌よりも rRNA 遺伝子の塩基配列による分子系統解析でも特定することが容易である。

③　硝化は別々の細菌属で行い，脱窒は同一種で行う。

④　硝化細菌は有機物があっても生存できるが，コロニーを形成することはできない。

⑤　脱窒素細菌は好気槽や嫌気槽で生存できるが，脱窒は嫌気槽のみで行う。

解答群J

00 ①	01 ②	02 ③	03 ④
04 ⑤	05 ①，②	06 ①，③	07 ①，④
08 ①，⑤	09 ②，③	10 ②，④	11 ②，⑤
12 ③，④	13 ③，⑤	14 ④，⑤	
15 ①，②，③	16 ①，②，④	17 ①，②，⑤	
18 ①，③，④	19 ①，③，⑤	20 ①，④，⑤	
21 ②，③，④	22 ②，③，⑤	23 ②，④，⑤	
24 ③，④，⑤	25 ①，②，③，④	26 ①，②，③，⑤	
27 ①，②，④，⑤	28 ①，③，④，⑤	29 ②，③，④，⑤	
30 ①，②，③，④，⑤			

72 2021 年度 生物　　　　　　　　　　　東京理科大-理工〈B 方式 - 2 月 3 日〉

3 植物の生理や遺伝に関する問題(1)～(3)に答えなさい。解答はそれぞれの指示に
　　従って最も適切なものを**解答群**から選び，その番号を**解答用マークシート**の所定
　　欄にマークしなさい。　　　　　　　　　　　　　　　　　　　　　　　　　（34 点）

(1) 種子の発芽におけるホルモンのはたらきを調べるために実験を行った。オオ
　　ムギの種子の種皮をはいだ後，胚を含む断片と胚を含まない断片とに分割し
　　た。このうち胚を含まない断片から胚乳を取り除き，種皮と胚乳に挟まれた部
　　分の試料を得た。この試料を殺菌し，**表 1** に示したホルモン A やホルモン B
　　を含む種々の溶液に浸して数日間処理した。**表 1** の処理溶液の項の＋はそのホ
　　ルモンを含むこと，－は含まないことを示す。その後，これらの試料から調製
　　した抽出液をそのまま，あるいは煮沸した後，デンプンの水溶液と混合して反
　　応させた。最後にヨウ素液を加えて，呈色反応の有無を調べ，その結果を**表 1**
　　に示した。**表 1** の呈色反応の項目の○は青紫色の呈色反応を示したこと，×は
　　示さなかったことを意味する。問題(a)，(b)に答えなさい。

表 1

実験	処理溶液		呈色反応	
	ホルモン A	ホルモン B	そのまま	煮沸
1	－	－	○	○
2	＋	－	○	○
3	－	＋	×	○
4	＋	＋	○	○

(a) この実験結果から以下を推論した。空欄 (ア) ～ (キ) に当ては
　　まる最も適切な語を空欄 (ア) ， (オ) ， (カ) は**解答群 A** か
　　ら，空欄 (イ) は**解答群 B** から，空欄 (ウ) は**解答群 C** から，空欄
　　(エ) ， (キ) は**解答群 D** からそれぞれ選び，その番号をマークし
　　なさい。同じ番号を何回用いてもよい。

東京理科大-理工〈B方式-2月3日〉　　　　　　　　　2021 年度　生物　73

<推論>

　ホルモン　(ア)　は，　(イ)　に作用して，デンプン　(ウ)　酵素
の合成を　(エ)　する。ホルモン　(オ)　は，ホルモン　(カ)　の作
用を　(キ)　する。

解答群A

　0　A　　　　1　B

解答群B

　0　胚　　　　1　種 皮　　2　胚 珠　　3　子 房　　4　糊粉層
　5　胚 乳

解答群C

　0　合 成　　1　分 解

解答群D

　0　促 進　　1　抑 制

(b)　ホルモン A，B として最も適切なものを**解答群E**からそれぞれ選び，その
　　番号をマークしなさい。

解答群E

　0　オーキシン　　　　1　ジベレリン　　　　2　ブラシノステロイド
　3　フィトクロム　　　4　エチレン　　　　　5　インスリン
　6　アブシシン酸　　　7　サイトカイニン　　8　フロリゲン
　9　チロキシン

(2)　(1)で用いたホルモン A やホルモン B の合成やその作用に関与する，それぞ
　　れ単一の遺伝子が欠損した突然変異株1〜6の性質を調べるための実験を行
　　い，次の結果を得た。さらに実験結果に基づいて，各突然変異株で欠損してい
　　る遺伝子がコードしているタンパク質の役割や存在している部位などについて
　　推論した。問題(a)，(b)に答えなさい。

<実験結果>

(i) 野生型株の生育に適した環境で植物体を生育させ，背丈を比較したところ，突然変異株1は野生型株より高く，突然変異株2と3は野生型株と比べて著しく低かった。突然変異株4～6は，野生型株と同程度だった。

(ii) 野生型株の植物の芽生えにホルモンBを与えたところ，背丈が高くなった。この時，ホルモンBを与えた直後にタンパク質Cが迅速に分解された。薬剤を処理してタンパク質Cの分解を抑制したところ，背丈の伸びが抑制された。突然変異株2～6には野生型株と同程度のタンパク質Cが存在したが，突然変異株1には正常なタンパク質Cが存在しなかった。

(iii) 突然変異株1と突然変異株3にホルモンBを与えても，それらの背丈に明確な変化はなかったが，突然変異株2にホルモンBを与えたところ，背丈は野生型株と同程度になった。

(iv) 結実した状態で雨に当たったところ，野生型株や突然変異株1～3では発芽が見られなかったが，突然変異株4～6では発芽が見られた。突然変異株4～6にホルモンAを与えたところ，突然変異株4は雨に当たっても発芽が見られなくなったが，突然変異株5，6の発芽には変化が見られなかった。

(v) 植物に水をやるのを怠ったところ，突然変異株4，6の植物体は，野生型株と比べてしおれやすかったが，突然変異株1～3，5は，野生型株と同様だった。

(vi) 植物体の葉をホルモンAで処理したところ，突然変異株1～5と野生型株では，気孔は閉鎖したが，突然変異株6では気孔が開口したままだった。

<推論>

　突然変異株　(ク)　はホルモンAを，突然変異株　(ケ)　はホルモンBをそれぞれ植物体内で合成できない。突然変異株1～6のうち，ホルモンAの受容体が欠損している可能性があるのは突然変異株　(コ)　，ホルモンBの受容体が欠損している可能性があるのは突然変異株　(サ)　，変異の原因となっている遺伝子がコードしているタンパク質が植物体の中で種子にのみ存在している可能性があるのは突然変異株　(シ)　である。

　(1)**表1**の実験3と同様の実験を行うと，野生型株や他の突然変異株では青紫

色の呈色反応が見られないが，突然変異株 | (ス) | では青紫色の呈色反応が見られる。また(1)**表1**の実験4と同様の実験を行うと，野生型株と他の突然変異株では呈色反応が見られるが，突然変異株 | (セ) | では見られない。実験結果(ii)のように，野生型株ではホルモンBを与えた直後にタンパク質Cが迅速に分解されるが，タンパク質Cをもつ突然変異株のうち，突然変異株 | (ソ) | では，ホルモンBを与えてもタンパク質Cが分解されにくい。

(a) 空欄 | (ク) | ～ | (ソ) | に当てはまる突然変異株の番号として最も適切なものを**解答群F**から選び，その番号をマークしなさい。同じ番号を何回用いてもよい。数字が1つだけ書かれている選択肢は，1～6のうち，それのみが該当することを示す。

解答群F

00 当てはまるものはない		01 1	02 2	03 3
04 4	05 5	06 6	07 1と2	08 1と3
09 1と4	10 1と5	11 1と6	12 2と3	13 2と4
14 2と5	15 2と6	16 3と4	17 3と5	18 3と6
19 4と5	20 4と6	21 5と6		

(b) タンパク質Cの果たす役割として最も適切なものを**解答群G**から選び，その番号をマークしなさい。

解答群G

0 タンパク質Cは，ホルモンAの合成に関与している。

1 タンパク質Cは，ホルモンBの合成に関与している。

2 タンパク質Cには，種子の発芽を促進するはたらきがある。

3 タンパク質Cには，種子の発芽を抑制するはたらきがある。

4 タンパク質Cには，植物体の伸長を促進するはたらきがある。

5 タンパク質Cには，植物体の伸長を抑制するはたらきがある。

(3) ある植物の花弁の色素を分析し，その発現のしくみを調べる実験を行った。この植物の花弁は青色で，色素Aと色素Bの二種類の色素をもつ。花の色が野生型株とは異なる，それぞれ単一の遺伝子が欠損した突然変異株7～11が単離された。各突然変異株の花弁の色素を分析したところ，表2のように，それぞれ色素AまたはBまたはその両方が欠損していた。

表2

	花弁の色	花弁の色素	
		色素A	色素B
野生型株	青色	+	+
突然変異株7	白色	−	−
突然変異株8	濃青色	+	−
突然変異株9	淡黄色	−	+
突然変異株10	白色	−	−
突然変異株11	淡黄色	−	+

色素AやBは，共通の前駆物質から様々な中間代謝物を経て生合成される。色素AやBの生合成経路における中間代謝物C～Fを各突然変異株に与える実験を行い，以下の結果を得た。なおC～Fはいずれも，ある前駆物質から連続的に合成される無色の物質であり，細胞内によく吸収される。生合成の各化学反応の逆反応は起こらないものとする。

<実験結果>

(i) 突然変異株7の花の色は，中間代謝物C，Dを与えても変化しなかったが，Eを与えると濃青色に，またFを与えると青色に変化した。

(ii) 突然変異株8と突然変異株9の花の色は，中間代謝物C～Fのいずれを与えても変化しなかった。

東京理科大-理工〈B方式-2月3日〉 2021年度 生物 77

(iii) 突然変異株10の花の色は，中間代謝物Dを与えても変化しなかったが，中間代謝物C，Fを与えると青色に，Eを与えると濃青色に変化した。

(iv) 突然変異株11の花の色は，中間代謝物C，D，Fを与えても変化しなかったが，中間代謝物Eを与えると青色に変化した。

　突然変異株7〜11の性質から推定した色素の生合成経路に関する次の推論の空欄 | (タ) | 〜 | (ニ) | に当てはまる最も適切な語句を， | (タ) | ，| (ツ) | 〜 | (ニ) | は解答群H，| (チ) | は解答群Iからそれぞれ選び，その番号をマークしなさい。同じ番号を何回用いてもよい。

＜推論＞

　色素Aの生合成経路上で中間代謝物Cの前駆物質は | (タ) | であり，中間代謝物Cを合成する酵素が欠損しているのは | (チ) | である。突然変異株9は，| (ツ) | を合成する酵素が欠損しており，その花弁には | (テ) | の著しい蓄積が見られると予想される。突然変異株7で欠損している酵素の基質は | (ト) | で，その酵素が触媒する化学反応の生成物は | (ナ) | と考えられる。また，色素Bの生合成経路は，色素Aの生合成経路の | (ニ) | から分岐していると考えられる。

解答群H

| 0 色素A | 1 色素B | 2 中間代謝物C |
| 3 中間代謝物D | 4 中間代謝物E | 5 中間代謝物F |

解答群 I

| 0 野生型株 | 1 突然変異株7 | 2 突然変異株8 |
| 3 突然変異株9 | 4 突然変異株10 | 5 突然変異株11 |

解答編

英語

(注) 解答につきましては，東京理科大学から提供のあった情報を掲載しております。

1 **解答** (1)—4　(2)—3　(3)—2　(4)—1　(5)—2　(6)—2
(7) 1st— 2　4th— 3　6th— 5　(8)—1　(9)—3
(10) 1 — F　2 — F　3 — T　4 — T　5 — F　6 — F　7 — F　8 — T

━━━━━━━━◆全　訳◆━━━━━━━━

≪マインドセットの理論≫

［1］　過去20年間の教育界で最も影響力が大きかった現象の1つが，「成長型マインドセット」現象である。これが指す考え方によれば，生徒には，知能，数学などの分野学力，個性，創造性など，さまざまな能力がある。成長型マインドセットの支持者によれば，こういった能力は，学習や努力を通じて，伸長つまり「成長」可能である。それと反対の見方が「固定型マインドセット」であり，この見方によれば，それらの能力は固定されており，改変不能である。

［2］　成長型 vs 固定型マインドセットの理論を1998年に最初に提唱したのは，アメリカの心理学者キャロル=ドウェックと外科医クラウディア=ミューラーである。この理論のルーツは，2人が主導した研究であり，その研究では，小学生が課題に取り組んだ後，知能などの自分の能力，もしくは自分が課題に注ぎ込んだ努力のいずれかを褒められた。そして，その後のもっと難しい課題における生徒の気分，考え，行動を研究者は観測した。努力を褒められた生徒の方が，課題の解き方を見つけようと頑張り抜くことが多く，さらに，どうやったら良くなるかに関するフィードバックを求めることも多かった。これに対して，知能を褒められた生徒の方は，もっと難しい課題で頑張り抜こうとしたり，仲間が課題をどうやったかに関するフィードバックを求めたりすることが少なかった。これらの研究結

東京理科大-理工〈B方式-2月3日〉　　　　　　2021 年度　英語〈解答〉　79

果から推測されるのは，固定型マインドセットは，成長型マインドセットよりも学習につながりにくいということだ。こうした考え方は，認知科学や行動科学で広く支持されている。

［3］　心理学者は，マインドセットの概念について，すなわち人々が持つ一連の前提や方法，そして，それらがどのようにやる気や行動に影響を与えるかについて，100 年以上にわたって研究してきた。成長型マインドセットのルーツは，スタンフォード大学の心理学者アラン＝バンデューラが1970 年代に発表した，前向きな自己効力感に関する社会的学習理論である。自己効力感とは，特定の状況において成功できたり，課題を達成できたりする能力に対して人々が持つ信念である。さらに，成長型マインドセットは達成への志向に関する 1980～90 年代の研究の焼き直しでもある。この場合，人々は結果を出すために「習得志向」（もっと多くを学ぶことが目標），もしくは「成果志向」（自分の知識を示すことが目標）のいずれかを採用できる。

［4］　成長型マインドセットの概念と軌を一にしているのは，脳の可塑性（脳の持つ経験によって変わる能力）や課題に対する正負の脳のネットワーク活動（目標志向の課題の最中に活性化する脳のネットワーク）に関する理論である。成長型 vs 固定型マインドセット理論はエビデンスにも支えられており，成績の予測に関するエビデンスも，介入における影響に関するエビデンスもある。さまざまな研究によれば，生徒のマインドセットが影響を与えるのは，数学や理科のテスト成績，学力，テストの処理能力である。成長型マインドセットがある人は情緒的に対応することが多いのに対し，学習して成長する能力が自分にはないと考えている人は精神的苦痛を感じやすい。しかし，この理論は普遍的に受け入れられているわけではない。2016 年のある研究によれば，大学生の学業成績と成長型マインドセットに相関関係はなかった。この理由の 1 つには，成長型マインドセットの理解のされ方がある。特定の科目や課題に対して，成長型もしくは固定型という異なるマインドセットを異なるときに人々は示している。ドウェックによれば，「すべての人が実際には固定型と成長型のマインドセットが混ざっており，その混じり具合は経験とともに進化し続けている」ということだ。ここからわかるのは，固定型と成長型のマインドセットの違いは連続体の上にあり，さらには，ある特定のときに人が採用するマイ

ンドセットは動的であって，状況次第だということである。

［５］　成長型マインドセット理論は，さまざまな教育プログラムでも評価されてきた。2018 年のある分析は，多数の研究をレビューして，生徒の成長型マインドセットを高める介入が学業成績に影響するかどうかを調べた。その結果，判明したところでは，成長型マインドセットを教えることは，生徒の成績に最小限の影響しか与えていなかった。しかし，一部の事例においては，成長型マインドセットを教えることは，社会経済的に底辺層の生徒や，学業成績が危ぶまれている生徒には効果があった。2017 年のある研究によれば，成長型マインドセットを教えることは生徒の成績に全く影響がなかった。それどころか，固定型マインドセットの生徒の方が成績が良かった。人間の理解・学習過程の複雑さを考えると，否定的な研究結果は驚きではない。ドウェックと同僚が記しているように，学校の状況や文化が，成長型マインドセットの介入によって得られた成長が維持されるかどうかを決定している場合もある。

［６］　さまざまな研究によれば，教師と親のマインドセットも，生徒の成績に影響を与えている。中学・高校の理科では，成長型マインドセットを持つ教師に教わった生徒の方が，固定型マインドセットを持つ教師に教わった生徒よりも成績が良かった。さらに，2010 年のある研究によれば，小学生が自分の成績が伸びる可能性に関して持っている考え方と，教師がその子の学力をどう考えているかには相関関係があった。別の研究では，子どもの読み書き能力に関して成長型マインドセットを持ち，それに従って行動するように親が教わっている子どもは，成績が伸びた。

［７］　マインドセット理論は 2 つの別々の現象を合成しているようであり，その 2 つはどちらも教育上，考慮する必要がある。すなわち，知能などの個人の実際の能力と，それについてどう考えるかである。生徒は，どんなときでも自分が知っていることに気づき，それを大事にすべきであり，さらに，それだけでは不十分かもしれないこと，拡張可能であること，そしてそのやり方も知っている必要がある。教育者と親が努める必要があるのは，子どもと対話する際に，能力が固定されているとほのめかさないことだ。

━━━━━━━━◀解　説▶━━━━━━━━

⑴ 1 ．「難しい課題に取り組んだり，コメントを求めたりする傾向をより

東京理科大-理工〈B方式-2月3日〉　　　2021 年度　英語〈解答〉　*81*

強く示した」

2．「難しい課題に大いに努力したり，助けを求めたりする傾向がより強かった」

3．「さほど難しくない課題には取り組みたがらず，授業を聞かせてもらえなかった」

4．「難しい課題を実行したり，アドバイスをもらったりしたがらない傾向にあった」

4が正解。「難しい課題をやりたがらない」が骨子であり，1・2．「難しい課題をやりたがる」，3・4．「難しい課題をやりたがらない」となっている。demanding ≒ challenging ≒ difficult「難しい」 be reluctant to *do*「～したがらない」（＝be hesitant〔unwilling〕to *do*）

(2) 1．「練習，実践」「強調，ストレス」　2．「知性」「能力」　3．「習得」「成果，成績」　4．「幸福」「プログラム」

3が正解。それぞれ直後の内容と重ね合わせる。mastery「習得」≒ learning, performance「成果，成績」≒ showing what they know という関係である。

(3)「本文下線部(3)に示された 2016 年の研究結果を筆者はどう解釈しているか」

1．「固定型マインドセットの大学生は成長型マインドセットの大学生と同じくらい学科の成績が良かった」

2．「大学生が採用するマインドセットは状況次第で変化した」

3．「実験結果は大学生の生まれつきの能力に頼っていた」

4．「大学生が伸長させたマインドセットは，学習経験のみの影響を受けた」

2が下線部直後から同段最終文（This could, in … on the context.）に一致。

(4) 1．「教育手段」　2．「精神的問題」　3．「科学的発明」　4．「理論的前提」

1が正解。interventions that enhanced students' growth mindsets「生徒の成長型マインドセットを高める介入」を直後の文で teaching a growth mindset「成長型マインドセットを教えること」と言い換えている。

(5)1.「その上」　2.「しかし」　3.「同様に」　4.「したがって」

2が正解。直前文の had minimal influence on student outcomes「生徒の成績に最小限の影響しか与えていなかった」に対して，この文では was effective「効果があった」と述べているので，逆接の関係である。

(6)1.「我々は物事を複雑なやり方で理解し学習するが」

2.「我々が物事を理解し学習する方法が全く単純でないことを考慮すると」

3.「物事を理解し学習する複雑な仕組みがなければ」

4.「物事を理解し学習する仕組みを発見しなければ」

2が正解。Given (that) 〜 ≒ Considering (that) 〜「〜を考慮すると」，the complexity of 〜「〜の複雑さ」≒ 〜 is not at all simple「〜は全く単純でない」という関係。

(7) (Secondary science students taught by teachers with a growth mindset) achieved higher outcomes than those whose teachers had (a fixed mindset.)

①Secondary science students ②taught by teachers with ③a growth mindset「(中学・高校の理科で) ③成長型マインドセット②を持つ教師に教わった①生徒」と①those ②whose teachers had ③a fixed mindset「③固定型マインドセット②を持つ教師に教わった①生徒」を比較している。①・②はそれぞれ言い換えであり，③のみ内容が異なる。

(8)「本文下線部(8)で関係代名詞 which が省略されている。関係代名詞が挿入可能な適切な場所を選びなさい」

下線部全体の大きな構造は(3)と同様，A were associated with B「A と B には相関関係があった」である。A＝the perceptions primary students had of their potential for improvement「小学生が自分の成績が伸びる可能性に関して持っている考え方」，B＝what their teachers thought of the children's academic ability「教師がその子の学力をどう考えているか」であり，A は primary students had the perceptions of their potential for improvement を名詞構文にしたもの。したがって，1に関係詞目的格の which が省略されていると言える。

(9)1.「自分がすでに達成したことの意義に気づき，将来自分が学ぶ知識の量に注目する」

東京理科大-理工〈B方式-2月3日〉　　　　2021 年度　英語〈解答〉 83

2.「将来自分が学ぶことや，その学び方はあまり意識していないかもしれないが，自分が現在知っていることに注目する」

3.「自分が現在持っている知識を評価し，今後自分がどれだけ多く学べるか，そして，それが拡張可能な方法を知る」

4.「今から幅広い知識を習得することに価値があると気づき，自分の現在の知識の価値にはあまり注意を払わない」

3が正解。本文の下線部は know の目的語として①(that) this may be insufficient, ② that it can be extended, ③ how to do that という３つの名詞節が並んでいる（①・②は that 節，③は how 節）。1・2・4はいずれも下線部が不適。

⑽ 1.「成長型 vs 固定型マインドセットの理論の出発点は中学生を調べた研究であり，中学生は難しい課題を行い，自分のマインドセットを評価した」 第2段第2文 (It grew out …) に矛盾。junior high school students「中学生」ではなく，primary school children「小学生」である。

2.「先行研究者の研究の報告では，固定型マインドセットを持つ人は，その内在的能力ゆえに，より多くを学べる」 第2段第6・7文 (Those praised for … a growth mindset.) に矛盾。学べる量は少ないと考えられている。

3.「マインドセットの概念は，100 年以上にわたって学術分野で研究されてきたさまざまな概念を取り入れることで発展してきた」 第3段 (Psychologists have been … achieve an outcome.) に一致。「さまざまな概念」の具体例として，1970 年代の自己効力感に関する社会的学習理論や，達成への志向に関する 1980〜90 年代の研究が挙げられている。

4.「さまざまな研究によれば，学科目の点数だけでなく，受験のための技術も，生徒が自分の能力に関して持っている考えに影響されている」 第4段第3文 (Studies show students' …) に一致。students' mindsets「生徒のマインドセット」を the belief students have about their abilities「生徒が自分の能力に関して持っている考え」と言い換えている。

5.「成長型 vs 固定型マインドセットの概念に基づけば，自分は学習して成長できないと考える人の方が，自分の不安を管理しやすい」 第4段第4文 (People with growth …) に矛盾。incapable「できない」ではなく capable「できる」であれば，同文前半に一致する。

6．「すべての研究は，成長型マインドセットを持つことの利点を一貫して発見している」　第4段第5文（But the theory …）に矛盾。

7．「成長型マインドセットの研究者の一部によれば，学校で発達した状況や文化は，生徒の成績の伸びとは無関係なことがある」　第5段最終文（Dweck and colleagues …）に矛盾。irrelevant「無関係な」ではなくrelevant「関係がある」。

8．「筆者の提案によれば，子どもの能力は生涯ずっと変わらないと子どもに信じさせるようなやり方で子どもと話すことを，教師や親は避けるべきだ」　最終段最終文（Educators and parents …）に一致。static「静的な，変わらない」（⇔dynamic「動的な」）

2 解答

(1) 1→5→7→8→3→4→2→6
(2) 6→7→3→1→5→8→4→2
(3)─2　(4)─4　(5)─2　(6)─3

◆全　訳◆

≪レポート作成への教授からの助言≫

学生：あの，すみません，マツモト教授。教授のオフィスアワーが明後日なのは知ってるんですが，ちょっとご相談してもよろしいでしょうか？

教授：もちろんですよ，サトウさん。何について話したいんですか？

学生：えぇと，今学期に取り組んでいる研究レポートの書き方について，いくつか簡単な質問がありまして。

教授：あら，どんな種類の質問ですか？　今までのところは順調なのは知っていますが。

学生：ええ，データは全部集めたので，今，要約を始めているところで，グラフなどを準備しています。ただ，ちょっと，不十分ではないかと思うのです。他に何をレポートに入れられるのかがわかりません。

教授：同じような悩みを多くの学生から聞きます。では，私が授業であなた方に言ったことを覚えていますか？　あなた方は自分がやってきたことに関して専門家です。言い換えれば，自分のレポートに何を含める必要があるか，ちゃんとあなたはわかっています。ですから，あなたの研究を，それに関して一般的知識がある誰か，そうですね，

東京理科大-理工〈B方式-2月3日〉　　　　　　　2021 年度　英語〈解答〉　*85*

　　　　　例えば，あなたのお母さんとかに説明するなら，何を言う必要があ
　　　　　るだろうかと考えてみるのです。それで普通はうまくいきます。

学生：なるほど。わかりました。

教授：テーマについてあなたがどれだけ多く知っているか，私が言ったこ
　　　とで，気が楽になるといいのですが。

学生：えぇと，何かをパッと思いついては，また忘れてしまいます。

教授：そういうことは私にもよくあります。なので，私はよく小型のノー
　　　トを携帯して，思いついた疑問やアイデアを書き留めておきます。
　　　例えば，先週，歯科医院に行ったんですが，歯医者さんに聞きたい
　　　ことすべてを覚えてはいられないことがわかっていたので，歯医者
　　　さんに聞きたいことのリストを作っておきました。

学生：それはいいアイデアですね。学期末で今とても忙しいので，最近，
　　　ずいぶん忘れっぽくなっているんです。

教授：では頑張ってください。もしよかったら，最終版を出す前に，喜ん
　　　で原稿に目を通しますよ。

学生：それはどうもありがとうございます。では，また近いうちに。

━━━━━◀解　説▶━━━━━

(1) (…, but I) am not sure what else I can put (in my report.)

直後の教授の第 3 発言第 4 文（In other words, …）の you ①know exactly ②what you need to ③include in your report に対応して，I ①am not sure ②what else I can ③put in my report となる。what を強調して what else「他の何」（something else と同様，else は名詞の後に置く）。include〔put〕 A in B「A を B（の中）に含める」

(2) (So, think) about what you would need to say if (you were going to explain …)

think は自動詞なので，think what 節とは続けられず，think about what 節の形にする。what you would need to say if you were going to explain …は仮定法過去。この what は疑問詞とも関係詞とも解せる。what you would need to say「あなたが何を言う必要があるだろうか，あなたが言う必要があるだろうこと」

(3) 1.「誰かが私にいいアイデアをくれたが，私は反対だ」

2.「あるアイデアが思い浮かんだが，覚えていられなかった」

3．「私のアイデアにまじめに注目してくれた人はほとんどいない」
4．「人々が私とは全く違う考えを持っていた」
2が正解。something を an idea と言い換えている。1の someone や，3・4の people では言い換えにならない。
(4) 1．「歯医者さんに行きたくない」
2．「歯医者さんはいつも私にたくさん質問してくる」
3．「歯医者さんに質問したいことを覚えてくれる誰かが必要だ」
4．「歯医者さんに聞きたいことのリストを作った」
直前に I wouldn't remember everything I wanted to ask the dentist「歯医者さんに聞きたいことすべてを覚えてはいられない」とあるので記憶に関わる内容の3か4だが，3はあまりにも不自然。
(5) 1．「私は物事を忘れにくい」
2．「私はよく物忘れをする」
3．「私はめったに物忘れをしない」
4．「私は記憶をずっとはっきりさせておく」
forgetful「忘れっぽい」の言い換えだが，1・3・4は文意が逆である。2が正解で，「私の記憶はよく私を裏切る」が直訳。
(6) 1．「よく書けた完成された課題のみを確認してあげます」
2．「課題が未完なのを見たくありません」
3．「不完全な課題を読んであげます」
4．「読めない課題を書き直したくありません」
be happy to *do*「喜んで〜する」≒be willing to *do*「〜するのをいとわない」で1・3に絞られ，最終版の前の原稿を your incomplete assignment「不完全な課題」と言い換えた3が正解。look over 〜「〜に目を通す」

 解答　(1)—3　(2)—4　(3)—3　(4)—4　(5)—1　(6)—4
(7)—2　(8)—4

◀解　説▶

(1)「政府が間もなく消費税を上げる予定なので，人々は急いで多くの品物を買っている」
plan to *do*「〜を予定〔計画〕する」　rise「上がる」が自動詞，raise「〜

を上げる」が他動詞。raise a tax「税金を上げる〔増税する〕」は，他動詞＋目的語の関係。

⑵「あなたが提案してくれた日は私も大丈夫だと思うので，会議に出席できます」

_SThe day you suggested _Vseems _Cfine with me の第2文型。day と you の間に関係詞目的格の省略。seem fine「よく思える」（≒ seem good）

⑶「新聞によれば，穴に落ちた猫を消防士が救助したとのことだ」

The newspaper says that ～「新聞によれば，～だ」（＝ According to the newspaper, ～）

⑷「5年前に両親と一緒にこの観光地を訪れたことを覚えている」

① remember to *do*「（これから）～することを覚えている」，② remember *doing*「（過去に）～したことを覚えている」の区別は頻出。five years ago とあるので②を使う。visit「～を訪れる」（≒ go to ～）

⑸「ガールフレンドが来たとき，彼は駅で2時間待っていた」

when his girlfriend came とあるので過去形に相当する1か4だが，wait は自動詞なので，受動態の be waited にはならない。正解の1は過去完了進行形。

⑹「ケンジが自分の大学での専攻分野が好きな理由の1つは，自分の将来の夢に直結しているからだ」

a reason why S V「SがVする理由」　関係副詞の why である。

⑺「飼い犬がご近所さんに迷惑になるようなことをしてはいけません。それはこのマンションの規則違反です」

let *A do*「*A* に～させる」　your dog is annoying to your neighbors（≒ your dog annoys your neighbors）という関係になっている。annoying は分詞形容詞で「迷惑な」。

⑻「学生が出した1本目の作文は多数の文法ミスがあったが，2本目はほぼ完璧だった」

the first one ⇔ the second essay と，had numerous grammatical mistakes ⇔ was nearly perfect という明確な対比があるので，対比の接続詞 while「～な一方，～だが」が入る（≒ whereas）。

88 2021 年度　英語〈解答〉　　　　　　東京理科大-理工〈B方式-2月3日〉

❖講　評

　2021 年度は，2020 年度④にあった実務的な文章の問題が消えて，大問数は 3 題。読解問題，会話文問題，文法・語彙問題各 1 題で，全問マークシート法である。

　①　the growth mindset「成長型マインドセット」と the fixed mindset「固定型マインドセット」を比較した約 900 語の文章。心理学・教育学よりの内容で，2020 年度ほど理系色の強い英文ではない。(1)・(3)・(6)・(9)のような長めの下線部の同意表現を選択する問題が毎年定着しており，着実に正解していきたい。(4)は下線部だけで考えないこと。(6)の given は頻出。(8)の which の省略箇所を指摘する問題は珍しい。(9)はやや難。(10)の T/F 判定は本文の記述の順番通りに選択肢が並んでいるので，本文をある程度読んでみて，その範囲だけで解くことも可能だろう。

　②　大学教授と学生の会話文で約 420 語。(1)の語句整序は対応箇所を発見できると平易。(5) my memory fails me「物忘れをする」は決まり文句。

　③　文法・語彙問題 8 問。いずれも素直な問題で，全問正解を目指したい。

東京理科大-理工〈B方式-2月3日〉　　　　　　　2021 年度　数学〈解答〉　*89*

■数学■

(注)　解答につきましては，東京理科大学から提供のあった情報を掲載しております。

1 **解答**　(1)ア. 2　イ. 3　ウ. 0　エ. 0　オ. 3　カ. 1
　　　　　　　キ. 2　ク. 0　ケ. 1　コ. 2　サシ. 10

（コ. 8　サシ. 20 も可）　ス. 7　セ. 2
(2)ソ. 1　タ. 3　(a)チ. 1　ツ. 2　テ. 5　ト. 4　ナ. 2　ニ. 5
(b)ヌ. 1　ネ. 5　ノ. 4
(3)(a)ハ. 4　ヒ. 2　フ. 6　ヘ. 4　ホマ. 40
(b)ミム. 24　メモ. 24　ヤユ. 48　ヨラ. 48　リルレロ. 7200

◀解　説▶

≪小問3問≫

(1) $P(2, -3, 1)$ より

　　$L(2, -3, 0)$, $M(0, -3, 1)$, $N(2, 0, 1)$　（→ア〜ケ）

よって

　　$LM = \sqrt{2^2+1^2} = \sqrt{5}$, $LN = \sqrt{3^2+1^2} = \sqrt{10}$, $MN = \sqrt{2^2+3^2} = \sqrt{13}$

△LMN の∠MLN で余弦定理を用いて

$$\cos\theta = \frac{LM^2 + LN^2 - MN^2}{2 \cdot LM \cdot LN} = \frac{5+10-13}{2 \cdot \sqrt{5} \cdot \sqrt{10}} = \frac{\sqrt{2}}{10}　（→コ〜シ）$$

$0° < \theta < 180°$ より $\sin\theta > 0$ であるから

$$\sin\theta = \sqrt{1 - \cos^2\theta} = \sqrt{1 - \frac{2}{100}} = \frac{7\sqrt{2}}{10}$$

$$S = \frac{1}{2} \cdot LM \cdot LN \sin\theta = \frac{1}{2} \cdot \sqrt{5} \cdot \sqrt{10} \cdot \frac{7\sqrt{2}}{10} = \frac{7}{2}　（→ス・セ）$$

(2)　$f(1) = 3 + a + b = -1$
　　　$f(-3) = 5 - 3a + b = 5$

連立して解いて

　　$a = -1$, $b = -3$　（→ソ・タ）

よって

$$f(x) = |x^2 - 4| - x - 3$$

$-2 \leqq x \leqq 2$ のとき

$$f(x) = -(x^2 - 4) - x - 3 = -x^2 - x + 1 = -\left(x + \frac{1}{2}\right)^2 + \frac{5}{4}$$

$x < -2$, $2 < x$ のとき

$$f(x) = (x^2 - 4) - x - 3 = x^2 - x - 7 = \left(x - \frac{1}{2}\right)^2 - \frac{29}{4}$$

また $f(-2) = -1$, $f(2) = -5$

よって, $y = f(x)$ のグラフは右図のようになる。

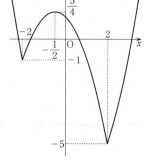

(a) 図より

$$x = -\frac{1}{2} \text{ で最大値 } \frac{5}{4} \quad (\to チ \sim ト)$$

$$x = 2 \text{ で最小値 } -5 \quad (\to ナ \cdot ニ)$$

(b) $f(x) - k = 0$, つまり, $f(x) = k$ の実数解は, $y = f(x)$ のグラフと直線 $y = k$ の交点の x 座標である。交点が4個となるような k の値を求めればよいから, 図より

$$-1 < k < \frac{5}{4} \quad (\to ヌ \sim ノ)$$

(3)(a) $n = 5, 6, 7, 8$ のとき, 条件Aを満たす x を具体的に調べると

$n = 5$ のとき, $x = 1, 2, 3, 4$ で $f(5) = 4 \quad (\to ハ)$

$n = 6$ のとき, $x = 1, 5$ で $f(6) = 2 \quad (\to ヒ)$

$n = 7$ のとき, $x = 1, 2, 3, 4, 5, 6$ で $f(7) = 6 \quad (\to フ)$

$n = 8$ のとき, $x = 1, 3, 5, 7$ で $f(8) = 4 \quad (\to ヘ)$

$n = 100$ のとき, x を100以下の自然数とする。$100 = 2^2 \cdot 5^2$ だから, x が条件Aを満たさないとすると, x は2か5の倍数である。

2の倍数の個数は $\dfrac{100}{2} = 50$

5の倍数の個数は $\dfrac{100}{5} = 20$

また, 2と5の最小公倍数は10で, 10の倍数の個数は

$$\frac{100}{10} = 10$$

東京理科大-理工〈B方式-2月3日〉　　　　　　　　2021 年度　数学〈解答〉　*91*

よって，条件Aを満たさない x の個数は

$$50 + 20 - 10 = 60$$

したがって

$$f(100) = 100 - 60 = 40 \quad (\rightarrow ホマ)$$

(b)　自然数の組 (x, y) が異なれば複素数 $z = x + yi$ は異なるから，(x, y) の個数を求めればよい。

$n = 5$ のとき

x, y を 5 以下とする。5 は素数だから，(x, y) が条件Bを満たさないとすると，x, y はともに 5 の倍数，つまり，$x = y = 5$ である。よって

$$g(5) = 5^2 - 1 = 24 \quad (\rightarrow ミム)$$

$n = 6$ のとき

x, y を 6 以下とする。条件Bを満たす (x, y) を具体的に調べると

x	1	2	3	4	5	6
y	1, 2, 3, 4, 5, 6	1, 3, 5	1, 2, 4, 5	1, 3, 5	1, 2, 3, 4, 5, 6	1, 5

よって　　$g(6) = 24 \quad (\rightarrow メモ)$

$n = 7$ のとき

7 は素数だから，$n = 5$ の場合と同様に

$$f(7) = 7^2 - 1 = 48 \quad (\rightarrow ヤユ)$$

$n = 8$ のとき

x, y を 8 以下とする。$n = 2^3$ だから，(x, y) が条件Bを満たさないとすると，x, y はともに 2 の倍数である。8 以下の 2 の倍数は 2，4，6，8 の 4 通りだから

$$g(8) = 8^2 - 4^2 = 48 \quad (\rightarrow ヨラ)$$

$n = 100$ のとき

(x, y) を 100 以下の自然数の組とする。$n = 2^2 \cdot 5^2$ だから，(x, y) が条件Bを満たさないとすると，x, y がともに 2 の倍数か，ともに 5 の倍数である。(a)より，100 以下の 2，5，10 の倍数はそれぞれ 50 個，20 個，10 個だから，条件Bを満たさない (x, y) の個数は

$$50^2 + 20^2 - 10^2 = 2800$$

したがって

$$g(100) = 100^2 - 2800 = 7200 \quad (\rightarrow リ \sim ロ)$$

92 2021 年度　数学〈解答〉　　　　　　　　　　　　東京理科大-理工〈Ｂ方式-2 月 3 日〉

参考　(3)(a)の $f(n)$ は一般的にオイラー関数とよばれ，次の性質がある。

m, n を互いに素な自然数とすると，$f(mn) = f(m)f(n)$ が成り立つ。

p が素数，k が自然数のとき，$f(p^k) = p^k - p^{k-1}$ が成り立つ。

これを用いて

$$f(100) = f(2^2 \cdot 5^2) = f(2^2)f(5^2) = (2^2 - 2)(5^2 - 5) = 40$$

と計算される。

2 解答　(1) $(1-2t)e^{-2t}$　(2) 1　(3) $1 - \dfrac{1}{e^4}$

(4) $\dfrac{1}{4} - \dfrac{3}{4e^2} - \dfrac{1}{2e^6}$

※計算過程の詳細については省略。

◀解　説▶

≪接線，面積≫

(1)　$f(x) = xe^{-2x}$ より

$$f'(x) = 1 \cdot e^{-2x} + x \cdot e^{-2x} \cdot (-2) = (1-2x)e^{-2x} \quad \cdots\cdots ①$$

よって

$$a(t) = f'(t) = (1-2t)e^{-2t} \quad \cdots\cdots (答)$$

(2)　(1)より

$$a'(t) = -2 \cdot e^{-2t} + (1-2t) \cdot e^{-2t} \cdot (-2) = 4(t-1)e^{-2t}$$

$a'(t) = 0$ とすると　　$t = 1$

また，$e^{-2t} > 0$ だから，増減表は右のようになる。

よって，$t = 1$ のとき最小だから

$$t_1 = 1 \quad \cdots\cdots (答)$$

(3)　$f(1) = e^{-2}$ より　　P$(1, \ e^{-2})$

l の法線の傾きは

$$-\frac{1}{a(1)} = -\frac{1}{-e^{-2}} = e^2$$

よって，l の方程式は

$$y = e^2(x-1) + e^{-2}$$

$y = 0$ とすると

$$0 = e^2(x-1) + e^{-2} \qquad x = 1 - e^{-4}$$

t	$\cdots$	1	$\cdots$
$a'(t)$	$-$	0	$+$
$a(t)$	$\searrow$	$a(1)$	$\nearrow$

よって，Qのx座標は　　$1-e^{-4}$　……(答)

(4) ①より，$f'(x)=0$とすると　　$x=\dfrac{1}{2}$

また，$e^{-2x}>0$だから，$0\leqq x\leqq 1$での増減表は以下のようになり，したがって，グラフは右下図のようになる。

x	0	$\cdots$	$\dfrac{1}{2}$	$\cdots$	1
$f'(t)$		+	0	−	
$f(x)$	0	↗	$\dfrac{1}{2e}$	↘	e^{-2}

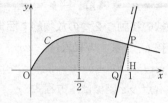

Pからx軸に下ろした垂線とx軸の交点をHとすると
　　$QH=1-(1-e^{-4})=e^{-4}$
よって
　　$\triangle PQH=\dfrac{1}{2}\cdot e^{-4}\cdot e^{-2}=\dfrac{1}{2}e^{-6}$

また，$0\leqq x\leqq 1$の範囲で$y=f(x)$のグラフとx軸で挟まれる部分の面積をSとすると

$$S=\int_0^1 xe^{-2x}dx=\int_0^1 x\cdot\left(-\dfrac{1}{2}e^{-2x}\right)'dx$$

$$=\left[x\cdot\left(-\dfrac{1}{2}e^{-2x}\right)\right]_0^1-\int_0^1 x'\cdot\left(-\dfrac{1}{2}e^{-2x}\right)dx$$

$$=-\dfrac{1}{2}e^{-2}+\int_0^1\dfrac{1}{2}e^{-2x}dx$$

$$=-\dfrac{1}{2}e^{-2}+\left[-\dfrac{1}{4}e^{-2x}\right]_0^1$$

$$=\dfrac{1}{4}-\dfrac{3}{4}e^{-2}$$

よって，求める面積は

$$S-\triangle PQH=\dfrac{1}{4}-\dfrac{3}{4}e^{-2}-\dfrac{1}{2}e^{-6}\quad\text{……(答)}$$

$\boxed{3}$ **解答** (1)$y = x^2 - 2ax + a^2 + b$

(2)$a = 0$ かつ $b \neq 0$

(3)$y = -x^2 + 4sx + 2t - 4s^2$　(4)$s^2 < t$　(5)$\dfrac{296}{3}$

※計算過程の詳細については省略。

━━━━━━◀解　説▶━━━━━━

≪放物線の移動，2つの放物線で囲まれる部分の面積≫

(1)　曲線 C_2 を表す方程式は

$$y = (x-a)^2 + b = x^2 - 2ax + a^2 + b　\cdots\cdots(答)$$

(2)　共有点の x 座標は，方程式

$$x^2 = (x-a)^2 + b$$

の実数解である。変形して

$$2ax = a^2 + b　\cdots\cdots①$$

①が実数解をもたないような a, b の条件を求めればよい。

(i)　$a \neq 0$ のとき

①を変形して　　$x = \dfrac{a^2 + b}{2a}$

よって，①は実数解をもつ。

(ii)　$a = 0$ のとき

①に代入して　　$b = 0$

よって，$b = 0$ のとき実数解は実数全体，$b \neq 0$ のとき実数解は存在しない。

(i)，(ii)より，①が実数解をもたない，つまり，C_1 と C_2 が共有点をもたない条件は

$$a = 0　かつ　b \neq 0　\cdots\cdots(答)$$

(3)　$\mathrm{P}(x, y)$，$\mathrm{Q}(p, q)$ とする。P，QはAに関して対称だから

$$\dfrac{x+p}{2} = s, \quad \dfrac{y+q}{2} = t$$

よって

$$p = 2s - x, \quad q = 2t - y　\cdots\cdots②$$

Qは C_1 上の点だから　　$q = p^2$

②を代入して

$$2t - y = (2s - x)^2$$

$$y = -(x-2s)^2 + 2t \quad \cdots\cdots ③$$

よって，Pは放物線③の上の点である。

逆に，計算を逆にたどると，放物線③の上の点Pは条件を満たす。

以上より，Pの軌跡C_3は放物線③で

$$y = -(x-2s)^2 + 2t = -x^2 + 4sx + 2t - 4s^2 \quad \cdots\cdots(答)$$

(4) (3)よりC_1とC_3の共有点のx座標は，方程式

$$x^2 = -(x-2s)^2 + 2t$$

の実数解である。変形して

$$x^2 - 2sx + 2s^2 - t = 0 \quad \cdots\cdots ④$$

④が異なる2つの実数解をもつようなs，tの条件を求めればよい。判別式をDとすると $D>0$

$$\frac{D}{4} = s^2 - (2s^2 - t) > 0 \qquad s^2 < t \quad \cdots\cdots(答)$$

(5) 各値を代入して

$$C_2 : y = x^2 - 14, \quad C_3 : y = -(x+4)^2 + 26$$

C_1とC_3の交点のx座標は

$$x^2 = -(x+4)^2 + 26$$

これを解いて $x = 1, -5$

C_2とC_3の交点のx座標は

$$x^2 - 14 = -(x+4)^2 + 26$$

これを解いて $x = 2, -6$

よって

$$S_1 = \int_{-5}^{1} \{-(x+4)^2 + 26 - x^2\} dx$$

$$= -2\int_{-5}^{1} (x-1)(x+5) dx$$

$$= -2\left(\left[(x-1) \cdot \frac{1}{2}(x+5)^2\right]_{-5}^{1} - \int_{-5}^{1} \frac{1}{2}(x+5)^2 dx\right)$$

$$= \int_{-5}^{1} (x+5)^2 dx = \left[\frac{1}{3}(x+5)^3\right]_{-5}^{1} = \frac{6^3}{3} = \frac{216}{3}$$

$$S_2 = \int_{-6}^{2} \{-(x+4)^2 + 26 - (x^2 - 14)\} dx$$

$$= -2\int_{-6}^{2} (x-2)(x+6) dx$$

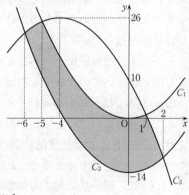

$$= -2\left(\left[(x-2)\cdot\frac{1}{2}(x+6)^2\right]_{-6}^{2} - \int_{-6}^{2}\frac{1}{2}(x+6)^2dx\right)$$

$$= \int_{-6}^{2}(x+6)^2dx = \left[\frac{1}{3}(x+6)^3\right]_{-6}^{2} = \frac{8^3}{3} = \frac{512}{3}$$

$$S_2 - S_1 = \frac{512}{3} - \frac{216}{3} = \frac{296}{3} \quad \cdots\cdots(答)$$

別解 (3) C_1 上のすべての点を A に関して対称移動させた点の集合が C_3 だから，C_3 は A に関して C_1 と対称な放物線である。よって，原点に関して C_1 と対称な放物線 $C_4 : y = -x^2$ を平行移動すると C_3 が得られる。C_1 の頂点は原点だから，C_3 の頂点は $(2s, 2t)$ である。C_4 の頂点は原点だから，C_3 は C_4 を x 軸方向に $2s$，y 軸方向に $2t$ だけ平行移動して

$$y = -(x-2s)^2 + 2t$$

❖**講　評**

　2021 年度も，記述式 2 題，マークシート法 1 題（独立した内容の小問 3 問）という構成であった。各単元での基本的な知識が幅広く問われている。また，応用問題では小問による誘導がついている。計算量が多くなりやすいため，できるだけ計算が簡単になるよう工夫しつつ，丁寧に計算を進めたい。

　①　(1)は空間座標と三角比についての基本的な問題，(2)は絶対値を含む関数についての標準的な問題，(3)は約数についての発展的な問題である。(3)(a)では，問題の意図を正しくつかむために，$n=3$，4 のときも求めてみるとよい。正しい値がわかっているので，勘違いなどのミスも防げる。$n=8$ までは具体的に調べればよく，その過程で条件を満たす値（の組）の特徴を考えると，$n=100$ での解き方につながる。

　②　微・積分法に関する標準的な問題である。微分係数と接線の傾き，増減表とグラフ，面積と定積分，部分積分といった微・積分全般での基本事項が幅広く出題されているが，一つ一つの難易度は高くない。(4)では図を描いて，積分の計算が簡単になるように工夫したい。$0 \leqq x \leqq 1 - e^{-4}$ と $1 - e^{-4} \leqq x \leqq 1$ で分けてもよいが，煩雑になる。

　③　2 次関数の移動や軌跡についての標準的な問題である。(2)は答えが予想できても，論証で迷うかもしれない。グラフを動かしてみると

東京理科大-理工〈B方式-2月3日〉 2021 年度 数学〈解答〉 *97*

　　　(A)$a \neq 0$, (B)$a = 0$ かつ $b \neq 0$, (C)$a = 0$ かつ $b = 0$
で場合分けするとよいことがわかる。(B)と(C)では，グラフで説明しても
よい。(3)では，軌跡の基本的な求め方に従って，軌跡を求める点 P を
(x, y) とおき，x と y の関係式を求め，逆を確かめる。〔別解〕のよう
に，図形の対称移動として求めてもよい。(5)では，公式
$$\int_a^b (x-a)(x-b)\,dx = -\frac{1}{6}(b-a)^3$$
を用いると S_1, S_2 を簡単に計算でき
るが，計算過程を記す場合は〔解答〕のように部分積分を用いるとよい。

98 2021 年度 物理〈解答〉 　　　　　　　東京理科大-理工〈Ｂ方式-２月３日〉

物理

(注) 解答につきましては，東京理科大学から提供のあった情報を掲載しております。

1 解答

(1)(ア)—⑦　(イ)—③　(ウ)—①

(2)(エ)—⑥　(オ)—⓪

(3)(カ)—①　(キ)—③　(4)(ク)—②

(5)(ケ)—⑧　(コ)—④　(サ)—②　(シ)—⓪　(ス)—⑨

◀解　説▶

≪２惑星の運動≫

(1)(ア)　惑星Ａの速度を v_A とすると，円運動の運動方程式より

$$m_A \frac{v_A{}^2}{r_A} = G \frac{m_A M}{r_A{}^2} \qquad \therefore \quad v_A = \sqrt{\frac{GM}{r_A}} \quad \cdots\cdots(*)$$

よって，惑星Ａの公転周期 T_A は

$$T_A = \frac{2\pi r_A}{v_A} = 2\pi \sqrt{\frac{r_A{}^3}{GM}}$$

(イ)　惑星Ａの公転運動の角速度 ω_A は

$$\omega_A = \frac{2\pi}{T_A} = \sqrt{\frac{GM}{r_A{}^3}}$$

(ウ)　面積速度は

$$\frac{\pi r_A{}^2}{T_A} = \frac{1}{2}\sqrt{GM r_A}$$

(2)(エ)　(ア)より，惑星の公転周期は，惑星の質量に依らず，軌道半径の $\frac{3}{2}$ 乗に比例するので，惑星Ｂの公転周期は

$$9^{\frac{3}{2}} T_A = 27 T_A$$

(オ)　(イ)より，惑星の公転運動の角速度は，惑星の質量に依らず，軌道半径の $-\frac{3}{2}$ 乗に比例するので，惑星Ｂの公転運動の角速度 ω_B は

$$\omega_B = 9^{-\frac{3}{2}} \omega_A = \frac{1}{27} \omega_A$$

よって，惑星Ａと惑星Ｂの相対位置が変化する周期は

$$\frac{2\pi}{\omega_A-\omega_B}=\frac{2\pi}{\omega_A-\dfrac{1}{27}\omega_A}=\frac{27}{26}\cdot\frac{2\pi}{\omega_A}=\frac{27}{26}T_A$$

(3)(カ)　惑星Ａの運動エネルギー K は，（＊）より

$$K=\frac{1}{2}m_A v_A{}^2=\frac{1}{2}\frac{Gm_A M}{r_A}$$

中心恒星の万有引力による惑星Ａの位置エネルギーは

$$-\frac{Gm_A M}{r_A}=-2K$$

(キ)　惑星Ａの力学的エネルギーは，運動エネルギーと位置エネルギーの和なので

$$K+(-2K)=-K$$

(4)(ク)　時間 Δt の間に線分が通過する三角形の面積は

$$\frac{1}{2}r\cdot v\Delta t\sin\theta$$

よって，面積速度は

$$\frac{\dfrac{1}{2}rv\Delta t\sin\theta}{\Delta t}=\frac{1}{2}rv\sin\theta$$

(5)(ケ)・(コ)　中心恒星の万有引力による惑星Ａの位置エネルギーは

$$-\frac{Gm_A\cdot kM}{r_A}=k\left(-\frac{Gm_A M}{r_A}\right)=k(-2K)$$

惑星Ａの運動エネルギーは変化しないので，惑星Ａの力学的エネルギーは

$$K+k(-2K)=(2k-1)(-K)$$

(サ)　惑星Ａの力学的エネルギーが０以上なので

$$(2k-1)(-K)\geqq0\qquad\therefore\quad k\leqq\frac{1}{2}$$

(シ)・(ス)　近星点または遠星点における惑星Ａの運動を考える。このときの速度を v，天体Ｃと惑星Ａの距離を r とすると，恒星爆発直後と面積速度は等しいので

100 2021 年度 物理〈解答〉　　　　　　東京理科大-理工〈B方式-2月3日〉

$$\frac{1}{2}rv = \frac{1}{2}r_A v_A \quad \therefore \quad v = \frac{r_A}{r}v_A$$

よって，惑星Aの運動エネルギーは

$$\frac{1}{2}m_A v^2 = \frac{1}{2}m_A \left(\frac{r_A}{r}v_A\right)^2 = \left(\frac{r_A}{r}\right)^2 \cdot \frac{1}{2}m_A v_A{}^2 = \left(\frac{r_A}{r}\right)^2 K$$

また，中心恒星の万有引力による惑星Aの位置エネルギーは

$$-\frac{Gm_A \cdot kM}{r} = k\frac{r_A}{r}\cdot\left(-\frac{Gm_A M}{r_A}\right) = k\frac{r_A}{r}(-2K)$$

恒星爆発直後と力学的エネルギーも等しいので

$$\left(\frac{r_A}{r}\right)^2 K + k\frac{r_A}{r}(-2K) = (2k-1)(-K)$$

$$\left(\frac{r_A}{r}-1\right)\left(\frac{r_A}{r}+1-2k\right) = 0$$

$$\therefore \quad r = r_A, \ \frac{1}{2k-1}r_A$$

$\dfrac{1}{2} < k < 1$ より $r_A < \dfrac{1}{2k-1}r_A$ なので，近星点距離は r_A，遠星点距離は

$\dfrac{1}{2k-1}r_A$ となる。

2 解答

(1)(ア)—① 　(イ)—① 　(ウ)—① 　(エ)—⓪ 　(オ)—⑤ 　(カ)—⑤
(キ)—① 　(ク)—⑦

(2)(ケ)—⑤ 　(コ)—⓪ 　(サ)—⓪ 　(シ)—③ 　(ス)—③ 　(セ)—⑦ 　(ソ)—①

━━━━━ ◀解　説▶ ━━━━━

≪磁場中を回転する導体円板に生じる電磁誘導≫

(1)(ア)　円板内の自由電子は，円板とともに上方から見て反時計回りに回転するので，自由電子の電荷が負であることに注意すると，フレミングの左手の法則より，ローレンツ力は円板の縁から中心に向かう向きにはたらく。

(イ)　円板の縁から中心に向かって自由電子が移動するので，円板の縁は正に，中心は負に帯電する。よって，円板の縁から中心に向かう向きに電場が生じる。

(ウ)　円板の中心から距離 r の位置における自由電子の速度は $r\omega$ となる。

東京理科大-理工〈B方式-2月3日〉　　　　　　2021年度　物理〈解答〉　*101*

自由電子にはたらくローレンツ力は電場から受ける力とつり合うので，自由電子の電荷を$-e$とすると

$$-e \cdot r\omega \cdot B_0 = -eE \quad \therefore \quad E = \omega B_0 r$$

(エ)　電場の大きさEは距離rに比例するので⑩のグラフが正しい。

(オ)　三角形の面積なので，(ウ)より

$$V = \frac{1}{2} a \cdot \omega B_0 a = \frac{\omega B_0 a^2}{2}$$

(カ)　円板の中心に対して縁の電位差はVなので

$$I = \frac{V}{R} = \frac{\omega B_0 a^2}{2R}$$

(キ)　電流の大きさIは角速度ωに比例するので①のグラフが正しい。

(ク)　$$P_J = RI^2 = R\left(\frac{\omega B_0 a^2}{2R}\right)^2 = \frac{\omega^2 B_0{}^2 a^4}{4R}$$

(2)(ケ)　電流Iが流れるコイル内に生じる磁束密度B_Sは$\mu_0 n I$である。

(コ)　$B_S > 0$となるとき，コイル内に生じる磁場は上向きなので，右ねじの法則より，コイルを流れる電流の向きは，上方から見て反時計回りの向きである。そのような向きに電流が流れるとき，円板の縁は中心よりも電位が高くなるので，円板は(1)と同じ向きに回転していることがわかる。よって，ωは正である。

(サ)　コイル内の磁場によって円板に生じる誘導起電力の大きさは，(オ)より$\frac{\omega B a^2}{2}$なので

$$\frac{\omega B a^2}{2} = RI \quad \therefore \quad I = \frac{\omega B a^2}{2R} \quad \cdots\cdots(*)$$

よって，コイル内の磁場の磁束密度は(ケ)より

$$B = B_0 + B_S = B_0 + \mu_0 n I = B_0 + \mu_0 n \cdot \frac{\omega B a^2}{2R}$$

$$\therefore \quad B = \frac{2R B_0}{2R - \mu_0 n a^2 \omega}$$

(シ)　$(*)$より

$$I = \frac{\omega B a^2}{2R} = \frac{\omega \dfrac{2R B_0}{2R - \mu_0 n a^2 \omega} a^2}{2R} = \frac{\omega B_0 a^2}{2R - \mu_0 n a^2 \omega}$$

102 2021 年度　物理〈解答〉　　　　　　　　　東京理科大-理工〈B方式-2月3日〉

(ス)　(シ)より I を ω を変数とする分数関数として変形すると

$$I = -\frac{2RB_0}{\mu_0{}^2 n^2 a^2} \cdot \frac{1}{\omega - \dfrac{2R}{\mu_0 n a^2}} - \frac{B_0}{\mu_0 n}$$

よって，$I = -\dfrac{B_0}{\mu_0 n}$ と $\omega = \dfrac{2R}{\mu_0 n a^2}$ を漸近線とするグラフとなり，③のグラフが正しい。

(セ)　　$\displaystyle\lim_{\omega \to -\infty} I = -\frac{B_0}{\mu_0 n}$

(注)　(＊)に $B=0$ を代入して $I=0$ としてはならない。B が 0 に近づくに従い ω の絶対値は無限に大きくなるため，ωB が 0 になるとは限らない。

(ソ)　エネルギー保存則より，単位時間に R で発生するジュール熱は円板を回転させている外力の仕事率と一致するので

$$P_{\mathrm{W}} = RI^2 = R\left(-\frac{B_0}{\mu_0 n}\right)^2 = \frac{RB_0{}^2}{\mu_0{}^2 n^2}$$

---

3 解答
(1)(ア)—⑧　(イ)—②　(ウ)—③　(エ)—④　(オ)—⑥　(カ)—⑤
(キ)—②

(2)(ク)—④　(ケ)—⑥　(コ)—①

(3)(サ)—③　(シ)—⑥

━━━━━◀解　説▶━━━━━

≪ピストンによって分けられた2室での熱サイクル≫

(1)(ア)　状態1におけるA室の気体の体積は $(1-\alpha) V_0$ となるので，断熱変化の関係式より

$$P_{\mathrm{A1}}\{(1-\alpha) V_0\}^{\gamma} = P_0 V_0{}^{\gamma}$$

　∴　$P_{\mathrm{A1}} = (1-\alpha)^{-\gamma} P_0$

(イ)　過程1におけるA室の気体の圧力と体積の関係を図3-3の中で考えると，断熱変化なので，圧力 P_0，体積 V_0 の点から左上に向かって下に凸のグラフとなる。A室の圧力とB室の圧力は等しく，体積の V_0 からの変化量は絶対値が等しく逆符号となるので，B室の気体の圧力と体積の関係のグラフはA室のグラフと体積 V_0 の線に対して線対称となる。よって，c のグラフが正しい。

東京理科大-理工〈B方式-2月3日〉 2021 年度 物理〈解答〉 *103*

(ウ) グラフの形は，定圧変化のとき水平に，等温変化や断熱変化の場合は傾きが負の曲線となる。(イ)より，いずれにも当てはまらないので，B室の状態変化は定圧変化，等温変化，断熱変化のいずれでもない。

(エ) ボイル・シャルルの法則より

$$\frac{P_0 V_0}{T_0} = \frac{P_{A1} \cdot (1-\alpha) V_0}{T_{A1}}$$

$$T_{A1} = \frac{P_{A1}}{P_0} \cdot (1-\alpha) \cdot T_0 = (1-\alpha)^{1-\gamma} T_0$$

(オ) B室の圧力も P_{A1} なので，ボイル・シャルルの法則より

$$\frac{P_0 V_0}{T_0} = \frac{P_{A1} \cdot (1+\alpha) V_0}{T_{B1}}$$

$$T_{B1} = \frac{P_{A1}}{P_0} \cdot (1+\alpha) \cdot T_0 = (1+\alpha)(1-\alpha)^{-\gamma} T_0$$

(カ) 過程1において，B室の気体がした仕事は，A室の気体がされた仕事と等しい。また，A室の気体は断熱変化なので，A室の気体がされた仕事は，A室の気体の内部エネルギーの増加量と等しい。気体定数を R とすると

$$W_{B1} = \frac{3}{2} R \left(T_{A1} - T_0 \right) = \frac{3}{2} R \{ (1-\alpha)^{1-\gamma} T_0 - T_0 \}$$

$$= \frac{3}{2} R \{ (1-\alpha)^{1-\gamma} - 1 \} T_0$$

理想気体の状態方程式より $P_0 V_0 = R T_0$ なので

$$W_{B1} = \frac{3}{2} \{ (1-\alpha)^{1-\gamma} - 1 \} P_0 V_0$$

(キ) エネルギー保存則より，B室の気体が吸収した熱量は，B室の気体がした仕事とB室の気体の内部エネルギーの増加量の和に等しいので

$$Q_{B1} = W_{B1} + \frac{3}{2} R \left(T_{B1} - T_0 \right)$$

$$= W_{B1} + \frac{3}{2} R \{ (1+\alpha)(1-\alpha)^{-\gamma} T_0 - T_0 \}$$

$$= \frac{3}{2} \{ (1-\alpha)^{1-\gamma} - 1 \} P_0 V_0 + \frac{3}{2} \{ (1+\alpha)(1-\alpha)^{-\gamma} - 1 \} P_0 V_0$$

$$= 3 \{ (1-\alpha)^{-\gamma} - 1 \} P_0 V_0$$

(2)(ク) 状態2において，A室の気体とB室の気体は圧力と体積が等しい

ので，温度も等しくなるから

$$T_{B2} = T_{A1} = (1-\alpha)^{1-\gamma} T_0$$

(ケ)　A室の気体とB室の気体が吸収した熱量は，それぞれの内部エネルギーの増加量の和に等しい。A室の気体は等温変化であることに注意すると

$$Q_{A2} + Q_{B2} = \frac{3}{2} R (T_{B2} - T_{B1})$$

$$= \frac{3}{2} R \{ (1-\alpha)^{1-\gamma} T_0 - (1+\alpha)(1-\alpha)^{-\gamma} T_0 \}$$

$$= -3\alpha (1-\alpha)^{-\gamma} P_0 V_0$$

(コ)　A室の気体は等温変化なので，A室の気体が吸収した熱量はA室の気体がする仕事と等しくなるから，$Q_{A2} > 0$ となる。(ケ)より $Q_{A2} + Q_{B2} < 0$ なので，$Q_{B2} < 0$ となる。よって，B室の気体から熱を奪うように作動させる必要がある。

(3)(サ)　(ク)より，$T_{B2} > T_0$ に注意すると，過程3においてA室の気体とB室の気体は，どちらも定積変化で温度と圧力が減少することがわかる。A室の気体は過程1で断熱変化，過程2で等温変化，過程3で定積変化なので，③のグラフが正しい。

(シ)　1サイクルの間にA室の気体がB室の気体に対してした仕事の総和は③のグラフの内部の面積に等しく正である。よって，$W_A > 0$ となる。また，$W_A + W_B = 0$ より $W_B < 0$ となる。

❖講　評

　例年通り，試験時間80分で，大問3題の構成である。

　1　2つの惑星の運動に関する問題である。(1)は万有引力を向心力として円運動する惑星についての基本的な問題である。(2)は公転周期と惑星の物理量の関係についての基本的な問題である。(3)は惑星の運動エネルギー・位置エネルギー・力学的エネルギーの関係を求める基本的な問題である。(4)は面積速度についての基本的な問題である。(5)は恒星の質量が瞬時に減少するという設定であまり見かけない問題である。恒星の爆発の前後で惑星の運動エネルギーは変化しないが，位置エネルギーは変化する。(シ)・(ス)では，惑星の楕円運動について問われている。爆発の瞬間に位置エネルギーが増加したため，惑星は恒星から離れることがで

きるようになる。よって，爆発の瞬間の惑星の位置が近星点に対応することがわかる。遠星点を考えるためには，力学的エネルギー保存則と面積速度一定の法則を連立させて2次方程式を解く必要がある。

2 磁場中を回転する導体円板に生じる電磁誘導の問題である。(1)は電磁誘導の基本的な理解を問う問題だが，導体円板に生じる電磁誘導の問題に慣れている必要があるだろう。(2)はコイルを組み合わせることで，設定が複雑になっている。(ケ)・(コ)はコイルに生じる磁場の基本的な問題。後半は，外部磁場とコイルに生じる磁場が重ね合わさった磁場を考えるため，表式も少し複雑になる。丁寧に計算を進めたい。(ス)のグラフを考えるには，(シ)の I の表式から，$\omega=0$ のとき $I=0$ となることや，ω が $\dfrac{2R}{\mu_0 na^2}$ に小さい方から近づくとき I が無限大になることを読み取れれば，式変形する必要はなくなる。(セ)では数学における，極限の理解も必要だろう。

3 ピストンによって分けられた2室での熱サイクルの問題である。B室の気体の $P\text{-}V$ グラフはA室の気体の $P\text{-}V$ グラフと体積が V_0 の直線に対して線対称となることが理解できると，考えやすいだろう。(1)は断熱変化の標準的な問題。式変形では，分数の形にせず，解答群にあるように負の指数を使う方が計算がしやすい。(2)・(3)はエネルギーの関係式を使う問題で，(1)よりも易しい。

全体的に，ほぼ例年通りの内容であり，難易度も例年並みであった。計算がやや複雑な問題もあるので，見通しのよい式変形を心がけたい。

化学

(注) 解答につきましては，東京理科大学から提供のあった情報を掲載しております。

1 解答
(ア)―03　(イ)―02　(ウ)―09　(エ)―01　(オ)―08　(カ)―27
(キ)―21　(ク)―33
(i) 03　(ii) 02　(iii) 12　(iv) 02　(v) 08

◀解　説▶

≪金属の結晶格子の分類と構造≫

(ア)・(i)　六方最密構造の単位格子は，右図の太線部分に示したような，正六角柱を3等分した柱状構造に相当する。

(ii)　正六角柱に存在する原子の数は

$$\frac{1}{6}\times 12+\frac{1}{2}\times 2+1\times 3=6 \text{個}$$

であるから，単位格子中に存在する原子の数は

$$6\times \frac{1}{3}=2 \text{個}$$

(iii)　右図のように，正六角柱を縦に2つ重ね，●で示した原子に注目して考えると，1つの●は正六角形の頂点にある6個の○と，上下の三角形の頂点にある計6個の○の，合計12個の○に囲まれている。

(イ)　六方最密構造と面心立方格子はともに充填率が74％であり，最密構造である。体心立方格子の充填率は68％である。

(ウ)　Mg，Zn，Cd，Coなどが六方最密構造をとる。

(エ)・(オ)　アルカリ金属とFe，Baなどが体心立方格子をとる。なお，Ag，Al，Au，Cuは面心立方格子をとる。

(カ)　単位格子の1辺の長さをa〔nm〕とおくと，次の図から

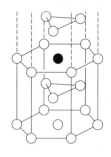

$$4r = \sqrt{3}a \quad \therefore \quad a = \frac{4}{\sqrt{3}}r = \frac{4\sqrt{3}}{3}r \text{〔nm〕}$$

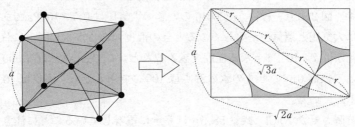

(キ) $\dfrac{r}{a} = \dfrac{\sqrt{3}}{4}$ であることに注意すると，体心立方格子の充塡率は

$$\frac{\text{単位格子中の原子の体積}}{\text{単位格子の体積}} \times 100 = \frac{\frac{4}{3}\pi r^3 \times 2}{a^3} \times 100$$

$$= \frac{8}{3}\pi \left(\frac{r}{a}\right)^3 \times 100$$

$$= \frac{8}{3}\pi \left(\frac{\sqrt{3}}{4}\right)^3 \times 100$$

$$= \frac{\sqrt{3}}{8}\pi \times 100 \text{〔％〕}$$

(ク) $a\text{〔nm〕} = a \times 10^{-7}\text{〔cm〕}$ であることに注意すると，求める密度は

$$\frac{\text{単位格子中の原子の質量〔g〕}}{\text{単位格子の体積〔cm}^3\text{〕}} = \frac{\frac{M}{N_A} \times 2}{(a \times 10^{-7})^3}$$

$$= \frac{\dfrac{2M}{N_A}}{\left(\dfrac{4}{\sqrt{3}}r \times 10^{-7}\right)^3}$$

$$= \frac{3\sqrt{3}}{32} \times 10^{21} \times \frac{M}{N_A r^3} \text{〔g/cm}^3\text{〕}$$

2 解答

(1) $9.0 \times 10^{+1}$ (2) $1.1 \times 10^{+2}$ (3) 1.5×10^{-3}
(4) $1.5 \times 10^{+2}$ (5) 4.3×10^{-2}

(a)〜(c)：7　(あ)— 3

≪蒸気圧降下とラウールの法則，沸点上昇度≫

(1)・(a) 図2より，標高が3000mのときの大気圧は$0.7×10^5$Paである。沸点は大気圧と蒸気圧が等しくなるときの温度であるから，図1において蒸気圧が$0.7×10^5$Paとなる温度を読み取ると，このときの沸点は90℃とわかる。標高0mのときの水の沸点は100℃であるから，沸点は10℃だけ降下している。

(2) 溶解させたNaCl（式量58.5）は完全に電離していることに注意すると，溶質粒子の物質量は

$$\frac{4.68}{58.5}×2=0.16〔mol〕$$

水の密度は$0.96\,g/cm^3$であるから，溶媒である水2.0Lの質量は

$$0.96×2.0×10^3=1920〔g〕$$

よって，溶媒の物質量は

$$\frac{1920}{18.0}=106.6〔mol〕$$

したがって，溶媒の物質量と溶質粒子の物質量を合わせた全物質量は

$$0.16+106.6=106.76≒1.1×10^2〔mol〕$$

(3) 溶質のモル分率は

$$\frac{0.16}{106.76}=1.49×10^{-3}≒1.5×10^{-3}$$

(4) 「（水のモル分率x）＋（溶質のモル分率）＝1」であるから，(3)で求めた溶質のモル分率は②式における$1-x$である。よって

$$1-x=1.49×10^{-3}，\quad p_0=1.013×10^5〔Pa〕$$

を②式に代入すると，純水とNaCl水溶液の蒸気圧の差$Δp$は

$$Δp=1.49×10^{-3}×1.013×10^5=1.50×10^2≒1.5×10^2〔Pa〕$$

なお，①式で表される法則をラウールの法則という。

(b) $Δp=(1-x)p_0=p_0-xp_0=p_0-p>0$から$p<p_0$である。よって，NaCl水溶液の蒸気圧は，純水の蒸気圧よりも$1.5×10^2$Paだけ降下する。

(5)・(c)・(あ) 蒸気圧が降下したことにより，蒸気圧が大気圧と等しくなるときの温度が高くなるので，沸点は上昇する。溶媒である水の質量は$1920〔g〕=1.92〔kg〕$，溶質粒子の物質量は0.16molであるから，NaCl水

東京理科大-理工〈B方式-2月3日〉　　　　2021 年度　化学〈解答〉　*109*

溶液の沸点上昇度 Δt〔℃〕は

$$\Delta t = 0.52 \times \frac{0.16}{1.92} = 4.33 \times 10^{-2} \fallingdotseq 4.3 \times 10^{-2}〔℃〕$$

となり，純水の沸点からほとんど変化していないことがわかる。

3　解答

(1)(ア)—13　(イ)—03　(ウ)—03　(エ)—19

(2)(オ)—23　(カ)—26　(キ)—29

(3)(ク)—30　(4)(ケ)—37　(5)(コ)—06　(サ)—02　(6)(シ)—13

━━━━━━◀解　説▶━━━━━━

≪Al とその化合物の性質と反応，酸化物の分類，塩素を含むオキソ酸≫

(2)　Al はイオン化傾向が大きいので，Al^{3+} を含む水溶液を電気分解しても，陰極に Al の単体は析出せず，代わりに H_2O が還元されて H_2 が発生する。そこで，ボーキサイト（$Al_2O_3 \cdot nH_2O$）から得られる Al_2O_3 を高温で融解させて電気分解することで Al の単体を得る。その際，Al_2O_3 の融点を下げる目的で，氷晶石 Na_3AlF_6 を用いる。このような電気分解を溶融塩（融解塩）電解という。

(3)　イオン化傾向は Fe よりも Al のほうが大きいので，Al 粉末と Fe_2O_3 の混合物に点火すると，次のように反応して単体の Fe が得られる。

$$2Al + Fe_2O_3 \longrightarrow Al_2O_3 + 2Fe$$

この際，多量の熱が発生する。この反応をテルミット反応という。

(4)　$Al(OH)_3$ は両性水酸化物であるから，酸とも塩基とも反応して溶解する。NaOH 水溶液とは次のように反応する。

$$Al(OH)_3 + NaOH \longrightarrow Na[Al(OH)_4]$$

これは中和反応と考えることができ，単体の H_2 や O_2 は発生しない（単体が発生する反応は酸化還元反応である）。

(5)　酸性酸化物は非金属元素の酸化物である（ただし，CO と NO は除く）から，CO_2，Cl_2O_7，NO_2，P_4O_{10}，SO_3，SiO_2 の 6 個である。両性酸化物は両性元素（Al，Zn，Sn，Pb）の酸化物であるから，Al_2O_3，ZnO の 2 個である。なお，両性元素以外の金属元素の酸化物は，塩基性酸化物に分類される。

(6)　塩素のオキソ酸の酸性は，Cl の酸化数が大きいものほど強い。次亜塩素酸 HClO は弱酸であるが，強い酸化作用をもち，殺菌・漂白作用を示

110 2021 年度 化学〈解答〉

$$
\boxed{4} \quad \textbf{解答} \quad
\begin{array}{l}
\text{(i)} 5.00 \times 10^{-1} \quad \text{(ii)} 5.70 \times 10^{-1} \quad \text{(iii)} 2.34 \times 10^{-3} \\
\text{(iv)} 4.11 \times 10^{-3} \quad \text{(v)} 1.69 \times 10^{+2}
\end{array}
$$

※解法・計算順序等により別解がある。

━━━━━━ ◀解　説▶ ━━━━━━

≪H_2O_2 の分解反応の反応速度, 半減期≫

(i) H_2O_2 の分解反応は次の反応式で表される。

$$2H_2O_2 \longrightarrow 2H_2O + O_2$$

また, 捕集容器内は水蒸気で飽和しているので, 捕集した O_2 の分圧は

$$1.013 \times 10^5 - 4.00 \times 10^3 = 9.73 \times 10^4 \,[\text{Pa}]$$

よって, 60 秒後までに発生した O_2 の物質量は, 気体の状態方程式から

$$\frac{9.73 \times 10^4 \times 18.0 \times 10^{-3}}{8.31 \times 10^3 \times 300} = 7.025 \times 10^{-4} \,[\text{mol}]$$

であるから, 分解した H_2O_2 の物質量は

$$7.025 \times 10^{-4} \times 2 = 1.405 \times 10^{-3} \,[\text{mol}]$$

となり, 0〜60 秒における H_2O_2 の濃度の減少量は

$$1.405 \times 10^{-3} \times \frac{1000}{10.0} = 1.405 \times 10^{-1} \,[\text{mol/L}]$$

である。したがって, 60 秒後の H_2O_2 の濃度は

$$6.40 \times 10^{-1} - 1.405 \times 10^{-1} = 4.995 \times 10^{-1} \fallingdotseq 5.00 \times 10^{-1} \,[\text{mol/L}]$$

(ii) 0〜60 秒における H_2O_2 の平均の濃度 $[H_2O_2]$ は

$$
\begin{aligned}
[H_2O_2] &= \frac{6.40 \times 10^{-1} + 4.995 \times 10^{-1}}{2} \\
&= 5.697 \times 10^{-1} \fallingdotseq 5.70 \times 10^{-1} \,[\text{mol/L}]
\end{aligned}
$$

(iii) 0〜60 秒における H_2O_2 の平均の反応速度 v は

$$
\begin{aligned}
v &= \frac{H_2O_2 \text{ の濃度の減少量}}{\text{反応時間}} = \frac{1.405 \times 10^{-1}}{60} \\
&= 2.341 \times 10^{-3} \fallingdotseq 2.34 \times 10^{-3} \,[\text{mol/(L·s)}]
\end{aligned}
$$

(iv) $v = k[H_2O_2]$ より, 反応速度定数 k の値は

$$k = \frac{2.341 \times 10^{-3}}{5.697 \times 10^{-1}} = 4.109 \times 10^{-3} \fallingdotseq 4.11 \times 10^{-3} \,[/\text{s}]$$

東京理科大-理工〈B方式-2月3日〉　　　　2021 年度　化学〈解答〉　*111*

(v)　$[H_2O_2] = \dfrac{1}{2}[H_2O_2]_0$ となる時間を求めればよい。②式の左辺に

$[H_2O_2] = \dfrac{1}{2}[H_2O_2]_0$ を代入すると

$$(左辺) = \log_e \frac{\frac{1}{2}[H_2O_2]_0}{[H_2O_2]_0} = \log_e \frac{1}{2} = -\log_e 2 = -\frac{\log_{10}2}{\log_{10}e}$$

となるので，求める時間を $t\frac{1}{2}$〔s〕とすると

$$-\frac{\log_{10}2}{\log_{10}e} = -kt\frac{1}{2}$$

$$\therefore \quad t\frac{1}{2} = \frac{\log_{10}2}{k\log_{10}e} = \frac{0.301}{4.109\times10^{-3}\times0.434} = 1.687\times10^2 \fallingdotseq 1.69\times10^2 〔s〕$$

5　解答

(i) 04　(ii) 10　(iii) 01

(ア)—27　(イ)—13　(ウ)—28　(エ)—10　(オ)—24　(カ)—11
(キ)—25　(ク)—26　(ケ)—03　(コ)—08　(サ)—15　(シ)—16

◀解　説▶

≪$C_4H_{10}O$ の構造決定≫

(i)〜(iii)　A の分子式を $C_xH_yO_z$ とおくと

$$x : y : z = \frac{64.9}{12.0} : \frac{13.5}{1.0} : \frac{21.6}{16.0} = 5.40 : 13.5 : 1.35 = 4 : 10 : 1$$

であるから，分子式は $(C_4H_{10}O)_n$ となり，分子量が 100 以下であることから

$$74n \leqq 100$$

よって，$n = 1$ となり，A の分子式は $C_4H_{10}O$ とわかる。

(ア)〜(シ)　分子式が $C_4H_{10}O$ で表される化合物には，下図に示すようにアルコール 4 種とエーテル 3 種の計 7 つの構造異性体が存在する。
単体の金属ナトリウムと反応して H_2 を発生する A，B，C，D はアルコール，H_2 を発生しない E，F，G はエーテルである。

アルコール（A，B，C，D）

①$CH_3-CH_2-CH_2-CH_2-OH$　　②$CH_3-CH_2-\underset{\underset{OH}{|}}{CH}-CH_3$
　　1-ブタノール　　　　　　　　　　　　　2-ブタノール

③ $CH_3-\underset{\underset{\displaystyle CH_3}{|}}{CH}-CH_2-OH$

2-メチル-1-プロパノール

④ $CH_3-\underset{\underset{\displaystyle CH_3}{|}}{\overset{\overset{\displaystyle OH}{|}}{C}}-CH_3$

2-メチル-2-プロパノール

エーテル (E, F, G)

⑤ $CH_3-CH_2-CH_2-O-CH_3$
メチルプロピルエーテル

⑥ $CH_3-\underset{\underset{\displaystyle CH_3}{|}}{CH}-O-CH_3$

イソプロピルメチルエーテル

⑦ $CH_3-CH_2-O-CH_2-CH_3$
ジエチルエーテル

A, Bは硫酸酸性の $K_2Cr_2O_7$ により酸化するとアルデヒドが得られたので, 第一級アルコール (①か③) とわかる。

Cはヨードホルム反応を示したことから, $CH_3-\underset{\underset{\displaystyle OH}{|}}{CH}-$ の構造をもつ②と

決まる。よって, Dは④とわかる。

次に, ①~④を分子内脱水して得られる生成物 (アルケン) は次のようになる。

① $CH_3-CH_2-CH_2-CH_2-OH \xrightarrow{-H_2O} CH_3-CH_2-CH=CH_2$
1-ブテン

② $CH_3-CH_2-\underset{\underset{\displaystyle OH}{|}}{CH}-CH_3 \xrightarrow{-H_2O}$ $\begin{cases} CH_3-CH_2-CH=CH_2 & \text{1-ブテン} \\ CH_3-CH=CH-CH_3 & \text{2-ブテン} \end{cases}$

化合物C

③ $CH_3-\underset{\underset{\displaystyle CH_3}{|}}{CH}-CH_2-OH \xrightarrow{-H_2O} CH_3-\underset{\underset{\displaystyle CH_3}{|}}{C}=CH_2$

2-メチルプロペン

④ $CH_3-\underset{\underset{\displaystyle CH_3}{|}}{\overset{\overset{\displaystyle OH}{|}}{C}}-CH_3 \xrightarrow{-H_2O} CH_3-\underset{\underset{\displaystyle CH_3}{|}}{C}=CH_2$

化合物D   2-メチルプロペン

Cから得られる生成物の1つがAから得られる生成物と同じであることから, Aは①の1-ブタノールと決まり, その生成物は1-ブテンである。よって, Bは③の2-メチル-1-プロパノールとなり, B, Dから得られる生

成物はともに 2-メチルプロペンである。

Cはヨードホルム反応により，炭素数が 1 つ減ったカルボン酸，つまりプロピオン酸のナトリウム塩となる。

$$CH_3-CH_2-\underset{\underset{OH}{|}}{CH}-CH_3 \xrightarrow{\text{ヨードホルム反応}} CH_3-CH_2-\underset{\underset{O}{\|}}{C}-ONa$$

化合物 C（2-ブタノール）　　　　　　　　　　プロピオン酸ナトリウム

これに強酸を加えて酸性にすると，弱酸の遊離反応によってプロピオン酸が遊離する。プロピオン酸を還元すると，第一級アルコールである 1-プロパノール C_3H_8O が得られる。これがHである。

$$CH_3-CH_2-\underset{\underset{O}{\|}}{C}-ONa \xrightarrow{\text{弱酸の遊離}} CH_3-CH_2-\underset{\underset{O}{\|}}{C}-OH$$

プロピオン酸

$$\xrightarrow{\text{還元}} CH_3-CH_2-CH_2-OH$$

化合物 H
（1-プロパノール）

分子式が C_3H_8O で表される化合物の構造異性体には，1-プロパノール，2-プロパノール，エチルメチルエーテルがあるが，エーテルは水に溶けにくいので，水によく溶解する I は 2-プロパノールであるとわかる。

$$CH_3-CH_2-CH_2-OH \qquad CH_3-\underset{\underset{OH}{|}}{CH}-CH_3 \qquad CH_3-O-CH_2-CH_3$$

化合物 H　　　　　　　　　　　　　　　　　　エチルメチルエーテル
（1-プロパノール）

化合物 I
（2-プロパノール）

炭素数が同じアルコールでは，直鎖状のもののほうが水素結合を形成しやすく，分子間力が強くなるので沸点が高くなる。したがって，H（1-プロパノール）の沸点は I（2-プロパノール）の沸点より高い。

1-プロパノールと金属ナトリウムは，次のように反応する。

$$2CH_3-CH_2-CH_2-OH + 2Na \longrightarrow 2CH_3-CH_2-CH_2-ONa + H_2$$

このとき生成した化合物をヨウ化メチル CH_3I と反応させると，化合物中の Na がメチル基に置換され，メチルプロピルエーテルが生成する。これがEである。

$$CH_3-CH_2-CH_2-ONa + CH_3I \longrightarrow CH_3-CH_2-CH_2-O-CH_3 + NaI$$

化合物 E
（メチルプロピルエーテル）

2-プロパノールを用いて同様の反応を行うと，次のような一連の反応によりイソプロピルメチルエーテルが得られる。これがFである。

$$2CH_3-CH(CH_3)-OH + 2Na \longrightarrow 2CH_3-CH(CH_3)-ONa + H_2$$

$$CH_3-CH(CH_3)-ONa + CH_3I \longrightarrow CH_3-CH(CH_3)-O-CH_3 + NaI$$

化合物F
(イソプロピルメチルエーテル)

これでエーテル3種のうちEが⑤，Fが⑥と決まったので，残りのGは⑦のジエチルエーテルとわかる。

6 解答

(1)(ア)—11　(イ)—02　(ウ)—05　(エ)—06　(オ)—18　(カ)—03
　(キ)—12　(ク)—17　(ケ)—04　(コ)—26
(2)(サ)—21　(シ)—14　(ス)—23　(セ)—27　(ソ)—08

◀解　説▶

≪タンパク質と多糖類の構造と性質≫

(1)(ア)～(エ)　タンパク質のポリペプチド鎖におけるアミノ酸の配列順序を一次構造といい，α-ヘリックス構造やβ-シート構造のような，ポリペプチド鎖にみられる規則正しい部分構造を二次構造という。α-ヘリックス構造は，右図のようならせん構造であり，ある1つのアミノ酸と，そのアミノ酸から見て4番目のアミノ酸との間に水素結合が繰り返されている。

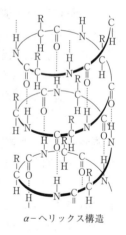

α-ヘリックス構造

(オ)・(カ)　三次元的な空間配置まで含めた，1本のポリペプチド鎖全体の構造を三次構造という。筋肉中で酸素を蓄積するはたらきをもつタンパク質であるミオグロビンは，1本のポリペプチド鎖が6カ所で折れ曲がった三次構造をもつ。

(キ)　2個のシステインの −SH から形成された −S−S− の結合をジスルフィド結合という。

(ク)・(ケ)　いくつかの三次構造が集合してできた，大きな集合体がつくる構

造を四次構造という。血液中で酸素を運搬するはたらきをもつヘモグロビンは，4個のサブユニットが集まって四次構造をつくっている。

㈡　3個以上のアミノ酸からなるペプチドやタンパク質の水溶液に，NaOH 水溶液と CuSO₄ 水溶液を少量加えると，赤紫色を呈する。この反応をビウレット反応という。

(2)(サ)〜(ス)　アミロースは α-グルコースの1位と4位のヒドロキシ基の間で縮合してグリコシド結合をつくっており，直鎖状の構造をとる。アミロペクチンは，これに加えて1位と6位のヒドロキシ基の間でもグリコシド結合を形成しているので，枝分かれの多い構造となる。

(セ)　アミロースやアミロペクチンはらせん構造をとっており，そのらせん構造の中に I₂ 分子が入り込んで，青〜青紫色に呈色するヨウ素デンプン反応を示す。一方，セルロースは直鎖状の構造をとるため，ヨウ素デンプン反応を示さない。

(ソ)　セルロースは，分子鎖間で水素結合を形成することで，部分的に分子が規則正しく配列した結晶構造をつくる。

❖講　評

　試験時間は 80 分。例年通り大問数は 6 題であった。2021 年度は，①②④が理論，③が無機，⑤⑥が有機の出題であった。

　①は金属の結晶格子についての問題であり，いずれも基本的な問題である。ただ，それぞれの結晶構造をとる金属の例については覚えられていない受験生もいたかもしれない。また，解答に直接の影響はないが，密度の計算では，単位格子の1辺の長さの単位を nm から cm に変換して行うことに注意したい。

　②は希薄水溶液における蒸気圧降下と沸点上昇に関する問題であった。計算問題がメインであるが，NaCl が完全に電離することに注意して溶質粒子の物質量を 0.16 mol として計算しないと，大きく失点することになる。ラウールの法則については初見の受験生もいたと思われるが，問題文をきちんと読めば，前提知識がなくても無理なく解けたはずである。

　③は Al，酸化物の種類，塩素を含むオキソ酸に関する問題であった。教科書レベルの基本事項のみが問われており，解答に時間のかかる設問

もないので，ここは短時間で完答しておきたい。⑷の Al(OH)$_3$ と NaOH の反応については，Al と NaOH の反応と間違えて，「水素を発生しながら」の選択肢を選ばないようにしたい。

4 は過酸化水素の分解の反応速度に関する問題であった。同じような問題を必ず一度は問題集等で解いているはずなので，方針に迷うことはなかったと思われるが，解答の有効数字が 3 桁なので，計算が非常に煩雑になる。落ち着いて丁寧に計算を行いたい。また，半減期の計算においては，対数の底を e から 10 に変換する必要があった。

5 は分子式が C$_4$H$_{10}$O で表される化合物およびその誘導体の構造決定に関する問題であった。〔解説〕のように，C$_4$H$_{10}$O の構造異性体をすべて書き出してから考えると解きやすい。ヨウ化メチルを用いて，アルコキシド（R-ONa）からエーテル E，F を合成する反応はやや難しいが，炭素骨格に注目すれば解答は予想できたはずである。

6 はタンパク質と多糖類に関する問題であった。すべて平易な問題であるから，3 と同様，短時間で処理したい。㈹のミオグロビンや㈾のヘモグロビンについては少し選択に迷った受験生もいたかもしれない。三次構造，四次構造をとる例としてよく取り上げられるので，資料集等で確認しておきたい。

東京理科大-理工〈B方式-2月3日〉　　　　　　　2021 年度　生物〈解答〉　*117*

■■■ 生物 ■■■

(注)　解答につきましては，東京理科大学から提供のあった情報を掲載しております。

---

1 解答

(1)(a)— 5　(b)—10

(2)(a)(ア)— 2　(イ)— 4　(ウ)— 6　(エ)—10　(b)—16

(3)解答群E：10　解答群F：2

(4)(a)— 5　(b)— 2　(c)—11

(5)— 3　(6)— 6

◀解　説▶

≪がん細胞に関する小問集合≫

(1)(a)　ペプチド結合によりつながれたアミノ酸の平均分子量が 110 なので，酵素X（分子量 133100）のアミノ酸数は 133100÷110 = 1210。よって，酵素Xのアミノ酸を指定する塩基数は 1210×3 = 3630 となる。

(b)　図 1 の塩基配列の相補鎖も含めて両端の 20 塩基分を示すと下図のようになり，プライマーは鋳型鎖の 3′ 末端側に結合する。これよりプライマー 1 は選択肢②，プライマー 2 は選択肢⑥とわかる。

```
5′-ATGCGACCCTCCGGGACGGC ------ GCAGTGAATTTATTGGAGCA-3′
                              3′-⌐ プライマー 1 ⌐-5′

5′-⌐ プライマー 2 ⌐-3′
3′-TACGCTGGGAGGCCCTGCCG ------ CGTCACTTAAATAACCTCGT-5′
```

(2)(a)(ウ)　微小管は，α チューブリンと β チューブリンと呼ばれる 2 種類の球状タンパク質が多数結合した中空の管である。

(エ)　細胞骨格は，微小管，中間径フィラメント，アクチンフィラメントの 3 種類があり，その太さは，微小管＞中間径フィラメント＞アクチンフィラメントとなる。

(b)　細胞あたりの DNA 量が 1 の細胞は G_1 期，1 〜 2 の細胞は S 期，2 の細胞は G_2 期または M 期（分裂期）の状態にある。図 2 の破線をみると，DNA 量がほぼすべて 2 なので，ほとんどの細胞は G_2 期または M 期の状態にある。よって，選択肢①〜④のうち③と④が正しいといえる。ところ

で，分裂期に現れる紡錘糸は微小管からなるので，選択肢⑤や⑥のように，微小管の伸縮を阻害するとM期で停止する（DNA量2の状態で停止する）。一度M期で停止した細胞が細胞質分裂を行わないまま次の細胞周期に進入し，G_1期で停止するとDNA量は2の状態のままとなり，G_1期で停止することなくS期を経過してG_2期で停止するとDNA量は4となる。これより⑤が正しいといえる。

(3) がん細胞A〜Dと，正常細胞から取り出したDNA濃度は同じではないとある。そこでまず遺伝子Nに注目する。遺伝子Nは，細胞あたりの（一定量のDNAに含まれる）遺伝子数がどの細胞も同じなので，取り出したDNA濃度とそこに含まれる遺伝子Nの数は比例する。そこで，がん細胞A〜Dと正常細胞から取り出したDNAに含まれる遺伝子Nの数をN_A，N_B，N_C，N_D，$N_正$とする。PCRを1サイクル行うごとに遺伝子Nの数は倍化し，PCR産物（遺伝子Nの数）が一定値に達するまでに，細胞Bでは26サイクル，細胞Cと正常細胞では27サイクル，細胞Aと細胞Dでは28サイクル経過している。よって，以下の式が成り立つ。

$$N_B \times 2^{26} = N_C \times 2^{27} = N_正 \times 2^{27} = N_A \times 2^{28} = N_D \times 2^{28}$$

これを簡単な比にすると，$N_B : N_C : N_正 : N_A : N_D = 4 : 2 : 2 : 1 : 1$となる。遺伝子$N$の数と最初に取り出したDNA濃度は比例するので，各細胞のDNA濃度の比は以下のようになる。

　　　細胞A：細胞B：細胞C：細胞D：正常細胞＝1：4：2：1：2

　　　　　　　　　　　　　　　　　　　　　　　　　　　　……①

次に，遺伝子Xをみる。がん細胞A〜Dと正常細胞から取り出したDNAに含まれる遺伝子Xの数をX_A，X_B，X_C，X_D，$X_正$とする。PCR産物（遺伝子Xの数）が一定値に達するまでに，細胞Bでは27サイクル，細胞Aと細胞Cでは28サイクル，正常細胞では29サイクル，細胞Dでは30サイクル行っているので，以下の式が成り立つ。

$$X_B \times 2^{27} = X_A \times 2^{28} = X_C \times 2^{28} = X_正 \times 2^{29} = X_D \times 2^{30}$$

これを簡単な比にすると，$X_B : X_A : X_C : X_正 : X_D = 8 : 4 : 4 : 2 : 1$となる。よって，各細胞から取り出したDNAに含まれる遺伝子Xの数の比は以下のようになる。

　　　細胞A：細胞B：細胞C：細胞D：正常細胞＝4：8：4：1：2

　　　　　　　　　　　　　　　　　　　　　　　　　　　　……②

①と②の結果を並べて考える。
DNA量
　　　細胞A：細胞B：細胞C：細胞D：正常細胞＝1：4：2：1：2
遺伝子Xの数
　　　細胞A：細胞B：細胞C：細胞D：正常細胞＝4：8：4：1：2
これより，DNA量に対する遺伝子Xの数の比が正常細胞に比べて増加しているのは，細胞A，B，Cとわかる。また，増加の度合いが最も大きいのは細胞Aの4倍とわかる。

(4)(a) 密着結合は，小さな分子も通れないほど細胞どうしを結合させる結合である。固定結合は，細胞間や細胞と細胞外基質をつなぐ結合で，細胞内では細胞骨格と結合しており，組織に強度や伸縮性を与える。ギャップ結合は，中空の膜貫通タンパク質からなり，細胞間でイオンやアミノ酸などの小分子を交換する。

(b) たとえばカエルの場合，神経管形成の前では，外胚葉の細胞すべての細胞接着面でE-カドヘリンが発現している。発生が進むと，神経板の細胞でN-カドヘリンの発現が始まり，この部分から細胞層がへこみ始める。へこみが進行する部分では，N-カドヘリンの発現が増え，もともとあったE-カドヘリンと置き換わる。さらにへこみが深くなると，へこみの左右の縁が盛り上がり，盛り上がった部分どうしが出会うと，同じ型のカドヘリンをもった細胞どうしが接着し，神経管が形成される。

(c) 実験の流れを以下に示す。

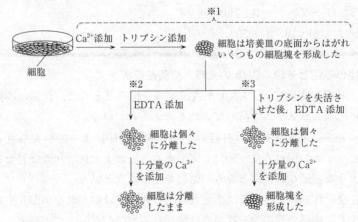

※1をみると，トリプシンを添加すると細胞が培養皿からはがれたので，細胞と培養皿を接着させる接着分子は，Ca^{2+}存在下でトリプシンによって分解されるとわかる（①は誤り）。※3をみると，トリプシンを失活させた状態で，Ca^{2+}がなければ細胞は分離し，十分量のCa^{2+}を添加すると細胞塊が形成されている。よって，細胞どうしを接着させる接着分子が機能するにはCa^{2+}が必要とわかる（②は誤り）。さらに，※1のトリプシン処理で，細胞どうしを接着させる接着分子は分解されていなかったとわかる（③は正しい）。また，※2のようにCa^{2+}を除くと，すでに添加されていたトリプシンが細胞どうしを接着させる接着分子を分解し，十分量のCa^{2+}を添加しても細胞塊が形成されないとわかる（④は誤り）。

(5) 肝臓には，消化管（小腸や大腸など）やひ臓からの血液が肝門脈を通って流れ込む。

(6) 主に酵素Xを阻害し，酵素Yと酵素Zはあまり阻害しない化合物を選ぶ。表1の数値は，酵素活性を50％にまで低下させるのに必要な化合物の濃度であり，この値が小さいほど，阻害効率が高い（少ない量で阻害する）。よって，酵素Xに対しては小さい値を示し（阻害効率が高く），酵素YやZに対しては大きい値を示す（阻害効率が低い）化合物を探すと，化合物gがあてはまる。

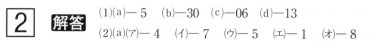

(1)(a)— 5　(b)— 30　(c)— 06　(d)— 13
(2)(a)(ア)— 4　(イ)— 7　(ウ)— 5　(エ)— 1　(オ)— 8
(カ)— 5　(キ)— 7　(ク)— 3　(b)— 09
(3)(a)— 2　(b)— 16　(c)— 30

◀解　説▶

≪生物の進化と分類，DNAの複製，細菌叢解析≫

(1)(a) 初期の生物では，RNAが遺伝情報を担うとともに，代謝の調節も行う自己複製システムを持っていたと考えられている。

(b)① 正文。哺乳類の眼は神経管からできた眼杯によってつくられるのに対し，イカの眼は表皮が陥没してできる。このように，起源は異なるが同じような形態やはたらきをもつ器官を相似器官という。

③ 正文。体細胞で生じた突然変異は次世代に受け継がれないが，生殖細胞で生じた突然変異は次世代に受け継がれる場合がある。このため，進化

東京理科大-理工〈B方式-2月3日〉　　　　　2021 年度　生物〈解答〉　*121*

に関わるのは生殖細胞に生じた突然変異といえる。

(c)② 　誤文。五界説では，粘菌は原生生物界に分類される。

③ 　誤文。五界説では，動物界，植物界，菌界，原生生物界の生物はすべて真核生物である。

④ 　正文。光合成を行うミドリムシや藻類は原生生物界に分類される。

(d)① 　誤文。生体膜はタンパク質とリン脂質からなる。

② 　正文。遺伝情報が DNA→RNA→タンパク質の順に一方向に伝達されることは，すべての生物に共通するものでセントラルドグマという。なお，ウイルスは RNA→DNA へと逆転写を行うが，ウイルスは生物ではない。

④ 　正文。ATP が生体内でエネルギーの受け渡しを仲立ちしていることは，すべての生物に共通している。このことは，すべての生物は共通の祖先から生じたことを物語っている。

(2)(b) 　大腸菌などの原核生物の DNA は環状で，複製起点は 1 箇所であるのに対し，哺乳類などの真核生物の DNA は線状で，複製起点は複数ある。よって，①，②は誤り。真核生物の DNA の複製では，RNA からなるプライマーは分解され，そのすき間を DNA ポリメラーゼが埋めていく。ただ，DNA ポリメラーゼはすでにあるヌクレオチド鎖を伸長させることはできるが，ラギング鎖の $5'$ 末端側のように何もないところからヌクレオチド鎖を伸長させることができない。そのため新生鎖は鋳型鎖よりも短くなる。そこで DNA の両末端には，ある特定の塩基配列の繰り返し（テロメア）が存在し，複製を繰り返してもテロメアの部分が短くなるだけで，重要な遺伝子は影響を受けないようになっている。一方，原核生物の DNA は環状なので（末端がないので），複製を繰り返しても短くなることはない。③，④は正しい。

(3)(b) 　亜硝酸菌は $NH_4{}^+$ を $NO_2{}^-$ に酸化した際に生じる化学エネルギーを，硝酸菌は $NO_2{}^-$ を $NO_3{}^-$ に酸化した際に生じる化学エネルギーを利用して炭酸同化を行う独立栄養生物である。よって，表中の遺伝子 *W* は亜硝酸菌がもち，遺伝子 *X* は硝酸菌がもつと考えられる。一方，脱窒素細菌では，$NO_3{}^-$ や $NO_2{}^-$ を O_2 の代わりに利用する呼吸（硝酸呼吸や亜硝酸呼吸という）を行い，その結果 N_2 が生じる。たとえば，ある脱窒素細菌では，$NO_3{}^-$ を細胞内に取り込み，$NO_3{}^- \rightarrow NO_2{}^- \rightarrow N_2O$（亜酸化窒素）$\rightarrow N_2$ へと還元する過程で電子を受容し，有機物を酸化しエネルギー

を得ている。しかし，炭酸同化は行っていないので，脱窒素細菌は従属栄養生物といえる。よって，表中の遺伝子 Y や遺伝子 Z は脱窒素細菌がもつと考えられる。

次に，表1～3を確認する。まず表2は，DNA（rRNA 遺伝子）を検出することで浄化槽内の細菌の種類を調べている。表3は，RNA（rRNA や mRNA）を解析することで，どの遺伝子がどのような条件で転写されるかを調べている。表1は，どの細菌がどのような条件で増殖するかを調べており，遺伝子 W，遺伝子 X が有機物培地で増殖せず，遺伝子 Y，遺伝子 Z は無機物培地で増殖していないことを示している。以上のことを踏まえて各選択肢をみていく。

① 正文。表2より浄化槽内には200種類の細菌が確認されたが，表1の培養法では，45種類の細菌しか増殖できなかった。

② 正文。表2より rRNA 遺伝子の種類（細菌の種類）が200種類あり，表3より rRNA の種類も200種類ある。よって，すべての細菌が rRNA 遺伝子の転写を行っている。もし，rRNA の種類が200種類より少なければ，一部の細菌は rRNA 遺伝子の転写を行っていないことになる。

③ 誤文。遺伝子 W や X は亜硝酸菌や硝酸菌（独立栄養生物）がもち，遺伝子 Y や Z は脱窒素細菌（従属栄養生物）がもつ。また，細菌が得られたかどうかは表2をみる。表2の好気槽(O)の記号を確認すると，遺伝子 W，X，Y，Z（独立栄養生物と従属栄養生物）に(O)が記されている。つまり，好気槽からは独立栄養生物と従属栄養生物の両方が得られる。一方，表2の嫌気槽(A)の記号を確認すると，遺伝子 Y と Z（従属栄養生物）だけに(A)が記されている。よって，嫌気槽からは従属栄養生物のみが得られる。

④ 正文。DNA の検出は表2を，RNA の検出は表3をみる。表2で，遺伝子 W や X（亜硝酸菌や硝酸菌）が検出されたのはすべて好気槽(O)であり，表3で，遺伝子 W や X の mRNA が検出されたのもすべて好気槽(O)である。つまり，亜硝酸菌と硝酸菌は好気槽にしか存在せず，そこで遺伝子 W や X の転写も行っている。

⑤ 誤文。表2で，遺伝子 Y や Z（脱窒素細菌）は好気槽(O)からも嫌気槽(A)からも検出されるが，表3で，遺伝子 Y や Z の mRNA が検出されたのはすべて嫌気槽(A)である。つまり，脱窒素細菌は好気槽にも嫌

東京理科大-理工〈B方式-2月3日〉 2021 年度 生物〈解答〉 *123*

気槽にも存在するが，遺伝子 Y や Z の転写を行う（脱窒を行う）のは嫌気槽といえる。

(c)① 正文。表中の数字は種小名を示す。表 2 をみると，遺伝子 W をもつ亜硝酸菌は 17 種類，遺伝子 X をもつ硝酸菌は 15 種類得られている。しかし，表 1 をみると，亜硝酸菌と硝酸菌は，無機物培地においてそれぞれ 1 種類ずつしか増殖していない。よって，硝化細菌は培養が困難といえる。また，表 2 をみると，遺伝子 Y と Z をもつ脱窒素細菌は 20 種類あり，表 1 の有機物培地でも 20 種類増殖している。よって，脱窒素細菌は培養が容易といえる。

② 正文。表 2 をみると，遺伝子 W や X（亜硝酸菌や硝酸菌）の種類は，遺伝子 Y や Z（脱窒素細菌）に比べて少ない。遺伝子の種類が少ない方が解析しやすいので，遺伝子 W，X，Y，Z を利用すれば，脱窒素細菌よりも硝化細菌の方が解析しやすい。

③ 正文。表 2 をみると，遺伝子 W をもつ細菌と遺伝子 X をもつ細菌の種類は異なっている。一方，遺伝子 Y をもつ細菌と遺伝子 Z をもつ細菌の種類は重複している。つまり，脱窒素細菌は，遺伝子 Y と遺伝子 Z の両方をもち，以下の反応が一つの細胞内で行われている。

$$\underset{\text{遺伝子 } Y}{NO_3^- \longrightarrow NO_2^-} \longrightarrow N_2O \text{（亜酸化窒素）} \underset{\text{遺伝子 } Z}{\longrightarrow N_2}$$

④ 正文。表 1 をみると，遺伝子 W や X をもつ硝化細菌は有機物培地ではコロニーを形成していない（増殖していない）。しかし，表 2，表 3 では遺伝子や mRNA が検出されているので，生存はできると判断される。

⑤ 正文。(b)の選択肢⑤の〔解説〕を参照。

3 解答

(1)(a)(ア)—1 (イ)—4 (ウ)—1 (エ)—0 (オ)—0 (カ)—1 (キ)—1 (b)A—6 B—1

(2)(a)(ク)—04 (ケ)—02 (コ)—21 (サ)—03 (シ)—05 (ス)—03 (セ)—21 (ソ)—03 (b)—5

(3)(タ)—3 (チ)—4 (ツ)—0 (テ)—4 (ト)—2 (ナ)—5 (ニ)—5

124 2021 年度　生物〈解答〉　　　　　　　　東京理科大-理工〈B方式-2月3日〉

■━━━━ ◀解　説▶ ━━━━■

≪植物ホルモンと色素合成に関する突然変異≫

⑴　ホルモンAはアブシシン酸で，ホルモンBはジベレリンである。種皮と胚乳に挟まれた部分とは糊粉層のことであり，糊粉層にジベレリンを作用させると，デンプン分解酵素であるアミラーゼが合成される。アミラーゼのはたらきによってデンプンが分解されると，呈色反応（ヨウ素デンプン反応）は起こらない。なお，煮沸するとアミラーゼが失活するので，呈色反応がみられる。

⑵　変異株1～6はそれぞれ単一の遺伝子が欠損している。実験結果を以下にまとめてみる。

(i)ジベレリンは伸長成長を促進する。変異株1の背丈は野生型より高く，変異株2，3は著しく低いので以下のようにまとめられる。

	ジベレリンの効果
変異株1	高い
変異株2	低い
変異株3	低い

(ii)ホルモンB（ジベレリン）はタンパク質Cを分解することで，伸長成長を促進するとわかる。変異株1では，正常なタンパク質Cが存在しないため，伸長成長を抑制できず，背丈が異常に高くなったと考えられる。

(iii)変異株2，3はジベレリンの効果が低い。そこで，ジベレリンの合成または受容のどちらに変異が生じているか考えてみる。変異株2にジベレリンを与えると背丈は野生型と同程度になったので，変異株2，3は以下のようにまとめられる。

	ジベレリンの合成	ジベレリンの受容
変異株2	×	○
変異株3	○	×

(iv)ふつう，結実した種子はアブシシン酸のはたらきにより発芽が抑制されている。よって，変異株4～6の種子は十分なアブシシン酸の効果がみられない。この変異株にアブシシン酸を与えると，変異株4は発芽が抑制された。よって，変異株4～6の種子は以下のようにまとめられる。

東京理科大-理工〈B方式-2月3日〉   2021年度　生物〈解答〉　*125*

	アブシシン酸の合成	アブシシン酸の受容
変異株4	×	○
変異株5	○	×
変異株6	○	×

(v)・(vi)乾燥状態になるとアブシシン酸のはたらきにより気孔が閉鎖するが，変異株4，6はアブシシン酸の効果がみられない。この変異株にアブシシン酸を与えたところ，変異株4の気孔は閉鎖したが，変異株6の気孔は開口したままだった。よって，変異株4，6の気孔は以下のようにまとめられる。

	アブシシン酸の合成	アブシシン酸の受容
変異株4	×	○
変異株6	○	×

(a)(ク)・(ケ)　ホルモンA（アブシシン酸）を合成できないのは変異株4で，ホルモンB（ジベレリン）を合成できないのは変異株2である。

(コ)・(サ)　アブシシン酸の受容体が欠損している可能性があるのは変異株5，6で，ジベレリンの受容体が欠損している可能性があるのは変異株3である。

(シ)　変異株4〜6は種子に変異が認められるが，そのうち変異株4，6は気孔にも変異が認められる。よって，変異が種子のみに存在している可能性があるのは変異株5である。

(ス)　実験3は，ホルモンB（ジベレリン）を加えており，変異株2では受容体はあると考えられるので，種子の発芽についても同様であれば，アミラーゼは合成され呈色反応はみられない。しかし変異株3では受容体が変異しているのでアミラーゼが合成されず，青紫色の呈色反応がみられる。

(セ)　変異株5，6はアブシシン酸を受容できない。よって，表1の実験4のようにアブシシン酸とジベレリンの両方を与えても，ジベレリンのみを与えた実験3と同様の結果になり，呈色反応はみられない。

(ソ)　変異株3はジベレリンの受容に変異がある。ただ，この受容は，ジベレリンの受容体そのものに変異がある場合と，ジベレリンを受容した後の情報伝達の経路に変異がある場合が考えられる。タンパク質Cが分解されにくいということは，後者があてはまる。

(b) ジベレリンはタンパク質Cを分解することで，伸長成長を促進する。よって，タンパク質Cは伸長を抑制するはたらきがある。

(3) 表2より，色素Aは濃青色，色素Bは淡黄色の色素であり，両者がそろうと花弁は青色になる。実験結果を確認する。

(i) 変異株7
- もともと白色なので，濃青色も淡黄色も合成できない。
- C，Dから濃青色や淡黄色の合成に関わる酵素が欠損している。
- Eから濃青色の合成に関わる酵素は正常にはたらく。
- Fから濃青色や淡黄色の合成に関わる酵素は正常にはたらく。

(ii) 変異株8
- もともと濃青色は合成できるが，淡黄色は合成できない。
- C～Fのうちから淡黄色の合成に関わる酵素が欠損している。

　　　前駆物質──○→濃青色　　　C～F····×···→淡黄色

変異株9
- もともと淡黄色は合成できるが，濃青色は合成できない。
- C～Fのうちから濃青色の合成に関わる酵素が欠損している。

　　　前駆物質──○→淡黄色　　　C～F····×···→濃青色

(iii) 変異株10
- もともと白色なので，濃青色も淡黄色も合成できない。
- Dから濃青色や淡黄色の合成に関わる酵素が欠損している。
- C，Fから濃青色や淡黄色の合成に関わる酵素は正常にはたらく。
- Eから濃青色の合成に関わる酵素は正常にはたらく。

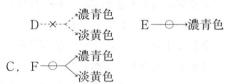

(iv) 変異株11
- もともと淡黄色は合成できるが，濃青色は合成できない。

- C，D，Fから濃青色の合成に関わる酵素が欠損している。
- Eから濃青色の合成に関わる酵素は正常にはたらく。

　　　　前駆物質──○→淡黄色　　E──○→濃青色
　　　　C，D，F ····×···→濃青色

これらをもとに，濃青色と淡黄色の合成経路を考える。まず，下図に示す変異株7と変異株10の実験結果を比べることで，C，D，Fの順番と，酵素の欠損箇所（下図の⇧で示された箇所）がわかる。

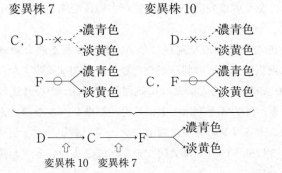

また，変異株7，10にEを与えると濃青色が生じるので，Eは濃青色の合成経路上にあると考えられ，反応経路は以下のように考えられる。

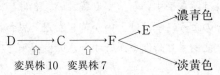

次に，変異株8は，C〜Fのどれを加えても濃青色のままであり，変異株9は，C〜Fのどれを加えても淡黄色のままである。よって，変異株8は淡黄色の合成経路の最後の反応に関する酵素が，変異株9は濃青色の合成経路の最後の反応に関する酵素が欠損していると考えられる。

最後に，変異株11の実験結果をみると，FからEの合成に関わる酵素が欠損していることがわかる。

❖講　評

　2021年度も例年通り大問3題であった。例年多くみられた基本的な知識問題が減り，やや難度の高い考察問題が大幅に増加したため，やや難化した。

　①　(1)は基本的な問題なので完答したい。(2)(a)は基本的な知識問題であるが，(b)は選択肢⑤，⑥の判断がやや難しい。(3)は設問文から，遺伝子 X と遺伝子 N の違いをどのように処理してよいかかなり迷ったと思われる。やや難。(4)の(a)と(b)はともに基礎〜標準レベルなので完答したい。特に(b)のカドヘリンの発現は頻出パターンであり，しっかり押さえておきたい。(5)は基本的。(6)は設問文を丁寧に読まないと，非常に間違えやすい。やや難。

　②　(1)はすべて基本的なので完答したい。(2)(a)は標準的な知識問題。(b)はテロメアの知識があれば解きやすいが，やや難しい。(3)は与えられた情報量が非常に多く，どのように解けばよいか苦しんだと思われる。(a)は正解したいが，(b)と(c)にあまり時間をかけすぎるのは得策とはいえない。

　③　(1)の(a)と(b)はどちらも基本的であり完答したい。(2)は実験内容を自分なりに表にまとめながら理解していけば，大半は完答できる。ただ，時間的にはかなり厳しい。この問題で差がついたと思われる。(3)もまた時間的にかなり厳しい。

　最後までしっかり考えつつ解き切った受験生は少なかったと思われる。知識問題でどれだけ正解できるかがカギである。

東京理科大-理工〈B方式-2月6日〉 2021年度 問題 *129*

■B方式2月6日実施分：建築・先端化・電気電子情報工・
機械工・土木工学科

問題編

▶試験科目・配点

教　科	科　　　　　目	配　点
外国語	コミュニケーション英語Ⅰ・Ⅱ・Ⅲ，英語表現Ⅰ・Ⅱ	100点
数　学	数学Ⅰ・Ⅱ・Ⅲ・A・B	100点
理　科	建築・電気電子情報工・機械工学科：物理基礎・物理	100点
	先端化学科：化学基礎・化学	
	土木工学科：「物理基礎・物理」，「化学基礎・化学」から1科目選択	

▶備　考

- 英語はリスニングおよびスピーキングを課さない。
- 数学Bは「数列」「ベクトル」から出題。
- 2021年度入学試験について，教科書において「発展的な学習内容」として記載されている内容から出題する場合，必要に応じ補足事項等を記載するなどの措置を行う。

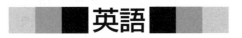

(60 分)

1 Read the following passage, and answer the questions below. (57 points)

　　The annual Boston Marathon will take place in April, with about 30,000 participants and a half million spectators. The top finishers should complete the tiring 42.1-kilometer course in just over 2 hours by clocking a pace of under three minutes per kilometer. I know. It's painful to imagine. Most of us couldn't maintain that speed for one kilometer — forget 42 of them. But take heart, recreational runners of the world. Your endurance abilities are extraordinary, when compared to the rest of the animal kingdom. True, other creatures boast greater strength, agility and raw speed. Human beings are relatively pathetic athletes by all measures. But when it comes to long distance locomotion, we're remarkable. After 15 minutes of sustained running, fit humans can outlast nearly all mammals, especially in hot weather. That's more than a useful tip for betting on a hypothetical Interspecies Marathon (or the actual Man vs. Horse Marathon). Rather, it's the basis for an important idea in human evolution studies. Let's call it the "running made us human" hypothesis: (3) some scientists, distance running was key to our ancestors' evolutionary success. They say adaptations for endurance allowed early members of the human family to hunt long before the invention of complex weapons. Regular access to meat spurred brain growth, and ultimately, humanity as we know it.

　　The role of running in human evolution has been most intensely investigated by Daniel Lieberman, a Harvard University evolutionary biologist and nine-time Boston Marathon runner. Lieberman and others hypothesize that roughly 2 million years ago our ancestors, armed with sharpened sticks and stones, were able to kill prey by persistence hunting. This strategy, practiced in some recent hunter-gatherer societies, entails pursuing tasty grass-eating animals in the midday sun until the animal collapses from exhaustion and heat stroke. Hunters can then finish it off with simple weapons. This scenario could solve a major puzzle in human evolution: how did our ancestors get meat? Researchers assume they hunted because archaeological* sites, between 2 and 1 million years old, have yielded plenty of butchered animal bones. Yet stone tools back then were heavy implements, like the hand axe — technology better suited for processing dead animals than attacking moving targets. Projectile weapons, like the bow and arrow, were probably not invented until the past 80,000 years. It's hard to imagine human beings with a hand axe catching much prey, especially since they would have been competing with lions, hyenas and other African meat-eating animals.

But persistence hunting might have been the secret. To avoid overheating, most predators refrain from hunting during the hottest hours. Humans — and potentially earlier human beings — can handle heat thanks to adaptations such as furless bodies and increased sweat glands. Around high noon, while most carnivores* napped, our human ancestors could have hunted by persistently chasing and tracking prey.

Ethnographic* studies have noted persistence hunts in some recent hunter-gatherer societies, including Kalahari Bushmen, Aboriginal Australians and Native American groups in the American Southwest and Mexico. A 2006 *Current Anthropology* paper provided the first real data on the matter, based on 10 persistence hunts in the Kalahari of Botswana. These hunts, which were successful five out of 10 times, lasted up to 6 hours and covered between 16-32 kilometers in temperatures over 37℃. During the chases, prey would sprint ahead in short bursts punctuated by rests. Meanwhile the humans slowly and steadily pursued, averaging paces of 6 to 9 minutes per kilometer. Though the hunters periodically lost sight of the animal, signs like footprints and indented grass indicated its path. The ethnographic studies prove that persistence hunting works （　7　）. Even then, the practice is rare among hunter-gatherers today. To some anthropologists, these points are enough to refute the hypothesis. They argue that persistence hunting is too uncommon (8) and effective in too few habitats to have been an important force in human evolution. Others counter that, just because the strategy is rare today, it doesn't mean that was the case 2 million years ago in our ancestral environments.

So （ 1. ancestors　2. did　3. let's　4. our　5. run　6. say　7. that） (9) down their prey. What is the evidence that they were the first species to embrace this strategy? In a 2004 *Nature* paper, Lieberman and biologist Dennis Bramble, now a retired professor at the University of Utah, identified skeletal* features in early humans' fossils that indicate running abilities. These include a narrow pelvis*, short toes, expanded attachment for the buttocks and fluid-filled ear chambers that help us stay balanced while moving. Most of these adaptations for running appeared around 2 million years ago, rather than earlier species such as the Australopithecus*. This suggests our ancestors were the first endurance athletes in our lineage. But certainly not (10) the last, as the Boston Marathon's 30,000 competitors will remind you.

Adapted from *Discover*

（**Notes**）

archaeological：related to the study of ancient societies by examining what remains of their buildings, graves, and tools

carnivore：an animal that eats meat

ethnographic：related to the scientific study of peoples and cultures with their customs, habits, and mutual differences

skeletal：frame of bones

pelvis：the set of large wide curved bones at the base of your back bone, to which your legs are joined

出典追記：Running Made Us Human：How We Evolved to Run Marathons, Discover on April 13, 2019 by Bridget Alex

東京理科大-理工〈B方式 - 2月6日〉　　　　　　　2021 年度　英語　*133*

Australopithecus：a creature living in Africa millions of years ago, that could walk on two feet and had characteristics of both apes and human beings

(1)　Which of the items below is the closest in meaning to the underlined part (1) in the passage?　Consider the context, choose one from the choices and mark the number on your **Answer Sheet**.

　1　compared with other powerful animals, human beings are inferior in physical abilities such as moving quickly or running fast

　2　just as modern human beings are strong enough to run long distances at high speed, our ancestors showed similar abilities

　3　although some animals are superior to human beings in physical ability, human beings can exceed them in terms of psychological ability

　4　since our ancestors had greater physical abilities in power, agility, and speed; modern human beings might get defeated

(2)　Which of the items below is the closest in meaning to the underlined part (2) in the passage?　Consider the context, choose one from the choices and mark the number on your **Answer Sheet**.

　1　an insufficient cause

　2　a helpful hint

　3　a good chance

　4　an adequate reward

(3)　Which of the items below best fills in the blank (3) in the passage? Consider the context, choose one from the choices and mark the number on your **Answer Sheet**.

　1　According to　　　　　　　2　Besides

　3　However　　　　　　　　　4　Similar to

134 2021 年度　英語　　　　　　東京理科大-理工〈B方式 - 2 月 6 日〉

(4)　Which of the items below is the closest in meaning to the underlined part

　(4) in the passage?　Consider the context, choose one from the choices and

　mark the number on your **Answer Sheet**.

　　1　continue chasing animals with weapons such as bows and arrows

　　2　kill their prey with weapons such as sticks and stones

　　3　set the animals free without the use of weapons such as bows and

　　arrows

　　4　sharpen weapons such as sticks and stones

(5)　Which of the items below is the closest in meaning to the underlined part

　(5) in the passage?　Consider the context, choose one from the choices and

　mark the number on your **Answer Sheet**.

　　1　because human beings probably hunted the same prey as the other

　　meat-eating animals living in Africa

　　2　because human beings probably found it difficult to run long distances

　　at the same rate as the other African animals

　　3　because human beings probably began running long distances with the

　　other meat-eating animals in Africa

　　4　because human beings probably wanted to risk the possibility of falling

　　prey to other African animals

(6)　Which of the items below is the closest in meaning to the underlined part

　(6) in the passage?　Consider the context, choose one from the choices and

　mark the number on your **Answer Sheet**.

　　1　While being hunted, animals tried to hide from predators by running

　　long distances

　　2　While being hunted, animals repeatedly rushed forward with breaks

　　3　While hunting, animals ran faster than usual, taking occasional rests

　　4　While hunting, animals waited for a chance to counterattack

東京理科大-理工〈B方式-2月6日〉　　　　　2021 年度　英語　*135*

(7)　Which of the items below is most likely to fill in the blank (7) in the passage?　Consider the context, choose one from the choices and mark the number on your **Answer Sheet**.

　　1　but only in desert regions

　　2　but only in hot, grassland-like environments

　　3　especially in deep woods in moderate temperatures

　　4　especially on plains covered with ice and snow

(8)　Which of the items below is the closest in meaning to the underlined part (8) in the passage?　Consider the context, choose one from the choices and mark the number on your **Answer Sheet**.

　　1　it seems probable that persistence hunting is now common and works well all over the world, and this has been proved to have helped human evolution

　　2　hunting over long distance is not effective, nor do many societies practice it, though this hunting style has been repeatedly observed in our history

　　3　it is hardly convincing that hunting over long distances has pushed forward human beings' development, because this hunting style is employed by few societies and works well in few areas

　　4　persistence hunting was effective in ancient times to drive human evolution, even though it is not common or effective nowadays

(9)　Rearrange the words in the underlined part (9) in the passage into the correct order.　Consider the context, and mark the numbers correctly, from top to bottom, on your **Answer Sheet**.

(10)　The sentence below is a possible interpretation of the underlined part (10).　Which of the items below best fills in the blank?　Consider the context, choose one from the choices and mark the number on your **Answer Sheet**.

136 2021 年度　英語　　　　　　　東京理科大-理工〈B方式-2月6日〉

it is certain that our ancestors' physical endurance in distance running

(　　　) in modern humans,

1　does not exist

2　has been reduced

3　has not been improved

4　is still present

(11)　For each of the following statements, according to the passage above, mark **T** if it is true, or **F** if it is false, on your **Answer Sheet**.

1　Some scientists believe that running to hunt for more than 15 minutes could make it possible for ancient humans to obtain and eat meat regularly, and thereby increase their brain size.

2　Human beings could not catch prey before inventing complex weapons.

3　Having less body hair allows human beings to move for a longer time than prey animals during the hottest hours.

4　Researchers have yet to reach complete agreement on the extent to which our ancestors carried out persistence hunting.

5　These days, there is no hunter-gatherer society in the world that still practices persistence hunting.

6　The research on some tribes shows that persistence hunting was successful about eighty percent of the time that the temperature was above 30 degrees Celsius.

東京理科大-理工〈B方式-2月6日〉 2021 年度 英語 *137*

2 Which of the items below correctly fills in each blank in the passage? Choose one from the following choices and mark the number on your **Answer Sheet**. Each choice cannot be used more than once. (18 points)

These days, people who enjoy popular music generally know the guitar ((a)) the central and most common musical instrument in blues and rock.

In the jazz era of the 1920s, very loud instruments ((b)) as the saxophone and trumpet dominated most musical arrangements.

In live performances, the guitar could barely be heard ((c)) other instruments.

The ability to amplify the sound of the guitar ((d)) electrical means made the later rise in popularity of the guitar possible.

We have come to think ((e)) the trumpet in terms of musical accompaniment. The guitar is likely to maintain its position ((f)) many years to come.

1 through　2 such　3 over　4 of　5 for　6 as

3 Read the following passage, and answer the questions below. (25 points)

If you can position a cup of hot, black coffee so that light strikes it at an angle, you should see a whitish sheen* on the surface. (This works even better with a cup of clear tea.) There's something more to this sheen than first meets the eye. It makes a pattern on the surface of the coffee, with patches of this lighter color separated from other patches by dark lines. The patches are usually a centimeter or so across.

These patches are what scientists call "convection cells", namely small areas where warm fluid is rising and cold is sinking. Convection is what the weather is all about, not to mention ocean currents, and the same thing in miniature happens in your coffee. As the surface layer cools from contact with the air above it, it becomes denser and sinks, forcing warmer, less dense coffee up to the surface. But this doesn't happen in a haphazard* or confusing way. Rather, the areas of upflow and downflow organize themselves into roughly similar sized columns, one beside the other. In the coffee cup, the areas with the whitish sheen are rising columns of hot coffee, and it's the heat of that coffee that creates the sheen, although saying it in that straightforward way misses the point: (1. played   2. out   3. is   4. being   5. at   6. a drama) the surface of your coffee.

The sheen is actually a thin layer of tiny water droplets*, droplets that have condensed just above the surface of the coffee and are hovering there, less than a millimeter above the surface. It's whitish because so much light reflects from the surfaces of the droplets. The droplets form when the water evaporates from the hot surface of the liquid, cools suddenly, and condenses. The drops that form do not fall back onto the surface of the coffee because they are kept floating by the trillions of water molecules still rising up underneath them. Held there, suspended above the surface, they are clouds on a scale so minute that only careful lighting reveals them. It (**4**) an

東京理科大-理工〈B方式-2月6日〉   2021 年度 英語 *139*

incredible experience to be there in tiny space under the droplets but above
the liquid coffee. It (**4**) extremely hot for one thing, but you'd also be
battered by stuff evaporating from the surface, and concerned all the while
about slipping into the downstream convection (the black lines separating the
clouds) and vanishing into the blackness of the coffee below. Even from our
everyday perspective (simply looking down on the cup) <u>it should have been
apparent from the start that the drops were hovering</u> — you would have
₍₅₎
noticed that a breath scatters them instantly, like clouds before the wind, but
they form again just as quickly.

The only place (**6**) you can see right down to the coffee surface is
along the black lines, as if you are seeing the surface of Venus through a
sudden break in its impenetrable clouds. The cool coffee sinks in those black
lines, completing the convection cell . . .

Adapted from *The Velocity of Honey* by Jay Ingram, Penguin Canada

(**Notes**)

sheen：a soft glow on a surface

haphazard：lacking any organization

droplet：a very small drop of a liquid

(1) Which of the items below is the closest in meaning to the underlined part
 (1) in the passage? Choose one from the choices and mark the number on
 your **Answer Sheet**.

 1 you reject at first glance

 2 you take your time and judge

 3 it seems to you initially

 4 it comes to you quickly

(2) The sentence below is a restatement of the underlined part (2) in the
 passage. Which of the items below best fills in the blank? Consider the

140　2021 年度　英語　　　　　　　　東京理科大-理工〈B 方式 - 2 月 6 日〉

context, choose one from the choices and mark the number on your **Answer Sheet**.

Convection is （　　　） the weather,

　1　the fundamental factor to cause

　2　the final result from

　3　only one of the causes to create

　4　merely a result of

⑶　Rearrange the words in the underlined part ⑶ in the passage into the correct order. Consider the context, and mark the numbers correctly, from top to bottom, on your **Answer Sheet**.

⑷　Which of the items below best fills in the blanks ⑷ in the passage? Consider the context and mark the number on your **Answer Sheet**.

　1　had been　　　　　　　　　2　was

　3　would be　　　　　　　　　4　would have been

⑸　Which of the items below is the most appropriate as a possible interpretation of the underlined part ⑸ in the passage? Choose one from the choices and mark the number on your **Answer Sheet**.

　1　it seemed obvious at first sight that the drops were hovering but the reality was actually different

　2　it had to be made clear in the first place that the drops were hovering but you couldn't realize that

　3　it was noticeable from the beginning that the drops were hovering but you didn't see that

　4　it may have been obvious at the beginning that the drops were hovering but it gradually became difficult to observe

東京理科大-理工〈B方式-2月6日〉　　　　　　　　2021 年度　英語　*141*

(6)　Which of the items below is **NOT** appropriate to fill in the blank (6) in the

passage?　Consider the context and mark the number on your **Answer**

Sheet.

　　1　at which　　　　2　if　　　　　　　3　that　　　　　　4　where

(7)　According to the passage, which of the items below is **NOT** true?　Choose

one from the choices and mark the number on your **Answer Sheet**.

　　1　Convection frequently occurs in a cup of hot, black coffee.

　　2　Convection follows a systematic process when it occurs.

　　3　A sheen on the surface of the coffee is about one centimeter in depth.

　　4　The sheen consists of minute water drops which actually form clouds

　　　above the coffee.

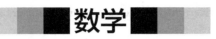

(100 分)

問題 $\boxed{1}$ の解答は解答用マークシートにマークしなさい。

$\boxed{1}$ 次の文章中の $\boxed{ア}$ から $\boxed{ヲ}$ までに当てはまる数字 $0 \sim 9$ を求めて，解答用マークシートの指定された欄にマークしなさい。ただし，分数は既約分数として表しなさい。なお，$\boxed{セ}$ などは既出の $\boxed{セ}$ を表す。

(40 点)

(1) 座標空間の 5 点 $O(0,0,0)$，$A(6,-6,0)$，$B(-8,9,0)$，$C(-1,1,-1)$，$P(a,b,c)$ が

$$\overrightarrow{OP} \cdot \overrightarrow{OA} = \overrightarrow{OP} \cdot \overrightarrow{OB} = \overrightarrow{OP} \cdot \overrightarrow{OC} = 6$$

を満たすとする。このとき，$a = \boxed{ア}\boxed{イ}$，$b = \boxed{ウ}\boxed{エ}$，$c = -\boxed{オ}$ である。さらに，点 $D(t^3, t^2, t)$ が

$$\overrightarrow{OP} \cdot \overrightarrow{OD} = 6$$

を満たすのは，$t = -\boxed{カ}$，$-\dfrac{\boxed{キ}}{\boxed{ク}}$，$\dfrac{\boxed{ケ}}{\boxed{コ}}$ のときである。

(2) $z = 1+i$ とおく。ただし，i は虚数単位である。
$z + z^2 + z^3 + z^4 = -\boxed{サ} + \boxed{シ} i$ であり，自然数 m に対し $z^{4m} = \left(-\boxed{ス}\right)^m$ となる。

次に，自然数 n に対し $S_n = \displaystyle\sum_{k=1}^{n} z^k$ とおく。このとき，自然数 m に対し

$$S_{4m} = \left(-\boxed{セ}\right)^m - \boxed{ソ} - \left(\left(-\boxed{セ}\right)^m - \boxed{タ}\right)i$$

であり，0 以上の整数 m に対し

東京理科大-理工〈B方式-2月6日〉　　　　　2021 年度　数学　*143*

$$S_{4m+1} = \boxed{\text{チ}}\left(-\boxed{\text{セ}}\right)^m - \boxed{\text{ツ}} + i$$

$$S_{4m+2} = \boxed{\text{テ}}\left(-\boxed{\text{セ}}\right)^m - \boxed{\text{ト}} + \left(\boxed{\text{ナ}}\left(-\boxed{\text{セ}}\right)^m + \boxed{\text{ニ}}\right)i$$

$$S_{4m+3} = -\boxed{\text{ヌ}} + \left(-\left(-\boxed{\text{セ}}\right)^{m+\boxed{\text{ネ}}} + \boxed{\text{ノ}}\right)i$$

となる。よって，S_n の実部の絶対値が 100 を超える最小の自然数 n は $\boxed{\text{ハ}\ \text{ヒ}}$ である。

(3)　$\sqrt{360n}$ が整数となる自然数 n のうち 2 番目に小さいものは $\boxed{\text{フ}\ \text{ヘ}}$ である。$\ell = \sqrt{m^2 + \boxed{\text{フ}\ \text{ヘ}}}$ が整数となる自然数 m は小さい方から順に $\boxed{\text{ホ}}$ と $\boxed{\text{マ}}$ で，$m = \boxed{\text{ホ}}$ のとき $\ell = \boxed{\text{ミ}}$，$m = \boxed{\text{マ}}$ のとき $\ell = \boxed{\text{ム}\ \text{メ}}$ である。整数 x, y が条件

$$\boxed{\text{マ}}\,x + \boxed{\text{ム}\ \text{メ}}\,y = 1$$

を満たすとき，$x + y$ の絶対値がとり得る値は小さい方から順に

$$\boxed{\text{モ}},\ \boxed{\text{ヤ}},\ \boxed{\text{ユ}},\ \cdots\cdots$$

であり，$x + y$ の絶対値が $\boxed{\text{ユ}}$ となるのは $x = \boxed{\text{ヨ}\ \text{ラ}}$，$y = -\boxed{\text{リ}\ \text{ル}}$ のときと $x = -\boxed{\text{レ}\ \text{ロ}}$，$y = \boxed{\text{ワ}\ \text{ヲ}}$ のときである。

144 2021 年度　数学　　　　　　　　　　　　　　　東京理科大-理工〈B方式 - 2月6日〉

問題 $\boxed{2}$ の解答は白色の解答用紙に記入しなさい。

$\boxed{2}$　放物線 $D : y = x^2$ と，D 上を動く点 $\mathrm{A}(a, a^2)$ を考える。ただし，以下では a は常に

$$0 < a < 1$$

の範囲を動くとする。

点 A における D の法線と D の交点のうち，A 以外の点を $\mathrm{B}(b, b^2)$ とおく。

(1)　b を a を用いて表せ。また，b のとり得る値の範囲を求めよ。

点 A における D の接線と，点 B における D の接線の交点を P とおく。

(2)　点 P の座標を a を用いて表せ。

(3)　$\triangle \mathrm{ABP}$ の面積を S とおく。S を a を用いて表せ。また，S の最小値を求めよ。

(4)　点 B における D の法線と D の交点のうち，B 以外の点を $\mathrm{C}(c, c^2)$ とおく。

　c のとり得る値の範囲を求めよ。

(30 点)

東京理科大-理工〈B方式 - 2月6日〉　　　　　2021 年度　数学　*145*

問題 $\boxed{3}$ の解答はクリーム色の解答用紙に記入しなさい。

$\boxed{3}$　関数 $f(x)$ を $f(x) = |x\sin x|$ で定める。

(1) $x\sin x$ の導関数 $(x\sin x)'$ と不定積分 $\displaystyle\int x\sin x\,dx$ を求めよ。

座標平面において，原点 O から曲線 $y = f(x)$ に傾きが正の接線を引く。その接点の x 座標を小さい順に

$$x_0,\ x_1,\ x_2,\ \cdots\cdots,\ x_n,\ \cdots\cdots$$

とおき，

$$I_n = \int_{x_{2n}}^{x_{2n+1}} f(x)\,dx \qquad (n = 0,\ 1,\ 2,\ \cdots\cdots)$$

とおく。

(2) x_n を求めよ。

(3) I_n を求めよ。

(4) $\displaystyle\sum_{n=0}^{\infty} \frac{1}{I_n I_{n+1}}$ を求めよ。

(30 点)

物理

(80 分)

1 次の問題の ☐ の中に入れるべき最も適当なものをそれぞれの**解答群**の中から選び,その番号を**解答用マークシート**の指定された欄にマークしなさい。(同じ番号を何回用いてもよい。) (35 点)

以下では,長さ,質量,時間,角度の単位をそれぞれ m,kg,s,rad とし,その他の物理量に対してはこれらを組み合わせた単位を使用する。例えば,加速度の単位は m/s² である。

図 1-1 のように,長さ ℓ の糸の一端に,質量 m の小球をつけて他端を点 O に固定する。糸がたるまないように小球をもちあげて静かにはなし,鉛直面内で運動させる。糸と鉛直方向のなす角度を θ とし,この角度を使って小球の位置を表す。糸は伸縮せず,その質量は無視できる。空気の抵抗は考えなくてよいものとし,重力加速度の大きさを g とする。また,必要であれば,角度 ϕ の大きさがじゅうぶんに小さいときに成立する近似式 $\sin\phi \fallingdotseq \phi$ を用いてよい。

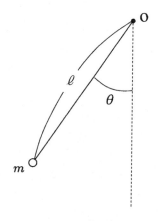

図 1-1

(1) 図 1-2 のように，糸を張った状態で $\theta = \dfrac{\pi}{2}$ の位置から静かに小球をはなすと，小球は糸の張力と重力の影響を受けながら円周にそった運動を行った。$\theta = 0$ となる点 A を通過するときの小球の速さは (ア) である。この瞬間までに糸の張力が小球にした仕事は (イ) であり，重力がした仕事は (ウ) である。また，点 A を通過する瞬間における糸の張力の大きさは (エ) である。

小球にはたらく力（糸の張力と重力の合力）を，図 1-2 に示すように，円運動の中心方向を向いた成分 F_1 と接線方向を向いた成分 F_2 に分解して考えよう。小球が角度 θ で表される位置にあるとき，$F_1 =$ (オ) $\times mg$，$F_2 =$ (カ) $\times mg$ である。したがって，$0 \leqq \theta \leqq \dfrac{\pi}{2}$ の範囲において，糸の張力と重力の合力の大きさが最大となるのは，θ が $\cos\theta =$ (キ) を満たすときであり，そのときの合力の大きさは (ク) $\times mg$ である。

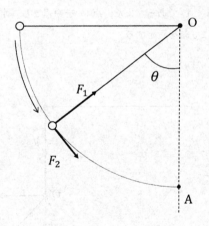

図 1-2

(ア)，(イ)，(ウ) の解答群

⓪ 0 ① $\sqrt{g\ell}$ ② $\sqrt{2g\ell}$ ③ $2\sqrt{g\ell}$

④ $\dfrac{1}{2}mg\ell$ ⑤ $mg\ell$ ⑥ $\dfrac{1}{2}g\ell$ ⑦ $g\ell$

(エ) の解答群

⓪ 0　　① $\dfrac{1}{4}mg$　　② $\dfrac{1}{3}mg$　　③ $\dfrac{1}{2}mg$

④ mg　　⑤ $2mg$　　⑥ $3mg$　　⑦ $4mg$

(オ), (カ) の解答群

⓪ $\cos\theta$　　① $2\cos\theta$　　② $3\cos\theta$　　③ $4\cos\theta$

④ $\sin\theta$　　⑤ $2\sin\theta$　　⑥ $3\sin\theta$　　⑦ $4\sin\theta$

(キ), (ク) の解答群

⓪ 0　　① $\dfrac{1}{4}$　　② $\dfrac{1}{3}$　　③ $\dfrac{1}{2}$

④ 1　　⑤ 2　　⑥ 3　　⑦ 4

(2) 次に図 1-3 のように線分 OA 上にある点 O′ に太さの無視できる釘（くぎ）が固定されている場合の運動を考えよう。ただし，点 O′ から点 A までの長さは $a\ell\ (0<a<1)$ である。また，点 O′ を原点とし，水平右方向に x 軸，鉛直上向き方向に y 軸を設定する。

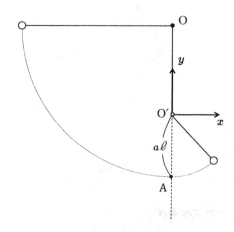

図 1-3

小問 (1) と同様に $\theta = \dfrac{\pi}{2}$ の位置から静かに小球をはなした。小球が点 A を通過した直後における糸の張力は $\boxed{\text{(ケ)}} \times mg$ である。点 A を通過した後も小球は運動を続け，図 1-4 に示すように，x 軸から角度が $\dfrac{\pi}{6}$ の位置 (点 B とする) において糸がたるんだ。このことから，$a = \boxed{\text{(コ)}}$ であることがわかる。また，点 B における小球の速さを v_B とすると，$v_B = \sqrt{\boxed{\text{(サ)}} \times g\ell}$ である。

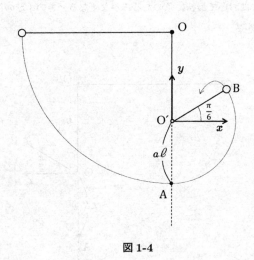

図 1-4

(ケ) の解答群

⓪ 1 　　① $(1+a)$ 　　② $(2+a)$ 　　③ $(1+2a)$

④ $\dfrac{1}{a}$ 　　⑤ $\left(1+\dfrac{1}{a}\right)$ 　　⑥ $\left(2+\dfrac{1}{a}\right)$ 　　⑦ $\left(1+\dfrac{2}{a}\right)$

(コ), (サ) の解答群

⓪ $\dfrac{1}{2}$ 　　① $\dfrac{1}{3}$ 　　② $\dfrac{2}{3}$ 　　③ $\dfrac{2}{5}$

④ $\dfrac{3}{5}$ 　　⑤ $\dfrac{2}{7}$ 　　⑥ $\dfrac{4}{7}$ 　　⑦ $\dfrac{5}{7}$

点 B を通過した後，糸がたるんでいる間は小球は放物運動を行う。そこで，いったん糸や釘 (くぎ) の存在を無視して，放物運動の解析をしよう。小球が

点 B を通過した瞬間の時刻を $t=0$ とすると，時刻 t における小球の x 座標と y 座標は，$a\ell$ と v_B を用いて表すと，$x =$ (シ) ，$y =$ (ス) である。小球の x 座標が 0 となる時刻 t_0 は，$a =$ (コ) と $v_B = \sqrt{\text{(サ)}} \times g\ell$ を代入して計算すると，$t_0 =$ (セ) $\times \sqrt{\dfrac{\ell}{g}}$ となる。また，この時刻における y 座標を y_0 とすると，$y_0 =$ (ソ) である。時刻 t_0 における座標位置 $(0, y_0)$ を点 C とし，糸の存在を再度考える。点 C の位置と糸の長さを考えると，$t > 0$ において最初に糸のたるみがなくなるときの小球の位置は (タ) ことがわかる。

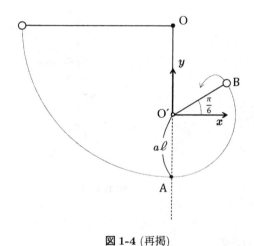

図 1-4 (再掲)

(シ) の解答群

⓪ $v_B t + a\ell$ ① $-v_B t + a\ell$ ② $\dfrac{1}{2} v_B t$

③ $-\dfrac{1}{2} v_B t$ ④ $\dfrac{1}{2} v_B t + \dfrac{\sqrt{3}}{2} a\ell$ ⑤ $-\dfrac{1}{2} v_B t + \dfrac{\sqrt{3}}{2} a\ell$

⑥ $\dfrac{\sqrt{3}}{2} v_B t + \dfrac{1}{2} a\ell$ ⑦ $-\dfrac{\sqrt{3}}{2} v_B t + \dfrac{1}{2} a\ell$

(ス) の解答群

⓪ $\dfrac{1}{2} v_B t + \dfrac{\sqrt{3}}{2} a\ell$ ① $-\dfrac{1}{2} v_B t + \dfrac{\sqrt{3}}{2} a\ell$

東京理科大-理工〈B方式-2月6日〉　　　　　　　2021 年度　物理　*151*

② $\dfrac{\sqrt{3}}{2}v_{\mathrm{B}}t + \dfrac{1}{2}a\ell$　　　　　　③ $-\dfrac{\sqrt{3}}{2}v_{\mathrm{B}}t + \dfrac{1}{2}a\ell$

④ $-\dfrac{1}{2}gt^2 + \dfrac{1}{2}v_{\mathrm{B}}t + \dfrac{\sqrt{3}}{2}a\ell$　　　⑤ $\dfrac{1}{2}gt^2 + \dfrac{1}{2}v_{\mathrm{B}}t + \dfrac{\sqrt{3}}{2}a\ell$

⑥ $-\dfrac{1}{2}gt^2 + \dfrac{\sqrt{3}}{2}v_{\mathrm{B}}t + \dfrac{1}{2}a\ell$　　　⑦ $\dfrac{1}{2}gt^2 + \dfrac{\sqrt{3}}{2}v_{\mathrm{B}}t + \dfrac{1}{2}a\ell$

(セ) の解答群

⓪ $2\sqrt{\dfrac{1}{5}}$　　　① $2\sqrt{\dfrac{3}{5}}$　　　② $4\sqrt{\dfrac{1}{5}}$　　　③ $4\sqrt{\dfrac{3}{5}}$

④ $\sqrt{\dfrac{5}{7}}$　　　⑤ $\sqrt{\dfrac{6}{7}}$　　　⑥ $2\sqrt{\dfrac{5}{7}}$　　　⑦ $2\sqrt{\dfrac{6}{7}}$

(ソ) の解答群

⓪ $-\dfrac{1}{5}\ell$　　　① $-\dfrac{2}{5}\ell$　　　② $-\dfrac{3}{5}\ell$　　　③ $-\dfrac{7}{5}\ell$

④ $-\dfrac{1}{7}\ell$　　　⑤ $-\dfrac{2}{7}\ell$　　　⑥ $-\dfrac{4}{7}\ell$　　　⑦ $-\dfrac{9}{7}\ell$

(タ) の解答群

⓪ 線分 OA よりも左側である　　　① 点 A に等しい

② 線分 OA よりも右側である

(3) 今度は**図 1-5** のように，点 O′ の位置を**小問 (2)** のときよりも高くした場合
の運動を考える。小球を静かにはなすときの角度は $\theta = \theta_0$ であるとし，このと
きの小球の位置は点 O′ よりも低い。また，小球が線分 OA よりも右側にある
とき，糸と鉛直方向のなす角度を $\theta'(>0)$ と表し，小球が最も右側に振れたと
きの θ' を θ_0' とする。**図 1-5** では見やすくするために大きく描いているが，θ_0
と θ_0' がじゅうぶん小さい場合を考える。また，点 A を原点として，右方向が
正となるように x' 軸を設定する。

　小球が線分 OA よりも左にあり，糸の角度が θ であるとき，重力の糸に垂直な
方向成分は　**(カ)**　$\times mg$ である。この小問では θ_0 がじゅうぶん小さい場合を
考えているため，小球の運動は x' 軸にそった運動であると近似的に考えてよい。
このとき力の x' 軸方向の成分 $F_{x'}$ は，符号にも注意すると $F_{x'} \fallingdotseq$　**(チ)**　$\times x'$
と近似できる。小球が線分 OA より右側にあるときにも同様な計算を行うと，
小球の運動は，線分 OA の左側と右側でばね定数が異なるばねの復元力による

運動とみなすことができる。線分 OA の左側のばね定数を k, 右側のばね定数を k' とすると, $\dfrac{k}{k'} =$ (ツ) である。また, 時刻 $t = 0$ において小球をはなし, $t = T$ で初めて小球が同じ位置に戻ってきたとすると $T =$ (テ) である。

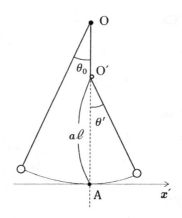

図 1-5

見やすくするために, 角度 θ_0 と θ' は大きく描いている。

(チ) の解答群

⓪ $-\dfrac{\ell}{mg}$ ① $-\dfrac{mg}{\ell}$ ② $-\dfrac{\ell}{g}$ ③ $-\dfrac{g}{\ell}$

④ $\dfrac{\ell}{mg}$ ⑤ $\dfrac{mg}{\ell}$ ⑥ $\dfrac{\ell}{g}$ ⑦ $\dfrac{g}{\ell}$

(ツ) の解答群

⓪ 0 ① 1 ② a

③ a^2 ④ $\dfrac{1}{a}$ ⑤ $\dfrac{1}{a^2}$

(テ) の解答群

⓪ $2\pi\sqrt{\dfrac{g}{\ell}}$ ① $2\pi\sqrt{\dfrac{g}{a\ell}}$ ② $2\pi(1+\sqrt{a})\sqrt{\dfrac{g}{\ell}}$

③ $\pi(1+\sqrt{a})\sqrt{\dfrac{g}{\ell}}$ ④ $2\pi\sqrt{\dfrac{\ell}{g}}$ ⑤ $2\pi\sqrt{\dfrac{a\ell}{g}}$

⑥ $2\pi(1+\sqrt{a})\sqrt{\dfrac{\ell}{g}}$ ⑦ $\pi(1+\sqrt{a})\sqrt{\dfrac{\ell}{g}}$

東京理科大-理工〈B方式-2月6日〉　　　　　　2021 年度　物理　*153*

2 次の問題の □ の中に入れるべき最も適当なものをそれぞれの**解答群**の
中から選び，その番号を**解答用マークシート**の指定された欄にマークしなさい。

(35 点)

以下では，長さ，質量，時間，電流，物質量の単位をそれぞれ m, kg, s, A, mol
とし，その他の物理量に対してはこれらを組み合わせた単位を使用する。例えば，
仕事の単位 J は $kg \cdot m^2/s^2$ と表すことができる。

(1) 導体内に流れる電流に関する簡単なモデルを用いて，電流と電圧との関係
（オームの法則）について考察しよう。電流は導体内の電子やイオンなどの荷
電粒子の流れであり，電流の大きさは，導体の断面を単位時間あたりに通過す
る電気量の総量で決まる。断面積 S の導体中に単位体積あたり n 個の自由電
子（電気量 $-e < 0$）が含まれており，それらの自由電子が平均の速さ $\bar{v}$ で移
動するとき，電流の大きさは　**(ア)**　のように表すことができる。

　図 **2-1** のように，長さ ℓ，断面積 S の導体の両端に電圧 V (> 0) を加える
と，導体内部に一様な電場が生じる。ここで，導体以外の導線の電気抵抗は無
視できるとする。導体内部に生じた電場の大きさは　**(イ)**　と表される。**図
2-1** のように x 軸を設定する。導体内の自由電子は，電場によって x 軸の負の
向きに運動し，導体内部で熱振動している陽イオンとの衝突を繰り返しながら
進んでいく。自由電子が速さ v で x 軸の負の向きに移動しているとき，自由
電子は電場から力を受けながら，じゅうぶんに短い時間の間に陽イオンと何度
も衝突を繰り返す。この時間内において，自由電子が陽イオンから受ける力を
平均すると，自由電子は陽イオンから大きさ kv の抵抗力（$k > 0$）を受けてい
ると近似することができる。電圧を加えた後，じゅうぶんに時間が経過すると，
陽イオンから受ける抵抗力と電場から受ける力がつりあい，自由電子は一定の
速さ　**(ウ)**　で運動することになる。したがって，このときの電流の大きさ
は　**(エ)**　となる。つまり，断面積 S，導体の長さ ℓ，単位体積当たりの自
由電子の個数 n を一定に保ち，加える電圧 V を変化させると，電流の大きさ
は電圧に比例するというオームの法則が成立することがわかる。この導体の電
気抵抗は　**(オ)**　である。

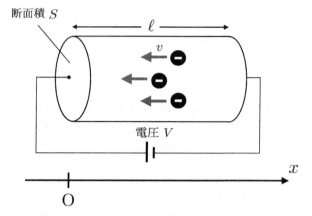

図 2-1

(ア) の解答群

⓪ $enS\bar{v}$　　① $\dfrac{enS\bar{v}}{2}$　　② $\dfrac{eS\bar{v}}{n}$　　③ $\dfrac{eS\bar{v}}{2n}$

④ $\dfrac{en\bar{v}}{S}$　　⑤ $\dfrac{en\bar{v}}{2S}$　　⑥ $\dfrac{e\bar{v}}{Sn}$　　⑦ $\dfrac{e\bar{v}}{2nS}$

(イ) の解答群

⓪ $V\ell$　　① $\dfrac{V\ell}{2}$　　② $\dfrac{V}{\ell}$　　③ $\dfrac{V}{2\ell}$

④ $\dfrac{\ell}{V}$　　⑤ $\dfrac{\ell}{2V}$

(ウ) の解答群

⓪ $\dfrac{eV\ell}{k}$　　① $\dfrac{eVk}{\ell}$　　② $\dfrac{ek\ell}{V}$　　③ $\dfrac{Vk\ell}{e}$

④ $\dfrac{eV}{k\ell}$　　⑤ $\dfrac{e\ell}{kV}$　　⑥ $\dfrac{V\ell}{ke}$　　⑦ $\dfrac{ek}{V\ell}$

⑧ $\dfrac{Vk}{e\ell}$　　⑨ $\dfrac{k\ell}{eV}$

(エ) の解答群

⓪ $\dfrac{e^2nVS\ell}{k}$　　① $\dfrac{e^2nVkS}{\ell}$　　② $\dfrac{e^2Vk\ell S}{n}$　　③ $\dfrac{e^2nVk\ell}{S}$

④ $enVk\ell S$　　⑤ $\dfrac{e^2nVS}{k\ell}$　　⑥ $\dfrac{e^2nV\ell}{kS}$　　⑦ $\dfrac{e^2VS\ell}{kn}$

⑧ $\dfrac{enVS\ell}{k}$　　⑨ $\dfrac{e^2nVk}{S\ell}$

(オ) の解答群

⓪ $\dfrac{e^2 nS\ell}{k}$　　① $\dfrac{\ell}{e^2 nkS}$　　② $\dfrac{e^2 k\ell S}{n}$　　③ $\dfrac{S}{e^2 nk\ell}$

④ $enk\ell S$　　⑤ $\dfrac{k\ell}{e^2 nS}$　　⑥ $\dfrac{e^2 n\ell}{kS}$　　⑦ $\dfrac{kn}{e^2 S\ell}$

⑧ $\dfrac{S\ell}{e^2 nk}$　　⑨ $\dfrac{e^2 k\ell}{Sn}$

(2) 一様な磁場中を運動する導線に生じる誘導起電力を自由電子に働くローレンツ力をもとに考えてみよう。図 2-2 のように，互いに直交する x 軸，y 軸，z 軸を設定する。z 軸の正の向きの一様な磁場（磁束密度の大きさ B）の中で導線 PQ を速さ v_e で動かす。導線 PQ が動く向きは x 軸正方向であり，導線 PQ は y 軸に沿っている。導線内の個々の自由電子（電気量 $-e<0$）も磁場中を速さ v_e で x 軸の正の向きに動いているとする。このとき，導線内の自由電子が磁場より受けるローレンツ力の大きさは　(カ)　であり，　(キ)　の向きである。この力を受けて自由電子は導線 PQ 内を移動し，導線内には電場が生じる。導線内の自由電子は，この電場による力とローレンツ力がつりあうまで導線内を移動する。つりあいの状態では，電場の大きさは　(ク)　となる。導線の長さを L とすると，PQ 間の電位差の大きさは　(ケ)　と求められる。このようにして磁場中を動く導線に生じる誘導起電力を求めることができる。

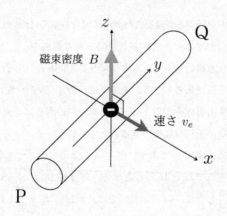

図 2-2

(カ) の解答群

⓪ ev_eB　　　① $\dfrac{v_eB}{e}$　　　② $\dfrac{eB}{v_e}$　　　③ $\dfrac{ev_e}{B}$

(キ) の解答群

⓪ x 軸の正　　① x 軸の負　　② y 軸の正　　③ y 軸の負

④ z 軸の正　　⑤ z 軸の負

(ク) の解答群

⓪ v_eB　　　　① $\dfrac{v_eB}{e^2}$　　　② $\dfrac{B}{v_e}$　　　③ $\dfrac{v_e}{B}$

④ eB　　　　⑤ $\dfrac{B}{e}$　　　　⑥ $\dfrac{eB}{v_e^2}$　　　⑦ $\dfrac{e}{Bv_e}$

⑧ ev_e　　　　⑨ $\dfrac{v_e}{eB}$

(ケ) の解答群

⓪ ev_eBL　　① v_eBL　　② $\dfrac{v_eBL}{e^2}$　　③ $\dfrac{BL}{v_e}$

④ $\dfrac{v_eL}{B}$　　⑤ $\dfrac{ev_eB}{L}$　　⑥ $\dfrac{v_eB}{e^2L}$　　⑦ $\dfrac{B}{v_eL}$

⑧ $\dfrac{v_e}{BL}$

(3) 一様な磁場中を横切る導線を含む回路に流れる電流について考えよう。**図 2-3** のように，磁束密度の大きさが B である一様な磁場中に，じゅうぶんに長い 2 本のなめらかな金属のレールを水平な床の上に間隔 ℓ_0 で平行に置く。レールの向きは磁場に垂直であるとする。その上に，長さ L $(L > \ell_0)$，質量 M の密度が一様な円柱状の導体棒 PQ と P'Q' をレールの向きに垂直になるようにのせた。導体棒 PQ の抵抗は無視できるほど小さいとする。一方，導体棒 P'Q' の断面積は S，抵抗率は ρ である。**図 2-4** のように，二つの導体棒がレールと接触する点をそれぞれ a, b, c, d とする。導体棒 P'Q' の ab 間の抵抗値 R は $R = \boxed{\text{(コ)}}$ となる。以下の設問では，抵抗値は R として解答してよい。これらの導体棒はレールの上を転がらずになめらかに動くことができる。導体棒に流れる電流は一様であり，レールの電気抵抗は無視できるほど小さく，回路に流れる電流がつくる磁場は無視できるものとする。

まず，導体棒 P'Q' を動かないように固定し，導体棒 PQ を静かに置き，図 2-4 のように導体棒 PQ の中点に大きさ F の一定の外力をレールに平行で導体棒 P'Q' から離れる向きに加えた。導体棒 PQ の速さが v であるとき，流れる電流の大きさ I は $I =$ (サ) となる。導体棒 PQ の加速度の大きさを a とし，I や B などを用いると，導体棒 PQ の運動方程式は $Ma =$ (シ) となる。力を加えてからじゅうぶんに長い時間が経過すると，導体棒は速度一定の定常状態となる。この定常状態での導体棒の速さは (ス) となる。

次に，導体棒 P'Q' の固定を外し，自由に動けるようにする。PQ と P'Q' を静かに置き，導体棒 PQ にのみ導体棒 PQ の中点に大きさ F の一定の外力をレールと平行で導体棒 P'Q' から離れる向きに加えると，導体棒 PQ が運動するとともに回路 abcd に電流が流れ，それにより導体棒 P'Q' も運動を始めた。ある時刻での導体棒 PQ の加速度の大きさを a_1，速さを v_1，導体棒 P'Q' の加速度の大きさを a_2，速さを v_2 とする。ただし，$v_1 > v_2$ であり，導体棒 PQ と P'Q' が接触することはない。このとき，回路 abcd に流れる電流の大きさは (セ) となる。二つの棒の運動方程式を立て，それらの差を考えると，$a_1 - a_2 =$ (ソ) となる。力を加えてからじゅうぶんに長い時間が経過すると，$a_1 - a_2$ の値は 0 に近づき，二つの導体棒の相対速度は一定となる。このとき，回路 abcd に流れる電流の大きさは (タ) である。

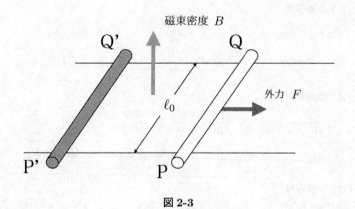

図 2-3

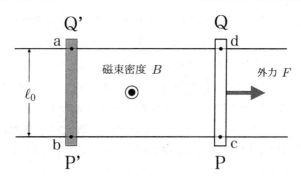

図 2-4

(コ) の解答群

⓪ $\dfrac{\ell_0}{\rho S}$　① $\dfrac{L}{\rho S}$　② $\dfrac{S}{\rho \ell_0}$　③ $\dfrac{S}{\rho L}$

④ $\dfrac{\rho \ell_0}{S}$　⑤ $\dfrac{\rho L}{S}$　⑥ $\dfrac{\rho S}{\ell_0}$　⑦ $\dfrac{\rho S}{L}$

(サ) の解答群

⓪ $\dfrac{evB}{R}$　① $\dfrac{vB\ell_0}{R}$　② $\dfrac{vB\ell_0}{e^2 R}$　③ $\dfrac{B\ell_0}{vR}$　④ $\dfrac{v\ell_0}{BR}$

⑤ $\dfrac{evB}{RL}$　⑥ $\dfrac{vBL}{R}$　⑦ $\dfrac{BL}{vR}$　⑧ $\dfrac{vL}{BR}$

(シ) の解答群

⓪ $F + IB\ell_0$　① $F + \dfrac{IB}{\ell_0}$　② $F + IBL$

③ $F - IB\ell_0$　④ $F - \dfrac{IB}{\ell_0}$　⑤ $F - IBL$

(ス) の解答群

⓪ $\dfrac{FR}{B\ell_0}$　① $\dfrac{B\ell_0}{FR}$　② $\dfrac{FR}{B^2\ell_0^2}$　③ $\dfrac{B^2\ell_0^2}{FR}$

④ $\dfrac{FR}{BL}$　⑤ $\dfrac{BL}{FR}$　⑥ $\dfrac{FR}{B^2 L^2}$　⑦ $\dfrac{B^2 L^2}{FR}$

(セ) の解答群

⓪ $\dfrac{ev_1 B\ell_0}{R}$　① $\dfrac{e(v_1 + v_2)B\ell_0}{R}$　② $\dfrac{e(v_1 - v_2)B\ell_0}{R}$

③ $\dfrac{v_1 B\ell_0}{R}$　④ $\dfrac{(v_1 + v_2)B\ell_0}{R}$　⑤ $\dfrac{(v_1 - v_2)B\ell_0}{R}$

⑥ $\dfrac{v_1 B}{R\ell_0}$ ⑦ $\dfrac{(v_1 + v_2)B}{R\ell_0}$ ⑧ $\dfrac{(v_1 - v_2)B}{R\ell_0}$

(ソ) の解答群

⓪ $\dfrac{F}{M}$ ① $\dfrac{2(v_1 - v_2)B^2\ell_0^2}{MR}$

② $-\dfrac{2(v_1 - v_2)B^2\ell_0^2}{MR}$ ③ $\dfrac{F}{M} + \dfrac{2(v_1 - v_2)B^2\ell_0^2}{MR}$

④ $\dfrac{F}{M} - \dfrac{2(v_1 - v_2)B^2\ell_0^2}{MR}$

(タ) の解答群

⓪ 0 ① $\dfrac{F}{B\ell_0}$ ② $\dfrac{2F}{B\ell_0}$ ③ $\dfrac{F}{2B\ell_0}$

④ $\dfrac{F}{B\ell_0 R}$ ⑤ $\dfrac{2F}{B\ell_0 R}$ ⑥ $\dfrac{F}{2B\ell_0 R}$

$\boxed{3}$ 次の問題の $\boxed{}$ の中に入れるべき最も適当なものをそれぞれの**解答群**の中から選び，その番号を**解答用マークシート**の指定された欄にマークしなさい。(同じ番号を何回用いてもよい。答えが数値となる場合は最も近い数値を選ぶこと。) (30 点)

以下では，物体やその像とレンズの間の距離，およびレンズの焦点距離は常に正の値であり，その単位は cm である。

(1) 凸レンズには次にあげるような性質がある。**図 3-1** に示すように，物体 AB の A から出た光のうち，(i) 光軸に平行な光線 AP はレンズを通過後，レンズの焦点 F′ を通り，(ii) レンズの中心 O を通る光線はそのまま直進し，(iii) レンズの焦点 F を通る光線はレンズを通過後，光軸に平行な光線 P′A′ となる。これらの性質により，焦点距離 f_1 の凸レンズの前方（図の左方）の距離 a $(> f_1)$ にある物体 AB は，光軸に沿ってレンズの後方（図の右方）の距離 b にある位置に像 A′B′（実像）を結ぶ（**図 3-1**）。このとき，△ABO と △A′B′O が相似であることから，線分 AB，A′B′ の長さをそれぞれ $\overline{\rm AB}$ および $\overline{\rm A'B'}$ とすると，$\dfrac{\overline{\rm A'B'}}{\overline{\rm AB}} = \boxed{\ (\textbf{ア})\ }$ が成り立つ。一方，△OPF′ と △B′A′F′ が相似であることから，線分 OP の長さを $\overline{\rm OP}$ とすると，$\dfrac{\overline{\rm A'B'}}{\overline{\rm OP}} = \boxed{\ (\textbf{イ})\ }$ が成り立つ。以上

のことから，a, b, f_1 の間には $\boxed{(ウ)}$ という関係が成立することが分かる。

　焦点距離 f_2 の凹レンズの場合，図 3-2 に示すように，レンズの前方（図の左方）の距離 a にある物体 AB の A から出た光のうち，(i) 光軸に平行な光線 AP は，レンズを通過後，レンズの焦点 F から来たように進み，(ii) レンズの中心 O を通る光線はそのまま直進し，(iii) 焦点 F′ に向かって進む光は，屈折後，光軸に平行に進む。レンズの後方（図の右方）から凹レンズを通して物体を見ると，レンズの前方の距離 b の位置に像 A′B′（虚像）が見える（図 3-2）。△ABO と △A′B′O が相似であることから，$\dfrac{\overline{A'B'}}{\overline{AB}} = \boxed{(エ)}$ である。一方，△OPF と △B′A′F が相似であることから $\dfrac{\overline{A'B'}}{\overline{OP}} = \boxed{(オ)}$ が成り立つ。以上のことから，a, b, f_2 の間には $\boxed{(カ)}$ という関係が成立する。

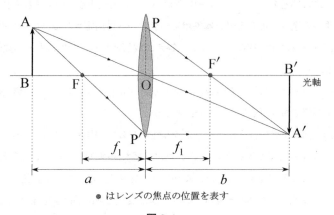

● はレンズの焦点の位置を表す

図 3-1

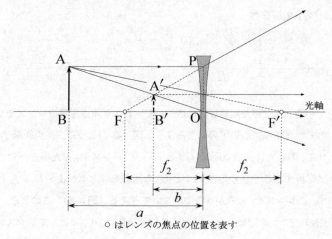

○はレンズの焦点の位置を表す

図 3-2

(ア) の解答群

⓪ $\dfrac{b}{a}$ ① $\dfrac{a}{b}$ ② $\dfrac{a}{a+b}$ ③ $\dfrac{b}{a+b}$

(イ) の解答群

⓪ $\dfrac{f_1}{b}+1$ ① $\dfrac{b}{f_1}+1$ ② $\dfrac{f_1}{b}-1$
③ $\dfrac{b}{f_1}-1$ ④ $1-\dfrac{f_1}{b}$ ⑤ $1-\dfrac{b}{f_1}$

(ウ) の解答群

⓪ $\dfrac{1}{a}-\dfrac{1}{b}=\dfrac{1}{f_1}$ ① $\dfrac{1}{a}+\dfrac{1}{b}=\dfrac{1}{f_1}$ ② $\dfrac{1}{a-b}+\dfrac{1}{a}=\dfrac{1}{f_1}$
③ $\dfrac{1}{a}-\dfrac{1}{b}=-\dfrac{1}{f_1}$ ④ $\dfrac{1}{a}+\dfrac{1}{b}=-\dfrac{1}{f_1}$ ⑤ $\dfrac{1}{a-b}-\dfrac{1}{b}=-\dfrac{1}{f_1}$

(エ) の解答群

⓪ $\dfrac{b}{a}$ ① $\dfrac{a}{b}$ ② $\dfrac{a}{a+b}$ ③ $\dfrac{b}{a+b}$

(オ) の解答群

⓪ $1+\dfrac{f_2}{b}$ ① $1+\dfrac{b}{f_2}$ ② $1-\dfrac{f_2}{b}$
③ $1-\dfrac{b}{f_2}$ ④ $\dfrac{f_2}{b}-1$ ⑤ $\dfrac{b}{f_2}-1$

162 2021 年度 物理　　　　　　　　　　　　　東京理科大-理工〈B方式 - 2 月 6 日〉

(カ) の解答群

⓪ $\dfrac{1}{a} - \dfrac{1}{b} = \dfrac{1}{f_2}$　　　① $\dfrac{1}{a} + \dfrac{1}{b} = \dfrac{1}{f_2}$　　　② $\dfrac{1}{a-b} + \dfrac{1}{b} = \dfrac{1}{f_2}$

③ $\dfrac{1}{a} - \dfrac{1}{b} = -\dfrac{1}{f_2}$　　④ $\dfrac{1}{a} + \dfrac{1}{b} = -\dfrac{1}{f_2}$　　⑤ $\dfrac{1}{a-b} + \dfrac{1}{b} = -\dfrac{1}{f_2}$

(2)　小問 (1) で得た知見などに基づいて，異なる焦点距離のレンズを 2 つ組み合わせた光学系について考えてみよう。**図 3-3** のように，焦点距離 f_1 の凸レンズ L_1 の右方に，焦点距離 f_2 $(< f_1)$ の凹レンズ L_2 を光軸を一致させるように配置することを考える。L_1 と L_2 の距離を d とし，$d > f_1 + f_2$ とする。まず，凸レンズ L_1 のみが作る像について考える（**図 3-4**）。このとき，L_1 の前方（図の左方）の距離 a $(> f_1)$ にある物体 AB は，L_1 によってレンズの後方（図の右方）に実像 A′B′ を結ぶ。L_2 の位置から像 A′B′ までの距離を b とすると，a, b, d, f_1 の間には　(キ)　という関係が成り立つ。物体 AB に対する像 A′B′ の倍率は a, b, d を用いて　(ク)　と求められる。

　　次に，凹レンズ L_2 を含めた場合に，L_2 の左側に作られる像について考える。凹レンズ L_2 の 2 つの焦点はいずれも像 A′B′ の左側にあるとする。小問 (1) では，レンズの前方（図の左方）にある物体の 1 点から広がる光が入射する場合を扱ってきた。一方，レンズの前方から，後方の一点に向かって収束するような光が入射する場合（虚光源）に関する像についても，作図によりその像を求めることができる。上で求めた実像 A′B′ の点 A′ を虚光源とした場合に得られる像について考える。**図 3-5** はレンズ L_2 とその周囲の光線の様子を拡大したものである。点 A′ に向かって光軸に平行に入射し，レンズ L_2 で屈折した光線 r_1 を逆に延長した光線と，レンズ L_2 の中心 O を通る光線 r_2 の交点などから，その像 A″B″ が求められる。レンズ L_1，L_2 によってレンズ L_1 の右方の距離 c の位置に物体 AB の像 A″B″ が結ばれたとする。このとき，$\triangle$A′B′O と $\triangle$A″B″O が相似であることから，線分 A′B′，A″B″ の長さをそれぞれ $\overline{A'B'}$ および $\overline{A''B''}$ とすると，$\dfrac{\overline{A''B''}}{\overline{A'B'}} = $　(ケ)　が成り立つ。同様に，線分 OP′ の長さを $\overline{OP'}$ とすると，$\triangle$OP′F と $\triangle$B″A″F の相似から $\dfrac{\overline{A''B''}}{\overline{OP'}} = $　(コ)　が成り立つ。以上のことから，b, c, d, f_2 の間には　(サ)　という関係が成り立つことが分かる。$f_1 = 10$ cm，$f_2 = 2$ cm，$a = 22$ cm，$d = 16$ cm の場合，物体 AB の　(シ)　した　(ス)　が $c = $　(セ)　cm の位置に結ばれる。得

られた像の大きさは物体の大きさの **(ソ)** 倍になる。

このしくみの望遠鏡はガリレオ式望遠鏡と呼ばれており，オペラグラスなどに用いられている。

● ○ はそれぞれレンズL_1，L_2の焦点の位置を表す

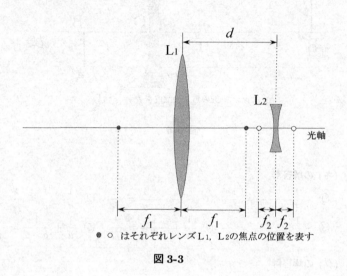

図 3-3

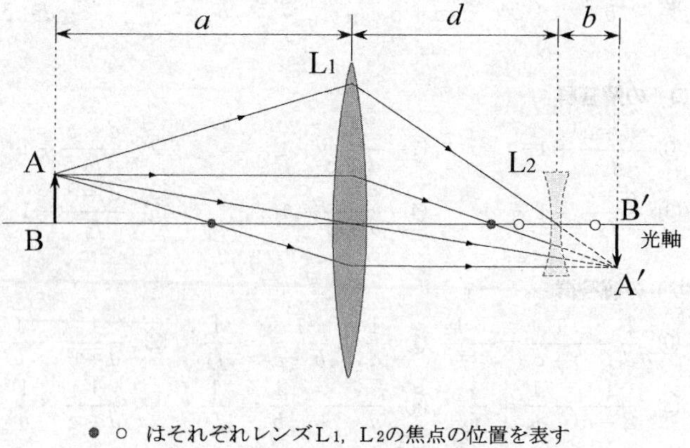

● ○ はそれぞれレンズL_1，L_2の焦点の位置を表す

図 3-4

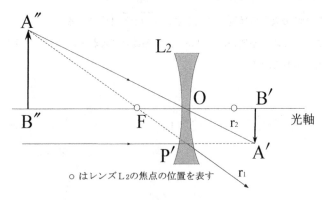

○ はレンズ L_2 の焦点の位置を表す

図 3-5

(キ) の解答群

⓪ $\dfrac{1}{a+b}+\dfrac{1}{d}=\dfrac{1}{f_1}$ ① $\dfrac{1}{a-b}+\dfrac{1}{d}=\dfrac{1}{f_1}$ ② $\dfrac{1}{a}+\dfrac{1}{b}=\dfrac{1}{f_1}$

③ $-\dfrac{1}{a}+\dfrac{1}{b+d}=\dfrac{1}{f_1}$ ④ $\dfrac{1}{a}+\dfrac{1}{b-d}=\dfrac{1}{f_1}$ ⑤ $\dfrac{1}{a}+\dfrac{1}{b+d}=\dfrac{1}{f_1}$

(ク) の解答群

⓪ $\dfrac{a+b}{d}$ ① $\dfrac{d}{a+b}$ ② $\dfrac{b+d}{a}$ ③ $\dfrac{a}{b+d}$

(ケ) の解答群

⓪ $\dfrac{d+c}{b}$ ① $\dfrac{b}{d+c}$ ② $\dfrac{d-c}{b}$ ③ $\dfrac{b}{d-c}$

(コ) の解答群

⓪ $\dfrac{d+c}{f_2}+1$ ① $\dfrac{f_2}{d+c}+1$ ② $\dfrac{d-c}{f_2}+1$

③ $\dfrac{d+c}{f_2}-1$ ④ $\dfrac{f_2}{d+c}-1$ ⑤ $\dfrac{d-c}{f_2}-1$

(サ) の解答群

⓪ $\dfrac{1}{d}-\dfrac{1}{b+c}=-\dfrac{1}{f_2}$ ① $\dfrac{1}{d}+\dfrac{1}{b-c}=\dfrac{1}{f_2}$ ② $\dfrac{1}{d+c}+\dfrac{1}{b}=\dfrac{1}{f_2}$

③ $\dfrac{1}{d-c}-\dfrac{1}{b}=\dfrac{1}{f_2}$ ④ $\dfrac{1}{d-c}+\dfrac{1}{b}=\dfrac{1}{f_2}$ ⑤ $\dfrac{1}{d-c}-\dfrac{1}{b}=-\dfrac{1}{f_2}$

東京理科大-理工〈B方式 – 2月6日〉 2021 年度 物理 *165*

(シ) の解答群

⓪ 正立　　　　　　　　　　① 倒立

(ス) の解答群

⓪ 実像　　　　　　　　　　① 虚像

(セ), (ソ) の解答群

⓪ 2　　　① 2.5　　　② 3　　　③ 3.5　　　④ 4

⑤ 4.5　　　⑥ 5　　　⑦ 5.5　　　⑧ 6　　　⑨ 6.5

(80 分)

各設問の計算に必要ならば，下記の数値を用いなさい。

原子量：H 1.0, C 12.0, O 16.0, Na 23.0, Cl 35.5, K 39.1, Sn 118.7

ファラデー定数：9.65×10^4 C/mol
アボガドロ定数：6.02×10^{23}/mol
気体定数：8.31×10^3 Pa·L/(K·mol)
標準状態における理想気体のモル体積：22.4 L/mol

特段の記述がない限り，気体はすべて理想気体としてふるまうものとする。

東京理科大-理工〈B方式-2月6日〉   2021 年度 化学 *167*

1   次の記述の(ア)～(サ)にあてはまる整数を**解答用マークシート**にマークしなさい。
　　ただし，答が1桁の数値の場合，十の位には0をマークしなさい。　　　(16点)

(1) ケイ素は，周期表上で第 　(ア)　 周期，　(イ)　 族に属する。

(2) 塩素原子は 　(ウ)　 個の価電子を持つ。塩素分子では，各原子が
　　 (エ)　 個ずつの電子を出し合って結合が形成されている。

(3) リン原子において，L殻に入っている電子の数は 　(オ)　 個，M殻に
　　入っている電子の数は 　(カ)　 個である。

(4) N殻に収容可能な電子の最大数は 　(キ)　 個である。

(5) 2族元素の中で電気陰性度が最も大きな元素の原子番号は 　(ク)　 であ
　　る。

(6) 硫酸酸性水溶液中での過マンガン酸カリウムと過酸化水素の反応により酸素
　　分子が生成する反応において，過酸化水素分子中の酸素原子の酸化数は
　　 (ケ)　 だけ増加し，マンガンの酸化数は 　(コ)　 だけ減少する。

(7) 1.013×10^5 Pa，25℃の条件で，片方の端を閉じた充分に長いガラス管に
　　水銀を満たし，水銀を入れた容器の中で倒立させると，水銀柱は76cmの高
　　さとなる。また，この状態から，エタノールをガラス管中に注入していき，倒
　　立させたガラス管の上部が25℃におけるエタノールの飽和蒸気で満たされた
　　とする。この時，水銀柱の高さは，小数点以下を四捨五入すると 　(サ)　
　　cmとなる。なお，25℃におけるエタノールの飽和蒸気圧を 7.97×10^3 Paと
　　し，ガラス管中の液体のエタノールの重量，体積，ならびに水銀の蒸気圧は無
　　視できるものとする。

2　次の記述(1)〜(3)を読み，(a)〜(d)にあてはまる最も適当な数字をA欄より，(ア)〜(キ)にあてはまるものをB欄より，(あ)にあてはまる文をC欄より選び，その番号を**解答用マークシートにマークしなさい**(番号の中の0という数字も必ずマークすること)。同じ番号を何回選んでもよい。また，(i)〜(iii)にあてはまる語の組み合わせとして最も適当なものを**表D**より選び，その番号を**解答用マークシートの①欄にマークしなさい**。さらに，(I)，(II)にあてはまる数値を有効数字が2桁になるように3桁目を四捨五入して求め，次の形式で**解答用マークシートにマークしなさい**。指数 c が 0 の場合の符号 p には **＋** をマークしなさい。　　　　(17点)

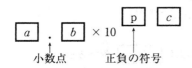

なお，計算には下記の数値を用いなさい。
$\sqrt{2} = 1.41$，$\sqrt{3} = 1.73$，$(1.23)^3 = 1.86$，$(4.29)^3 = 79.0$

(1) ナトリウムの結晶構造は体心立方格子であり，その配位数は (a) である。また，原子量は 23.0，単位格子の一辺の長さは 4.29×10^{-8} cm，単位格子中に存在するナトリウム原子は (b) 個であることから，1 mol あたりの体積は (I) cm³，密度は (II) g/cm³ と求められる。同じく1族元素であるカリウムの結晶構造もナトリウムと同様に体心立方格子であり，原子量は 39.1，単位格子の一辺の長さはナトリウムの 1.23 倍である。よって，カリウムの密度はナトリウムより (ア) く，また，水より (イ) い。

(2) 水(H_2O)の結晶である氷は， (ウ) などと同様に (エ) 結晶の一種であり，1個の H_2O と結合している H_2O の数は (オ) の配位数と同じく (c) である。氷の密度は液体の水より (カ) く，このため，氷にかかる圧力が (キ) くなるほど融点は高くなる。

(3) 水と同様に第16族元素の水素化合物である硫化水素(H_2S)の状態図は下図のように表され、その三重点は温度 -85.5 ℃，圧力 2.33×10^4 Pa である。常温・常圧は，状態図中の点 (d) に対応する。つまり，硫化水素は (あ) 。一方，同じく第16族元素の水素化合物であるセレン化水素(H_2Se)が，常圧で気体に状態変化する温度は硫化水素より (i) 。この理由は，硫化水素よりセレン化水素の方が，分子間にはたらく (ii) が (iii) ためであると説明できる。

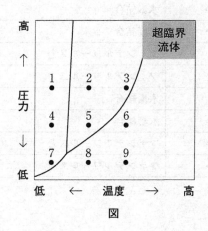

図

A 欄

01	1	02	2	03	3	04	4	05	5
06	6	07	7	08	8	09	9	10	10
11	11	12	12	13	13	14	14	15	15
16	16	17	24	18	32	19	48	20	64

B 欄

1 イオン　　2 共有結合　　3 金属
4 分子　　5 塩化ナトリウム　　6 ナトリウム
7 ダイヤモンド　　8 ドライアイス　　9 高
10 低

170 2021 年度 化学　　　　　　　　　　東京理科大-理工〈B方式 - 2 月 6 日〉

C　欄

1　常圧では気体・液体・固体のいずれの状態にもなり得る

2　常圧では温度を変化させても液体の状態にならない

3　常圧では温度を変化させても固体の状態にならない

表　D

番号	(i)	(ii)	(iii)
1	高　い	水素結合	強　い
2	高　い	水素結合	弱　い
3	高　い	ファンデルワールス力	強　い
4	高　い	ファンデルワールス力	弱　い
5	低　い	水素結合	強　い
6	低　い	水素結合	弱　い
7	低　い	ファンデルワールス力	強　い
8	低　い	ファンデルワールス力	弱　い

3 次の記述(1)〜(4)を読み，(ア)〜(オ)にあてはまる最も適当なものをA欄より選び，その番号を解答用マークシートにマークしなさい。同じ番号を何回選んでもよい。また，(i)〜(iv)にあてはまる数値を有効数字が3桁になるように4桁目を四捨五入して求め，次の形式で解答用マークシートにマークしなさい。指数 d が 0 の場合の符号 p には＋をマークしなさい。　　　　　　　　　　　(17点)

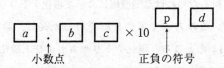

(1) 水酸化ナトリウムは，図に示すようなイオン交換膜法で塩化ナトリウム水溶液を電気分解してつくられる。イオン交換膜法で，塩化ナトリウム水溶液を電気分解すると，陽極では (ア) が生成し，陰極では (イ) と (ウ) が生成する。電解槽内部は (エ) によって陽極室と陰極室に仕切られており，陽極および陰極で生成したものが混ざり合うことはない。また， (オ) のみが選択的に (エ) を通過するため，電気分解によって陰極室では (イ) と (オ) の濃度が高くなる。

A 欄

1 H^+　　　　2 Na^+　　　　3 OH^-　　　　4 Cl^-
5 H_2　　　　6 O_2　　　　7 Cl_2　　　　8 H_2O
9 陽イオン交換膜　　　　10 陰イオン交換膜

(2) イオン交換膜法で，5.00 A の電流で386秒間電気分解したところ，水酸化ナトリウムが (i) mol 生成した。また，このとき両極から発生した気体の体積の合計は，標準状態で (ii) L であった。ただし，発生した気体の水への溶解は無視できるものとする。

(3) イオン交換膜法で，陰極室へ毎分 10.0 g ずつ水を供給して，陰極室からの流出液における水酸化ナトリウムの質量モル濃度を 5.00 mol/kg に保つためには，　(iii)　A の電流で電気分解を行えばよい。なお，反応は理論どおりに進むものとする。

(4) 図中の(エ)を多孔質の素焼き板に変えて電気分解を行った場合，純度の高い水酸化ナトリウム水溶液を得るためには蒸発濃縮によって塩化ナトリウムを析出させて除く必要がある。この方法で電気分解を行った後に，陰極室から 1000 g の流出液を取り出したところ，塩化ナトリウムおよび水酸化ナトリウムの質量パーセント濃度はそれぞれ 16.6 %，12.4 % であった。25 ℃ で水酸化ナトリウムの飽和水溶液となるようにするには，陰極室から取り出した溶液を加熱して水を少なくとも　(iv)　g 蒸発させる必要がある。

なお，塩化ナトリウムおよび水酸化ナトリウムの水への 25 ℃ における溶解度は，それぞれ 35.9 g/100 g 水，114 g/100 g 水であるとし，混合溶液中でも溶解度は変わらないものとする。また，析出物はすべて塩化ナトリウムとする。

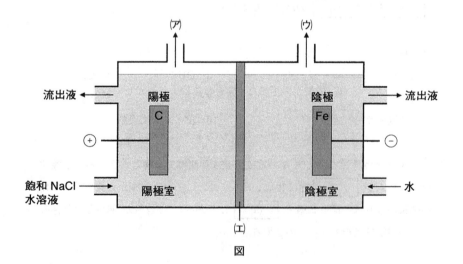

図

東京理科大-理工〈B方式-2月6日〉　　　　　　　2021 年度 化学 *173*

4　次の記述(1)～(3)を読み，(ア)～(タ)にあてはまる最も適当なものを **A欄**より選び，
その番号を**解答用マークシート**にマークしなさい(番号の中の **0** という数字も必
ずマークすること)。ただし，同じ番号を何回選んでもよい。　　　　　(17 点)

(1)　鉄(Fe)は　(ア)　族に属する元素で，地殻中に酸化物や硫化物として約
　　5 ％ 含まれており，地殻中の構成比率では，　(イ)　，　(ウ)　，Al に
　　次いで 4 番目に多い。

(2)　鉄には酸化数が ＋　(エ)　と ＋　(オ)　の化合物が存在する。酸化鉄
　　(Ⅲ)の鉄の酸化数は ＋　(オ)　のみであるが，四酸化三鉄は酸化数が
　　＋　(エ)　と ＋　(オ)　の鉄イオンが両方共存しており，酸化数の決め
　　方に基づいて計算すると，酸化数 ＋　(エ)　の鉄イオンに対して酸化数
　　＋　(オ)　の鉄イオンが　(カ)　倍含まれることがわかる。酸化数
　　＋　(エ)　の鉄イオンを含む水溶液に水酸化ナトリウム水溶液やアンモニア
　　水を加えると，　(キ)　色の　(ク)　が沈殿する。同じように，酸化数
　　＋　(オ)　の鉄イオンを含む水溶液に水酸化ナトリウム水溶液やアンモニア
　　水を加えると，　(ケ)　色の　(コ)　が沈殿する。

(3)　単体の鉄は，酸化鉄(Ⅲ)を主成分とする　(サ)　や四酸化三鉄を主成分と
　　する　(シ)　などの酸化物を多く含む鉄鉱石を，コークスや石灰石とともに
　　溶鉱炉へ入れ，燃焼から生じた　(ス)　により還元して得ることができる。
　　溶鉱炉の底で融解して得られる，炭素の含有量が約 4 ％ である鉄を　(セ)
　　とよぶ。また，高温にした　(セ)　を転炉に入れて　(ソ)　を吹き込み，
　　炭素の含有量を 0.02～2 ％ にしたものを　(タ)　とよぶ。

A　欄

01	1	02	2	03	3	04	4
05	5	06	6	07	7	08	8
09	9	10	10	11	11	12	12

174 2021 年度　化学　　　　　　　　　　　　　東京理科大-理工〈B方式 − 2 月 6 日〉

13	13	**14**	14	**15**	15	**16**	16
17	17	**18**	18	**19**	H	**20**	Li
21	Be	**22**	B	**23**	C	**24**	N
25	O	**26**	F	**27**	Na	**28**	Mg
29	Al	**30**	Si	**31**	P	**32**	Cl
33	O_2	**34**	N_2	**35**	CO	**36**	CO_2
37	NO	**38**	NO_2	**39**	銑　鉄	**40**	鋼
41	ステンレス鋼	**42**	ジュラルミン			**43**	トタン
44	黒	**45**	黄	**46**	赤　褐	**47**	緑　白
48	青　白	**49**	濃　青	**50**	血　赤	**51**	黄　褐
52	水素化物	**53**	酸化物	**54**	水酸化物	**55**	窒化物
56	赤鉄鉱	**57**	褐鉄鉱	**58**	磁鉄鉱	**59**	鱗鉄鉱

5　次の記述を読み，(1)〜(8)の問いに答えなさい。解答はそれぞれの選択肢から最も適当なものを選び，その番号を**解答用マークシート**にマークしなさい。

(17 点)

　乾いた大型試験管に 2 mL の **X** を入れ，ビーカーの水で冷やしながら 2 mL の
(1)
Y を少しずつ加えて振り混ぜる。さらに，1 mL のベンゼンを 1 滴ずつ加えて振
り混ぜる。ときどき振り混ぜながら 60 ℃ の温水で 10 分加熱した後，反応溶液
を分液ろうとに入れた 50 mL の冷水に注ぎ込む。水層から分離してニトロベン
(2)
ゼンを得る。

　乾いた大型試験管に 2 g のスズを入れ，さらに 1 mL のニトロベンゼンを入れ
(3)
て温水で 60 ℃ に加熱する。温水からはずし，ここに 6 mL の 12 mol/L 塩酸を
0.5 mL ずつ 12 回に分けて加えて振り混ぜる。ときどき振り混ぜながら 60 ℃ の
温水で 1 時間加熱した後，1 mL の水を加え，40 % 水酸化ナトリウム水溶液を入
れてアルカリ性にする。溶液をろ過したろ液を分液ろうとに入れて水層から分離
(4)
してアニリンを得る。
(5)
　100 mL ビーカーを 3 個用意する。一つ目の 100 mL ビーカーに 0.5 mL のアニ

東京理科大-理工〈B方式-2月6日〉　　　　　　　　2021 年度　化学　*175*

リンと 6 mL の 2 mol/L 塩酸を入れて良く混合し，2 cm 角程度の氷の塊を 3 個
加える(溶液 A)。二つ目の 100 mL ビーカーに 4 mL の 10 % 亜硝酸ナトリウム
　(6)
水溶液を入れ，ここにも氷を 1 片入れる(溶液 B)。三つ目の 100 mL ビーカーに
10 mL の 2 mol/L 水酸化ナトリウム水溶液を入れ，0.25 g のフェノールを溶か
す(溶液 C)。溶液 A に溶液 B を少しずつ良く攪拌しながら加え，次いでこの溶
　　　　　(7)　　　　　　　　　　　　　　かくはん
液を溶液 C に少しずつ攪拌しながら加える。10 分攪拌した後 6 mL の 2 mol/L
塩酸を加えて酸性として生成物を得る。
　　　　　　　　　(8)

(1) 下線部(1)に示す **X** および **Y** に適する化合物の組合せを次の **1 ～ 4** からひと
　　つ選びなさい。

　　1　**X**：濃硝酸，　**Y**：濃塩酸

　　2　**X**：濃塩酸，　**Y**：濃硝酸

　　3　**X**：濃硝酸，　**Y**：濃硫酸

　　4　**X**：濃硫酸，　**Y**：濃硝酸

(2) 下線部(2)に示すニトロベンゼンの性質について正しいものを次の **1 ～ 4** から
　　ひとつ選びなさい。

　　1　常温常圧では淡黄色の液体である。

　　2　常温常圧で水によく溶ける。

　　3　水より密度が低い。

　　4　高い還元性を有する。

(3) 下線部(3)に示すスズの価数について正しいものを次の **1 ～ 4** からひとつ選び
　　なさい。

　　1　反応により還元されて 0 価から 4 価になる。

　　2　反応により還元されて 4 価から 0 価になる。

　　3　反応により酸化されて 0 価から 4 価になる。

　　4　反応により酸化されて 4 価から 0 価になる。

(4) 下線部(4)に示すアルカリ性にしたときの溶液の状態について正しいものを次

の 1 ～ 4 からひとつ選びなさい。

　　1　アニリンが黄色液体として遊離する。

　　2　アニリン塩酸塩が黄色液体として遊離する。

　　3　アニリンが黄色固体として遊離する。

　　4　アニリン塩酸塩が黄色固体として遊離する。

⑸　下線部⑸に示すアニリンの性質について正しいものを次の 1 ～ 4 からひとつ
　　選びなさい。

　　1　弱酸性を示す。

　　2　ジエチルエーテルに難溶である。

　　3　さらし粉の水溶液を加えると赤紫色に呈色する。

　　4　高い酸化性を有する。

⑹　下線部⑹に示す氷を加えて反応を行う理由について正しいものを 1 ～ 4 から
　　ひとつ選びなさい。

　　1　アニリンの酸化を防ぐため。

　　2　フェノールの生成を防ぐため。

　　3　塩化水素の揮発を防ぐため。

　　4　ジアゾカップリング反応を促進するため。

⑺　下線部⑺に示す操作をしたときの溶液について正しいものを 1 ～ 4 からひと
　　つ選びなさい。

　　1　塩化ベンゼンジアゾニウムが生成し，赤色に呈色する。

　　2　塩化ベンゼンジアゾニウムが生成し，淡黄色に呈色する。

　　3　アニリン塩酸塩が生成し，赤色に呈色する。

　　4　アニリン塩酸塩が生成し，淡黄色に呈色する。

⑻　下線部⑻に示す生成物について正しいものを 1 ～ 4 からひとつ選びなさい。

　　1　m-ヒドロキシアゾベンゼンの液体である。

　　2　m-ヒドロキシアゾベンゼンの固体である。

東京理科大-理工〈B方式-2月6日〉 2021年度 化学 *177*

　　3 *p*-ヒドロキシアゾベンゼンの液体である。

　　4 *p*-ヒドロキシアゾベンゼンの固体である。

6　次の記述の(ア)～(ケ)にあてはまる最も適当なものを **A欄**から選び，その番号を**解答用マークシートにマークしなさい**(番号の中の **0** という数字も必ずマークすること)。なお，同じ番号は一回しか選んではいけません。　　　　　(16点)

　　(ア) の付加重合で得られる樹脂は上下水パイプなどの管に用いられ，(イ) とエチレングリコールの縮合重合で得られる樹脂はペットボトルに用いられる。(ウ) とホルムアルデヒドを付加縮合させた後に硬化剤を入れて加熱した樹脂は電気のソケット，プリント基板などに用いられる。(エ) と(オ) の共重合体にスルホ基などの官能基を導入したものは，イオン交換樹脂の材料の一つである。(イ) を塩素化させたものと (カ) を縮合重合させたものは航空機の複合材料，防弾チョッキなどに用いられる。(イ) の異性体である (キ) の酸無水物とグリセリン(1, 2, 3-プロパントリオール)から得られる高分子材料は，硬さの制御が可能であるため，自動車用塗料，接着剤，油絵具など種々の製品に応用されている。また，(エ) と (ク) よりなる合成ゴムは耐摩耗性に優れているので，タイヤなどに用いられる。ヘキサメチレンジアミンと (ケ) を縮合重合させた高分子は，釣り糸やギターの弦などに用いられる。

A　欄

01　アジピン酸	02　アニリン	03　安息香酸
04　塩化ビニル	05　キシレン	06　クメン
07　酢酸ビニル	08　サリチル酸	09　サリチル酸メチル
10　*p*-ジビニルベンゼン	11　スチレン	12　テレフタル酸
13　ニトロトルエン	14　ニトロベンゼン	15　*p*-フェニレンジアミン
16　フェノール	17　1, 3-ブタジエン	18　フタル酸
19　ヘキサメチレンジアミン		20　ベンジルアルコール
21　ベンゼンスルホン酸		

178 2021 年度 英語〈解答〉　　　　　　東京理科大-理工〈B方式-2月6日〉

解答編

■英語■

（注）　解答につきましては，東京理科大学から提供のあった情報を掲載しております。

$\boxed{1}$　**解答**　(1)—1　(2)—2　(3)—1　(4)—2　(5)—1　(6)—2
　　　　　　(7)—2　(8)—3　(9)3→6→7→4→1→2→5
(10)—4　(11)1—T　　2—F　　3—T　　4—T　　5—F　　6—F

◆全　訳◆

≪「走ることで人間は進化した」仮説≫

　毎年4月にボストンマラソンが行われ，参加者は約3万人，見物人は50万人である。1位でゴールする人は1キロ3分未満のペースを維持して，42.1キロのしんどいコースを2時間あまりで完走しなくてはならない。それはわかっている。想像するのも痛々しい。我々のほとんどはそんなスピードを1キロ維持することもできない。42キロなど論外だ。しかし，趣味で走っている世界中のランナーの皆さん，ご安心を。人間の持久力は，その他の動物界と比べると並外れている。確かに，他の動物の方が強さや敏捷さや理論速度は優れており，人類はどう見ても相対的に不十分な身体能力の持ち主だ。しかし，長距離移動ということになると，人類は優れている。走り続けて15分もすると，健康な人間はほとんどすべての哺乳類よりも長く走ることができる，特に炎天下では。これは理論上の異種間マラソン（あるいは，実際にあるヒト・馬対抗マラソン）で賭けをするには相当に有益なアドバイスである。もっと正確に言えば，人類の進化の研究に重要なアイデアを与える基盤である。これを「走ることで人間は進化した」仮説と呼ぶことにしよう。一部の科学者たちによれば，長距離を走ることが，人類の先祖が進化に成功した鍵であった。彼らによれば，持久力を備えるように適応したことで，初期の人類は複雑な武器が発明されるはるか以前に狩猟ができていた。定期的に肉を得られることで，脳が

成長し，そして最終的に，我々の知る人類が誕生したのだ。

走ることが人類の進化に果たした役割を最も熱心に研究しているのはハーバード大学の進化生物学者ダニエル=リーバーマンであり，彼はボストンマラソンにも9回出場している。リーバーマンたちの仮説によれば，約200万年前，人類の先祖は尖った棒や石で武装し，長時間の狩りで獲物を倒すことができた。このやり方は最近の狩猟採集社会の一部でも実践されているが，真昼の太陽が照りつける中で，うまそうな草食動物を追いかけて，最終的に動物が疲労と熱中症で倒れる，というものだ。それから狩人たちは単純な武器で最後の仕上げを行えるのだ。このシナリオによって，人類の進化の大きな謎，すなわち，人類の先祖がいかにして肉を入手したのかが解明された。研究者たちが人類の先祖が狩りをしていたと考える理由は，200～100万年前の考古学的遺跡から解体された動物の骨が大量出土していることにある。しかし，当時の石器は手斧のような重たい道具であり，この技術は動く標的を攻撃するよりも，死んだ動物を解体するのに向いていた。弓矢のような投器が発明されたのは，おそらく8万年前のことである。手斧を持った人類がたくさんの獲物を捕まえているのは想像しがたい。特に，人類はライオン，ハイエナ，その他のアフリカの肉食動物と競合していたに違いないのであるから。

しかし，長時間の狩りが，その秘密だったのかもしれない。熱中症を避けるために，ほとんどの捕食動物は1日で一番暑い時間には狩りを控える。しかし，人類は，そしてひょっとすると初期の人類も，毛皮のない身体，汗腺の増加などの適応のおかげで熱を処理できる。日が一番高く，ほとんどの肉食動物が昼寝をしているとき，人類の先祖は獲物を長時間追跡して，狩っていたのかもしれない。

民族誌的研究では，最近の狩猟採集社会でも長時間の狩りを記録している。例えば，カラハリ砂漠のブッシュマン，オーストラリアのアボリジニ，アメリカ南西部やメキシコのネイティブアメリカンなどだ。2006年の『現代人類学』誌の論文は，この問題に関する最初の実証的データを提示した。ベースとなっているのは，ボツワナのカラハリ砂漠における10回に及ぶ長時間の狩りだ。狩りは10回のうち5回成功したが，6時間にも及び，37℃を超す中で16～32キロを走るものであった。追われている間，獲物は一気に全速力で駆け出し，飛び飛びに休憩していた。一方，人間は

180 2021 年度 英語〈解答〉 東京理科大-理工〈B方式-2月6日〉

ゆっくりと堅実に追跡し，平均して6～9分に1キロのペースで進んでいた。狩人たちは定期的に獲物を見失ったが，足跡や草のへこみなどのしるしで経路がわかった。民族誌的研究で判明したところでは，長時間の狩りが成功しているのは，暑い草原のような環境のみであり，その場合でも，今日の狩猟採集者はめったに長時間の狩りは行わない。一部の人類学者からすれば，こうした点は仮説の反証に十分である。彼らによれば，長時間の狩りはあまりにも一般性を欠き，あまりにも少数の居住地でしか効果がないのだから，人類の進化の重要な原動力となりえなかった。これに対する反論としては，長時間の狩りが今日めったに行われないからといって，人類の先祖が暮らしていた 200 万年前の環境でもそうであったことにはならない。

　そこで，人類の先祖が獲物を実際に追いかけていたとしてみよう。このやり方を最初に採用した種が人類であったという証拠は何か？　2004 年の『ネイチャー』誌の論文で，リーバーマンと生物学者で現在ユタ大学名誉教授のデニス=ブランブルは初期人類の化石に走る能力があったことを示す骨格上の特徴を特定した。例えば，狭い骨盤，短い足の指，臀部の拡大，液体の詰まった耳腔などであり，これらは移動中にバランスを保つのに役立っている。走ることに対するこうした適応の大部分は，アウストラロピテクスのような初期の種ではなく，約 200 万年前に現れた。ここから言えることは，人類の先祖が，人類史上初めて持久力を得たということだ。しかし，ボストンマラソンの3万人の参加者たちが思い起こさせてくれるように，持久力は今日の人類に確かに受け継がれている。

■■■■■■■■■■■■ ◀解　説▶ ■■■■■■■■■■■■

⑴1．「他の強い動物と比べると，人類は迅速に動いたり速く走ったりという身体能力では劣っている」

2．「現生人類が高速で長距離を走れるほど強靭なのと同様の能力を，人類の先祖も示していた」

3．「身体能力で人類に勝る動物もいるが，人類は心理的能力で動物に勝てる」

4．「人類の先祖の方が体力・敏捷性・速度といった身体能力は高かったので，現生人類は負けるかもしれない」

other creatures「他の動物」と Human beings「人類」の比較なので1と

東京理科大-理工〈B方式-2月6日〉　　　2021 年度　英語〈解答〉　*181*

3 に絞られる（2 と 4 は modern human beings「現生人類」と our ancestors「人類の先祖」の比較になっている）。下線部は 2 文とも physical ability「身体能力」の話しかしていないので，1 が正解。pathetic athletes「（哀れなほど）不十分な身体能力の持ち主」

(2) 1．「不十分な原因」　2．「役立つヒント」　3．「好機」　4．「十分な報酬」

2 が正解。tip「アドバイス」≒ hint「ヒント」

(3) 1．「〜によれば」　2．「〜に加えて」　3．「しかし」　4．「〜に似て」

1 が正解。according to 〜「〜によれば」の〜には情報源がくる（例：according to the newspaper「新聞によれば」）。

(4) 1．「弓矢などの武器で動物を追いかけ続ける」

2．「棒や石などの武器で獲物を殺す」

3．「弓矢などの武器を使わずに動物を解放する」

4．「棒や石などの武器を尖らせる」

2 が正解。2 文前の our ancestors, armed with sharpened sticks and stones, were able to kill prey by persistence hunting「人類の先祖は尖った棒や石で武装し，長時間の狩りで獲物を倒すことができた」の言い換え。

(5) 1．「人類はおそらく，アフリカにいる他の肉食動物と同じ獲物を狩っていたから」

2．「人類はおそらく，アフリカの他の動物と同じペースで長距離を走るのは難しいとわかっていたから」

3．「人類はおそらく，アフリカの他の肉食動物と一緒に長距離を走り始めたから」

4．「人類はおそらく，アフリカの他の動物の餌食になりうるというリスクを冒したかったから」

1 が正解。ここで言う「競合していた」は，下線部直前の catching much prey「たくさんの獲物を捕まえている」ことに関するものである。

(6) 1．「狩りをされている間，動物は長距離を走ることで捕食者から隠れようとした」

2．「狩りをされている間，動物は何度も突進しては休憩した」

3．「狩りをしている間，動物は普段より速く走り，時々休憩した」

4. 「狩りをしている間，動物は反撃の機会を待っていた」

prey「獲物」＝animals「動物」なので，During the chases の言い換えは3・4の While hunting「狩りをしている間」ではなく，1・2の While being hunted「狩りをされている間」である。would sprint「駆け出した」≒rushed「突進した」，rests≒breaks「休憩」より，2が正解。

(7) 1. 「砂漠地帯のみで」

2. 「暑い草原のような環境のみで」

3. 「特に温和な気温の深い森で」

4. 「特に氷や雪で覆われた草原で」

第4段第3文（These hunts, which …）に in temperatures over 37℃「37℃を超す中で」とあり，直前文（Though the hunters …）に footprints and indented grass「足跡や草のへこみ」とあるので，2が正解。

(8) 1. 「長時間の狩りは現在では一般的であり，世界中で成功しているように思われ，このことが人類の進化に役立ったと証明されている」

2. 「長距離にわたる狩りは効果的ではなく，多くの社会でも実践していないが，この狩りのやり方が人類史上では繰り返し観測されている」

3. 「長距離にわたる狩りが人類の進化を促してきたというのはほとんど説得力がない。なぜならば，この狩りのやり方を採用している社会はほとんどなく，ほとんどの地域で成功していないからだ」

4. 「長時間の狩りは，今日では一般的でも効果的でもないにもかかわらず，古代に人類の進化を促す上では効果的だった」

中心構造は too … to *do*「あまりにも…なので～できない」であり，3の hardly「ほとんど～ない」が正しい言い換え。なお，1・2・4は下線部が，第4段第8文（Even then, the …），同段第10文（They argue that …）より不適。persistence hunting「長時間の狩り」≒hunting over long distances「長距離にわたる狩り」

(9) (So) let's say that our ancestors did run (down their prey.)

let's say (that) ～「～だと言ってみよう，～だと仮定してみよう」（≒suppose (that) ～）　did run down their prey「獲物を実際に追いかけていた」（＝really ran down their prey）　この did は強調の助動詞。

(10) 「確実なのは，人類の先祖の長距離を走る身体的持久性が，現生人類で

は（　　　）ことだ」

1．「存在しない」　2．「減少している」　3．「改善されていない」　4．「依然として存在している」

the Boston Marathon's 30,000 competitors「ボストンマラソンの３万人の参加者たち」には physical endurance in distance running「長距離を走る身体的持久性」があるのだから，4が正解。

⑾1．「一部の科学者たちの考えでは，狩りのために15分以上走ることで，古代人は定期的に肉を入手して食べることが可能になり，それによって脳が大きくなった」　第１段第11～最終文（After 15 minutes … we know it.）に一致。

2．「人類は複雑な武器を発明する前は，獲物を捕まえられなかった」　第１段最後から２文目（They say adaptations …）に矛盾。持久力のおかげで，複雑な武器の発明のはるか以前に狩猟ができていたとある。

3．「体毛が減ることで，人類は１日で一番暑い時間に動ける時間が，獲物の動物よりも長くなっている」　第３段最終２文（Humans ― and potentially … and tracking prey.）に一致。

4．「人類の先祖が長時間の狩りをどの程度行っていたかに関して，研究者たちはまだ完全な合意には達していない」　第４段最終文（Others counter that, …）に一致。counter (that) ～「～だと言って反論する」

5．「今日，依然として長時間の狩りを行っている狩猟採集社会は世界に存在しない」　第４段第７・８文（The ethnographic studies … among hunter-gatherers today.）に矛盾。rare「珍しい」のであって，ゼロではない。

6．「一部の部族を対象にした調査が示すところでは，長時間の狩りは気温が摂氏30℃以上のときには，成功率80％だった」　第４段第３文（These hunts, which …）に摂氏37℃以上で成功率50％とあるが，摂氏30℃以上の場合の成功率は不明。

184 2021 年度 英語〈解答〉　　　　　　東京理科大-理工〈B方式-2月6日〉

2 　解答　(a)—6　(b)—2　(c)—3　(d)—1　(e)—4　(f)—5

━━━━━━◆全　訳◆━━━━━━

≪ギターが楽器の中心になった理由≫

　今日，ポップスを楽しむ人たちは一般的に，ギターをブルースやロックの中心的かつ最も一般的な楽器として知っている。

　ジャズ隆盛の 1920 年代，サックスやトランペットなどの非常に音の大きな楽器がほとんどの演奏の中心だった。

　ライブ演奏では，ギターは他の楽器にかき消されて，ほとんど聞こえなかった。

　電気的手段によってギターの音を増幅できたことで，ギターの人気が後に上昇することが可能になった。

　トランペットは伴奏するものと考えられるようになった。ギターは現在の地位を今後も長年にわたって，保ち続ける可能性が高い。

━━━━━━◀解　説▶━━━━━━

(a) know *A* as *B*「*A* を *B* として知っている」

(b) *A* such as *B*「*B* のような *A*，*A* たとえば *B*」　この表現は①(4)の全ての選択肢などでも使われている。

(c) hear the guitar over other instruments「ギターが他の楽器越しに聞こえる」という表現の受動態。他の楽器が出す音を上回るようにギターの音が聞こえる，というイメージ。

(d) through electrical means「電気的手段によって〔を通して〕」

(e) think of *A* in terms of *B*「*A* を *B* の観点から考える」

(f) for many years to come「今後も長年にわたって」

3 　解答　(1)—3　(2)—1　(3) 6 → 3 → 4 → 1 → 2 → 5
　　　　　(4)—3　(5)—3　(6)—2　(7)—3

━━━━━━◆全　訳◆━━━━━━

≪対流が起こる仕組み≫

　熱々のブラックコーヒーが入ったカップを，光が一定の角度で当たるような位置に置くと，表面が白っぽく輝くのが見える。（透き通ったお茶が入ったカップだと，一層はっきり見える。）この輝きには，最初の見た目

東京理科大-理工〈B方式-2月6日〉　　　　　2021 年度　英語〈解答〉　*185*

以上のものがある。コーヒーの表面には紋様ができ，明るい色の紋様と，もっと濃い線の紋様に分かれている。通常，1つの紋様は幅1センチくらいである。

　こうした紋様を科学者たちは「対流セル」と呼んでいる。すなわち，温かい液体が上昇し，冷たい液体が沈下する小さな領域のことである。対流は，海流はもとより，天候の本質であり，小規模の同じようなことはあなたのコーヒーにも起きている。表層が上部の空気と触れて冷却されることで，濃くなって沈下し，もっと温かくて薄いコーヒーが表面に上昇してくる。しかし，これはランダムにわかりにくく起きるわけではない。正確に言えば，上昇する部分と下降する部分はまとまって大体同じ大きさの柱状になっており，お互いに隣り合っている。コーヒーカップの中では，白っぽく輝いている部分が熱いコーヒーの上昇中の柱状であり，コーヒーの熱によって輝いているのだが，こんな風に単純に言うのは的外れだ。コーヒーの表面で，ドラマが展開中なのだ。

　輝いているのは，実は，小さな水滴の薄い層である。この水滴は，コーヒーの表面の真上で凝縮され，表面の1ミリ上に満たないところに浮かんでいる。これが白っぽく見えるのは，あまりにも大量の光が水滴の表面から反射しているからだ。水滴が形成されるのは，水が液体の熱い表面から蒸発し，急に冷却されて凝縮されるときだ。形成された水滴がコーヒーの表面に落ちることはない。なぜならば，下からまだ上昇中の無数の水分子によって浮かんだままにされているからだ。水滴はコーヒーの表面上に浮かんだままそこに固定され，非常に小規模の雲になっているので，入念に光を当てないとわからない。水滴の下だが，コーヒーの液体の上という小さな空間にいるのは，ものすごい体験だろう。まずもって，とてつもなく熱いだろうが，それだけでなく，表面からの蒸発物がどんどん当たってくるだろうし，その間に，下降する対流（雲を隔てる黒い線）に落ち込んだり，下にあるコーヒーの黒さの中に消えたりする心配もある。（単にカップの上から覗き込むという）我々の日常的観点から見ても，水滴が浮かんでいるのは最初から明らかだっただろう。水滴に息をかけると，風に当たった雲のように，すぐに散り散りになるが，同じくらいすぐに再びまとまることに，あなたは気づいただろう。

　コーヒーの表面を見下ろせる唯一の場所は黒い線沿いであり，これは切

れ目ない雲が突如裂けたところから金星の表面を見ているようなものだ。
冷めたコーヒーはこの黒い線の中に沈下して，対流セルを完成させるのだ。

■■■■■ ◀解　説▶ ■■■■■

(1)1.「一目見て拒否する」　2.「時間をかけて判断する」　3.「あなた
に最初に見える」　4.「あなたにすぐにやって来る」
first に対応するのは，1 の at first glance と 3 の initially だが，1 の
reject「拒否する」の要素はないので，3 が正解。(There is) more to ～
than meets the eye.「～は見た目以上だ」

(2)「以下の文は本文下線部(2)の言い換えである。『対流は天候（　　　）
だ』」
　1.「～を生み出す根本的要因」　2.「～の最終結果」
　3.「～を生み出す原因の1つにすぎない」　4.「～の単なる結果」
下線部は一種の強調構文で，the weather is all about convection「天候
は対流に関するものだ」とつながるので，convection「対流」→weather
「天候」という因果関係になる。したがって，1か3であり，強調である
ことを踏まえると 1 の fundamental「根本的な」が最適。

(3) A drama is being played out at (the surface of your coffee.)
play (out) a drama「ドラマを演じる」という表現が受動態かつ現在進行
形になった形。out は強調の副詞。at the surface of ～「～の表面で」

(4)3 が正解。2 箇所目の空所の後の… but you'd〔＝you would〕also be
battered by ～ に時制を一致させて，いずれも仮定法過去にする。

(5)「本文の下線部(5)の可能な解釈として，以下のうちで最適なのはどれ
か」
　1.「水滴が浮かんでいるのは一見すると明らかなように見えたが，現実
は本当は違った」
　2.「水滴が浮かんでいることはそもそも明らかにされなくてはならなか
ったが，実現できなかった」
　3.「水滴が浮かんでいるのは最初から気づきやすかったが，あなたには
見えなかった」
　4.「水滴が浮かんでいるのは最初は明らかだったかもしれないが，次第
に観測しにくくなっていった」
it should have been apparent from the start that ～「～は最初から明ら

東京理科大-理工〈B方式-2月6日〉　　2021 年度　英語〈解答〉　*187*

かだっただろう」は直後の you would have noticed that ～「～にあなた
は気づいただろう」と同様，仮定法過去完了であり，過去の事実とは異な
る内容の仮定を表す。したがって，1 か 3 だが，apparent「明らか」や
notice「気づく」という内容は〈人〉に関するものなので，1 よりも 3 が
適切。本来，気づくべきものに意識を払っていなかったから気づかなかっ
た，ということ。

(6)「本文の空所(6)に入れるのに，以下のうちで不適切なものはどれか」
The only place を修飾する形容詞節を作る語句なので，1．at which
（前置詞＋関係代名詞），3．that（関係副詞の代用），4．where（関係
副詞）はすべて可能。2．if「もし～ならば」「～かどうか」のみ意味が
異なる。

(7)「本文によれば，以下のうちで正しくないのはどれか」
1．「対流は熱々のブラックコーヒーのカップの中で頻繁に発生している」
第 1 段第 1 文～第 2 段第 1 文（If you can … cold is sinking.）に一致。第
2 段第 1 文に These patches「（コーヒーの表面の）紋様」＝convection
「対流」の関係が示されている。

2．「対流は発生するとき，体系立ったプロセスに従っている」 第 2 段第
4 文（But this doesn't …）に一致。haphazard or confusing「ランダム
にわかりにくく」⇔systematic「体系的に」

3．「コーヒーの表面の輝きの深さは約 1 センチである」 第 1 段最終文
（The patches are …）に矛盾。across とあるので，depth「深さ」では
なく width「幅」である。また，第 3 段第 1 文（The sheen is …）にコ
ーヒーの表面の輝きの元である水滴は「表面の 1 ミリ上に満たないところ
に浮かんでいる」とあることからも，本文の内容に反している。

4．「輝きを作っているのは細かな水滴であり，これが実際にはコーヒー
の上の雲を作っている」 第 3 段第 5 文（Held there, suspended …）に一
致。

188 2021 年度　英語〈解答〉　　　　　　　　東京理科大-理工〈B方式-2月6日〉

❖講　評

　大問 3 題の出題で，すべて読解問題。2020 年度は 2 問だけ英単語の記述問題があったが，2021 年度は全問マークシート法である。

　① 830 語程度の文章。ボストンマラソンの話を端緒に，persistence hunting「長時間の狩り」が人類の進化に与えた利点を述べている。人類の進化は，大学入試英語頻出の話題である。(1)・(4)・(5)・(6)・(8)のような長めの下線部の同意表現を選択する問題が毎年定着しており，着実に正解していきたい。(4)・(5)・(7)は実質的には直前表現の言い換え。(6)は能動・受動の違いを読み取る必要がある。(8)も結局は too … to *do* や hardly という基本表現の読み取りに帰着する。(11)の T/F 判定はおおむね本文の記述の順番通りに選択肢が並んでいるので，本文をある程度読んでみて，その範囲だけで解くことも可能だろう。

　② ギターの地位向上に関する約 110 語の読解問題で，空所補充 6 問。前置詞中心の選択肢 6 個から重複なしで選ぶ形式なので，慎重に進めていきたい。(b) such as は頻出で，他の大問中にもある。(c) over の使い方が見慣れないかもしれないが，他は基本的なので消去法で詰められるはず。

　③ ホットコーヒーの表面にある whitish sheen「白っぽい輝き」＝patches「紋様」を端緒に，convection「対流」の原理について説明した約 550 語の文章。(1)・(2)はいずれもややハイレベル。(4)，(5)はいずれも仮定法絡み。(7)は across と depth の違いに気づけるかがポイント。

東京理科大-理工〈B方式-2月6日〉　　　2021 年度　数学〈解答〉　*189*

■■■■■数学■■■■

（注）　解答につきましては，東京理科大学から提供のあった情報を掲載しております。

1　解答

(1) アイ. 15　ウエ. 14　オ. 7

　　カ. 1　キ. 3　ク. 5　ケ. 2　コ. 3

(2) サ. 5　シ. 5　ス. 4　セ. 4　ソ. 1　タ. 1　チ. 2　ツ. 1

テ. 2　ト. 1　ナ. 2　ニ. 1　ヌ. 1　ネ. 1　ノ. 1　ハヒ. 13

(3) フヘ. 40　ホ. 3　マ. 9　ミ. 7　ムメ. 11　モ. 1　ヤ. 3

ユ. 5　ヨラ. 27　リル. 22　レロ. 28　ワヲ. 23

◀解　説▶

≪小問3問≫

(1)　条件より　　$6a - 6b = -8a + 9b = -a + b - c = 6$

これを解いて

　　　　$a = 15, \ b = 14, \ c = -7$　（→ア～オ）

このとき

　　　$15t^3 + 14t^2 - 7t = 6$

　　　$(t+1)(15t^2 - t - 6) = 0$

　　　$(t+1)(5t+3)(3t-2) = 0$

　　　$t = -1, \ -\dfrac{3}{5}, \ \dfrac{2}{3}$　（→カ～コ）

(2)　$z = 1 + i$ より

　　　$z^2 = (1+i)^2 = 1 + 2i - 1 = 2i$

　　　$z^3 = z \cdot z^2 = (1+i) \cdot 2i = -2 + 2i$

　　　$z^4 = (z^2)^2 = (2i)^2 = -4$

よって

　　　$z + z^2 + z^3 + z^4 = -5 + 5i$　（→サ・シ）

　　　$z^{4m} = (z^4)^m = (-4)^m$　（→ス）

　　　$S_{4m} = \displaystyle\sum_{k=1}^{4m} z^k$

$$= (z + z^2 + z^3 + z^4) + (z^5 + z^6 + z^7 + z^8)$$
$$+ \cdots + (z^{4m-3} + z^{4m-2} + z^{4m-1} + z^{4m})$$
$$= (z + z^2 + z^3 + z^4) + (z + z^2 + z^3 + z^4) z^4$$
$$+ \cdots + (z + z^2 + z^3 + z^4) z^{4(m-1)}$$
$$= (z + z^2 + z^3 + z^4)(1 + z^4 + z^8 + \cdots + z^{4(m-1)})$$
$$= (z + z^2 + z^3 + z^4) \cdot \frac{z^{4m} - 1}{z^4 - 1}$$
$$= (-5 + 5i) \cdot \frac{(-4)^m - 1}{-4 - 1}$$
$$= (1 - i)((-4)^m - 1)$$
$$= (-4)^m - 1 - ((-4)^m - 1) i \quad (\to \text{セ〜タ})$$

$$S_{4m+1} = S_{4m} + z^{4m+1} = S_{4m} + z^{4m} \cdot z$$
$$= (-4)^m - 1 - ((-4)^m - 1) i + (-4)^m (1 + i)$$
$$= 2(-4)^m - 1 + i \quad (\to \text{チ・ツ})$$

$$S_{4m+2} = S_{4m+1} + z^{4m+2} = S_{4m+1} + z^{4m} \cdot z^2$$
$$= 2(-4)^m - 1 + i + (-4)^m \cdot 2i$$
$$= 2(-4)^m - 1 + (2(-4)^m + 1) i \quad (\to \text{テ〜ニ})$$

$$S_{4m+3} = S_{4m+2} + z^{4m+3} = S_{4m+2} + z^{4m} \cdot z^3$$
$$= 2(-4)^m - 1 + (2(-4)^m + 1) i + (-4)^m \cdot (-2 + 2i)$$
$$= -1 + (-(-4)^{m+1} + 1) i \quad (\to \text{ヌ〜ノ})$$

S_{4m}, S_{4m+1}, S_{4m+2}, S_{4m+3} の実部はそれぞれ

$$(-4)^m - 1, \quad 2(-4)^m - 1, \quad 2(-4)^m - 1, \quad -1$$

である。$m = 1, 2, 3, \cdots$ として実部を求めると

$$(-4)^1 - 1 = -5, \quad 2(-4)^1 - 1 = -9$$
$$(-4)^2 - 1 = 15, \quad 2(-4)^2 - 1 = 31$$
$$(-4)^3 - 1 = -65, \quad 2(-4)^3 - 1 = -129$$

よって，条件を満たすのは $m = 3$ での S_{4m+1} のときで

$$n = 4 \cdot 3 + 1 = 13 \quad (\to \text{ハヒ})$$

(3) $\sqrt{360n}$ が整数になるのは $360n$ が平方数になるときである。$360 = 2^3 \cdot 3^2 \cdot 5$ だから

$$n = 2 \cdot 5 \cdot a^2 \quad (a \text{ は自然数})$$

よって，2番目に小さい n は，$a = 2$ のときで

東京理科大-理工〈B方式-2月6日〉　　　　　　　　　　2021 年度　数学〈解答〉　*191*

$$n = 2 \cdot 5 \cdot 2^2 = 40 \quad (\to フ へ)$$

$l = \sqrt{m^2 + 40}$ より

$$l^2 = m^2 + 40 \qquad (l - m)(l + m) = 40$$

$l,\ m$ は自然数だから $l - m$ と $l + m$ は偶奇が一致する。また，
$l - m < l + m$ だから

$$(l - m,\ l + m) = (2,\ 20),\ (4,\ 10)$$

$$(l,\ m) = (11,\ 9),\ (7,\ 3) \quad (\to ホ \sim メ)$$

$x,\ y$ は条件 $9x + 11y = 1$ を満たす。

$9 \cdot 5 - 11 \cdot 4 = 1$ だから

$$9(x - 5) + 11(y + 4) = 0 \qquad 9(x - 5) = -11(y + 4)$$

9 と 11 は互いに素だから

$$x = 5 - 11b,\ y = -4 + 9b \quad (b \text{ は整数})$$

と表せて

$$|x + y| = |1 - 2b| = 1,\ 3,\ 5,\ \cdots \quad (\to モ \sim ユ)$$

$|x + y| = 5$ とすると

$$|1 - 2b| = 5 \qquad b = -2,\ 3$$

$b = -2$ のとき　　$x = 27,\ y = -22 \quad (\to ヨ \sim ル)$

$b = 3$ のとき　　$x = -28,\ y = 23 \quad (\to レ \sim ヲ)$

$\boxed{2}$ **解答** (1)$b = -a - \dfrac{1}{2a} \quad b \leqq -\sqrt{2}$

(2)$\mathrm{P}\left(-\dfrac{1}{4a},\ -a^2 - \dfrac{1}{2}\right)$ (3)$S = \dfrac{1}{32}\left(\dfrac{4a^2 + 1}{a}\right)^3$ S の最小値は 2

(4)$c \geqq \dfrac{5\sqrt{2}}{4}$

※計算過程の詳細については省略。

━━━━━━━ ◀解　説▶ ━━━━━━━

≪放物線の接線と法線，交点の x 座標のとりうる値の範囲≫

(1)　$y = x^2$ より　　$y' = 2x$

A における D の接線の傾きは $2a$ だから，法線の傾きは　　　$-\dfrac{1}{2a}$

よって，法線の方程式は

$$y - a^2 = -\frac{1}{2a}(x - a)$$

法線と D の共有点の x 座標は

$$x^2 - a^2 = -\frac{1}{2a}(x - a) \qquad (x - a)\left(x + a + \frac{1}{2a}\right) = 0$$

$$x = a, \quad -a - \frac{1}{2a}$$

$x = a$ のときが点Aだから

$$b = -a - \frac{1}{2a} \quad \cdots\cdots (答)$$

$f(a) = -a - \dfrac{1}{2a}$ とすると，$b = f(a)$ で

$$f'(a) = -1 + \frac{1}{2a^2} = \frac{1 - 2a^2}{2a^2}$$

$f'(a) = 0$ とすると $\quad a = \pm\dfrac{1}{\sqrt{2}}$

また，$2a^2 > 0$ だから，$0 < a < 1$ での増減表は
右のようになる。
ここで

a	0	$\cdots$	$\dfrac{1}{\sqrt{2}}$	$\cdots$	1
$f'(a)$		$+$	0	$-$	
$f(a)$		↗	$-\sqrt{2}$	↘	

$$\lim_{a \to +0} f(a) = \lim_{a \to +0}\left(-a - \frac{1}{2a}\right) = -\infty$$

よって，$b = f(a)$ のとりうる値の範囲は

$$b \leqq -\sqrt{2} \quad \cdots\cdots (答)$$

(2) Aにおける D の接線の傾きは $2a$ だから，接線の方程式は

$$y - a^2 = 2a(x - a)$$

$$y = 2ax - a^2 \quad \cdots\cdots ①$$

同様に，Bにおける D の接線の方程式は

$$y = 2bx - b^2 \quad \cdots\cdots ②$$

①と②の交点の x 座標は

$$2ax - a^2 = 2bx - b^2$$

$$2(a - b)x = (a - b)(a + b)$$

$a \neq b$ だから $\quad x = \dfrac{a + b}{2}$

①より　　$y = 2a \cdot \dfrac{a+b}{2} - a^2 = ab$

よって　　$P\left(\dfrac{a+b}{2},\ ab\right)$

(1)より

$$\dfrac{a+b}{2} = \dfrac{1}{2}\left(a - a - \dfrac{1}{2a}\right) = -\dfrac{1}{4a}$$

$$ab = a\left(-a - \dfrac{1}{2a}\right) = -a^2 - \dfrac{1}{2}$$

よって　　$P\left(-\dfrac{1}{4a},\ -a^2 - \dfrac{1}{2}\right)$　……(答)

(3)　(2)より，$P\left(\dfrac{a+b}{2},\ ab\right)$ と表せる。次図のような長方形を考えて

$$S = (a-b)(b^2 - ab) - \dfrac{1}{2}(a-b)(b^2 - a^2)$$
$$\quad - \dfrac{1}{2}\left(a - \dfrac{a+b}{2}\right)(a^2 - ab) - \dfrac{1}{2}\left(\dfrac{a+b}{2} - b\right)(b^2 - ab)$$

$$= -b(b-a)^2 + \dfrac{a+b}{2}(a-b)^2 - \dfrac{a}{4}(a-b)^2 + \dfrac{b}{4}(a-b)^2$$

$$= \dfrac{1}{4}(a-b)^3 = \dfrac{1}{4}\left(2a + \dfrac{1}{2a}\right)^3 \quad ……(答)$$

$2a + \dfrac{1}{2a}$ が最小のとき，S も最小である。$2a > 0$ だから，相加平均と相乗平均の関係より

$$2a + \dfrac{1}{2a} \geqq 2\sqrt{2a \cdot \dfrac{1}{2a}} = 2$$

等号が成り立つのは $2a = \dfrac{1}{2a}$ のときで

$$a^2 = \dfrac{1}{4}$$

$0 < a < 1$ より　　$a = \dfrac{1}{2}$

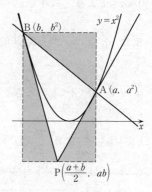

よって，S の最小値は

$$S = \dfrac{1}{4} \cdot 2^3 = 2 \quad ……(答)$$

194 2021 年度 数学〈解答〉 東京理科大-理工〈B方式-2月6日〉

(4) (1)で a を b で置き換えて

$$c = -b - \frac{1}{2b} \quad (b \leqq -\sqrt{2})$$

$f(b) = -b - \dfrac{1}{2b}$ とする。(1)より，$c = f(b)$ の

$b \leqq -\sqrt{2}$ での増減表は右のようになる。
ここで

b	$\cdots$	$-\sqrt{2}$
$f'(b)$	$-$	
$f(b)$	$\searrow$	$\dfrac{5\sqrt{2}}{4}$

$$\lim_{b \to -\infty} f(b) = \lim_{b \to -\infty}\left(-b - \frac{1}{2b}\right) = \infty$$

よって，$c = f(b)$ のとりうる値の範囲は

$$c \geqq \frac{5\sqrt{2}}{4} \quad \cdots\cdots(答)$$

別解 (1)＜その1＞

$F(a) = a + \dfrac{1}{2a}$ とおく。$a > 0$ だから，相加平均と相乗平均の関係より

$$F(a) = a + \frac{1}{2a} \geqq 2\sqrt{a \cdot \frac{1}{2a}} = \sqrt{2}$$

等号成立条件は $a = \dfrac{1}{2a}$ より $\qquad a = \dfrac{1}{\sqrt{2}}$

$0 < a < 1$ より，最小値は $\qquad F\left(\dfrac{1}{\sqrt{2}}\right) = \sqrt{2}$

また，a を $\dfrac{1}{\sqrt{2}}$ から連続的に 0 に近づけていくと $\dfrac{1}{2a}$ は限りなく大きくなっていく。

よって，$0 < a < 1$ のとき $\qquad F(a) \geqq \sqrt{2}$，$b = -F(a) \leqq -\sqrt{2}$

＜その2＞

$b = -a - \dfrac{1}{2a}$ より $\qquad 2a^2 + 2ba + 1 = 0$

$G(a) = 2a^2 + 2ba + 1$ とすると

$$G(0) = 1, \quad G(a) = 2\left(a + \frac{b}{2}\right)^2 + 1 - \frac{b^2}{2}$$

よって，$y = G(x)$ のグラフより，方程式 $G(a) = 0$ が $0 < a < 1$ の範囲に解をもつための必要十分条件は

$$G(1)<0 \quad \text{または} \quad \begin{cases} 0<-\dfrac{b}{2}<1 \\ 1-\dfrac{b^2}{2}\leqq 0 \end{cases}$$

これを解いて $\quad b\leqq -\sqrt{2}$

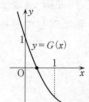
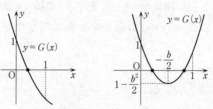

参考　座標平面上の三角形の面積に関して，次のような公式がある。

公式：原点と2点 (a, b), (p, q) を頂点とする三角形の面積は

$$\dfrac{1}{2}|aq-bp|$$

これを用いると，(3)は次のように計算できる。

x 軸方向に $-\dfrac{a+b}{2}$, y 軸方向に $-ab$ だけ平行移動すると，P，A，B は

それぞれ原点，$A'\left(\dfrac{a-b}{2},\ a^2-ab\right)$, $B'\left(\dfrac{b-a}{2},\ b^2-ab\right)$ に移る。よって

$$S=\triangle OA'B'=\dfrac{1}{2}\left|\dfrac{a-b}{2}\cdot(b^2-ab)-(a^2-ab)\cdot\dfrac{b-a}{2}\right|=\dfrac{1}{4}(a-b)^3$$

3　解答

(1) $(x\sin x)'=\sin x+x\cos x$

$\displaystyle\int x\sin x\,dx=-x\cos x+\sin x+C$　（C：積分定数）

(2) $x_n=\dfrac{\pi}{2}+n\pi$　(3) $I_n=2(2n+1)\pi$　(4) $\displaystyle\sum_{n=0}^{\infty}\dfrac{1}{I_n I_{n+1}}=\dfrac{1}{8\pi^2}$

※計算過程の詳細については省略。

◀解　説▶

≪絶対値で表された関数，面積，無限級数≫

(1)　$(x\sin x)'=(x)'\sin x+x(\sin x)'=\sin x+x\cos x$　……（答）

$$\int x\sin x\,dx=\int x(-\cos x)'\,dx$$

$$= x(-\cos x) - \int (x)'(-\cos x)\,dx$$

$$= -x\cos x + \int \cos x\,dx$$

$$= -x\cos x + \sin x + C \quad (C：積分定数) \quad \cdots\cdots(答)$$

(2) $g(x) = x\sin x$ とし，曲線 $y = f(x)$ を C_1，曲線 $y = g(x)$ を C_2 とする。$f(x) = |g(x)|$ より，C_2 で $y < 0$ の部分を x 軸に関して対称移動させた曲線が C_1 である。

$$g'(x) = \sin x + x\cos x$$

$x = t$ での C_2 の接線の方程式は

$$y - t\sin t = (\sin t + t\cos t)(x - t)$$

$$y = (\sin t + t\cos t)x - t^2\cos t$$

接線が原点を通るとすると

$$-t^2\cos t = 0$$

$$t = 0,\ \frac{2k+1}{2}\pi \quad (k は整数)$$

(i) $t = 0$ のとき

$g'(0) = 0$ より，C_2 の $x = 0$ での接線の傾きは 0 。よって，C_1 の $x = 0$ での接線も傾きが 0 で条件を満たさない。

(ii) $t = \dfrac{2k+1}{2}\pi$ のとき

$$f\left(\frac{2k+1}{2}\pi\right) = \left|\frac{2k+1}{2}\pi\sin\frac{2k+1}{2}\pi\right| = \frac{|2k+1|}{2}\pi$$

C_2 の $x = \dfrac{2k+1}{2}\pi$ での接線は原点を通るから，C_1 の $\left(\dfrac{2k+1}{2}\pi,\ \dfrac{|2k+1|}{2}\pi\right)$ での接線も原点を通る。

$k < 0$ のとき接点は第 3 象限の点だから，傾きが負となり不適。

$k \geqq 0$ のとき接点は第 1 象限の点だから，傾きは正で条件を満たす。

(i)，(ii)より，接点の x 座標は

$$x = \frac{2k+1}{2}\pi \quad (k = 0,\ 1,\ 2,\ \cdots)$$

よって $\quad x_n = \dfrac{2n+1}{2}\pi \quad \cdots\cdots(答)$

[参考] $-1 \leq \sin x \leq 1$ より $-x \leq x\sin x \leq x$ で，$x = \dfrac{2n+1}{2}\pi$ のとき一方の等号が成り立つことから，曲線 $y = x\sin x$ は2つの直線 $y = x$, $y = -x$ に $x = \dfrac{2n+1}{2}\pi$ で接する右図のようなグラフになることがわかる。

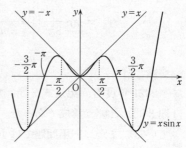

(3) (2)より

$$x_{2n} = \dfrac{4n+1}{2}\pi = \dfrac{\pi}{2} + 2n\pi$$

$$x_{2n+1} = \dfrac{2(2n+1)+1}{2}\pi = \dfrac{3}{2}\pi + 2n\pi$$

ここで

$\dfrac{\pi}{2} + 2n\pi \leq x \leq \pi + 2n\pi$ のとき　　$\sin x \geq 0$

$\pi + 2n\pi < x \leq \dfrac{3}{2}\pi + 2n\pi$ のとき　　$\sin x < 0$

よって

$$I_n = \int_{\frac{\pi}{2}+2n\pi}^{\frac{3}{2}\pi+2n\pi} |x\sin x|\,dx$$

$$= \int_{\frac{\pi}{2}+2n\pi}^{\pi+2n\pi} x\sin x\,dx - \int_{\pi+2n\pi}^{\frac{3}{2}\pi+2n\pi} x\sin x\,dx$$

(1)より

$$I_n = \Big[-x\cos x + \sin x\Big]_{\frac{\pi}{2}+2n\pi}^{\pi+2n\pi} - \Big[-x\cos x + \sin x\Big]_{\pi+2n\pi}^{\frac{3}{2}\pi+2n\pi}$$

$$= \pi + 2n\pi - 1 - (-1 - \pi - 2n\pi) = 2(2n+1)\pi \quad \cdots\cdots(答)$$

(4) (3)より

$$\dfrac{1}{I_n I_{n+1}} = \dfrac{1}{2(2n+1)\pi \cdot 2(2n+3)\pi} = \dfrac{1}{8\pi^2}\left(\dfrac{1}{2n+1} - \dfrac{1}{2n+3}\right)$$

よって

$$\sum_{n=0}^{\infty} \dfrac{1}{I_n I_{n+1}} = \lim_{m\to\infty} \sum_{n=0}^{m} \dfrac{1}{8\pi^2}\left(\dfrac{1}{2n+1} - \dfrac{1}{2n+3}\right)$$

$$= \lim_{m \to \infty} \frac{1}{8\pi^2}\left(1 - \frac{1}{2m+3}\right) = \frac{1}{8\pi^2} \quad \cdots\cdots(答)$$

❖講 評

2021年度も，記述式2題，マークシート法1題（独立した内容の小問3問）という構成であった。各単元での基本的な知識が幅広く問われている。また，応用問題では小問による誘導がついている。計算量が多くなりやすいため，できるだけ計算が簡単になるよう工夫しつつ，丁寧に計算を進めたい。

1 (1)は空間ベクトルに関する基本的な問題，(2)は複素数に関する発展的な問題，(3)は整数と1次不定方程式に関する標準的な問題である。(2)は，式が長くなり計算ミスをしやすいので注意したい。S_n の実部の絶対値は比較的早く100を超えるため，n の最小値は具体的に計算し求めるとよい。(3)の x, y の求め方は1次不定方程式の基本である。しっかりとできるようにしておきたい。

2 微分法に関する発展的な問題である。(1)・(4)での値の範囲は，増減表を用いるとわかりやすい。(1)は〔別解〕のように相加平均と相乗平均の関係や解の存在条件を用いる方法もある。一方，(3)では相加平均と相乗平均の関係を用いるのが簡単でよいが，等号成立条件の確認を忘れないようにしよう。(2)・(3)では，条件の対称性から a と b を用いて計算を進めるとよい。(3)で S を求める方法はいろいろ考えられる。〔参考〕のような公式を用いる方法もある。

3 積分法に関する発展的な問題である。(2)は，$f(x)$ が $y \geq 0$ の領域にある曲線であることから，$x > 0$ の範囲を調べればよいことがわかる。〔参考〕のようにしてグラフの形を大まかにでも考えると，x_n の値はすぐにわかる。(3)の絶対値を含む関数の積分は，値が正，負になる区間で分けて積分する。範囲に n を含むため把握しにくいが，$\sin x$ の正負を丁寧に調べるとよい。(4)は部分分数分解を用いる基本的な計算である。無限級数の計算は，部分和 $\sum\limits_{n=1}^{m}$ を求めてから $m \to \infty$ とすることを忘れないようにしたい。

東京理科大-理工〈B方式-2月6日〉　　　2021 年度　物理〈解答〉　*199*

物理

(注)　解答につきましては，東京理科大学から提供のあった情報を掲載しております。

1　解答

(1)(ア)—② 　(イ)—⓪ 　(ウ)—⑤ 　(エ)—⑥ 　(オ)—① 　(カ)—④
(キ)—④ 　(ク)—⑤

(2)(ケ)—⑦ 　(コ)—⑥ 　(サ)—⑤ 　(シ)—⑤ 　(ス)—⑥ 　(セ)—⑦ 　(ソ)—⑥ 　(タ)—①

(3)(チ)—① 　(ツ)—② 　(テ)—⑦

◀解　説▶

≪振り子の運動≫

(1)(ア)　小球が点Aを通過するときの速さを v とすると，力学的エネルギー保存則より

$$mgl = \frac{1}{2}mv^2 \quad \therefore \quad v = \sqrt{2gl}$$

(イ)　糸の張力の方向は小球の運動の方向に垂直なので，糸の張力が小球にした仕事は 0 となる。

(ウ)　重力の大きさは mg で小球は重力の方向に l だけ移動するので，重力がした仕事は mgl となる。

(エ)　糸の張力と重力の合力が向心力となるので，糸の張力を T_1 とすると円の運動方程式は

$$T_1 - mg = m\frac{v^2}{l}$$

$$T_1 = mg + m\frac{\sqrt{2gl}^2}{l} = 3mg$$

(オ)　角度 θ の位置における小球の速度を v_θ とすると，力学的エネルギー保存則より

$$mgl\cos\theta = \frac{1}{2}mv_\theta^2 \quad \therefore \quad v_\theta = \sqrt{2gl\cos\theta}$$

小球にはたらく力の円運動の中心方向を向いた成分は向心力となるので

$$F_1 = m\frac{v_\theta^2}{l} = m\frac{\sqrt{2gl\cos\theta}^2}{l} = 2\cos\theta \times mg$$

200 2021 年度 物理〈解答〉　　　　　　　　　東京理科大-理工〈B方式-2月6日〉

㈹　糸の張力は F_2 方向の成分をもたないので，F_2 は重力の接線方向を向いた成分と等しいため

$$F_2 = \sin\theta \times mg$$

㈺　小球にはたらく力の大きさの2乗を考えると

$$F_1{}^2 + F_2{}^2 = (2\cos\theta \times mg)^2 + (\sin\theta \times mg)^2 = (3\cos^2\theta + 1) \times m^2 g^2$$

よって，大きさが最大となるのは $\cos\theta = 1$ を満たすときである。

㈻　$\cos\theta = 1$ を代入すると，合力の大きさは

$$\sqrt{F_1{}^2 + F_2{}^2} = \sqrt{(3+1) \times m^2 g^2} = 2mg$$

参考　$\theta = 0$ のとき，合力の大きさが最大となる。このとき，㈽より糸の張力は大きさが $3mg$ で鉛直上向き，重力は大きさが mg で鉛直下向きであるから，合力の大きさは $2mg$ と求めることもできる。

(2)㈻　小球が点Aを通過した直後の運動は，速さ v のまま，半径が al の円運動になることに注意すると，向心力は $m\dfrac{v^2}{al}$ となる。糸の張力と重力の合力が向心力となるので，糸の張力を T_2 とすると円の運動方程式は

$$T_2 - mg = m\frac{v^2}{al}$$

$$T_2 = mg + m\frac{\sqrt{2gl}^2}{al} = \left(1 + \frac{2}{a}\right) \times mg$$

㈡　小球の点Bにおける速度を v_B とすると，力学的エネルギー保存則より

$$mg\left(l - al - al\sin\frac{\pi}{6}\right) = \frac{1}{2}mv_\text{B}{}^2$$

$$\therefore \quad v_\text{B} = \sqrt{2gl\left(1 - \frac{3}{2}a\right)} \quad \cdots\cdots(*)$$

点Bにおいて糸の張力が0となり，重力の円運動の中心方向を向いた成分のみが向心力となるので，円の運動方程式は

$$mg\sin\frac{\pi}{6} = m\frac{v_\text{B}{}^2}{al}$$

$$\frac{mg}{2} = \frac{m\sqrt{2gl\left(1 - \frac{3}{2}a\right)}^2}{al}$$

$$\therefore \quad a = \frac{4}{7}$$

(サ) （＊）に，a を代入すると

$$v_B = \sqrt{2gl\left(1 - \frac{3}{2}\cdot\frac{4}{7}\right)} = \sqrt{\frac{2}{7}\times gl}$$

(シ) 小球の運動の x 方向の成分は等速運動なので

$$x = al\cos\frac{\pi}{6} - v_B\sin\frac{\pi}{6}\times t = -\frac{1}{2}v_B t + \frac{\sqrt{3}}{2}al$$

(ス) 小球の運動の y 方向の成分は等加速度運動なので

$$y = al\sin\frac{\pi}{6} + v_B\cos\frac{\pi}{6}\times t - \frac{1}{2}gt^2 = -\frac{1}{2}gt^2 + \frac{\sqrt{3}}{2}v_B t + \frac{1}{2}al$$

(セ) x 座標が 0 となるとき，(シ)より

$$0 = -\frac{1}{2}\sqrt{\frac{2}{7}\times gl}\cdot t_0 + \frac{\sqrt{3}}{2}\cdot\frac{4}{7}l$$

$$\therefore \quad t_0 = 2\sqrt{\frac{6}{7}}\times\sqrt{\frac{l}{g}}$$

(ソ) (ス)より

$$y_0 = -\frac{1}{2}g\left(2\sqrt{\frac{6}{7}}\times\sqrt{\frac{l}{g}}\right)^2 + \frac{\sqrt{3}}{2}\sqrt{\frac{2}{7}\times gl}\times\left(2\sqrt{\frac{6}{7}}\times\sqrt{\frac{l}{g}}\right) + \frac{1}{2}\cdot\frac{4}{7}l$$

$$= -\frac{4}{7}l$$

(タ) (ソ)より点Cは点Aに一致するので，最初に糸のたるみがなくなるときの小球の位置は点Aである。

(3)(チ) 接線方向の成分は x' 軸方向の成分とも近似的にみなせるので

$$F_{x'} \fallingdotseq mg\sin\theta \fallingdotseq mg\left(-\frac{x'}{l}\right) = -\frac{mg}{l}\times x'$$

(ツ) 線分 OA の左側におけるばね定数は(チ)より

$$k = \frac{mg}{l}$$

線分 OA の右側におけるばね定数も同様に考えて

$$k' = \frac{mg}{al}$$

よって $\quad \dfrac{k}{k'} = a$

(テ) 線分 OA の左側と右側の運動は，それぞれ，ばね定数 k と k' の単振動の半周期に対応するので

$$T = \frac{1}{2} \times 2\pi \sqrt{\frac{m}{k}} + \frac{1}{2} \times 2\pi \sqrt{\frac{m}{k'}}$$

$$= \frac{1}{2} \times 2\pi \sqrt{\frac{m}{\dfrac{mg}{l}}} + \frac{1}{2} \times 2\pi \sqrt{\frac{m}{\dfrac{mg}{al}}}$$

$$= \pi (1 + \sqrt{a}) \sqrt{\frac{l}{g}}$$

$\boxed{2}$ **解答**   (1)(ア)—⓪   (イ)—②   (ウ)—④   (エ)—⑤   (オ)—⑤

              (2)(カ)—⓪   (キ)—②   (ク)—⓪   (ケ)—①

(3)(コ)—④   (サ)—①   (シ)—③   (ス)—②   (セ)—⑤   (ソ)—④   (タ)—③

◀解　説▶

≪磁場中を移動する導体棒に生じる電磁誘導≫

(1)(ア) 単位時間の間に，導体棒の長さ $\bar{v}$ の領域に含まれる自由電子の電気量が導体棒の断面を通過するので，電流の大きさは $enS\bar{v}$ となる。

(イ) 電場と長さの積が電位差となるので，導体内部の電場の大きさは $\dfrac{V}{l}$ である。

(ウ) 力のつり合いより

$$kv = e\frac{V}{l} \quad \therefore \quad v = \frac{eV}{kl}$$

(エ) (ウ)の結果を(ア)に代入すると，電流の大きさ I は

$$I = enSv = enS \cdot \frac{eV}{kl} = \frac{e^2 nVS}{kl}$$

(オ) (エ)より，$I = \dfrac{e^2 nS}{kl} V$ であり，オームの法則より，導体の電気抵抗は $\dfrac{kl}{e^2 nS}$ である。

(2)(カ)・(キ) 自由電子の電荷は負であることに注意すると，フレミングの左手の法則より，ローレンツ力は大きさ $ev_e B$ で y 軸の正の向きとなる。

(ク) 電場の大きさを E とすると，力のつり合いより

東京理科大-理工〈B方式-2月6日〉 2021年度 物理〈解答〉 *203*

$$ev_eB = eE \quad \therefore \quad E = v_eB$$

(ケ) 電場と長さの積が電位差となるので，PQ間の電位差の大きさは v_eBL となる。

(3)(コ) 電流が流れるのは ab 間であることに注意すると

$$R = \frac{\rho l_0}{S}$$

(サ) (ク)より，cd 間に生じる電場の大きさは vB なので，誘導起電力の大きさは vBl_0 となる。また，導体棒 PQ の cd 間を流れる電流は d から c の向きであり，大きさは

$$I = \frac{vBl_0}{R}$$

(シ) 導体棒 PQ を流れる電流が磁場から受ける力は外力と逆向きで大きさ IBl_0 となるので，導体棒 PQ の運動方程式より

$$Ma = F - IBl_0$$

(ス) 定常状態において加速度は 0 となるので

$$M \cdot 0 = F - IBl_0 \qquad 0 = F - \frac{vBl_0}{R} \cdot Bl_0$$

$$\therefore \quad v = \frac{FR}{B^2 l_0{}^2}$$

(セ) cd 間に生じる誘導起電力の大きさは v_1Bl_0，ba 間に生じる誘導起電力の大きさは v_2Bl_0 なので，回路を流れる電流の大きさを i とすると

$$iR = v_1Bl_0 - v_2Bl_0 \quad \therefore \quad i = \frac{(v_1 - v_2)Bl_0}{R}$$

(ソ) 導体棒 PQ の運動方程式より $\quad Ma_1 = F - iBl_0$

導体棒 P'Q' の運動方程式より $\quad Ma_2 = iBl_0$

よって

$$Ma_1 - Ma_2 = (F - iBl_0) - iBl_0$$

$$a_1 - a_2 = \frac{F}{M} - \frac{2iBl_0}{M} = \frac{F}{M} - \frac{2\dfrac{(v_1 - v_2)Bl_0}{R}Bl_0}{M}$$

$$= \frac{F}{M} - \frac{2(v_1 - v_2)B^2 l_0{}^2}{MR}$$

(タ) $a_1 - a_2 = 0$ のとき

$$0 = \frac{F}{M} - \frac{2(v_1 - v_2)B^2 l_0^2}{MR} \qquad \therefore \quad v_1 - v_2 = \frac{FR}{2B^2 l_0^2}$$

(セ)に代入して

$$i = \frac{\dfrac{FR}{2B^2 l_0^2}Bl_0}{R} = \frac{F}{2Bl_0}$$

$\boxed{3}$ **解答**　(1)(ア)—⓪　(イ)—③　(ウ)—①　(エ)—⓪　(オ)—③　(カ)—③
　　　　　　　(2)(キ)—⑤　(ク)—②　(ケ)—②　(コ)—⑤　(サ)—④　(シ)—⓪
(ス)—①　(セ)—⓪　(ソ)—⑥

◀解　説▶

≪組み合わせレンズでできる像≫

(1)(ア)　線分 OB, OB′ の長さをそれぞれ $\overline{\text{OB}}$, $\overline{\text{OB}'}$ とすると

$$\frac{\overline{\text{A}'\text{B}'}}{\overline{\text{AB}}} = \frac{\overline{\text{OB}'}}{\overline{\text{OB}}} = \frac{b}{a}$$

(イ)　線分 B′F′, OF′ の長さをそれぞれ $\overline{\text{B}'\text{F}'}$, $\overline{\text{OF}'}$ とすると

$$\frac{\overline{\text{A}'\text{B}'}}{\overline{\text{OP}}} = \frac{\overline{\text{B}'\text{F}'}}{\overline{\text{OF}'}} = \frac{b - f_1}{f_1} = \frac{b}{f_1} - 1$$

(ウ)　$\overline{\text{AB}} = \overline{\text{OP}}$ より

$$\frac{b}{a} = \frac{b}{f_1} - 1 \qquad \therefore \quad \frac{1}{a} + \frac{1}{b} = \frac{1}{f_1}$$

(エ)　$$\frac{\overline{\text{A}'\text{B}'}}{\overline{\text{AB}}} = \frac{\overline{\text{OB}'}}{\overline{\text{OB}}} = \frac{b}{a}$$

(オ)　線分 B′F, OF の長さをそれぞれ $\overline{\text{B}'\text{F}}$, $\overline{\text{OF}}$ とすると

$$\frac{\overline{\text{A}'\text{B}'}}{\overline{\text{OP}}} = \frac{\overline{\text{B}'\text{F}}}{\overline{\text{OF}}} = \frac{f_2 - b}{f_2} = 1 - \frac{b}{f_2}$$

(カ)　$\overline{\text{AB}} = \overline{\text{OP}}$ より

$$\frac{b}{a} = 1 - \frac{b}{f_2} \qquad \therefore \quad \frac{1}{a} - \frac{1}{b} = -\frac{1}{f_2}$$

(2)(キ)　(ウ)より　$$\frac{1}{a} + \frac{1}{b+d} = \frac{1}{f_1}$$

(ク)　物体 AB に対する像 A′B′ の倍率は, それぞれのレンズまでの距離の

比と等しく $\dfrac{b+d}{a}$ となる。

(ケ) 線分 OB′，OB″ の長さをそれぞれ $\overline{\text{OB}'}$，$\overline{\text{OB}''}$ とすると

$$\frac{\overline{\text{A}''\text{B}''}}{\overline{\text{A}'\text{B}'}} = \frac{\overline{\text{OB}''}}{\overline{\text{OB}'}} = \frac{d-c}{b}$$

(コ) 線分 B″F，OF の長さをそれぞれ $\overline{\text{B}''\text{F}}$，$\overline{\text{OF}}$ とすると

$$\frac{\overline{\text{A}''\text{B}''}}{\overline{\text{OP}'}} = \frac{\overline{\text{B}''\text{F}}}{\overline{\text{OF}}} = \frac{(d-c)-f_2}{f_2} = \frac{d-c}{f_2} - 1$$

(サ) $\overline{\text{A}'\text{B}'} = \overline{\text{OP}'}$ より

$$\frac{d-c}{b} = \frac{d-c}{f_2} - 1 \qquad \therefore \quad \frac{1}{d-c} + \frac{1}{b} = \frac{1}{f_2}$$

(シ) 像 A″B″ は像 AB と向きが同じなので正立像である。

(ス) 像 A″B″ には像 AB から発せられた光が実際には集まっていないので，虚像である。

(セ) (キ)に数値を代入すると

$$\frac{1}{22} + \frac{1}{b+16} = \frac{1}{10} \qquad \therefore \quad b = \frac{7}{3}$$

(サ)に数値を代入すると

$$\frac{1}{16-c} + \frac{1}{\dfrac{7}{3}} = \frac{1}{2} \qquad \therefore \quad c = 2 \,\text{(cm)}$$

(ソ) 物体 AB の大きさに対する，像 A″B″ の大きさの比は，線分 AB の長さを $\overline{\text{AB}}$ とすると

$$\frac{\overline{\text{A}''\text{B}''}}{\overline{\text{AB}}} = \frac{\overline{\text{A}'\text{B}'}}{\overline{\text{AB}}} \cdot \frac{\overline{\text{A}''\text{B}''}}{\overline{\text{A}'\text{B}'}} = \frac{b+d}{a} \cdot \frac{d-c}{b}$$

$$= \frac{\dfrac{7}{3}+16}{22} \cdot \frac{16-2}{\dfrac{7}{3}} = 5 \text{ 倍}$$

❖講　評

　例年通り，試験時間 80 分で，大問 3 題の構成である。

　1　振り子の運動に関する問題である。(1)は振り子の運動についての基本的な問題である。(2)は小球が最下点に来たときに振り子の長さが変化する設定である。最下点を通過する前後で，小球の速度は変わらないが，振り子の長さが変わるので，向心力も変わることに注意する。後半は斜方投射の基本的な問題である。(3)は角振幅が十分小さいという近似のもとで，周期を求めさせる問題である。線分 OA の左右での運動が，それぞれ異なるばね定数の単振動の半周期に対応することが理解できれば，難しくない。

　2　磁場中を移動する導体棒に生じる電磁誘導に関する問題である。(1)は電磁気に関する基本的な問題である。(2)は電磁誘導に関する基本的な問題である。(3)は磁場中で 2 本の金属のレール上を移動する 2 本の導体棒に生じる電磁誘導の問題である。導体棒の長さは L だが，抵抗や電磁誘導に寄与するのはレールとの 2 つの接点の間の距離 l_0 であることに注意する。誘導に従って計算すれば，特に難しくはないだろう。

　3　組み合わせレンズでできる像に関する問題である。(1)は凸レンズと凹レンズにおけるレンズの式の導出の問題。ほぼ同じ計算の繰り返しである。(2)は凸レンズと凹レンズを組み合わせた設定となっている。(ケ)〜(サ)は凹レンズにおけるレンズの式の導出の問題で，(1)とほぼ同じ計算の繰り返しである。(ス)では光線 r_1 が点 A″ に向かわないことから，虚像とわかる。あくまで，点 A″ に光線が集まるように見えるだけである。

　全体的に，ほぼ例年通りの内容であり，難易度も例年並みであった。計算がやや複雑な問題もあるので，見通しのよい式変形を心がけたい。

東京理科大-理工〈B方式-2月6日〉　　　2021 年度　化学〈解答〉　*207*

化学

（注）　解答につきましては，東京理科大学から提供のあった情報を掲載しております。

1 解答

(1)(ア) 03　(イ) 14　(2)(ウ) 07　(エ) 01　(3)(オ) 08　(カ) 05
(4)(キ) 32　(5)(ク) 04　(6)(ケ) 01　(コ) 05　(7)(サ) 70

◀解　説▶

≪物質の構成粒子，酸化還元反応，水銀柱と蒸気圧≫

(2)　Cl_2 分子では，下図に示すように Cl 原子が不対電子を 1 個ずつ出し合って共有電子対が形成されている。

$$:\overset{\cdot\cdot}{\underset{\cdot\cdot}{Cl}}\cdot + \cdot\overset{\cdot\cdot}{\underset{\cdot\cdot}{Cl}}: \longrightarrow :\overset{\cdot\cdot}{\underset{\cdot\cdot}{Cl}}:\overset{\cdot\cdot}{\underset{\cdot\cdot}{Cl}}:$$

(3)　P 原子は原子番号が 15 なので，K 殻に 2 個，L 殻に 8 個，M 殻に 5 個の電子が入っている。

(4)　内側から n 番目の電子殻に収容可能な電子の最大数は $2n^2$ と表される。

(5)　電気陰性度は，周期表の右上にある元素ほど大きくなる傾向がみられ，2 族元素では原子番号 4 の Be が最大となる。

(6)　酸化剤の $KMnO_4$ は次のように反応し，Mn の酸化数は +7 から +2 に変化する。

$$MnO_4{}^- + 8H^+ + 5e^- \longrightarrow Mn^{2+} + 4H_2O$$

H_2O_2 は酸化剤としても還元剤としてもはたらくが，相手物質が強力な酸化剤である $KMnO_4$ の場合は還元剤として次のように反応する。このとき，O の酸化数は -1 から 0 に変化する。

$$H_2O_2 \longrightarrow 2H^+ + O_2 + 2e^-$$

(7)　1.013×10^5 Pa は 76 cm の水銀柱による圧力に相当するので，25℃におけるエタノールの飽和蒸気圧 7.97×10^3 Pa は

$$76 \times \frac{7.97 \times 10^3}{1.013 \times 10^5} = 5.97 \text{〔cm〕}$$

の水銀柱による圧力に相当する。よって，水銀柱はエタノールの飽和蒸気

に押されて $5.97\,\mathrm{cm}$ だけ低くなるので，求める高さは

$$76-5.97=70.03 \fallingdotseq 70\,\mathrm{(cm)}$$

2 解答

(1)(a)—08　(b)—02　(ア)—10　(イ)—10
(I)$2.4\times10^{+1}$　(II)9.7×10^{-1}

(2)(c)—04　(ウ)—8　(エ)—4　(オ)—7　(カ)—10　(キ)—10

(3)(d)—06　(あ)—1　(i)〜(iii)：3

※(1)の(II)の計算について，解法・計算順序等により別解がある。

━━━━━━━ ◀解　説▶ ━━━━━━━

≪体心立方格子，氷の構造と性質，物質の三態と状態図≫

(1)(I)　単位格子1個分，つまり Na 原子2個分の体積は

$$(4.29\times10^{-8})^3=79.0\times10^{-24}\,\mathrm{(cm^3)}$$

であるから，$1\,\mathrm{(mol)}=6.02\times10^{23}$ 個あたりの体積は

$$79.0\times10^{-24}\times\frac{6.02\times10^{23}}{2}=23.7\fallingdotseq24\,\mathrm{(cm^3)}$$

(II)　Na 原子 $1\,\mathrm{mol}$ の質量は $23.0\,\mathrm{g}$ であるから，求める密度は

$$\frac{1\,\mathrm{mol\,あたりの質量}}{1\,\mathrm{mol\,あたりの体積}}=\frac{23.0}{23.7}=0.970\fallingdotseq0.97\,\mathrm{(g/cm^3)}$$

(ア)・(イ)　単位格子の1辺の長さを $a\,\mathrm{(cm)}$，アボガドロ定数を $N_\mathrm{A}\,\mathrm{(/mol)}$ とすると，体心立方格子をとる原子量 M の金属の密度は

$$\frac{単位格子の質量}{単位格子の体積}=\frac{\dfrac{M}{N_\mathrm{A}}\times2}{a^3}=\frac{2M}{a^3N_\mathrm{A}}\,\mathrm{(g/cm^3)}$$

と表されるので，密度は原子量に比例し，単位格子の1辺の長さの3乗に反比例する。よって，カリウムの密度はナトリウムの密度の

$$\frac{\dfrac{39.1}{23.0}}{1.23^3}=0.91\,倍$$

となり，カリウムの密度の方が低くなる。また，水の密度は $1.0\,\mathrm{g/cm^3}$ であるから，密度の大小関係は

水の密度＞ナトリウムの密度＞カリウムの密度

となる。

(2)(オ)・(c)　氷において，1個の H_2O 分子は周囲の4個の H_2O 分子と水素

東京理科大-理工〈B方式-2月6日〉　　　　2021 年度　化学〈解答〉　209

結合によりつながり，正四面体構造が形成されている。また，ダイヤモンドは1個のC原子が周囲の4個のC原子と共有結合をし，やはり正四面体構造をつくっている。

㈹　氷は方向性のある水素結合により，隙間の多い構造をとる。氷が溶けて液体の水になると，水素結合の一部が切断され，隙間が少なくなる。そのため，氷の密度は液体の水よりも低い。

㈻　氷に圧力をかけると，水素結合が切断されて，液体の水になる。つまり，圧力を高くすることで，低い温度でも氷は融解するので，融点は低くなる。したがって，氷にかかる圧力が低くなるほど融点は高くなる。

(3)(d)・㈲　三重点は3本の曲線の交点であり，そこでの温度が－85.5℃，圧力が $2.33×10^4$ Pa である。常温・常圧は25℃，$1.013×10^5$ Pa であり，H_2S はこの条件では気体であることから，状態図中の点6に対応する。この状態から温度を下げていくと，点6（気体）→点5（液体）→点4（固体）と状態が変化するので，H_2S は常圧では気体・液体・固体のいずれの状態にもなり得る。

(i)～(iii)　H_2Se と H_2S は構造は似ているが，H_2Se の方が分子量が大きいため，分子間にはたらくファンデルワールス力が強く，沸点が高くなる。

3 解答

(1)(ア)— 7　(イ)— 3　(ウ)— 5　(エ)— 9　(オ)— 2

(2)(i) $2.00×10^{-2}$　(ii) $4.48×10^{-1}$

(3)(iii) $7.38×10^{+1}$　(4)(iv) $6.01×10^{+2}$

◀解　説▶

≪陽イオン交換膜法による電気分解，固体の溶解度≫

(1)(ア)　陽極室では Cl^- が酸化されて，Cl_2 が生成する。

$$2Cl^- \longrightarrow Cl_2 + 2e^-$$

(イ)・(ウ)　陰極室では H_2O が還元されて，H_2 と OH^- が生成する。

$$2H_2O + 2e^- \longrightarrow H_2 + 2OH^-$$

H_2 は電解槽の外部へ出ていくので，図から(イ)が OH^-，(ウ)が H_2 である。

(エ)・(オ)　電気分解が進むと，陽極室では Cl^- が減少して Na^+ が余るため，溶液が正に帯電する。一方，陰極室では OH^- の生成により溶液が負に帯電する。そこで，電荷のバランスを保つために Na^+ が陽極室から陰極室へ，OH^- が陰極室から陽極室へ移動しようとするが，陽イオン交換膜で

両室を仕切ることで，Na^+ のみが陰極室へ移動することになる。これにより，陰極室では Na^+ と OH^- の濃度が高くなり，NaOH が生成されることとなる。

(2)(i) 生成する NaOH の物質量は，陰極で生成する OH^- の物質量に等しい。陰極で起こる反応は

$$2H_2O + 2e^- \longrightarrow H_2 + 2OH^-$$

であり，流れた電子と生成する OH^- の物質量は等しいので，求める物質量は

$$\frac{5.00 \times 386}{9.65 \times 10^4} = 2.00 \times 10^{-2} \, (mol)$$

(ii) 陰極から発生した H_2 の物質量は

$$2.00 \times 10^{-2} \times \frac{1}{2} = 1.00 \times 10^{-2} \, (mol)$$

陽極で起こる反応は

$$2Cl^- \longrightarrow Cl_2 + 2e^-$$

であるから，陽極から発生した Cl_2 の物質量は

$$2.00 \times 10^{-2} \times \frac{1}{2} = 1.00 \times 10^{-2} \, (mol)$$

よって，両極から発生した気体の物質量の合計は 2.00×10^{-2} mol であるから，その標準状態における体積は

$$22.4 \times 2.00 \times 10^{-2} = 4.48 \times 10^{-1} \, (L)$$

(3) 陰極で起こる反応から，電子が 1 mol 流れると，H_2O が 1 mol（＝18.0 g）反応し，NaOH が 1 mol 生成する。流れる電子を x (mol) とおくと，生成する NaOH は x (mol)，反応により減少する H_2O は $18.0x$ (g) であるから，NaOH の質量モル濃度が 5.00 mol/kg より

$$\frac{NaOH \text{ の物質量 (mol)}}{\text{水の質量 (kg)}} = \frac{x}{\dfrac{10.0}{1000} - \dfrac{18.0x}{1000}} = 5.00$$

$$\therefore \quad x = \frac{5}{109} \, (mol)$$

よって，求める電流の強さを I (A) とおくと

$$I \times 60 = \frac{5}{109} \times 9.65 \times 10^4 \quad \therefore \quad I = 73.77 \fallingdotseq 73.8 \, (A)$$

東京理科大-理工〈B方式-2月6日〉　　　　2021 年度　化学〈解答〉　*211*

(4)　取り出した 1000 g の溶液中に溶解している NaCl と NaOH の質量は
それぞれ

$$NaCl : 1000 \times \frac{16.6}{100} = 166 〔g〕, \quad NaOH : 1000 \times \frac{12.4}{100} = 124 〔g〕$$

よって，溶液中の水の質量は

$$1000 - (166 + 124) = 710 〔g〕$$

x〔g〕の水を蒸発させたときにちょうど NaOH の飽和水溶液になるとす

ると，飽和水溶液における $\dfrac{溶質の質量}{水の質量}$ は一定であることから

$$\frac{124}{710 - x} = \frac{114}{100} \qquad \therefore \quad x = 601.2 \doteqdot 6.01 \times 10^2 〔g〕$$

4　解答

(1)(ア)—08　(イ)—25　(ウ)—30

(2)(エ)—02　(オ)—03　(カ)—02　(キ)—47　(ク)—54　(ケ)—46

(コ)—54

(3)(サ)—56　(シ)—58　(ス)—35　(セ)—39　(ソ)—33　(タ)—40

◀解　説▶

≪鉄の単体と化合物，鉄の製錬≫

(1)(ア)　Fe は第 4 周期 8 族に属し，原子番号は 26 である。

(イ)・(ウ)　地殻中の元素存在量は O が最も多く，Si，Al，Fe と続く。

(2)(エ)～(カ)　酸化鉄(Ⅲ) Fe_2O_3 の Fe の酸化数は +3 である。四酸化三鉄
Fe_3O_4 については，Fe の酸化数の合計が +8 になることから，Fe^{2+} と
Fe^{3+} が 1 : 2 の割合で含まれていることがわかる。

(キ)～(コ)　Fe^{2+} を含む水溶液に塩基の水溶液を加えると，緑白色の水酸化
鉄(Ⅱ) $Fe(OH)_2$ が沈殿する。

$$Fe^{2+} + 2OH^- \longrightarrow Fe(OH)_2$$

Fe^{3+} を含む水溶液に塩基の水溶液を加えると，赤褐色の水酸化鉄(Ⅲ)
$Fe(OH)_3$ が沈殿する。

$$Fe^{3+} + 3OH^- \longrightarrow Fe(OH)_3$$

なお，これらの沈殿は NaOH 水溶液やアンモニア水を過剰に加えても溶
解しない。

(3)　Fe_2O_3 を主成分とする鉱石を赤鉄鉱，Fe_3O_4 を主成分とする鉱石を磁

212 2021 年度 化学〈解答〉　　　　　　　　東京理科大-理工〈B方式-2月6日〉

鉄鉱という。鉄の単体は，これらの鉱石を，溶鉱炉で CO によって還元することにより得られる。

$$Fe_2O_3 + 3CO \longrightarrow 2Fe + 3CO_2$$

こうして得られた鉄は銑鉄といい，炭素を多く含んでいてもろい。そこで，融解した銑鉄を転炉に移して O_2 を吹き込み，炭素を CO_2 として取り除く。このとき得られる，炭素の含有量を 0.02〜2％にした鉄を鋼という。

5 解答
(1)— 3　(2)— 1　(3)— 3　(4)— 1　(5)— 3　(6)— 2
(7)— 2　(8)— 4

◀解　説▶

≪窒素を含む芳香族化合物，ジアゾ化とカップリング≫

(1) ニトロ化の試薬には濃硝酸と濃硫酸の混合物である混酸を用いるが，濃硫酸は溶解熱が大きく，他の水溶液を加えると激しく発熱して危険なため，混酸を調製する際には，濃硝酸に少しずつ濃硫酸を加えていく。

(2) ニトロベンゼンは，水より密度の高い淡黄色の液体であり，水に溶けにくい。また，酸化剤としてはたらき，自身は還元されるので，還元性はもたない。

(3) ニトロベンゼンにスズと濃塩酸を加えて加熱すると，ニトロベンゼンが還元されてアニリン塩酸塩が生成する。この際，還元剤としてはたらくスズは酸化されて塩化スズ(Ⅳ) $SnCl_4$ となるので，価数は 0 価から 4 価になる。

$$2\; \text{C}_6\text{H}_5\text{NO}_2 + 3Sn + 14HCl \longrightarrow 2\; \text{C}_6\text{H}_5\text{NH}_3\text{Cl} + 3SnCl_4 + 4H_2O$$

(4) アニリン塩酸塩は，弱塩基であるアニリンの塩であるから，強塩基である NaOH 水溶液を加えると，弱塩基の遊離反応が起こって，アニリンが液体として遊離する。

$$\text{C}_6\text{H}_5\text{NH}_3\text{Cl} + NaOH \longrightarrow \text{C}_6\text{H}_5\text{NH}_2 + NaCl + H_2O$$

(5) アニリンは弱塩基性であり，水には溶けにくいがエーテルには溶けやすい。また，空気中に放置すると酸化されて褐色になり，硫酸酸性の $K_2Cr_2O_7$ 水溶液により酸化されて黒色の物質（アニリンブラック）となる。

東京理科大-理工〈B方式-2月6日〉　　　　　　2021 年度　化学〈解答〉　*213*

つまり，アニリンは酸化されやすい性質をもつので，酸化性ではなく還元
性を有する。

(6)・(7)　アニリンの希塩酸溶液（溶液A）に亜硝酸ナトリウム水溶液（溶
液B）を加えると，塩化ベンゼンジアゾニウムが生成して淡黄色に呈色す
る。この反応をジアゾ化という。

$$\text{C}_6\text{H}_5-\text{NH}_2 + \text{NaNO}_2 + 2\text{HCl} \longrightarrow [\text{C}_6\text{H}_5-\text{N}\equiv\text{N}]\text{Cl} + \text{NaCl} + 2\text{H}_2\text{O}$$

塩化ベンゼンジアゾニウムは高温では不安定で，5℃を超えると次のよう
に加水分解してフェノールになってしまうので，ジアゾ化を行う際は，氷
を加えて5℃以下に保たなければならない。

$$[\text{C}_6\text{H}_5-\text{N}\equiv\text{N}]\text{Cl} + \text{H}_2\text{O} \longrightarrow \text{C}_6\text{H}_5-\text{OH} + \text{N}_2 + \text{HCl}$$

(8)　塩化ベンゼンジアゾニウムの水溶液を，ナトリウムフェノキシドの水
溶液（溶液C）に加えると，カップリング（ジアゾカップリング）が起こ
り，*p*-ヒドロキシアゾベンゼンが生成する。

$$[\text{C}_6\text{H}_5-\text{N}\equiv\text{N}]\text{Cl} + \text{C}_6\text{H}_5-\text{ONa} \longrightarrow \text{C}_6\text{H}_5-\text{N}=\text{N}-\text{C}_6\text{H}_4-\text{OH} + \text{NaCl}$$

この水溶液に塩酸を加えて酸性にすると，*p*-ヒドロキシアゾベンゼンが赤
橙色の固体として析出する。

6　解答　(ア)—04　(イ)—12　(ウ)—16　(エ)—11　(オ)—10　(カ)—15　(キ)—18　(ク)—17　(ケ)—01

◀解　説▶

≪いろいろな合成高分子化合物の製法≫

(ア)　塩化ビニルを付加重合させると，ポリ塩化ビニルが得られる。

$$n\text{CH}_2=\text{CHCl} \longrightarrow \{\text{CH}_2-\text{CHCl}\}_n$$

(イ)　テレフタル酸とエチレングリコールを縮合重合させると，ポリエチレ
ンテレフタラート（PET）が得られる。

$$n\text{HO}-\underset{\text{O}}{\text{C}}-\text{C}_6\text{H}_4-\underset{\text{O}}{\text{C}}-\text{OH} + n\text{HO}-\text{CH}_2-\text{CH}_2-\text{OH}$$

$$\longrightarrow \left[\underset{\text{O}}{\text{C}}-\text{C}_6\text{H}_4-\underset{\text{O}}{\text{C}}-\text{O}-\text{CH}_2-\text{CH}_2-\text{O}\right]_n + 2n\text{H}_2\text{O}$$

(ウ) フェノールとホルムアルデヒドを，酸触媒を用いて付加重合させると，中間生成物のノボラックが生成する。その後，硬化剤を加えて加熱すると，重合反応が進んでフェノール樹脂が得られる。

(エ)・(オ) スチレンと p-ジビニルベンゼンを共重合させると，架橋構造をもつ三次元網目状構造の合成樹脂が生成する。これにスルホ基などの官能基を導入すると，イオン交換樹脂となる。

Xが SO_3H （スルホ基）
：陽イオン交換樹脂
Xが $CH_2-N(CH_3)_3OH$
：陰イオン交換樹脂

(カ) テレフタル酸を塩素化させたテレフタル酸ジクロリドと p-フェニレンジアミンを縮合重合させると，超高強度，超高弾性，耐熱性に優れるといった特徴をもつ，アラミド繊維の一つであるケブラーが得られる。

(キ) 無水フタル酸とグリセリンを縮合重合させると，グリプタル樹脂が得られる。

(ク) スチレンと1,3-ブタジエンを共重合させると，合成ゴムの一つであるスチレンブタジエンゴム（SBR）が得られる。

東京理科大-理工〈B方式-2月6日〉　2021 年度　化学〈解答〉　215

$$\longrightarrow \left[\text{CH-CH}_2\right.\!\!\Big]\!\!\Big[\text{CH}_2\text{-CH=CH-CH}_2\Big]_n\Big]_m$$

㈱　アジピン酸とヘキサメチレンジアミンを縮合重合させると，ナイロン 66（6,6-ナイロン）が得られる。

$$n\text{HO-C-(CH}_2)_4\text{-C-OH} + n\text{H-N-(CH}_2)_6\text{-N-H}$$
$$\quad\;\; \overset{|}{O} \qquad\qquad \overset{|}{O} \qquad\;\; \overset{|}{H} \qquad\qquad \overset{|}{H}$$

$$\longrightarrow \left[\text{C-(CH}_2)_4\text{-C-N-(CH}_2)_6\text{-N}\right]_n + 2n\text{H}_2\text{O}$$
$$\qquad\;\; \overset{|}{O} \qquad\qquad \overset{|}{O}\;\overset{|}{H} \qquad\qquad\;\;\; \overset{|}{H}$$

❖講　評

　　試験時間は 80 分。例年通り大問数は 6 題であった。2021 年度は，1〜3 が理論，4 が無機，5 6 が有機の出題であった。

　　1 は物質の構成粒子，酸化還元反応，水銀柱と蒸気圧に関する出題であった。(1)〜(6)までは基本的な問題であり落とせない。(7)は水銀柱の高さと圧力が比例関係にあることを利用することがポイントである。

　　2 は体心立方格子，氷の構造と性質，物質の三態と状態図に関する問題であった。(1)のカリウムの密度については，具体的に密度を求めるのではなく，必要な情報だけを取り出して計算したい。(2)・(3)は特に解答に迷う設問はなかった。

　　3 は陽イオン交換膜法による電気分解，固体の溶解度に関する問題であった。(1)では陽イオン交換膜法についての基本的な理解が問われている。(2)の計算問題は基本的であるが，(3)・(4)はやや難しい。(3)では，電気分解によって溶媒である水が消費されることに気づけたか。(4)では，水を蒸発させる前後で NaOH の質量が変化しないことに注目して立式する。

　　4 は鉄の単体と化合物，鉄の製錬に関する問題であった。いずれの設問も基本的な知識を問うものであるから，ここは素早く解答したい。㈲の Fe が何族かを問う問題は覚えていなかった受験生もいたかもしれない。周期表は Kr までは記憶しておこう。

　　5 は窒素を含む芳香族化合物，ジアゾ化とカップリングに関する問題であった。アニリンと p-ヒドロキシアゾベンゼンの合成実験というオ

ーソドックスなテーマの問題であり，全体的に素直な設問で構成されている。

6はいろいろな合成高分子化合物の製法に関する問題であった。合成高分子に関する幅広い知識が求められるが，すべて基本的な知識のみで解ける問題であり，きちんと対策をした受験生には容易な問題といえる。

MEMO

MEMO

 **MEMO**

MEMO

教学社 刊行一覧

2024年版 大学入試シリーズ（赤本）
国公立大学（都道府県順）

378大学555点 全都道府県を網羅

全国の書店で取り扱っています。店頭にない場合は，お取り寄せができます。

1 北海道大学（文系-前期日程）	62 新潟大学（人文・教育〈文系〉・法・経済科・医〈看護〉・創生学部）	115 神戸大学（理系-前期日程）医
2 北海道大学（理系-前期日程）医	63 新潟大学（教育〈理系〉・理・医〈看護を除く〉・歯・工・農学部）医	116 神戸大学（後期日程）
3 北海道大学（後期日程）		117 神戸市外国語大学 DL
4 旭川医科大学（医学部〈医学科〉）医	64 新潟県立大学	118 兵庫県立大学（国際商経・社会情報科・看護学部）
5 小樽商科大学	65 富山大学（文系）	
6 帯広畜産大学	66 富山大学（理系）医	119 兵庫県立大学（工・理・環境人間学部）
7 北海道教育大学	67 富山県立大学	120 奈良教育大学／奈良県立大学
8 室蘭工業大学／北見工業大学	68 金沢大学（文系）	121 奈良女子大学
9 釧路公立大学	69 金沢大学（理系）医	122 奈良県立医科大学（医学部〈医学科〉）医
10 公立千歳科学技術大学	70 福井大学（教育・医〈看護〉・工・国際地域学部）	123 和歌山大学
11 公立はこだて未来大学 総推		124 和歌山県立医科大学（医・薬学部）医
12 札幌医科大学（医学部）医	71 福井大学（医学部〈医学科〉）医	125 鳥取大学 医
13 弘前大学 医	72 福井県立大学	126 公立鳥取環境大学
14 岩手大学	73 山梨大学（教育・医〈看護〉・工・生命環境学部）	127 島根大学 医
15 岩手県立大学・盛岡短期大学部・宮古短期大学部		128 岡山大学（文系）
16 東北大学（文系-前期日程）	74 山梨大学（医学部〈医学科〉）医	129 岡山大学（理系）医
17 東北大学（理系-前期日程）医	75 都留文科大学	130 岡山県立大学
18 東北大学（後期日程）	76 信州大学（文系-前期日程）	131 広島大学（文系-前期日程）
19 宮城教育大学	77 信州大学（理系-前期日程）医	132 広島大学（理系-前期日程）医
20 宮城大学	78 信州大学（後期日程）	133 広島大学（後期日程）
21 秋田大学 医	79 公立諏訪東京理科大学 総推	134 尾道市立大学 総推
22 秋田県立大学	80 岐阜大学（前期日程）医	135 県立広島大学
23 国際教養大学 総推	81 岐阜大学（後期日程）	136 広島市立大学
24 山形大学 医	82 岐阜薬科大学	137 福山市立大学 総推
25 福島大学	83 静岡大学（前期日程）	138 山口大学（人文・教育〈文系〉・経済・医〈看護〉・国際総合科学部）
26 会津大学	84 静岡大学（後期日程）	
27 福島県立医科大学（医・保健科学部）医	85 浜松医科大学（医学部〈医学科〉）医	139 山口大学（教育〈理系〉・理・医〈看護を除く〉・工・農・共同獣医学部）医
28 茨城大学（文系）	86 静岡県立大学	
29 茨城大学（理系）	87 静岡文化芸術大学	140 山陽小野田市立山口東京理科大学 総推
30 筑波大学（推薦入試）医 総推	88 名古屋大学（文系）	141 下関市立大学／山口県立大学
31 筑波大学（前期日程）医	89 名古屋大学（理系）医	142 徳島大学 医
32 筑波大学（後期日程）	90 愛知教育大学	143 香川大学 医
33 宇都宮大学	91 名古屋工業大学	144 愛媛大学 医
34 群馬大学 医	92 愛知県立大学	145 高知大学 医
35 群馬県立女子大学	93 名古屋市立大学（経済・人文社会・芸術工・看護・総合生命理・データサイエンス学部）	146 高知工科大学
36 高崎経済大学		147 九州大学（文系-前期日程）
37 前橋工科大学		148 九州大学（理系-前期日程）医
38 埼玉大学（文系）	94 名古屋市立大学（医学部）医	149 九州大学（後期日程）
39 埼玉大学（理系）	95 名古屋市立大学（薬学部）	150 九州工業大学
40 千葉大学（文系-前期日程）	96 三重大学（人文・教育・医〈看護〉学部）	151 福岡教育大学
41 千葉大学（理系-前期日程）医	97 三重大学（医〈医〉・工・生物資源学部）医	152 北九州市立大学
42 千葉大学（後期日程）医	98 滋賀大学	153 九州歯科大学
43 東京大学（文科）DL	99 滋賀医科大学（医学部〈医学科〉）医	154 福岡県立大学／福岡女子大学
44 東京大学（理科）DL 医	100 滋賀県立大学	155 佐賀大学 医
45 お茶の水女子大学	101 京都大学（文系）	156 長崎大学（多文化社会・教育〈文系〉・経済・医〈保健〉・環境科〈文系〉学部）
46 電気通信大学	102 京都大学（理系）医	
47 東京医科歯科大学 医	103 京都教育大学	157 長崎大学（教育〈理系〉・医〈医〉・歯・薬・情報データ科・工・環境科〈理系〉・水産学部）医
48 東京外国語大学 DL	104 京都工芸繊維大学	
49 東海大学	105 京都府立大学	158 長崎県立大学 総推
50 東京学芸大学	106 京都府立医科大学（医学部〈医学科〉）医	159 熊本大学（文・教育・法・医〈看護〉学部）
51 東京藝術大学	107 大阪大学（文系）DL	160 熊本大学（理・医〈看護を除く〉・薬・工学部）医
52 東京工業大学	108 大阪大学（理系）医	
53 東京農工大学	109 大阪教育大学	161 熊本県立大学
54 一橋大学（前期日程）DL	110 大阪公立大学（現代システム科学域〈文系〉・文・法・経済・商・看護・生活科〈居住環境・人間福祉〉学部-前期日程）	162 大分大学（教育・経済・医〈看護〉・理工・福祉健康科学部）
55 一橋大学（後期日程）		
56 東京都立大学（文系）		163 大分大学（医学部〈医・先進医療科学科〉）医
57 東京都立大学（理系）	111 大阪公立大学（現代システム科学域〈理系〉・理・工・農・獣医・医・生活科〈食栄養〉学部-前期日程）医	
58 横浜国立大学（文系）		164 宮崎大学（教育・医〈看護〉・工・地域資源創成学部）
59 横浜国立大学（理系）		
60 横浜市立大学（国際教養・国際商・理・データサイエンス・医〈看護〉学部）	112 大阪公立大学（中期日程）	165 宮崎大学（医学部〈医学科〉）医
	113 大阪公立大学（後期日程）	166 鹿児島大学（文系）
61 横浜市立大学（医学部〈医学科〉）医	114 神戸大学（文系-前期日程）	167 鹿児島大学（理系）医
		168 琉球大学 医

2024年版 大学入試シリーズ（赤本）
国公立大学 その他

169 〔国公立大〕医学部医学科 総合型選抜・学校推薦型選抜	172 看護・医療系大学〈国公立 西日本〉	176 防衛大学校　総推
170 看護・医療系大学〈国公立 東日本〉	173 海上保安大学校／気象大学校	177 防衛医科大学校（医学科）　医
171 看護・医療系大学〈国公立 中日本〉	174 航空保安大学校	178 防衛医科大学校（看護学科）
	175 国立看護大学校	

※No.169〜172の収載大学は赤本ウェブサイト（http://akahon.net/）でご確認ください。

私立大学①

北海道の大学（50音順）
201 札幌大学
202 札幌学院大学
203 北星学園大学・短期大学部
204 北海学園大学
205 北海道医療大学
206 北海道科学大学
207 北海道武蔵女子短期大学
208 酪農学園大学（獣医学群〈獣医学類〉）

東北の大学（50音順）
209 岩手医科大学（医・歯・薬学部）
210 仙台大学　総推
211 東北医科薬科大学（医・薬学部）　医
212 東北学院大学
213 東北工業大学
214 東北福祉大学
215 宮城学院女子大学　総推

関東の大学（50音順）
あ行（関東の大学）
216 青山学院大学（法・国際政治経済学部－個別学部日程）
217 青山学院大学（経済学部－個別学部日程）
218 青山学院大学（経営学部－個別学部日程）
219 青山学院大学（文・教育人間科学部－個別学部日程）
220 青山学院大学（総合文化政策・社会情報・地球社会共生・コミュニティ人間科学部－個別学部日程）
221 青山学院大学（理工学部－個別学部日程）
222 青山学院大学（全学部日程）
223 麻布大学（獣医、生命・環境科学部）
224 亜細亜大学
225 跡見学園女子大学
226 桜美林大学（保健学部）
227 大妻女子大学・短期大学部

か行（関東の大学）
228 学習院大学（法学部－コア試験）
229 学習院大学（経済学部－コア試験）
230 学習院大学（文学部－コア試験）
231 学習院大学（国際社会科学部－コア試験）
232 学習院大学（理学部－コア試験）
233 学習院女子大学
234 神奈川大学（給費生試験）
235 神奈川大学（一般入試）
236 神奈川工科大学
237 鎌倉女子大学・短期大学部
238 川村学園女子大学
239 神田外語大学
240 関東学院大学
241 北里大学（理学部）
242 北里大学（医学部）　医
243 北里大学（薬学部）
244 北里大学（看護・医療衛生学部）
245 北里大学（未来工・獣医・海洋生命科学部）
246 共立女子大学・短期大学部
247 杏林大学（医学部）　医
248 杏林大学（保健学部）
249 群馬医療福祉大学　新
250 群馬パース大学　総推

251 慶應義塾大学（法学部）
252 慶應義塾大学（経済学部）
253 慶應義塾大学（商学部）
254 慶應義塾大学（文学部）　総推
255 慶應義塾大学（総合政策学部）
256 慶應義塾大学（環境情報学部）
257 慶應義塾大学（理工学部）
258 慶應義塾大学（医学部）　医
259 慶應義塾大学（薬学部）
260 慶應義塾大学（看護医療学部）
261 工学院大学
262 國學院大學
263 国際医療福祉大学　医
264 国際基督教大学
265 国士舘大学
266 駒澤大学（一般選抜T方式・S方式）
267 駒澤大学（全学部統一日程選抜）

さ行（関東の大学）
268 埼玉医科大学（医学部）　医
269 相模女子大学・短期大学部
270 産業能率大学
271 自治医科大学（医学部）　医
272 自治医科大学（看護学部）／東京慈恵会医科大学（医学部〈看護学科〉）
273 実践女子大学　総推
274 芝浦工業大学（前期日程〈英語資格・検定試験利用方式を含む〉）
275 芝浦工業大学（全学統一日程〈英語資格・検定試験利用方式を含む〉・後期日程）
276 十文字学園女子大学
277 淑徳大学
278 順天堂大学（医学部）　医
279 順天堂大学（スポーツ健康科・医療看護・保健看護・国際教養・保健医療・医療科・健康データサイエンス学部）　総推
280 城西国際大学　新
281 上智大学（神・文・総合人間科学部）
282 上智大学（法・経済学部）
283 上智大学（外国語・総合グローバル学部）
284 上智大学（理工学部）
285 上智大学（TEAPスコア利用方式）
286 湘南工科大学
287 昭和大学（医学部）　医
288 昭和大学（歯・薬・保健医療学部）
289 昭和女子大学
290 昭和薬科大学
291 女子栄養大学・短期大学部
292 白百合女子大学
293 成蹊大学（法学部－A方式）
294 成蹊大学（経済・経営学部－A方式）
295 成蹊大学（文学部－A方式）
296 成蹊大学（理工学部－A方式）
297 成蹊大学（E方式・G方式・P方式）
298 成城大学（経済・社会イノベーション学部－A方式）
299 成城大学（文芸・法学部－A方式）
300 成城大学（S方式〈全学部統一選抜〉）
301 聖心女子大学
302 清泉女子大学

303 聖徳大学・短期大学部
304 聖マリアンナ医科大学　医
305 聖路加国際大学（看護学部）
306 専修大学（スカラシップ・全国入試）
307 専修大学（学部個別入試）
308 専修大学（全学部統一入試）

た行（関東の大学）
309 大正大学
310 大東文化大学
311 高崎健康福祉大学　総推
312 拓殖大学
313 玉川大学
314 多摩美術大学
315 千葉工業大学
316 千葉商科大学
317 中央大学（法学部－学部別選抜）
318 中央大学（経済学部－学部別選抜）
319 中央大学（商学部－学部別選抜）
320 中央大学（文学部－学部別選抜）
321 中央大学（総合政策学部－学部別選抜）
322 中央大学（国際経営・国際情報学部－学部別選抜）
323 中央大学（理工学部－学部別選抜）
324 中央大学（6学部共通選抜）
325 中央学院大学
326 津田塾大学
327 帝京大学（薬・経済・法・文・外国語・教育・理工・医療技術・福岡医療技術学部）
328 帝京大学（医学部）　医
329 帝京科学大学　総推
330 帝京平成大学　総推
331 東海大学（医〈医〉学部を除く一般選抜）
332 東海大学（文系・理系学部統一選抜）
333 東海大学（医学部〈医学科〉）　医
334 東京医科大学（医学部〈医学科〉）　医
335 東京家政大学・短期大学部　総推
336 東京経済大学
337 東京工科大学
338 東京工芸大学
339 東京国際大学
340 東京歯科大学
341 東京慈恵会医科大学（医学部〈医学科〉）　医
342 東京情報大学
343 東京女子大学
344 東京女子医科大学（医学部）　医
345 東京電機大学
346 東京都市大学
347 東京農業大学
348 東京薬科大学（薬学部）　総推
349 東京薬科大学（生命科学部）　総推
350 東京理科大学（理学部〈第一部〉－B方式）
351 東京理科大学（創域理工学部－B方式・S方式）
352 東京理科大学（工学部－B方式）
353 東京理科大学（先進工学部－B方式）
354 東京理科大学（薬学部－B方式）
355 東京理科大学（経営学部－B方式）
356 東京理科大学（C方式、グローバル方式、理学部〈第二部〉－B方式）

2024年版　大学入試シリーズ（赤本）
私立大学②

357 東邦大学（医学部）　医
358 東邦大学（薬学部）
359 東邦大学（理・看護・健康科学部）
360 東洋大学（文・経済・経営・法・社会・国際・国際観光学部）
361 東洋大学（情報連携・福祉社会デザイン・健康スポーツ科・理工・総合情報・生命科・食環境科学部）
362 東洋大学（英語〈3日程×3カ年〉）　新
363 東洋大学（国語〈3日程×3カ年〉）　新
364 東洋大学（日本史・世界史〈2日程×3カ年〉）　新
365 東洋英和女学院大学
366 常磐大学・短期大学　総推
367 獨協大学
368 獨協医科大学（医学部）　医

な行（関東の大学）
369 二松学舎大学
370 日本大学（法学部）
371 日本大学（経済学部）
372 日本大学（商学部）
373 日本大学（文理学部〈文系〉）
374 日本大学（文理学部〈理系〉）
375 日本大学（芸術学部）
376 日本大学（国際関係学部）
377 日本大学（危機管理・スポーツ科学部）
378 日本大学（理工学部）
379 日本大学（生産工・工学部）
380 日本大学（生物資源科学部）
381 日本大学（医学部）　医
382 日本大学（歯・松戸歯学部）
383 日本大学（薬学部）
384 日本大学（医学部を除く−N全学統一方式）
385 日本医科大学　医
386 日本工業大学
387 日本歯科大学
388 日本社会事業大学　新推
389 日本獣医生命科学大学
390 日本女子大学
391 日本体育大学

は行（関東の大学）
392 白鷗大学（学業特待選抜・一般選抜）
393 フェリス女学院大学
394 文教大学
395 法政大学（法〈法律・政治〉・国際文化・キャリアデザイン学部−A方式）
396 法政大学（法〈国際政治〉・文・経営・人間環境・グローバル教養学部−A方式）
397 法政大学（経済・社会・現代福祉・スポーツ健康学部−A方式）
398 法政大学（情報科・デザイン工・理工・生命科学部−A方式）
399 法政大学（T日程〈統一日程〉・英語外部試験利用入試）
400 星薬科大学　総推

ま行（関東の大学）
401 武蔵大学
402 武蔵野大学
403 武蔵野美術大学
404 明海大学
405 明治大学（法学部−学部別入試）
406 明治大学（政治経済学部−学部別入試）
407 明治大学（商学部−学部別入試）
408 明治大学（経営学部−学部別入試）
409 明治大学（文学部−学部別入試）
410 明治大学（国際日本学部−学部別入試）
411 明治大学（情報コミュニケーション学部−学部別入試）
412 明治大学（理工学部−学部別入試）

413 明治大学（総合数理学部−学部別入試）
414 明治大学（農学部−学部別入試）
415 明治大学（全学部統一入試）
416 明治学院大学（A日程）
417 明治学院大学（全学部日程）
418 明治薬科大学　総推
419 明星大学
420 目白大学・短期大学部

ら・わ行（関東の大学）
421 立教大学（文系学部−一般入試〈大学独自の英語を課さない日程〉）
422 立教大学（国語〈3日程×3カ年〉）
423 立教大学（日本史・世界史〈2日程×3カ年〉）
424 立教大学（文系学部−一般入試〈大学独自の英語を課す日程〉）
425 立教大学（理学部−一般入試）
426 立正大学
427 早稲田大学（法学部）
428 早稲田大学（政治経済学部）
429 早稲田大学（商学部）
430 早稲田大学（社会科学部）
431 早稲田大学（文学部）
432 早稲田大学（文化構想学部）
433 早稲田大学（教育学部〈文科系〉）
434 早稲田大学（教育学部〈理科系〉）
435 早稲田大学（人間科・スポーツ科学部）
436 早稲田大学（国際教養学部）
437 早稲田大学（基幹理工・創造理工・先進理工学部）
438 和洋女子大学　総推

中部の大学（50音順）
439 愛知大学
440 愛知医科大学（医学部）　医
441 愛知学院大学・短期大学部
442 愛知工業大学　総推
443 愛知淑徳大学
444 朝日大学　総推
445 金沢医科大学（医学部）　医
446 金沢工業大学
447 岐阜聖徳学園大学・短期大学部　総推
448 金城学院大学
449 至学館大学　総推
450 静岡理工科大学
451 椙山女学園大学
452 大同大学
453 中京大学
454 中部大学
455 名古屋外国語大学　総推
456 名古屋学院大学　総推
457 名古屋学芸大学　総推
458 名古屋女子大学・短期大学部　総推
459 南山大学（外国語〈英米〉・法・総合政策・国際教養学部）
460 南山大学（人文・外国語〈英米を除く〉・経済・経営・理工学部）
461 新潟国際情報大学
462 日本福祉大学
463 福井工業大学
464 藤田医科大学（医学部）　医
465 藤田医科大学（医療科学・保健衛生学部）
466 名城大学（法・経営・経済・外国語・人間・都市情報学部）
467 名城大学（情報工・理工・農・薬学部）
468 山梨学院大学

近畿の大学（50音順）
469 追手門学院大学　総推
470 大阪医科薬科大学（医学部）　医
471 大阪医科薬科大学（薬学部）　総推
472 大阪学院大学　総推

473 大阪経済大学　総推
474 大阪経済法科大学　総推
475 大阪工業大学
476 大阪国際大学・短期大学部　総推
477 大阪産業大学　総推
478 大阪歯科大学（歯学部）
479 大阪商業大学
481 大阪成蹊大学・短期大学　総推
482 大谷大学
483 大手前大学・短期大学　総推
484 関西大学（文系）
485 関西大学（理系）
486 関西大学（英語〈3日程×3カ年〉）
487 関西大学（国語〈3日程×3カ年〉）
488 関西大学（文系選択科目〈2日程×3カ年〉）
489 関西医科大学（医学部）　医
490 関西医療大学
491 関西外国語大学・短期大学部　総推
492 関西学院大学（文・社会・法学部−学部個別日程）
493 関西学院大学（経済・人間福祉・国際学部−学部個別日程）
494 関西学院大学（神・商・教育・総合政策学部−学部個別日程）
495 関西学院大学（全学部日程〈文系型〉）
496 関西学院大学（全学部日程〈理系型〉）
497 関西学院大学（共通テスト併用日程〈英数日程〉）
498 畿央大学　総推
499 京都外国語大学・短期大学　総推
500 京都光華女子大学・短期大学部　総推
501 京都産業大学（公募推薦入試）　総推
502 京都産業大学（一般選抜入試〈前期日程〉）
503 京都女子大学
504 京都先端科学大学
505 京都橘大学　総推
506 京都ノートルダム女子大学　総推
507 京都薬科大学　総推
508 近畿大学・短期大学部（医学部を除く−推薦入試）　総推
509 近畿大学・短期大学部（医学部を除く−一般入試前期）
510 近畿大学（英語〈医学部を除く3日程×3カ年〉）　新
511 近畿大学（理系数学〈医学部を除く3日程×3カ年〉）　新
512 近畿大学（国語〈医学部を除く3日程×3カ年〉）　新
513 近畿大学（医学部−推薦入試・一般入試前期）　医推
514 近畿大学・短期大学部（一般入試後期）　医
515 皇學館大学　総推
516 甲南大学
517 甲南女子大学　総推
518 神戸学院大学
519 神戸国際大学
520 神戸女学院大学　総推
521 神戸女子大学・短期大学　総推
522 神戸薬科大学
522 四天王寺大学・短期大学部　総推
523 摂南大学（公募制推薦入試）　総推
524 摂南大学（一般選抜前期日程）
525 帝塚山学院大学　新推
526 同志社大学（法、グローバル・コミュニケーション学部−学部個別日程）
527 同志社大学（文・経済学部−学部個別日程）
528 同志社大学（神・商・心理・グローバル地域文化学部−学部個別日程）
529 同志社大学（社会学部−学部個別日程）

2024年版 大学入試シリーズ（赤本）

私立大学③

530	同志社大学（政策・文化情報〈文系型〉・スポーツ健康科〈文系型〉学部-学部個別日程）
531	同志社大学（理工・生命医科・文化情報〈理系型〉・スポーツ健康科〈理系型〉学部-学部個別日程）
532	同志社大学（全学部日程）
533	同志社女子大学 総推
534	奈良大学
535	奈良学園大学 総推
536	阪南大学
537	姫路獨協大学
538	兵庫医科大学（医学部） 医
539	兵庫医科大学（薬・看護・リハビリテーション学部） 総推
540	佛教大学
541	武庫川女子大学・短期大学部 総推
542	桃山学院大学・桃山学院教育大学 総推
543	大和大学・大和大学白鳳短期大学部 総推
544	立命館大学（文系-全学統一方式・学部個別配点方式）／立命館アジア太平洋大学（前期方式・英語重視方式）
545	立命館大学（理系-全学統一方式・学部個別配点方式・理系型3教科方式・薬学方式）
546	立命館大学（英語〈全学統一方式3日程×3カ年〉）
547	立命館大学（国語〈全学統一方式3日程×3カ年〉）
548	立命館大学（文系選択科目〈全学統一方式2日程×3カ年〉）
549	立命館大学（IR方式〈英語資格試験利用型〉・共通テスト併用方式）／立命館アジア太平洋大学（共通テスト併用方式）
550	立命館大学（後期分割方式・「経営学部で学ぶ感性+共通テスト」方式）／立命館アジア太平洋大学（後期方式）
551	龍谷大学・短期大学部（公募推薦入試） 総推
552	龍谷大学・短期大学部（一般選抜入試）

中国の大学（50音順）

553	岡山商科大学 総推
554	岡山理科大学 総推
555	川崎医科大学 医
556	吉備国際大学 総推
557	就実大学 総推
558	広島経済大学
559	広島国際大学 総推
560	広島修道大学
561	広島文教大学 総推
562	福山大学／福山平成大学
563	安田女子大学・短期大学 総推

四国の大学（50音順）

564	安田女子大学・短期大学 総推
565	徳島文理大学
566	松山大学

九州の大学（50音順）

567	九州産業大学
568	九州保健福祉大学 総推
569	熊本学園大学
570	久留米大学（文・人間健康・法・経済・商学部）
571	久留米大学（医学部〈医学科〉） 医
572	産業医科大学（医学部） 医
573	西南学院大学（商・経済・法・人間科学部-A日程）
574	西南学院大学（神・外国語・国際文化学部-A日程／全学部-F日程）
575	福岡大学（医学部医学科を除く-学校推薦型選抜・一般選抜系統別日程） 総推
576	福岡大学（医学部医学科を除く-一般選抜前期日程）
577	福岡大学（医学部〈医学科〉-学校推薦型選抜・一般選抜系統別日程） 医 総推
578	福岡工業大学
579	令和健康科学大学 総推

医 医学部医学科を含む
総推 総合型選抜または学校推薦型選抜を含む
DL リスニング音声配信 新 2023年 新刊・復刊

掲載している入試の種類や試験科目、収載年数などはそれぞれ異なります。詳細については、それぞれの本の目次や赤本ウェブサイトでご確認ください。

akahon.net
赤本 | 検索

難関校過去問シリーズ

出題形式別・分野別に収録した
「入試問題事典」 19大学71点
定価 2,310～2,530円（本体 2,100～2,300円）

先輩合格者はこう使った！
「難関校過去問シリーズの使い方」

61年、全部載せ！
要約演習で、総合力を鍛える
東大の英語 要約問題 UNLIMITED

国公立大学

- 東大の英語25カ年［第11版］
- 東大の英語リスニング20カ年［第8版］ DL
- 東大の英語 要約問題 UNLIMITED
- 東大の文系数学25カ年［第11版］
- 東大の理系数学25カ年［第11版］
- 東大の現代文25カ年［第11版］
- 東大の古典25カ年［第11版］
- 東大の日本史25カ年［第8版］
- 東大の世界史25カ年［第8版］
- 東大の地理25カ年［第8版］
- 東大の物理25カ年［第8版］
- 東大の化学25カ年［第8版］
- 東大の生物25カ年［第8版］
- 東工大の英語20カ年［第7版］
- 東工大の数学20カ年［第8版］
- 東工大の物理20カ年［第4版］
- 東工大の化学20カ年［第4版］
- 一橋大の英語20カ年［第8版］
- 一橋大の数学20カ年［第8版］

- 一橋大の国語20カ年［第5版］
- 一橋大の日本史20カ年［第5版］
- 一橋大の世界史20カ年［第5版］
- 京大の英語25カ年［第12版］
- 京大の文系数学25カ年［第12版］ 改
- 京大の理系数学25カ年［第12版］ 改
- 京大の現代文25カ年［第2版］
- 京大の古典25カ年［第2版］
- 京大の日本史20カ年［第3版］
- 京大の世界史20カ年［第3版］
- 京大の物理25カ年［第9版］
- 京大の化学25カ年［第9版］
- 北大の英語15カ年［第8版］
- 北大の理系数学15カ年［第8版］
- 北大の物理15カ年［第2版］
- 北大の化学15カ年［第2版］
- 東北大の英語15カ年［第8版］
- 東北大の理系数学15カ年［第8版］
- 東北大の物理15カ年［第2版］

- 東北大の化学15カ年［第2版］
- 名古屋大の英語15カ年［第8版］
- 名古屋大の理系数学15カ年［第8版］
- 名古屋大の物理15カ年［第2版］
- 名古屋大の化学15カ年［第2版］
- 阪大の英語20カ年［第9版］
- 阪大の文系数学20カ年［第3版］
- 阪大の理系数学20カ年［第9版］ 改
- 阪大の国語15カ年［第3版］
- 阪大の物理20カ年［第8版］
- 阪大の化学20カ年［第6版］
- 九大の英語15カ年［第8版］
- 九大の理系数学15カ年［第7版］
- 九大の文系数学15カ年［第7版］
- 九大の物理15カ年［第2版］
- 九大の化学15カ年［第2版］
- 神戸大の英語15カ年［第9版］
- 神戸大の数学15カ年［第5版］ 改
- 神戸大の国語15カ年［第3版］

私立大学

- 早稲田の英語［第10版］
- 早稲田の国語［第9版］
- 早稲田の日本史［第9版］
- 早稲田の世界史
- 慶應の英語［第10版］
- 慶應の小論文［第2版］
- 明治大の英語［第8版］
- 明治大の国語
- 明治大の日本史
- 中央大の英語［第8版］
- 法政大の英語［第8版］
- 同志社大の英語［第10版］ 改
- 立命館大の英語［第10版］ 改
- 関西大の英語［第10版］ 改
- 関西学院大の英語［第10版］ 改

DL リスニングCDつき
改 2023年 改訂

共通テスト対策関連書籍

共通テスト対策も赤本で

① 過去問演習

2024年版 共通テスト赤本シリーズ 全13点

A5判／定価1,210円（本体1,100円）

- これまでの共通テスト本試験 全日程収載!! ＋プレテストも
- 英語・数学・国語には，本書オリジナル模試も収載！
- 英語はリスニングを11回分収載！赤本の音声サイトで本番さながらの対策！

- 英語 リスニング／リーディング※1 DL
- 数学Ⅰ・A／Ⅱ・B※2
- 国語※2
- 日本史B
- 世界史B
- 地理B
- 現代社会
- 倫理, 政治・経済／倫理
- 政治・経済
- 物理／物理基礎
- 化学／化学基礎
- 生物／生物基礎
- 地学基礎

付録：地学

DL 音声無料配信　※1 模試2回分収載　※2 模試1回分収載

② 自己分析

赤本ノートシリーズ 過去問演習の効果を最大化

▶共通テスト対策には

赤本ノート（共通テスト用）　赤本ルーズリーフ（共通テスト用）

共通テスト赤本シリーズ Smart Startシリーズ 全28点に対応!!

▶二次・私大対策には

大学入試シリーズ 全555点に対応!!

赤本ノート（二次・私大用）

③ 重点対策

Smart Startシリーズ 共通テスト スマート対策 3訂版

基礎固め＆苦手克服のための**分野別対策問題集!!**

- 英語（リーディング）DL
- 英語（リスニング）DL
- 数学Ⅰ・A
- 数学Ⅱ・B
- 国語（現代文）
- 国語（古文・漢文）
- 日本史B
- 世界史B
- 地理B
- 現代社会
- 物理
- 化学
- 生物
- 化学基礎・生物基礎
- 生物基礎・地学基礎

共通テスト本番の内容を反映！ 全15点 好評発売中!!

DL 音声無料配信

A5判／定価1,210円（本体1,100円）

手軽なサイズの実戦的参考書

目からウロコのコツが満載！ 直前期にも！

満点のコツシリーズ

赤本ポケット

いつも受験生のそばに──赤本

大学入試シリーズ＋α
入試対策も共通テスト対策も赤本で

〔入試対策〕 赤本プラス

赤本プラスとは、過去問演習の効果を最大化するためのシリーズです。「赤本」であぶり出された弱点を、赤本プラスで克服しましょう。

- 大学入試 すぐわかる英文法[DL]
- 大学入試 ひと目でわかる英文読解
- 大学入試 絶対できる英語リスニング[DL]
- 大学入試 すぐ書ける自由英作文
- 大学入試 ぐんぐん読める英語長文[BASIC]
- 大学入試 ぐんぐん読める英語長文[STANDARD]
- 大学入試 ぐんぐん読める英語長文[ADVANCED]
- 大学入試 最短でマスターする 数学Ⅰ・Ⅱ・Ⅲ・A・B・C [新]
- 大学入試 突破力を鍛える最難関の数学 [新]
- 大学入試 ちゃんと身につく物理 [新]◎
- 大学入試 もっと身につく物理問題集 (①力学・波動) [新]◎
- 大学入試 もっと身につく物理問題集 (②熱力学・電磁気・原子) [新]◎

〔入試対策〕 英検® 赤本シリーズ

英検®(実用英語技能検定)の対策書。過去問題集と参考書で万全の対策ができます。

▶過去問題集(2023年度版)
- 英検®準1級過去問題集[DL]
- 英検®2級過去問題集[DL]
- 英検®準2級過去問題集[DL]
- 英検®3級過去問題集[DL]

▶参考書
- 竹岡の英検®準1級マスター[DL]
- 竹岡の英検®2級マスター●[DL]
- 竹岡の英検®準2級マスター●[DL]
- 竹岡の英検®3級マスター●[DL]

〔入試対策〕 赤本プレミアム

「これぞ京大!」という問題・テーマのみで構成したベストセレクションの決定版!

- 京大数学プレミアム[改訂版]
- 京大古典プレミアム

● リスニングCDつき　[DL]音声無料配信
[新] 2023年刊行　◎ 新課程版

〔入試対策〕 赤本メディカルシリーズ

過去問を徹底的に研究し、独自の出題傾向をもつメディカル系の入試に役立つ内容を精選した実戦的なシリーズです。

- 〔国公立大〕医学部の英語[3訂版]
- 私立医大の英語[長文読解編][3訂版]
- 私立医大の英語[文法・語法編][改訂版]
- 医学部の実戦小論文[3訂版]
- 〔国公立大〕医学部の数学
- 私立医大の数学
- 医歯薬系の英単語[4訂版]
- 医系小論文 最頻出論点20[3訂版]
- 医学部の面接[4訂版]

〔入試対策〕 体系シリーズ

国公立大二次・難関私大突破へ、自学自習に適したハイレベル問題集。

- 体系英語長文
- 体系英作文
- 体系数学Ⅰ・A
- 体系数学Ⅱ・B
- 体系現代文
- 体系古文
- 体系日本史
- 体系世界史
- 体系物理[第6版]
- 体系物理[第7版] [新]◎
- 体系化学[第2版]
- 体系生物

〔入試対策〕 単行本

▶英語
- Q&A即決英語勉強法
- TEAP攻略問題集 ●
- 東大の英単語[新装版]
- 早慶上智の英単語[改訂版]

▶数学
- 稲荷の独習数学

▶国語・小論文
- 著者に注目! 現代文問題集
- ブレない小論文の書き方 樋口式ワークノート

▶理科
- 折戸の独習物理

▶レシピ集
- 奥薗壽子の赤本合格レシピ

〔入試対策〕〔共通テスト対策〕 赤本手帳

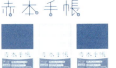

- 赤本手帳(2024年度受験用) プラムレッド
- 赤本手帳(2024年度受験用) インディゴブルー
- 赤本手帳(2024年度受験用) ナチュラルホワイト

〔入試対策〕 風呂で覚えるシリーズ

水をはじく特殊な紙を使用。いつでもどこでも読めるから、ちょっとした時間を有効に使える!

- 風呂で覚える英単語[4訂新装版]
- 風呂で覚える英熟語[改訂新装版]
- 風呂で覚える古文単語[改訂新装版]
- 風呂で覚える古文文法[改訂新装版]
- 風呂で覚える漢文[改訂新装版]
- 風呂で覚える日本史[年代][改訂新装版]
- 風呂で覚える世界史[年代][改訂新装版]
- 風呂で覚える倫理[改訂版]
- 風呂で覚える化学[3訂新装版]
- 風呂で覚える百人一首[改訂版]

〔共通テスト対策〕 満点のコツシリーズ

共通テストで満点を狙うための実戦的参考書。重要度の増したリスニング対策は「カリスマ講師」竹岡広信が一回読みにも対応できるコツを伝授!

- 共通テスト英語[リスニング] 満点のコツ ●[DL]
- 共通テスト古文 満点のコツ
- 共通テスト漢文 満点のコツ
- 共通テスト化学基礎 満点のコツ
- 共通テスト生物基礎 満点のコツ

〔入試対策〕〔共通テスト対策〕 赤本ポケットシリーズ

▶共通テスト対策
- 共通テスト日本史[文化史]

▶系統別進路ガイド
- デザイン系学科をめざすあなたへ
- 心理学科をめざすあなたへ[改訂版]

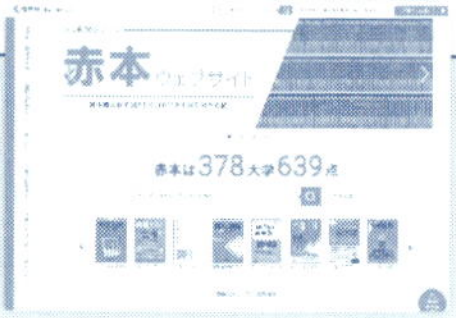

赤本ウェブサイトが便利!!

 志望大学の赤本の刊行状況を確認できる！

「発売日お知らせメール」で志望大学の
赤本発売日を逃さない！

 「赤本取扱い書店検索」で赤本を
置いている書店を見つけられる！

受験に役立つ様々な情報も発信中！

YouTubeやTikTokで受験対策！

赤本ブログ

有名予備校講師の
オススメ勉強法など，
受験に役立つ記事が充実！

赤本チャンネル

大学別講座や
共通テスト対策など，
役立つ動画を公開中！

2024年版　大学入試シリーズ　No.351

東京理科大学（創域理工学部－B方式・S方式）

編　集　教学社編集部
発行者　上原寿明
発行所　教　学　社
　　　　〒606-0031
　　　　京都市左京区岩倉南桑原町56
　　　　電話 075(721)6500
　　　　振替 01020-1-15695

2023年6月25日　第1刷発行
定価は裏表紙に表示しています

ISBN978-4-325-25788-2　　　印刷　太洋社

● 乱丁・落丁等につきましてはお取替えいたします。
● 本書に関する最新の情報（訂正を含む）は，赤本ウェブサイト http://akahon.net/ の書籍の詳細ページでご確認いただけます。
● 本書は当社編集部の責任のもと独自に作成したものです。本書の内容についてのお問い合わせは，赤本ウェブサイトの「お問い合わせ」より，必要事項をご記入の上ご連絡ください。電話でのお問い合わせは受け付けておりません。なお，受験指導など，本書掲載内容以外の事柄に関しては，お答えしかねます。また，ご質問の内容によってはお時間をいただく場合がありますので，あらかじめご了承ください。
● 本書の無断複製は著作権法上の例外を除き禁じられています。本書を代行業者等の第三者に依頼してスキャンやデジタル化することは，たとえ個人や家庭内の利用でも著作権法違反です。
● 本シリーズ掲載の入試問題等について，万一，掲載許可手続等に遺漏や不備があると思われるものがございましたら，当社編集部までお知らせください。